EXAMEN

EN CE QUI CONCERNE

LA SEIGNEURIE GAGÈRE

OU

DU CHATEAU DE CONDÉ

DE L'ARRÊT

RENDU PAR LA COUR D'APPEL DE DOUAI

le 16 juillet 1849

PAR NESTOR REGNARD

AVOCAT, DOCTEUR EN DROIT

PARIS
DE L'IMPRIMERIE DE CRAPELET
RUE DE VAUGIRARD, 9

1850

TROISIÈME CONSULTATION

POUR

LES SOCIÉTÉS RÉUNIES

DE THIVENCELLES, FRESNES-MIDI ET CONDÉENNE

CONTRE

LA COMPAGNIE D'ANZIN

EXAMEN

EN CE QUI CONCERNE

LA SEIGNEURIE GAGÈRE

OU

DU CHATEAU DE CONDÉ

DE L'ARRÊT

DE LA COUR D'APPEL DE DOUAI

du 16 juillet 1849

PAR NESTOR REGNARD

AVOCAT, DOCTEUR EN DROIT

PARIS

DE L'IMPRIMERIE DE CRAPELET

RUE DE VAUGIRARD, 9

1850

ARRET

DE LA COUR DE DOUAI

DU 16 JUILLET 1849.

RÉPUBLIQUE FRANÇAISE.

Au nom du peuple français,
La cour d'appel de Douai a rendu l'arrêt suivant :
Entre MM. les associés et intéressés des mines de houille de Thivencelles et Fresnes-Midi, situées dans l'arrondissement de Valenciennes, représentés par le conseil de régie de ladite société de Thivencelles et Fresnes-Midi dont le siége social est à Fresnes-sur-l'Escaut, appelants au principal, suivant exploit de Tournai, huissier à Valenciennes du 30 avril 1849, dont l'enregistrement appert sur la copie signifiée, d'un jugement rendu par le tribunal civil de Valenciennes, le 30 mars 1849, enregistré, intimés sur appel incident; comparants par Mᵉ Estabel avoué, assisté de Mᵒˢ Allou et Delangle, avocats du barreau de Paris, d'une part;

Et MM. les associés et intéressés des mines à charbon d'Anzin, Fresnes, Raismes, Vieux-Condé, Odomez, Saint-Saulve, Denain, etc., ayant pour associé-régisseur-gérant desdites mines, M. Jean Lebret, demeurant à Denain, intimés sur l'appel principal dudit jugement et appelants incidemment d'icelui; comparants par Mᵉ Rolland, avoué, assisté de Mᵉ Dumon, avocat du barreau de Douai, d'autre part. Sans que les présentes qualités puissent nuire ni préjudicier en aucune manière aux droits et intérêts respectifs des parties.

Point de fait. — Le 14 octobre 1749, sur requête présentée au roi, en son conseil, par Emmanuel de Croy-Solre, prince du saint-empire, maréchal des camps et armées de Sa Majesté, seigneur haut justicier de Condé et Vieux-Condé, département du Hainaut, contenant : que les charbons de terre dont l'extraction se faisait aux environs de Valenciennes par Jacques Desandrouin et Cie subrogés à Nicolas Desaubois et ses associés en vertu des concessions que Sa Majesté leur avait accordées, ne suffisant pas pour la consommation de ses sujets on était obligé d'en tirer beaucoup de l'étranger; le suppliant qui, en sa qualité de seigneur haut justicier et suivant les coutumes et chartes du pays confirmées par le feu roi et Sa Majesté et non révoquées par aucune loi, pouvait faire extraire de ses terres de Condé et Vieux-Condé des charbons de terre, en avait depuis l'année 1744 fait la recherche en pratiquant plusieurs fosses, ce qui l'avait exposé à une dépense prodigieuse; mais craignant qu'à défaut de permission de Sa Majesté, il ne fût troublé dans la suite du travail qu'il faisait faire, attendu les dispositions du règlement du 14 janvier 1744, bien qu'il n'eût été dérogé aux chartes et coutumes du Hainaut, ce qui lui eût été très-préjudiciable, et encore plus aux sujets du roi, il requérait qu'en approuvant les ouvertures de fosses et les extractions de charbon qu'il avait fait faire dans ses terres de Condé et Vieux-Condé, il plût à Sa Majesté de lui permettre de les continuer, etc. Il est intervenu un arrêt du conseil d'État du roi, dont voici le texte : « Le roi, en son conseil, a permis et permet au sieur de Croy, ses hoirs ou ayants cause, de fouiller et exploiter exclusivement à toutes personnes les mines de charbon qui sont actuellement découvertes, et celles qu'ils pourront découvrir par la suite dans l'étendue de ses terres de Condé et Vieux-Condé au delà de l'Escaut, pour, par ledit sieur de Croy, ses hoirs ou ayants cause, jouir et user desdites mines de charbon de terre, les faire valoir et exploiter à leur profit, à la charge par eux de se conformer au règlement du 14 janvier 1744, etc. »

Le 20 avril 1751, sur une autre requête présentée au roi, en son conseil par ledit Emmanuel de Croy-Solre, né prince du saint-empire, maréchal des camps et armées de Sa Majesté, seigneur haut justicier de Condé, Vieux-Condé, Hergnies et autres lieux, département du Hainaut, tendant à ce qu'il lui plût, en interprétant, en tant que besoin était ou aurait été, l'arrêt de son conseil du 14 octobre 1749, permettre au suppliant, ses hoirs ou ayants cause de faire fouiller et exploiter, exclusivement à toutes personnes, les mines de charbon de terre qui étaient alors découvertes et celles qu'ils pourraient découvrir par la suite dans tout le territoire d'Hergnies avec exemption de tous droits domaniaux ; le roi, en son conseil d'État, a rendu un arrêt qui est ainsi conçu : « Vu ledit arrêt et ladite requête signée Manot, avocat du suppliant, ensemble l'avis du surintendant et commissaire départi en la province du Hainaut, ouï le rapport ; le roi, en son conseil, a permis et permet au sieur de Croy, ses hoirs ou ayants cause, de faire fouiller et exploiter, exclusivement à toutes personnes, les mines de charbon de terre qu'il a découvertes et celles qu'il pourra découvrir par la suite dans tout le territoire du village de Hergnies. » La compagnie des mines d'Anzin est aujourd'hui aux droits du prince de Croy-Solre.

Mᵉ Estabel-Luce fait toutes réserves sur les faits ci-dessus exprimés.

Le 22 avril 1843, ladite compagnie des mines d'Anzin a fait assigner MM. les associés et intéressés des mines de Thivencelles, Escaupont et Saint-Aybert à comparaître devant le tribunal civil de Valenciennes, pour voir dire que c'était sans droit et en violation de celui des demandeurs que MM. les associés d'Escaupont se permettaient de faire deux sondages pour découvrir des mines de houille sur le territoire de la commune de Condé ; dire et ordonner qu'ils devraient cesser immédiatement ces sondages et interrompre les travaux commencés sur ladite commune ; les condamner aux dommages-intérêts à libeller par état et aux dépens.

La cause venue à l'audience et mise en état, MM. les associés des mines de Thivencelles ont conclu de leur côté à ce qu'il plût au tribunal surseoir à statuer jusqu'après l'interprétation par l'autorité compétente de l'arrêt ci-dessus relaté du 14 octobre 1749.

M. le préfet du département du Nord est intervenu dans l'instance et a conclu à ce qu'il plût au tribunal se déclarer incompétent, et renvoyer les parties à se pourvoir devant l'autorité administrative.

Le 4 août 1843, le tribunal civil de Valenciennes rendit un jugement par lequel il se déclara compétent et ordonna aux parties de plaider au fond.

M. le préfet du département du Nord éleva alors un conflit qui fut confirmé par ordonnance royale du 30 décembre 1843, et la compagnie des mines d'Anzin dut se pourvoir en interprétation des arrêts du conseil d'État du roi du 14 octobre 1749, 20 avril 1751 et d'un décret impérial des 24 et 31 mars 1806. Cette interprétation fut donnée par avis du conseil d'État des 18, 19 et 20 août 1848, approuvé le 15 septembre suivant, lequel s'exprime ainsi :

Sur l'arrêt du 14 octobre 1749 ;

« Considérant que la permission sollicitée par ledit sieur de Croy, conformément aux prescriptions du règlement du 14 janvier 1744, à l'effet d'extraire des charbons de ses terres de Condé et Vieux-Condé, a été sollicitée par lui en sa qualité de haut justicier et en raison du droit de préférence que lui donnaient les coutumes sur les terres soumises à son droit de haute justice ; qu'elle lui a été accordée par l'arrêt du 14 octobre 1749, en ladite qualité et sans distinction entre les terres dont il était propriétaire et les terres sur lesquelles en ladite qualité de haut justicier il avait droit de haute justice ; qu'il n'y a lieu, dès lors, de limiter ladite permission aux terres dont ledit sieur de Croy était propriétaire foncier ;

« Considérant qu'il résulte de l'instruction que les mots : ses terres de Condé et Vieux-Condé, au delà de l'Escaut, contenus audit arrêt du 14 octobre 1749, doivent être entendus de toutes les terres de Condé et Vieux-Condé, situées sur la rive droite de l'Escaut, sans distinguer entre les terres sises en amont de Condé et celles qui sont situées au delà de Condé ;

« En ce qui touche le droit de haute justice appartenant au sieur de Croy ;

« Considérant que s'il est articulé par la compagnie d'Anzin que le sieur de Croy avait droit de haute justice sur la totalité des territoires de Condé et Vieux-Condé et sans distinction, l'existence et l'étendue de ce droit de haute justice sur diverses portions des terres dépendant de Condé et Vieux-Condé sont contestées, qu'il ne nous appartient pas de connaître des questions soulevées par ce litige ;

« Sur l'arrêt du 20 avril 1754 ;

« Considérant que la permission accordée par cet arrêt s'étend sur tout le territoire de Hergnies ;

« Le conseil d'État entendu, décrète ce qui suit :

« Art. 1ᵉʳ. Il est déclaré : 1° que le décret du 24-31 mars 1806 n'a eu ni pour but ni pour effet d'étendre ou de restreindre les permissions contenues aux arrêts du conseil des 14 octobre 1749 et 20 avril 1754 ; 2° que la permission accordée au sieur de Croy, par l'arrêt du 14 octobre 1749, comprend tout le territoire de Condé et Vieux-Condé, situé sur la rive droite de l'Escaut et soumis, en 1749, au droit de haute justice dudit sieur de Croy, sans distinction entre les terres dont il était propriétaire foncier et les terres qui étaient seulement soumises à son droit de haute justice ; 3° que la permission accordée au sieur de Croy, par l'arrêt du conseil du 20 avril 1754, comprend tout le territoire de Hergnies.

« Art. 2. Le surplus des conclusions des parties est rejeté.

« Art. 3. Les dépens sont compensés entre les parties.

« Art. 4. Le ministre de la justice et le ministre des travaux publics sont chargés, chacun en ce qui le concerne, de l'exécution du présent décret. »

La cause s'étant trouvée ainsi reportée devant l'autorité judiciaire pour être statué sur le point resté en litige entre les parties, MM. les associés de Thivencelles ont, en vertu d'une ordonnance de M. le président du tribunal civil de Valenciennes du 7 octobre 1848, fixant jour au 15 novembre suivant, et par exploit de Pillion, huissier à Valenciennes, du 9 dudit mois d'octobre, dûment enregistré, assigné la compagnie des mines d'Anzin devant ledit tribunal civil de Valenciennes à l'audience fixe du 15 novembre suivant, pour voir dire et déclarer : 1° que l'instance introduite au nom de la compagnie d'Anzin et autres, par exploit du 22 avril 1843, serait reprise pour être suivie d'après ses derniers errements ; 2° que les défendeurs avaient prétendu, sans droits et sans titres, qu'il serait fait défense aux compagnies réunies de Thivencelles et autres de continuer leurs travaux de recherches ; 3° que ces travaux pourraient être repris et continués dans toute la partie du territoire de Condé que les demandeurs ne justifieraient pas avoir été comprise dans la concession du 14 octobre 1749, comme étant alors soumise au droit de haute justice appartenant directement aux anciens ducs de Croy; 4° que lesdits demandeurs n'avaient droit à aucuns dommages-intérêts; qu'il serait, au contraire, accordé aux associés et intéressés de Thivencelles et autres mines de houille, à raison de l'interruption apportée à leurs travaux, depuis le 22 avril 1843, les dommages-intérêts qui leur étaient dus et qui seraient liquidés par état; 5° enfin que lesdits demandeurs seraient condamnés aux dépens.

Sur cet ajournement, qui contenait constitution de M⁰ Le Barbier, avoué près le tribunal civil de Valenciennes, pour MM. les associés et intéressés des mines réunies de Thivencelles, Fresnes-Midi, Escaupont et Saint-Aybert, M⁰ Libert, avoué près ledit tribunal, se constitua pour MM. les associés et intéressés des mines d'Anzin, Fresnes, Raismes, Condé, Vieux-Condé, Odomez, Saint-Saulve et Denain, par acte d'avoué à avoué, du 22 janvier 1849, enregistré.

La cause ayant été mise au rôle essuya plusieurs remises, et après pose de qualités préalables, elle fut fixée péremptoirement au 24 février 1849.

Ledit jour, 24 février 1849, MM. Louis-Pierre-Théophile Dubois de Néhaut, juge au tribunal civil de Lille, y demeurant; le comte Albéric Duchatel, propriétaire, demeurant à Hollain, près Tournai (Belgique), et Auguste Dumon-Dumortier, président du sénat belge, domicilié à Tournai, firent, par acte d'avoué à avoué, signifier une requête d'intervention avec constitution de M⁰ Devillers, pour leur avoué près le tribunal civil de Valenciennes.

La cause étant venue en cet état à l'audience dudit jour, 24 février 1849, M⁰ Libert, avoué, a, pour MM. les associés et intéressés des mines d'Anzin, Fresnes, etc., conclu à ce qu'il plût au tribunal dire que d'après l'arrêt du conseil d'État, approuvé le 15 septembre 1848, la concession de Vieux-Condé comprend tout le territoire de Condé et Vieux-Condé, soumis en 1749 au droit de haute justice de M. de Croy; dire qu'en 1749, de Croy exerçait sa haute justice sur tout le territoire de Condé sans exception; qu'en conséquence, la compagnie d'Anzin étant au lieu et place de M. de Croy, est propriétaire en vertu de la loi du 21 avril 1810, de toutes les mines de houille qui se trouvent sur le territoire de Condé; dire que c'était sans droit et en violation de celui des demandeurs que MM. les associés de Thivencelles, Escaupont et Saint-Aybert s'étaient permis de faire des sondages pour découvrir des mines de houille sur le territoire de Condé; dire et ordonner qu'ils devraient cesser immédiatement ces sondages et abandonner les travaux commencés sur ladite commune; les condamner aux dommages-intérêts, à libeller par état et aux dépens, sous toutes réserves.

Me Le Barbier, avoué, a, pour MM. les associés et intéressés des mines de Thivencelles, Escaupont et Saint-Aybert, conclu à ce qu'il plût au tribunal déclarer : 1° Que l'instance introduite au nom de la compagnie d'Anzin par la citation du 22 avril 1843, serait reprise et suivie d'après ses derniers errements; 2° que les demandeurs avaient prétendu sans droit et sans titre qu'il serait fait défense aux défendeurs de continuer leurs travaux; 3° que ces travaux pourraient être repris et continués dans toute la partie du territoire de Condé que les demandeurs ne justifieraient pas leur avoir été concédée comme étant soumise, en 1749, au droit de haute justice appartenant au seigneur de Croy; 4° que lesdits demandeurs n'avaient droit à aucuns dommages-intérêts; qu'il serait, au contraire, accordé aux défendeurs, à raison de l'interruption de leurs travaux et du préjudice qu'ils en avaient éprouvé, les dommages-intérêts qui leur étaient dus et qui seraient liquidés par état; 5° enfin que lesdits demandeurs seraient condamnés aux dépens.

Me Devillers, avoué, a, pour les intervenants qui ne sont plus parties en cause d'appel, conclu à ce qu'il plût au tribunal : Recevoir lesdits sieurs Dubois de Néhaut, Albéric Duchatel et Dumon-Dumortier, intervenants en la cause, et statuant sur ladite intervention, par les motifs repris aux conclusions des compagnies réunies de Fresnes-Midi, Thivencelles et Condéenne, déclarer que la haute justice du seigneur de Croy ne s'étendait pas sur les territoires de Sainte-Calixte et de....... Dire en conséquence que lesdits territoires ne sont pas compris dans la concession de la compagnie d'Anzin; condamner ladite compagnie aux dépens, sous toutes réserves.

Ensuite, ledit Mᵉ Libert, avoué, a encore conclu pour la compagnie des mines d'Anzin à ce qu'il plût au tribunal : Donner acte aux demandeurs de la déclaration qu'ils faisaient de n'avoir cause en la forme pour s'opposer à l'intervention de MM. Dubois de Néhaut et consorts; au fond, débouter les intervenants de leurs demandes, fins et conclusions, et les condamner aux dépens, sous toutes réserves.

Enfin, ledit Mᵉ Le Barbier a encore conclu à ce qu'il plût audit tribunal : Donner acte de la déclaration que faisaient les défendeurs de ne pas s'opposer en la forme à l'intervention de MM. Dubois de Néhaut et consorts; sous les réserves les plus expresses des droits quels qu'ils fussent desdits défendeurs.

La cause fut plaidée contradictoirement aux audiences des 21, 22, 23 et 26 février 1849, par Mᵉˢ Dupont, avocat du barreau de Valenciennes, et Dumon, avocat du barreau de Douai, dans l'intérêt de la compagnie des mines d'Anzin; Allou, avocat du barreau de Paris, et Regnard, avocat du barreau de Valenciennes, pour MM. les associés et intéressés des mines de Thivencelles, Escaupont et Saint-Aybert, et par Mᵉ Deledicque, avocat du barreau de Douai, pour les intervenants.

La cause a été mise en délibéré, et le tribunal a rendu à l'audience du 30 mars 1849, le jugement dont les motifs et le dispositif sont ainsi conçus :

Considérant que l'avis du conseil d'État du 30 août 1848, statuant par forme d'interprétation des arrêts du conseil du roi, en date des 14 octobre 1749 et 20 avril 1751, a posé en fait :

Que le prince de Croy n'avait sollicité et obtenu l'autorisation d'extraire les charbons de ses terres de Condé et Vieux-Condé qu'en sa qualité de *haut justicier*, et seulement à raison du droit de préférence que les coutumes lui donnaient sur les terres soumises à *son droit de haute justice*; sans distinguer entre ces terres et les biens dont il était propriétaire foncier; ensuite a déclaré :

1° « Que le décret du 24-31 mars 1806 n'a eu, ni pour but, ni pour effet d'étendre ou de restreindre les permissions contenues aux arrêts du conseil des 14 octobre 1749 et 20 avril 1751 ; 2° que la permission accordée au sieur de Croy, par l'arrêt du conseil du 14 octobre 1749, comprend le territoire de Condé et Vieux-Condé, situé sur la rive droite de l'Escaut, et soumis, en 1749, *au droit de haute justice dudit sieur de Croy*, sans distinction entre les terres dont il était propriétaire foncier, et les terres qui étaient soumises seulement à *son droit de haute justice;* mais la compagnie d'Anzin, articulant, ce qui fut contesté, que le prince de Croy avait *le droit de haute justice* sur la totalité du territoire de Condé et Vieux-Condé, le conseil d'État ne put connaître d'un litige qui ne portait plus que sur l'existence et l'étendue *d'un droit de haute justice,* dont l'appréciation devenait de la compétence exclusive des tribunaux ordinaires. »

Que cet avis du conseil d'État du 30 août 1848, comme les débats à l'audience, réduisent donc nécessairement le procès actuel à *l'unique question de savoir* si, en 1749, le prince de Croy avait ou non la haute justice sur la *totalité* ou seulement *sur diverses portions* des territoires de Condé et Vieux-Condé; conséquemment sur quelle étendue de terrain il avait le droit d'extraire la houille?

Que ce point décisif, si habilement expliqué de part et d'autre, ne peut trouver sa solution que dans les principaux faits de la cause, rapprochés des moyens respectifs des parties, des documents produits et des lois relatives à la matière;

Considérant que la ville et le territoire de Condé se divisaient par moitié entre la *seigneurie propriétaire* ou de Bailleul, et la *seigneurie Gagère* ou du Château, dont le bois, dit du roi, faisait partie;

Que bien antérieurement au 14 octobre 1749, des documents établissent (ce qui d'ailleurs n'est pas contesté) que le prince de Croy exerçait la haute justice sur la *totalité* des territoires de Condé et Vieux-Condé, sans jamais, pendant plusieurs siècles, avoir rencontré la moindre opposition, ni d'aucun seigneur, ni des rois de France, ni d'aucun autre souverain;

Que *si l'exercice d'un droit n'est pas* toujours *le droit en lui-même,* il faut cependant reconnaître qu'à défaut de titre attributif de la haute justice, une aussi longue jouissance devrait, selon tous les jurisconsultes anciens et modernes, le bon sens et la raison, suffire pour en justifier la légitimité et la faire regarder comme preuve suffisante du droit de haute justice, au profit de celui qui l'exerça, à moins toutefois qu'un adversaire, ici les sociétés réunies de Thivencelles, ne puissent, comme elles le prétendent, établir que ce long exercice de la haute justice n'a été, de la part du prince de Croy et de ses prédécesseurs, qu'un abus, une véritable usurpation du droit.

L'avocat des sociétés réunies de Thivencelles et Fresnes-Midi, pour arriver à la preuve que l'exercice de la haute justice par le prince de Croy sur la seigneurie gagère et le quart du bois du roi, n'était de sa part qu'un abus, une véritable usurpation, invoque les raisons suivantes :

Seigneurie gagère. — Le 11 avril 1529, la princesse de la Roche-sur-Yon, par contrat d'échange et de contre-échange, céda ladite seigneurie gagère à François Ier, roi de France.

Quart du bois du roi. — Le quart du bois du roi appartenant aux rois d'Espagne, par suite de confiscation sur l'un de leurs sujets, advint aux rois de France par la conquête de 1678, et, avec elle, vinrent les principes de l'ordonnance de Moulins (1566) : plus de prescription ; une fois le roi de France propriétaire de la seigneurie gagère et du quart de ce bois du roi, comme il ne pouvait relever d'aucun de ses sujets ni de personne, il devenait nécessairement le haut justicier de ces domaines : et ses droits étant toujours restés intacts, en 1749, le prince de Croy n'avait pas l'ombre d'un droit de haute justice sur cette *seigneurie gagère* ; donc, aux termes de l'avis du conseil d'État du 30 août 1848, pas de concession au profit des mines d'Anzin d'extraire la houille, au moins sur cette dernière portion de terrain ;

Que ce système, malgré son apparente simplicité, recèle la plus sérieuse difficulté du procès, celle de savoir si jamais le roi a pu, *en fait* ou *en droit*, être réputé propriétaire des terres composant cette seigneurie gagère ?

Sur ce point capital :

Considérant que François Ier, roi de France, fait, à Pavie, prisonnier de Charles V, empereur des Romains et roi des Espagnes, et se trouvant sans argent pour satisfaire au prix convenu de sa rançon, ne put se libérer qu'en lui faisant avoir des terres de ses vassaux, situés dans les Pays-Bas, soumis à la souveraineté de son heureux rival.

Que, par acte du 11 avril 1529, la princesse de la Roche-sur-Yon, pour être agréable à son seigneur et roi ; pour retirer le dauphin et le duc d'Orléans, ses enfants, laissés en otages ès mains dudit empereur, s'obligea personnellement, au nom de ses enfants Louis et Charles de Bourbon, dans les termes suivants : « De bailler, céder et transporter ses seigneuries de Leuze et Condé, situées dans le Hainaut, royaume d'Espagne, audit seigneur élu empereur, selon et au désir du traité de paix (de Cambrai) et accomplissement d'icelui, pour et au profit du roi François Ier et à sa *décharge* par sa requête et mandement, pour en jouir par ledit seigneur élu empereur, ses hoirs et successeurs et ayants cause, ainsi qu'il est dit au traité, avec faculté de rachat à ladite dame audit nom, et pour les siens ou autrement, ainsi qu'il sera avisé par ses procureurs, auxquels elle donne pouvoir de *soy déshériter*, pour et au nom de ladite dame au profit dudit seigneur empereur, de faire les déshéritements et de consentir aux adhéritements, *personnellement*, selon les coutumes entre les mains des baillis, hommes et pers de fiefs. »

On lit encore dans l'acte que la faculté de rachat est accordée à François Ier pendant les six premières années ; mais qu'il ne devra l'opérer qu'en vertu de procuration au nom de la princesse de la Roche et pour les siens ; le tout sous l'obligation consentie par le roi, de donner à titre d'équivalent, de récompense, le comté de Mortain et le vicomté d'Auge, biens de la couronne ; qu'en exécution de ces engagements entre François Ier et la princesse de la Roche, cette dernière céda et transporta *directement*, par l'intermédiaire de ses procureurs, ses terres de Condé et Leuze avec acte de déshéritance et d'adhéritance au profit de l'empereur Charles-Quint ;

Que le rachat, permis au roi pendant les six premières années, n'ayant pas eu lieu, et conséquemment ne pouvant remettre à la princesse, ou plutôt à ses enfants, la seigneurie de Condé et de Leuze aux fins de rentrer lui-même en possession du comté de

Mortaing et du vicomté d'Auge, la faculté de rachat fut exercée par le duc de Montpensier sur le baron de Roghendorff, à qui l'empereur avait, à son tour, cédé ses droits sur les terres engagées, les seigneuries de Condé et Leuze ;

Que ces divers actes, malgré leur dénomination d'*échange* et de *contre-échange* entre le roi de France et la princesse de la Roche, n'étant dans leur esprit comme dans leur exécution, que des engagements au profit d'un tiers, ne sauraient avoir le caractère légal d'un contrat d'échange ; d'autant moins que la cession directe de la seigneurie de Condé à l'empereur Charles-Quint n'a été faite que sous la condition perpétuellement suspensive de rachat ; ce qui écarte toute idée de transmission irrévocable, condition essentielle de l'échange.

Que le roi de France n'a donc jamais eu, *en fait*, la propriété de la seigneurie gagère de Condé, et jamais *en droit* ; car les formalités si impérieusement exigées, à peine de nullité, puisqu'on les regardait en Hainaut, et surtout sous la coutume de Valenciennes, comme tenant à l'ordre public, n'ont pas été remplies ;

Aucun acte de déshéritance et d'adhéritance exigé par les chartes générales du Hainaut (chap. LXXXIV), art. 1er, et que la coutume de Valenciennes, dans le ressort de laquelle se trouvait la seigneurie gagère, exigeait, chap. VIII, art. 50, de faire *personnellement*, n'eurent pas lieu en faveur de François Ier comme preuve manifeste et légale de sa propriété des terres composant cette seigneurie ; qu'au contraire, tous ces devoirs de loi, rappelés dans le traité même de Cambrai, et que la princesse de la Roche autorise à faire *personnellement* en son nom, en conformité, dit-elle, des coutumes du lieu, toutes ces formalités pour la transmission des biens furent remplies à l'égard de l'empereur Charles-Quint.

Que vainement, on objecta que le roi de France était exempt de pareilles formalités ; car, d'une part, les biens dont s'agit étaient hors de France, se trouvaient soumis aux lois locales du Hainaut, et que ces œuvres de loi étaient si nécessaires, qu'on n'en exempta point l'empereur lui-même, celui qui avait la souveraineté sur ces biens de Condé ; la preuve authentique en résulte d'un acte de vente faite par Charles-Quint au baron de Roghendorff, en l'année 1531, on y lit : « Et pour ledit vendage mieux sortir son effet, lui avons fait délivrer la copie authentique des lettres de déshéritement fait par la princesse de la Roche des terres de Leuze et de Condé ; » rien de plus précis et de plus concluant.

Qu'ainsi donc, les circonstances qui ont précédé, accompagné et suivi le traité de paix de Cambrai, les procurations et le contrat entre François Ier et la princesse de la Roche-sur-Yon, la nature et l'exécution même de ces divers actes, tout s'accorde pour démontrer clairement que jamais le roi de France François Ier n'a pu, ni *en fait* ni *en droit*, être, une seconde, réputé propriétaire des terres composant la seigneurie gagère ;

Que, dès lors, évidemment, le système des Sociétés réunies de Thivencelles et Fresnes-Midi, pèche par sa base ; et, encore bien qu'elles aient été, ainsi que les intervenants Dubois et consorts, recevables à agir comme intéressés à connaître les limites de la concession du 14 octobre 1749; les prétentions contre les mines d'Anzin, n'étant pas fondées, doivent être rejetées en ce qui touche cette seigneurie gagère ;

Qu'il doit en être de même relativement au quart du bois du roi, puisqu'il n'arriva aux rois d'Espagne que par suite de confiscation, sur les biens de l'un de leurs sujets, c'est-à-dire, avec toutes les charges et redevances dont il était précédemment grevé au profit du seigneur haut justicier des villes et terres de Condé et Vieux-Condé, et que les rois de France succédant aux rois d'Espagne pour ce quart de propriété indivise avec d'autres copropriétaires, n'ont pu le posséder et en jouir qu'aux mêmes titres et sous les mêmes obligations que leurs prédécesseurs ;

Que la conséquence nécessaire de ce qui précède sera l'obligation, de la part des sociétés réunies, de cesser et d'abandonner leurs travaux sur les terrains dont il s'agit ; mais, toutefois, en se référant à l'article 555 du Code civil, et à l'équité des mines d'Anzin, qui sauront mettre en pratique la maxime que *nul ne doit s'enrichir aux dépens d'autrui*, et ne voudraient sans doute pas, sans indemnité, s'emparer des travaux dispendieux déjà faits par les sociétés réunies, et dont la compagnie pourrait utilement profiter.

Considérant que les travaux effectués par les sociétés réunies n'ont point arrêté l'exploitation des nombreuses fosses à charbon des demandeurs, ni pu leur porter aucun préjudice; qu'il est temps, enfin, de mettre un terme à de trop longues discussions entre ces diverses compagnies; qu'en un mot, toutes les circonstances de la cause se réunissent pour ne pas accueillir cette demande en condamnation de dommages-intérêts;

Par ces motifs,

Le Tribunal dit les associés intéressés de mines de houille de Thivencelles et Fresnes-Midi, recevables dans leur action, les sieurs Dubois et consorts recevables dans leur intervention, et, statuant entre toutes les parties, déclare que le *droit de haute justice* du prince de Croy, notamment à l'époque de la concession par arrêt du conseil du 14 octobre 1749, s'étendait, sans aucune exception sur la *totalité* des territoires de Condé et Vieux-Condé, qui comprenaient les terres connues sous la dénomination de *Seigneurie gagère* et le quart de la forêt dite le *Bois du Roi*.

Déclare, en conséquence, les sociétés réunies, défenderesses et les intervenants mal fondés dans leurs prétentions contre la compagnie d'Anzin; les en déboute; leur ordonne de cesser sur ces territoires tous travaux pour découvrir ou extraire la houille, de les abandonner immédiatement; sous la réserve cependant de l'alternative laissée au propriétaire par le premier paragraphe de l'article 555 du Code civil; déclare n'y avoir lieu à la condamnation en dommages-intérêts requise par la compagnie d'Anzin; condamne les sieurs Dubois et consorts aux frais engendrés par leur intervention, le surplus des dépens à la charge des sociétés réunies de Thivencelles et Fresnes-Midi.

Ce jugement a été signifié à la requête de la compagnie des mines d'Anzin à MM. les associés et intéressés de Thivencelles, Escaupont et Saint-Aybert, par exploit de Dubois, huissier à Condé, du 24 avril 1849, enregistré.

Ils en ont interjeté appel aux termes de l'acte relaté en tête des présentes, le 30 du même mois d'avril, en constituant M⁰ Estabel, pour leur avoué près la cour d'appel de Douai.

La cause inscrite au rôle général de la cour, sous le n° 223, a été distribuée à la première chambre civile.

Mᵉ Rolland, avoué, s'est constitué pour MM. les associés et intéressés des mines à charbon d'Anzin, et ce suivant acte d'avoué à avoué du 1ᵉʳ mai suivant.

La cause est venue en ordre utile de plaidoirie à l'audience du 25 juin 1849, à laquelle Mᵉ Estabel-Luce, avoué, a conclu à ce qu'il plût à la cour : Mettre le jugement dont était appel au néant; émendant, dire que c'était sans droit et sans titre que la compagnie d'Anzin prétendait qu'il fût fait défense aux sociétés réunies de continuer leurs travaux; dire que ces travaux pourraient, au contraire, être repris et continués dans la partie du territoire de Condé, située à l'est du chemin de Condé à Bonsecours, correspondant à l'ancienne seigneurie gagère, et au quart du bois du roi; dire que les intimés n'avaient aucun droit à des dommages-intérêts; condamner la compagnie d'Anzin à payer aux sociétés réunies, à raison du préjudice causé par l'interruption apportée à leurs travaux, des dommages-intérêts à liquider par état; condamner les intimés aux dépens des deux instances; ordonner la restitution de l'amende consignée, sous toutes réserves les plus expresses et sans aucune approbation préjudiciable.

Mᵉ Allou, avocat du barreau de Paris, a été ensuite entendu dans sa plaidoirie pour lesdits appelants, et la cause a été continuée au lendemain 26 juin, jour auquel Mᵉ Rolland, avoué, pour la compagnie d'Anzin, conclut à ce qu'il plût à la cour : donner acte à la compagnie d'Anzin de ce qu'elle déclarait interjeter appel incident du jugement du tribunal de Valenciennes du 30 mars 1849, aux chefs qui portaient grief à ladite compagnie; statuant tant sur l'appel principal que sur l'appel incident, mettre le jugement dont était appel au néant aux chefs qui faisaient griefs à la compagnie d'Anzin; émendant quant à ce, déclarer les appelants au principal non recevables, en tous cas, mal fondés dans leurs demandes, fins et conclusions; ordonner que le surplus du jugement sortirait effet; condamner les appelants au principal aux dommages-intérêts à libeller sur état, aux dépens de la cause d'appel et à l'amende consignée sur l'appel principal; ordonner la restitution de l'amende consignée sur l'appel incident, sous toutes réserves de fait et de droit.

Mᵉ Dumon, avocat du barreau de Douai, a ensuite plaidé et développé les conclusions ci-dessus dans l'intérêt de la compagnie des mines d'Anzin.

A l'audience du lendemain 27 juin, Mᵉ Estabel, avoué, a pris les conclusions additionnelles suivantes, sur l'appel incident : Plaise à la cour : sans s'arrêter aux conclusions de la compagnie d'Anzin sur son appel incident, confirmer purement et simplement le jugement dont était appel en ce regard ; condamner la compagnie d'Anzin aux dépens de son appel incident et en l'amende consignée sur cet appel, sous toutes réserves.

Mᵉ Delangle, avocat du barreau de Paris, a pris ensuite la parole pour la réplique dans l'intérêt des appelants principaux.

Enfin Mᵉ Dumon a répliqué pour la compagnie d'Anzin.

La cause a été remise au 16 juillet pour entendre le ministère public, et à cette audience, M. Paul, avocat général, a donné ses conclusions.

Dans cet état, la cause a présenté à décider les questions suivantes :

Point de droit. 1° Le droit de haute justice du prince de Croy s'étendait-il, notamment au 14 octobre 1749, sans aucune exception, sur la totalité des territoires de Condé et Vieux-Condé, qui comprennent les terres désignées au procès sous les dénominations de seigneurie gagère et de quart du bois du roi ?

2° Les appelants sont-ils recevables à critiquer la légitimité de l'exercice du droit de haute justice par le prince de Croy ?

3° Les appelants prouvent-ils qu'en 1749, le duc de Croy exerçait illégitimement le droit de haute justice sur les parties du territoire de Condé, désignées au procès sous la dénomination de seigneurie gagère et de quart du bois du roi ?

4° Ne résulte-t-il pas, au contraire, des documents produits que ce droit de haute justice était exercé légalement ?

5° Enfin la longue possession du duc de Croy ne légitimerait-elle pas par la prescription le droit de haute justice exercé par le duc de Croy ?

6° Selon la solution affirmative ou négative donnée à cette question, y a-t-il lieu de déclarer les appelants au principal non recevables ou mal fondés dans leurs demande, fins et conclusions, ou de dire que leurs travaux pourront être repris et continués dans la partie du territoire de Condé, située à l'est du chemin de Condé à Bonsecours, correspondant, suivant l'articulation des appelants principaux, à l'ancienne seigneurie gagère et au quart du bois du roi?

7° Échet-il de condamner, soit les appelants au principal, soit la compagnie d'Anzin, à des dommages-intérêts envers la partie adverse à libeller par état?

Quid quant aux amendes respectivement consignées et aux dépens?

Me Estabel-Luce, avoué, a formé opposition aux qualités ci-dessus, lesquelles ont été maintenues au moyen des changements, à Douai, le 27 du mois de juillet 1849, par M. le président de la première chambre civile.

La cour, après avoir entendu contradictoirement aux audiences des 25, 26 et 27 juin 1849, MM^{es} Estabel-Luce, avoué, Allou et Delangle, avocats des appelants, MM^{es} Rolland, avoué, et Dumon, avocat des intimés en leurs conclusions et plaidoiries respectives, ensemble et à l'audience de ce jour 16 juillet 1849, M. Paul, avocat général, portant la parole au nom de M. le procureur général, en ses conclusions, et après en avoir délibéré, conformément à la loi;

Attendu que par décret du président du conseil, chargé du pouvoir exécutif, rendu le 30 août 1848, sur l'avis du conseil d'État, il a été décidé que la permission qu'Emmanuel de Croy-Solre avait sollicitée à l'effet d'extraire des charbons de ses terres de Condé et Vieux-Condé, et qui lui avait été accordée par l'arrêt du conseil du 14 octobre 1749, comprenait tout le territoire de Condé et Vieux-Condé, situé sur la rive droite de l'Escaut, et qui était soumis en 1749 au droit de haute justice dudit Emmanuel de Croy sans distinction, entre les terres dont il était propriétaire foncier et les terres qui étaient seulement soumises à son droit de haute justice;

Que la compagnie propriétaire des mines d'Anzin articulant devant le conseil d'État qu'Emmanuel de Croy avait droit de haute justice sur la totalité des territoires de Condé et Vieux-Condé, tandis que l'existence et l'étendue de ce droit de haute justice étaient contestées par les Sociétés réunies de Thivencelles et Fresnes-Midi sur diverses portions des terres dépendant de Condé et Vieux-Condé ; la connaissance des questions soulevées par ce litige a été renvoyée devant les tribunaux ordinaires ;

Que la question principale est donc de savoir si, en 1749, époque de la concession qu'il a obtenue, Emmanuel de Croy avait droit de haute justice sur la totalité ou seulement sur partie des territoires de Condé et Vieux-Condé ;

Attendu qu'il n'est pas nécessaire de rapporter le titre originaire de la concession ; que le droit de haute justice peut s'établir par des rapports et dénombrements pour l'exercice qui en a été fait, et par d'autres actes équivalents ;

Que les documents qui ont été mis sous les yeux de la cour ne permettent pas de douter que la totalité des territoires de Condé et Vieux-Condé ne fût, en 1749, soumise à la haute justice d'Emmanuel de Croy, aussi bien pour la partie connue sous le nom de seigneurie gagère ou du château que pour la partie connue sous le nom de seigneurie propriétaire ou de Bailleul ;

Que cette haute justice, apportée à la maison de Croy par suite d'alliance avec la maison de Lalaing, a constamment été exercée par elle avant comme après la concession de 1749 ;

Que c'est ce qui résulte, notamment de l'acte de donation faite le 5 août 1558 par Pierre de Mansfeld à Charles de Lalaing de la seigneurie gagère ; des lettres d'achat par la maison de Lalaing de la seigneurie propriétaire en date des 1er août et 23 novembre 1559 ; des actes de reliefs des 25 octobre 1593 et 8 janvier 1671 ; de l'extrait du registre des fiefs du Hainaut pour les années 1564 et 1573, de la déclaration du magistrat de Condé du 24 octobre 1702, faite en exécution d'une ordonnance de l'intendant de Flandre ; des actes de nomination de baillis des 7 avril 1725, 15 mars 1749 et 31 décembre 1776 ; d'un mémoire en date du 8 mai 1763, où les droits et usages du seigneur, du gouverneur et du commandant de la ville de Condé sont attestés par le prévôt du chapitre, le mayeur de la ville, le conseiller pensionnaire et le receveur du gouverneur ; d'un acte de partage et substitution du 13 juin 1770 ; d'un extrait de l'atlas de Condé reposant au ministère de la guerre, dans les archives du dépôt général des fortifications (année 1778), où il est dit à la page 103 que le duc de Croy, gouverneur de Condé et seigneur des deux fiefs réunis en 1560, est haut justicier de Condé et nomme les officiers du bailliage et le magistrat; d'un manuscrit indiquant le tableau général du ressort du parlement de Flandre pour l'année 1786 ; d'une lettre de l'ancien bailli de Condé, en date du 13 prairial an XIII, et de l'attestation d'un ancien juge du tribunal de Valenciennes, en date du 8 messidor suivant ;

Que cette haute justice ayant été contestée en 1722 sur Vieux-Condé, par un sieur Taffin, et le procureur général ayant demandé que les droits que le roi pouvait y avoir fussent examinés, le fermier du domaine prit fait et cause, et il intervint au parlement de Flandre, deux arrêts au profit de la maison de Croy, l'un à la date du 26 octobre 1726, qui maintint les officiers du bailliage de Condé dans l'exercice de leurs fonctions pour les actes de haute et moyenne justice dudit Vieux-Condé et fit défense audit Taffin de les y troubler; l'autre du 3 mars 1733, qui déclara le fermier du domaine non recevable ni fondé dans ses prétentions ;

Que plus tard, elle fut reconnue par Taffin lui-même, ainsi qu'il résulte de l'arrêt du parlement de Flandre du 23 janvier 1742 ;

Qu'Emmanuel de Croy se prévalut de sa qualité de seigneur haut justicier vis-à-vis du roi lui-même, ainsi qu'on le voit notamment dans sa requête sur laquelle a été rendu l'arrêt du conseil, du 20 mai 1704, relatif au partage de la forêt de Condé, et dans sa requête sur laquelle est intervenu l'arrêt du conseil qui lui accorde la permission qu'il sollicitait en qualité de seigneur haut justicier de faire fouiller et exploiter exclusivement à toutes personnes, les mines de charbon de terre qui étaient alors ou qui pourraient être découvertes par la suite dans l'étendue de ses terres de Condé et de Vieux-Condé ;

Que ces arrêts du conseil ont été rendus sans aucune protestation contre la qualité prise par Emmanuel de Croy ;

Qu'en présence de ces documents et de cette possession immémoriale de la haute justice, les compagnies réunies n'en contestent pas d'une manière générale et absolue la légitimité ;

Qu'elles se bornent à prétendre devant la cour, comme elles l'avaient fait devant le tribunal de Valenciennes, qu'elle était abusivement exercée par la maison de Croy sur la seigneurie gagère et sur le quart du bois du roi ;

Que de défenderesses qu'elles étaient d'abord, elles deviennent demanderesses sur cette exception et que c'est à elles à prouver l'abus qu'elles allèguent ;

Que la fin de non-recevoir que la compagnie d'Anzin oppose à ce moyen n'est pas fondée ;

Qu'en effet, propriétaires des terrains sur lesquels elles ont fait des recherches dans le but d'obtenir elles-mêmes une concession, les compagnies réunies ont intérêt et qualité pour soutenir que la concession de la compagnie d'Anzin, limitée par le décret du 30 août 1848, aux terres soumises en 1749 au droit de haute justice de la maison de Croy, ne peut être étendue aux parties de ces terres sur lesquelles cette maison aurait exercé de fait la haute justice sans en avoir réellement le droit ;

Que ce n'est pas là de leur part se prévaloir de droits qui appartiendraient au domaine, puisque l'État n'a aucune prétention à élever à la propriété des mines de charbon qui pourraient exister sur les terrains fouillés par les compagnies réunies ;

Que ce n'est pas non plus porter atteinte aux reconnaissances faites par l'État, puisqu'il n'a jamais reconnu que la concession d'Anzin comprit spécialement les parties de territoire désignées sous les noms de seigneurie gagère et de quart du bois du roi, et que quand la question a été soulevée devant le conseil d'État, il en a subordonné la solution au point de savoir si ces portions de territoire étaient soumises en 1749 au droit de haute justice de la maison de Croy, point dont il a réservé l'examen et l'appréciation à l'autorité judiciaire.

Au fond : En ce qui touche la seigneurie gagère :

Attendu, que François I*er*, fait prisonnier à la journée de Pavie, s'est engagé par l'article 3 du traité de Cambrai, à payer à Charles-Quint, son vainqueur, deux millions d'écus d'or au soleil ;

Que comme il n'avait pas toute cette somme à sa disposition et que Charles-Quint ne voulait accepter en payement que des terres soumises à sa souveraineté, il fut entre autres choses convenu que, pour la somme de cinq cent dix mille écus d'or, il fournirait une rente de vingt-cinq mille cinq cents écus, représentant le revenu au denier vingt desdits cinq cent dix mille écus et que pour ladite rente, il ferait avoir, à condition de rachat perpétuel, celles des terres qui appartenaient à ses sujets dans les Pays-Bas et qui seraient choisies par Charles-Quint, au prix du denier vingt, à concurrence de ladite rente;

Que parmi les terres désignées par l'empereur, furent celles de Leuze et Condé, situées en Hainaut et qui appartenaient à Louise de Bourbon, dame de la Roche-sur-Yon, comme ayant la garde de ses fils, Louis et Charles de Bourbon;

Que le point capital est de savoir si, avant d'arriver à Charles-Quint, la propriété de Leuze et Condé est entrée dans le domaine du roi de France, ou si elle est passée directement de Louis et Charles de Bourbon à Charles-Quint;

Attendu que du traité du 11 avril 1529, examiné dans son ensemble comme dans toutes ses parties, il résulte clairement que la propriété de ces deux terres n'a jamais reposé sur la tête de François Ier;

Qu'on y lit, en effet, que le roi de France a fait *requérir* la princesse de la Roche-sur-Yon, en sa qualité susdite, de *bailler, céder* et *transporter,* moyennant bonne et convenable récompense, *les terres que ses fils avaient dans le pays d'en bas au seigneur élu empereur pour et à la décharge d'icelui roi;*

Que la princesse a consenti à céder, transporter audit seigneur élu empereur, les terres et seigneurie de Leuze et Condé et que le roi accordait les terres d'Auge et Mortain en récompense, et contre-échange de celles que *ladite dame a consenti de céder et transporter audit seigneur élu empereur;*

Qu'à ces énonciations si positives, les compagnies réunies opposent les procurations données à l'effet de conclure l'acte du 11 avril 1529;

Qu'on y voit, en effet, que le projet avait été d'abord de faire céder au roi les terres que ses sujets possédaient dans les Pays-Bas, pour qu'il les rétrocédât à Charles-Quint; mais qu'il apparaît d'un document produit au procès que le roi, pour abréviation de l'affaire et *pour être relevé de payer doubles droits seigneuriaux, avait désiré que les déshéritances se fissent immédiatement au profit de l'empereur ;*

Que la princesse de la Roche-sur-Yon a, comme plusieurs autres qui se trouvaient dans la même position, souscrit au vœu du roi ;

Que c'est ce que prouve l'acte du 29 mars 1529, par lequel Louis de Clèves, dans des circonstances identiques, a fait directement à Charles-Quint le transport des terres qu'il avait dans les Pays-Bas ;

Que l'acte de cession à Charles-Quint de Leuze et Condé n'est pas représenté, mais que de l'inventaire de lettres relatives à l'exécution de cette partie du traité de Cambrai il résulte que François Ier, a, par lettres royaux, en date du 7 avril 1529, autorisé le prince de la Roche-sur-Yon, à cause de sa minorité, à transporter à l'empereur Leuze et Condé ;

Que de ce même inventaire et des lettres patentes de Philippe II, du 30 juillet 1558, il résulte encore que cette cession a eu lieu le 12 avril 1529, par les princes de la Roche-sur-Yon, au profit de Charles-Quint ;

Que les lettres patentes de Henri II, du mois de novembre 1548, rappellent aussi que François Ier avait fait requérir la princesse de la Roche-sur-Yon de céder, transporter à l'empereur Leuze et Condé, et qu'obtempérant à cette requête, elle avait, au nom de ses enfants, baillé, cédé et transporté à Charles-Quint lesdites terres, en récompense et contre-échange desquelles elle avait reçu Auge et Mortain ;

Que les compagnies réunies s'emparent de ce mot *contre-échange*, et font observer que l'acte du 11 avril 1529 est qualifié d'échange dans plusieurs documents, notamment dans les lettres patentes de Henri II et dans celles données par Charles IX au mois d'octobre 1567 ;

Mais ce que les parties ont fait, ce qu'elles ont elles-mêmes déclaré vouloir faire ledit jour, c'est un *traité* par lequel la princesse de la Roche-sur-Yon qui, pour satisfaire à l'obligation de François Ier envers Charles-Quint, s'engageait à abandonner à ce dernier des biens qu'elle avait dans les Pays-Bas, recevait du roi, en récompense, des biens situés en France;

Que sans constituer un véritable échange, ce traité avait avec ce contrat assez d'affinité pour qu'on ait pu, dans des actes postérieurs, lui en donner la dénomination et qu'il ait été ratifié, nonobstant l'ordonnance de Moulins du mois de février 1566, par lettres patentes de Charles IX, en date d'octobre 1567 et de septembre 1570, comme il l'avait été par Henri II, le 20 décembre 1548, surtout quand il avait pour objet une nécessité de guerre, la rançon du roi de France et la délivrance de ses enfants;

Que pour établir que l'acte du 11 avril est un échange proprement dit, on se prévaut de ce que les parties contractantes ont voulu s'assurer par une expertise s'il y avait égalité de valeur entre Leuze et Condé, d'une part, Auge et Mortain, d'autre part, et se sont engagées à se faire respectivement raison de la différence en plus ou en moins;

Mais que pour apprécier le sacrifice que la princesse de la Roche-sur-Yon consentait à faire et régler l'indemnité à laquelle elle avait droit, il fallait exactement connaître la valeur des terres qu'elle abandonnait à Charles-Quint en l'acquit du roi, comme de celles qu'elle recevait de ce dernier à titre de récompense;

Qu'on se prévaut enfin de la clause relative à la remise des titres, mais qu'on ne pourrait en tirer avantage qu'autant qu'elle porterait, ce qui n'existe pas, qu'à l'expiration des six années pendant lesquelles le rachat dont il va être question pourrait être exercé, les titres de Leuze et de Condé seraient remis à François Ier;

Attendu, au surplus, que ce qui prouve que le roi n'est pas devenu propriétaire de Leuze et Condé, c'est que ce n'est pas en sa faveur, mais pour la princesse de la Roche-sur-Yon et pour les siens que la faculté de les racheter a été stipulée;

Qu'il a été convenu que pendant six années, à compter du contrat, ce droit pourrait être exercé avec les deniers du roi par une personne qui serait nommée par lui et que la princesse constituerait son mandataire à cet effet;

Que si le rachat était ainsi fait, la princesse, qui rentrerait gratuitement en possession des terres de Leuze et Condé, devrait, de son côté, remettre au roi, la possession et jouissance d'Auge et Mortain, mais qu'après l'expiration de ce délai, sans que le rachat eût été effectué, Auge et Mortain seraient irrévocablement acquis à la princesse au nom de ses enfants ; qu'elle conserverait encore la faculté de racheter Leuze et Condé, mais avec ses deniers ;

Qu'on objecte qu'après les six années, le droit de rachat appartenait au roi, mais que si le roi s'était réservé ce droit par le traité de Cambrai, il est incontestable qu'il pouvait le céder à ceux de ses sujets qui satisferaient à son obligation envers Charles-Quint avec leurs propres biens ; que c'est ce qu'il a fait en faveur de la princesse de la Roche-sur-Yon par cette clause insérée au contrat : *avec faculté de rachat pour elle audit nom et pour les siens ;*

Que la même clause se retrouve dans les contrats passés, dans les mêmes circonstances, avec la duchesse de Vendôme et le seigneur de Béthune ;

Que pour établir qu'après le délai de six années le droit de rachat appartenait au roi, on ne peut se prévaloir des quittances données par Charles-Quint, les 18 août et 2 décembre 1534, du prix du rachat d'une partie des terres cédées par le seigneur de Clèves et la duchesse de Vendôme, puisque le délai de six années n'était point encore écoulé ;

Que quant à la procuration donnée, le 19 mars 1538, par Guillaume Leblanc, pour opérer la revente de certaines terres qui avaient été transportées à Charles-Quint et dont le rachat se devait faire de la part du roi de France, elle est étrangère à la contestation actuelle ; qu'on ignore quand, à quelles conditions et par qui le transport de ces terres avait été fait à Charles-Quint ;

Qu'il est seulement à remarquer que la revente dont il s'agissait devait, d'après cette procuration, avoir lieu, non au profit du roi de France, mais au profit de l'ancien propriétaire, Antoine Dubois, ce qui ôte à ce document tout l'avantage qu'on voudrait en tirer ;

Que ce qui prouve encore que ce n'est pas à François I", mais à Charles-Quint que la princesse de la Roche-sur-Yon a cédé Leuze et Condé, c'est la clause par laquelle il a été convenu *que ladite dame audit nom devrait constituer ses procureurs, leur donnant plein pouvoir et mandement spécial et irrévocable de bailler, céder et transporter lesdites terres au seigneur élu empereur pour et au profit du roi et à sa décharge; de soi déshériter au profit dudit seigneur élu empereur desdites terres qui ainsi seraient cédées par les procureurs de ladite dame audit nom audit seigneur élu empereur; de consentir que ledit seigneur élu empereur en fût adhérité et faire toutes œuvres de loi requises par la coutume du pays;*

Que, dans le Hainaut, où Leuze et Condé étaient situés, les actes de déshéritance et d'adhéritance étaient nécessaires pour opérer le transport de la propriété, et qu'en effet Charles-Quint s'est fait adhériter desdites terres, comme on en trouve la preuve dans les lettres des 26 août 1531 et 5 août 1558 ;

Que ces formalités n'ont pas été remplies vis-à-vis de François Ier, qui ne pouvait être dispensé de leur accomplissement pour des terres qui n'étaient pas de son obéissance ;

Que s'il pouvait être suppléé aux œuvres de loi par une possession de vingt et un ans, François Ier n'a pas été un seul instant en possession réelle de Leuze et Condé ; qu'on ne trouve même, soit au bureau des finances, soit dans les sommiers du domaine, aucune trace de l'acquisition qu'il en aurait faite ;

Qu'enfin si, comme on l'a vu ci-dessus, c'est le 12 avril 1529 que la cession de Leuze et Condé a été faite par la princesse de la Roche-sur-Yon au nom de ses enfants à Charles-Quint, il est certain qu'il n'y a pas eu un véritable contrat d'échange entre elle et François Ier, puisqu'elle n'aurait pu transmettre le 12 à Charles-Quint une propriété qui, dès le 11, aurait cessé de résider sur sa tête ;

Attendu que l'exécution donnée au traité du 11 avril achève de lever toute incertitude ;

Qu'en effet, Charles-Quint a transporté à Guillaume de Roghendorff les ville, chastel, terre, *justice* et seigneurie de Condé qui lui avaient été *cédés* avec Leuze *de la part du roi par Louis de Bourbon prince de la Roche-sur-Yon;*

Que, comme ce transport avait lieu le 26 août 1531, par conséquent dans le délai de six années, pendant lequel le rachat pouvait être exercé par le roi de ses deniers, on y rappelle que ce droit appartient au roi, au prince de la Roche-sur-Yon, à ses hoirs ou successeurs ;

Qu'en ajoutant que s'ils en usent, les titres seront remis au propriétaire, et que ce rachat ne pourra *être fait par autres que par ceux qui en ont fait le transport à Charles-Quint, ou par leurs hoirs et successeurs*;

Que le sens de ces expressions, s'il pouvait être douteux, serait fixé par les lettres patentes de Philippe II, en date du 30 juillet 1558, créant un bailli portatif pour le rachat et la revente de la terre de Condé;

Qu'on y voit que cette terre et celle de Leuze ont été *transportées et déshéritées par le duc de Montpensier le 12 avril 1529 avant Pâques pour par l'empereur ou son ayant cause, en jouir jusques au rachat que ledit duc de Montpensier, ses hoirs et successeurs en feraient*;

Que le rachat des ville, castel, terre, *justice* et seigneurie de Condé a été exercé le 5 août 1558 par le duc de Montpensier, fait lui-même prisonnier de guerre en 1557, et ce, moyennant les deniers qui lui ont été fournis par Charles de Lalaing et qui ont été consignés, parce que celui à qui on les offrait n'avait pas pouvoir suffisant pour les toucher;

Que le duc de Montpensier a cédé le même jour lesdites terre et *justice* pour prix de sa rançon à Pierre de Mansfeld, qui en a fait immédiatement donation audit Charles de Lalaing;

Attendu que les compagnies réunies révoquent en doute ce rachat par le duc de Montpensier, et veulent faire considérer l'acte qui le constate comme un projet resté sans exécution;

Mais que, précédé des lettres patentes portant création d'un bailli dans le but d'effectuer ce rachat, et suivi des actes de vente et de donation passés au profit de Pierre Mansfeld et de Charles de Lalaing, cet acte ne peut être sérieusement contesté;

Que tous ces actes se réfèrent les uns aux autres et se prêtent un mutuel appui;

Que d'ailleurs ceux qui avaient cédé Condé à Charles-Quint ayant seuls le droit de le racheter, et cette terre valant beaucoup plus que le prix moyennant lequel la cession en avait été faite à Charles-Quint, il est évident que les ayants cause de ce dernier n'auraient pas consenti au rachat, s'il avait été exercé par autre que par le duc de Montpensier;

Qu'on oppose la sentence rendue par le conseil privé de Philippe II, le 23 décembre 1559, sur un différend survenu entre la comtesse de Roghendorff et le baron d'Eytzing, à qui Philippe II avait fait don des biens confisqués sur Christophe de Röghendorff, à charge de payer les dettes de ce dernier;

Mais que loin d'affaiblir l'autorité des actes dont il s'agit, cette sentence les confirme; qu'il en résulte, en effet, à l'évidence, que le rachat avait eu lieu avec les deniers de Charles de Lalaing; que ces deniers avaient été convertis en une rente, et que cette sentence avait pour objet d'empêcher qu'en cas de remboursement de cette rente, les deniers en provenants ne fussent remis au baron d'Eytzing au préjudice des droits que pouvait y avoir la comtesse de Roghendorff, en vertu de son contrat de mariage, en cas de prédécès de son mari sans enfants;

Qu'on n'oppose pas avec plus de succès un autre document sans date, intitulé : *Déclaration et évaluation des terres et seigneuries de M. de Roghendorff;*

Qu'en effet, pour la conservation des droits éventuels qu'elle avait sur la terre de Condé ou sur les deniers à en provenir en cas de rachat, la dame de Roghendorff s'était fait adhériter conformément à la loi, ce qui n'empêchait pas le baron d'Eytzing de consentir au rachat de ladite terre en sa qualité de donataire et moyennant les précautions qui ont été prises, c'est-à-dire la consignation des deniers et l'obligation *d'en faire remploi en acquit de fiefs, héritage ou rente pour tenir la même nature et condition que la terre rachetée;*

Qu'on se prévaut enfin de la sentence rendue le 34 janvier 1559, par le conseil privé de Philippe II, sur la requête du baron d'Eytzing, tendant à la création d'un bailli portatif devant qui il ferait les transport et œuvres de loi, pour et au regard des terres et seigneuries d'une portion de Condé et de Fresnes ;

Que de cette demande on conclut que le rachat de la seigneurie gagère n'avait point eu lieu au mois d'août 1558, mais que l'objection est sans force, puisque si cette demande n'était pas relative à la seigneurie propriétaire rendue à la maison de Lalaing, le

23 novembre 1559, elle pouvait avoir pour objet l'acquit fait en remploi des deniers du rachat, et qui devait tenir la même nature et condition que la terre rachetée;

Que de toutes ces considérations il suit que loin que les compagnies réunies rapportent la preuve qui leur incombait, la compagnie d'Anzin établit que François Ier n'a pas été un seul instant saisi de la propriété de la seigneurie gagère;

Qu'il est inutile de rechercher si la haute justice est restée au duc de Montpensier après l'acte de 1529, ou si elle n'a pas plutôt été transmise à l'empereur comme l'indiquent tous les actes, puisque, même dans cette dernière hypothèse, elle serait revenue au duc de Montpensier par rachat, et que, cédée par lui au comte de Mansfeld, puis donnée par ce dernier à Charles de Lalaing, elle est arrivée à la maison de Croy, qui l'exerçait sans contestation ni partage sur cette partie comme sur la seigneurie propriétaire à l'époque de la concession de 1749;

Attendu que dans le cas même où François Ier serait devenu propriétaire, en 1529, de la seigneurie de Condé, et l'aurait vendue à Charles-Quint, avec faculté de rachat, il faudrait reconnaître encore que les principes sur l'imprescriptibilité du domaine du prince n'étaient pas admis en Hainaut, où cette seigneurie était située, et que de 1558, époque de la donation faite par Mansfeld à Charles de Lalaing, à 1678, époque où le traité de Nimègue a réuni Condé à la France, la maison de Croy, qui, par elle et ses auteurs, avait constamment possédé la haute justice de Condé, l'aurait acquise par prescription;

Que cette acquisition pourrait d'autant moins être contestée que la faculté de rachat conventionnel se prescrivait, en Hainaut, par trente ans;

Que le duc de Montpensier, qui l'avait exercée en 1558, en avait le droit aux yeux de tous;

Que la vente par lui faite à Mansfeld et la donation consentie par ce dernier à Charles de Lalaing étaient pures et simples, et que la possession de la haute justice a eu lieu de bonne foi, publiquement et sans contradiction;

Que la cession faite à la France par le traité de Nimègue d'une partie du Hainaut, n'a pu porter atteinte au droit acquis par la maison de Croy.

En ce qui touche le quart du bois du roi :

Attendu que ce quart qui provenait au roi d'Espagne de confiscation sur un particulier, était indivis avec le reste de la forêt, et soumis au droit de haute justice de la maison de Croy, comme les trois autres quarts qui appartenaient à cette maison ;

Qu'il y est resté soumis, nonobstant le traité de Nimègue qui en a fait passer la propriété dans le domaine du roi de France, et nonobstant le partage de 1704, qui a fait cesser l'indivision jusqu'à ce que l'échange fait avec le roi le 19 janvier 1758, en ait attribué la pleine propriété à Emmanuel de Croy ;

Qu'on objecte que le roi ne pouvant passer dessous la justice de ses vassaux, la haute justice a cessé d'appartenir à la maison de Croy sur le quart de la forêt, le jour où le roi en est devenu propriétaire ;

Mais que les seigneurs ne pouvaient être dépossédés sans indemnité de leur justice sur les héritages acquis par le roi ; qu'aussi après avoir réglé cette indemnité pour ceux desdits héritages sur lesquels le roi jugerait à propos de faire construire des maisons royales ou des manufactures, l'édit du mois d'avril 1667 ajoutait : « et pour les héritages qui ne seraient démolis ni enfermés dans l'enclos des maisons royales, il ne sera payé aucun dédommagement pour raison de la haute justice, et pourront les seigneurs hauts justiciers jouir de leurs droits de justice ainsi qu'ils auraient pu faire avant les acquisitions faites par le roi ; »

Que cet édit a été exécuté à l'égard du quart du bois du roi ;

Que c'est ce qui résulte : 1° de l'arrêt du conseil du 16 septembre 1679, par lequel le roi, conformément à l'avis de son intendant et d'un commissaire qu'il avait nommé pour la visite de ses forêts dans les provinces de Flandre, a décidé : « que les fermiers du domaine ne pourraient, à raison de son quart, rien prétendre que la jouissance des taillis, et que la juridiction de la forêt de Condé serait tenue et continuée audit lieu de Condé par les officiers dudit lieu dont les gages seraient payés par le comte de Solre, à l'exception d'un sergent garde pour la part de Sa Majesté, tandis que pour les bois appelés le Prince et Rouges-Carrières, la justice et juridiction serait laissée et continuée dans la ville de Valenciennes, dans le lieu appelé l'Office du bois du roi, et par les officiers dudit lieu qui seraient pourvus par Sa Majesté, et dont les gages seraient payés par les fermiers du domaine ; » 2° de l'arrêt du conseil du 20 mai 1704, qui a ordonné le partage de la forêt de Condé à la suite d'une requête, dans laquelle Emmanuel de Croy expose que : « Comme seigneur de la terre de Condé, la haute justice lui appartient dans toute l'étendue de ladite terre, laquelle justice il exerce seul par ses officiers ainsi que ses ancêtres ont toujours fait sur la totalité des bois qui en dépendent, encore qu'il en appartienne un quart par indivis à Sa Majesté ; »

Que loin de protester contre cette prétention et de réserver la justice sur le quart qui devait lui échoir, le roi a ordonné que les ventes et « exploitations dudit bois seraient faites par les officiers du comte de Solre, ainsi et de la même manière qu'il se pratique pour les bois appartenant au seigneur haut justicier dans la province du Hainaut, sans que les officiers de Sa Majesté pussent à l'avenir s'immiscer et y faire aucunes ventes, martelages et exploitations et ce nonobstant la disposition de l'ordonnance du mois d'août 1669 ; »

3° De la déclaration déjà citée du magistrat de Condé du 24 octobre 1702, où il est fait mention spéciale du quart appartenant au roi dans le bois de Condé, et où il est reconnu que la haute, moyenne et basse justice appartenait à la maison de Croy, dans la terre et seigneurie de Condé ;

Que quant au droit de chasse, l'un des attributs de la haute justice, il appartenait également à ladite maison ainsi qu'il résulte de ladite déclaration et du mémoire précité du 8 mai 1763 ;

Qu'on objecte encore que l'édit de 1667 est contraire à l'ancien droit public de la France ; mais qu'il a été confirmé par une déclaration du 22 septembre 1722, et par un arrêt du conseil du 9 décembre 1727 ;

Que, dans ces circonstances, on ne peut prétendre qu'en 1749, date de la concession obtenue par Emmanuel de Croy, c'était abusivement qu'il exerçait la haute justice sur le quart du bois du roi ;

Que par une conséquence ultérieure, il faut reconnaître que cette concession s'étend aussi bien à cette partie du territoire qu'à celle qui formait l'ancienne seigneurie gagère ;

Que la solution donnée aux questions qui précèdent, entraîne nécessairement le rejet de la demande en dommages-intérêts formée par les compagnies réunies contre la compagnie d'Anzin ;

Adoptant au surplus les motifs des premiers juges ;

La cour, sans s'arrêter à la fin de non-recevoir proposée par la compagnie d'Anzin, met les appellations au néant, ordonne que ce dont est appel sortira effet ; condamne les appelants principaux à l'amende et aux dépens de la cause d'appel ; condamne la compagnie d'Anzin à l'amende consignée sur son appel incident.

Ainsi jugé et prononcé en audience publique, tenue par la première chambre civile de la cour d'appel de Douai, le 16 juillet 1849, où étaient présents :

MM. Leroux, premier président; Taillar, Benoist, Pillot, Buffin, Cotteau, Couture, Deguerne, conseillers; Paul, avocat, général; et Lenglin, commis-greffier assermenté.

EXAMEN,

EN CE QUI CONCERNE

LA SEIGNEURIE GAGÈRE

OU DU CHATEAU DE CONDÉ,

DE L'ARRÊT

RENDU PAR LA COUR D'APPEL DE DOUAI,

Le 16 juillet 1849.

Le Conseil soussigné, consulté sur la question de savoir si, en ce qui concerne la seigneurie *gagère* ou du château de Condé, l'arrêt qui précède ne donne pas ouverture à cassation,

Résout la question affirmativement, parce que cet arrêt viole :

1° Les lois anciennes qui déclaraient le domaine de la couronne inaliénable;

2° La règle de droit ancien qui ne permettait pas l'interversion du titre du possesseur à titre précaire à l'insu du propriétaire et sans contradiction du droit de celui-ci, règle confirmée par l'art. 13 du chapitre VIII des chartes générales du Hainaut;

3° L'article 1 du chapitre CVII de ces chartes qui ne permet de prescrire qu'au possesseur de bonne foi;

4° Le même article en ce qu'il ne permet de prescrire que contre une personne capable d'aliéner;

5° Les principes de l'ancien droit qui interdisaient d'une manière absolue aux possesseurs à titre précaire, la faculté de prescrire par quelque laps de temps que ce fût, principes confirmés par le droit commun des Pays-Bas, et spécialement par les art. 9, 10, 12 et 20 du chapitre cviii des chartes générales du Hainaut;

6° Le principe qu'on ne peut prescrire contre son titre;

7° La règle du droit coutumier du Hainaut, qui déclarait imprescriptible la faculté de rachat, conformément au principe posé dans l'art. 16 du chapitre cxxii des chartes générales de cette province;

8° Le principe que le propriétaire *possède*, par celui qui détient son bien pour lui et en son nom, principe consacré par les art. 9, 10, 12 et 20 du chapitre cvii des chartes précités;

9° L'article 1 du chapitre cvii de ces mêmes chartes, d'après lequel la possession d'un immeuble ou d'un droit réel pendant vingt et un ans, suffit, sans *œuvres de loi*, pour en acquérir la propriété par la prescription;

10° Enfin l'article 3 du traité de Cambrai du 5 août 1529.

§ Ier.

PREMIER MOYEN DE CASSATION.

VIOLATION DES LOIS ANCIENNES SUR L'INALIÉNABILITÉ DU DOMAINE DE LA COURONNE.

On a dit souvent qu'une question bien posée était une question à moitié résolue, et qu'à l'inverse, une question mal posée aboutissait presque infailliblement à une solution fausse. L'arrêt de la cour de Douai, contre lequel la société de Thivencelles s'est pourvue, nous offre une nouvelle preuve de la vérité de ces maximes.

La cour de Douai s'est demandé si la société de Thivencelles prouvait qu'en 1749 le duc de Croy exerçât illégitimement le droit de haute justice sur la partie du territoire de Condé désignée sous la dénomination de *Seigneurie gagère*; si, au contraire, il ne résultait pas des documents produits que ce droit de haute justice était exercé légalement; et enfin, si la longue possession du duc de Croy ne légitimait pas, par la prescription, le droit de haute justice qu'il exerçait?

Il est facile de voir que ces questions n'étaient pas celles que la cour de Douai avait à résoudre.

De quoi s'agissait-il, en effet, devant le conseil d'État, qui, par son avis du 20 août 1848, a saisi la justice ordinaire d'une portion du litige soumis à son appréciation?

Il s'agissait, devant le conseil d'État, de savoir quels étaient le sens et la portée d'un arrêt de l'ancien conseil, sous la date du 14 octobre 1749, qui avait accordé à M. de Croy le droit de faire fouiller et exploiter les mines de charbon de terre qui se trouvaient dans l'étendue de *ses terres* de Condé et de Vieux-Condé, au delà de l'Escaut. Que signifiait ce mot *terres*? Sur ce point les parties respectives étaient d'accord en ce sens que, si ce mot *terres* se référait à la juridiction, l'arrêt du 14 octobre 1749 comprenait la totalité du territoire dont la haute justice appartenait à M. de Croy; mais, lorsqu'il s'agissait de déterminer quelle était l'étendue du territoire de la haute justice duquel M. de Croy était propriétaire, la dissidence commençait à se produire. Suivant la compagnie d'Anzin, M. de Croy était propriétaire de la justice de tout le territoire actuel de la commune de Condé. Suivant la compagnie de Thivencelles, au contraire, il n'était propriétaire que de la justice de la moitié de ce territoire environ.

La question était ainsi nettement posée devant le conseil d'État, non-seulement par les parties, mais par le conseil général des mines, qui, dans son avis des 25, 26 et 30 octobre 1844, reconnaissait « que l'arrêt du 14 octobre 1749 devait être interprété en ce sens que par les expressions *ses terres de Condé et Vieux-Condé au delà de l'Escaut*, ont été désignés *les terrains sur lesquels s'étendait la haute justice dont le prince de Croy était propriétaire.* » (Voy. pièce E annexée à l'inventaire analytique, p. 167 et 168.)

Dans son avis du 18 juillet 1845, le conseil des mines posait de nouveau la question absolument dans les mêmes termes (voy. *ibid.*, p. 204).

Et ainsi faisait aussi le ministre des travaux publics, M. Dumon, en saisissant, à la requête de la compagnie d'Anzin, le comité du contentieux de la connaissance de l'affaire (voy. *ibid.* p. 212 et 213). Ce comité, faisant application des articles 26 et 56 de la loi du 21 avril 1810, n'a pas cru pouvoir résoudre une question de propriété; mais, en s'en dessaisissant par son avis des 18, 19 et 20 août

1848, approuvé par le chef du pouvoir exécutif le 15 septembre suivant, il l'a renvoyée à qui de droit, telle qu'elle lui avait été posée à lui-même, et cette question était celle-ci : *En 1749, M. de Croy était-il propriétaire de la haute justice de la seigneurie gagère de Condé?*

La compagnie de Thivencelles niait-elle cependant que le duc de Croy exerçât, en 1749, la haute justice sur tout le territoire de la commune de Condé? Nullement[1]. Niait-elle même que cet exercice de la haute justice fût légitime entre ses mains? Pas davantage. Mais la société de Thivencelles disait que, pour la moitié du territoire de Condé, M. de Croy exerçait la justice en son propre nom et comme propriétaire d'icelle ; que pour l'autre moitié de ce même territoire, au contraire, il exerçait la haute justice au nom d'autrui, comme détenteur à titre précaire, en un mot, comme engagiste d'un domaine de la couronne.

Que, d'ailleurs, dans l'engagement de ce domaine la justice ait été comprise, c'est ce qui n'était pas contestable et ce qui n'a pas été contesté. Dans l'évaluation qui en avait été faite, en effet, on avait fait figurer, en termes exprès, le droit d'*épave* et le droit d'*aubaineté*, qui, d'après les articles 1 et 2 du chapitre cxxx des chartes générales du Hainaut, de 1619, étaient compris dans les attributions de

---

[1] Dans le jugement du tribunal de Valenciennes du 30 mars 1849, aux motifs duquel se réfère l'arrêt de la cour de Douai, du 16 juillet de la même année, on reconnaît de la manière la plus positive que le débat n'a jamais porté sur l'*exercice*, mais sur la *propriété* de la haute justice de la moitié du territoire actuel de Condé :

« Considérant, dit le jugement, que la ville et le territoire de Condé se divisaient par moitié entre la seigneurie propriétaire ou de Bailleuil et la seigneurie gagère ou du château, dont le bois dit Bois-du-Roi faisait partie ; que, bien antérieurement au 14 octobre 1749, *des documents établissent*, CE QUI D'AILLEURS N'EST PAS CONTESTÉ, *que le prince de Croy exerçait la haute justice sur la totalité du territoire de Condé et de Vieux-Condé.* »

la haute justice[1]. Aussi, lorsque, à la date du 26 août 1531, l'engagiste primitif (Charles-Quint) cède ses droits au baron de Roghendorff a-t-il soin de comprendre dans sa cession l'exercice de la justice comme la jouissance du fief ; il transmet au même titre qu'il possède, c'est-à-dire comme engagiste, *icelle ville et chastel, terre,* JUSTICE *et seigneurie de Condé.*

A quoi bon donc cette longue série d'actes et de pièces cités par l'arrêt attaqué, et qui, tous, ne tendent à prouver qu'une chose, sur laquelle tout le monde est d'accord, à savoir que M. de Croy exerçait la haute justice sur tout le territoire de Condé ?

A quoi bon aussi cet allégué, que pour justifier d'une haute justice, il n'était pas nécessaire de reproduire le titre originel de sa concession, qu'une possession soutenue de rapports, d'aveux et de dénombrements pouvait le remplacer ? Cela est parfaitement vrai, mais là non plus n'est pas la question. Il ne s'agit pas ici de remplacer par des équipollents un titre originel de concession qui fait défaut. Dans l'espèce le titre originel existe, comme nous le verrons bientôt ; ce titre c'est le traité de Cambrai, c'est l'acte d'engagement qui a eu lieu en vertu de ce traité. Quant à la possession du duc de Croy, c'est en regard de ce titre qu'il faut l'apprécier. S'il possède à titre précaire, s'il possède pour autrui, sa possession, loin de pouvoir aboutir à une prescription, protestera perpétuellement contre sa prétention à vouloir prescrire. Il se trouvera dans la position de celui qui, invoquant un droit de servitude, reconnaît par là même qu'il n'est pas propriétaire du bien sur lequel cette servitude doit s'exercer : *Nemini res sua servit.* Il se trouvera dans la position du fermier qui, par son occu-

---

[1] Il en était de même d'après les anciennes chartes, homologuées en 1534 par Charles-Quint. Voir lesdites chartes, ch. 106, art. 13 et ch. 85 *passim.*

pation du bien qui lui a été loué, perpétue la preuve que ce bien appartient à autrui, et constate, d'une manière permanente et continue, l'impuissance où il est d'en devenir propriétaire par la prescription.

De ce qui précède il résulte, que les questions que la cour de Douai avaient à résoudre étaient celles-ci : La portion du territoire de Condé en litige était-elle un domaine engagé ? Si elle était un domaine engagé, à qui appartenait la propriété de la haute justice de ce domaine ? Était-ce le roi de France qui était propriétaire de cette haute justice ? Était-ce, au contraire, l'engagiste ou ses ayants droit, l'exercice de la haute justice ayant été compris dans l'acte d'engagement ?

La question de savoir si la seigneurie *gagère* ou du château, formant la moitié du territoire actuel de la commune de Condé, était un domaine engagé, deviendra de plus en plus claire à mesure que nous avancerons dans notre examen. Quant à présent, nous nous contenterons de dire, que la preuve de l'engagement résulte très-clairement de la cession précitée, portant la date du 26 août 1531. On y voit que Charles-Quint était détenteur de ladite seigneurie, en *exécution du traité de Cambrai*; que, par ce traité, le roi François Ier s'était réservé la faculté de rachat perpétuel, caractère distinctif de l'acte appelé par les domanistes, *engagement du domaine*, et qu'enfin Charles-Quint, en transmettant ses droits, prend bien soin de soumettre son cessionnaire aux obligations qu'il a lui-même acceptées, c'est-à-dire à la condition de subir perpétuellement le rachat stipulé en faveur du roi de France dans ledit traité de Cambrai.

Reste donc à savoir à qui appartenait la propriété des justices des seigneuries engagées, soit que la justice du domaine engagé eût été comprise dans l'acte d'engagement, soit qu'elle en eût été exclue.

Or, sur ce point tous les jurisconsultes qui se sont occupés du droit domanial professent les mêmes doctrines. Ils reconnaissent que la propriété des justices des seigneuries engagées restait au roi, que les fruits et émoluments seuls de la justice appartenaient à l'engagiste, et que si la nomination même des officiers lui était accordée par le titre d'engagement, la justice n'en était pas moins toujours rendue au nom du roi. C'est ce qui est très-bien expliqué par La Garde, *Traité historique de la souveraineté du roi*, t. I, p. 63 et 64; Loiseau, *des Offices*, liv. IV, ch. ix, n° 34; Lefèvre de La Planche, *Traité du domaine*, liv. XII, ch. iv, n°s 14 et 15; Bosquet, *Dictionnaire des domaines*, t. II, p. 306; Chopin, *du Domaine*, liv. III, ch. xix, n° 5, et ch. xx, n° 14; l'avocat général Talon, *Journal des audiences*, t. I, p. 279; La Lande, sur l'art. 63 de la coutume d'Orléans; de Fréminville, *Les vrais principes des fiefs*, t. I, p. 502; le Bret, *De la souveraineté du roi*, liv. III, chap. i; Henriquez, *Code des seigneurs*, ch. xxviii, n° 15; et l'auteur de l'*Essai sur les apanages*, t. I, p. 12.

Il arrivait fréquemment au reste, comme le remarquent Bacquet et de Fréminville, que les engagistes, abusant de leur jouissance, usurpaient la justice qu'ils devaient exercer au nom du roi, et la rendaient en leur propre nom. « L'abus, dit ce dernier auteur (*Principes des fiefs*, t. I, p. 5), est qu'ils ont coutumièrement quelques fiefs qui leur appartiennent en propriété *dans le voisinage de leur engagement,* à la faveur de laquelle propriété, ils font confusion de ce qui appartient au roi, d'avec ce qui leur est propre, et n'en font qu'une même chose; par la suite, ils se font passer des reconnaissances nouvelles de leurs fiefs, en y joignant insensiblement les cens et redevances dus au roi, comme faisant partie de leurs fiefs; en sorte que d'un fort petit livre terrier d'un fief, ils s'en font un considérable. J'ai vu un engagiste du domaine, dont le terrier peut être d'une vingtaine de feuillets en cens, qui avait eu le secret d'en faire sept à huit volumes *in-folio*, par des reconnaissances passées en son nom, et non en celui du roi, et en toute justice, tandis qu'elle appartenait au roi. Il y en a tant dans ce genre-là, qu'il est inouï qu'on puisse même le penser : cela est cependant très-constant. »

L'abus signalé par Bacquet et par de Fréminville, ne pouvait d'ailleurs devenir dangereux qu'autant qu'on ne parvenait pas à découvrir le titre de possession des engagistes [1]. Dès qu'on leur prouvait qu'ils étaient détenteurs à

---

[1] Dunod (*Traité des prescriptions*, p. 50) rapporte que par arrêt du parlement de Besançon, du 31 janvier 1698, les jésuites de Dôle furent déboutés de la propriété d'un bois situé sur le territoire de Moissé, quoiqu'ils eussent fait depuis plus de cent ans des actes de propriétaire, parce que le titre primitif de leur possession, qui fut produit, ne leur donnait que des droits d'usager.

Il cite deux arrêts semblables rendus l'un contre le seigneur d'Ausson, le 1er juillet 1700, et l'autre contre le seigneur de Noire, le 23 juillet 1717.

C'est ce qui a été jugé encore par le célèbre arrêt du parlement de Paris, du 21 avril 1558, rendu en faveur de Catherine de Médicis contre l'évêque de Clermont, bien que la possession de celui-ci datât de plusieurs siècles. (Voy. Henrys, liv. IV, q. 162, n°s 3 et 4, t. II, p. 901 et 902; Papon, liv. XII, tit. III, n° 17, et le recueil de Duluc, liv. IX, tit. v.)

C'est ce qui a été jugé aussi par un arrêt du parlement de Paris de 1676, dont on peut voir l'espèce dans le *Répertoire* de Merlin (v° *Prescription*, sect. I, § 6, art. 2), et dans le commentaire de M. Troplong sur l'article 2240, n° 525.

Merlin, *loc. cit.*, montre que telle a toujours été la jurisprudence de l'ancien conseil du roi. Il cite en preuve cinq arrêts de ce conseil, datés des 20 mars 1727, 9 août 1729, 23 juin 1733, 11 avril 1740 et 30 avril 1770.

Il cite Dumoulin, disant que, pour que la reconnaissance même du propriétaire déterminât l'interdiction du titre précaire, il faudrait que cette reconnaissance fût motivée et donnée en connaissance de cause : *Simplex recognitio non disponit, nec immutat statum rei;* que si elle est donnée par erreur *tanquam erronea cedit veritati.*

Il cite d'Argentrée, cette fois d'accord avec l'oracle du droit coutumier, et disant avec cette énergie qui lui est propre : *Quum apparet titulus, ab eo possessiones legem accipiunt.*

Il cite Marnac (sur la loi 13, ff. *de public. in rem act.*), disant que la

titre précaire, ils ne pouvaient prescrire, car ils ne possédaient pas réellement, ou plutôt ils possédaient pour autrui. Aussi, après avoir décidé en général, dans son commentaire sur la coutume de Bourgogne, que, comme le dit l'arrêt attaqué, la justice pouvait s'acquérir par prescription, le président Bouhier (ch. LI, n° 337), ajoute-t-il : « que si à la prescription on joint quelque titre comme une concession de droit de justice (telle que celle faite dans l'espèce à Charles-Quint, par le traité de Cambrai et par lui transmise à M. de Roghendorff,) il faut bien prendre garde qu'il ne contienne rien de contraire à la possession dont on veut se prévaloir, car il est des maximes les plus certaines qu'en ce cas, la possession n'est plus considérée parce que personne ne saurait prescrire contre son titre. Et de là, vient l'axiome : qu'il vaut mieux n'avoir point de titre, que d'en avoir un vicieux. »

Aussi La Garde (*Traité historique de la souveraineté du roi*, t. 1, p. 93, n° 72), tout en admettant la prescription centenaire contre le domaine de la couronne, ajoute-t-il : « Cependant *s'il y avait quelque titre originaire, comme une possession n'est rien lorsqu'elle est contraire au titre, si contra titulum possessum est*.

« Il serait, ajoute Merlin, aussi facile que superflu d'accumuler sur ce point un plus grand nombre d'autorités ; de leur concours, de leur nombre, de leur unanimité s'est formé cet axiome le plus connu, comme le plus sage, de notre droit français : *Ad primordium tituli posterior semper formatur eventus*. Il y a des siècles que cette maxime forme la règle des tribunaux. »

Parmi les exemples de cette jurisprudence « aussi universelle qu'invariable, » comme dit encore Merlin, nous n'en ajouterons qu'un seul à ceux précités, celui que nous fournit Serres dans ses *Institutions au droit français* (liv. III, tit. XV) : Par arrêt du 30 mars 1725, le parlement de Toulouse a jugé « qu'après trente ans, on est encore recevable à faire déclarer qu'une vente sous faculté de rachat est un contrat pignoratif, et à obliger en conséquence l'acheteur de délaisser le fonds, parce que nul ne peut prescrire son titre, et qu'*un engagiste*, quoique déguisé, *ne peut, sous aucune couleur, prescrire la propriété*. »

adjudication faite à faculté de rachat perpétuel ou engagement pour une certaine somme et certain temps ou un titre de don à vie ou à extinction de ligne, etc., *la possession centenaire ou immémoriale n'aurait point d'effet.* »

Mêmes principes dans Dunod (*Traité des prescriptions*, p. 92). Après avoir cité deux arrêts du parlement de Besançon qui avaient décidé que le débiteur pouvait toujours retirer le gage en acquittant sa dette, et que l'antichrésiste ne pouvait pas lui opposer la prescription, Dunod ajoute que « le fondement de cette jurisprudence se tire, non-seulement de ce que le débiteur ayant toujours la liberté de payer, il s'ensuit qu'il doit toujours avoir celle de retirer le gage; mais encore de ce que le créancier, ne possédant pas le gage comme maître, il n'en peut pas prescrire la propriété. Il le tient au nom du débiteur, dont il reconnaît le domaine, ce qui forme un obstacle perpétuel à la prescription. »

Les engagements du domaine de la couronne n'étaient en réalité que des antichrèses; aussi Pothier applique-t-il sans difficulté aux engagistes ce que Dunod disait des antichrésistes. « On peut, dit-il dans son *Traité de la possession*, apporter pour exemple de possession qui procède de titres qui ne sont pas de nature à transférer la propriété, la possession d'un engagiste. Cet engagiste ne possède pas la chose qu'il tient à titre d'engagement *tanquam rem propriam*; il la possède au contraire *tanquam rem alienam*, comme chose dont celui de qui il la tient par engagement *demeure propriétaire*, et qui peut en remboursant la somme pour laquelle elle est engagée, rentrer en la jouissance et possession de cette chose. Cette possession n'est pas une possession civile, une possession *animo dominantis*; elle n'est qu'une possession purement naturelle. »

Cette idée que dans les engagements du domaine, le roi

demeurait propriétaire, comme le dit Pothier, est, d'ailleurs, une idée qu'on trouve exprimée à chaque instant dans les domanistes et dans les feudistes. « Dans les engagements du domaine, dit Maréchal (*Traité des droits honorifiques*, ch. v), *le roi reste toujours seigneur.* » Dans son *Traité des fiefs*, p. 184 et suiv., Guyot dit aussi « *La vraie seigneurie demeure toujours au roi* nonobstant l'engagement à quelque titre qu'il soit fait. » Hervé (*Théorie des matières féodales*, t. II, p. 36 et 37) dit de l'engagiste : *il n'est point le seigneur de la terre qui lui est engagée*. Renauldon (*Dictionnaire des fiefs* v° *Engagistes*) ajoute : *Le titre du fief engagé demeure toujours en la possession du roi*. Les auteurs du *Nouveau Denisart*, t. VII, p. 623, s'expriment absolument dans les mêmes termes. Dans ses excellentes *Dissertations féodales* M. Henrion de Pansey traite dans un paragraphe spécial des justices des seigneuries engagées ; il reconnaît qu'il y a eu des justices engagées de même que des fiefs, mais que la propriété de ces justices, de même que celle de ces fiefs, est restée entre les mains du roi : « Puisque, dit-il, l'engagement n'est qu'un contrat pignoratif, puisque l'engagiste n'est qu'un simple usufruitier, *ces justices n'ont jamais cessé d'appartenir au roi.* » Enfin M. Troplong a aussi parfaitement caractérisé la nature de la possession de l'engagiste et l'impossibilité où il est de prescrire, lorsqu'il a dit dans son *Traité de la prescription*, n° 481 : « L'engagiste se trouve dans une position identique à celle de l'usager, de l'usufruitier, du dépositaire, de l'antichrésiste, il est possesseur précaire, et, comme le disait Dumoulin, il ne peut prescrire *neque per mille annos* [1]. »

---

[1] *Consil.* 41, n° 4. — C'est ce qui a été jugé par arrêt du 26 mars 1620, rapporté par Brodeau sur Louet (lettre H, som. ix, n° 9).
La doctrine de cet arrêt, approuvée par Roger, Jean Favre, Henri de Suze, etc., est soutenue avec force par Loisel, dans ses *Opuscules* (p. 112

Des principes ci-dessus posés et des citations qui précèdent, résulte suivant nous, la preuve la plus évidente que, si le terrain en litige entre les compagnies d'Anzin et de Thivencelles était un domaine engagé, la haute justice de ce domaine serait demeurée la propriété du roi, nonobstant l'engagement.

Reste à compléter la preuve ci-dessus commencée, que la partie de la seigneurie de Condé, dite du Château, était un domaine de la couronne, engagé.

L'acte de l'engagement qui eut lieu à la date du 12 avril 1529, avant Pâques, n'est pas produit [1]. Cet acte qui

et suiv.). Il démontre que le détenteur à titre d'antichrèse ne peut jamais prescrire. « Car, dit-il, toujours le vice est enraciné et en la chose et en la personne de celui auquel elle a été baillée en gage comme en garde, ce qui le rend en continuelle et perpétuelle mauvaise foi, par laquelle toute prescription est interrompue et empêchée par la règle : *Possessor malæ fidei nullo tempore præscribit*, que nous gardons inviolablement en France et en toute la chrétienté. » Loisel explique très-bien d'ailleurs de quelle nature est la possession de l'antichrésiste ou engagiste. « Ce que, dit-il, nous voyons quelquefois en droit, que le créancier est appelé possesseur de son gage, ne s'entend que de la possession naturelle, et d'une quasi-possession servant tant pour le maintenir ès fruits qu'il en perçoit pour se rembourser de son dû ou autrement, que pour la conservation d'icelle possession contre tout autre, et *pour et au profit de son débiteur.* »

[1] Dans les pièces justificatives publiées par la compagnie d'Anzin, lors du débat devant la cour d'appel, on trouve (p. 106) un certificat délivré par M. Gachard, archiviste général du royaume de Belgique, à la date du 23 décembre 1848 : M. Gachard « déclare et certifie qu'à la demande de M. Lebret, associé-régisseur-gérant de la compagnie d'Anzin, il a cherché avec le plus grand soin, dans le dépôt dont la direction lui est confiée, un acte d'engagement de certaines terres situées dans les Pays-Bas, qui aurait été passé entre la princesse de la Roche-sur-Yon et l'empereur Charles-Quint, le 12 avril 1529, et que cette recherche a été infructueuse. »

Nous ne doutons nullement que M. Gachard n'ait scrupuleusement fait les recherches qu'il atteste dans son certificat, mais ce dont nous doutons encore moins, c'est que ces recherches n'aient été sollicitées que pour obtenir le certificat qui précède. On ne voulait pas qu'on trouvât, on était sûr qu'on ne trouverait pas, mais on voulait avoir l'air de rechercher.

Il est certain d'ailleurs que si la compagnie d'Anzin n'a pas produit

se trouvait dans les archives du département du Nord (voyez n° 29, p. 309), en a été soustrait, et ce qui n'est pas moins singulier il a disparu aussi des archives de la maison de Croy, archives mises actuellement à la disposition de la société d'Anzin, et qui sont bien complètes, puisqu'on y trouve et qu'on en extrait des actes de relief, dont l'un porte la date du 13 octobre 1427 (voy. mém. de la comp. d'Anzin, du 23 décembre 1843, p. 39). Nous ne nous chargeons pas d'expliquer comment on conservait précieusement ce qu'on pourrait appeler un titre *passif* de propriété, une constatation de vasselage datant de 1427, en même temps qu'on négligeait de conserver un acte d'engagement, plus moderne de plus d'un siècle et qui, comme nous le verrons bientôt, serait dans le système de la compagnie d'Anzin, confirmé par l'arrêt de la cour de Douai, le titre primordial de la famille de Croy quant à la propriété de la seigneurie gagère ou du Château.

Quoi qu'il en soit, l'acte d'engagement n'est contesté par personne, son existence est démontrée par plusieurs actes mentionnés dans l'arrêt de la cour d'appel attaqué et notamment dans l'acte de la cession faite par Charles-Quint, à M. de Roghendorff, à la date du 26 août 1531. Mais par qui cette seigneurie a-t-elle été engagée et à qui dès lors appartenait le droit de la racheter, telle est la question sur laquelle il y avait dissidence complète entre les parties, telle est la question sur laquelle, par la solution qu'il lui a

l'acte d'engagement du 12 avril 1529, c'est qu'elle ne l'a pas voulu, c'est qu'elle avait intérêt à ne pas le vouloir. Nos conjectures premières, à cet égard, ont été complétement justifiées depuis. Lorsque la société de Thivencelles plaidait contre la compagnie d'Anzin, cette dernière avait pour chef du contentieux M. Cornu, qui devint depuis directeur du comptoir de l'Unité. Il mourut à Valenciennes en 1849, et, lors de sa mort, en inventoriant ses papiers, on trouva une note des titres que la compagnie d'Anzin avait extraits des archives de la famille de Croy, note dans laquelle figurait l'acte d'engagement du 12 avril 1529.

donnée, l'arrêt de la cour de Douai a, suivant la compagnie de Thivencelles, non-seulement complétement méconnu le texte et l'esprit des actes qu'il a interprétés, mais encore violé de la manière la plus manifeste les maximes les plus sûres des lois anciennes concernant l'inaliénabilité du domaine de la couronne.

Pour établir cette violation, il faut que nous remontions au traité de Cambrai. Nous examinerons ensuite les transactions et les actes qui n'ont été que la conséquence ou la mise à exécution de ce traité.

A la date du 5 août 1529, François Ier qui avait été fait prisonnier à la bataille de Pavie, s'engage à payer pour sa rançon et pour la délivrance de ses fils, retenus en ses lieu et place comme otages, deux millions d'écus d'or à Charles-Quint. De ces deux millions, un million deux cent mille écus doivent être versés comptant entre les mains de l'empereur, deux cent quatre-vingt-dix mille écus doivent être payés à sa décharge au roi d'Angleterre [1]. Enfin, pour suppléer aux cinq cent dix mille écus d'or qui manquent, François Ier s'oblige à desservir une rente annuelle de vingt-cinq mille cinq cents écus d'or, dont le payement sera garanti par des terres situées dans les Pays-Bas et appartenant à la duchesse douairière de Vendôme et à d'autres sujets du roi de France, lequel les donnera en nantissement à l'empereur, qui en jouira *à condition de rachat, tant et jusques à ce que le dit rachat soit fait, lequel rachat se fera tout en une fois.*

Nul doute que le droit de rachat dont il est ici question ne concerne le roi de France seul, et non ses sujets. Car, d'une part, c'est ici le roi de France seul qui stipule, et d'autre

---

[1] Cette somme ne fut pas payée. Henri VIII, qui se piquait parfois de générosité, en fit remise à François Ier, voulant peut-être ainsi, comme on l'a conjecturé, le gagner à sa cause lorsque s'opérerait son divorce avec Catherine d'Aragon, tante de Charles-Quint, qu'il méditait déjà. Voy. au reste les *Mémoires* de du Bellay, liv. III.

part, le rachat devant avoir lieu *tout en une fois*, le roi de France seul est en position de l'effectuer sans se départir de ce mode, formellement exigé par Charles-Quint.

Il est vrai que l'empereur consentit depuis à atténuer quelque peu la rigueur de cette condition. C'est ce qui résulte du moins d'une quittance de Charles-Quint, à la date du 18 août 1531 (pièce n° 33), et qui est relative aux terres d'Anglemoutier, etc., appartenant, lors du traité de Cambrai, à Louis de Clèves, et depuis livrées par le roi à l'empereur, en exécution de ce même traité. Il apparaît de cet acte que postérieurement au traité de Cambrai, l'empereur aurait consenti à ce que le rachat fût fait *en deux fois*; mais dans ce même acte il est dit aussi que les terres dont il est question ont été *transportées* à Charles-Quint, *suivant le traité de paix fait à Cambrai*, et que le rachat en a été fait *par le roi de France :* « *Nous avons consenti audit seigneur roi, notre bon frère, pouvoir racheter*, sans par ce innover ledit traité de Cambrai. »

Après avoir accepté ce traité, François Ier devait pourvoir à son exécution. Il avait promis à Charles-Quint de lui donner en gage les propriétés de ses sujets situées dans les Pays-Bas; mais, pour obtenir ces mêmes propriétés, il fallait les acquérir : or, le roi de France ne pouvait les payer en argent, il n'en avait pas; et c'était précisément à cause de sa pénurie qu'avait eu lieu la stipulation dont s'agit, pour assurer le service des intérêts de la somme de cinq cent dix mille écus d'or, qu'il redevait sur sa rançon. Aliénerait-il les terres dépendant du domaine de la couronne? C'était un moyen qui en tout cas lui eût manqué, à une époque où les guerres qu'il venait de soutenir avaient épuisé les ressources de la France. Puis, la remise des enfants de France était subordonnée à l'exécution du traité de Cambrai, et une aliénation aussi importante eût nécessité des précautions et des lenteurs inconciliables avec les circonstances urgentes dans lesquelles on se trouvait placé. Enfin, une telle aliénation était incompatible avec les principes sur l'inaliénabilité du domaine, principes que François Ier lui-même avait consacrés dans ses édits, et qu'on pouvait considérer comme formant une des lois fondamentales du royaume.

Mais, si on ne pouvait pas aliéner par une vente le domaine de la couronne, on pouvait du moins l'échanger; et cet échange pouvait avoir lieu presque immédiatement, dès que l'on remettait à une époque ultérieure les évaluations qui pouvaient seules le rendre licite. Donner aux sujets de François Ier qui avaient des terres dans les Pays-Bas, des terres situées en France pour une valeur égale, apprécier approximativement cette valeur, stipuler que cette évaluation serait ensuite rectifiée, le cas échéant, et en cas d'inégalité dans les biens échangés, convenir que la partie lésée par l'échange recevrait le supplément qui lui serait dû; tel était le seul parti qui conciliât les exigences de la situation avec les principes du droit domanial; tel était le parti qui devait être adopté, et qui le fut.

Comme toutefois le roi de France préférait, ce qui était bien naturel, des propriétés situées en France à des propriétés situées en pays étranger, il voulut se réserver la faculté de rentrer, dans un certain délai, en la possession des terres du domaine qu'il allait échanger, le tout, bien entendu, en restituant de son côté les terres des Pays-Bas qu'il recevrait lui-même en contre-échange.

Voilà ce qui résulte des actes faits par François Ier soit avec Mme la duchesse de Vendôme, dénommée dans ledit traité, soit avec les autres sujets du roi qui se trouvaient dans une position analogue, c'est-à-dire qui avaient des terres dans les Pays-Bas. Tels étaient notamment Mme la

4

princesse de la Roche-sur-Yon, M. Louis de Clèves, M. de Béthune, seigneur de Mareuil, M. de la Marche, M. du Bois, évêque de Béziers, etc.

Le contrat qui nous intéresse spécialement, c'est-à-dire le contrat d'échange des terres de Leuze et Condé, appartenant à Mme de la Roche-sur-Yon, contre celles d'Auge et Mortain, appartenant au roi, porte la date du 11 avril 1529.

Suivant l'arrêt attaqué, ce contrat ne constituerait pas un contrat d'échange, mais une sorte de traité *sui generis*, une espèce de contrat innomé qui échapperait aux classifications dans lesquelles on place les contrats qui ont un caractère plus spécial et plus distinct.

Mais tout repousse cette hypothèse, et tout confirme, au contraire, la qualification et la portée que nous avons données à cet acte.

D'abord il est de principe, en matière d'interprétation d'actes, qu'on les entende dans un sens qui peut leur faire sortir effet, et par conséquent qu'on suppose que les parties n'ont pas excédé la capacité qu'elles avaient d'y concourir. Ainsi, s'agissait-il d'un domaine de la couronne comme Auge et Mortain, la présomption devait être que l'acte de transmission de ce domaine ne constituait pas autre chose qu'un échange ou un engagement, puisque ce n'était que par ces deux modes que le roi pouvait légalement s'en dessaisir.

En second lieu, nous avons ici mieux qu'une présomption, nous avons une preuve tirée des expressions mêmes dont les parties se sont servies en contractant. A trois reprises différentes le mot *contre-échange* se trouve dans l'acte du 11 avril 1529. Ce mot suffit pour caractériser la nature de l'acte qui a été fait, car, comme le disait l'un des avocats de la compagnie de Thivencelles : « Peut-il y avoir un contre-échange sans un échange? Non, pas plus qu'une vente sans achat, pas plus qu'une vallée sans montagnes. »

Ajoutons qu'il existe aux Archives nationales un grand nombre de copies de l'acte dont il s'agit, et qui toutes spécifient dans leur intitulé que cet acte est un *contrat d'échange* (voyez la consultation de M. Duvergier, du 28 avril 1847, p. 10, note 16).

Ainsi, pour apprécier cet acte nous pouvons nous prévaloir de la qualification que les parties lui ont elles-mêmes donnée. « Sans doute, dit M. Duvergier (loc. cit., p. 6) cette qualification n'est pas toujours décisive et il ne dépend point de la volonté des parties de changer la nature des actes par les appellations qu'il leur plaît d'employer ; mais il est certain que les dénominations qu'elles donnent sont déterminantes tant qu'il n'est pas prouvé qu'elles sont en opposition manifeste avec la nature même des stipulations [1]. »

Or, loin que cette opposition manifeste existe ici, il existe une concordance parfaite entre ce que les parties disent et ce qu'elles font.

A quel caractère en effet reconnaît-on en général un échange? à la transmission respective que se font à titre onéreux les parties de choses différentes, dont elles apprécient la valeur égale, sans que ni de part ni d'autre, cette valeur se transforme en *prix*[2]; si donc l'on voit les contractants s'appliquer à établir, à compléter l'égalité entre les choses qu'ils se transmettent réciproquement, on peut affirmer, sans hé-

---

[1] Tous les jurisconsultes partagent cet avis. Ainsi M. Troplong, sur l'art. 1702, n° 5, conseille, pour déterminer la nature d'une convention, « de consulter les circonstances de l'acte ainsi que l'intention des parties, et *le nom qu'elles* ont donné au contrat ; » et MM. Championnière et Rigaud (*Traité des droits d'enregistrement*, t. I, n° 86) attachent encore plus d'importance à la dénomination que les parties ont donnée à leur convention ; ils la considèrent comme la première et la plus sûre des directions.

[2] *Differentia*, dit Cujas (sur le Code *de rer. permut.*), *inter permutationem et emptionem : emptio fit pretio, permutatio fit rebus*. Et cette règle est tirée de la loi 7 au C. *de rerum permutatione*.

sitation que c'est un échange qu'ils ont voulu faire[1]. Sans doute dans les contrats ordinaires on pourra sans inconvénient stipuler que la soulte due à celui qui aura reçu moins en échange, sera soldée en argent; sans doute dans le langage usuel, on pourra qualifier d'échange un acte où une pareille soulte aura été stipulée pourvu qu'elle ne forme qu'un objet accessoire dans l'intention des parties[2], mais dans une appréciation plus juridique d'une semblable convention on y verra une vente pour toute la portion du bien aliéné qui ne sera pas représentée pour l'autre partie, par un autre bien donné en contre-échange[3], mais par une somme d'argent donnée comme prix[4]. Enfin ces soultes soldées en argent n'étaient pas permises dans les échanges du domaine,

[1] « L'échange, dit Burlamaqui (*Éléments du droit naturel*, part. III, ch. XII), est une convention par laquelle les contractants se donnent l'un à l'autre une chose de *même valeur*, quelle qu'elle soit, hors l'argent monnayé, car alors ce serait une vente. »
Les auteurs du *Nouveau Denisart* (t. VII, p. 368) disent aussi : « L'échange est l'acte par lequel on cède une chose à quelqu'un pour recevoir de lui une autre chose *de pareille valeur*. »

[2] Brunemann, sur la loi 1 ff. *de rer. permut.*, n° 2, dit : *Quando voluntas contrahentium non est perspicua, tunc si pecunia excedat, venditio erit; si res excedit, permutatio.* Voy. aussi Pothier, *Traité des retraits*, n° 92, et M. Troplong, sur l'art. 1702, n° 5.

[3] Voy. M. Troplong, loc. cit., et sur l'art. 1582, n° 10.

[4] « Dans les Pays-Bas, le placard du 7 décembre 1717, et la réformation de Groesbeeck, réputaient vente, et par conséquent permettaient le retrait lignager des immeubles, cens ou rentes, échangés contre des rentes rédimibles, contre des meubles, ou lorsque l'argent donné pour égaliser excédait le quart de la valeur du bien aliéné. » Voy. M. Britz, loc. cit., p. 898 et Sohet, *Instituts de droit*, III, 71, 41 et 42. Telle est aussi la disposition de l'art. 18 du tit. VII de la coutume de Luxembourg.
En France, pour qu'il y eût lieu au retrait, il fallait, d'après les coutumes de Paris, d'Orléans, de Mantes et un grand nombre d'autres, que la soulte *excédât l'héritage baillé avec elle en contre-échange*, et cette disposition considérée comme de droit commun était suivie dans les coutumes muettes, comme l'atteste Valin dans son commentaire sur la coutume de la Rochelle.
D'après quelques autres coutumes, il suffisait que la soulte égalât la valeur de l'immeuble donné avec lui en contre-échange pour qu'il y eût lieu

ou ne l'étaient du moins que dans le cas où elles étaient non stipulées mais soldées par le roi ; et l'on sent facilement au retrait. Telle était la disposition entre autres des coutumes de Melun, art. 42, et de Clermont en Beauvoisis, art. 19.

La coutume de Bretagne, art. 316, admettait le retrait, lorsque la soulte en argent excédait le tiers de la valeur de l'héritage.

Celle de Bordeaux, art. 32, au contraire, ne l'admettait qu'autant que cette soulte excédait les deux tiers de cette valeur.

La coutume de Normandie, art. 464, autorisait le retrait dès qu'il y avait soulte *quelque petite qu'elle soit*.

Celle de Montargis, tit. XVI, art. 19, disposait à peu près de la même manière : « En eschange fait but à but, disait-elle, n'y chet retrait, sinon qu'il y eust tornes (pour *tourne*, retour) d'argent, ou autre chose mobilière, sauf le vin qui ne rend l'héritage retrayable sur celui qui a fait lesdites tornes. »

La soulte, si faible qu'elle fût, donnait aussi lieu au retrait dans les coutumes qui disaient : *Lorsqu'il y a retour en denier ou en meubles, il y a lieu au retrait en proportion du retour*. C'est ce que remarque Dupineau et son annotateur sur l'art. 353 de la coutume d'Anjou.

Enfin, dans les coutumes qui, comme celle de Senlis, se bornaient à dire que le retrait n'avait pas lieu dans les échanges faits *but à but et sans soulte*, on ne concluait pas *a contrario* que toute soulte ajoutée à un échange, donnât ouverture au retrait. Tel est, du moins, l'avis de Ricard sur l'art. 224 de la coutume de Senlis, dont il complète la disposition en ayant recours aux coutumes voisines de Clermont en Beauvoisis et de Paris.

Fachin (*Controv.*, liv. II, ch. XXXV), voyait deux contrats dans les échanges où il y avait soulte : *Hunc contractum partim venditionem, partim esse permutationem*, et cette idée avait été suivie par quelques coutumes pour le mode de l'exercice du retrait, mais il était préférable de s'attacher seulement au caractère qui prédominait dans l'acte, et de déterminer par cette prédominance le nom qui convenait le mieux au contrat. Voy. M. Duvergier, *de l'Échange*, n° 406; voy. aussi Tiraqueau, *de retract. consang.*, § 30, gl. 1, n° 31 ; Hilliger, note 10, *com. de jure civ.* de Doneau, liv. XII, ch. I, § 7 ; Gomez, *var. resolut.*, liv. II, ch. I, § 7, qui cite en ce sens Barthole, Paul de Castre et un grand nombre d'anciens docteurs.

On trouve dans le projet du Code civil (liv. III, tit. XII, art. 7) une disposition qui eût donné à cette doctrine la sanction législative. Par cette disposition, la rescision était admise pour l'échange comme pour la vente, mais seulement s'il y avait eu une soulte en argent ou effets mobiliers, et que cette soulte excédât de plus de moitié la valeur de l'immeuble cédé en échange par celui *à qui la soulte était payée*. (Le projet voulait dire : par celui *qui avait payé la soulte*. Voy. au reste les *observations des tribunaux sur ce projet*.)

pourquoi il devait en être ainsi, c'est que s'il en eût été autrement rien ne fût devenu plus facile à éluder que la loi d'inaliénabilité du domaine, il eût suffi pour cela d'échanger contre n'importe quel misérable fief un domaine considérable de la couronne en stipulant que la différence de valeur entre l'un et l'autre serait soldée en argent. Ajoutons donc aux caractères généraux que nous avons assignés à l'échange, celui-ci, s'il s'agit d'un domaine de la couronne, que le bien domanial échangé ne pourra être d'une valeur plus grande que celui du domaine reçu en son lieu et place, et que, dans le cas contraire, c'est-à-dire si les deux immeubles étaient d'inégale valeur, l'acquéreur devrait restituer au roi la portion du domaine de la couronne dont il n'aurait pas fourni l'équivalent en immeuble.

Or, comme tous les caractères généraux de l'échange, comme aussi tous ces caractères spéciaux de l'échange domanial, se trouvent réunis dans l'acte du 11 avril 1529, il faut bien reconnaître que ce que les parties ont dit faire, elles l'ont fait, et que l'acte qu'elles ont respectivement consenti mérite la qualification de contrat d'échange qu'elles lui ont donnée.

Ce contrat devait être précédé d'une évaluation des domaines échangés, mais comme *par la contrainte du temps dedans lequel ledit seigneur roi doit faire avoir audit seigneur élu empereur lesdites terres* de Mme de la Roche-sur-Yon, une évaluation exacte n'est pas immédiatement possible, on stipule que cette évaluation sera faite dans l'année, et que *si par ladite évaluation qui sera ci-après faite, il est prouvé que les terres cédées en* CONTRE-ÉCHANGE *et récompense à ladite dame, valent moins que celles que ladite dame aura baillées et cédées au profit dudit seigneur roi, ledit seigneur roi sera tenu lui parfaire le surplus en terres de semblables qualités; et aussi où il serait trouvé que les terres qui lui seront cédées excédassent la valeur et estimation des terres qui lui seront cédées par ladite dame, au profit et décharge dudit seigneur roi, en ce cas, ladite dame* SERA TENUE DE RENDRE L'OUTRE-PLUS.

Peut-on, nous le demandons, plus clairement dire et prouver que ce qu'on veut faire et ce qu'on fait c'est un échange pur et simple; c'est un échange irréprochable en regard des principes rigoureux du droit domanial; c'est en un mot la transmission de certains immeubles contre celle d'autres immeubles d'une valeur absolument égale. Si un tel contrat ne constitue pas un contrat d'échange, en vérité nous désespérons de jamais rencontrer un acte auquel cette qualification puisse s'appliquer. Aussi, grand est l'embarras de l'arrêt attaqué pour repousser l'induction invincible que la société de Thivencelles tirait de cette clause importante de l'acte du 11 avril 1529. Il se borne à dire que : « pour apprécier le *sacrifice* que la princesse de la Roche-sur-Yon consentait à faire, et régler *l'indemnité* à laquelle elle avait droit, il fallait exactement connaître la valeur des terres qu'elle abandonnait à Charles-Quint en l'acquit du roi, comme de celles qu'elle recevait de ce dernier *à titre de récompense.* »

Le *sacrifice* que faisait Mme de la Roche-sur-Yon! mais il n'était pas considérable à coup sûr, car indépendamment du plaisir qu'elle devait avoir à obliger le roi et par là à mériter sa gratitude et ses largesses dans des temps meilleurs, le service qu'elle lui rendait, se résolvait après tout, en réalité, en un avantage pour elle, puisqu'au lieu de terres situées en pays étranger, elle acquérait au cœur du royaume des terres de *même valeur* et à l'abandon desquelles le roi témoignait suffisamment sa répugnance par la clause de rachat stipulée à son profit dans un certain délai par le même acte. Remarquons en outre que l'égalité de position respective des parties se retrouve dans les moindres détails soit avant soit après l'expiration de ce délai. Avant, François Ier engage Leuze et Condé, mais la princesse se réserve le même droit pour Auge et Mortain. Après, les contractants acquièrent la disposition absolue des biens contre-échangés désormais d'une manière incommutable. On stipule pour la princesse que les terres qu'elle acquiert seront soumises « *à tels ou semblables droits et devoirs féodaux et seigneuriaux et non plus grands ni excessifs que ceux que lesdites terres par elles cédées audit sieur élu empereur* sont *tenus et subjcts..... lesquelles terres* (acquises) *ne seront sujettes au droict de garde pour cause de la minorité ne présentement ne pour l'advenir pour ce que les terres que ladicte dame princesse de la Roche-sur-Yon a accordé céder et transporter à l'acquit et descharge dudict sieur roi n'y sont subjects.* »

Qu'après cela l'arrêt de la cour de Douai qualifie d'*indemnité*, de *récompense*, ce que reçoit la princesse de la Roche-sur-Yon au lieu et place des terres de Leuze et Condé, soit. Mais nous ne pouvons nous empêcher de remarquer que la qualification donnée au contrat par le contrat lui-même, est plus exacte que celles que la cour lui donne : car si les immeubles respectivement transmis sont de même valeur ; si à la place de Condé et Leuze, Mme de la Roche-sur-Yon reçoit leur équivalent dans Auge et Mortain, comment dire que ces immeubles ne sont pas respectivement échangés ? comment dire que *l'indemnité, la récompense* que reçoit Mme de la Roche-sur-Yon ne consistent pas dans les biens par elle acceptés en CONTRE-ÉCHANGE ?

L'arrêt de la cour de Douai n'explique pas mieux une autre clause de l'acte du 11 avril 1529, clause que nous recommandons à la sérieuse attention de la cour de Cassation.

Nous avons dit que François Ier conservait l'espérance de retirer les terres de Leuze et Condé des mains de l'empereur par la voie du rachat, et qu'il stipulait qu'il pourrait les rendre à Mme de la Roche-sur-Yon et reprendre les terres d'Auge et Mortain. Cette faculté ne lui était accordée que pour six ans. Après l'expiration de ce délai l'échange devenait définitif; la princesse de la Roche-sur-Yon restait propriétaire d'Auge et Mortain, et ne pouvait ni exiger la restitution de Leuze et Condé ni être obligée d'y consentir. Le roi conservait toujours le droit de rachat contre l'empereur, mais il ne pouvait plus l'exercer que pour son compte.

Après les six ans, le droit de rachat devenait la conséquence du droit de propriété que le roi avait définitivement acquis sur Leuze et Condé, de même que la princesse avait définitivement acquis ce même droit sur Auge et Mortain.

Si cette réserve de rétrocession pendant six ans n'avait pas été stipulée, le roi serait devenu, dès 1529, propriétaire incommutable de Leuze et Condé, de même que Mme de la Roche-sur-Yon d'Auge et de Mortain.

Dans cette dernière hypothèse, il y aurait eu lieu, dès 1529, à un échange respectif des titres de propriété. Ceux de Leuze et Condé auraient été remis au roi, ceux d'Auge et Mortain à la princesse.

Mais comme ils insèrent dans leur contrat une clause qui peut en amener la résolution dans une période de six années, pour ne pas faire une remise de titres qui, dans le cas de la résolution, serait plus qu'inutile puisqu'elle rendrait nécessaire une restitution, ils conviennent que provisoirement ils se donneront des copies collationnées jusqu'à l'époque où l'échange sera devenu irrévocable et définitif. Alors seulement les titres originaux seront respectivement remis.

De cette remise respective de titres, la société de Thivencelles concluait et semblait pouvoir conclure d'une manière irréfragable qu'après l'expiration des six années l'échange devenait définitif, que la princesse désormais cessait d'avoir aucun droit sur Leuze et Condé, de même que le roi cessait d'avoir aucun droit sur Auge et Mortain, et que dès lors le droit de rachat de Leuze et Condé non-seulement ne pouvait être exercé que par le roi, mais ne pouvait profiter qu'à lui.

A ce raisonnement, que répond l'arrêt contre lequel la compagnie de Thivencelles s'est pourvue? « On se prévaut, dit-il, de la clause relative à la remise des titres, mais on ne pourrait en tirer avantage qu'autant qu'elle porterait, *ce qui n'existe pas*, qu'à l'expiration des six années pendant lesquelles le rachat pourrait être exercé, les titres de Leuze et Condé seraient remis à François Ier. »

Comment, l'acte ne dit pas qu'après l'expiration des six ans les titres de Leuze et Condé devront être remis à François Ier; mais que dit-il donc?

Voici textuellement ses termes :

« Et ne sera tenue, ladite dame, *durant ledit temps de rachapt* soi dessaisir des titres et enseignements originaux de sesdites terres, ne *pareillement* ledit seigneur roi des siens, ains demeureront en leur possession jusqu'au temps de ladite faculté de rachapt expirée, et durant ledit temps seront *audit seigneur roi et dame* baillées les copies desdits titres et enseignements collationnés aux originaux quand besoin sera [1]. »

[1] La même clause se retrouve dans les autres actes passés en exécution du traité de Cambrai avec Mme de Vendôme (n° 4, p. 28); avec M. de Clèves (n° 6, p. 81 et 82), etc., de même qu'on trouve aussi dans lesdits actes la même exactitude quant à la pondération des biens respectivement contre-échangés. Ainsi dans les actes de Mme de Vendôme, de M. de Béthune, de M. de Clèves, on stipule pour eux un supplément de biens

La société d'Anzin pour donner un sens à cette clause qui ne contrariât pas ses prétentions, s'était avisée de soutenir que la remise des titres qui devait avoir lieu après les six ans, serait faite pour Leuze et Condé, par la princesse de la Roche-sur-Yon, non entre les mains de François 1er, mais entre celles de Charles-Quint.

Mais nulle trace d'abord de cette stipulation en faveur de l'empereur dans un acte auquel il restait étranger. Puis comment cette remise aurait-elle été stipulée à son profit? Avant, comme après les six ans, sa position n'était-elle pas la même? Avant, comme après, n'était-il pas un engagiste, et n'aurait-ce pas été la chose la plus imprudente du monde, n'importe à qui le droit de rachat eût appartenu, que de donner à un détenteur à titre précaire, le moyen d'intervertir son titre en dissimulant la cause et le vice de sa possession exclusive de toute idée de propriété?

L'explication donnée par la compagnie d'Anzin était donc absurde. Cette absurdité, la cour de Douai l'évite, mais en niant l'évidence.

pour le cas où ceux qu'ils bailleraient au roi seraient reconnus par une évaluation ultérieure, valoir plus que ceux du domaine qu'ils reçoivent en échange : « et où aussi (dit l'acte de M. de Béthune, p. 55 et 56), par lesdites évaluations, lesdits bois que lesdits procureurs ont cédés audit seigneur de Mareuil en récompense et *contre-échange* seroient trouvés en valeur et estimation excéder les bois qui auroient été cédés par ledit seigneur de Mareuil à la décharge et acquit dudit seigneur roi, audit cas ledit seigneur de Mareuil sera tenu rendre et délaisser audit seigneur roi ou ses successeurs rois, ledit outre-plus desdits bois qui lui auroient été baillés. » Même stipulation dans l'acte de Mme de Vendôme et dans celui de M. de Clèves; seulement on ajoute dans le premier que Mme de Vendôme sera tenue de faire cette restitution de l'excédant *en pièces entières à son choix et option* (p. 25) et dans l'acte de M. de Clèves (p. 78), que cette restitution aura lieu en pièces entières *si faire se peut*. Enfin, dans l'instruction donnée par Mme de Vendôme (n° 3, p. 8 et 9), il était dit que « là où il seroit trouvé que ce qui lui auroit esté baillé seroit de plus grosse valeur et revenu que ce que elle tient esdits pays de l'empereur, elle sera tenue de rendre le surplus non des meilleures ni des moindres, ains des médiocres et moyennes. »

N'est-il pas évident en effet, que ce n'est que pendant la durée du rachat que les copies des titres seront seules remises?

N'est-il pas évident dès lors que, après ces six années, les originaux remplaceront les copies?

N'est-il pas évident que la position respective des parties doit être *pareille* pour la remise des titres comme pour la valeur des biens?

N'est-il pas évident que ceux qui auront besoin des titres provisoires, pendant l'échange provisoire, auront besoin des titres définitifs, après que l'échange sera devenu définitif?

Enfin et en un mot, n'est-il pas évident que, si pendant l'échange provisoire, les titres provisoires d'Auge et Mortain, sont remis à Mme de la Roche-sur-Yon, après le délai du rachat, les originaux de ces mêmes titres lui seront également remis, et qu'en échange de cette remise, elle devra délivrer à François Ier les titres originaux des seigneuries de Leuze et Condé, de même qu'elle avait dû lui délivrer les copies de ces mêmes titres, tant que le terme du rachat n'était pas expiré?

Et si tout cela est certain, comment croire que la faculté de rachat de Leuze et Condé soit restée non à celui qui possédait les titres de propriété de ces seigneuries, mais à celle qui s'en était dessaisie?

D'autres considérations tendent à démontrer, d'une manière plus complète encore, s'il est possible, le caractère et la portée de l'acte du 11 avril 1529. Les parties ne concourent pas directement à cet acte. Elles y sont représentées par des mandataires. Les procurations de ces mandataires existent; si donc elles sont plus explicites que l'acte qui les suit, sans nul doute elles seront précieuses pour nous faire connaître les intentions respectives des parties et la nature véritable du contrat qu'elles ont entendu faire.

Il y a plus : non-seulement les procurations sont annexées à l'acte (*transportées vers la fin de ces présentes*) et font corps avec lui, mais elles doivent servir à son interprétation, c'est l'acte lui-même qui le dit: Les mandataires de François Ier *agissent comme ayant pouvoir et commandement spécial dudit seigneur roi, de faire faire et accorder les choses ci-après contenues,* AINSI QU'IL EST PLUS A PLEIN DÉCLARÉ PAR SES LETTRES DE PROCURATION.

Or, ces lettres de procuration laissent-elles l'ombre d'un doute sur la qualification que mérite le contrat qu'on donne mission de faire, et sur la translation de propriété qui sera, au profit du roi, la conséquence de ce contrat en ce qui concerne les terres des Pays-Bas qu'il doit recevoir.

Voici ce qu'on lit d'abord dans l'exposé, après avoir rappelé le traité de Cambrai et la condition de rachat y stipulée en faveur du roi de France :

« Et soit besoin le plus promptement, diligemment que faire se pourra, évaluer les terres que nous entendons bailler, *en récompense et contre-échange* à notredite cousine et nos autres sujets *qui* NOUS *céderont et transporteront lesdites terres des pays d'en bas* de notredit frère, afin de accorder avec notredite cousine et nosdits autres sujets, conclure, arrêter et passer lesdits *contrats d'échange et permutation*, et autres choses concernant l'exécution d'iceulx. »

Puis, arrivant à la constitution même du mandat, l'acte exprime « qu'il est donné *pleins pouvoirs et mandement spécial* de traiter, composer et accorder sur toutes et chacune des choses susdites, leurs circonstances et dépendances, avec notredite cousine la duchesse de Vendômois et autres nosdits subjets ayant terres, comme dit est, ès pays d'en bas de notredit frère, *conclure, arrêter et passer pardevant notaire avec eux et en notre nom les contrats* D'ÉCHANGE *et* PERMUTATION ou autres tels qu'ils seront avisés, et *arrêter les cessions et transports* qui *nous seront faits* par notredite cousine et autres nosdits subjets desdites terres qu'ils ont et tiennent esdits pays d'en bas de notredit frère à telles conditions et conventions qu'ils verront être à faire, leur bailler, céder et transporter *en récompense et contre-échange*, et autrement en la meilleure forme que faire se pourra. »

Cette procuration du roi de France porte la date du 16 décembre 1529. La procuration de Mme de la Roche-sur-Yon, qui porte celle du 1er avril suivant (1529 *avant Pâques*) est tout aussi explicite, tout aussi concluante.

On y rappelle, en premier lieu, que cette princesse a accordé au roi « *lui bailler les terres de Leuze et Condé....* pour icelles bailler à l'empereur au désir des traités de paix naguères faits entre lesdits seigneurs roi et empereur, en baillant toutefois, cédant et délaissant par ledit seigneur roi bonne et suffisante récompense des terres étant en son royaume. »

Elle désigne ensuite pour mandataire François de Montigny, et elle détermine ses pouvoirs dans les termes suivants :

« Pour et au nom de ladite dame, *céder, délaisser, transporter audit seigneur roi*, ou ses commis et dépêchés ayant de par lui pouvoirs, *lesdites terres et seigneuries de Leuze et Condé...* à titre toutefois *d'échange, récompense et permutation* contre les châtellenies, terres et seigneuries de Loges, Lexignon et Lodun, *comté de Mortaing, vicomté d'Auge.* »

A diverses reprises on trouve encore ces mots d'*échange* et de *permutation* dans d'autres passages des procurations du roi et de Mme de la Roche-sur-Yon, et il est d'ailleurs impossible de méconnaître, d'après la nature du mandat reçu par leurs procureurs respectifs, que c'est purement et simplement un échange qu'ils ont à faire. Aussi l'arrêt attaqué ne nie-t-il pas que tel ne soit le but des mandats dont nous venons de donner une analyse succincte. « On y voit en effet, dit-il, que *le projet avait été d'abord* de faire céder au roi les terres que ses sujets possédaient dans les Pays-Bas pour qu'il les rétrocédât à Charles-Quint, mais qu'il apparaît, d'un document produit au procès, que le roi, pour abréviation de l'affaire *et pour être relevé de payer doubles droits seigneuriaux*, avait désiré que les déshéritances se fissent immédiatement au profit de l'empereur. »

Nous aurons bientôt l'occasion d'examiner pourquoi les déshéritances furent faites directement à l'empereur, et si ce mode de transmission a ou non altéré la nature du contrat qui se passait entre le roi de France et la princesse de la Roche-sur-Yon. Quant à présent, contentons-nous de dire que, s'il a été adopté, ce n'était nullement pour éviter de payer doubles droits seigneuriaux. D'abord il ne tombe pas sous le sens que, pour se soustraire au payement de droits qui étaient beaucoup moins considérables en Hainaut qu'en France, on consentît à perdre une faculté de rachat qui équivalait, comme nous le verrons, d'après la compagnie d'Anzin, *à la moitié de la valeur des domaines engagés*. Puis il y avait une bien meilleure raison encore pour que François Ier ne redoutât pas cette double mutation quant à Leuze et Condé, c'est que ces seigneuries relevaient du comte de Hainaut, et, par conséquent, de Charles-Quint, et que, d'après le traité de Cambrai, les frais d'actes étaient bien mis à la charge du vaincu par le vainqueur, mais *sauf les droits seigneuriaux qui pourraient être dus audit seigneur empereur desquels ne sera payé aucune chose*[1].

En résumé, il résulte de cette partie de l'arrêt de Douai, ceci : que les procurations n'ont pas été suivies; que les mandants ont voulu une chose, et que les mandataires en

---

[1] Voy. l'article 3 dudit traité, vers la fin.

ont fait une autre ; que François Ier et Mme de la Roche-sur-Yon ont ordonné qu'on fît un échange, et, qu'au lieu de ce contrat qui leur était seul permis, en présence des maximes du droit domanial, leurs procureurs ont fait je ne sais quel contrat innomé, peu facile à définir, et, dans tous les cas, interdit aux parties contractantes.

Une pareille hypothèse ne serait pas facile à admettre, en dehors même des prescriptions de la loi domaniale. Au moins faudrait-il, pour la rendre à peu près vraisemblable, prétendre et prouver, ou que les procureurs ont pu se méprendre sur la portée de leur mandat, où que de nouvelles et impérieuses circonstances les ont déterminés à le modifier dans son application.

Mais rien de semblable ne se rencontre dans l'espèce.

Les termes du mandat ne sont ni ambigus ni généraux. Ils sont précis, ils sont spéciaux, ils sont impératifs.

Les procureurs ne sont pas des hommes inintelligents, illettrés ou étrangers au droit. Ce sont des légistes, ce sont des hommes considérables par leur position et par leur expérience, c'est le premier président du parlement de Paris, Pierre Lizet, c'est Jean Briçonnet, président de la cour des comptes, c'est Mathieu de Longue-Joue, maître des requêtes et conseiller du roi.

Les circonstances dans lesquelles ils agissent, ce sont les mêmes que celles dans lesquelles le mandat leur a été donné. *Dix jours* seulement se sont écoulés depuis que M. de Montigny a été nommé mandataire de la princesse ; et si, par hasard, dans ce court espace de temps, des événements imprévus eussent surgi, d'une nature telle que les procureurs respectifs des parties eussent été mis à l'impossible d'exécuter leur mandat, et qu'ils eussent cru devoir plutôt le modifier *motu proprio*, que de s'en départir ou d'en demander l'extension, sans nul doute, des hommes aussi instruits que ceux que nous avons nommés n'eussent pas manqué de faire connaître par quelles circonstance impérieuses ils avaient été obligés de transformer leur qualité de mandataires en celle de *negotiorum gestores*.

Mais ne nous arrêtons pas à des vraisemblances, ne nous bornons pas à envisager les actes par leurs qualités extrinsèques, pénétrons résolûment au fond des choses, scrutons la nature intime des actes, comparons-les entre eux, et si nous ne découvrons que des similitudes là où l'arrêt attaqué ne signale que des dissemblances, il faudra bien reconnaître que les procurations et le contrat qui s'en est suivi, forment un tout homogène, dont les parties sont entre elles trop bien soudées, pour qu'on puisse les désunir sans les altérer.

Or, dans l'acte, comme dans les procurations, nous voyons qu'il s'agit de l'exécution du traité de Cambrai, traité qui, comme nous l'avons dit, stipule au profit de François Ier un droit perpétuel de rachat à l'égard des terres qu'il donnera en gage à Charles-Quint.

Dans l'acte, comme dans les procurations, il s'agit de *remettre* ou *faire remettre* (nous nous réservons de prouver que c'est la même chose) à Charles-Quint des terres dans les Pays-Bas, au lieu et place desquelles François Ier remettra lui-même des terres de la couronne, situées en France.

Dans l'acte, comme dans les procurations, il est stipulé qu'on pondérera de telle façon la valeur de ces biens, que chacune des parties ne devra recevoir dans l'un des deux pays, que l'équivalent exact de ce qu'elle transmettra dans l'autre.

Dans la procuration de François Ier il est dit qu'il faut lui réserver le droit de retour et de rétrocession, « et ce dedans le temps et espace de dix ans *ou tel autre qu'il sera avisé entre les procureurs.* » Dans l'acte du 10 avril 1529, le terme dans lequel cette rétrocession peut avoir lieu, est fixé à six ans.

Enfin, si dans ce même acte du 11 avril il est dit, comme nous l'avons vu, que cet acte doit, au besoin, être interprété par les procurations qui lui servent d'annexes ; dans ces procurations, il est dit aussi qu'elles doivent être strictement exécutées. Rien de plus positif que les termes dont se sert à cet égard la princesse de la Roche-sur-Yon. Elle déclare vouloir que les clauses du contrat qu'elle fait avec le roi soient « telles et semblables de point en point, en effet et teneur, d'icelles qui ont été, seront ou pourront être mises et observées à l'*échange* et contrat fait ou qui se fera pour les mêmes causes entre ledit seigneur roi ou sesdits commis et députés, et ladite dame duchesse de Vendôme, et lesquelles entièrement ladite dame princesse, au nom dessus dit, entend et veut être gardées *en traitant le présent échange,* comprises et contenues ès lettres qui de ce seront faites et passées, et *sans que son devant dit procureur y puisse aucune chose faire innover ou obmettre, outre et contre la teneur d'icelles et* EFFET DE CES PRÉSENTES. »

Ainsi sur tous les points principaux il y a dans les éléments essentiels des procurations d'une part, et d'autre part de l'acte pour lequel elles sont données, non-seulement similitude extrême, mais identité complète. Dans les procurations comme dans l'acte, dans l'acte comme dans les procurations, soit qu'on les rapproche, soit qu'on les isole, on trouve les traits caractéristiques et infaillibles d'un contrat d'échange, ici projeté, là accompli.

D'où l'arrêt attaqué tire-t-il donc la preuve que l'exécution a différé du projet et que ce qui a été fait par les mandataires est tout différent de ce qui leur avait été prescrit par les mandants ?

L'arrêt attaqué tire cette preuve :

1° De l'acte de transport des droits de l'empereur à M. de Roghendorff et qui porte la date du 26 août 1531 « qu'en effet Charles-Quint a transporté à Guillaume de Roghendorff les villes, chastel, terre et seigneurie de Condé qui lui avaient été *cédés* (à nous *transportés*, dit l'acte), de la part du roi *par Louis de Bourbon prince de la Roche-sur-Yon.* » Or, d'après les procurations cette cession devait être faite non à l'empereur mais au roi de France.

2° De la clause (de l'acte du 11 avril 1529) par laquelle il a été convenu *que ladite dame audit nom devrait constituer ses procureurs leur donnant pleins pouvoirs et mandement spécial et irrévocable de bailler, céder et transporter lesdites terres au seigneur élu empereur pour et au profit du roi et à sa décharge, de soi déshériter au profit dudit seigneur élu empereur desdites terres qui ainsi seraient cédées par les procureurs de ladite dame audit seigneur élu empereur de consentir que ledit seigneur élu empereur en fût adhérité et faire toutes œuvres de loi requises par la coutume du pays.* Or, d'après les procurations ce n'était pas à l'empereur mais au roi de France que la princesse de la Roche-sur-Yon devait bailler Leuze et Condé.

Nous ne pouvons nous empêcher de remarquer d'abord qu'il est bien singulier de voir l'arrêt de la cour de Douai rechercher dans l'acte du 26 août 1531 le sens de l'acte du 11 avril 1529 : comment, cette cour repousse, pour interpréter un acte, des procurations données pour faire cet acte, et que cet acte lui-même déclare supplétives de son contenu, et elle va demander l'interprétation de cet acte à un contrat ayant un tout autre objet et où d'autres parties figurent ! Comment, on nous défend d'interroger les mandants pour savoir ce que les mandataires ont dû faire, et ont fait, et l'on s'enquiert près de Charles-Quint et M. de Roghendorff qui contractent en 1531, de ce qu'ont voulu stipuler François Ier et Mme de la Roche-sur-Yon en 1529 !

Le passage du contrat du 11 avril cité dans l'arrêt nous fournit une observation d'une autre nature, mais qui n'est pas moins importante. La citation faite par l'arrêt est exacte mais elle n'est pas complète. L'arrêt omet un membre de phrase qui indique clairement que le rachat des seigneuries engagées de Leuze et Condé, doit être réservé et a été réservé au roi de France. En effet après avoir dit que la princesse de la Roche-sur-Yon donnera à ses procureurs plein pouvoir de *bailler, céder et transporter lesdites terres audit seigneur élu empereur,* l'acte d 11 avril ajoute immédiatement que ce transport sera fait *selon et au désir du traité de paix et accomplissant iceluy.*

Après ces observations préliminaires, voyons en quoi diffèrent, en quoi concordent les textes des procurations et celui de l'acte passé en 1529. Pour cela nous ne pouvons mieux faire que de recourir à la consultation précitée de M. Duvergier.

« Que s'est-il passé, dit-il, en 1529 entre la princesse de la Roche-sur-Yon, François Ier et Charles-Quint ? Qu'ont-ils voulu ? Qu'ont-ils fait ?

« Charles-Quint a exigé des garanties pour la somme que lui devait François Ier.

« Il a voulu pour gage, non des terres de France, mais des terres des Pays-Bas.

« Le roi n'en avait pas de cette dernière espèce ; il a fallu qu'il s'en procurât, il en a demandé à ceux de ses sujets qui alors en possédaient ; ceux-ci les ont données, le roi les a payées en donnant des terres à lui situées en France.

« Voilà toute l'économie de la transaction.

« A la vérité, au lieu de faire passer matériellement par les mains du roi les terres à lui cédées par ses sujets, pour qu'à son tour il les remît à l'empereur, on a trouvé plus simple, plus bref, peut-être plus économique, de les transmettre directement à l'empereur.

« Mais qui pourrait soutenir que parce qu'on a supprimé un rouage inutile, qu'on s'est dispensé d'une formalité surabondante, qu'on a été droit au but au lieu de passer par un intermédiaire, qu'au lieu de deux traditions successives on n'en a fait qu'une, qui pourrait soutenir, disons-nous, que les deux contrats qui étaient dans l'intention des parties ne se sont pas réalisés ?

« Il est bien incontestable que le roi et la princesse de la Roche-sur-Yon ont voulu faire un échange, et que le roi et l'empereur ont voulu faire un contrat d'engagement.

« Cette volonté n'a pas cessé ; elle a dû produire tout son effet, quoique, *brevitatis causa*, la princesse ait engagé directement ses terres à l'empereur.

« A quel titre, s'il n'en était pas ainsi, Mme de la Roche-sur-Yon aurait-elle reçu les terres d'Auge et Mortain ? Elle n'en aurait eu aucun.

« Cependant Mme de la Roche-sur-Yon est devenue légitime propriétaire de ces terres ; on ne l'a jamais contesté.

« La propriété dans ses mains ne s'explique, ne se justifie, n'est possible que parce que, de son côté, elle en a transmis l'équivalent à celui de qui elle les a reçues, c'est-à-dire au roi.

« Toutes les citations de textes, toutes les subtilités du monde, n'empêcheront jamais cette vérité de frapper l'esprit, de saisir la conscience.

« Le roi était propriétaire d'Auge et Mortain.

« Mme de la Roche-sur-Yon l'était de Leuze et Condé.

« Auge et Mortain ont été transmis à la princesse, parce que Leuze et Condé ont été transmis au roi, ou, ce qui est la même chose, à l'empereur, *pour le compte et au profit du roi.*

« Donc, il y a eu entre le roi et la princesse échange des terres dont ils étaient respectivement propriétaires. »

Nous achèverons cette démonstration d'une logique si pressante, en prouvant qu'en fait les rédacteurs de l'acte du 11 avril 1529 n'ont pas attaché l'importance que met l'arrêt à cette différence de stipulations : *bailler au roi pour qu'il remette à l'empereur*, ou bien *bailler à l'empereur pour le compte et au profit du roi*. Nous prouverons ensuite qu'en droit ces deux stipulations sont au fond les mêmes, et qu'elles devaient produire identiquement les mêmes effets.

On sait que Mme de la Roche-sur-Yon n'était pas la seule qui fût venue en aide au roi pour l'exécution du traité de Cambrai. Des actes semblables avaient été consentis par d'autres dans le même esprit, avec les mêmes dispositions principales, et *en exécution de la même procuration*, celle donnée par le roi le 16 décembre 1529 au premier président Lizet à Mathieu de Longue-Joue et au président Briçonnet. Dans tous ces actes on retrouve la stipulation au profit du roi de pouvoir, pendant le délai de six ans, annuler les échanges effectués en dégageant les biens qui avaient été remis à l'empereur, et dont les anciens propriétaires avaient reçu l'équivalent en domaines de la couronne. Et comme ces actes, bien qu'au fond les mêmes, sont rédigés par des notaires différents, il peut se faire que telle rédaction, plus claire que telle autre, nous démontre mieux aussi qu'il n'y a pas eu, entre la procuration donnée par le roi et son exécution, le désaccord que l'arrêt de la cour de Douai a cru y voir.

Et d'abord pour le prouver nous citerons l'acte d'échange passé entre les mandataires du roi et M. de Béthune, seigneur de Mareuil, en avril 1529 (pièce n° 5). On y voit clairement que dans l'opinion des parties contractantes il y avait nulle différence entre ces deux choses : *bailler au roi pour qu'il remette à l'empereur* ou *bailler à l'empereur pour le compte et au profit du roi*. Ainsi dans cet acte (p. 49) on dit que les hauts bois de Haurincourt, etc., que M. de Béthune échange contre des domaines de la couronne *ont été baillés audit seigneur empereur*, et plus loin, à trois reprises différentes, on dit qu'ils sont *baillés au roi* (voy. p. 54, 56 et 57).

Dans l'acte du 29 mars 1529 (voy. pièce n° 6, p. 69), par lequel M. de Clèves s'engage à transporter directement à l'empereur, en vertu du traité de Cambrai, les terres d'Anglemoutier et autres, il déclare *baillées respectivement* les terres qui sont l'objet de l'échange qu'il fait avec des terres domaniales. Il emploie aussi ces termes de *bailler au roi* dans les procurations qu'il donne pour faire exécuter cet acte à la date du 18 avril 1530 (pièce n° 7, p. 88).

Dans la quittance donnée par l'abbé Dubois, évêque de Beziers, à la date du 19 mars 1538 (n° 35), à la suite de l'exercice du rachat des terres et seigneuries du bois le Val, Gamechines et Maresquiel, qu'il avait données en gage à Charles-Quint, pour le roi, en exécution du traité de Cambrai, il est dit (p. 379) que ces terres *furent baillées et transportées audit* seigneur *empereur par le roi de France*, et plus loin (p. 380), on reconnaît positivement que c'était en faveur du roi que le droit de rachat avait été stipulé, et que c'était par lui qu'il était exercé : « or est-il que ledit rachat aurait été signifié audit comparant par l'empereur notredit seigneur, se devoir faire *de la part dudit seigneur roi de France*, en ladite ville et cité de Cambrai, le vingt-sixième jour de ce présent mois de mars, selon l'appointement fait entre lesdits seigneurs empereur et roi de France. »

Enfin dans l'acte d'échange passé en mars 1529, entre les procureurs du roi et Mme de Vendôme (voy. n° 4), dans cet acte qui est le prototype de tous les autres, et auquel Mme de la Roche-sur-Yon donne ordre, comme nous l'avons vu, à son mandataire de se référer complétement; dans cet acte, disons-nous, il est expliqué parfaitement que la tradition faite à Charles-Quint *en exécution du traité de Cambrai,* doit être considérée comme faite au roi de France lui-même. Mme de Vendôme dit (p. 18 et 19), en parlant à ses procureurs, qu'elle leur donne « plein pouvoir et mandement spécial et irrévocable *de céder et transporter sesdites terres audit seigneur élu empereur,* ou ses commissaires à ce députés, *selon et au désir dudit traité de paix en accomplissant iceluy,* POUR ET AU PROFIT DUDIT SEIGNEUR ROI, et à sa décharge et par sa requête et mandement, » et plus loin (p. 21), elle assimile complétement cette tradition à celle qu'elle aurait faite au roi lui-même : « lesquelles cessions et transports accordés par ladite dame de Vendôme à la requête et mandement dudit seigneur, et à son profit et décharge, *ledit seigneur roi réputant être faits à lui-même* [1]. »

Mais pourquoi chercher ailleurs que dans l'acte du 11 avril 1529 la preuve que la tradition faite à Charles-Quint, au nom et au profit du roi, équivaut à la tradition faite au roi, qui aurait mis ensuite Charles-Quint en possession du domaine engagé ? A cet égard, l'acte d'échange de la princesse de la Roche-sur-Yon est-il moins explicite que celui de la duchesse de Vendôme ? Nullement ; il exprime au contraire plus énergiquement encore, peut-être, que les mandataires des parties, y compris M. de Montigny, procureur de Mme de la Roche-sur-Yon, ont été convaincus que la tradition faite à Charles-Quint, au nom du roi, équi-

---

[1] On trouve les mêmes termes dans l'acte de M. de Clèves, précité, p. 72, et dans l'acte de M. de Béthune, p. 47.

valait à la tradition faite au roi lui-même : « lesquelles cessions et transports, y est-il dit (n° 9, p. 118), accordés par ladite dame princesse audit nom par ledit de Montigny, son procureur, à la requête et mandement dudit sieur roi, et à son profit et décharge, *ledit sieur roi comme lesdits procureurs ont dit et affirmé et réputé être faits comme à lui-même*[1]. »

Les procureurs respectifs des parties se trompaient-ils, au reste, en croyant que *bailler des terres à l'empereur pour le compte et au profit du roi*, c'était faire absolument, quant au résultat, la même chose que si l'on avait *baillé d'abord ces mêmes terres au roi, pour qu'il les remît à l'empereur ?* Non. Leur opinion était en tout point conforme aux principes les plus sûrs et les moins contestables du droit.

En effet, que voulait-on faire en mettant les biens étrangers entre les mains du roi, qui les faisait ensuite passer dans les mains de l'empereur? On voulait sans nul doute mettre le roi *en possession* des terres qu'il recevait en échange de ses domaines, pour qu'il pût engager ces mêmes terres à Charles-Quint. Mais si, cette transmission étant faite directement à Charles-Quint par les anciens propriétaires *au nom, à la requête, à la décharge et au profit du roi*, il en résultait que le roi *entrait en possession comme propriétaire* des biens dont Charles-Quint devenait *détenteur comme engagiste*, il sera évident qu'on aura atteint parfaitement le but qu'on se proposait dans les procurations, qu'on aura choisi le mode le plus rapide et le plus simple pour atteindre ce but, et qu'enfin les procureurs des parties avaient raison de croire que la transmis-

---

[1] Et dans le préambule de ce même acte, François Ier parle « *des récompenses de ceux qui nous ont baillé leursdites terres* pour bailler à l'empereur. »

sion faite à Charles-Quint, *comme engagiste*, par les ex-propriétaires de biens *déjà échangés contre des domaines de la couronne*, équivalait à la transmission faite directement par le roi, après une *détention personnelle*, venant à la suite de l'acquisition qu'il avait faite par voie d'échange dans les Pays-Bas, *détention* qui n'aurait eu lieu d'ailleurs que pour cesser immédiatement.

Reste donc à prouver que la *possession* de ces biens des Pays-Bas a été transférée par ce *qui s'est fait* comme elle l'aurait été par ce *qui avait été projeté*, non à Charles-Quint, mais à François Ier; reste à prouver que la *possession* de François Ier *comme propriétaire* était le résultat forcé de la *détention* de Charles-Quint *comme engagiste*; reste enfin à prouver combien Dunod dans le passage précité avait raison d'induire pour l'engagiste l'impossibilité de prescrire, de cette circonstance *qu'il ne possédait pas* le gage comme maître *le tenant au nom du débiteur*.

Il nous serait facile de multiplier les citations. Nous nous en tiendrons à deux témoignages imposants.

Dans son *Traité de la possession* (ch. I, art. 2, n° 15) Pothier s'exprime en ces termes :

« Il ne faut pas confondre avec la possession naturelle, la détention de ceux qui détiennent une chose pour une autre et *au nom d'un autre* ; tels que sont des fermiers, des locataires, des dépositaires, des emprunteurs ou commodataires ; la détention qu'ont ces personnes de la chose qui leur a été louée ou donnée en dépôt, ou prêtée, n'est qu'une pure détention, *mera custodia*, et n'est pas même une possession purement naturelle ; car détenant la chose non en leur nom, mais au nom de celui qui la leur a louée, ou donnée en dépôt, ou prêtée, *qui la possède par leur ministère; c'est lui qui a par eux la possession de cette chose*. Ils ne peuvent donc pas l'avoir ; car deux personnes ne peuvent pas posséder en même temps, *in solidum*, la même chose : *Plures eamdem rem in solidum possidere non possunt* (l. 3, § 5, ff. *de acq. posses*). La détention qu'ils ont de la chose ne peut donc pas être regardée comme une possession, même seulement naturelle, qu'ils aient de la chose : *Eam rem non possident, sed sunt in possessione ejus rei illius nomine qui eam per ipsos possidet*. C'est ce qu'enseigne l'empereur Alexandre Sévère : *Qui ex conducto possidet* QUAMVIS CORPORALITER TENEAT, *non tamen sibi, sed domino rei creditur possidere* (l. 1 C. *comm. de usuc*). Car c'est le bailleur qui possède par le preneur, *et per colonos et inquilinos possidemus* (l. 25, § 1, ff. *de acq. posses.*). »

Dans un autre passage de Pothier ci-dessus cité nous l'avons vu faire l'application de ces mêmes principes à l'engagiste qui est aussi un détenteur à titre précaire, ne pouvant prescrire *neque per mille annos*. On se rappelle que Pothier dit de l'engagiste qu'il ne possède pas la chose qu'il tient à titre d'engagement *tanquam rem propriam*, mais qu'il la détient au contraire *tanquam rem alienam*.

Mêmes principes et même application de ces principes dans Domat (*Lois civiles*, Ire part., l. III, tit. VII, sect. I, n°s 9 et 10; et sect. N, n°s 11 et 12).

« On peut, dit-il, posséder une chose non-seulement par soi-même, mais aussi par d'autres personnes. Ainsi le propriétaire d'une maison ou d'un autre fonds possède par son locataire ou par son fermier. Ainsi, *le débiteur qui a donné un gage à son créancier*, celui qui a mis une chose en dépôt ou qui l'a prêtée, *possèdent par ceux à qui ils ont confié la détention*. Ainsi, le mineur possède par son tuteur. Ainsi, *on possède par un procureur*, et en général tout *propriétaire* POSSÈDE *par celui qui* DÉTIENT *en son nom*.

« Ceux qui ne possèdent que précairement, c'est-à-dire comme ayant prié le maître de leur laisser la possession, ne l'en dépouillent pas, mais, possédant de son consentement possèdent pour lui.

« Ceux qui possèdent pour d'autres ne peuvent prescrire ce qu'ils possèdent de cette manière. Ainsi celui qui possède précairement, *le créancier qui tient en gage*, l'usufruitier, le fermier ou locataire *ne peuvent acquérir par la prescription* ce qu'ils tiennent à ces titres ; car *pour prescrire il faut posséder et posséder comme maître* ; et dans toutes ces sortes de possession *c'est le maître qui possède par celui qui tient la chose en ses mains.* »

Ces principes étaient suivis dans les Pays-Bas, comme en France, témoin ce passage de l'ouvrage de M. Britz [1] (t. II, p. 967).

« Ceux qui *possèdent pour autrui, qui ne possèdent pas à titre de propriétaire,* qui ne font qu'administrer la chose, et qui en jouissent précairement, par tolérance, ne peuvent la prescrire. Au nombre de ces personnes incapables d'acquérir la propriété par prescription, ou d'éteindre une action, une créance relative à la chose du propriétaire, les coutumes comprennent les usufruitiers, les humiers, les viagers, les bailleurs, les fermiers ou locataires, les censiers, les emprunteurs, les emphytéotes, les *negotiorum gestores*, le vassal, le dépositaire, le douairier; le tuteur relativement aux biens de son pupille; le mari relativement aux biens de sa femme; le créancier qui tient le gage ou la chose hypothéquée; *et celui qui détient un bien* à PACTE DE RACHAT ou en ENGAGÈRE. »

Le Code civil qui n'a guère fait que réunir et condenser les principes que la raison et l'expérience des anciens jurisconsultes avaient découverts et mis en pratique, le Code civil a parfaitement résumé la doctrine puisée aux

[1] *Code de l'ancien droit belgique*, ouvrage couronné par l'Académie royale de Belgique. Bruxelles, 1847, in-4°.

sources les plus pures du droit romain, par Domat et Pothier, lorsqu'il a défini ainsi la possession (art. 2228) : « La possession est la détention ou la jouissance d'une chose ou d'un droit que nous tenons ou que nous exerçons par nous-même ou par un autre qui la tient ou qui l'exerce en notre nom. »

Et Celse a signalé avec une remarquable précision, la translation de la *possession civile*, opérée par la détention à titre précaire, substituée à la possession à titre de propriétaire en disant[1] : *Quod meo nomine possideo, possum alieno nomine possidere; nec enim muto mihi causam possessionis, sed desino possidere, et alium possessorem ministerio meo facio; nec idem est possidere et alieno nomine possidere. Nam possidet cujus nomine possidetur. Procurator alienæ possessioni præstat ministerium.*

L'application de ces principes à notre espèce n'est pas difficile.

En donnant à ses sujets qui possédaient des biens dans les Pays-Bas des domaines de la couronne, en échange, François Ier est devenu *maître* de ces biens, puis Charles-Quint en est devenu l'*engagiste*. En conséquence, le *possesseur* de ces biens dont Charles-Quint était *détenteur*, c'était François Ier. *Il possédait par Charles-Quint* comme *tout propriétaire possède par celui qui détient en son nom.*

Nous voyons déjà ce que nous devons penser de cette assertion de l'arrêt que *François Ier n'a pas été un seul instant en possession réelle de Leuze et Condé;* mais nous aurons occasion de revenir sur ce point, lorsque nous nous occuperons d'un moyen de cassation autre que celui que nous examinons maintenant. Il nous suffit, quant à présent, de faire remarquer que lorsque l'arrêt dit que François Ier n'a

[1] L. 18, ff., *de acquir. possess.*

pas été un seul instant en possession réelle de Leuze et Condé, il nie et viole un droit en ayant l'air seulement de méconnaître un fait, si par *possession réelle*, il entend la possession légale, la possession *animo domini*, la possession du maître; et que si au contraire, il entend par ces mots la simple *détention*, il se borne à signaler un fait complétement insignifiant, puisque la seule question intéressante ici, ce n'est pas de savoir *qui détient* mais *qui possède*. Or qui possède, Dunod, Pothier et Domat nous l'ont dit.

Reconnaissons donc comme certain, que, soit qu'on consulte les expressions dont se sont servies les parties contractantes, soit qu'on interroge leur pensée, soit qu'on examine ce qu'elles ont fait, soit enfin qu'on rapproche leurs actes des principes du droit, on demeure également convaincu qu'elles n'ont altéré en rien, dans l'exécution, et par leur contrat du 11 avril 1529, ce qu'elles avaient projeté et prescrit dans leurs procurations des 16 décembre et 1er avril de la même année. Et comme dans ces procurations, ce qu'elles projettent, ce qu'elles prescrivent, c'est incontestablement un *échange*, il suit de là, que ce qu'elles ont fait *en se référant d'ailleurs à ces procurations*, c'est aussi incontestablement un échange.

La preuve de la nature du contrat qui est intervenu, et de sa conformité parfaite avec celui qui avait été projeté, résulte des documents postérieurs à l'acte du 11 avril 1529, comme de cet acte lui-même et des procurations qui y sont annexées.

Cette preuve résulte aussi des procurations et des actes faits par les autres sujets de François Ier qui, traitant avec lui dans des conditions identiques, avaient droit aux mêmes avantages que Mme de la Roche-sur-Yon, et comme elle, prenaient pour type de leur convention l'acte passé entre le roi et Mme la duchesse de Vendôme.

Or, dans *le mémoire de la forme qui sera tenue à l'enté-*

rinement de la récompense de Mme de Vendôme (n° 3), comment qualifie-t-on le contrat qui va intervenir entre cette dame et le roi de France? On y dit que « Mme de Vendôme, pour faire plaisir au roi et pour le recouvrement de messeigneurs de France ses enfants, a été contente, *bailler audit seigneur*, PAR TITRE DE PERMUTATION ET ÉCHANGE, les terres qu'elle tient sous la subjection de l'empereur. » On explique ensuite pourquoi les circonstances urgentes dans lesquelles on se trouve ne permettent pas préalablement des évaluations régulières, et l'on ajoute que : « Nonobstant que lesdites évaluations ne soient faites, néanmoins CONTRAT D'ÉCHANGE *se passera entre lesdits sieur et dame desdites terres qu'elle a* sous la subjétion de l'empereur, *et de celles que ledit sieur a offert de lui bailler.* »

Dans la procuration que donne M. de Clèves, le 18 avril 1530 (n° 7), il est dit aussi qu'il charge les procureurs y dénommés « de prendre et d'accepter pour et au nom de nous, du roi notre sire ou ses procureurs et commis, en récompense et *contre-échange* de nosdites terres d'Anglemoutier, Pont-Rouard et Vive Saint-Éloi...... les terres et seigneuries de Pont-Audemer et Châteauneuf sur Loire. » Puis M. de Clèves stipule que cette tradition aura lieu « sous les pactions, convenances et modifications apposées en semblable contrat et *échange* passé entre le roi notredit seigneur et Mme la duchesse douairière de Vendôme. »

Dira-t-on de cette procuration comme de celles des 16 décembre et 1er avril 1529, qu'elle ne peut tenir lieu de l'acte d'échange lui-même ? Soit. Mais on ne dira pas du moins de celle de M. de Clèves, qu'elle n'a trait qu'à un projet qui n'a pas reçu d'exécution : la procuration de M. de Clèves ne dit pas en effet ce qu'il projette, mais ce qu'il a fait. Elle est donnée pour l'exécution de l'acte passé entre lui et le roi, le 29 mars précédent.

Puis, ce qu'on trouve dans la *procuration*, on le trouve aussi dans les *actes* ; ainsi, dans celui de M. de Béthune (n° 5), après les dénominations des parties par les notaires, il est dit (p. 40), que ces parties (les procureurs du roi d'un côté, et M. de Béthune, seigneur de Mareuil de l'autre) « accordent et passent le contrat de *récompense et échange ci-après déclaré.....* »

Ainsi encore dans l'acte de M. de Clèves (n° 6), après avoir parlé (p. 74) des terres données par le roi en récompense et *contre-échange* de celles baillées par Louis de Clèves à l'empereur pour le roi, on stipule (p. 79) que *durant le temps de six ans pourra ledit seigneur Louis de Clèves engager, vendre et aliéner lesdites terres à lui baillées en* ÉCHANGE, *à la charge de pareille faculté et condition de rachat envers le roi que lesdites terres lui ont été cédées par lesdits procureurs dudit seigneur roi.*

Dans la bibliothèque de d'Aguesseau, signataire de l'arrêt du conseil du 14 octobre 1749, dont l'interprétation est l'objet du procès actuel, se trouvait l'original ou la copie de l'acte passé entre le roi et Mme de Luxembourg (duchesse de Vendôme), et quel nom donnait-on à cet acte ? « *Échange* entre le roi François Ier d'une part et la duchesse de Luxembourg d'autre, au fait de la rançon de Sa Majesté en 1529 [1]. »

Mais arrivons aux documents spécialement relatifs au contrat du 11 avril 1529 et qui lui sont postérieurs.

Le premier acte sur lequel doit se porter l'attention est le procès-verbal contenant, à la date du 23 mai 1530, la prise de possession des terres d'Auge et de Mortain par le mandataire de Mme de la Roche-sur-Yon, le sieur de Mon-

---

[1] Voy. la *Bibliothèque* du père Lelong, éditée par Fevret de Fontette, t. III, p. 7, n° 29-214.

tigny, celui-là même qui représentait la princesse, comme procureur, dans le contrat du 11 avril. Dans ce procès-verbal (voy. n° 10), on est appelé tout naturellement à spécifier la nature de l'acte qui a produit une double mutation de propriété, et comment le qualifie-t-on? CONTRAT D'ÉCHANGE *entre le roi François I*ᵉʳ *et Louise de Bourbon, princesse de la Roche-sur-Yon*, DES TERRES DE LEUZE ET CONDÉ POUR LES COMTÉ DE MORTAIN ET VICOMTÉ D'AUGE. De plus, quand il s'agit de parler de la tradition des terres de Leuze et Condé, s'éloigne-t-on de la déclaration qui a été faite dans l'acte du 11 avril, à savoir que la délivrance à l'empereur équivaudrait à la délivrance faite au roi? nullement, on considère si bien que l'un de ces actes tient lieu de l'autre qu'on énonce comme faite au roi une tradition qui en réalité a été faite à l'empereur : *Disant que ès places de Condé et Leuze*, BAILLÉES *avec autres terres et choses héréditales* AU ROI *par ladite dame, en* ÉCHANGE *d'icelle vicomté* (voy. p. 170), et cette déclaration est réitérée à l'égard du comté de Mortain (p. 172).

On se rappelle que le roi avait stipulé dans sa procuration et dans l'acte du 11 avril, le droit de mettre à néant les échanges consommés, en retirant des mains de Charles-Quint les terres qui lui avaient été données en gage. L'exercice de ce droit avait été limité à six ans par l'acte du 11 avril, mais l'on sait qu'autrefois, à la différence d'aujourd'hui [1], de pareilles restrictions, apportées à un droit favorable, n'étaient considérées que comme comminatoires [2] si une mise en demeure n'était pas effectuée et validée par jus-

---

[1] D'après les art. 1660 et suiv. du C. civil, le terme fixé est de rigueur; il ne peut excéder cinq années, et faute par le vendeur d'avoir exercé son action dans le terme prescrit, l'acquéreur devient propriétaire irrévocable.

[2] Autrefois la faculté de rachat était ordinairement stipulée pour neuf ans; si le terme convenu était moindre, on le prolongeait jusque-là. Voyez Pocquet de Livonnière, *Règles du droit français*, liv. V, ch. v, art. 6.

tice¹ ou si la déchéance du droit n'était pas reconnue par celui qui pouvait s'en prévaloir. Cela explique la requête adressée au roi, en 1548, par le duc de Montpensier, fils de Mme de la Roche-sur-Yon, et pour lequel cette dame avait stipulé en 1529 (il était alors mineur). Le duc expose au roi Henri II que le délai de six ans fixé pour le rachat des terres d'Auge et de Mortain était expiré, que douze années s'étaient en outre écoulées, et il demande qu'en conséquence Sa Majesté veuille bien, *en tant que de besoin et pour plus grande sécurité à l'avenir, déclarer ledit* ÉCHANGE *pur et absolu, et ordonner qu'il sortisse son plein et entier effet à toujours*. Des lettres patentes délivrées à Saint-Germain-en-Laye, le 20 novembre 1548, firent droit à cette demande ². Le roi s'exprime de la manière suivante : « savoir faisons que vues lesdites requêtes et *contrat d'échange*... voulons les contrats faits par notredit seigneur et père.... estre gardés et entretenus selon leur forme et teneur, et notredit cousin (le duc de Montpensier) et tous autres demeurer en la sûreté qu'ils en peuvent et doivent avoir, avons dit et déclaré, disons et déclarons ladite faculté de rachapt expirée et passée, et *conséquemment ledit* ÉCHANGE

---

[1] « Après le terme expiré, dit encore Pocquet (loc. cit., art. 7), l'acquéreur devenait propriétaire incommutable suivant les mêmes coutumes (d'Anjou, du Maine, de la Touraine et du Loudunois), mais par la jurisprudence des arrêts confirmés par l'usage, le vendeur ou les héritiers sont reçus à exercer cette faculté de racheter pendant trente ans, si l'acquéreur n'a obtenu jugement qui le déclare propriétaire incommutable. »
Poquet dit encore la même chose, liv. IV, ch. x, n° 50, et cette nécessité d'un jugement pour déposséder de la faculté de rachat, bien que le terme soit expiré, est attestée par Denisart, v^{is} *Faculté de rachat*, n° 27 ; par Henrys, t. II, liv. III, q. 55 ; par Lalande, sur l'art. 269 de la coutume d'Orléans ; par Pothier, *Traité des retraits*, n° 588 ; et par Soefve, t. II, ch. I, qui rapporte un arrêt rendu en ce sens le 25 janvier 1656.

[2] Elle s'explique d'autant mieux que le duc de Montpensier pouvait craindre que Henri II ne considérât pas comme strictement obligatoires pour lui les engagements pris par son prédécesseur.

être demeuré pur et absolu, voulons et ordonnons que *comme tel* il sorte son plein et entier effet, et en ce faisant, que lesdites choses baillées en *contre-échange* à notredit cousin ou à notredite cousine, sa mère, audit nom, lui demeurent, et à ses hoirs masles ou femelles pour en jouir et user comme de leur propre patrimoine, perpétuellement et à jamais. » Ces lettres patentes furent enregistrées au parlement de Rouen le 20 décembre 1548 (voy. n° 12).

En 1566 le roi Charles IX ayant créé des gardes des sceaux en Normandie pour fieffer et arrenter les marais, les terres vaines et vagues, etc., ces officiers, se prévalant de la généralité des termes de leur commission, voulurent faire des actes de juridiction dans les comté de Mortain et vicomté d'Auge. Le duc de Montpensier s'y opposa, et le roi, *après avoir fait veoir en son conseil la copie duement collationnée du contrat* D'ÉCHANGE *des terres d'Auge et de Mortain contre celles de Leuze et Condé*, donna gain de cause au duc de Montpensier, *d'autant*, dit-il, *que lesdites terres lui appartiennent en toute propriété par le moyen dudit* ÉCHANGE *comme faisoient lesdites terres de Leuze et Condé, auparavant iceluy* (voy. pièce C, imprimée, annexe à l'inventaire du dossier).

Les lettres patentes de Charles IX sont datées du mois de septembre 1566, et elles furent enregistrées au parlement de Rouen le 3 novembre suivant.

Lorsque, par la célèbre ordonnance du mois de février 1566, le chancelier l'Hospital eut réuni et codifié les règles de l'inaliénabilité du domaine [1], règles appliquées

---

[1] Le préambule de l'ordonnance de Moulins ne laisse aucun doute sur l'objet que s'était proposé son auteur : « Parce que, dit-il, les règles et maximes anciennes de l'union et conservation de notre domaine sont à aucuns assez mal, et à d'autres peu connues, nous avons estimé très-nécessaire *de les faire recueillir et réduire par articles*, et iceux confirmer par édit général et irrévocable, afin que ci-après personne n'en puisse douter. »

fréquemment avant cela dans leurs édits et déclarations par François Ier lui-même [1] et par ses prédécesseurs [2], les agents du domaine exigèrent plus rigoureusement que par le passé la stricte observation de ces règles, et comme il arrive fréquemment en pareil cas, leur zèle, en devenant excessif, devint aveugle. Ils furent disposés à confondre les domaines *échangés* avec les domaines *engagés* ou vendus à faculté de rachat. Ils voulurent parfois pour ceux-là, comme pour ceux-ci, faire suivre les prescriptions relatives aux coupes de bois de haute futaie, au bail des terres vaines et vagues, et aux réceptions des foi et hommage des sous-fiefs, prescriptions qui ne s'appliquaient qu'aux domaines engagés. Ainsi arriva-t-il pour les terres de Normandie, acquises en 1529 par M. le duc de Montpensier. Mais le roi, « *après avoir fait veoir en son conseil privé ledit* CONTRAT D'ÉCHANGE *et par l'advis dudit conseil* reconnaît que *lesdites terres* (d'Auge et de Mortain) étaient *propres* au duc de Montpensier, *et de son patrimoine pour et au lieu des terres de Leuze et Condé*, BAILLÉES A NOTREDIT FEU SEIGNEUR ET AYEUL. » Les lettres patentes dans lesquelles se trouvent ces indications portent la date du mois d'octobre 1567.

Il n'apparaît pas que ces lettres aient été enregistrées à leur date, mais cet enregistrement intervint le 30 avril 1568, pour des lettres patentes rendues absolument dans les mêmes termes que ceux ci-dessus rappelés, le tout toujours à la requête du duc de Montpensier (voy. pièce n° 14).

[1] Parmi les actes législatifs de François Ier, qui consacrent l'inaliénabilité du domaine de la couronne, nous citerons spécialement sa déclaration du dernier avril 1517 (collection Isambert, t. XII, p. 109), ses lettres patentes du 1er mai 1519 (citées par Chopin, *du Domaine*, liv. I, tit. III, n° 4, et par Guyot, *Traité des fiefs*, t. V, p. 456), et son édit du mois de juillet 1521 (collection Isambert, t. XII, p. 191).

[2] On peut voir sur ce point ma seconde consultation, à la date du 16 février 1845, p. 333 à 374.

A la date du 15 septembre 1570 intervinrent de nouvelles lettres patentes du même roi, rendues aussi sur requête du duc de Montpensier, demandant de pourvoir aux offices d'Auge et de Mortain. Dans ces lettres, comme dans les précédentes, l'acte qui était intervenu le 11 avril 1529 est qualifié à trois reprises différentes de contrat *d'échange*. Et lorsque après avoir pris l'avis de son conseil, Charles IX rend une décision conforme à la requête du duc de Montpensier, il la motive sur ce que « *lesdites terres appartiennent au duc en toute propriété* par le moyen dudit ÉCHANGE, *comme faisaient lesdites terres de Leuze et de Condé auparavant icelui*. » Ces lettres patentes furent enregistrées par le parlement de Rouen, le 3 novembre 1570 (voy. n° 15).

Vers 1743, on crut devoir examiner, dans le conseil du duc d'Orléans, si ce prince pourrait, en qualité de représentant de la princesse de la Roche-sur-Yon et des ducs de Montpensier, exercer le rachat des terres de Leuze et Condé contre la maison de Croy. Pour résoudre cette question on dut s'occuper de déterminer le caractère de l'acte du 11 avril 1529. L'on reconnut que c'était un véritable *échange*, et que les terres d'Auge et Mortain, dont le duc d'Orléans était encore détenteur, avaient été données à ses auteurs comme l'équivalent des terres de Leuze et Condé. « L'on a toujours dit dans ce conseil, disait le rapporteur, que ces seigneuries (d'Auge et Mortain) sont patrimoniales à M. le duc d'Orléans. En supposant ce fait comme certain (et tous les documents que nous venons d'analyser le prouvent), *M. le duc d'Orléans n'aurait aucun droit de retirer la terre de Condé, parce qu'au moyen de* L'ÉCHANGE, *tous les droits du prince de la Roche-sur-Yon, duc de Montpensier, furent transportés au roi François Ier*, et aujourd'hui *il n'y aurait que le roi qui pût exercer le retrait en vertu du* *traité de Cambrai*, et en vertu de la clause insérée dans la vente faite par l'empereur Charles-Quint au baron de Roghendorff. » Le rapporteur prouve que quand le duc d'Orléans ne posséderait Mortain et Auge que par engagement il ne faudrait pas exercer le retrait proposé : « car, *dit-il*, *pour exercer le retrait sur la seigneurie de Condé il faudrait rendre au roi les terres de Mortain et d'Auge*..... et M. le duc d'Orléans qui possède deux belles et bonnes terres au cœur du royaume, prendrait *pour récompense* une terre frontière exposée à tous les dangers et à tous les ravages des guerres qui peuvent survenir. — Par toutes ces raisons, il paraît que *l'on ne doit point penser à exercer ce retrait* POUR M. LE DUC D'ORLÉANS. »

Des divers actes et documents que nous venons d'analyser il résulte que depuis 1530, c'est-à-dire depuis l'année qui a suivi celle où est intervenu le contrat passé entre François Ier et Mme de la Roche-sur-Yon jusqu'à 1743, c'est-à-dire jusqu'à l'époque où est intervenu l'arrêt de concession dont l'interprétation a donné lieu au litige actuel (cet arrêt porte la date du 14 octobre 1749), toutes les parties intéressées, tous les pouvoirs compétents, tous les jurisconsultes experts, sont tombés d'accord sur la qualification qui appartenait au contrat passé le 11 avril 1529; tous ont reconnu que ce contrat ne constituait pas autre chose qu'un ÉCHANGE.

Certes cette conformité d'opinions à des époques si diverses et pendant un si long espace de temps, cette complète harmonie entre l'interprétation donnée à l'acte, après qu'il est fait, et celle qu'il reçoit par anticipation lorsqu'on le projette, cette conformité et cette harmonie, disons-nous, avaient bien leur importance et leur signification; elles méritaient que la cour de Douai les prît en considération sérieuse, et que l'arrêt attaqué ne se contentât pas de dire

« que sans constituer un véritable échange, ce traité (entre Mme de la Roche-sur-Yon et François Ier) avait, avec ce contrat assez d'affinité pour qu'on ait pu, dans des actes postérieurs, lui en donner la dénomination. »

Mais d'abord ce ne serait pas sur la dénomination seule, mais sur la chose même, ce ne serait pas sur un mot, mais sur un droit qu'on se serait trompé dans ces différents actes. Ils ne se bornent pas à dire que le contrat qu'ils visent est un contrat d'échange, ils le prouvent. Partout ils déclarent, en effet, qu'Auge et Mortain sont substitués pour l'une des parties à Leuze et Condé pour l'autre, et réciproquement; que les droits respectifs des parties sur ces seigneuries sont incommutables; que *tous les droits du prince de la Roche-sur-Yon, duc de Montpensier, sur Condé, furent transportés au roi François Ier* de même que depuis l'échange *lesdites terres d'Auge et de Mortain appartiennent au duc en toute propriété, comme faisaient lesdites terres de Leuze et de Condé* AVANT ICELUI. Or, si les actes précités constatent la transmission respective de propriété, et s'ils constatent l'échange, ils constatent aussi la faculté de rachat pour le roi, seul droit qui pouvait rester sur Leuze et Condé après l'engagement de ces terres à Charles-Quint. Il y a, en effet, entre ces différentes choses une connexité inévitable. Le droit de rachat est la conséquence nécessaire du droit de propriété, qui est à son tour la conséquence nécessaire de l'échange.

Comment croire, d'ailleurs, que tous ceux qui ont interprété autrefois l'acte du 11 avril 1529 se soient trompés, soit sur les effets de cet acte, soit sur la dénomination qui lui convenait? Au moral comme au physique, plus on s'éloigne d'une chose et moins bien on la voit; aussi ne craignons-nous pas de dire que lorsqu'il s'agit de déterminer le sens et la portée d'un contrat passé en 1529, on doit être disposé à préférer à l'interprétation qu'en fait une cour de justice en 1849, celles qu'en donnent les parties elles-mêmes par leurs procureurs (M. de Montigny pour la princesse, et M. Becdelièvre, conseiller au parlement de Rouen, pour le roi) en 1530; l'une des parties et l'héritier médiat ou immédiat, de l'autre, le conseil privé de la couronne et le parlement de Rouen en 1548, 1566, 1567, 1568, 1570, et enfin les membres et le rapporteur du conseil particulier du duc d'Orléans en 1743.

Mais, dit l'arrêt de la cour de Douai : « Ce qui prouve que le roi n'est pas devenu propriétaire de Leuze et Condé, c'est que ce n'est pas en sa faveur, mais pour la princesse de la Roche-sur-Yon et pour les siens, que la faculté de les racheter a été stipulée; qu'il a été convenu que, pendant six années, à compter du contrat, ce droit pourrait être exercé avec les deniers du roi par une personne qui serait nommée par lui, et que la princesse constituerait son mandataire à cet effet; que si le rachat était ainsi fait, la princesse, qui rentrerait gratuitement[1] en possession des terres de Leuze et Condé, devrait, de son côté, remettre au roi la possession et jouissance d'Auge et Mortain; mais, qu'après l'expiration de ce délai, sans que le rachat eût été effectué, Auge et Mortain seraient irrévocablement acquis à la princesse au nom de ses enfants; qu'elle conserverait encore la faculté de racheter Leuze et Condé, mais avec ses deniers; qu'on objecte qu'après les six années le droit de rachat appartenait au roi, mais que si le roi s'était réservé ce droit par le traité de Cambrai, il est incontestable qu'il pouvait le céder à ceux de ses sujets qui satisferaient à son obligation envers Charles-Quint avec leurs propres deniers,

---

[1] Nous ne comprenons pas ce mot : la princesse ne rentrait pas *gratuitement* dans les seigneuries de Leuze et Condé, puisqu'elle les payait par la perte d'Auge et de Mortain.

que c'est ce qu'il a fait en faveur de la princesse de la Roche-sur-Yon par cette clause insérée au contrat : *Avec faculté de rachat pour elle audit nom et pour les siens*; que la même clause se retrouve dans les contrats passés dans les mêmes circonstances avec la duchesse de Vendôme et le seigneur de Béthune. »

Avant de signaler les erreurs qui fourmillent dans ce passage de l'arrêt, prenons acte de cette assimilation qu'il accepte entre le contrat fait avec Mme de la Roche-sur-Yon et ceux passés dans les mêmes circonstances avec Mme de Vendôme et M. de Béthune. Ajoutons qu'au point de vue où se place ici l'arrêt, on ne peut rien conclure de cette assimilation. De quoi s'agit-il en effet? de savoir à qui, *après les six années*, appartient la faculté de rachat qui, avant ce terme, doit être exercée, suivant nous comme suivant l'arrêt, par Mme de la Roche-sur-Yon. Or, à l'égard desdits biens de Mme de Vendôme et de M. de Béthune, le rachat a été exercé dans les six ans.

Mais poursuivons :

Suivant l'arrêt, la faculté de rachat est positivement stipulée pour Mme de la Roche-sur-Yon, dans l'acte (ou, pour être plus exact, dans le préambule de l'acte) du 11 avril 1529; et cela est vrai. Mais de quelle faculté de rachat s'agissait-il ? De celle réservée au roi par le traité de Cambrai, et qui devait être perpétuelle? nullement, mais de celle qui pouvait être exercée dans le délai de six années si le roi annulait l'échange dans ce délai. Jusque-là, d'après les règles du droit domanial, Auge et Mortain n'étaient que des domaines engagés[1], et, comme à l'égard de ces domaines, le

---

[1] Dans les principes de droit domanial, il n'y avait nulle différence à faire entre les domaines vendus à la faculté de rachat et les domaines engagés. C'est ce qu'explique très-bien Guyot, dans son *Traité des fiefs*, t. V, p. 488 et suiv. Voici comment il s'exprime :

« Je dis que dans les aliénations du domaine solide, soit des terres, des

roi conservait son droit de propriété, comme d'un autre côté entre les parties contractantes tout devait être égal, pendant ce même laps de temps, Mme de la Roche-sur-Yon restait, en apparence, propriétaire des biens qu'elle avait cependant aliénés sous une condition résolutoire. C'était donc par elle que devait être exercée, pendant ce temps, la

justices ou autres droits incorporels, *c'est disputer de mots que de mettre une différence entre les engagements et les ventes à faculté de rachat, ou à autre titre tel qu'il soit; entre les ventes faites pour les nécessités de la guerre et les engagements pour prêt fait au roi; tout cela en matière de domaine n'est qu'engagement;* tout cela est de même nature et qualité, sujet aux mêmes lois : 1° parce que, comme le disent fort bien Chopin et Loyseau, *dans aucun de ces cas la propriété n'est jamais transférée à l'acquéreur;* 2° dans les ventes du domaine à faculté de rachat ou autrement, comme dans ce que les auteurs appellent engagement simple, les acquéreurs ne peuvent être dépossédés qu'en remboursant la finance qu'ils ont payée; 3° quand l'art. 334 de l'ordonnance de Blois parle des engagements pour prêts faits au roi, il use de ces mots *engagés ou aliénés*, ce sont termes synonymes, *in illos improprie dicitur alienatus regius canon*, dit Chopin; *il n'y a jamais de vraie vente dès que par la faculté imprescriptible, exprimée ou non exprimée, le domaine peut toujours être retiré.* (Pas de vraie vente donc, dans l'espèce, jusqu'à 1535, époque où la faculté de rachat d'Auge et Mortain cessait pour le roi, et où d'*engagées*, lesdites terres devenaient *échangées*.) »

Guyot cite ensuite Guesnois, dans sa *Conférence des ordonnances;* Dupuy, *des Droits du roi;* Pontanus, sur la coutume de Blois; d'Argentré, sur celle de Bretagne; Lebret, *de la Souveraineté du roi;* le recueil d'arrêts de Papon; il mentionne divers édits sur le domaine, notamment celui de 1695, plusieurs circonstances dans lesquelles on a eu à faire l'application des principes du droit domanial, plusieurs arrêts qui ont consacré ces principes. Et de tous ces précédents, Guyot conclut : « que tout acte, tel qu'il soit, *si ce n'est l'échange bien et dûment fait*, emportant aliénation du domaine, n'est qu'engagement et ne peut jamais donner aux acquéreurs la patrimonialité, *pas même ombre de patrimonialité* sur le domaine engagé. »

Dans le réquisitoire conformément aux conclusions duquel intervint l'arrêt de cassation du 10 brumaire an XII, et qui est rapporté dans les *Questions de droit*, v° *Engagement*, § 1, M. Merlin s'exprimait absolument comme Guyot. Examinant si la disposition de l'art. 5 de la loi du 14 ventôse an VII était applicable à l'espèce, il disait : « Les aliénataires maintenus par l'art. 5 avaient été, dès l'origine de leur possession, propriétaires incommutables des fonds aliénés à leur profit....., mais les engagistes n'avaient originairement *aucune ombre de propriété*. »

faculté de rachat[1]; aussi lorsque ce rachat a lieu, en 1531, pour les terres engagées par Mme la duchesse de Vendôme, c'est par cette dame qu'il s'effectue. Voici ce qu'on lit dans un inventaire reposant aux Archives du département du Nord:

« Lettre de jussion sur l'échange fait entre le roy François Ier et Marie de Luxembourg, *en conséquence du traité de Cambrai*, cote M 127.

« Contrat passé entre le roy François Ier et ladite Marie de Luxembonrg (duchesse de Vendôme) pour raison d'*échanges respectives*, cote a. y. e. xx.

« 1531, 8 janvier, Lille. — Acte du bailli et hommes de

---

[1] C'était aussi et toujours pour la même raison que les terres de Leuze et Condé devaient être remises par elle à Charles-Quint; et ainsi nous répondons à l'objection faite ailleurs par l'arrêt de la cour de Douai, et qui est ainsi formulée : « Si c'est le 12 avril 1529 que la cession de Leuze et Condé a été faite par la princesse de la Roche-sur-Yon au nom de ses enfants (*au nom du roi et pour lui*) à Charles-Quint, il est certain qu'il n'y a pas eu un véritable contrat d'échange entre elle et François Ier, puisqu'elle n'aurait pu transmettre le 12 à Charles-Quint une propriété qui, dès le 11, aurait cessé de résider sur sa tête. »
Ceci revient à dire qu'en *exécutant* le contrat du 11, on l'annulait. Nous prétendons, nous, qu'en ce faisant, au contraire on le confirmait. Nous prétendons en outre que le mode d'exécution qu'on choisissait était le seul qui fût régulier. Le Hainaut était en effet un pays de nantissement, des œuvres de loi, en d'autres termes, des actes de déshéritance et d'adhéritance étaient nécessaires pour transférer la propriété; « et aussi longtemps que la *tradition judiciaire* n'avait pas lieu, *la saisine de droit* restait entre les mains de l'ancien acquéreur. » (M. Britz, p. 905.) Or François Ier n'ayant pas été adhérité par Mme de la Roche-sur-Yon, il ne pouvait pas se déshériter en faveur de Charles-Quint; Mme de la Roche-sur-Yon seule le pouvait : et comme elle n'adhéritait Charles-Quint que *comme engagiste*, par cela même elle adhéritait François Ier *comme propriétaire*. Ici s'appliquent les principes que nous avons ci-dessus développés sur la mise en possession *par autrui*, et cette application est bien naturelle, car les œuvres de loi n'étaient après tout qu'une mise en possession solennelle. Cela était incontestable en Hainaut surtout, où les francs alleux (qui ne payaient pas de droits seigneuriaux lors de leur mutation), étaient néanmoins soumis à des œuvres de loi reçues par cinq francs alloétiers (voy. le *Répert.* de Merlin aux mots *Franc-alloétiers*).

fiefs de la salle de Lille, contenant, qu'en leur présence, Jean de Warenghien, maître des comptes à Lille, procureur et commissaire de l'empereur Charles-Quint, *a déclaré que la duchesse douairière de Vendôme avait racheté* dudit empereur les fiefs de la châtellenie qu'elle lui avait auparavant transportés en acquit du roi de France, consentant au nom dudit empereur qu'elle rentrât en la paisible possession de cesdits fiefs. »

En faisant exercer ce rachat en 1531 par Mme de Vendôme, on ne faisait qu'exécuter ce qui avait été convenu avec cette dame en mars 1529 (voy. pièce n° 4, p. 22 et 23), convention absolument semblable à celle qui était intervenue entre le roi et la duchesse de la Roche-sur-Yon le 11 avril de la même année.

Voici ce qu'on lisait dans cette dernière convention lorsqu'il s'agissait de spécifier dans le dispositif de l'acte *le droit de rachat* qui avait été réservé pour Mme de la Roche-sur-Yon dans le préambule : « Avec condition toutefois que *dedans six ans accomplis du jour de ces présentes*, ledit seigneur roi pourra nommer tel personnage que bon lui semblera, lequel ladite dame audit nom constituera son procureur espécial pour *rachapter* lesdites terres *pour et au nom d'icelle audit nom*, et fournira ledit seigneur roy et fera délivrer audit seigneur élu empereur ou ses commis les deniers requis ou nécessaires pour faire *ledit rachapt*, tant pour ledit principal que droits seigneuriaux et loyaux coustements si aucuns en étoient dus[1] et où ledit rachat se ensuivra, ledit seigneur roy sera tenu faire revestir et adhériter ladite dame audit nom, et remettre en possession

---

[1] Ces derniers mots ne se trouvent pas dans l'acte de Mme de Vendôme, parce que les terres qu'elle engageait ne relevaient pas de l'empereur. Comme il en était autrement de Leuze et de Condé, on fait ici allusion à la clause du traité de Cambrai, qui dispensait du payement des droits seigneuriaux les domaines engagés qui relèveraient de Charles-Quint.

desdites terres comme elle étoit auparavant et lui en faire avoir lettres..., et ce fait, ladite dame audit nom et sondit fils seront incontinent et sans délai tenus de laisser la possession et jouissance desdites terres à elle audit nom cédées. »

Après avoir cité cette clause, on reconnaît que M. Duvergier en a parfaitement saisi le sens et l'objet lorsqu'il a dit :

« En faisant l'échange d'Auge et Mortain avec Leuze et Condé, le roi ne renonçait pas à l'espérance de recouvrer les terres qu'il aliénait. Il voulait, si, dans une période de six années, il était en mesure de payer l'empereur, pouvoir rendre à Mme de la Roche-sur-Yon ses terres et retirer les siennes de ses mains.

« Il n'eût pas été habile, dans la prévision de cet événement, de stipuler que le roi rachèterait d'abord Leuze et Condé, et qu'il les rendrait ensuite à Mme de la Roche-sur-Yon.

« Il était bien plus simple de dire, comme on l'a fait, que dans le délai de six ans le rachat serait fait, sous le nom de Mme de la Roche-sur-Yon par une personne chargée de ses pouvoirs et désignée par le roi.

« On évitait par là la transmission de l'empereur au roi et du roi à la princesse [1] ; mais une fois les six années expirées, Auge et Mortain étaient définitivement perdus pour le

---

[1] Nous ajouterons qu'on évitait aussi le péril pour Mme de la Roche-sur-Yon d'être à la fois dépossédée d'Auge et de Mortain, de Leuze et de Condé.
Si en effet le rachat avait été exercé dans les six ans par le roi, ce rachat effectué eût rendu Leuze et Condé biens domaniaux, et dès lors inaliénables; et comme Auge et Mortain n'étaient pendant ce laps de temps *vendus qu'à condition de rachat*, ou, *ce qui est la même chose*, *qu'engagés*, il en fût résulté qu'en payant en numéraire le prix de l'engagement, le roi aurait pu ressaisir aussi la propriété pleine et entière d'Auge et Mortain.

roi ; il ne pouvait plus en exiger la restitution par Mme de la Roche-sur-Yon. Il n'avait donc plus d'intérêt à stipuler que son droit de rachat serait exercé par elle ; il pouvait, il devait l'exercer lui-même, puisque les terres rachetées devaient désormais rester sa propriété.

« Ainsi deux droits de rachat appartiennent au roi :

« L'un qu'il pouvait exercer dans une période de six ans ;

« L'autre perpétuel ;

« Le premier, ayant pour but d'assurer la résolution de l'échange, devant rendre à chacun des échangistes ce qui avait été sa propriété ; et par conséquent devant, pour atteindre directement ce but, être exercé par la princesse de la Roche-sur-Yon.

« Le second, appartenant au véritable propriétaire, stipulé dans le traité de Cambrai, énoncé dans l'acte du 12 avril (l'acte d'engagement), et conséquemment l'objet de la clause insérée par l'empereur dans sa vente à M. de Roghendorff[1].

« A la princesse de la Roche-sur-Yon l'exercice du droit de rachat pendant six ans, jusqu'en 1535, parce que pendant six ans, jusqu'en 1535, Mme de la Roche-sur-Yon pouvait, au moyen de la résolution de l'échange par le roi, se trouver au même et semblable état où elle était en 1529 ; parce que pendant six ans jusqu'en 1535, elle conservait les titres de propriété de Leuze et de Condé ; parce qu'il est tout naturel que celui-là ait le droit de rachat, qui reste détenteur des titres ; qui peut les produire à l'engagiste, en retirant les terres de ses mains.

« Au roi, le droit de rachat, après six ans, après 1535, parce qu'alors l'échange est devenu définitif, irrévocable,

---

[1] Bientôt nous nous occuperons de cette vente et des conséquences qu'en tire l'arrêt attaqué.

parce qu'alors les titres de propriété lui sont remis, parce qu'alors il peut seul présenter ces titres à l'engagiste pour exercer le rachat.

« Dans ce système tout est clair, est raisonnable ; le fait et le droit sont en harmonie ; tandis que tout est obscur, déraisonnable, contradictoire, si l'on veut que Mme de la Roche-sur-Yon ou ses représentants aient conservé le droit de rachat, le roi ayant le droit de propriété ; » ou si l'on veut que ce droit de propriété ne soit pas le résultat et la conséquence de l'échange qui est intervenu.

Nous avons prouvé par le dispositif de l'acte du 11 avril quelle était la nature du droit de rachat réservé pour la princesse dans le préambule dudit acte ; quant à celui qui était réservé au roi, il était inutile de le mentionner dans un titre privé puisqu'il n'émanait de rien moins que d'un acte international, acte auquel se référait d'ailleurs le contrat du 11 avril par ces mots : *Ainsi qu'il est dit audit traité*. L'acte d'engagement du 12 était sans doute plus explicite, puisque la compagnie d'Anzin s'est toujours gardée de le produire. Une phrase de l'acte du 11 avril tend d'ailleurs à fortifier cette conjecture, et cette phrase, il faut la citer tout entière, car en la tronquant, l'arrêt de la cour de Douai en a, bien involontairement sans doute, altéré le sens. L'acte dit qu'il est fait « avec faculté de rachat à ladite dame audit nom, et aux siens ET AUTREMENT *ainsi qu'il sera avisé par les dits procureurs.* » Mots « assez expressifs, dit M. Duvergier, pour montrer que ce n'était pas exclusivement à la princesse de la Roche-sur-Yon que le rachat serait définitivement réservé, et assez généraux pour laisser le choix entre les différentes rédactions qui pourraient être proposées (pour l'acte du 12) afin de sauvegarder les droits et les intérêts du roi. »

Mais suivant l'arrêt de la cour de Douai ce seraient les

droits qu'il tenait lui-même du traité de Cambrai que le roi aurait cédés à Mme de la Roche-sur-Yon.

S'il en avait été ainsi on n'eût pas manqué de dire dans l'acte du 11 avril que le droit de rachat que l'on réservait à la princesse *lui était cédé par le roi*, ou, au moins, que ce droit était *perpétuel*; or rien de semblable dans l'acte du 11 avril.

Ajoutons que si la princesse eût voulu se réserver le droit de rachat après les six ans, elle n'eût pas non plus manqué, vu l'importance de ce droit, de mentionner cette réserve dans sa procuration du 1er avril; or, elle n'en souffle mot. Elle avait d'ailleurs pour cela d'excellentes raisons, car nous allons voir que non-seulement une pareille prétention eût été infailliblement repoussée par le premier président Lizet et les autres mandataires du roi; mais encore que, si, par impossible, elle avait été accueillie, c'eût été au grand dam de Mme la princesse de la Roche-sur-Yon.

Ce que valaient Leuze et Condé nous le savons, car c'est cette valeur même qui donne la base la plus solide aux raisonnements que nous avons faits pour prouver que la qualification d'*échange* donnée dans tous les temps à l'acte du 11 avril était une qualification méritée.

On a toujours dit pour la compagnie de Thivencelles ce que nous répétons pour elle maintenant :

« Auge et Mortain valent Leuze et Condé, Leuze et Condé valent Auge et Mortain.

« Donc le propriétaire d'Auge et de Mortain doit devenir propriétaire de Leuze et Condé; et le propriétaire de Leuze et Condé doit devenir propriétaire d'Auge et Mortain.

« Chacun saisi de sa propriété nouvelle ne doit plus rien conserver de l'ancienne.

« Comment donc serait-il possible que Mme de la Roche-sur-Yon, qui a reçu exactement, complétement, absolument la valeur de Leuze et Condé conservât encore un droit de rachat? Pourquoi l'aurait-elle? et pourquoi le roi ne l'aurait-il pas, lui qui a donné tout ce que Leuze et Condé pouvaient valoir? »

La compagnie d'Anzin et l'arrêt de la cour de Douai ne nient pas qu'Auge et Mortain n'eussent une valeur égale à celle de Leuze et Condé; mais ils prétendent néanmoins qu'après le terme de six ans la princesse de la Roche-sur-Yon avait à la fois la propriété incommutable d'Auge et Mortain, et le droit de rachat perpétuel de Leuze et Condé.

Or, que valait ce droit de rachat? L'arrêt se contente de dire que « cette terre (de Condé) valait *beaucoup plus* que le prix moyennant lequel la cession en avait été faite par Charles-Quint. » Mais en quoi consistait précisément la différence de valeur entre la somme, en capital, pour laquelle cette terre avait été engagée, et sa valeur vénale? C'est ce que l'arrêt ne dit pas, mais ce que la compagnie d'Anzin a fait connaître.

Il résulte en effet des *pièces justificatives* qu'elle a publiées lorsqu'elle plaidait en cour d'appel, que les terres de Leuze et Condé ont été engagées, savoir :

Celle de Leuze [1] pour quarante-quatre mille quatre cent trente écus d'or trois quarts deux sols deux deniers;

Et celle de Condé [2] pour neuf mille six cent trente-neuf écus d'or.

Ainsi les deux terres ont été engagées pour une somme totale de cinquante-quatre mille soixante-neuf écus d'or trois quarts deux sous deux deniers, capital qui, au denier vingt, donnait un revenu de deux mille sept cent trois écus d'or [3].

Il résulte des mêmes documents que la valeur vénale de

---

[1] Voy. le recueil des *pièces justificatives* de la compagnie d'Anzin, p. 32.
[2] Voy. le même recueil, p. 22, 34, 40 et 42.
[3] Voy. le même recueil, p. 7.

ces deux terres était de cent quatre mille soixante-neuf écus d'or trois quarts deux sous deux deniers.

Donc il y avait entre la somme pour laquelle ces terres étaient engagées et leur valeur vénale, une différence de cinquante mille écus d'or, différence qui équivalait à la moitié de leur prix environ.

Si donc Mme de la Roche-sur-Yon avait réuni après les six ans, à la fois, un droit de propriété incommutable sur Auge et Mortain, et un droit de rachat perpétuel sur Leuze et Condé, le contrat du 11 avril 1529 lui aurait donné 1° deux terres valant Leuze et Condé, seigneuries qui elles-mêmes valaient cent quatre mille écus d'or; 2° un droit de rachat qui valait cinquante mille écus d'or, c'est-à-dire la moitié de la valeur desdites seigneuries.

En d'autres termes, le roi eût échangé Auge et Mortain non contre Leuze et Condé, mais contre moitié de Leuze et Condé.

En présence d'un pareil résultat, M. Duvergier n'avait-il pas raison de dire : « Le roi eût perdu le sens s'il eût dit à la princesse de la Roche-sur-Yon : Je vous paye vos terres ce qu'elles valent, exactement ce qu'elles valent; il ne manque pas un écu d'or à la valeur que je vous fournis en contre-échange, et cependant ce sera à vous, ce ne sera pas à moi qu'appartiendra le droit de rachat des terres que je vous ai payées. »

Et si le roi avait aussi aveuglément méconnu ses intérêts et ses devoirs, croit-on que ses mandataires ne l'eussent pas averti, que son conseil ne l'eût pas éclairé, que ses successeurs n'eussent pas désavoué ses engagements? Pense-t-on que le premier président du parlement de Paris eût prêté les mains à une aussi flagrante violation de l'inaliénabilité du domaine de la couronne? Pense-t-on qu'un président de la cour des comptes eût accepté comme exacte une aussi inégale pondération des valeurs contre-échangées? Pense-t-on qu'après examen itératif, après avis de leur conseil, les rois Henri II et Charles IX aient approuvé en 1548, 1566, 1567, 1568 et 1570 ce que François Ier avait fait en 1529 et 1530? Pense-t-on enfin qu'à ces différentes époques les parlements eussent enregistré sans résistance [1] des contrats, des mises en possession et des lettres patentes qui eussent porté une aussi profonde atteinte aux intérêts et aux droits qu'ils avaient mission de garantir, et qu'ils sauvegardaient avec un zèle si persévérant et, nous pouvons le dire, si jaloux [2]?

Puis, si en 1529, François Ier avait été aussi aveugle que le suppose l'arrêt de la cour de Douai, Mme de la Roche-sur-Yon aurait été la première à lui dessiller les yeux, à contenir son apparente prodigalité, et à répudier à la fois les bénéfices équivoques et les dangers réels de la cession, par le roi, du droit de rachat perpétuel qu'il s'était réservé par le traité de Cambrai.

En se reportant au contrat du 11 avril 1529, on voit que Mme de la Roche-sur-Yon n'était pas moins préoccupée

---

[1] Ce que fit le parlement de Rouen pour les terres d'Auge et de Mortain, situées dans son ressort, les autres parlements le firent sans plus de difficultés pour les terres comprises dans leurs juridictions. Le parlement de Paris notamment, si sévère dans ses vérifications, le parlement de Paris qui s'est montré toujours le défenseur si scrupuleux et si ardent des intérêts du domaine de la couronne, ce parlement, disons-nous, s'empressa d'enregistrer l'acte fait avec la duchesse de Vendôme, le 29 mars 1529, *avant Pâques;* ceux de M. de Béthune, de M. de Béziers, de M. d'Haussy, de M. Robert de la Marche et de M. d'Escars, le 21 avril 1530, *après Pâques;* et celui de M. de Clèves, le 3 juin 1530 (voy. pièces n{os} 4, 5, 6, etc. et le règ. L. des ordonnances de François Ier aux Archives nationales).

Nous ajouterons que le parlement de Paris était, suivant Chopin (*du Domaine,* liv. II, tit. xv, art. 11) : *Sacri dominii disceptator, velut commune ut olim jam totius Galliæ concilium,* ou, comme dit Tournet, son traducteur, « seul compétent de connaître du domaine, comme tenant la place et représentant des assemblées générales de tous les états de France. »

[2] On peut voir dans le recueil de Dumont et Rousset que ce ne fut que sur *lettres de jussion* que certains parlements enregistrèrent le traité

que le roi de l'idée, de ne donner des terres que contre des terres, de faire en un mot un échange, et rien de plus; et lorsqu'on sait qu'elle agissait comme tutrice de ses enfants mineurs et ayant leur garde noble, on s'explique parfaitement que dans cet acte, son mandataire ait stipulé que si par l'évaluation *il est trouvé que les terres que lesdits procureurs* (du roi) *ont cédé, en récompense et contre-échange à madite dame, valent moins que celles que ladite dame aura baillées et cédées au prouffit dudit seigneur roy, ledit seigneur roy sera tenu lui parfaire le surplus en terres de semblables qualités.*

Mais si Mme de la Roche-sur-Yon avait été cessionnaire du droit de rachat du roi, elle aurait couru grand risque après avoir perdu Leuze et Condé, par suite de l'engagement fait à Charles-Quint, de perdre ensuite moitié d'Auge et Mortain par suite de la cession du droit de rachat faite par François Ier. Soit sous ce prince, soit sous ses successeurs, les administrateurs du domaine n'auraient pas manqué de lui dire : Les principes du droit domanial s'opposent à ce que le domaine de la couronne soit aliéné autrement que par échange; vous conservez sur Leuze et Condé un droit de rachat, qui équivaut à la moitié de la valeur de ces terres, par conséquent en vous donnant moitié d'Auge et Mortain, nous vous restituons en France l'équivalent de ce que vous nous avez abandonné dans les Pays-Bas, et nous ne faisons en cela qu'appliquer une stipulation du contrat du 11 avril que vous avez acceptée. Dans ce contrat, en effet, après la clause ci-dessus rappelée se trouvait celle-ci : *et aussi où il serait trouvé que les terres qui lui seront cédées par lesdits procureurs, excédassent la valeur*

de Cambrai, parce que, dans des articles autres que celui dont l'exécution nous occupe, le roi s'était désisté à tort, suivant ces parlements, de ses prétentions sur certaines villes ou certaines provinces.

et estimation des terres qui seront cédées par ladite dame audit nom, au profit et décharge dudit seigneur roi, en ce cas, ladite dame audit nom sera tenue de rendre L'OUTRE-PLUS.

Après ces explications on ne dira plus, nous l'espérons, avec l'arrêt de la cour de Douai, qu'après qu'elle était devenue propriétaire incommutable d'Auge et de Mortain, Mme de la Roche-sur-Yon *conservait encore la faculté de racheter Leuze et Condé, mais avec ses deniers.* On concevra que si, rachetant avec les deniers du roi, elle eût eu alors Auge et Mortain pour rien ; rachetant avec ses propres deniers, elle eût eu encore la moitié d'Auge et Mortain, ou, ce qui est la même chose, la moitié de Leuze et Condé pour rien.

Après ces explications, on ne dira plus, avec l'arrêt, *que si le roi s'était réservé le droit de rachat par le traité de Cambrai, il* EST INCONTESTABLE *qu'il pouvait le céder à ceux de ses sujets qui satisferaient à ses obligations envers Charles-Quint, avec leurs propres biens ; que c'est ce qu'il a fait en faveur de Mme de la Roche-sur-Yon.*

Non, ce n'est pas ce qu'il a fait, car c'est ce qu'il n'a pas pu faire ; c'est ce que la partie avec laquelle il contractait n'a pas pu vouloir qu'il fît. Ce qui est incontestable, c'est le contraire de ce que l'arrêt qualifie tel. Ce qui est incontestable, c'est que le domaine de la couronne était inaliénable ; c'est que le droit de rachat dont s'agit était incessible ; c'est que, pour qu'il fût valablement cédé, il fallait un échange ; c'est que, dans le système adopté par l'arrêt, cet échange n'a pas lieu ; c'est que toujours, dans ce système, un droit domanial aurait été aliéné gratuitement, puisque, *sans le droit de rachat,* Auge et Mortain valaient Leuze et Condé.

L'arrêt de la cour de Douai se prévaut cependant de l'acte

passé à Bruxelles, le 26 août 1531, pour prétendre que la faculté de rachat perpétuel n'était pas réservée au roi mais à Mme de la Roche-sur-Yon et à ses héritiers. Cela résulterait, suivant l'arrêt, de ce que, dans ledit acte, il est énoncé que les terres de Leuze et Condé ont été *cédées et transportées* à l'empereur par Louis de Bourbon, prince de la Roche-sur-Yon, et que le rachat ne pourra être fait *par autres que par ceux qui en ont fait le transport.*

Mais rappelons d'abord deux observations que nous avons eu occasion de faire.

La première, c'est qu'il n'est pas très-logique de s'adresser à Charles-Quint et à M. de Roghendorff pour savoir ce qu'ont fait deux ans auparavant François Ier et Mme de la Roche-sur-Yon;

La seconde, c'est que, pour interroger utilement un acte, il ne faut pas en isoler, et moins encore en tronquer les clauses. La règle contraire que nous trace l'article 1161 du Code civil est une de ces règles plus de bon sens encore que de droit, qui ont eu cours dans tous les temps.

Interrogeons donc plus complétement que ne l'a fait l'arrêt, le texte de l'acte du 26 août 1531.

Charles-Quint expose d'abord que, pour rétablir ses finances, *il n'a trouvé meilleur, plus convenable et moins dommageable moyen que la vendition et transport des villes, seigneuries, terres et héritages à lui baillés, cédés et transportés* DE LA PART DE SON TRÈS-CHER ET AMÉ BON FRÈRE ET COUSIN LE ROI TRÈS-CHRÉTIEN *par ses vassaux, possesseurs et propriétaires desdites terres et seigneuries situées en ses pays par deçà,* SELON ET EN SUIVANT LE TRAITÉ DE PAIX DERNIÈREMENT CONCLU ENTRE LUI ET SONDIT BON FRÈRE ET COUSIN EN LA CITÉ IMPÉRIALE DE CAMBRAI.

Charles-Quint dit ensuite que Leuze et Condé spécialement lui ont été *transportés* DE LA PART DUDIT ROI TRÈS-CHRÉ-

TIEN par messire Louis de Bourbon, prince de la Roche-sur-Yon, seigneur desdits lieux.

Or, nous avons prouvé que les transports faits *de la part du roi* équivalaient aux transports faits *par le roi lui-même.* Cela résulte et de l'acte de M. de Béthune et de celui de M. de Clèves, et de la quittance relative aux terres de M. l'évêque de Béziers. Cela résulte plus positivement encore, s'il est possible, des contrats d'échange passés avec Mme de Vendôme et Mme de la Roche-sur-Yon. Enfin de nombreuses pièces relatives au traité de Cambrai démontrent surabondamment que tout le monde, au moment où ce traité a été fait, considérait comme *baillées, transportées et engagées par le roi de France* les terres remises à Charles-Quint, de sa part, par ses sujets.

Nous nous contenterons de citer : 1° une supplique adressée par Mme de la Roche-sur-Yon à la cour des comptes et qui se trouve en tête du contrat du 11 avril 1529. Cette supplique est ainsi conçue : « Supplie humblement Louise de Bourbon, duchesse de la Roche-sur-Yon, comme il soit ainsi qu'il soit besoin recouvrer à ladite suppliante la récompense baillée par le roi à la suppliante pour les terres à elle appartenant au comté d'Artois et Flandre BAILLÉES PAR LEDIT SIEUR *à l'empereur*[1]. »

Nous citerons 2° un petit registre qui se trouve dans les archives du département du Nord et qui est intitulé : « Assiette de terres *engagées par le roi de France* venant de ses sujets, et gisant ès pays de l'empereur. »

Enfin nous citerons un autre registre recueilli dans les mêmes archives et qui porte ce titre : « Mynute de l'inventaire des lettraiges contenant le traicté de paix fait à Cambray en l'an xv^c xxix, et aussi des lettraiges des terres

---

[1] Voir la consultation de M. Duvergier, du 28 avril 1847, p. 30.

transportées à l'empereur par ledit roi de France. » (N° 29, p. 301.)

Passons maintenant à la clause de l'acte du 26 août 1531 qui stipule le droit de rachat. La voici textuellement :

« En faisant ladite vendition a été pourparlé et soubs expresse condition que quand *notredit bon frère et cousin le roi très-chrétien*, ledit sieur prince de la Roche-sur-Yon ou ses hoirs et successeurs *ayant la faculté de racheter ladite terre de Condé et* AUTRES PARTIES SUSDITES *selon ledit traité de Cambray*, entendront procéder réellement audit rachat, en ce cas iceluy rachat et remboursement de deniers se fera ès mains dudit sieur de Roghendorff ou de ses hoirs ou ayants cause et nuls autres, pour autant que ladite terre de Condé a été évaluée, et ce moyennant, seront iceluy sieur de Roghendorff et ses hoirs ou ayants cause tenus de rendre *audit sieur propriétaire* cette et toutes lettres qu'il aura à ce servant, et lequel *rachat* de la ville, terre et seigneurie *de Condé* ET DES AUTRES PARTIES à nous *transportées selon ledit traité de Cambray*, nous ni nos hoirs, successeurs ou ayants cause ne permettrons être fait par aultres que par *ceux qui nous en ont fait le transport* ou par leurs hoirs ou successeurs. »

De cette clause il résulte :

1° Que le rachat doit être fait, *selon le traité de Cambrai* et dès lors par le roi, qui a seul comparu et qui a stipulé pour lui seul dans ce traité ;

2° Que le rachat doit être fait *pour Condé* comme pour les autres seigneuries qui avaient été engagées par suite du même traité (*autres parties à nous, transportées selon ledit traité*). Or ces engagements avaient pour objet de garantir la rente de vingt-cinq mille écus d'or due par le roi à l'empereur, et le droit de rachat était corrélatif de l'extinction de cette rente, extinction qui elle-même ne pouvait être opérée que par le roi. C'est ce qui ressort très-bien des divers actes d'échange faits en exécution du traité de Cambrai, et notamment de celui de M. de Clèves, où il est dit (p. 96 et 97) que ledit seigneur transportera à l'empereur pour le roi les terres désignées audit acte. « Sans aucune chose réserver ou excepter que ce soit..... *à condition et sous la faculté de rachat de ladite rente de vingt-cinq mille cinq cents écus d'or, tels que dessus, selon le contenu audit traité.* »

3° Il est vrai que dans ladite clause la faculté de rachat est aussi stipulée pour le prince de la Roche-sur-Yon, mais il devait en être ainsi parce qu'on se trouvait encore dans le terme des six années pendant lesquelles le roi pouvait annuler l'échange; que durant ce terme le prince devait exercer lui-même le rachat, comme nous l'avons vu, cette condition lui ayant été imposée; que cette condition enfin était toute naturelle, puisque c'était le prince qui avait adhérité l'empereur, que c'était lui qui devait être à son tour adhérité par l'empereur si le roi usait de la faculté qu'il s'était réservée; et qu'enfin c'était entre ses mains que restaient, pendant les six ans, les titres originaux des terres de Leuze et de Condé;

4° Si l'on explique bien, dans le système de la compagnie de Thivencelles, la réserve de la faculté de rachat faite pour le prince de la Roche-sur-Yon dans l'acte du 26 août 1531, à l'inverse la réserve de la même faculté pour le roi est inexplicable dans le système de la cour d'appel de Douai : dans ce système, en effet, à aucune époque le roi n'aurait cette faculté de rachat. Il ne l'aurait pas après les six ans, puisqu'elle appartiendrait alors au prince. Il ne l'aurait pas non plus avant les six ans, puisque, d'après l'acte du 11 avril 1529, dans cette période, c'était ladite dame de la Roche-sur-Yon qui devait constituer un procureur spécial *pour rachapter lesdites terres* POUR ET AU NOM D'ICELLE;

5° Le passage de la clause de l'acte de 1531, où il est dit qu'en cas de remboursement de la somme pour laquelle le bien est engagé *seront icelui sieur de Roghendorff et ses hoirs ou ayants cause tenus de rendre* AUDIT SIEUR PROPRIÉTAIRE *cette et toutes lettres qu'il aura à ce servant;* cette clause, disons-nous, se comprend parfaitement à la suite des explications qui précèdent sur la position respective du roi et du prince avant et après l'expiration du délai de six années. Le sieur propriétaire, ce sera le prince s'il perd Auge et Mortain, ce sera le roi s'il les garde. Le *sieur propriétaire*, en un mot, sera le détenteur des titres originaux de Leuze et Condé; et par conséquent avant l'expiration des six ans le prince, et après l'expiration des six années le roi.

Pour prouver que la faculté de rachat restait au prince, la compagnie d'Anzin a dit que ce mot *sieur* ne pouvait s'appliquer qu'à lui, et que le roi eût été désigné d'une façon plus respectueuse.

Cette observation n'avait pas seulement le tort d'être minutieuse, comme on l'a dit, elle avait le tort plus grand d'être complétement dénuée de base.

A l'époque où se faisaient les actes qui sont l'objet de notre examen, le mot *sieur* n'avait pas le sens vulgaire et quelque peu dédaigneux qu'en dehors de la pratique il a pris depuis.

Au XVI° siècle *sieur* et *seigneur* étaient des mots synonymes, ou plutôt le premier n'était que la contraction du second [1].

---

[1] « Pour se convaincre, dit Ch. Nodier, de la vérité de cette allégation, qui suppose, en effet une contraction très-forte, il suffit de se rappeler que le mot *seigneur* se trouve écrit dans des papiers anciens, et même dans de vieilles éditions, sous cette forme abréviative S^{ieur}, qui contient tous les éléments du mot contracté. »

« Ils ne font compte des pauvres femmes quand ils sont *sieurs* d'elles. » (*Les quinze joyes du mariage.*)

Noël et Carpentier, dans leur *Philologie française*, font dériver *sieur*

Ainsi nous avons vu Mme de la Roche-sur-Yon qualifier de *sieur* François Ier dans la supplique qu'elle adresse à la chambre des comptes. Dans tous les actes contemporains produits au dossier, les mots *sieur* et *seigneur* sont indifféremment employés, et c'est le premier qui est le plus fréquemment mis en usage. Dans l'acte du 11 avril 1529 notamment [1], sur quatre-vingt-dix-sept fois le nom de l'empereur et celui du roi sont soixante-cinq fois précédés de la qualification de *sieur* ou remplacés par elle, et ils ne sont que trente-deux fois seulement désignés par la qualification de *seigneur*.

6° Un autre passage de la clause du contrat de 1531 précité est encore inexplicable dans le système de l'arrêt, et s'explique parfaitement dans le nôtre. Charles-Quint dit en s'adressant à M. de Roghendorff, et en parlant de la terre de Condé et de son rachat : « *Ne permettrons être fait par aultres que par ceux* QUI NOUS EN ONT FAIT LE TRANSPORT ou par leurs hoirs et successeurs. » Pourquoi ce pluriel, s'il ne s'agit que de Mme de la Roche-sur-Yon ou de son fils ? Si, au contraire, il s'agit de celui qui a fait la tradition de brève main de Leuze et Condé (c'est-à-dire du roi), et de celui qui en a fait la tradition matérielle et effective (c'est-à-dire du prince ou de sa mère), la locution collective devient parfaitement exacte et devait seule être employée.

Dira-t-on que cette locution collective se réfère à tous les sujets du roi de France qui, à l'exemple de Mme de Vendôme,

---

du latin *senior* (vieillard), « qui nous a donné aussi *seigneur*, dont *sieur* n'est qu'une contraction. »

Borel dit que *sieur* vient de *sire*, mot qui signifiait en effet maître et seigneur (voy. *id.* et le *Glossaire* de Roquefort), et dont on qualifiait les seigneurs soit justiciers, soit féodaux (voy. le *Glossaire* de Laurière) ; de là aussi siresse, « maîtresse femme, femme absolue. » (Voy. le *Diction. du vieux langage* de Lacombe).

[1] Pièce n° 9, au dossier de Thivencelles.

ont livré leurs biens à Charles-Quint en exécution du traité de Cambrai? Soit; mais si cette explication est plausible, elle n'est pas probante, car nous allons voir à l'instant qu'après l'expiration des six années, le droit de rachat n'appartenait pas à ces seigneurs, mais au roi de France.

Les énonciations sur lesquelles nous venons d'insister, ne sont pas les seules qui manifestent le droit réservé au roi.

On lit encore dans un autre passage de l'acte du 26 août que l'empereur transporte au baron de Roghendorff la terre de Condé « à la charge toutefois des rentes et charges ordinaires dont ladite terre est chargée, *déclarées en l'assiette et évaluation qui s'est faite par nos députés et ceux de notredit bon frère et cousin le roi très-chrétien lorsqu'elles nous furent transportées et baillées.* »

« Ce passage prouve bien, dit M. Duvergier, que le roi fut partie à l'acte d'engagement du 12 avril; qu'il y figura comme principal intéressé, comme propriétaire réel et Mme de la Roche-sur-Yon seulement comme propriétaire nominal. C'était, en effet, au propriétaire véritable des terres engagées à en faire l'assiette et l'évaluation.

« Ainsi on a raison de dire que la cession de 1531 par l'empereur à M. de Roghendorff combat au lieu de justifier les prétentions de la compagnie d'Anzin.

« D'une part elle révèle de la manière la plus claire que le droit de rachat appartenait au roi; de l'autre, l'étude attentive de ses dispositions comparées à celles du traité de Cambrai et de l'acte du 11 avril 1529, démontre que c'était bien le droit perpétuel, inhérent au droit de propriété, et non le droit temporaire réservé pour une hypothèse spéciale (et ajoutons : réservé dans cette hypothèse spéciale, quant à son exercice du moins, non au roi, mais au prince). »

Pour mieux établir encore la réalité du rôle que nous

avions attribué au roi avant et après les six années pendant lesquelles les échanges pouvaient être annulés, la compagnie de Thivencelles avait produit :

1° Une quittance (n° 33), de trente mille écus d'or, payés à Charles-Quint, par François Ier, pour dégager des mains de l'empereur les terres d'Anglemoutier, Pont-Rouart et Vive-Saint-Eloi, qui lui avaient été transportées par Louis de Clèves, suivant le traité de Cambrai.

C'est dans cette quittance qu'on trouve la preuve que Charles-Quint avait consenti, indépendamment de ce rachat fait isolément et sans tirer à conséquence, à ce que les clauses dudit traité de Cambrai fussent modifiées en faveur du roi, par cette atténuation à l'égard des autres terres engagées dans les mêmes circonstances, qu'elles pourraient être rachetées *à deux fois* et non en bloc. « Nous avons consenti audit seigneur roi, notre bon frère, pouvoir racheter, sans pour ce innover ledit traité de Cambrai, ni déroger à ce que lui avons aussi accordé et consenti outre ce, touchant de pouvoir réachter à deux fois lesdites autres terres transportées selon et aux conditions en ce mises et apposées en l'escript qu'en a été baillé. »

2° Une autre quittance (n° 34), aussi délivrée par Charles-Quint à François Ier, pour le payement d'une somme équivalant à peu près à moitié de celle que le roi devait à l'empereur, d'après le traité de Cambrai. L'empereur reçoit deux cent trente-cinq mille quatre-vingts écus d'or, et un quart pour les terres de Mme de Vendôme, et dix-neuf mille six cent trente-un écus quatre sous, pour la terre d'Haurincourt, dont le seigneur de la Marche était propriétaire. C'est bien là, sans nul doute, l'exécution de la concession faite par l'empereur au roi et mentionnée dans la quittance précédente « scavoir faisons, dit l'empereur, à tous qu'il appartiendra, que comme nous avons consenti à notre très-cher et très-aimé bon frère, le roi de France, très-chrétien, *la faculté de réacheter ou pouvoir faire réacheter* les terres et seigneuries de notre cousine la dame duchesse douairière de Vendosmois et aussi la terre de Haurincourt.... »

3° Une procuration de Guillaume Leblanc (n° 35), pour opérer la revente des terres d'Antoine Dubois, évêque de Béziers, et recevoir la somme de neuf mille huit cent soixante dix-huit écus d'or, capital du revenu pour la garantie duquel elles avaient été engagées à l'empereur. Dans cette procuration, Guillaume Leblanc commence par faire connaître le nom de ses cédants : « Ayant droit, dit-il, par transport dudit seigneur empereur, les terres et seigneuries de Bois-le-Val, etc., *qui furent baillées et transportées audit seigneur empereur par le roi de France*, en solution et payement de cinq cent dix mille écus d'or soleil, suivant le traité de paix fait en la ville et cité de Cambrai, au mois d'août 1529. » Puis vient la clause que nous avons déjà rapportée, mais que vu son importance, nous croyons devoir reproduire ici : « Or est-il, que ledit rachat auroit été signifié audit comparant par l'empereur notredit seigneur, se devoir faire *de la part dudit seigneur roi de France* en la ville et cité de Cambrai, le vingt-sixième jour de ce présent mois de mars, et de illec aller ou envoyer quérir lesdits neuf mille huit cent soixante dix-huit écus d'or soleil, avec l'amélioration du double patard sur chacun escu, selon l'appointement fait entre lesdits seigneurs empereur et roi de France. »

La procuration de Guillaume Leblanc porte la date du 19 mars 1538. Quant aux quittances de Charles-Quint, l'une, celle relative aux biens de M. de Clèves, est du 18 août 1531, l'autre, celle relative à Mme de Vendôme et à M. de la Marche, est du 2 décembre de la même année.

Aucun de ces documents n'a paru concluant à la cour de Douai.

« Pour établir, dit l'arrêt, qu'après le délai de six années le droit de rachat appartenait au roi, on ne peut se prévaloir des quittances données par Charles-Quint les 18 août et 2 décembre 1531 du prix du rachat d'une partie des terres cédées par le seigneur de Clèves et Mme de Vendôme, *parce que le délai de six années n'était point encore écoulé;* — que quant à la procuration donnée le 19 mars 1538, par Guillaume Leblanc, pour opérer la revente de certaines terres qui avaient été transportées à Charles-Quint, et dont le rachat se devait faire de la part du roi de France, *elle est étrangère à la contestation actuelle; qu'on ignore quand, à quelles conditions, et par qui le transport de ces terres avait été fait* à Charles-Quint; — qu'il est seulement à remarquer que la revente dont il s'agissait devait, d'après cette procuration, avoir lieu non au profit du roi de France, mais au profit de l'ancien propriétaire, Antoine Dubois, *ce qui ôte à ce document tout l'avantage qu'on pourrait en tirer.* »

Ce passage de l'arrêt provoque des réponses et des critiques de plus d'un genre.

D'abord, est-il vrai que les quittances de 1531 soient sans intérêt parce qu'elles sont antérieures à l'expiration du délai de six années? *a contrario* alors l'arrêt devrait conclure que la procuration de 1538 a une extrême importance, puisqu'elle se réfère à un rachat postérieur de trois ans à l'expiration de ce même terme.

Puis n'est-ce donc rien que cette exécution, même pendant les six années, de la faculté de rachat que le roi s'était réservée à l'égard de l'empereur par le traité de Cambrai, et à l'égard des échangistes, par sa procuration du 16 décembre 1529?

De plus, cet exercice du rachat, quant à la moitié des terres transmises à Charles-Quint, et la réintégration du roi dans une portion équivalente de ses terres du domaine contre-échangées, ce remboursement, malgré le délabrement des finances et la pénurie du trésor [1], ce remboursement qui ne s'élève pas à moins de deux cent cinquante-cinq mille écus d'or, c'est-à-dire à moitié de ce que François Ier redevait à Charles-Quint par le traité de Cambrai; tous ces sacrifices et tous ces faits, disons-nous, ne témoignent-ils pas à l'évidence combien le roi de France était soucieux des intérêts du domaine de la couronne, et combien difficilement il aurait consenti à les méconnaître aussi aveuglément et aussi illégalement à la fois, qu'on suppose qu'il l'a fait, par l'acte du 11 avril 1529?

Enfin n'est-ce donc rien que cette énonciation, dans la quittance du 2 décembre 1529, du droit accordé par l'empereur au roi de pouvoir *racheter* ou *faire racheter* les terres et seigneuries engagées? Ne voit-on pas là encore la trace

---

[1] Varillas, parfaitement exact cette fois, nous donne dans son *Histoire de François Ier* (p. 590 et 591 de l'édit. de 1685), les détails suivants sur les difficultés qu'on rencontra, et sur les expédients auxquels on eut recours pour parvenir à l'exécution du traité de Cambrai :

« Le trésor royal étoit vide et le domaine engagé ; l'argenterie prise dans les églises pour un sujet si plausible ne répondit point à l'espérance de ceux qui avoient proposé cet expédient, dans la pensée qu'il suffiroit tout seul pour la rançon des princes, et quelque instrument que l'on mit en pratique, on ne put amasser plus de cent mille écus. Il fallut emprunter les autres cent mille écus, c'est-à-dire avoir recours à la bourse du roi d'Angleterre, qui seul dans la chrétienté pouvoit les prêter. Ce prince étoit mécontent qu'on lui eût d'abord célé le secret de la négociation de Cambrai, mais une passion plus violente l'obligeoit à dompter sa colère. Il vouloit répudier sa femme pour épouser sa maîtresse, et comme il prévoyoit que ce divorce lui attireroit sur les bras l'empereur à cause qu'il étoit neveu de sa femme, et le saint-siège parce qu'il étoit intéressé dans la dispense que Jules II avoit accordée pour le mariage; il lui étoit nécessaire de s'unir de toute manière avec la France, afin de résister à ces deux puissants ennemis. »

du double droit de rachat qui peut être exercé *par et pour le roi* après les six ans, *par les échangistes et pour le roi* pendant ce délai? Après les six ans le roi rachète lui-même; pendant les six ans il fait racheter pour lui, et comme dans les deux cas, c'est dans son intérêt que le droit est exercé et a été stipulé, Charles-Quint est parfaitement dans le vrai lorsqu'il dit qu'il a consenti *au roi de France la faculté de réacheter* ou *pouvoir faire réacheter*.

Mais si les quittances de 1531 ne sont pas, il s'en faut, dénuées d'intérêt, il faut reconnaître que la procuration du 19 mars 1538 a une tout autre portée, car elle ruine par la base tout le système de l'arrêt.

Quel est ce système, en effet? que pendant les six ans le droit de rachat appartient à l'échangiste pour le roi, et qu'après ce délai il appartient à l'échangiste pour lui-même. Or si après ce délai nous voyons l'échangiste dépossédé du droit de rachat et le roi au contraire l'exerçant, il faudra bien reconnaître encore cette fois que la subtile interprétation donnée par l'arrêt à l'acte du 11 avril 1529, n'est pas moins en contradiction avec les faits, qu'avec les principes du droit.

Mais, dit l'arrêt, cette procuration est *étrangère à la contestation actuelle.*

Entendons-nous. L'arrêt veut-il dire que cette procuration est étrangère à la seigneurie de Condé? Cela serait parfaitement exact, mais *quid inde?* est-ce à dire que nous ne puissions nous prévaloir de cette procuration pour prouver que le roi avait conservé le droit de rachat sur Condé après les six ans, puisqu'il l'avait conservé après le même délai sur le Bois-le-Val, Gamechines et Maresquiel?

Si tel était le sens de ce passage de l'arrêt, il se trouverait en contradiction flagrante avec d'autres passages du même arrêt qui prouvent que dans la pensée de la cour de Douai comme dans la nôtre, les différents actes qui sont intervenus dans des circonstances identiques, doivent s'éclairer les uns par les autres, et se servir mutuellement de témoin, d'interprète et d'auxiliaire. Ainsi a procédé la cour de Douai. Veut-elle savoir, par exemple, comment la princesse de la Roche-sur-Yon a fait à Charles-Quint le transport de Leuze et Condé, elle interroge l'acte du 15 mars 1529 pour voir comment le transport des terres d'Anglemoutier et autres a été fait par Louis de Clèves. Veut-elle savoir au contraire comment le droit de rachat a été stipulé, elle ne recourt pas seulement à l'acte du 11 avril 1529, elle recourt en outre aux autres actes passés dans les mêmes circonstances et vers la même époque; elle demande à Mme de Vendôme et à M. de Béthune ce que Mme de la Roche-sur-Yon a voulu, ce qu'elle a fait.

Impossible d'ailleurs de croire qu'en disant que la procuration de 1538 *est étrangère à la contestation actuelle* l'arrêt ait voulu dire qu'elle était étrangère à l'exécution du traité de Cambrai. Les termes de cette procuration sont, à cet égard, trop positifs pour laisser l'ombre d'un doute.

Mais, dit l'arrêt, *on ignore quand, à quelles conditions et par qui le transport des terres de l'évêque de Béziers avait été fait à Charles-Quint.*

Tout au contraire on n'ignore rien de tout cela.

Quand lesdites terres ont-elles été transportées? le **14 mai** 1530 (voy. n° 29, p. 315).

A quelles conditions lesdites terres ont-elles été transportées? *Aux mêmes conditions que celles stipulées* pour Mme de Vendôme et *pour Mme de la Roche-sur-Yon* (voy. n° 11, p. 178 et 180).

Par qui le transport desdites terres avait été fait? La procuration le dit en termes exprès : *Par défunt messir*

Antoine Dubois en son vivant évêque de Béziers et abbé commandataire de Saint-Lucien, absolument comme le transport de Leuze et Condé à Charles-Quint a été fait par Mme de la Roche-sur-Yon conformément à l'acte du 11 avril 1529.

Mais, dit l'arrêt : « Il est à remarquer que la revente dont il s'agissait devait, d'après cette procuration, avoir lieu non *au profit* du roi de France, mais *au profit* de l'ancien propriétaire, Antoine Dubois, *ce qui ôte à ce document tout l'avantage qu'on voudrait en tirer.*

N'équivoquons pas, s'il se peut.

La procuration constate que les héritiers d'Antoine Dubois devront être remis en possession des terres que leur auteur avait échangées avec des domaines de la couronne, mais il va de soi qu'en recouvrant ces terres, ils perdront ces domaines[1], et, comme le roi préfère ceux-ci à ceux-là,

---

[1] Ils les perdirent si bien qu'après être rentrées dans les mains du roi de France, elles en sortirent ensuite à différents titres peu d'années après.

Ainsi, parmi les terres de l'évêque de Béziers, qui furent engagées à Charles-Quint, figurent (voy. aux Archives nationales le registre du parlement, L. des ordonnances de François Ier) : Les terres de Chaumont et accroissement de Magny en Vezin, qui furent échangées par François Ier le 26 août 1543 contre le comté de Saint-Paul, appartenant à la duchesse d'Estouteville ; Vaucouleurs, donné pour neuf ans par le même roi, en 1547, au sieur de Hérancourt ; la seigneurie de Gournay, vendue à rachat par le roi, en 1547, au sieur Nicolas le Jay, et revendue par celui-ci à Pierre le Griffon, le 5 mai 1550 ; Chaumont en Bassigny, donné le 2 janvier 1561, par Charles IX à la reine d'Écosse, Marie Stuart, pour son douaire.

De même, pour les terres échangées contre M. Louis de Clèves. Les terres domaniales que celui-ci avait reçues après être rentrées dans les mains du roi passent dans d'autres, savoir : La seigneurie de Châteauneuf dans celles du prince de Melphin, en 1541 ; le vicomté de Pont-Audemer dans celles du sieur Descy, en 1549 ; et la seigneurie de Pontandor dans celles de la marquise de Saluces, le 10 mai 1550.

De même encore pour les terres de Mme de Vendôme. Le duché de Valois et le comté de Montfort-Lamaury sont donnés à Catherine de Médicis pour sa dot, le 21 janvier 1562 ; le comté de Castres est donné, sa vie

c'est en réalité *à son profit* et non au profit des héritiers d'Antoine Dubois que le retrait s'exerce.

Puis, comment mettre hors du débat ce document qui doit avoir sur son élucidation tant d'influence, et sur sa solution une si immense portée?

Le débat sur quoi porte-t-il? Sur la question de savoir si après le délai de six ans, le droit de racheter Condé appartenait au roi. La compagnie d'Anzin et l'arrêt de la cour de Douai le nient, la compagnie de Thivencelles l'affirme. Eh bien, ce que la compagnie de Thivencelles affirme, la pièce produite le prouve. Encore une fois cette pièce est décisive.

Résumons-nous sur ce premier moyen de cassation.

durant, au duc d'Albany, le 20 octobre 1534 ; une partie du revenu de la terre et seigneurie de Chaulny est donnée à Nicolas Rustichy, le 21 novembre 1537 ; la terre de Dourdan est vendue à rachat au duc de Guise, le 11 juillet 1567 ; celles de Pacy, Aizy et Nonancourt passent entre les mains de Guillaume de Fustemberg, en 1537 ; la même année, celles de Conches et de Breteuil sont données au comte de Mirandole, sa vie durant ; enfin, en 1548, celles de Montréal, Châteauviel et Château-Girard sont acquises par la comtesse de Charni, veuve du comte de Charni et de Busançois (Philippe Chabot), amiral de France.

Tous ces faits sont constatés par l'extrait des registres de la chambre des comptes (le domaine X, 20, 407 et 20, 408) qui se trouve aux Archives nationales.

Du reste les historiens mêmes n'ont pas ignoré que le roi eût exercé le rachat d'une partie des terres qu'il avait engagées à Charles-Quint. Ainsi lorsque Mezeray, donnant dans son Abrégé l'analyse du traité de Cambrai, en vient à la clause relative aux terres de Mme de Vendôme, il ajoute en note (t. VIII, p. 84 de l'édit. de 1755), en parlant du roi : « Il les racheta en 1531, au mois d'octobre. » Le rachat se fit à Valenciennes, comme il appert d'une procuration de Mme de Vendosme, datée de la Fère-sur-Oise, 27 octobre 1531, suivie d'un *vidimus* des prévôt, jurés et échevins de Valenciennes, datée du 29 novembre de la même année.

Nous joignons au dossier une copie de cette pièce qui repose aux Archives du département du Nord; nous y ajoutons la copie d'une autre pièce sans date, reposant aux Archives nationales, et qui a pour titre : « Instruction à ceux que le roi envoie en Flandres pour le rachat des terres de Mme de Vendôme et du sieur de Florenges (Robert de la Marche). » Voy. n° 29, p. 312.

Le traité de Cambrai est le point de départ de tous les actes que nous avons passés en revue.

Les procurations données par François Ier et Mme de la Roche-sur-Yon ne sont que des instructions sur le mode de mise à exécution de ce traité.

L'acte du 11 avril 1529 à son tour n'est que la mise à exécution des procurations.

Les procurations sont impératives.

L'acte du 11 avril s'y réfère.

L'acte du 11 avril et les procurations renvoient également au traité de Cambrai.

Or, le traité de Cambrai stipule pour le roi, qui seul y figure avec Charles-Quint, le droit de rachat perpétuel des terres qui seront données en gage à celui-ci par celui-là.

Pour savoir si ce droit a été réservé au roi lorsqu'il a traité avec Mme de la Roche-sur-Yon, il faut examiner ce que les parties ont pu faire, ce qu'elles ont dit, ce qu'elles ont fait.

Ce qu'elles ont pu faire, c'était un échange, rien qu'un échange, car la loi domaniale n'admettait que ce mode d'aliénation, et Mme de la Roche-sur-Yon n'avait pas moins d'intérêt que le roi à ce que cette loi ne fût pas transgressée.

Ce qu'elles ont dit est en complète harmonie avec le seul droit qu'elles eussent.

Consultez l'acte du 11 avril 1529, le mot *contre-échange* s'y trouve.

Consultez les copies de cet acte, notamment celle imprimée en 1744[1] ; elles le qualifient d'échange.

Le mot *échange* est répété dans tous les actes antérieurs et postérieurs :

---

[1] Date importante, puisqu'il s'agit dans l'espèce de l'interprétation d'un acte de concession contemporain, l'arrêt du conseil du 14 octobre 1749.

Dans la procuration générale donnée par le roi à la date du 16 décembre 1529 ;

Dans la procuration spéciale donnée par la princesse de la Roche-sur-Yon, le 1er avril suivant ;

Dans les actes passés dans des circonstances identiques, en vertu de la même procuration du roi et par ses mêmes mandataires avec MM. de Béthune et de Clèves ;

Dans le procès-verbal de mise en possession d'Auge et Mortain en 1530 ;

Dans les lettres patentes enregistrées de 1548, 1566, 1567, 1568 et 1570 ;

Dans le rapport fait au conseil du duc d'Orléans en 1743.

A l'argument du texte se joint l'argument tiré de la nature de l'acte.

Le roi donne une chose, il en reçoit une autre.

Mme de la Roche-sur-Yon donne et reçoit aussi.

Les choses sont de même nature et d'égale valeur.

C'est un échange, ou jamais il n'en fut.

Si c'est un échange, le roi doit être mis en possession des titres qui lui permettront d'exercer le droit de rachat, qui découle de cet échange. Or, ces titres lui sont remis.

Si c'est un échange, le roi doit devenir propriétaire de ce qu'il reçoit ; par conséquent, c'est à lui que doit appartenir le droit de rachat de la chose reçue pour lui et par lui engagée.

Si c'est un échange provisoire d'abord, définitif après six ans, pendant la première période le rachat doit être exercé pour le roi, et pendant la seconde, par lui.

Or, ce qui devait se faire s'est fait ; témoin, pour la première période, les actes relatifs aux terres de M. de Clèves, de Mme de Vendôme et de M. de la Marche, en août et décembre 1531 ; témoin, pour la seconde période, l'exercice du droit de rachat en 1538 par le roi à l'égard des terres engagées par l'évêque de Béziers.

Dans le système de l'arrêt, Mme de la Roche-sur-Yon aurait acquis après six ans, par l'acte du 11 avril 1529, un droit de propriété incommutable sur Auge et Mortain, et un droit de rachat perpétuel sur Leuze et Condé.

Or, comme Auge et Mortain valaient Leuze et Condé, et comme Leuze et Condé avaient une valeur vénale double de la somme pour laquelle ces terres avaient été engagées, il en résulte que le roi aurait gratuitement donné à Mme de la Roche-sur-Yon moitié soit d'Auge et Mortain, soit de Leuze et Condé.

Donc, l'arrêt de la cour de Douai a violé les principes de l'ancien droit, qui interdisaient, sauf par échange, l'aliénation du domaine de la couronne, principes admis bien antérieurement au règne de François Ier, mais que ce prince a consacrés lui-même par son édit du 30 avril 1517, par ses lettres patentes du 1er mai 1519, par son édit du mois de juillet 1521, et plus spécialement encore, en ce qui concerne l'objet du litige actuel, par son édit du 13 avril 1529 (voy. pièce n° 32).

Nous ne reproduirons pas le texte de ces divers actes de l'autorité législative que nous avons analysés ailleurs [1], seulement nous ne devons pas laisser ignorer quelle exécution ils reçurent ; d'autant plus que ce sera pour nous une nouvelle occasion de bien faire connaître comment sous François Ier on entendait le principe de l'inaliénabilité du domaine.

Guyot [2] et Merlin [3] après avoir cité ces édits, etc., de 1517, 1519, 1521 et 1529 [4] ajoutent : « il paraît qu'en con-

---

[1] Voy. notre seconde consultation, p. 370 et suiv.
[2] *Répertoire*, t. VI, p. 66.
[3] *Répertoire*, v^ie Domaine public, § 2.
[4] Seulement, comme il arrive fréquemment lorsqu'il s'agit d'anciennes lois, ils attribuent à ces édits une date différente de celle qui leur appartient. Ainsi ils donnent à l'édit de 1517 la date du 13 décembre, et aux lettres patentes de 1519, qu'ils qualifient de déclaration, celle du 25 février.

séquence de ces différents édits et déclarations, il fut fait plusieurs saisies de grand nombre de fiefs, terres, seigneuries et héritages qui étaient anciennement du domaine; le procureur général du roi en requérait la réunion; les détenteurs excipaient d'une longue jouissance et opposaient une prescription centenaire et même immémoriale. »

C'est dans ces circonstances qu'intervint l'édit du 30 juin 1539[1] qui rappelle d'après quelles règles ces difficultés devaient être résolues.

« Comme pour le bien et utilité de nous et de la chose publique de notre royaume, conservation et augmentation du patrimoine de notre couronne qui *de sa nature*[2] est inaliénable par quelque manière que ce soit, nous ayons par cy-devant décerné et octroyé noz lettres patentes en forme d'édict, pour les révocation et réunion générale à nostre domaine, en vertu

---

[1] Nous avons joint au dossier (n° 36) une expédition authentique de cet édit qui se trouve d'ailleurs dans le *Recueil général des anciennes lois françaises*, par MM. Isambert, Decrusy et Armet, t. XII, p. 567 et suiv., et dans celui de Fontanon, II, 348. — Cet édit a été enregistré au parlement de Paris le 3 juillet suivant.

[2] Nous aurons plus d'une fois occasion de remarquer dans le cours de ce Mémoire, que l'idée que s'était faite François Ier de l'inaliénabilité du domaine était parfaitement conforme à celle que s'en faisaient la plupart des jurisconsultes et publicistes français. Ainsi l'auteur de l'article *Domaine de la couronne*, dans l'*Encyclopédie méthodique* (t. III, p. 777), disait : « Dans notre droit on peut distinguer deux sortes de priviléges du domaine : — Les uns sont *inhérents à sa nature*, tel est celui de l'inaliénabilité, suite nécessaire de sa destination à l'usage du prince pour le bien public. Casa, Ragueau et autres auteurs ont observé que l'inaliénabilité du domaine est comme du droit des gens; que la prohibition d'aliéner le domaine n'a été établie par aucune loi spéciale, mais qu'elle est née, pour ainsi dire, avec la monarchie, et que chaque roi avait coutume à son avénement de faire serment de l'observer. Ces principes ont été constants. — Les autres priviléges du domaine sont établis sur les dispositions des ordonnances. »

Laurière, dans son *Glossaire* (t. I, p. 357 et 358), fait remonter à la fin du XIIIe siècle l'établissement en Europe de la règle de l'inaliénabilité des domaines de la couronne, et au règne de Charles VIII, d'après Pasquier, la coutume, en France, d'engager ces domaines inaliénables.

desquelles ayent esté faites plusieurs saisies... sur lesquelles saisies se soyent meuz et intentez plusieurs divers procèz...

« Sçavoir faisons, que nous considérans nostredit domaine et patrimoine de la couronne de France, tant par la loi de nostredit royaume et constitutions de noz prédécesseurs roys comme de disposition de droit civil et canonique, et par le serment que nous et noz prédécesseurs avons faict et ont accoustumé de faire les roys de France à leur sacre, estre inaliénable, par quelque espèce ou manière que ce soit, directement ou indirectement, par jouyssance, possession, usurpation, intrusion, détention ou autre façon et manière de le vouloir acquérir;

« Attendu que ledit domaine et patrimoine de nostredite couronne est réputé sacré et ne pouvoir tomber au commerce des hommes; ce que nul de nos subjects ne peult et ne doit ignorer, et où il en vouldroit prétendre cause d'ignorance, telle ignorance seroit intolérable;

« Attendu que telle est la loy commune de nostredict royaume en manière qu'icelle jouyssance, qui ne peult estre fondée en tiltre valable ne pourroit procéder sans male foy, et charge de conscience tant envers Dieu que nous, mesmement qu'elle seroit et est contre le bien public;

« Considérant aussi que telles jouyssances, possessions et prescriptions procèdent plus souvent de la connivence et négligence de nos officiers..... la négligence desquels si elle venoit en considération aux jugements des procez intentez ou à intenter sur la réunion et révocation d'iceluy nostre domaine, ce nous seroit chose de griefve importance et grandement préjudiciable au bien de nostre chose publique;

« Aussi que pour monstrer manifestement que nous n'aurions entendu souffrir lesdites prescriptions, ains les interrompre par tous moyens à nous cognuz aurions à l'advènement de nostre couronne, comme aussi avoyent faict noz prédécesseurs roys de France, chacun en son temps, fait révocations générales desdites aliénations et icelles fait publier et enregistrer en noz cours souveraines, afin qu'on n'en peust prétendre ignorance;

« Pour ces causes et autres grandes et bonnes considérations à ce nous mouvans, et par l'advis et conseil des princes de notre sang et autres grans et notables personnaiges de nostre conseil privé, avons déclaré, statué et ordonné, déclarons, statuons et ordonnons que par l'édict par nous faict sur la réunion de nostredit domaine [1] toutes aliénations ou entreprises et usurpations faictes sur iceluy, de quelque temps que ce fust ou peust estre feussent, subjectes à réunion et incorporation à nostredict domaine, et que ès procez meuz et à mouvoir pendans et indéciz sur ladite réunion et révocation, nos juges et officiers présens et à venir n'eussent et n'ayent aucun esgard à quelque possession, jouyssance et prescription que ce soit et par quelque laps de temps qu'elle ait duré, ores [2] qu'elle excédast cent ans, ains sans soy arrester à icelles, qu'ils eussent et ayent à passer oultre et procéder au jugement desdits procez en faisant droict sur les autres moyens et défenses des parties. »

Il ne nous reste qu'à aller au-devant d'une objection que nous croyons inapplicable à notre espèce, mais qui serait trop grave si elle était fondée, pour que nous la laissions en arrière.

On dira peut-être que les erreurs que nous avons signalées dans l'arrêt de la cour de Douai, tout en étant incontestables, ne sont pas relevantes toutefois comme moyens de cassation, parce que les lois d'organisation de la Cour

[1] L'édit du mois de juillet 1521.
[2] *Ores que*, encore bien que. Nous verrons bientôt d'autres exemples de cette locution.

suprême[1] ne lui donnent d'action que sur les jugements en dernier ressort et les arrêts qui ont violé la loi, et non sur ceux qui en ont fait une fausse application ; et que c'est pour cela qu'elles lui défendent, sous aucun prétexte et dans aucun cas, de connaître du fond des affaires[2].

Mais avant de résoudre l'objection, circonscrivons-la dans ses limites naturelles.

Il ne s'agit pas ici de savoir, en général, si l'article 1134 du Code civil ayant déclaré que les conventions légalement formées tiennent lieu de *loi* à ceux qui les ont faites, il n'échet pas de casser les décisions en dernier ressort qui ont violé cette loi.

Non, cette thèse qui a été et qui est encore sujette à controverse[3] n'est pas la nôtre.

---

[1] Loi du 27 novembre 1790, art. 3 ; loi du 20 avril 1810, art. 7.
[2] Article de la loi de 1790 précité, rappelé par les constitutions de 1791, art. 20 ; de l'an III, art. 255 ; et de l'an VIII, art. 66.
[3] Parmi les auteurs qui ont écrit dans ces derniers temps, M. Dalloz aîné est cependant le seul, nous le pensons, qui ait soutenu que la violation du contrat donnât lieu à la cassation. Cet auteur croit même que la Cour suprême est revenue à cette doctrine par son arrêt solennel du 26 juillet 1823 (voy. son *Répertoire*, v° *Cassation*, n° 1574), mais nous verrons bientôt qu'il se trompe et il en fait du reste lui-même l'aveu ailleurs (n° 1225). Ce qu'il y a de vrai seulement, c'est que dans le principe la question avait été vivement controversée ; c'est que M. Carré et quelques autres jurisconsultes l'avaient résolue dans le même sens que M. Dalloz ; c'est enfin que plusieurs arrêts, avant même la promulgation du Code civil, avaient consacré cette solution par application des lois 23 au ff. *de reg. jud.* et 7, § 7, ff. *de pactis*, et par induction des règles posées dans les ordonnances de 1510, 1535, 1539 et 1560. Mais la jurisprudence a été fixée dans un autre sens par l'arrêt rendu par la Cour de cassation, sections réunies, et conformément aux conclusions de M. Merlin, le 2 février 1808 (affaire Lubbert). Nous ajouterons que les auteurs ont à l'envi approuvé cette décision. Voy. entre autres M. Toullier, *Droit civil français*, t. VI, n° 193 ; M. Duranton, *Cours*, t. X, n° 379 ; M. Zachariæ, § 39, note 9 ; M. Berriat-St-Prix, *Cours de procédure civile*, II° part., liv. II, sect. II, tit. IV, note 23 ; M. Boncenne, *Théorie de la procédure*, introduction, ch. XVII, t. I, pag. 502 et suiv. ; M. Poncet, *Traité des jugements*, t. II, n° 527 ; M. Favard, etc.

Elle l'est si peu que les auteurs qui ont le plus énergiquement protesté contre sa solution affirmative, ont résolu affirmativement au contraire la seule question qui nous intéresse ici, à savoir si après que les juges souverains du fait ont prononcé en dernier ressort sur le fait, les juges souverains du droit n'ont pas mission de prononcer souverainement aussi sur la relation du fait constaté et de la loi appliquée.

On a dit : « La demande en cassation est un nouveau procès, bien moins entre les parties qui figuraient dans le premier qu'entre l'arrêt et la loi ; » et l'on a ajouté[1] : « Ce n'est point le procès qu'il s'agit de juger, mais le jugement. »

Cela est vrai, mais il est vrai aussi que : « Toute question soumise au juge, toute décision émanée de son autorité est composée de deux parties *entièrement distinctes* dont l'une appartient à l'individualité de l'espèce, l'autre se rapporte à des considérations générales d'un ordre plus élevé. La première concerne le fait, la seconde regarde le droit. Ces deux parties se rencontrent nécessairement dans chaque affaire ; elles ne peuvent ni ne doivent jamais être confondues[2]. »

Ce qui est vrai encore, c'est que si on refusait à la Cour de cassation le droit de vérifier la conséquence ou la qualification légale qui a été donnée aux actes ou aux faits reconnus constants, « les efforts que l'on a faits pour arriver à une jurisprudence uniforme, ne seraient plus qu'un rêve, et les avantages qui devaient résulter de l'institution d'un tribunal régulateur, qu'une séduisante utopie[3]. »

Mais quelle est la ligne de démarcation entre les attributions respectives des tribunaux inférieurs et de la Cour suprême ?

[1] M. Toullier, t. VI, n° 193.
[2] M. Meyer, *Esprit, origine et progrès des institutions judiciaires*, p. 162.
[3] M. Armand Dalloz.

A notre avis elle est nettement tracée par un auteur moderne qui s'exprime en ces termes [1] :

« En défendant à la Cour de cassation de connaître jamais du fond des affaires, la loi attribue par cela même aux tribunaux et aux cours d'appel le droit d'apprécier souverainement les faits et circonstances matérielles des actes et contrats, de constater leur existence, la volonté ou l'intention des parties, etc. — Voilà un premier point incontestable. — Mais ce pouvoir souverain de constatation va-t-il jusqu'à conférer aux juges du fond le droit d'apprécier également, d'une manière discrétionnaire, les actes et contrats *dans leurs rapports avec la loi*, jusqu'à leur conférer le droit de donner arbitrairement à ces faits et contrats une *qualification légale* quelconque sans que leur décision puisse encourir jamais la censure de la Cour suprême ? — C'est ici que la difficulté se révèle, et qu'on commence à s'apercevoir de l'insuffisance du principe posé par le législateur.....

« S'il s'agit, soit d'annuler un contrat, soit d'en créer un, il faut que les termes de la convention écrite ou verbale soient certains. C'est à cette convention que la loi doit être appliquée. La convention doit donc être connue. Autrement, comment la Cour de cassation sera-t-elle à même de remplir sa mission légale ? — Ceci amène bientôt la distinction entre le fait et le droit. Le juge déclarera le fait, il dira ce qui s'est passé ; il appliquera ensuite le droit. Au premier cas, sa décision sera irréfragable ; dans le second, elle pourra être contestée par la Cour suprême. Si les conséquences données aux faits sont fausses ou vicieuses, si le juge a fait ou détruit un contrat en s'étayant de circonstances, de preuves, d'allégations auxquelles la loi ne re-

---

[1] M. Dalloz aîné, *Répertoire*, v° *Cassation*, n°⁵ 1206 et suiv., t. VII, p. 304 et suiv.

connaissait pas ce pouvoir, sa décision sera cassée. En effet, *le droit des tribunaux de rechercher dans les actes l'intention des parties ne peut pas s'étendre*, selon nous, *jusqu'à changer la nature et l'essence des contrats, ni jusqu'à en faire résulter un acte différent de celui caractérisé par la loi.*

« *Le principe de l'institution de la Cour suprême ne lui interdit donc pas d'apprécier les éléments d'un acte, et de voir dans ces éléments d'autres caractères que ceux qu'une cour d'appel lui aurait attribués.* — Qu'un arrêt, après avoir reconnu qu'un acte qui lui est soumis, présente les caractères constitutifs de tel ou de tel contrat, par exemple un consentement, une chose et un prix, qui sont les trois conditions essentielles et constitutives de la vente, déclare néanmoins que cet acte n'est point une vente, et lui donne les effets d'un autre contrat, il est indubitable que, dans ce cas, il n'y a pas seulement fausse appréciation d'acte et mal jugé évident, mais encore violation des principes et des dispositions du Code civil, qui définissent le contrat de vente et le font consister dans le consentement des parties sur la chose et sur le prix. — Si au contraire les faits ayant été exactement constatés, la qualification légale que le juge leur a attribuée paraît à la Cour rentrer dans la lettre et dans l'esprit de la loi, elle maintiendra cette application en rejetant le pourvoi.....

« Ce système place chaque juridiction dans ses attributions naturelles; il empêche que l'institution de la Cour de cassation, et par suite la volonté du législateur ne soient paralysées au gré des juges du fond; il laisse, d'un autre côté, à ceux-ci, la carrière la plus étendue dans le domaine des faits. — Enfin il ne paraît pas moins fécond dans ses conséquences, car il investit du droit de qualifier les actes, les faits et les contrats dans leurs rapports avec les lois, celui des pouvoirs de l'État à qui cette mission a été spécialement confiée, pour la conservation du principe d'unité de la législation. — Quant à la crainte qu'une extension trop grande ne soit donnée par là aux attributions de la Cour suprême, elle disparaît devant cette considération que cette Cour n'est investie que d'une sorte de droit de *veto*, qu'elle ne juge jamais le fond du litige, et qu'elle est enchaînée par les appréciations de fait des cours d'appel, non moins qu'elle ne l'est aux principes par le caractère élevé de sa mission. — C'est donc à la Cour de cassation, tribunal placé à l'abri de l'influence que les faits peuvent exercer, qu'il est particulièrement donné d'imprimer ce mouvement uniforme dans la jurisprudence. C'est surtout dans les matières qui touchent à la base même des sociétés, à l'ordre public, que cette harmonie est désirable et qu'il y aurait le plus grand danger à abandonner cette matière aux interprétations divergentes de tous les tribunaux, de toutes les cours d'appel; c'est ici, en un mot, qu'il est vrai de dire: *non alia Romæ, alia Athenis, alia nunc, alia posthac.* — D'ailleurs dans quels cas la Cour régulatrice fait-elle usage d'un tel pouvoir et réforme-t-elle les qualifications illégales que les juges du fond ont données aux actes? C'est presque toujours lorsque l'erreur des juges, dans leur appréciation du caractère des actes, ou la négligence qu'ils ont mise dans la constatation des faits qui devaient justifier leur décision, rendent d'une évidence manifeste la fausseté de la qualification qu'ils ont attribuée aux actes et aux faits qu'ils ont déclarés constants.....

« Ajoutons, en terminant sur ce point, que c'est des arrêts d'un tribunal unique, que c'est de la Cour régulatrice seule, que les règles de la jurisprudence doivent émaner, et non des décisions sans cesse divergentes et presque sans autorité, au delà de leur ressort, de cette foule de tribunaux qui couvrent le territoire. Sans doute, rien n'est si difficile que de donner à chaque acte, à chaque contrat, à chaque délit ou quasi-délit, la qualification légale qui lui appartient; mais plus la tâche est difficile, plus elle réclame l'intervention de juges du premier mérite, de jurisconsultes d'une longue expérience, d'hommes, en un mot, qui, par les travaux de leur vie, par leurs méditations, par leurs lumières, non moins que par leur position sociale, sont en quelque sorte associés à la pensée du législateur. »

Plus loin (n°s 1580 et 1583) le même jurisconsulte s'exprime ainsi :

« C'est une règle généralement accréditée et qui prend sa base dans les lois organiques de la Cour de cassation, que le droit d'apprécier les actes et contrats, les faits et les circonstances rentre dans le domaine des juges du fond. Mais quelle est la portée, l'étendue de ce droit d'appréciation ?

« Une première distinction a été faite entre la constatation matérielle des faits et les conséquences légales données à ces faits. S'il est incontestable que les tribunaux du fond ont un pouvoir souverain et exclusif pour vérifier et constater les faits et les actes, *il ne doit pas leur être permis de les qualifier arbitrairement dans leurs rapports avec les lois.* Autrement la mission de la Cour suprême de faire respecter la loi et de maintenir l'uniformité de la jurisprudence dans tous les tribunaux de la République serait d'une réalisation impossible. *La Cour usera donc elle-même du droit d'appréciation toutes les fois que, sous prétexte d'interprétation, les tribunaux auront porté atteinte à des droits que la loi a mis sous sa protection, ou lorsque, après avoir vérifié des actes ou constaté des faits, ils en auront tiré une conséquence légale, erronée ou contradictoire.*

« D'un autre côté, le pouvoir des tribunaux d'interpréter les actes et contrats et de rechercher quelle a été l'intention des parties, ne doit pas aller jusqu'à changer la nature et l'essence des conventions, *telle qu'elle est établie par la teneur des actes eux-mêmes.* Il y aurait là en effet une violation formelle de la loi du contrat.....

« Toutes les fois que la loi a pris soin de donner elle-même les caractères ou les éléments constitutifs d'un contrat, d'une obligation ou d'un acte judiciaire quelconque, il suffit que ces caractères se retrouvent dans les actes intervenus entre les parties pour que la loi se trouve en cause; par conséquent, si elle a été violée, la réparation doit avoir lieu. Il en sera de même dans tous les cas où la loi a déterminé les effets des actes, contrats et conventions [1]. »

On retrouve avec moins de développements ces mêmes idées ou ces mêmes principes dans les autres auteurs qui se sont attachés à définir les attributions de la Cour de cassation.

Ainsi, M. Tarbé [2] dit « qu'il serait contraire au but de l'institution de la Cour de cassation qu'elle dût s'abstenir d'annuler des arrêts, *lorsque ayant donné de fausses qualifications aux contrats et les ayant placés dans une classe à laquelle ils ne devraient pas appartenir, ils les auraient affranchis des règles spéciales par lesquelles ils étaient régis,* ou les auraient soumis à des règles qui ne pouvaient pas leur être appliquées. »

M. Lavaux [3] allait beaucoup plus loin, car il soutenait

---

[1] Ces dernières réflexions précèdent immédiatement la citation d'une espèce sur laquelle nous reviendrons bientôt et où précisément comme dans la nôtre, l'inaliénabilité du domaine avait été méconnue par la cour d'appel.

[2] *Lois et règlements à l'usage de la Cour de cassation,* p. 58.

[3] *Exposition de l'esprit des lois concernant la Cour de cassation en matière civile,* ch. VI, p. 70 et suiv.

(système excentrique, il faut le reconnaître) que la Cour de cassation était, dans *tous les cas*, compétente pour rétablir dans son intégrité un fait *altéré ou dénaturé* par les juges inférieurs, « parce que, disait-il, avant son altération telle loi s'appliquait à ce fait, que depuis elle ne s'y applique plus, et que, par conséquent, il y a eu de la part des premiers juges, ou refus de juger d'après la loi qui régissait l'espèce, ou fausse application à cette espèce d'une loi qui ne la régissait pas. »

M. Carré[1] disait « que la compétence de la Cour régulalatrice s'étend, non-seulement jusqu'à casser les décisions qui seraient en opposition avec la lettre de la loi, mais encore celles qui seraient en opposition avec son esprit, *ou qui auraient appliqué à telle cause une disposition législative qui ne devait pas l'être*. En d'autres termes, concluons, dit-il, que cette Cour peut casser toute décision judiciaire en dernier ressort tant *pour fausse application* que pour fausse interprétation de la loi. » Et dans le résumé des règles qu'il donne à la fin de ce même paragraphe, se trouve formulée celle-ci : « Si la condamnation résulte d'un rapport aperçu par le juge, entre les faits qu'il a constatés et appréciés, et une disposition de la loi, il y a lieu au pourvoi, ou parce que la disposition aurait été mal appliquée à ces faits, ou parce que ces faits étant mal appréciés, on ne leur eût pas appliqué la loi qui régit l'espèce. »

Nous avons dit que les règles que nous venons de retracer sont acceptées par ceux-là même qui n'ont pas voulu admettre que la violation d'un contrat pût être assimilée d'après l'article 1134 à la violation d'une loi, et donner, à ce titre, ouverture à cassation.

[1] *Lois de l'organisation et de la compétence des juridictions civiles*, IIe part., liv. III, tit. VII, § 3.

Tels sont entre autres MM. Berriat-Saint-Prix[1] Zachariæ[2], Duranton[3], Toullier[4], Boncenne[5] et Merlin[6].

M. Berriat-Saint-Prix dit que l'exclusion de la cassation à l'égard des arrêts qui ne font que violer des contrats, ne s'applique pas à ceux « qui par une fausse interprétation d'un acte en dénaturent l'essence. »

« Le pourvoi en cassation, dit M. Zachariæ, n'est point admissible par cela seul qu'un jugement aurait faussement interprété les termes d'une décision judiciaire ou d'un contrat. Il en serait autrement, si, après avoir reconnu en fait tous les éléments constitutifs d'un acte juridique, le jugement n'avait pas donné à cet acte la qualification voulue par la loi. »

« Quand une loi, dit M. Duranton, a déterminé la nature et les effets d'un contrat comme elle l'a fait à l'égard de la vente, de la société, etc., et qu'un jugement en dernier ressort ou un arrêt de cour d'appel, reconnaît que l'acte qui lui est soumis présente les faits qui, d'après la loi, caractérisent exclusivement telle ou telle espèce de contrat, et que néanmoins ce jugement ou cet arrêt fait produire à l'acte des effets et des conséquences qui conviennent à un contrat différent; alors ce n'est plus seulement la loi particulière établie par les contractants qui a été violée, c'est aussi la loi générale qui avait déterminé par avance la nature et les effets de l'espèce d'affaire traitée entre les parties, et à laquelle, mal à propos, on en a substitué une d'une nature différente. »

« S'il existe, dit Toullier, une loi qui détermine l'essence du contrat violé ou dénaturé par un jugement en dernier

---

[1] *Cours de procédure civile*, IIe part., liv. II, sect. II, tit. IV, note 23.
[2] *Cours de droit civil*, § 39, note 9.
[3] *Cours*, t. X, n° 379, § 380.
[4] *Droit civil français*, t. VI, n°ˢ 193 et 194.
[5] *Théorie de la procédure civile*, introduction, ch. XVII, t. I, p. 502 et suiv.
[6] *Répertoire*, v° Société, sect. II, § 3, art. 2, n° 3.

ressort, il doit être cassé, parce qu'alors la loi même est violée, parce que l'ordre public est intéressé à ce qu'elle soit exécutée et interprétée d'une manière uniforme, parce que si les juges pouvaient impunément désobéir à la loi ou la changer en l'interprétant, ils empiéteraient évidemment sur le pouvoir législatif, en substituant leur volonté à celle du législateur. Ainsi, on devrait casser un arrêt qui jugerait que le vendeur et l'acquéreur ont pu révoquer seuls un contrat dans lequel celui-ci était chargé de donner une somme à Titius, qui avait déclaré vouloir profiter du contrat; car alors l'article 1121 serait évidemment violé. Au contraire, si l'arrêt jugeait que Titius n'avait pas déclaré vouloir profiter du contrat, quoiqu'il existât une déclaration de sa part, écrite et produite dans les pièces du procès, l'arrêt serait évidemment mal rendu, mais il n'y aurait pas de loi violée. Ainsi, l'article 1584, établissant que la vente peut être faite purement et simplement, ou sous une condition soit suspensive, soit résolutoire, on devrait casser un arrêt qui jugerait qu'un contrat de vente formé sous une condition suspensive, n'est pas obligatoire lors même que la condition est remplie. Enfin, tout arrêt qui, *pour éluder une loi prohibitive*, dénature l'essence d'un contrat déterminé par la loi, *en le transformant par une fausse interprétation en contrat d'une autre espèce*, ou qui prononce qu'un contrat n'a pas les caractères désignés par la loi pour le faire annuler, quoiqu'il les ait réellement, contrevient à la loi et doit être cassé. Ainsi, l'art. 896 ayant déterminé les caractères d'une substitution prohibée, tout arrêt qui jugerait qu'une donation ne renferme pas de substitution, quoi qu'il y ait charge de conserver et de rendre à la mort du grevé, est soumis à la cassation. Ce n'est plus une simple erreur de fait, mais ignorance ou contravention, d'une loi qui intéresse l'ordre public. »

M. Boncenne cite d'abord l'exemple d'une vente pure et

simple : « La loi, dit-il, définit la vente : c'est une convention par laquelle l'un s'oblige à livrer une chose et l'autre à la payer. Elle est parfaite entre les parties lorsqu'il y a consentement sur la chose et sur le prix (art. 1582 et 1583 du Code civil). Or il est avoué que tous les éléments constitutifs d'une vente existent dans les faits ou dans les actes de la cause ; cependant un arrêt donne à la convention une autre nature, il la transforme arbitrairement en louage, en prêt ou en dépôt ; ce n'est pas seulement un extrême *mal jugé*, c'est une violation de la loi, *parce que donnant une fausse qualification au contrat, et le plaçant dans une classe à laquelle il ne devait pas appartenir,* LES JUGES L'ONT AFFRANCHI DES RÈGLES SPÉCIALES AUXQUELLES IL ÉTAIT SOUMIS, *et l'ont soumis à des règles qui ne pouvaient pas lui être appliquées.* Il en serait de même d'une donation entre-vifs convertie en testament *et de tout ce qui dénaturerait le caractère défini de certains actes.* — Mais un arrêt décide qu'il n'y a pas eu consentement réciproque des parties, soit sur la chose, soit sur le prix et que la vente n'est pas parfaite. Je suppose qu'il y ait erreur manifeste dans cette conséquence tirée des faits et des écrits ; toutefois, comme la loi n'a pas déterminé les signes auxquels on doit reconnaître la qualité efficiente d'un consentement, il n'y aura point ouverture à cassation, car la loi n'a pas été entamée. — Autre exemple : il a été jugé qu'un verger ne faisait pas partie d'une maison des champs vendue avec ses appartenances et dépendances, c'est évidemment à tort, si l'on veut ; mais ce tort n'affecte qu'un intérêt privé ; la loi générale n'en souffre pas, car elle n'a pas dit jusqu'où devaient s'étendre les appartenances et dépendances. Leurs limites sont dans la manière de voir et d'entendre, et cette manière n'a point de *criterium* légal. — Supposez maintenant qu'un arrêt ait adjugé l'argent comptant et les pierreries au légataire *des meubles* : cet arrêt sera cassé, parce que la loi dit (C. civ., art. 533) que le mot *meubles* employé *seul* dans la disposition de l'homme, *sans autre addition ni désignation,* ne comprend ni l'argent comptant ni les pierreries. »

A l'audience du 29 janvier 1808, dans une espèce où il s'agissait de savoir si un contrat avait constitué une société ordinaire ou une société en commandite, M. Merlin commençait par citer, ainsi que M. Boncenne, le cas d'une violation des articles 1582 et 1583 du Code civil et il disait aussi : « Il est évident que si un jugement en dernier ressort décidait qu'il n'y a point de contrat de vente valablement formé, là où il y a tout à la fois consentement, chose et prix, ce jugement devrait être annulé. » Il examinait ensuite le cas de violation de l'article 1584 cité par M. Toullier, et il résolvait encore cette question dans le sens de l'annulation infaillible. Mais il prouvait que ces espèces n'avaient pas d'analogie avec celle soumise à la Cour suprême ; que dans celle-ci il ne s'agissait que de l'interprétation des clauses d'un acte ; que cette interprétation, il est vrai, avait été très-mal faite, « qu'en déclarant société en commandite, une société que l'usage général de la France, que tous les auteurs lui présentaient comme ordinaire et collective, la cour d'appel de Douai avait mal jugé, très-mal jugé, mais qu'elle n'avait pu violer sur l'essence du contrat de société ordinaire et collective et sur ses différences d'avec la société en commandite une loi qui n'existait pas ; » par conséquent son arrêt, quoique « très-mauvais, » était à l'abri de la cassation.

« Il peut y avoir violation de contrat de trois manières, disait-il[1] : 1° lorsque les juges reconnaissent le contrat réellement existant, et lui attribuent son véritable caractère, il peut leur arriver de dispenser, pour ainsi dire, de l'exécu-

---

[1] Voy. Sirey, t. VIII, part. 1, p. 186 et 187.

tion du contrat; et alors il y a violation de la loi protectrice du contrat: la violation est un moyen de cassation. — 2° Quelquefois les juges reconnaissent en fait l'existence de toutes les clauses d'un acte; et, à l'ensemble de ces clauses, ils donnent une définition contraire aux définitions de la loi. Alors encore il y a violation de la loi qui a défini le contrat; la violation est un moyen de cassation. — Mais lorsque l'unique tort des juges consiste, ou à avoir défini un contrat contrairement à l'opinion commune, ou à n'avoir pas saisi le véritable sens de ses clauses, cette violation du contrat n'offre pas le caractère d'une violation de la loi, il n'y a pas moyen de cassation [1]. »

A l'audience du 16 juin 1806, M. Merlin disait aussi [2]: « On n'a jamais douté qu'il n'y ait ouverture à cassation contre tout jugement en dernier ressort, qui dénature un contrat, qui travestit, par exemple, un dépôt en prêt; qui métamorphose un prêt en constitution de rente rachetable à volonté, qui substitue un bail à une vente, qui convertit une vente en simple engagement. »

Les auteurs que nous venons de citer n'ont, au reste, fait que présenter, sous une forme dogmatique, des principes que la jurisprudence de la Cour suprême a, de tout temps, posés et appliqués.

---

[1] Et l'arrêt rendu par la Cour de cassation, sections réunies, le 2 février 1808, rejette le pourvoi par ces seuls motifs : « que la cour dont l'arrêt est attaqué en décidant que la société contractée était simplement en commandite, s'est déterminée par l'interprétation qu'elle a donnée aux clauses du contrat social et aux lettres circulaires écrites en exécution de ce contrat; que, par cette interprétation qui était dans ses attributions, cette cour n'a violé aucune loi..... »
Dans le délibéré qui précéda cet arrêt « il n'y a pas eu, dit M. Merlin, une seule voix pour le bien jugé de l'arrêt attaqué, et le mal jugé en a paru si extraordinaire que le rejet de la demande en cassation n'a passé qu'à une faible majorité. »

[2] Voy. *Répert.*, v° *Pignoratif* (contrat), § 2.

Ainsi, en l'an v, elle déclarait[1] « que la loi ne laisse point à l'arbitraire des juges le pouvoir de dénaturer les actes. »

En 1812[2], elle consacrait le principe que « lorsqu'il s'agit de déterminer la nature et l'essence d'un acte, dans les cas où la loi annule ou prohibe, une fausse interprétation qui tend à maintenir ce que la loi prohibe ou annule, couvre une véritable violation de la loi, et qu'ainsi cette espèce d'interprétation ne peut être à l'abri du recours en cassation. »

En 1823[3], elle formulait le même principe d'une manière, à la fois plus générale et plus solennelle[4], en ces termes : « Attendu que la Cour de cassation a le droit d'apprécier le mérite des arrêts des cours royales, lorsque ces arrêts déterminent le caractère des contrats dans leurs rapports avec les lois qui en assurent la validité; qu'il serait contraire au but de son institution qu'elle dût s'abstenir d'annuler ces arrêts, lorsque ayant donné de fausses qualifications aux contrats, et les ayant placés dans une classe à laquelle ils ne devaient pas appartenir, ils les auraient affranchis des règles spéciales auxquelles ils étaient soumis, ou les auraient soumis à des règles qui ne pouvaient pas leur être appliquées. »

En 1835[5], la chambre civile résumait la même pensée en disant « que la Cour de cassation a le droit d'apprécier le mérite des arrêts des cours royales, lorsque ces arrêts dé-

---

[1] Arrêt rendu le 12 frimaire an v, dans l'affaire Fernel contre Bailly. Voy. le *Répertoire* de M. Dalloz, v° *Cassation*, n° 1581.

[2] Arrêt rendu le 22 juin 1812 dans l'affaire Blayac contre Royère. Voy. Dalloz, *loc. cit.*, n° 1642, et Sirey, 1813, 1, 24. Cet arrêt est aussi rapporté par M. Toullier, *loc. cit.*

[3] Arrêt rendu le 26 juillet 1823 dans l'affaire Cisterne contre Hardy. Voy. M. Dalloz, *loc. cit.*, p. 390, en note, et Sirey, 23, 1, 378.

[4] L'arrêt précité a été rendu sections réunies.

[5] Arrêt rendu le 5 mai 1835 dans l'affaire La Rochefoucauld. Voy. M. Dalloz, *loc. cit.*, n° 1581, et Sirey, 35, 1, 466.

terminent le caractère des contrats dans leurs rapports avec les lois qui les qualifient et qui en assurent la validité. » Elle ajoutait cette réflexion particulière à l'espèce « que s'il était permis aux tribunaux d'admettre des considérations particulières pour changer le caractère ou la nature des actes de libéralité, la loi qui limite la faculté de disposer, en certains cas, pourrait être trop facilement éludée. »

La même année, la chambre des requêtes disait de son côté[1] « que toutes les fois que la loi détermine les caractères distinctifs de l'acte, les arrêts qui, tout en constatant en fait, les mêmes caractères, néanmoins les méconnaissent, en en faisant résulter un acte différent de celui caractérisé par la loi et consenti par les parties, violent ouvertement, non-seulement les dispositions du contrat, mais celles encore de la loi, et ils sont, par conséquent, soumis à la censure de la Cour de cassation. »

En 1841[2], la Cour suprême disait « que s'il appartient aux cours d'appel de statuer souverainement sur les circonstances de fait qui peuvent faire connaître l'intention des parties et d'interpréter le sens et la lettre des clauses des conventions consenties, il appartient à la Cour de cassation de statuer sur l'application qui peut avoir été faite par les arrêts de cour d'appel, aux conventions ou actes litigieux, des dispositions de la loi qui déclarent le caractère des actes ou qui déterminent les conditions auxquelles on peut reconnaître ce caractère. »

En 1844[3], elle disait encore « que s'il appartient aux cours

---

[1] Voy. l'arrêt rendu le 15 juillet 1835, dans l'affaire du duc de Villequier contre la vicomtesse de Cayeux, Sirey, 36, 1, 153.

[2] Arrêt rendu le 22 juin 1841 dans l'affaire Barbaud contre Vergne Dugoulet et autres. Voy. Devilleneuve et Carette, 41, 1, 473.

[3] Arrêt rendu le 24 avril 1844, dans l'affaire des héritiers Combes contre Combes Sieyes. Voy. M. Dalloz, *loc. cit.*, n° 1581; Devilleneuve et Carette, 44, 1, 401.

d'appel d'apprécier les faits et d'interpréter souverainement le sens et la lettre des conventions; il entre *dans les attributions essentielles de la Cour de cassation* d'examiner si, dans l'exercice de ce pouvoir, les cours d'appel n'ont pas méconnu les caractères de la convention dans ses rapports avec la loi qui en a défini les éléments constitutifs. »

Enfin, en 1849[1], elle donnait une dernière sanction à sa jurisprudence constante, en déclarant « que s'il appartient au juge du fait de rechercher dans un acte la commune intention des contractants, de la dégager des clauses incertaines et contradictoires de ces actes et des faits qui peuvent s'y rattacher, il ne peut lui appartenir de modifier arbitrairement un contrat, sous prétexte d'interprétation, d'en changer la nature ou l'essence, *de lui donner une fausse qualification* pour le placer dans une classe à laquelle il serait étranger, ou *l'affranchir des règles particulières qui doivent le régir,* ou pour le soumettre à des règles qui ne lui sont pas applicables. »

Si nous voulions passer en revue toutes les appréciations que la Cour suprême a faites de ces maximes, nous ajouterions facilement un volume à ce mémoire, surtout si nous n'en retranchions pas les espèces relatives, soit à la législation criminelle, soit à des matières spéciales telles que la procédure, l'enregistrement, les biens communaux, etc., matières dans lesquelles l'action régulatrice de la Cour s'est fait surtout sentir [2].

En nous bornant même à citer les dispositions ou les contrats, soit de droit civil, soit de droit commercial, dont l'interprétation n'échappe pas à la censure de la Cour de

---

[1] Arrêt rendu le 4 juin 1849 dans l'affaire Flandrin et autres contre Paris et Gardin. Voy. Devilleneuve et Carette, 49, 1, 487.

[2] Voy. au reste le *Répertoire* de M. Dalloz, n°s 1224 et suiv.; n°s 1585, 1586, 1590, 1594, 1595, 1596 et 1597.

cassation, notre énumération serait beaucoup trop longue si elle avait la prétention de ne rien omettre.

Contentons-nous d'un certain nombre d'exemples.

La Cour a refusé de regarder comme irréfragables, et placés à l'abri de son atteinte, sous prétexte qu'il s'agissait d'appréciation souveraine d'actes :

1° L'arrêt qui annulerait une clause, dans un acte de remplacement militaire, par le seul motif qu'on ne saurait lui assigner une cause plausible, alors qu'elle n'a rien d'illicite ni de contraire aux mœurs ou à l'ordre public; telle serait la clause qui retarderait l'époque du payement dans un certain cas prévu[1];

2° L'arrêt qui dénaturant l'acte par lequel deux enfants, créanciers hypothécaires inscrits sur un immeuble appartenant à leur père, disposent de cet immeuble dont la valeur est inférieure au montant de leurs créances, y voit un pacte sur une succession future alors que c'est seulement une vente de la chose d'autrui[2];

3° L'arrêt qui déclare la promesse de vendre certaines dépendances d'un immeuble, moyennant un prix convenu, si, dans un certain délai le promettant ne les a pas vendues avec l'immeuble, comme faite sous une condition purement potestative; au lieu de dire que la condition est mixte en pareil cas, et que, par suite, la promesse vaut vente[3];

4° L'arrêt qui déclare ne pas constituer un testament olographe, l'écrit daté et signé de la main d'un individu et resté en sa possession jusqu'à son décès, par lequel il déclare donner telle chose, bien qu'il n'énonce pas

---

[1] Voy. l'arrêt rendu le 27 juin 1837 dans l'affaire Alexandre. — Cet arrêt et ceux qui suivent sont cités par M. Dalloz, *loc. cit.*, n°s 1584 et 1589.

[2] Voy. l'arrêt rendu le 23 janvier 1832 dans l'affaire Fargeot.

[3] Voy. l'arrêt rendu le 17 décembre 1828 dans l'affaire Davillac.

que c'est pour le temps où il n'existera plus, alors surtout que, sur une enveloppe, il y avait cette suscription : *Mes volontés* [1] ;

5° L'arrêt qui décide que le payement d'intérêts ou d'une rente, fait par un héritier à un légitimaire réduit à une certaine somme par testament, pour lui tenir lieu de ses droits, ne doit pas être réputé une reconnaissance de la légitime fixée par le testament, plutôt que de celle fixée par la loi, et qui se refuse à prononcer la prescription du droit au supplément de légitime, si trente années se sont écoulées depuis l'ouverture de la succession sans réclamation de la part du légitimaire [2] ;

De même la Cour suprême n'est pas liée :

6° Par la déclaration des tribunaux portant que la désignation du débiteur dans un bordereau d'inscription était suffisante pour le faire connaître au conservateur. La Cour de cassation peut au contraire regarder cette désignation comme suffisante et casser l'arrêt [3] ;

7° Par la décision qui en prononçant la rescision d'une vente pour cause de lésion, omet de tenir compte d'un des éléments du prix, sans qu'on puisse objecter que le taux de l'évaluation dépendait des faits dont l'appréciation était du domaine exclusif des juges du fond [4] ;

8° Par le jugement ou arrêt qui pour justifier l'application de l'article 578 du Code de commerce se fonde sur un usage qui attribue au simple endos du connaissement l'effet d'une vente de marchandises [5] ;

---

[1] Voy. l'arrêt rendu le 21 mai 1833, dans l'affaire Fauchon.

[2] Voy. l'arrêt rendu le 12 mai 1834, dans l'affaire Papinaud.

[3] Voy. l'arrêt rendu le 25 juin 1821, dans l'affaire Petit, où cette question est résolue implicitement.

[4] Voy. l'arrêt rendu le 28 avril 1835, dans l'affaire Péricouche.

[5] Voy. l'arrêt rendu le 11 février 1840, dans l'affaire Rocca.

9° Par une décision en fait, qui porte avec elle la preuve qu'elle est fondée sur des moyens de conviction que la loi repousse[1].

Il a encore été jugé par la Cour suprême :

10° Que dans une question d'état d'enfant naturel elle pouvait examiner et apprécier les actes et faits, afin de reconnaître si les juges du fond en ont tiré les conséquences légales[2];

11° Que les caractères de l'interruption de prescription soit naturelle, soit civile, ayant été définis par les articles 2243 et 2244 du Code, la décision des juges sur ce point demeure soumise à la censure de la Cour de cassation qui a le droit de déterminer dès lors, si les actes invoqués comme interruptifs sont réellement au nombre de ceux que la loi considère comme tels[3];

12° Que la faculté d'aliéner et de vendre ses biens que s'est réservée une femme dotale ne comprend pas la faculté de les hypothéquer, et que l'arrêt qui décide autrement ne peut, sous prétexte d'interprétation du contrat, échapper à la censure de la Cour de cassation[4];

13° Que les reprises d'une femme, constatées par son contrat de mariage, forment une créance certaine, bien qu'évaluée en assignats, sans qu'il y ait lieu à les réduire d'après l'échelle de dépréciation du papier-monnaie, qu'en

---

[1] Voy. l'arrêt du 25 juin 1828, dans l'affaire Delforges contre Devos. Cet arrêt est de la Cour de cassation de Belgique, qui se montre encore moins disposée que celle de France à empiéter sur le domaine des juges souverains du fait.

[2] Voy. l'arrêt rendu le 13 germinal an v, dans l'affaire d'Hérici (Dalloz, *loc. cit.* n° 1588).

[3] Voy. l'arrêt rendu le 13 avril 1826, dans l'affaire de la commune de Vandeuvre contre celle d'Amance (Sirey, 26, 1, 432).

[4] Voy. l'arrêt rendu en audience solennelle le 29 mai 1839, dans l'affaire Berne contre Bruyn (Devill. et Car. 39, 1, 449).

conséquence doit être cassé, pour contravention à l'article 2213 du Code civil l'arrêt qui leur a refusé ce caractère[1];

14° Que sous le régime dotal, toute stipulation du contrat de mariage qui déroge au principe de l'inaliénabilité des biens dotaux doit être rigoureusement interprétée, et que l'interprétation des cours d'appel tombe sous la censure de la Cour de cassation[2];

15° Que la décision par laquelle une donation par contrat de mariage de biens présents et à venir, à laquelle n'a pas été annexé un état des dettes actuelles du donateur n'a pu être considérée comme transportant immédiatement la propriété des biens présents sur la tête du donataire[3];

16° Que la Cour de cassation a le droit de décider, en présence des clauses d'un contrat de mariage, rapportées textuellement par un arrêt de cour d'appel, que ce contrat ne stipule qu'une communauté réduite aux acquêts, contrairement à la décision de cette cour qui a vu dans ce contrat la stipulation d'une communauté générale[4];

17° Qu'une décision qui applique comme récognitif un acte qui constitue une transaction véritable est soumise à la censure de la Cour suprême[5];

18° Qu'il en est de même d'une appréciation des clauses d'une transaction qui la détruirait au lieu de l'interpréter[6];

---

[1] Voy. l'arrêt rendu le 21 mars 1837, dans l'affaire Brouard (Dalloz, *loc. cit.*, n° 1624).

[2] Voy. l'arrêt rendu le 12 août 1839, dans l'affaire Delaloy contre Clapisson (Devill. et Car. 39, 1, 840).

[3] Voy. l'arrêt rendu le 31 mars 1840, dans l'affaire Pagaud contre Delong Devill. et Car. 40, 1, 407).

[4] Voy. l'arrêt rendu le 10 février 1841, dans l'affaire Guillery contre Bruno (Devill. et Car. 41, 1, 234).

[5] Voy. l'arrêt Cisterne précité du 26 juillet 1823.

[6] Voy. l'arrêt rendu le 15 février 1815, dans l'affaire Delorme contre

19° Que lorsqu'une transaction comprend en même temps l'abandon de l'état d'enfant naturel et des droits successifs qui en résultent, moyennant un seul et même prix, la convention est nulle pour le tout, et la Cour de cassation peut la déclarer telle nonobstant la décision des juges inférieurs [1];

20° Que lorsque dans une transaction les parties ont exprimé l'intention de mettre fin à *tous* les procès qui existent entre elles, les tribunaux n'ont pas le droit de faire revivre les rentes et créances annulées par la transaction [2];

21° Que le Code civil ayant déterminé dans l'article 1347 les caractères du commencement de preuve par écrit, il appartient à la Cour de cassation d'apprécier si les arrêts qui lui sont déférés ont bien ou mal discerné ces caractères [3].

La Cour de cassation a encore décidé qu'il lui appartenait d'apprécier :

22° Si tel ou tel fait a pour résultat l'aggravation ou la diminution d'une servitude, et en général si un arrêt a méconnu le caractère et les effets légaux d'une servitude [4];

23° Si les cours d'appel ont bien apprécié les actes ou les

Hardy; celui rendu le 20 août 1832 dans l'affaire Rancès contre les syndics d'Ossuna; celui rendu le 21 janvier 1835 dans l'affaire Laurent contre Blanche (Sirey, 15, 1, 183; 32, 1, 644; 35, 1, 105).

[1] Voy. l'arrêt rendu le 27 février 1839 dans l'affaire Dusillet contre Delille (Devill. et Car., 39, 1, 161).

[2] Voy. l'arrêt rendu le 6 juillet 1836, dans l'affaire Launat contre Blanche (Sirey, 36, 1, 926).

[3] Voy. l'arrêt rendu le 30 décembre 1839 dans l'affaire Leclerc contre les héritiers Vidal; et celui rendu le 10 août 1840 dans l'affaire Nicolaï contre Demilleville (Devill. et Car., 40, 1, 139 et 875; et Dalloz, *loc. cit.*, n° 1636).

[4] Voy. l'arrêt rendu le 7 février 1825 dans l'affaire Duplessis et Tombette contre les époux Beaucher; celui rendu le 18 mai 1835 dans l'affaire Caillet contre Fromentin; et celui rendu le 15 janvier 1840 dans l'affaire Leviel contre Lemoine (Sirey et ses continuateurs, 25, 1, 213; 35, 1, 712; 40, 1, 251).

faits qui, aux termes de l'article 1338 du Code civil, peuvent former obstacle à l'exercice d'une action en nullité ou en rescision[1];

24° Si le conclusion des parties et les actes judiciaires ont été bien compris[2]; ou s'ils n'ont pas été au contraire complétement méconnus et mis à l'écart[3];

25° Si une décision ne repose pas en point de droit sur une erreur de fait démontrée par le titre même qui sert de fondement à l'action[4]; lorsque spécialement par exemple cette décision nie qu'il y ait prix dans une vente, alors que l'acte produit constate le contraire[5];

26° Si les juges du fait ne se sont pas trompés sur les caractères constitutifs d'une donation entre-vifs[6]; ou sur la preuve de sa ratification par les héritiers du donateur[7];

27° Si, en reconnaissant l'existence d'une institution contractuelle, ils lui ont en effet attribué les effets prescrits par la loi[8];

---

[1] Voy. l'arrêt rendu le 24 août 1830, dans l'affaire Gaillard contre Papillaud (Sirey, 30, 1, 341).

[2] Voy. l'arrêt rendu le 24 mars 1840 dans l'affaire Patris contre Dutacq (A. Dalloz, 1840, 1, 139).

[3] Voy. l'arrêt rendu le 10 janvier 1826 dans l'affaire Borelly contre Léger (Sirey, 26, 1, 334); celui rendu le 30 avril 1820 dans l'affaire Jamet contre Henon (Sirey, 21, 1, 40); et celui rendu le 8 juillet 1835 dans l'affaire Fitz-James contre Walter-Boyd (A. Dalloz, 1835, 1, 419).

[4] Voy. l'arrêt rendu le 16 février 1813, dans l'affaire Lorge et Leclerc contre Messats (Sirey, 13, 1, 313).

[5] Voy. l'arrêt rendu le 12 août 1812 dans l'affaire Delambre contre Hericy (Sirey, 13, 1, 9).

[6] Voy. l'arrêt rendu le 6 août 1827 dans l'affaire Longueval d'Harancourt contre Salains et celui rendu le 5 mai 1835 dans l'affaire La Rochefoucauld (Sirey, 27, 1, 428; 35, 1, 466).

[7] Voy. l'arrêt rendu le 27 mai 1839 dans l'affaire Dessain (Devill. et Car., 39, 1, 659).

[8] Voy. l'arrêt rendu le 13 janvier 1814 dans l'affaire Thobois (Sirey, 14, 1, 193). Dans l'affaire Mirabeau, il a été jugé implicitement que l'appréciation par une cour d'appel de la nature et du caractère d'une clause

28° Si, en reconnaissant l'existence d'une société, ils ont bien discerné la nature de cette société [1];

29° Si la volonté de faire une novation résulte clairement de l'acte, comme le veut l'article 1273 du Code civil, et si de cette volonté résulte l'un des trois modes de novation que détermine l'article 1271 [2];

30° Si enfin, tel ou tel acte porte ou non les caractères d'une substitution prohibée [3];

L'analogie de ces espèces avec la nôtre est frappante, et celle-ci non plus que celles-là ne peut échapper à l'application des principes qui ont été posés dans les arrêts des 12 frimaire an v, 22 juin 1812, 26 juillet 1823, 5 mai et 15 juillet 1835, 22 juin 1841, 24 avril 1844 et 4 juin 1849.

Si dans une convention où l'une des parties s'oblige à livrer une chose et l'autre à la payer, les juges du fait sont obligés de reconnaître une vente;

Si dans tout acte par lequel le donateur se dépouille actuellement et irrévocablement de la chose donnée, en faveur du donataire qui l'accepte, ils sont obligés de reconnaître une donation;

Si dans toute disposition par laquelle le donataire, l'héritier institué ou le légataire est chargé de conserver et de rendre à un tiers, ils sont obligés de reconnaître une substitution prohibée;

---

d'un contrat de mariage ne liait pas la Cour de cassation. Voy. l'arrêt du 3 décembre 1839 dans A. Dalloz, 1840, 1, 59.

[1] Voy. l'arrêt rendu le 28 mai 1806 dans l'affaire Lubbert et celui rendu le 4 décembre 1839 dans l'affaire Bouis (Dalloz, *Répert.*, v° *Cass.* n° 1639).

[2] Voy. l'arrêt rendu le 22 juin 1841 dans l'affaire Barbaud contre Vergne Dugoulet et celui rendu le 19 août 1844 dans l'affaire Recquier (Devill. et Car., 41, 1, 473 et Dalloz, *loc. cit.*, n° 1641).

[3] Voy. l'arrêt rendu le 22 juin 1812 dans l'affaire Blayac contre Royère; celui rendu le 24 mars 1829 dans l'affaire Bercher contre Perreau, et celui rendu le 20 janvier 1840 dans l'affaire Garneray contre Cabanne (Sirey et ses continuateurs, 13, 1, 24; 29, 1, 293; 40, 1, 363).

Si, en un mot, dans toutes les dispositions ou dans tous les contrats définis par la loi ils sont obligés, sous peine de cassation, de mettre d'accord avec la loi ces dispositions et ces contrats, comment dans un contrat par lequel les parties se donnent réciproquement une chose pour une autre, ne seraient-ils pas, sous la même peine, obligés de reconnaître un échange?

La disposition de l'article 1702 serait-elle par hasard moins claire, moins positive, moins obligatoire que celle des articles 1582, 894 et 896? Aurait-on la prétention d'introduire en France, au XIXe siècle, cette théorie exotique des contrats innommés, qui n'a jamais pu prendre racine dans notre sol, et à laquelle le génie de notre nation s'est toujours montré profondément antipathique? Et, à part cette théorie, où trouver un contrat qui ait des caractères plus précis, plus faciles à reconnaître, mieux définis que l'échange? Qu'on demande à l'homme le moins éclairé, le plus étranger au droit de quel nom on doit qualifier un acte par lequel les parties se donnent mutuellement une chose pour une autre, il répondra sans hésiter que cet acte constitue un échange. Il n'hésitera pas, surtout si vous lui expliquez que la valeur de ces deux choses a été équilibrée de telle façon que ni l'une ni l'autre des parties contractantes ne peut être exposée à ajouter une somme quelconque au bien qu'elle livre pour obtenir le bien qu'elle doit recevoir. Interrogez à l'inverse un de ces hommes que la science du droit compte parmi ses adeptes et que le barreau revendique avec orgueil, il vous répondra[1] que « si, suivant l'expression des anciennes coutumes, l'échange se fait but à but et sans soulte, *il est impossible de se méprendre sur son caractère.* »

Aussi de tous les contrats, il n'en est pas un peut-être sur

---

[1] M. Duvergier, *de l'Échange*, n° 406.

la nature duquel on soit plus généralement tombé d'accord[1]. A cet égard, les publicistes sont du même avis que les légistes[2] et les jurisconsultes étrangers[3] n'ont pas une autre

[1] Cela s'explique facilement, car de tous les contrats l'échange a été le plus ancien. C'est ce que faisait remarquer, après bien d'autres, M. Bigot-Préameneu dans l'exposé des motifs de ce titre du Code. Il développait en outre cette pensée que « sans l'échange, le droit de propriété eût été en vain établi » et que « c'est à l'échange qu'il faut attribuer et les premiers degrés et les progrès de la civilisation. »

[2] Nous avons cité Burlamaqui, citons Grotius et les auteurs qui l'ont imité et annoté.
Grotius (de jure belli, lib. II, c. XII, § 3, n° 4) dit que *dari ut detur, statim quidem rem prore, specialiter dicitur permutatio*, définition qui semble avoir inspiré celle de Pothier que nous reproduirons tout à l'heure.
Plus loin (§ 11, n° 1) Grotius ajoute que si l'une des choses échangées vaut plus que l'autre, il ne faut pas supposer facilement que celui qui la transmet ait fait donation à l'autre de cet excédant : *quod enim promittunt aut dant, credendi sunt promittere aut dare tanquam æquale ei quod accepturi sunt, utque ejus æqualitatis ratione debitum.*
« Il y a deux sortes d'échange, dit Puffendorff (*Droit de la nat. et des gens*, liv. V, ch. v, § 1); l'un se fait lorsque les contractants ayant estimé les choses qu'ils veulent troquer, sur le pied de ce qu'elles pourraient valoir étant payées en argent monnayé, se les donnent l'un à l'autre en place d'argent. L'autre, c'est lorsque l'on donne chose pour chose en les comparant simplement en elles-mêmes et par rapport à leur valeur propre et intrinsèque. » Remarquons au reste que ces deux sortes d'échanges se confondraient si au premier cas il n'y avait convention de soulte en argent pour équilibrer les valeurs contre-échangées.
Puffendorff a mieux et plus simplement défini l'échange dans son livre *de Officio hominis et civis*, en disant : « Le plus ancien des contrats intéressés, c'est l'échange *par lequel on donne de part et d'autre une chose de même valeur.* »
Heineccius (dans ses *Prælect. acad.* sur cet ouvrage) dit qu'on entend par échange *contractum quo res pro re traditur, et quidem intelligenda res omnis, præter pecuniam; nam alioquin esset emptio venditio.*
C'est de cette définition et de celle qui la précède que Burlamaqui a fait la sienne (Voy. ci-dessus, p. 52).
Dans ses *Prælect. acad.* sur Grotius, Heineccius disait plus laconiquement : *Res datur pro re et tunc dicitur permutatio*, phrase que le Code civil dans son art. 1702 et M. Perreau dans ses *Éléments de législation naturelle* (p. 347) n'ont fait que traduire.

[3] Ainsi dans ses *Commentaires sur les lois anglaises* (liv. II, ch. XXX)

opinion que les jurisconsultes français, soit que ceux-ci aient étudié, comme Domat, le droit romain dans ses rapports avec le droit français [1], soit qu'ils se soient efforcés comme Pothier, dans ses *Traités*, de dégager notre droit indigène des gloses qui l'avaient obscurci en ayant la prétention de l'élucider [2]. Il y a plus, les principes du droit romain [3], ou, pour mieux dire, du droit universel, condensés par des interprètes sagaces dans des formules plus précises [4], et re-

Blackstone dit : « La vente ou l'échange est une transmutation de propriété d'un homme à un autre, en considération de quelque prix ou *récompense en valeur* : Car il n'y a point de vente sans récompense ; il faut nécessairement qu'il y ait *quid pro quo*. Si c'est une *commutation de biens pour biens*, elle mérite plus proprement le nom d'*échange* ; mais si c'est un transport de biens pour de l'argent, il s'appelle vente, qui est une sorte d'échange introduite pour la commodité de la société. »

[1] « L'échange, dit Domat (*Lois civiles*, part. I, liv. I, tit. III, n° 1), est une condition où les contractants se donnent l'un à l'autre une chose pour une autre, quelle qu'elle soit, hors l'argent monnayé, car ce serait une vente. »

[2] Dans son *Traité du contrat de vente* (n° 617) Pothier définit le contrat d'échange, « un contrat par lequel l'un des contractants s'oblige à donner une chose à l'autre, à la place *immédiatement* d'une autre chose que l'autre contractant s'oblige de sa part à lui donner. »

M. Duvergier, n° 403, critique avec raison l'expression que nous avons soulignée.

Au reste dans ses Pandectes (lib. XIX, tit. IV) Pothier a ainsi défini l'échange. *Est autem permutatio contractus quo alter ab altero certam rem accipiendo ad aliam certam rem ipsi præstandam se obligat.*

[3] *Si quidem pecuniam dem, ut rem accipiam, emptio et venditio est. Sin autem rem do, ut rem accipiam, quia non placet permutationem rerum emptionem esse*, etc. (L. 1, § 1, ff. *de præsc. verb.*)

[4] Dans son Commentaire sur le titre I du liv. XII du Digeste (t. VII, p. 612 de l'édit. de Venise-Modène) Cujas distingue l'échange des contrats autres que la vente avec lesquels on pourrait le confondre : *Si nihil reddatur*, dit-il, *donatio est; si idem genus reddatur, mutuum est vel promutuum; si eadem species, commodatum, depositum vel precarium. Quid si aliud genus vel alia species? Permutatio est quæ cadit etiam in eas res, quæ pondere, numero, mensura constant, ut si triticum pro vino detur, nummus asper pro vetere.* PERMUTATIO EST ENIM SI REDDATUR ALIA SPECIES, *ut pro Sticho Pamphilus et ex hac causa dominium invicem commutatur.*

produites ensuite dans le plus clair de tous les idiomes, ont eu un tel succès, que l'article 1702 de notre Code civil a fait le tour de l'Europe[1] et a même traversé l'Atlantique[2].

Or, l'article 1702 du Code civil dit que « l'échange est un

Dans son commentaire sur le titre LXIV du liv. IV du C., Corvinus de Belderen disait aussi : *Est permutatio contractus quo species rerum certæ cum speciebus commutantur.* Et Tulden (*loc. cit.*) : *Res sive species una pro alia datur.*

Voici la définition de Voet (*ad ff.*, l. 19, tit. IV, n° 1) : *Permutatio est contractus quo res propria datur, ut vicissim alter rem propriam det.*

Voici celle de Doneau (*Comment. ad tit. ff. de præscrip. verb.* c. III) : *Si rem do, ut aliam mihi des, permutatio est.* Et ailleurs (*Comm. de jur. civ.*, l. 12, c. I, § 7) : *Si pro re alia res detur constat esse permutationem.*

Heineccius dans ses *Elem. jur. sect. ord. Pand.* part. III, § 343, disait : *Permutatio est contractus quo quis rem ea lege dat ut pro ea alter aliam de qua convenit reddat.*

Et Perez (*ad Cod.* loc. cit.) : *In permutatione datur res ut vicissim res detur.*

Toutes ces définitions sont, on le voit, en d'autres termes, celle du Code civil.

Dans le projet présenté par la commission nommée par le gouvernement le 24 thermidor an VIII, l'art. 1 du tit. XII du liv. III reproduisait exactement la définition donnée par Heineccius dans ses leçons sur Puffendorff. Il était ainsi conçu : « L'échange est un contrat par lequel les parties se donnent respectivement une chose pour une autre, quelle qu'elle soit, hors l'argent monnayé; car alors ce serait une vente. »

[1] La disposition de l'art. 1702 du Code civil a été adoptée par les Codes autrichien, art. 1045; hollandais, art. 1577; sarde, art. 1708; des Deux-Siciles, art. 1548; du canton de Vaud, art. 1202. Le Code prussien suppose cette définition sans la reproduire, et le Code bavarois, liv. IV, ch. XII, art. 3, s'exprime ainsi : « L'échange proprement dit a lieu lorsqu'on donne une chose pour une autre de la même espèce. Si les choses échangées ne sont pas de la même espèce, on suit les dispositions générales des contrats bilatéraux. » Dans le grand-duché de Bade on a ajouté à l'art. 1702 cette disposition : « Le payement des arrhes n'altère pas le caractère de l'échange. »

[2] La disposition de l'art. 1702 est reproduite textuellement dans le Code de la Louisiane, art. 2630, et dans celui d'Haïti, art. 1475.

contrat par lequel les parties se donnent respectivement une chose pour une autre. »

Si donc, comme nous croyons l'avoir démontré jusqu'au dernier degré d'évidence, le contrat passé entre François Ier et Mme de la Roche-sur-Yon, le 11 avril 1529, était un de ces contrats d'échange *sur le caractère desquels il est impossible de se méprendre,* parce qu'ils sont purs de tout alliage, en vain la cour de Douai aura cru y voir nous ne savons quel contrat qu'elle n'a pu baptiser, la Cour suprême désavouera ce monstre qui n'appartient à aucune espèce et que l'imagination seule a pu créer. Elle agira à l'égard de l'arrêt attaqué comme elle l'a fait à l'égard de beaucoup d'autres qui avaient nié une vente là où il y avait *res, pretium, consensus,* ou qui avaient nié une donation là où il y avait concours mutuel de volontés sur un dépouillement actuel, irrévocable et gratuit, ou qui avaient nié une substitution là où il y avait disposition avec charge pour le donataire ou légataire de conserver et de rendre à un tiers le bien qui avait été l'objet de la donation ou du legs. Elle a cassé ces arrêts; elle cassera celui qui lui est déféré par la société de Thivencelles.

Elle le cassera d'autant plus sûrement qu'en méconnaissant le caractère de l'acte du 11 avril 1529, la cour de Douai n'a pas violé une loi seulement; elle en a violé trois.

D'abord elle a *dénaturé un acte,* comme disait l'arrêt du 12 frimaire an V.

Elle a du moins *mal déterminé sa nature et son essence,* comme disait l'arrêt du 22 juin 1812.

Elle a, suivant les expressions de l'arrêt solennel du 6 juillet 1823, donné à un contrat *une fausse qualification.*

Elle a, suivant les termes de l'arrêt du 5 mai 1835, méconnu *le caractère de ce contrat dans ses rapports avec la loi qui le qualifie et qui en assure la validité.*

Elle a, lorsqu'il s'agissait d'un échange, *inventé un acte différent de celui caractérisé par la loi*, ce que proscrivait, sous peine de cassation, l'arrêt du 15 juillet de la même année.

Elle n'a pas tenu compte, comme le prescrivait l'arrêt du 22 juin 1841, *des conditions légales auxquelles on pouvait reconnaître le caractère* du contrat qu'elle avait à apprécier.

Elle n'a pas tenu compte *des éléments constitutifs* de ce contrat, ainsi que l'exigeait l'arrêt du 24 avril 1844.

Elle *l'a placé dans une classe à laquelle il était étranger, sous prétexte d'interprétation,* ce que défendait impérieusement l'arrêt du 4 juin 1849.

Sous tous ces rapports, l'arrêt du 16 juillet 1849 eût encouru la cassation, encore bien que le contrat du 11 avril 1529 n'eût pas eu d'autres clauses que celles qui pondéraient si exactement deux biens de même nature pour les substituer l'un à l'autre dans le patrimoine de leurs propriétaires primitifs.

Mais là ne s'arrêtait pas l'acte du 11 avril. Il se référait au traité de Cambrai, il déclarait n'en être que l'exécution. Si donc, comme cela est incontestable, ce traité assurait au roi de France le retrait des terres et seigneuries données à l'empereur en nantissement, il en résulte qu'en disant que ce droit a été enlevé au roi par l'acte du 11 avril, l'arrêt attaqué ne méconnaît pas seulement les *éléments constitutifs* du contrat d'échange, il méconnaît aussi les dispositions du traité de Cambrai. Il viole à la fois le droit public et le droit privé, et, sous le premier rapport comme sous le second, il ne peut, comme nous le démontrerons plus complétement par la suite, échapper à la censure de la Cour suprême.

Ce n'est pas tout encore. En substituant à un contrat en fait parfaitement clair, en droit parfaitement défini, un contrat sans vraisemblance et sans nom, la cour de Douai suppose, comme nous l'avons vu, que, par ce contrat anonyme, François Ier aliénait Auge et Mortain contre Leuze et Condé, plus le droit de rachat de Leuze et Condé qui valait lui-même la moitié de ces seigneuries; en d'autres termes, que François Ier ne recevait que la moitié de ce qu'il livrait; en d'autres termes encore, qu'il faisait donation à Mme de la Roche-sur-Yon ou à son fils du droit de retrait sur Leuze et Condé, ou, ce qui revient au même, de moitié d'Auge et Mortain.

Or, une pareille interprétation ouvre une troisième voie à la censure de la Cour suprême, car cette interprétation viole une loi que dans un arrêt que nous aurons occasion de rappeler, cette Cour a reconnu être une des lois *fondamentales* de la monarchie.

Le domaine de la couronne était inaliénable, et c'est pour cela qu'il ne pouvait sortir des mains du roi que par apanage, parce qu'alors il y avait réversion ; que par engagement, parce qu'alors il y avait retrait[1] ; ou que par échange, parce qu'alors il y avait compensation. Dans ce dernier cas surtout, l'intérêt de l'État était parfaitement sauf[2] parce que

---

[1] Aussi bien que dans l'acte de cession des Pays-Bas à l'infante Isabelle par Philippe II, il fut stipulé que cette cession était faite *à condition, et non autrement, que l'infante ni aucun autre des appelés à ladite succession ne pourront, pour raison quelconque, inféoder lesdits pays, ni les donner ni aliéner sans le consentement de Philippe II ou de ses héritiers ou successeurs*. Nonobstant cette clause, le conseil privé et celui des finances décidèrent, après mûr examen, le 9 février 1604 que les archiducs pouvaient faire *des engagères et oppignorations pour plus longtemps que leur vie et jusqu'au rachat*. Cette décision est rapportée par Dulaury dans sa *Jurisprudence des Pays-Bas autrichiens*, n° 79.

[2] Or, c'était dans cet intérêt que l'inaliénabilité du domaine avait été établie. « Il est clair, disait Puffendorff, que le roi ne saurait, sans le consentement du peuple, aliéner quoi que ce soit, ni du domaine de l'État, ni même de celui du domaine de la couronne *dont il n'a que l'usufruit*, et qui doit servir à l'entretien de ses successeurs.... Il n'en a, dit-il ailleurs,

l'échange devait avoir lieu *but à but et sans soulte*, si ce n'est, le cas échéant, de la part du roi. D'aliénation véritable il n'y en avait donc pas[1].

que la simple administration, dans laquelle il doit se proposer uniquement le bien public, et agir avec autant de soin, de fidélité et d'économie qu'un tuteur à l'égard de son pupille. » (*Droit de la nature et des gens*, liv. VIII, ch. v, § 8 et 11.)

Grotius (*De jure belli et pacis*, lib. II, c. vi, § 11) n'admet pas d'exception à la règle de l'inaliénabilité du domaine. Il s'exprime à cet égard en termes non ambigus : *Patrimonium populi, cujus fructus destinati sunt ad sustinenda reipublicæ aut regiæ dignitatis onera, a regibus alienari, nec in totum, nec in partem potest. Nam et in hoc jus majus fructuario non habent. Nec admitto exceptionem, si res modicum valeat, quia quod meum non est, ejus nec exiguam partem alienare mihi jus est.*

Voici du reste comment le droit d'engager le domaine de la couronne est expliqué (*loc. cit.* § 13) par ce publiciste qui, selon M. Lerminier, *fonda la science du droit des gens*: *Partes patrimonii pignori opponi ex causa possunt a regibus qui plenum habent imperium; id est, qui jus habent ex causa tributa nova indicendi. Nam sicut populus tributa ex causa indicta solvere tenetur, ita et rem ex causa pignori oppositam luere. Luitio enim ista tributi quædam est species.*

Puffendorff, qui n'a souvent guère fait que copier Grotius, dit à son tour (*loc. cit.* § 11) : « Un roi qui a le pouvoir d'établir de nouveaux impôts et d'imposer de nouveaux subsides, lorsqu'il le juge à propos pour de bonnes raisons, peut dans un besoin, engager quelques parties du domaine. Car le peuple étant tenu de payer les impôts et les subsides qu'un tel prince exige en pareil cas, il doit aussi, sans contredit, racheter ce qu'il a engagé dans le besoin, puisque c'est tout un de donner de l'argent pour qu'on engage une chose, ou de la racheter après qu'on a été contraint de la mettre en gage. »

Ne semble-t-il pas que Barbeyrac traduise ici, non Puffendorff, mais Grotius?

[1] C'est aussi en partie parce que l'échange ne constituait pas une aliénation véritable que, sauf une exception que nous aurons plus tard occasion de signaler, il ne donnait ouverture à aucun des vingt-cinq retraits dont Merlin donne la nomenclature et la définition dans son *Répertoire*. — Dans le grand-duché de Bade, où notre Code civil est pratiqué avec un petit nombre de modifications, on a conservé cependant le retrait lignager (retrait des agnats), celui des copropriétaires d'une maison ou d'un autre immeuble indivis et celui d'une commune, ou des habitants d'une commune, par rapport aux acquisitions faites par des étrangers ; mais « ces retraits n'ont lieu que dans les ventes à prix d'argent. »

Dans notre espèce au contraire il y aurait eu aliénation et qui pis est aliénation à titre gratuit de moitié d'Auge et

C'est encore parce que l'échange n'est pas une véritable aliénation, que la chose reçue à la place de celle qu'on a donnée, lui est subrogée de plein droit et se revêt de toutes ses qualités extrinsèques ; qu'ainsi si le fonds dotal est échangé l'immeuble reçu en contre-échange est dotal (Code civ., art. 1559) ; que de même, si, pendant la communauté, les époux échangent un immeuble propre de la femme, celui qui prendra sa place n'entrera pas en communauté, il sera propre aussi bien que celui qui a été aliéné, et auquel il a été subrogé : *Subrogatum capit naturam subrogati* (voy. l. 71, ff. *de legat.* 2; l. 26 et 27, ff. *de jure dotium ;* le grand Coutumier, liv. II, ch. xxxiv; l'art. 143 de la Coutume de Paris; Loisel, *Institutes coutumières*, liv. II, tit. ɪ, règle 17 ; le *Nouveau Denisart*, v° *Échange*, § 1, n° 5; le *Dictionnaire des domaines* (de Bosquet) au même mot; Pothier, *Traité du contrat de vente*, n° 629 et M. Troplong sur l'art. 1702, n° 11).

Pour le dire en passant, c'est pour avoir méconnu ce principe qu'un des conseils de la compagnie d'Anzin est tombé dans une des méprises les plus lourdes qui se puisse commettre en matière de droit domanial, lorsqu'il a appliqué aux acquisitions faites par échange le principe posé dans l'art. 2 de l'édit de Moulins (voy. la consultation de M. Dolez, p. 13), pour les acquisitions faites par le roi à prix d'argent (*à purs deniers*, disait Bacquet, *Traité du droit de déshérence*, ch. vii, n° 9), ou celles résultant de successions, ou de revenus casuels tels que droits d'aubaine, de bâtardise, de déshérence, de confiscation, d'épaves et autres semblables (voy. Lefèvre de la Planche, *Traité du domaine*, liv. I, ch. iv, n°s 1 et 2 ; l'*Encyclopédie méthodique*, t. III, p. 777 ; d'Argentré sur l'art. 266 de la Coutume de Bretagne, au titre : *de causis sumptis consideratione rei*, art. 3; Bacquet, *loc. cit.;* Despeisses, t. I, p. 11, et Chopin, *du Domaine*, liv. I, tit. ii, n° 17, qui citent, en ce sens, deux arrêts des 10 décembre 1547 (1548 suivant Bacquet), et 22 mars 1582).

Comment M. Dolez n'a-t-il pas compris du moins, que par une pareille interprétation on ruinait de fond en comble la maxime autrefois si respectée, que le domaine de la couronne était inaliénable ? Comment n'a-t-il pas compris que s'il eût fallu, à l'égard des biens reçus en contre-échange, dix ans d'administration par les receveurs et officiers du domaine pour qu'ils devinssent domaniaux, le roi eût pu, en échangeant préalablement tous ses domaines, les aliéner tous ensuite un beau jour, pourvu qu'il prît cette simple et facile précaution, de ne pas laisser écouler dix ans sans faire ces aliénations?

Bosquet, dans son *Traité des domaines*, t. II (p. 95 de l'édition de 1762 et 120 de l'édition de 1782), signale en ces termes l'effet immédiat de l'échange quant à la domanialité du bien reçu par le roi : « Les biens du domaine peuvent être aliénés par échange, parce que *l'échange n'est*

Mortain, si l'on admettait l'interprétation que la cour de Douai a donnée à l'acte du 11 avril 1529.

De ce chef il y aurait donc une nouvelle ouverture à cassation.

La Cour suprême a en effet décidé maintes fois que les juges du fait ne pouvaient sous prétexte d'interprétation des clauses des actes leur donner un sens d'après lequel ils auraient porté atteinte à l'inaliénabilité du domaine.

C'est ce qu'elle a décidé notamment dans son arrêt rendu le 6 décembre 1836, dans l'affaire du préfet de la Meurthe contre Noisette et consorts[1] où il s'agissait d'un accensement effectué dans le ci-devant duché de Lorraine, qui admettait le principe de l'inaliénabilité du domaine suivant les ordonnances de ses souverains des 21 décembre 1446, 27 juin 1561, 28 décembre 1704, et l'édit du 14 juillet 1729.

C'est ce qu'elle a décidé encore dans l'affaire Racine, par son arrêt du 2 août 1837[2].

C'est ce qu'elle a décidé enfin dans l'affaire Mailler et consorts par son arrêt du 11 juillet 1842[3] où il s'agissait d'une *donation* faite à la date du 1er mai 1709.

Ce dernier arrêt est surtout remarquable en ce qu'il prend en grande considération pour annuler l'arrêt de la cour de Nancy du 25 avril 1839, *la qualification* (de libéralité) *donnée par le contrat lui-même à la concession dont il s'agissait.*

De même, dans notre espèce la Cour suprême prendra en grande considération, nous n'en doutons pas, pour annuler l'arrêt de la cour de Douai du 16 juillet 1849 la *qualifica-*

---

qu'une *subrogation* déterminée par des raisons de convenance, souvent même parce qu'il est de l'intérêt de l'État de posséder les biens reçus en contre-échange; d'ailleurs si l'État aliène des fonds par l'échange, il en reçoit le remplacement par d'autres qui sont *à l'instant* unis au domaine de la couronne, *comme l'étaient ceux qui sont cédés en échange.* »

[1] Devilleneuve et Carette, 37, 1, 61.
[2] Devill. et Car. 37, 1, 634.
[3] Devill. et Car. 42, 1, 705.

tion donnée au contrat du 11 avril 1529, tant dans l'acte lui-même que dans les procurations qui y sont annexées, et font corps avec lui[1]. Elle prendra en grande considération aussi, cette même *qualification* reproduite non-seulement dans les actes passés avec d'autres que Mme de la Roche-sur-Yon, dans les mêmes circonstances et *en vertu de la même procuration du roi*, mais encore dans les actes qui ont ou exécuté ou confirmé celui du 11 avril[2]. Et dans notre espèce comme dans celle sur laquelle est intervenu son arrêt du 4 juin 1849, elle décidera *qu'il ne peut appartenir à une cour d'appel de modifier arbitrairement un contrat,*

---

[1] Dans ses *Variæ resolutiones* (lib. II, c. II, n° 10), Gomez dit : *Si partes expresse dicunt quod sit contractus venditionis, erit venditio : si vero dicunt quod sit permutatio erit permutatio.* Il cite en ce sens plusieurs lois romaines : *quibus probatur quod ille contractus erit judicandus, quem verba partium demonstrant.*

Quant au mot *récompense*, fréquemment employé dans les actes faits en exécution du traité de Cambrai, et qui se trouve notamment trois fois seul et trois fois accompagné du mot *contre-échange* dans l'acte du 11 avril 1529, il n'est guère moins significatif que ce dernier mot. Par récompense, en effet, on entend sans doute parfois *indemnité* (Code civil, art. 585, 1403, 1406, 1407, 1409, 1410, 1412, 1435 et suiv. 1468), mais on entend aussi et surtout *compensation*, *équivalent*. Dans le langage usuel même, *récompense* se prend parfois pour *compensation*, et le dictionnaire de l'Académie nous l'atteste ; dans la langue légale c'est au mot *équivalent* qu'il correspond. L'*indemnité* dont parlent en effet la plupart des articles précités n'est que *l'équivalent* du dommage souffert ou du préjudice causé. Si l'on remonte à l'étymologie du mot *récompense*, ou comme l'on disait jadis *récompensation* (voy. les lettres patentes de Charles IX, n° 14 du dossier), on voit qu'il a pour racine *compensatio*, *compensare* (peser, balancer). « Ce verbe, dit Magniez (*Novitius*), signifie proprement contre-balancer, mettre une chose dans une balance pour la peser contre une autre. » (Voy. aussi la *Philol. franc.* de Noël et Carpentier.) Ainsi, Blackstone s'exprimait d'une manière parfaitement exacte, soit au point de vue grammatical, soit au point de vue juridique, lorsqu'il qualifiait *récompense en valeur*, ce qui, dans le contrat d'échange, tient lieu du prix dans le contrat de vente.

[2] Procès-verbal de mise en possession d'Auge et Mortain, en mai 1530 ; lettres patentes sollicitées par le duc de Montpensier, accordées par le roi, enregistrées par le parlement de Rouen en 1548, 1566, 1567, 1568 et 1570.

d'en changer la nature ou l'essence, DE LUI DONNER UNE FAUSSE QUALIFICATION, *pour le placer dans une classe à laquelle il serait étranger,* OU POUR L'AFFRANCHIR DES RÈGLES QUI DOIVENT LE RÉGIR, *ou pour le soumettre à des règles qui ne lui sont pas applicables.*

§ II.

IIe, IIIe ET IVe MOYENS DE CASSATION.

VIOLATION DE LA RÈGLE DE DROIT ANCIEN, QUI NE PERMETTAIT PAS L'INTERVERSION DU TITRE DU POSSESSEUR PRÉCAIRE, A L'INSU DU PROPRIÉTAIRE ET SANS CONTRADICTION DU DROIT DE CELUI-CI; RÈGLE CONFIRMÉE PAR L'ARTICLE 13 DU CHAPITRE VIII DES CHARTES GÉNÉRALES DU HAINAUT. — DOUBLE VIOLATION DE L'ARTICLE 1er DU CHAPITRE CVII DE CES MÊMES CHARTES, QUI NE PERMET DE PRESCRIRE QU'AU *possesseur de bonne foi* ET QU'A L'ENCONTRE D'UNE *personne capable d'aliéner*.

Après avoir cité les termes de l'acte du 26 août 1531 en ce qui concerne le droit de rachat, l'arrêt de la cour de Douai ajoute « que le sens de ces expressions, s'il pouvait être douteux, serait fixé par les lettres patentes de Philippe II, en date du 30 juillet 1558, créant un bailli portatif pour le rachat et la revente de la terre de Condé; qu'on y voit que cette terre et celle de Leuze ont été transportées et déshéritées par le duc de Montpensier, le 12 avril 1529, avant Pâques, pour par l'empereur ou son ayant cause en jouir jusqu'au rachat que ledit duc de Montpensier, ses hoirs et successeurs en feraient; que le rachat des ville, castel, terre, *justice* et seigneurie de Condé a été exercé, le 5 août 1558, par le duc de Montpensier, fait lui-même prisonnier de guerre en 1557, et ce, moyennant les deniers qui ont été fournis par Charles de Lalain, et qui ont été consignés parce que celui à qui on les offrait n'avait pas pouvoir suffisant pour les toucher; que le duc de Montpensier a cédé le même jour lesdites terre et *justice* pour prix de sa rançon à Pierre de Mansfeld, qui en a fait immédiatement donation audit Charles de Lalain; que les compagnies réunies révoquent en doute le rachat par le duc de Montpensier et veulent considérer l'acte qui le constate comme un projet resté sans exécution, mais que précédé des lettres patentes portant création d'un bailli dans le but d'effectuer ce rachat, et suivi des actes de vente et de donation passés au profit de Pierre de Mansfeld et de Charles de Lalain, cet acte ne peut être sérieusement contesté ; que tous ces actes se réfèrent les uns aux autres et se prêtent un mutuel appui ; que d'ailleurs ceux qui avaient cédé Condé à Charles-Quint ayant seuls le droit de le racheter, et cette terre valant beaucoup plus que le prix moyennant lequel sa cession en avait été faite à Charles-Quint, il est évident que les ayants cause de ce dernier n'auraient pas consenti au rachat s'il avait été exercé par d'autre que par ledit duc de Montpensier.... Attendu que dans le cas même où François Ier serait devenu propriétaire en 1529 de la seigneurie de Condé, et l'aurait vendue à Charles-Quint avec faculté de rachat, il faudrait reconnaître encore que les principes sur l'imprescriptibilité du domaine du prince n'étaient pas admis en Hainaut, où cette seigneurie était située, et que de 1558, époque de la donation faite par Mansfeld à Charles de Lalain, à 1678, époque où le traité de Nimègue a réuni Condé à la France, la maison de Croy qui, par elle et ses auteurs avait constamment possédé la haute justice de Condé, l'aurait acquise par prescription ; que cette acquisition pourrait d'autant moins être contestée que la faculté de rachat conventionnel se prescrivait en Hainaut par trente ans. »

Précisons bien d'abord la nature et la portée de l'argument de la compagnie d'Anzin, consacré par le passage de l'arrêt qui précède.

Pour la compagnie d'Anzin on disait : le duc de Montpensier a racheté en 1558 les terres engagées en 1529. Ce fait est la meilleure preuve du droit préexistant.

M. Duvergier répondait :

« L'argument aurait quelque force si un doute pouvait

subsister sur le sens et les effets de l'acte du 11 avril 1529.

« S'il n'était pas clairement établi que les terres de Leuze et Condé furent alors échangées contre celles d'Auge et Mortain, que le roi cessa d'être propriétaire des secondes et le devint des premières, que par conséquent le droit de rachat n'a appartenu qu'à lui, on pourrait attacher quelque importance au rachat opéré, dit-on, par le duc de Montpensier.

« Mais l'acte de 1529 est trop bien expliqué, ses conséquences légales sont trop évidentes pour qu'un événement postérieur de vingt-neuf années puisse faire naître quelque incertitude sur son véritable caractère.

« La compagnie d'Anzin dit : le duc de Montpensier a exercé le droit de rachat en 1558, donc il lui avait été conféré en 1529.

« La compagnie de Thivencelles répond : le droit de rachat n'a pas été, n'a pas pu être conféré au duc de Montpensier en 1529, donc il n'a pas pu l'exercer en 1558.

« Mais, répliquera-t-on sans doute, le fait matériel existe ; tous les arguments du monde ne peuvent faire qu'il n'existe pas.

« La compagnie de Thivencelles a prouvé qu'il ne peut pas être l'exercice du droit qu'allègue la compagnie d'Anzin ; et cela lui suffit.

« Que M. le duc de Montpensier, prisonnier, pressé par les circonstances, ait usé de ressources qui ne lui appartenaient pas ; qu'il ait profité, pour se tirer de l'embarras dans lequel il était, de ce que le droit de rachat lui avait été réservé ostensiblement par l'acte du 11 avril 1529, tout cela a été étranger au roi, n'a pu le dépouiller de ses droits et les transporter au duc de Montpensier.

« Des actes postérieurs étrangers au roi, quels qu'ils soient, n'ont pu modifier son droit. M. de Montpensier eût-il cent fois exercé le droit de rachat qui ne lui appartenait pas, qui ne pouvait pas lui appartenir, il n'en aurait pas dépouillé le roi à qui il appartenait[1]. »

Mais, dit l'arrêt, si le rachat n'appartenait pas à M. de Montpensier, et si le rachat était onéreux à M. de Roghendorff, comment celui-ci l'a-t-il subi sans contradiction?

Nous répondrons d'abord qu'il en est des anciens actes comme des anciennes coutumes : on ne se les explique pas toujours facilement, *non omnium quæ a majoribus nostris tradita sunt ratio facile reddi potest*.

Nous répondrons ensuite, que dans le système de l'arrêt, cette explication ne serait pas plus facile que dans le nôtre. C'est ce que nous nous engageons à démontrer à l'évidence lorsque nous traiterons le septième moyen de cassation.

Nous répondrons enfin que tout nous prouve que ce n'est pas en vertu de l'interversion de titre qu'on allègue, que la possession de Condé est parvenue aux de Lalain, et par eux aux de Croy leurs héritiers.

« Comment admettre d'abord que le duc de Montpensier, qui avait lui-même, en 1548, sollicité et obtenu la confirmation de l'acte d'*échange*, ait pu sérieusement, en 1558, en méconnaître les conséquences légales, et s'attribuer un droit que cet acte conférait évidemment au roi?

« Il faudrait donc supposer que, dans l'intervalle, il serait survenu quelque événement qui aurait changé la position respective du roi et du duc; mais cette hypothèse, qui ne pourrait être admise sans justification, est démentie par un acte clair et formel, postérieur à 1558. On a vu le duc de Montpensier, qu'il soit permis de le répéter, solliciter et obtenir du roi Henri II, en 1548, la ratification de l'acte

---

[1] Ces principes sont consacrés dans les adhésions motivées qu'ont données à la consultation de M. Duvergier, MM. Dupin, Marie, Paillet, Odilon Barrot, de Vatimesnil et Berryer.

d'échange de 1529. En 1567, il croit devoir de nouveau s'adresser au roi Charles IX ; il paraît craindre que l'ordonnance de Moulins, de 1566, n'entraîne la révocation de l'aliénation des terres d'Auge et Mortain, que du moins on ne lui conteste le droit d'abattre les bois de haute futaie sur ces terres ; en conséquence, il demande que l'autorité royale intervienne et fasse disparaître, par une déclaration expresse, toute cause d'appréhension, toute incertitude.

« La requête du duc est relatée, suivant l'usage, dans les lettres patentes du roi, et l'on y voit que l'acte de 1529 est toujours qualifié d'*échange*, que l'on y dit que les terres d'Auge et Mortain ont été baillées au duc de Montpensier *pour et au lieu des terres de Leuze et Condé, baillées par lui au roi François Ier*.

« Il est donc certain qu'en 1558 les choses n'étaient pas changées ; qu'à cette époque, comme en 1548, l'acte de 1529 était toujours, aux yeux et dans l'opinion du duc, un acte *d'échange* ; que tout le monde reconnaissait que les terres de Leuze et Condé avaient été transmises au roi. Ceci est incontestable ; on tenait en 1567 le même langage qu'en 1548.

« Il n'y a donc aucune possibilité de voir, dans l'acte de rachat opéré par le duc de Montpensier, un motif sérieux pour contester à l'acte de 1529 le caractère et les effets qui lui ont été précédemment attribués [1]. »

Ce n'est pas tout, et en consultant attentivement soit les actes qui sont intervenus en 1558, soit les documents ultérieurs, on demeure convaincu que si ces actes ont été réalisés, ce n'est pas dans le sens qu'ils avaient été primitivement conçus ; que ce n'est que postérieurement, et à un autre titre, que M. de Lalain a été mis en possession de

[1] Consultation de M. Duvergier, p. 33 et 34.

Condé ; qu'après le retour de M. de Roghendorff de la Turquie, où il guerroyait alors, ou après ses instructions, données à son beau-frère, M. d'Eytzing aura compris qu'il avait, comme séquestre, porté atteinte aux droits de l'engagiste ; qu'enfin les parties sont respectivement tombées d'accord de substituer à ce qu'elles avaient fait sans le pouvoir, ce qu'elles auraient pu faire et qu'elles n'avaient pas fait d'abord ; que M. de Montpensier a été reconnu dépossédé du droit de rachat qu'il avait dit faussement à Philippe II lui appartenir [1] ; qu'il a payé sa rançon en écus au lieu de la payer en immeubles, et que M. de Roghendorff ou ses représentants ont consenti non à vendre un droit incommutable qu'ils n'avaient pas, mais à céder un droit résoluble qu'ils avaient.

Une première chose nous frappe, c'est que la compagnie d'Anzin ne produit pas plus l'acte de la vente faite par M. de

[1] « De la part du duc de Montpensier..... nous a esté remonstré, comme pour fournir à la rançon dudit duc..... seroit nécessaire de..... reprendre et retraire les villes, châteaux, terres, justices et seigneuries de Leuze et Condé..... transportées et déshéritées par ledit duc de Montpensier, dès le douzième jour d'avril 1529..... pour, par l'empereur mon seigneur et père en jouir avec autres parties jusqu'au rachat que ledit duc de Montpensier, ses hoirs ou successeurs en feraient, en rendant et remboursant Sa Majesté impériale ou ceux ayant l'action. »

Ainsi c'est bien dans la requête de M. de Montpensier, et non dans le dispositif des lettres patentes, que le droit de rachat du duc est allégué. Or, comme on le verra bientôt plus clairement, les requêtes ne sont aux arrêts du conseil et aux autres décisions qui interviennent, que ce que sont aux jugements des tribunaux les conclusions des plaideurs, et il serait plus qu'imprudent de confondre, dans ces divers cas, ce qui est requis avec ce qui est ordonné.

Ici qu'avait à faire Philippe II ? Interpréter l'acte de 1529 ? Nullement. Il n'avait qu'à pourvoir, et il n'a fait que pourvoir au remplacement du grand bailli de Hainaut, qui devait recevoir les devoirs de loi, et qui était empêché, « obstant les occupations qu'il a présentement pour nostre service. » Qu'après cela Philippe II ait acté les dires des parties dans ses lettres patentes, comme cela se pratiquait dans toutes celles qui étaient rendues sur requête et *sans contradicteur*, cela est tout simple, mais cela ne tire pas à conséquence.

Montpensier à M. de Mansfeld, en 1558, qu'elle ne produit l'acte de l'engagement fait à Charles-Quint en 1529. La compagnie d'Anzin donne ce titre d'acte de vente à une pièce qu'elle exhibe (p. 43 de ses *pièces justificatives*), et l'arrêt de la cour de Douai lui maintient cette qualification, mais il est facile de voir que l'arrêt et la compagnie d'Anzin se trompent.

Au dos de la pièce produite est écrit ceci d'abord (voy. p. 46) : « Copie authentique de la *lettre de garant*, donnée et passée par le duc de Montpensier au comte de Mansfeld. » De plus, le notaire qui a délivré la copie dit lui-même : « Cette copie a été collationnée avec l'original, *lettre de garant*, étant en parchemin, de la date, signée et scellée comme dessus, et avec icelle trouvée concordante, par moi Charles Rouscrot, notaire. »

Ce n'est pas tout, dans l'acte même il est énoncé que cet acte a été précédé d'un contrat de vente fait le même jour, suivi lui-même d'œuvres de loi, et que l'objet dudit acte n'est autre que de garantir l'acheteur de tous troubles et évictions : « Ledit seigneur duc de Montpensier remontra comment *cejourd'hui... il avoit vendu* bien et léallement... audit comte de Mansfeld... les villes, châteaux, terres, justices et seigneuries de Leuze et Condé... à ce propos ledit duc de Montpensier s'en seroit déshérité suffisamment, et ledit comte de Mansfeld a été adhérité en déduisant toutes solennités requises, ces choses et autres à ce servantes apparentes amplement par les lettres, acte et chirographe pour ce faits, *de tel jour et date que ces présentes*.... Ledit seigneur duc de Montpensier, cognoissant que selon la loi dudit pays et comté de Haynaut quiconque vend fiefs ou héritages de mainferme, estoit tenu et subjet de son vendaige garantir... promist, et eut en convent... faire tenir, joyr et porter paisible audit comte de Mansfeld... contre tous qui aucun trouble, débat ou empeschement y mettroient ou voldroient mettre..., et le cas advenant que ledit seigneur comte de Mansfeld... ne puisse paisiblement joyr et posséder lesdits fiefs et héritages à lui vendus... ledit seigneur duc de Montpensier veult, gréa, concéda et accorda que ledit comte de Mansfeld cachaist et puist cacher et demander sur lui ledit duc de Montpensier, ses biens hoirs et remanans partout, incontinent ledit trouble.... et telle somme de deniers que ledit trouble ou empeschement, ainsi mis ou fait, monteroit ou monter polroit, et ainsi toutes fois que le cas escheroit, etc. »

Ainsi l'acte produit, c'est non pas un acte de vente mais un acte, ou pour mieux dire une lettre de garant; mais pourquoi cette lettre de garant? pourquoi cette lettre séparée du contrat de vente, avec lequel elle devrait faire corps? Est-ce que par hasard, en Hainaut, le vendeur n'était pas tenu de garantir l'acheteur de l'éviction? L'acte même que nous venons de citer dit le contraire. Est-ce que dans les autres parties des Pays-Bas la jurisprudence sur ce point était autre qu'en Hainaut? Non; Sohet, de Ghewiet, M. Britz (t. I, p. 885), nous affirment qu'il n'en était pas ainsi, ils nous affirment que dans la Belgique comme en France [1], comme dans tous les autres pays [2] dans tous les temps, la vente entraînait pour le vendeur la garantie en cas d'éviction.

Nous nous trompons donc fort, ou cette précaution in-

---

[1] Contentons-nous de citer Pocquet de Livonnière, qui, dans ses *Règles de droit français*, a recueilli les maximes les plus sûres et les plus généralement admises dans notre ancienne jurisprudence. « Le vendeur, dit-il (p. 453), doit garantir la chose vendue, c'est-à-dire en assurer la propriété à l'acquéreur, et faire cesser les troubles qui lui peuvent être faits de la part d'un tiers, ou le dédommager. »

[2] Quant aux Romains notamment, voy. L. 6, C. *de evict.*; L. 1 et 10 ff., *eod. tit.*

solite, prise par M. de Mansfeld contre M. de Montpensier, paraîtra ici des plus significatives.

Mais ce n'est pas tout encore : voyons ce qui se passe ensuite.

Des actes de relief ont lieu à l'égard de la seigneurie du château, ceux notamment qui portent les dates des 25 octobre 1593 et 8 janvier 1671. Eh bien! dans ces actes, il n'est pas dit un mot de cette transmission de propriété opérée par le retrait du duc de Montpensier ; ils mentionnent l'engagement sans mentionner le rachat, et ils font dériver la possession de la famille de Lalain du transport fait par l'empereur à M. de Roghendorff, c'est-à-dire, de la cession, non du droit de propriété, mais du droit de gage[1].

Cette transmission directe de M. de Roghendorff aux de Lalain, est constatée aussi dans l'*histoire* manuscrite *de Condé*, qui se trouve dans la bibliothèque publique de Valenciennes, et qui fut écrite par M. de Croy, ou sous son inspiration pendant les années 1735 et suivantes. On y lit, p. 128 et 129 :

« Christophe de Roghendorff, fils de Guillaume et d'Isabeau de la Hamayde, fut seigneur à Condé, en 1537, et fit faire le feuillis de Condé et l'hermitage dans le bois ; il vendit la terre et seigneurie de Condé à Charles II, comte de Lalain, marié à Marie de Montmorency, en deuxième noce, en l'an 1559[2]. »

Dans le registre des fiefs et arrière-fiefs de Hainaut, des années 1564 et 1573, on constate aussi que les de Lalain ont acquis de M. de Roghendorff (ou de M. d'Eytzing, son représentant), la seigneurie gagère. Seulement il paraîtrait

---

[1] Voy. la collection imprimée des actes relatifs à la seigneurie gagère, p. 55 et suiv., et notamment p. 60.

[2] Ce passage se réfère à la seigneurie gagère, car ce ne fut pas Charles de Lalain, mais sa veuve qui acheta la seigneurie propriétaire (voy. n° 81).

que cette acquisition ne fut pas faite par Charles de Lalain, mais par Marie de Montmorency, sa veuve[1].

Quoi qu'en dise l'arrêt de la cour de Douai, la sentence rendue par le conseil privé de Philippe II à la date du 23 décembre 1559 ne prouve nullement que le rachat de 1558 ait été exécuté. En effet, que le rachat ait été fait ou que la possession en *gagière* ait été cédée seulement, toujours est-il que M$_{me}$ de Roghendorff avait à sauvegarder les droits éventuels que lui attribuait son contrat de mariage. Mais il y a plus, non-seulement la sentence de 1559 ne confirme pas la version consacrée par l'arrêt de la cour; loin de là, elle la détruit. Suivant l'arrêt de la cour de Douai, en effet, M. de Montpensier aurait exercé le retrait sur le représentant de M. de Roghendorff, et aurait ensuite vendu incommutablement la seigneurie du château à M. de Mansfeld qui l'aurait lui-même donnée à M. de

---

[1] Voy. n° 38, p. 399.
Dans ce document on lit :
Hugues de Lalain, seigneur de Condé....., tient de *Sa Majesté*, en fief ample, le château *que l'on dit de Croy*, gisant en la ville de Condé, *item* cinq journels....., *item* une redevance appelée giste....., dont *la moitié appartient à la seigneurie propriétaire, et l'autre moitié* POUR CETTE SEIGNEURIE.

On voit qu'il s'agit bien ici de la seigneurie gagère ou du château.

1° Parce qu'on dit que l'autre moitié de la redevance appelée giste appartient à la seigneurie *propriétaire* (ce qui concorde d'ailleurs avec les énonciations qu'on trouve dans l'acte de relief de 1671) (voy. n° 22).

2° Parce que la seigneurie du château seule relevait de *Sa Majesté*. La seigneurie propriétaire relevait du seigneur de Leuze;

3° Enfin parce qu'on y désigne le château sous le nom de Croy.

Il ne s'agit pas ici des Croy-Solre, dans le domaine desquels cette seigneurie ne tomba que vers 1610, par le mariage de Jeanne de Lalain; mais d'un Croy, comte de Porcian, qui vivait vers 1410, c'est ce qu'explique l'acte de relief de 1671, dans lequel on lit : « Lequel château se dit aussi le château de Croy, à cause que longtemps y avait résidé messire Antoine, seigneur de Croy et dame Marguerite de Lorraine, sa compagne, auxquels leurs vies durantes l'avoit donné le comte Bernard d'Armagnac, comte de la Marche, seigneur de Leuze, et dès le 18 août 1438 partageant par indivis contre la seigneurie de l'autre moitié que l'on dit propriétaire. »

Lalain. Suivant nous au contraire, en suivant les documents qui précèdent, la transmission non de la propriété mais de la possession comme engagiste, aurait été directement faite à M. de Lalain par M. de Roghendorff. Or laquelle de ces versions, la sentence du 23 décembre 1559 confirme-t-elle? On y lit d'abord que M. de Roghendorff avait la *jouissance de la terre et seigneurie de Condé* PAR LUI ACQUISE EN GAIGIÈRE ; on y dit ensuite que *le feu comte de Lalain avoit* ACHAPTÉ LE DROIT DE LADITE GAIGIÈRE (voy. pièce n° 16, p. 225). Donc l'acheteur n'était pas M. de Mansfeld; donc l'acquisition ne portait pas sur la propriété mais sur l'engagement.

Un autre document plus décisif encore, s'il se peut, et dont l'arrêt de la cour de Douai n'a pas non plus voulu tenir compte, c'est la sentence rendue par le conseil privé de Philippe II, à la requête de M. d'Eytzing, tendant à la création d'un bailli portatif devant qui il ferait les transports et œuvres de loi pour et au regard des seigneuries d'une portion de Condé et de Fresnes. Cette sentence (voy. n° 17) porte la date du 31 janvier 1559, ancien style, ou 1560, nouveau style (voy. n° 17 *bis*); or comment concilier cette requête et cette sentence avec l'exercice du droit de rachat accepté comme constant par l'arrêt? Suivant l'arrêt, M. d'Eytzing se serait déshérité de la seigneurie gagère dès le 5 août 1558. Suivant la requête et la sentence, il n'en était pas encore adhérité dix-huit mois après, il demandait à l'être. L'arrêt de la cour de Douai suppose, il est vrai, ou que cette requête se référait non à la seigneurie gagère mais à la seigneurie propriétaire, ou qu'elle avait pour objet l'acquêt fait en remploi des deniers du rachat et qui devait tenir la même nature et condition que la terre rachetée. Mais ni l'une ni l'autre de ces suppositions n'est admissible. La première, parce que l'acquisition de la seigneurie propriétaire par la famille de Lalain est, comme l'arrêt le constate lui-même, du 23 novembre 1559 [1] et par conséquent antérieur à la demande d'adhéritement dont s'agit ici (voy. n° 17 précité). La seconde parce qu'il résulte de la sentence : 1° que la contradiction du droit de M. d'Eytzing ne vient pas de Mme de Roghendorff mais des créanciers de son mari ; 2° qu'il ne s'agit pas de l'exécution du contrat de mariage de Mme de Roghendorff puisque ses droits éventuels dérivant de ce contrat ne portaient que sur la seigneurie gagère de Condé et *non sur la seigneurie de Fresnes* ; 3° enfin, et cela seul suffirait, que l'adhéritance réclamée par M. d'Eytzing, ce n'est pas celle de terres innommées acquises en remploi, mais spécialement et nominativement celle d'une partie de Condé et de Fresnes.

Des deux documents qui précèdent, il résulte non-seulement que la transmission de la seigneurie gagère aux de Lalain a été faite directement par M. de Roghendorff, mais encore qu'elle est postérieure à l'année 1558, époque assignée au rachat de M. de Montpensier par l'arrêt.

C'est ce qui résulte encore d'un autre document visé dans ce même arrêt. Nous parlons « d'un extrait de l'Atlas de Condé, reposant au ministère de la guerre, dans les archives du dépôt général des fortifications (année 1778), où il est dit, à la page 103, que le duc de Croy, gouverneur de Condé et seigneur des deux fiefs (la seigneurie propriétaire et la seigneurie gagère) *réunis en* 1560, est haut justicier de Condé, et nomme les officiers du bailliage et le magistrat. »

La même date de 1560 est assignée à la réunion des deux

[1] Cette date est celle de la réalisation par œuvres de loi, car le contrat d'acquisition remonte au 1er août 1559 (voy. le rapport de M. Garnier, p. 136); il est par conséquent antérieur de six mois à la sentence dont nous nous occupons.

fiefs dans la légende d'un plan provenant des archives de la maison de Croy, et dont, devant le conseil d'État, copie a été délvrée sur la demande du ministre des travaux publics, par les officiers du génie de la direction de Lille et de la place de Condé.

Cette légende est ainsi libellée [1] :

« Condé, ville sur l'Escaut et sur la Haine, bien située pour en faire une place forte, pouvant inonder trois mille bonniers de prairies, *ayant un fief à Sa Majesté* de tout ce qui est peint en bleu, *avec tous les droits honorifiques, en gage de rachat*, de l'an 1560. Ce qui est peint en rouge, est *l'autre fief foncier* (la seigneurie propriétaire) venant de Robert de Condé, et depuis à ses descendants, est possédé par le seigneur Charles comte de Lalain, *possesseur actuel de ces deux fiefs en 1560.* »

Après des documents aussi décisifs et aussi concluants il nous importerait peu de prouver que la rançon du duc de Montpensier n'a pas été payée en immeubles, mais en écus. Cependant comme cette preuve nous est facile, nous ne la négligerons pas.

Il existe une histoire du duc de Montpensier [2] qui mérite toute confiance pour les détails qu'elle contient, son auteur ne rapportant que ce qu'il avait vu et ce qu'il était en parfaite position de bien voir [3].

---

[1] Voy. le rapport de M. Garnier, inspecteur général et membre du conseil des mines, p. 137.

[2] « La vie de Louis de Bourbon, surnommé le Bon, premier duc de Montpensier, pair de France, souverain de ombes, prince de la Roche-sur-Yon, etc., etc., par Nicolas Coustureau, seigneur de la Jaille, conseiller d'État des rois Charles IX et Henri II, président de la chambre des comptes de Bretagne, et *conseiller intendant général de la maison des ducs de Montpensier*, Louis, François et Henri. »
Rouen, chez Jacques Calllove, MDCXXXXII, in-4°

On lit dans l'avertissement qui précède cette histoire :

« La vie de ce prince n'ayant été dressée que pour la satisfaction particulière de Henri de Bourbon, dernier duc de Montpensier, son petit-fils,

Dans cette histoire (p. 71), on explique comment le duc de Montpensier est devenu propriétaire d'Auge et Mortain « qu'il tient dudit feu roi François I*er* *en échange* et récompense *des terres de Leuze et de Condé* en Hainaut, lesquelles Sa Majesté avaient prises et baillées à l'empereur pour partie de sa rançon. » Dans cette même histoire l'auteur explique (p. 5) comment le duc de Montpensier fut fait prisonnier à la bataille de Saint-Quentin, après avoir vaillamment combattu (voy. n° 39) ; il dit ensuite combien dura et comment cessa sa captivité : « Ledit seigneur demeura onze mois prisonnier au bout desquels il fut délivré *moyennant soixante-dix mille écus*[1] *qu'il paya* tant pour sa rançon que pour les frais de prison. »

Si au lieu de tout ou partie de ces soixante-dix mille écus le duc de Montpensier eût payé sa rançon en immeubles retraits, à coup sûr Coustureau son intendant n'eût pas manqué de le savoir et de le dire. On n'eût pas manqué non plus de le savoir et de le dire dans le conseil du duc d'Orléans lorsqu'on examina, en 1743, si le droit de rachat stipulé en 1529 appartenait encore à ce prince. Au lieu des longs raisonnements du rapporteur pour établir la négative (voy. n° 23) il lui eût suffi de dire : le rachat qu'on propose au duc d'Orléans, il ne peut pas l'exercer, par la raison fort simple que son auteur l'a exercé lui-même. Et qu'on ne dise

le président Coustureau, qui en est l'auteur, après en avoir été le témoin oculaire, s'est contenté de faire une relation pure et simple des choses *qu'il avait vues*, sans y observer les autres parties qui sont de la science et de la dignité de l'histoire ; et comme ce n'avait pas été son dessein qu'elle fût mise sous la presse, il ne lui avait donné d'autre rang dans son cabinet que parmi ses papiers inutiles où elle a été trouvée après sa mort. »

[1] Il s'agit ici d'écus d'or, comme toutes les fois qu'il est question d'écus avant la fabrication des *louis d'argent* ou *écus blancs*, ordonnée par la déclaration de Louis XIII, du 23 décembre 1641. Voy. le *Traité historique des monnoyes de France*, par Leblanc, p. 297.

Nicolas Coustureau est mort en 1596.

pas qu'on avait perdu de vue ce rachat fait depuis si longtemps, car le mémoire de M. Taffin qui donna lieu au rapport ci-dessus mentionné, mettait sur la trace de ce rachat, en ce sens qu'il le signalait comme ayant été projeté, sinon effectué : « Il est vrai, disait-il, qu'il paraît que M. le duc de Montpensier a eu dessein de céder la faculté de rémérer ; Mmes Suzanne et Louise de Bourbon, sa mère et sa sœur, y ont consenti, mais les deux brevets par lesquels elles ont donné leur consentement se trouvent existants sur parchemin et en originaux sans avoir été délivrés, ce qui est une preuve que ce dessein n'a pas eu son exécution ; aussi n'a-t-on pu trouver aucune cession, quelques perquisitions qu'on ait pu faire à Mons et à Bruxelles, où elle aurait été passée[1]. »

Dans des lettres patentes de Charles IX datées de Saint-Germain-des-Prés, 26 juin 1561[2], on voit que Henri II avait *par aucunes bonnes justes causes et considérations à ce mouvant*, fait don au roi de Navarre et au prince de la Roche-sur-Yon, de diverses recettes arriérées du trésor, remontant à 1516 et s'arrêtant à la fin de l'exercice 1556 ; que depuis, cette donation fut réduite en ce sens qu'il fut décidé qu'elle n'excéderait pas cent cinquante mille écus d'or, dont cent mille écus pour le roi de Navarre et cinquante mille pour le prince de la Roche-sur-Yon ; qu'en enregistrant cette donation ainsi réduite, la chambre des Comptes y apporta encore cette limitation, que le payement s'effectuerait sur le produit des comptes rendus et clos en 1556, mais que Henri II exigea que cette limitation disparût et que le payement s'effectuât, tant sur les comptes rendus et clos que sur ceux à rendre et clore ; que toutefois Henri II, François II et Charles IX lui-même, ayant fait « plusieurs dons

[1] Voy. ma seconde consultation, p. 291.
[2] L'original de ces lettres patentes, dont copie est jointe au dossier, se trouve aux Archives nationales, chambre des comptes, CCC.DDD ; 1561 à 1564, P. 2312.

particuliers à diverses personnes sur les deniers de la nature et qualité susdites, lesquels viennent tous à diminution de ceux du roi de Navarre et du prince de la Roche-sur-Yon, » ceux-ci représentent à Charles IX « que estant le temps de leur don ainsi limité qu'il est, ils ne sauroient ni pourroient être de longtemps payés et satisfaits de ce qui leur reste à payer de ladite somme de cent cinquante mille écus, s'il ne plaist au roi d'estendre plus avant le temps dudit don. »

Cette requête fut prise en considération par Charles IX qui de l'avis de sa mère et des princes du sang, décida que les donations dont s'agit auraient la préférence sur toutes celles consenties à d'autres personnes et ayant les mêmes recettes pour objet, et affecta en outre à leur acquittement non-seulement les comptes rendus ou à rendre avant 1557, mais ceux rendus ou à rendre depuis cette époque [1].

Ces décisions sont prises par Charles IX, « après avoir bien entendu, dit-il, les causes, raisons et considérations, qui murent notredit feu sieur et père à faire à nosdits oncle et cousin le roi de Navarre et le prince de la Roche-sur-Yon ledit don, qui sont si justes, raisonnables, et favorables, que nous ne saurions moins faire que de désirer et regarder par tous moyens qu'il sera possible de le faire effectuer, et en cet endroit les traiter avec toute la faveur et recommandation que mérite la grandeur de leurs services; ayant aussi égard à leur qualité et *à la grande dépense qu'ils ont jusques ici faite pour le service de nos prédécesseurs au fait des guerres* et qu'ils sont contraints de faire chaque jour près et à l'entour de notre personne, pour la conduite, maniement et direction de nos plus grandes et importantes affaires et de la chose publique de notre royaume. » Et si l'on remarque

---

[1] La chambre des Comptes entérina ces lettres patentes, à la date du 6 février 1561 (1562 nouveau style), sur lettres de jussion du 13 janvier précédent.

que ce don de Charles IX ne fait que confirmer celui de son père Henri II; si l'on remarque que ce fut sous Henri II que se livra la bataille de Saint-Quentin où le prince de la Roche-sur-Yon fut fait prisonnier après avoir bravement disputé la victoire à l'ennemi; si l'on remarque enfin que cette somme de cinquante mille écus d'or est, comme nous l'avons vu précisément celle que le rachat de Condé devait produire, ne tirera-t-on pas de ces rapprochements cette conclusion qu'il est plus que probable que la majeure partie de la rançon du prince fut payée par le roi, et qu'en ce qui concerne M. de Montpensier, M. de Mansfeld ne fut pas étranger à cette *grande dépense au fait des guerres* dont parlent les lettres patentes de 1561?

Après avoir lu les pièces et les documents de toute nature que nous venons de parcourir, et d'analyser rapidement, on sera, nous n'en doutons pas, disposé à croire, du moins, avec M. Taffin, que le rachat de 1558 fut plutôt projeté qu'exécuté, ou pour mieux dire qu'après l'avoir effectué on l'a reconnu illégal, qu'on s'en est départi et qu'on s'est borné à une cession par M. de Roghendorff à M. de Lalain des droits que le premier avait reçus de Charles-Quint comme engagiste. Si la preuve de cette cession, nous pouvions la faire en en produisant l'acte, nul doute que la preuve de l'impossibilité de prescrire pour le duc de Croy ne fût acquise, puisqu'il n'était qu'au lieu et place de M. de Lalain, comme son héritier, et que M. de Lalain n'aurait possédé lui-même qu'en vertu d'un titre précaire qui aurait perpétuellement protesté contre toute prétention à l'exercice du droit de propriété. Mais nous n'oublions pas que des conjectures si vraisemblables qu'elles soient ne tiennent pas lieu de preuves directes et que des faits même mal appréciés échappent à la censure de la Cour suprême.

Prouvons donc la violation du droit, en acceptant comme

ayant eu lieu le rachat du duc de Montpensier en 1558, que l'arrêt contre lequel la compagnie de Thivencelles s'est pourvue, déclare constant, à tort, selon nous.

Ce rachat ne pouvait nuire aux droits du roi :

1° Parce qu'il n'a pas produit une interversion de titre ;

2° Parce que l'acquéreur savait que le vendeur n'était pas propriétaire, que le donataire avait la même conviction, que tous étaient dès lors de mauvaise foi ;

3° Parce que la possession ne pouvait aboutir à la prescription qu'à l'encontre d'une personne capable d'aliéner, et qu'à l'égard du domaine de la couronne, le roi de France n'était pas dans cette position.

D'après l'article 2238 du Code civil, les détenteurs à titre précaire peuvent prescrire, si le titre de leur possession se trouve interverti, *soit* par une cause venant d'un tiers, *soit* par la contradiction qu'elles ont opposée au droit du propriétaire.

M. Duranton[1] dit que « l'interversion de possession par une cause venant d'un tiers, se confondra presque toujours avec celle résultant d'une contradiction opposée au droit du propriétaire. » Soit ; mais enfin si cette confusion n'a pas lieu, faudra-t-il, comme on l'a prétendu, que les deux conditions, de cause nouvelle venant d'un tiers et de contradiction du droit du propriétaire, soient réunies pour que l'interversion se fasse ? faudra-t-il pour pouvoir prescrire que le possesseur d'un titre précaire, investi d'un nouveau titre, fasse signifier ce titre à celui contre lequel il prescrit ? Même depuis le Code civil, ces questions ont été résolues affirmativement[2], nous le savons ; mais nous savons aussi que cette solution a été vivement critiquée[3] ;

---

[1] *Cours*, t. XXI, n° 246.
[2] Vazeille, *Traité des prescriptions*, t. I, n° 148.
[3] M. Troplong, sur l'art. 2239 du Code civil, n°ˢ 507 et suiv. M. Dalloz,

et nous devons ajouter que, suivant nous, elle a été critiquée avec raison, parce que les termes de l'article précité nous paraissent clairement admettre, d'une manière alternative, deux modes différents et également efficaces d'interversion du titre précaire.

Mais en était-il de même sous l'ancien droit? Non ; sous l'ancien droit, il ne suffisait pas qu'il y eût titre nouveau ; qu'il y eût nouvelle cause de possession venant d'un tiers, il fallait encore que la possession qui succédait à ce nouveau titre eût des caractères non équivoques, et ne fût pas ignorée du véritable propriétaire. On voulait son assentiment, tacite du moins, pour opérer sa dépossession, et cet assentiment on le faisait résulter du silence qu'il gardait après que son droit avait été contredit.

Un coutumier manuscrit du XIVe siècle que le regrettable M. Klimrath se proposait de publier[1], le *Livre de Justice et de Plet*[2], donne de la vraie saisine cette précieuse définition, dont, dit l'auteur précité, on chercherait vainement ailleurs l'équivalent :

« Nos apelons veraie sesine, quant aucun remaint sesi an et jor *comme sires* et par jostice *à len eue* (l. à la veue) *et à la seue de celui qui demander puet, et ne veaut demander, et se test.* »

« Pour commencer, dit le judicieux Coquille[3] une possession contraire à l'ancienne, il faut qu'il soit intervenu quelque acte extérieur et apparent, contraire à ladite possession ancienne (L. *hæc autem*, ff. *de servit. proed. urb.*;

Jurisp. du XIXe *siècle*, v° *Prescription*, ch. I, sect. III, n° 11; M. Zachariæ, *Cours de droit civil français*, t. I, p. 457 de la traduction de MM. Aubry et Rau.

[1] *Travaux sur l'histoire du droit français*, t. II, p. 127.
[2] Bibliothèque nationale, manuscrit coté Lancelot, 70, f° 32, verso, col. 2.
[3] Sur l'art. 15 du chap. IV de la coutume du Nivernais.

L. *si quis alia*, § *si cum jus*, ff. *quemad. serv. amitt.*) Et si cela n'est, l'ancienne cause de possession est censée durer et se continuer (L. *qui bona*, § 1, ff., *de acq. poss.*); car par règle générale, la possession ni la prescription ne sont considérables quand les titres ne sont ordinaires, continuels et bien apparents, *si la science de celui qui y a intérêt n'y est.* »

De son côté, Boulé[1] exige cette *science de celui qui a intérêt*, lorsqu'en traitant du régime hypothécaire du Hainaut, il dit que pour que l'hypothèque soit prescrite « il est nécessaire pour le moins que le créancier hypothécaire *ait su* que son hypothèque[2] a été aliénée par son débiteur libre et sans charge, car dans ce cas sa négligence *est punissable...* pour n'avoir point agi contre le tiers détenteur de son hypothèque, pour lui faire reconnaître le droit qu'il y avait, et par ce moyen interrompre la prescription. »

L'article 110 de la coutume de Namur déterminant le délai dans lequel les créanciers d'un défunt doivent poursuivre son héritier féodal ajoute : « Ne fût qu'il y eût *quelque cause d'ignorance* ou autre légitime, pour laquelle lesdits créditeurs n'eussent fait leur poursuite. »

Et la coutume de Calais faisait application de ce principe aux rentes, lorsque après avoir dit qu'on en était libéré lorsqu'on avait été dix ans entre présents et vingt ans entre absents sans les payer, cette coutume ajoutait, article 207 : « Et a lieu ladite prescription supposé que ladite rente soit payée par celui qui l'a constituée ou autre, au déçu du tiers détenteur ; toutefois si le créancier de la rente a eu juste cause *d'ignorer l'aliénation*, parce que le débiteur de ladite rente serait toujours demeuré en possession de l'héritage par le moyen de location, rétention d'usufruit, constitution

---

[1] *Institution au droit coutumier du Hainaut*, t. II, p. 269.
[2] C'est-à-dire l'immeuble sur lequel il avait hypothèque.

de précaire ou autres choses semblables, pendant ledit temps, la prescription n'a cours[1]. »

Brunnemann[2] veut aussi qu'à l'interversion du titre se joigne la contradiction du droit du propriétaire : *Colonus meus prædium conductum emit ab alio non domino vel vendit alteri, retenta tamen possessione et nondum tradita; quæritur jam, an hoc facto mutaverit sibi possessionis titulum, ita ut post hunc actum jam pro suo possidere incipiat. Respondeo, non; ob regulam quod nemo possessionis causam sibi mutare possit, nisi adveniat aliqua extrinseca* ME CONCERNEUS *causa; v. g., qui possidet ex empto, non potest postea pro hærede possidere. Sed si* COLONUS DOMINUM VENIENTEM EXPULERIT, PROPTER ACTUM MUTATA EST POSSESSIO (L. 12 ff. *de vi et vi armata*). *Sic superveniens gratiosa domini concessio, emptio, etc., possunt mutare causam possessionis* VEL QUANDO SCIENTIA ALICUJUS CAUSÆ SUPERVENIT[3].

Dunod, dans son *Traité des prescriptions*[4], émet une opinion semblable :

« Les possesseurs précaires, dit-il, peuvent prescrire eux-mêmes, quand la cause de leur possession est changée ; c'est ce que la loi entend par ces mots : *aliqua extrinsecus accedente causa*, sur lesquels la glose rapporte les différentes espèces de changements, dont deux seulement méritent attention pour le sujet que l'on traite ici.

« La première est lorsque le changement de la possession est juste ; comme si le fermier achète de son maître le bien qu'il tenait à ferme : le fait de cet achat le rend possesseur

---

[1] L'art. 115 de la coutume de Paris est conçu absolument dans les mêmes termes.
[2] Sur la *loi* 5, C. *de acq. posses.*
[3] Baldus, *de Præscrip.*, part. IV; princ. Q. 11, n° 5; Klockius, V. 2, cons. 6, n° 98, et cons. 21, n° 86; A. Barbosa, L. 14, cap. XLIV, ax. 2,
[4] Partie I, ch. VII, p. 36.

légitime, et il commencera dès lors à posséder pour soi-même.

« La seconde arrive lorsque la possession est changée par le fait d'un tiers ; comme si le fermier acquiert d'un autre les héritages qu'il tenait à ferme. *S'il refuse après cela de faire part des fruits à son maître, s'il lui déclare qu'il ne veut plus tenir de lui ces héritages, mais qu'il en veut jouir comme des siens propres*, ce sera un changement de possession par un fait extérieur, injuste à la vérité, mais qui ne laissera pas de donner commencement à la prescription : *quia non sibi mutare, sed ipsi mutari dicitur causa possessionis.* »

Nous trouvons un exemple remarquable de la contradiction du droit du propriétaire et de ses effets dans les usages féodaux.

Nulle maxime n'avait plus cours dans la féodalité que celle-ci : « de vassal à seigneur la prescription n'a lieu ; » et de là on concluait que la redevance recognitive de la directe du seigneur (le chef-cens) n'était pas non plus prescriptible.

« Lorsqu'une fois, disait M. Henrion de Pansey (*Encyclop. méth.*, t. VI, p. 687), un héritage est frappé de l'empreinte de la féodalité; lorsqu'une fois la séparation des deux domaines est consommée, pour transporter cet héritage en alleu, il faut nécessairement que le domaine direct se réunisse à l'utile, que le tenancier, auquel ce dernier seul appartient, devienne également propriétaire de l'autre. — Mais comment concevoir que cette acquisition, cette réunion, puissent être l'effet de la seule cessation du payement du cens? Eh quoi ! parce que le créancier aura négligé de reconnaître, de servir le domaine direct, par cela seul il en sera devenu propriétaire? Cependant, le domaine direct est un être incorporel ; et telle est la prérogative des droits de cette espèce, que la propriété s'en conserve *solo animo*, par la seule intention de les posséder, et jusqu'à ce que le véritable propriétaire soit averti, par quelques actes extérieurs, qu'un autre s'en prétend et en est effectivement en possession. Cette vérité est du nombre de celles que personne ne conteste. — Nonobstant le défaut de payement du cens, le seigneur demeure donc propriétaire du domaine direct ; ce défaut de payement ne suffit donc pas pour le transférer au tenancier ; mais, s'il n'en est pas en possession, il ne peut pas le prescrire ; il ne peut pas le réunir, par la prescription, à la propriété utile. »

Dunod professe absolument les mêmes principes dans son *Traité des prescriptions* (art. 3, ch. x, p. 354), lorsque, parlant de la cessation de payement du cens par le tenancier, il dit : « qu'il n'acquiert pas le plein domaine par ce moyen, *parce qu'il ne le possède pas* ; qu'il ne le peut pas plus acquérir par cent ans que par quarante, *rebus sic stantibus, et nihil extrinsecus adveniente*; que le seigneur conserve le domaine direct et la possession civile *solo animo*. »

Un autre principe de droit commun en matière de prescription, c'est que l'on ne peut pas prescrire contre son titre ; c'est qu'il n'est permis à personne de changer par son seul fait la cause de sa possession. Cette règle, dit M. Henrion de Pansey (*loc. cit.*, p. 688), née dans le berceau des sociétés, est aussi ancienne que la civilisation. *A veteribus præceptum est neminem sibi ipsi causam possessionis mutare posse.* « Rapprochons de cette maxime, dit le même auteur, l'effet que le défaut de payement du cens produirait s'il opérait la prescription, l'extinction de la directe : le tenancier a reçu à la charge d'un cens, et il posséderait librement ; il a reçu pour tenir sous la dépendance seigneuriale, et il posséderait en franc alleu ; quelle interversion du titre primitif ! Et cette interversion, le fait seul du censitaire l'aurait opérée! Lui-même aurait changé la cause de sa possession, le titre de sa propriété!! »

Aussi, tous les auteurs repoussent-ils, comme M. Henrion de Pansey, l'idée d'une pareille anomalie.

« Le censitaire, dit Dunod (*loc. cit.*), possède pour le seigneur, et n'est, par conséquent, pas plus capable de prescrire contre lui, que le serait un fermier contre son maître ; *sa possession est censée relative à son titre, et son titre étant précaire*, sa possession l'est aussi ; il ne change pas la cause de sa possession par la simple cessation du payement. »

« Il n'est, dit Charondas (sur l'article 124 de la coutume de Paris), que le seigneur utile, ou quasi-seigneur ; *il possède* non-seulement pour lui, mais aussi *pour le seigneur direct* ; d'où il résulte qu'il ne peut prescrire par quelque laps de temps que ce soit, même par cent années. »

« Cette raison est bonne, dit Laurière ; la preuve s'en tire de ce que dans nos livres, le seigneur direct est nommé seigneur *très-foncier* de l'héritage tenu de lui. »

Et Pothier, dans son *Traité du cens* (sect. I, art. 1, § 3), s'exprime ainsi : « Le cens étant une redevance seigneuriale, est imprescriptible : car c'est un principe avoué de tous, que les devoirs seigneuriaux sont imprescriptibles... Le possesseur d'un héritage est censé le posséder comme le tenant du seigneur connu ou inconnu duquel il relève ; c'est pourquoi le seigneur possède en quelque façon l'héritage par son censitaire, qui ne peut conséquemment lui opposer aucune prescription contre sa seigneurie directe, ni par conséquent contre les devoirs dans lesquels elle consiste. »

Boutaric, dans son *Traité des droits seigneuriaux* (part. I, ch. II, n° 1, p. 44 de l'édit. de 1776) dit : « Toute redevance foncière est imprescriptible, et pour nous servir des termes de Boissieu, la chose est si triviale, qu'il n'est point de paysan qui l'ignore, point de tenancier qui se croie dispensé de payer, par cette raison que le seigneur n'aura rien exigé pendant des siècles entiers. Le titre, dit-on communément veille toujours; le censitaire d'ailleurs *non sibi sed domino possidet.* »

Enfin, la jurisprudence de toutes les cours était conforme à l'opinion de ces auteurs. Cette jurisprudence nous est attestée, pour le parlement de Toulouse, par Catelan (liv. III, ch. xxix); pour le parlement de Bordeaux, par Lapeyrère (let. P., n° 55); pour le parlement de Provence, par Dupérier (liv. II, ch. xii); pour le parlement de Paris, par Tronçon, sur l'article 74, et par Auzanet et Ferrière, sur l'article 124 de la coutume, par Duplessis (*des Héritages tenus en franc alleu,* tit. ii, ch. i et ii), Louet et Brodeau (let. C, som. 31), Chopin (sur la coutume de Paris, liv. I, tit. iii, n° 15, et dans son traité *de Commun. Gal. consuet.*, qui est en tête de son commentaire *de Legib. Andium* p. 77); Henrys et Bretonnier (t. I, liv. III, ch. ii, quest. 6; et t. II, liv. III, quest. 46); pour les pays étrangers, par Favre (Cod. l. 7, tit. xii, *def.* 19); Stockmans (*decis.* 88, n°ˢ 6 et 7); Thesaurus de Fossano (*decis.* 114 et 179); Fontanella (*de Pactis nuptialibus,* claus. 4, glos. 18, part. I à n° 131); et Balbus (part. IV, Q. 8 et Q. 11, n° 4.)

Mais toujours d'après le principe du droit commun, la contradiction du titre du seigneur par le vassal, devait rendre celui-ci apte à prescrire, car par cette contradiction il intervertissait son titre, et cette interversion ne provenait pas, à proprement parler, de son fait seul, alors que le silence de la partie intéressée venait s'y joindre comme une sorte d'acquiescement. Dès le moment où le titre du seigneur était contredit, le vassal commençait à posséder *pro suo*, et il pouvait se prévaloir de la règle qui autorisait la prescription entre seigneurs.

Voici comment M. Henrion de Pansey (*loc. cit.*, p. 689),

concilie cette faculté de prescrire dans ce cas, avec les motifs qui ont déterminé à déclarer en général le cens imprescriptible :

« Ces motifs sont, dit-il, que *le censitaire possède* non-seulement pour lui, mais *pour le seigneur, et qu'il est toujours censé posséder conformément à son titre.* Cette imprescriptibilité est encore fondée sur un autre principe. Tout le monde connaît la distinction du domaine direct et du domaine utile ; ce dernier seul appartient au vassal ; le premier est resté dans les mains du seigneur ; ce domaine est un droit incorporel, facultatif, et par un privilége particulier aux choses de cette espèce, celui qui en est propriétaire les conserve *solo animo possidendi.* Ainsi, un seigneur, une fois en possession d'une directe, continue de la posséder *solo animo*, quand même il ne ferait aucun usage des facultés qui en dérivent. Mais si le tenancier annonce qu'il possède et qu'il continuera de posséder allodialement, alors il n'est plus possible de lui supposer une intention conforme à son titre ; une déclaration aussi précise détruit toute présomption contraire ; de même, s'il déclare formellement au seigneur qu'il méconnaît sa directe, qu'il tient et entend tenir dans sa main, et le domaine direct et le domaine utile de ses héritages, il est pareillement impossible que le seigneur se prévale contre lui de la possession intellectuelle dont on vient de parler. Or, la contradiction opère ce double effet ; elle intervertit la possession du seigneur, elle détermine le caractère de la possession du vassal. La contradiction habilite donc le censitaire à prescrire la libération de la directe, au moins dans les coutumes de franc alleu. »

Nous trouvons les mêmes maximes dans un grand nombre d'autres jurisconsultes.

Ainsi, dans son *Traité des droits seigneuriaux* (part. III, ch. II; p. 153 et 154 de l'édit. de 1746, part. I, ch. II,

p. 45, de l'édit de 1776), Boutaric dit que, suivant le droit commun, le cens et la directe sont imprescriptibles, et il ajoute : « Il n'y a qu'un cas où la rente (seigneuriale) puisse être prescrite. C'est celui où elle a été déniée au seigneur et formellement contredite devant le juge, par le censitaire ; car, tel est l'effet de cette dénégation et contradiction, de rendre prescriptibles les choses qui ne le sont pas de leur nature. Il se fait, par cette contradiction, une interversion de possession. Le censitaire, dès ce moment, est comme en possession de la liberté, et si cette possession dure paisiblement et sans trouble, pendant trente ans entre laïques, et quarante ans contre l'Église, la rente est prescriptible... Mais, ajoute Boutaric, il faut pour cela que la contradiction soit bien précise et bien formelle. »

C'est ce que disent aussi la Roche-Flavin et Graverol (*des Droits seigneuriaux*, ch. xx, art. 2); mais ces auteurs, ainsi que Catelan (liv. III, ch. xxx), n'admettent d'autre contradiction que celle faite en justice, et cette opinion, suivie par quelques docteurs (Cancerius, *Var. resolut.*, part. III, c. iv, n° 180 ; Fontanella, *de Pact. nupt.*, claus. 4, gl. 4, n° 8) est fort contestable (voy. M. Henrion de Pansey, *loc. cit.*, p. 691); elle n'était pas adoptée en Provence. C'est ce que nous atteste de la Touloubre (*Collection de jurisp. sur les matières féodales*, t. I, p. 8), qui reconnaît du reste l'imprescriptibilité du cens, tant qu'il n'y a pas eu de dénégation de la part du tenancier (*ibid.*, t. II, p. 248). Et un grand nombre d'auteurs déclarent aussi le cens prescriptible après contradiction, sans distinguer entre la contradiction judiciaire et la contradiction extrajudiciaire.

« Si la possession du seigneur, dit Salving (*de l'Usage des fiefs*, ch. xv), est intervertie par le refus et le désaveu du vassal ou de l'emphytéote, il n'est point de doute qu'il suffit de trente ans (pour pouvoir prescrire); parce que dès lors ils ont commencé de posséder *nomine suo, non alieno,* comme parle la loi *Quod meo,* ff., *de acquir. vel amit. possess.* Et ce désaveu étant une interversion du droit du seigneur, il leur acquiert la possession de liberté, suivant la doctrine de la glose *in L. cum notissim. C. de præsc.* 30 *vel* 40 *ann.,* v° *Conductor,* in fine; de Guy Pape (*Singular.,* 942); d'Antonius Thesaurus (decis. 279, n° 6). A quoi se trouvent conformes les docteurs du droit français et coutumier. »

« Il est hors de doute, dit en effet Dunod (*Traité des prescriptions,* part. III, ch. x, p. 367), que le cens en directe, quoique imprescriptible par la seule cessation de payement et défaut de reconnaissance, peut être prescrit après une contradiction capable d'intervertir la possession du seigneur. » Et cet auteur décide la même chose pour le droit de mainmorte, c'est-à-dire pour celui des droits seigneuriaux qui résistait le plus énergiquement à la prescription (voy. le traité précité, p. 392, et le *Traité de la mainmorte,* p. 222). Cette opinion est partagée par le président Bouhier, qu'on a dit être de tous les auteurs le plus favorable à la mainmorte et en général aux seigneurs. Voici comment il s'exprime dans son commentaire sur la coutume de Bourgogne, ch. XLV: « Un sujet ne saurait parmi nous s'affranchir d'aucun droit seigneurial par la voie de la prescription, s'il n'y a quelque jugement ou prescription de trente ans au moins précédée de contradiction. »

Initium præscriptionis, dit d'Argentré, *non fit a simplici solutionis cessatione; sed ab eo die quo vassallus petente domino debitum negaverit, si dominus non intercessit, et ita vassallo in possessione libertatis constituto, secuta sit præscriptio decennalis ex titulo aut quindecennalis nostra, aut appropriamentum.*

Voyez aussi la même décision dans Boerius sur la coutume de Bourges, titre des prescriptions, § 4, v° *Item*; Buridan sur l'article 212 de la coutume de Vermandois; La Thaumassière sur l'article 27 du titre x de la coutume du Berry; Renauldon, *Dictionnaire des fiefs*, part. II, p. 161, n° 363; Ferrière, *Traité des fiefs*, ch. II, sect. I, art. 5, n° 3.

« Supposons, dit Henrys (t. II, liv. III, quest. 46), que le vassal désavoue le seigneur, qu'il s'oppose à la saisie et en obtienne mainlevée; qu'après cela le seigneur s'endorme, laisse jouir le vassal trente ans sans lui demander aucune chose. Sans doute par ce désaveu, par cette contradiction, le vassal..... peut prescrire par une si longue jouissance et tolérance du seigneur, et parce que dès lors, en interrompant la possession, il donne commencement à la saisine. »

Coquille attribue le même effet à la contradiction du droit du seigneur, dans son commentaire sur les articles 13 et suivants de la coutume de Nivernois : « Quand il y a, dit-il, contradiction du vassal, après laquelle il est demeuré trente ans sans être inquiété, ou qu'un tiers est entré en possession directe de l'héritage, par les moyens déclarés en l'article 15, en ce cas la prescription ordinaire de trente ou quarante ans est sans difficulté. Car la contradiction et interversion engendre la possession de liberté. » Voy. aussi ce que dit ce même auteur dans ses *Questions*, n° 49, et dans son *Institution au droit français*, titre des prescriptions.

Lapeyrère, (*Décis. som.*, let. F, n° 55), décide de même « que le droit seigneurial ne se prescrit point contre le seigneur par le vassal, non pas même par cent ans, s'il n'y a contradiction; auquel cas suffisent les trente ans : la jurisprudence de notre ressort (du parlement de Bordeaux) est conforme à cette décision. »

Telle est aussi l'opinion émise par Aruvius, feudiste allemand. Voici ce qu'il dit (*de feodis*, c. v), en parlant du censitaire : *Si possessionem dominii directi interverterit, et in possessionem libertatis per* 30 *annos fuerit, dominum directum erit præscriptum* [1].

Un seul feudiste, que nous sachions, combat cette doctrine si universellement admise, c'est de Fréminville (*Principes des fiefs*, t. I, p. 333 et 334); mais que peut son opinion contre tant de témoignages concordants? C'est à peine si en pareille matière elle aurait quelque poids n'étant pas contredite; car cet auteur est aussi favorable aux seigneurs que Bouhier, aussi hostile au franc alleu que Galland, et aussi partial pour le fisc que l'auteur du *Dictionnaire des domaines*.

Au reste, cette prescriptibilité de la directe par le vassal après contradiction du droit du seigneur n'est pas admise seulement par les auteurs, elle est consacrée aussi par les coutumes. Il en est, il est vrai, qui se bornent à dire que de seigneur à seigneur la prescription est admise : telle est celle de Paris (art. 123). Il en est d'autres qui autorisent la prescription du vassal pour autrui, lorsqu'il a cessé de payer le cens pendant trente ans à son seigneur primitif (voy. coutume du Berry, tit. XII, art. 5, 7, 9 et 14). Mais il en est aussi d'autres qui autorisent positivement la prescription personnelle du vassal après contradiction du droit du seigneur. Telle est la coutume de Nivernois qui porte (ch. IV, art. 14) : « Le contredisant, soit seigneur ou vassal respectivement, prescrit par le laps de trente ans, à compter du jour de la contradiction tolérée. » Telle est aussi la coutume de Bourbonnais, dont l'article 29 du titre III est ainsi conçu : « Droit de taille ès quatre cas, de charrois et manœuvres et de tailles personnelles, ne se prescrivent sinon depuis la contradiction : après laquelle contradiction prescription commence. »

---

[1] Voy. encore Godet, sur l'article 211 de la coutume de Châlons, et le vingt-septième plaidoyer d'Expilly.

Ces règles étaient suivies dans le Hainaut comme le témoignent les articles 8 du chapitre cvii et 13 du chapitre viii des chartes générales [1].

Le premier de ces articles se contentait de dire : « L'héritier ayant été exempt de payer dixmes par l'espace de trente ans routiers (c'est-à-dire consécutifs), prenant le profit de ses héritages, en devra demeurer quitte; et pour terrage après vingt-un ans. »

Mais l'article 13 du chapitre viii prenait soin d'expliquer que la prescription du possesseur ne pouvait commencer que du jour où le droit du propriétaire avait été contredit. « Héritages sujets à dixmes, disait-il, n'en seront exempts, n'est que les possesseurs d'iceux fassent apparoir d'affranchissements, ou qu'ils ayent été en possession paisible de rien payer par le terme de trente ans, pour avoir acquis droit de prescription, *à commencer du jour du contredit et refus*, et ce pour dixme ecclésiastique, et quant aux laycales [2] ne sera besoin que de vingt-un ans *depuis semblable refus*. »

Dumées [3], en citant ces articles, y ajoutait les réflexions suivantes, qui rentrent parfaitement dans le sens de celles que nous venons de voir faire par Coquille, Brunnemann, Dunod et M. Henrion de Pansey :

« La prescription est fondée sur la possession ; ainsi,

---

[1] Bourdot de Richebourg, t. II, p. 50 et 129.

[2] Ce qu'on nomme ici *dixmes laycales* n'est autre chose que ce qu'on nomme *terrage* dans l'art. 8 du chap. cvii.

Raparlier n'en doutait pas lorsque dans son *Exposition de la lettre et de l'esprit des chartes générales du Hainaut*, il disait (t. I, p. 42) :

« Quoique l'art. 8 du chap. cvii ne fasse aucune mention du refus, il le suppose, car on doit interpréter les lois d'une façon que les articles qu'elles contiennent, loin de s'entre-détruire, soient d'accord entre eux. »

Et dans son *Traité des droits féodaux* (p. 9), Dumées disait :

« La dixme et le terrage ont beaucoup d'affinité. On voit même, dans les chartes nouvelles du Hainaut que le terme de dixmes laycales est employé pour signifier le terrage. »

[3] *Jurisprudence du Hainaut françois*, p. 434.

pour pouvoir acquérir par la prescription la liberté d'une chose, il faut être en possession de cette liberté : or, celui qui ne paye point la dixme ou le terrage n'est point censé être en possession de la liberté et de l'exemption de ces deux redevances, à moins que lui ou ses auteurs aient fait refus d'y satisfaire ; ce refus opère ensuite une espèce de prise de possession de la liberté, qui opère ensuite la prescription.

« On peut appliquer les mêmes principes aux rentes foncières d'arrentement et aux rentes constituées à prix d'argent, qui passent communément pour imprescriptibles : il ne suffit pas d'alléguer qu'on n'a pas payé une rente depuis vingt-un ans à l'effet de pouvoir en prescrire l'exemption, *il faut* en outre *justifier que cette possession a pris sa source dans le refus de payer la rente* [1]. »

Boulé [2] se prononce dans le même sens en ces termes : « Je suis d'opinion que les possesseurs de biens, à titre de mainferme ou d'emphytéose, peuvent se servir de la prescription, pourvu toutefois qu'ils changent de titre et de cause de leur possession, comme si le seigneur direct ayant prétendu cens et rentes et droits de lods, et vente aux mutations, ou que le canon emphytéotique lui fût payé, tout cela lui aurait été constamment dénié par le possesseur, et qu'icelui aurait persisté dans sa liberté et exemption par un temps suffisant pour prescrire. »

---

[1] La nécessité de la contradiction du droit du propriétaire peut paraître exorbitante aujourd'hui, mais à une époque où les transactions étaient bien moins fréquentes, et où la propriété immobilière était incontestablement plus stable, cette nécessité ne heurtait pas les idées reçues, parce qu'elle était en harmonie avec les habitudes prises. Par cela même qu'on arrivait plus difficilement à la propriété immobilière, on ne concevait aussi que plus difficilement sa dépossession sans l'assentiment au moins tacite du propriétaire.

Institution au droit coutumier du Hainaut, t. II, p. 186.

Or, si ces principes sont vrais, s'il est vrai que sous l'ancien droit l'interversion du titre ne pouvait avoir lieu à l'insu du propriétaire et sans que son droit eût été contredit, s'il est vrai qu'aujourd'hui même on exige que la possession qui suit l'interversion du titre *signale une prétention éclatante à la propriété*[1], il est évident dès lors, que ni M. de Montpensier, ni M. de Mansfeld, ni M. de Lalain, n'ont pu acquérir par prescription la propriété de la seigneurie gagère, car on ne prouve pas, on n'allègue même pas qu'ils aient contredit le droit de rachat perpétuel que le roi s'était réservé ; on n'allègue pas non plus que le prétendu retrait du duc de Montpensier, fût n'importe à quelle date, parvenu à la connaissance du roi. Au contraire, loin que le roi se désiste tacitement de son droit, il le revendique implicitement dans ses lettres patentes de 1566, 1567, 1568 et 1570, toutes postérieures au prétendu rachat de 1558, et loin que le duc de Montpensier contredise le droit du roi, il le reconnaît et le confirme en termes on ne peut plus clairs dans les requêtes qu'il présente à ces différentes époques.

Venons à la question de bonne foi.

« Le possesseur est de bonne foi, dit l'article 550 du Code civil, quand il possède comme propriétaire, en vertu d'un titre translatif de propriété *dont il ignore les vices*. Il cesse d'être de bonne foi, du moment où ces vices lui sont connus. »

Donc si ces vices lui sont connus dès le principe ; dès le principe la bonne foi lui manque, et par conséquent, si cette bonne foi est nécessaire pour l'interversion du titre, venant à faillir, l'interversion faillira aussi.

C'est pourquoi les auteurs modernes n'admettent pas que

---

[1] Voy. M. Troplong, *loc. cit.*, n° 508.

le titre soit interverti, lorsque l'acquéreur sait que celui auquel il succède n'est pas propriétaire [1], et cette doctrine se recommandait, sous l'ancien droit français, des autorités les plus imposantes, notamment de celle de Domat [2] et de celle de Pothier [3].

Quant au Hainaut, la règle était tracée par l'article 1 du chapitre CVII des chartes, ainsi conçu :

« En suivant l'ancienne coutume de nostredit pays, quiconcque aura possédé un fief, alloët ou quelque droit réel par le terme et espace de vingt et un ans continuels contre gens lais, il en aura acquis la propriété *pourveu* TROIS ANS D'EMPIÉTEMENT *contre personne puissante d'aliéner*; mais contre gens d'Église, il conviendra jouyssance et possession de trente ans. »

Qu'entendait-on par ces *trois ans d'empiétement*, ou quelles conditions étaient imposées au possesseur pour que ces trois ans d'empiétement lui permissent la prescription?

A cet égard les jurisconsultes de tous les temps qui se sont occupés du droit coutumier de Hainaut, sont parfaitement d'accord, et les arrêts anciens et modernes qui en ont fait l'application, consacrent unanimement la doctrine de ces auteurs.

Ils décident que pour prescrire en Hainaut, il fallait titre et *possession de bonne foi,* du moins pendant les trois premières années.

Boulé, dans son *Institution au droit coutumier du pays de Hainaut* (t. II, p. 86 et suiv.), examine quels sont les effets de la bonne foi, et il dit (p. 88) que l'un de ces effets est « de constituer le possesseur dans la voie et condition

---

[1] Voy. entre autres M. Delvincourt, t. II, note 3 de la p. 211, et M. Troplong, sur l'art. 2239, n° 509.

[2] *Lois civiles,* part. I, liv. III, tit. VII, sect. V, n° 9.

[3] *Traité de la possession,* n° 17, et *Traité de la prescription,* part. I, ch. II, art. 1.

de prescrire et d'acquérir, par ce moyen, la propriété du bien par lui possédé, même contre le vrai propriétaire. » Puis énumérant les causes qui font cesser le droit qui résulte de la possession de bonne foi, il classe parmi elles (p. 89) « la science du possesseur que le bien par lui possédé appartient à autrui, d'autant, dit-il, que cette science le constitue dans la mauvaise foi. » Ailleurs, après avoir fait remarquer que d'après l'article 93 de la coutume de Valenciennes, le possesseur pouvait se dispenser d'un juste titre pour prescrire, Boulé ajoute (p. 87) : « Sur le Hainaut, pourtant, qui n'est pas du chef-lieu de Valenciennes [1], je ne doute point qu'il ne soit nécessaire de juste titre pour donner lieu à notre droit de possession de bonne foi, puisque le droit commun qui le requiert n'y est point altéré ni abrogé par la coutume. »

Du reste, si la coutume de Valenciennes différait des Chartes quant à la nécessité du titre pour prescrire, elle leur était conforme quant à la nécessité de la bonne foi. L'article 93 précité était ainsi conçu :

« Quiconque aura joui et possédé paisiblement et de *bonne foi,* à titre ou sans titre, de quelque héritage ou rente tenu pour immeuble, de quelque servitude ou autre droit réel, ou sera demeuré paisible d'aucune servitude, charge ou redevance par l'espace de vingt ans entre présents et trente ans entre absents, tel possesseur acquiert par prescription la propriété de la chose et le droit ou décharge de la servitude contre qui que ce soit. »

Cet article de la coutume de Valenciennes ne s'appliquait qu'aux actions réelles, mais comme, suivant la remarque

---

[1] La coutume de Valenciennes ne régissait que les mainfermes; les fiefs et les alleux étaient régis par les chartes générales du Hainaut. Voy. la préface de Raparlier ; le *Répertoire* de Merlin au mot *Haynaut*, § 2 ; et M. Britz, *loc. cit.*, p. 977 et 978.

de de Ghewiet[1], « la plupart de nos coutumes (des Pays-Bas) demandent expressément la bonne foi pour prescrire[2]. »

[1] *Institution du droit belgique*, de la Prescription, art. 5, p. 182 de l'édition in-4°.
[2] De Ghewiet cite celles de Liége, ch. IX, art. 1; de Gand, rub. 19, art. 1; d'Audenarde, rub. 15, art. 2; de Furnes, tit. XXXII, art. 1; et celle de Bergues, interprétée par un arrêt du parlement de Flandre, qui se trouve dans Pollet, part. III, n° 87, p. 342, et, dit de Ghewiet, « qui est conforme au droit canon et au droit romain comme on peut le voir dans Zœsius, ad ff., lib. XLI, tit. III, n° 54 et seq. »
Aux coutumes de Liége, de Gand, d'Audenarde, de Furnes et de Bergues (rub. 14, art. 1), que de Ghewiet cite seules comme exigeant la bonne foi pour prescrire, il faut ajouter celles de : Chimay, ch. XI, art. 1; Cambrai, tit. XVII, art. 1; Calais, art. 205; Bouchaute, rub. 15, art. 1; Assenède, rub. 12, art. 1; Ypres (ville et bourgeoisie), rub. 17, art. 1; Rousselaere, rub. 17, art. 1; Bailleul, rub. 21, art. 1; Pays du Franc, art. 182; Bruxelles, art. 305; Courtrai, rub. 11, art. 1; Alost, rub. 16, art. 1; Pays de Waes, rub. 11, art. 1; Bouillon, ch. XXIII, art. 1; Munau (voy. M. Britz, p. 980); Wodecque, art. 6; Termonde (ville), rub. 8, art. 1; Ecloo et Lembeke, rub. 8, art. 1; Santhoven, § 8; Roulers, rub. 17, art. 1; Namur (du moins quant à la prescription de trente ans), art. 115.
Ajoutons que dans les Pays-Bas, lorsque la coutume était muette, les commentateurs ne considéraient pas son silence comme exclusif de la condition de bonne foi. Ainsi à Malines, à Gheel et à Lierre, le commentateur de la coutume de Malines exigeait cette condition dont cette coutume (tit. XX) ne parlait pas. Defflnes faisait de même pour la coutume de Tournai (tit. XXII, art. 1 et 2), « celles de Bruges, d'Ostende, de la Salle d'Ypres et du bourg de Furnes ne parlent pas en termes exprès de la bonne foi du possesseur…. c'est par la coutume générale, dit M. Britz (p. 985), le droit commun de la province, qu'il faut suppléer à cette rédaction imparfaite, à ces lacunes sans conséquence. » Dans le Brabant « il n'y a que celles de Bruxelles et de Santhoven qui parlent en termes exprès de la bonne foi ; tous les auteurs et les cours de justice sont d'accord, dit le même jurisconsulte (p. 986), pour sous-entendre cette condition sous l'empire des autres statuts de cette province (voy. Vandenhane sur la coutume de Gand, 19, 1; et Christynen sur celle de Malines, 20, 1). »
Disons enfin que cette condition de bonne foi a paru si essentielle dans les Pays-Bas, qu'on a été jusqu'à décider que la preuve de cette bonne foi était à la charge de celui qui s'en prévalait. Telle est la doctrine d'un arrêt de la cour de Bruxelles, du 7 décembre 1831, que mentionne M. Britz (p. 983). « On a jugé, dit-il, que celui qui prétend avoir acquis la prescription de trente ans, établie par ce statut (de Gand), doit avoir la *bonne foi positive*, doit la prouver, ou qu'elle doit résulter *ex deductis*. Le doute, *mala fides simplex* et *mala fides formalis*, empêchaient donc de commencer une semblable prescription. »

cette condition de bonne foi était réputée de droit commun et par conséquent d'une extension favorable ; aussi divers arrêts mentionnés par de Ghewiet et relatés par le président Desjaunaux[1] appliquèrent-ils, par extension aux actions personnelles, ce que la coutume de Valenciennes ne disait que des actions réelles.

Quant au Hainaut, en général, voici ce que dit M. Britz[2].

« Dans cette province la prescription acquisitive en *matière réelle*, c'est-à-dire, à l'égard des fiefs, alloëts, biens nobles, droits réels, est de vingt-un ans, contre gens réunissant les qualités requises pour aliéner leurs immeubles, pourvu qu'elle *commence* par trois ans de possession continue[3] et non interrompue et qu'il y ait titre et *bonne foi*. En matière personnelle, on distinguait entre les actions qui étaient fondées sur un titre, une obligation ou cédule, et celles qui n'avaient pas ce fondement : La prescription extinctive des premières était également de vingt-un ans ; quant aux secondes, il ne fallait qu'une prescription continue de douze ans, entre gens capables, présents et ne jouissant pas de lettre de répit. Dans ces deux cas, le juste titre et la bonne foi n'étaient pas requis.

« Il n'y avait donc en Hainaut de véritable prescription extinctive que celles des actions personnelles, car pour ce qui concernait les actions réelles nous venons de voir qu'il fallait titre et *bonne foi* pour les combattre par la prescription (Arr. de Cass. de Bruxelles du 11 février 1841). »

Ailleurs (p. 966) M. Britz avait déjà fait la même observation en traitant de la prescription acquisitive. « Dans le Hainaut, avait-il dit, par exception, il fallait *commencer* par

---

[1] Dans son *Recueil d'arrêts du parlement de Tournai*.
[2] *Code de l'ancien droit belgique*, t. II, p. 976 et 977.
[3] En note, M. Britz fait la remarque que « cette condition ne se retrouve dans aucune autre coutume. »

trois ans de possession de *bonne foi* et avec juste titre. »

Plus loin (p. 1004), il fait l'application de ces principes aux mineurs et aux absents à l'égard desquels six ans d'empiétement étaient nécessaires[1], toujours *avec bonne foi* et avec juste titre.

M. Britz n'excepte même pas la prescription centenaire ou immémoriale de l'obligation d'avoir pour base une possession de bonne foi, et cependant cette prescription, favorablement accueillie par les jurisconsultes et par les cours de justice, était regardée par eux comme un principe du droit des gens[2]; ce qui n'empêche pas M. Britz de dire (*loc. cit.*): « Les auteurs les plus graves et les textes des coutumes disent que la mauvaise foi faisait obstacle à cette prescription et que *de l'exhibition du titre légal* peut résulter la mauvaise foi. »

C'est ce que disent en effet :

Grivel, conseiller d'État en Flandre, après avoir été conseiller au parlement de Dôle, et dont l'ouvrage[3] était tenu en haute estime dans les cours de justice des Pays-Bas[4];

André de Vaux (Vallensis), le canoniste le plus populaire, celui dont les ouvrages étaient dans les mains de tout le monde[5];

Méan, qu'on a hyperboliquement appelé le phénix, l'aigle des jurisconsultes[6], le Papinien de Liége et des pays voisins[7], le plus célèbre des commentateurs passés, pré-

---

[1] Voy. les chartes générales du Hainaut, ch. cvii, art. 2, et Dumées, *Jurisprud. du Hainaut français*, p. 105.

[2] Voy. Dunod, Stockmans et les autres auteurs auxquels renvoie M. Britz, p. 1014, notes 1, 2, 3 et 4.

[3] *Decisiones senatus dolani.*

[4] Voy. le *Code de l'ancien droit belgique*, t. I, p. 68.

[5] *Id., ibid.*, p. 270.

[6] *Phœnix et aquila jurisconsultorum merito appellatur*, dit Vander Meer, cité par M. Britz, p. 191.

[7] Voy. Stockmans, *Tract. de Devol.*, part. I, c. II, n° 8.

sents et à venir[1]; mais dont on a judicieusement apprécié le mérite lorsqu'on a dit de ses *Observationes et res judicatæ ad jus civile Leodiensium*, que « ses analyses, ses commentaires sont si profonds, si clairs, si judicieux, si bien appuyés sur la jurisprudence et la doctrine des auteurs nationaux et étrangers, qu'il n'a pas d'égal dans le pays, et peut être comparé *sous certains rapports* à Cujas[2]. »

Stockmans que ses compatriotes ont généreusement mis aussi sur le même rang que Papinien et Cujas; Stockmans que ses contemporains qualifiaient d'*oracle* du droit[3] et dont le *livre d'or* était constamment pris pour guide par les légistes de son pays[4], Stockmans que M. Merlin et plusieurs autres jurisconsultes ne citent jamais sans ajouter à son nom une épithète élogieuse[5]; Stockmans enfin dont l'autorité était telle que ses *Décisions*[6] étaient jadis regardées comme des lois[7].

Grivel[8], de Vaux[9], Méan[10] et Stockmans[11] disent comme M. Britz que la prescription immémoriale remplace le titre, mais ne dispense pas de la bonne foi.

Enfin ce dernier auteur[12] prouve que, quant au Hainaut, le titre et la bonne foi sont reconnus également nécessaires

---

[1] *Jurisconsultus omnium et sui et posteri temporis merito celeberrimus*, dit encore Vander Meer.

[2] *Code de l'ancien droit belgique*, p. 194.

[3] *Jurisprudentiæ belgicæ decus atque ornamentum... juris oraculum*, dit l'éditeur des *Decisiones* de Winants, dans sa préface.

[4] Voy. la dédicace des œuvres de Stockmans au chancelier de Crumpipen, par Le Plat.

[5] *Vir præstantissimus... doctus, eruditus*, dit de Méan (*Defin.* XII, 23; LXXII, 4; LXV, 6.

[6] *Decisiones Brabantiæ*.

[7] Voy. *Code de l'ancien droit belgique*, t. 1 p. 210.

[8] Décis. 76, 9.

[9] Vallensis, *ad Decret.*, lib. II, tit. XXVI, § 4.

[10] *Obs.* 199, 4.

[11] Décis. 80, *in princ.*, 86, n°⁵ 4 et 5.

[12] *Loc. cit.*, p. 976, note 5.

par la jurisprudence ancienne et moderne, et il cite en preuve, les commentaires de Raparlier et de Boulé sur les chartes du Hainaut, le texte même de ces chartes, les lois romaines qui dans certains cas suppléaient au silence de ces mêmes chartes [1]; un arrêt de la cour de Bruxelles du 25 juillet 1825; un autre arrêt de la même cour du 13 février 1826; et enfin un arrêt de la Cour de cassation de Belgique du 11 février 1841.

« Nous pensons également, dit M. Britz (p. 988 et 989), que nos coutumes, qui exigent à la fois un juste titre et la bonne foi, rejettent le système des titres *putatifs*, et posent une règle bien plus sévère que celle que le droit romain a établie par la prescription de dix et vingt ans. Les chartes du Hainaut, les coutumes du chef-lieu de Mons (au moins le décret de 1606, rendu pour l'interprétation de ses statuts), celui de Liége et de Bouillon sont dans cette catégorie....

---

[1] Voy. en ce sens : *Code de l'ancien droit belgique*, p. 211 et suiv., de Ghewiet, *Inst. du droit belgique*, de la Prescription, art. 5, p. 182, de l'édit. in-4°; Boulé, *Institution du droit cout. du Hainaut*, quest. 3, disp. proem.; l'éditeur de Cogniaux dans la préface de la *Pratique du retrait*; Raparlier, sur les chartes du Hainaut, p. 14 et 331; Merlin, *Répertoire*, v° *Hainaut*; Delattre, chartes de Hainaut, p. 76; M. Raoux, *Mémoires de l'Académie de Bruxelles*, de 1833; et M. Defacqz, *Leçons analysées dans le Code Paillet*, p. 2, n° 15.

Mais si le droit romain servait à combler certaine lacune de la législation du Hainaut, il ne formait pas cependant le droit commun de ces provinces. Raparlier et Merlin ont très-bien expliqué dans quel sens et dans quels cas on devait y avoir recours (voy. aussi ma première consultation, p. 467 et 468 en note).

On peut presque dire de l'usage du droit écrit dans cette province, ce que disait Arthur Duck (liv. II, ch. v, n° 34) de l'usage de ce même droit dans les provinces coutumières de France : « Les jurisconsultes français (Cujas, Papon, Chopin, Guesnois, Forcatel, Bouchel et Joly), disait-il, demeurent d'accord qu'on se sert en France des lois romaines, à peu près comme les Romains se servaient des lois de Rhodes dans les affaires maritimes, quand elles n'étaient pas contraires aux lois romaines; parce que les Rhodiens étaient fort équitables et très-habiles dans la marine.... Ils rejetaient les lois de Rhodes quand elles ne s'accordaient pas avec les romaines. »

Nous rappellerons un arrêt de la cour de Bruxelles du 25 juillet 1825, suivant lequel le titre qui, par erreur de droit, a été regardé comme translatif de propriété, ne constitue pas un juste titre, dans le sens du décret de 1606, qui puisse servir de base à la prescription au chef-lieu de Mons. »

Terminons sur ce point désormais hors de controverse en citant l'article 13 du chapitre cvii des Chartes générales, article qui vient à la suite de la disposition qui déclare que de vassal à seigneur la prescription n'a lieu en matière de droits seigneuriaux, mais que cette prescription est possible de seigneur à seigneur moyennant certaines conditions que la coutume énumère :

« Si, dit l'article 13, gens d'Église et de mainmorte possèdent paisiblement, par l'espace de vingt et un ans, d'aucuns héritages fief ou mainferme, le seigneur duquel il est tenu n'y pourra donner quelque obstacle ou empeschement ny y prétendre quelque droit, pourvu que ladite possession soit de *bonne foi à la veue et sceu dudit seigneur puissant de fourfaire.* »

Ce texte prouve trois choses :

1° Que la bonne foi était toujours exigée en Hainaut pour prescrire, puisqu'on n'en exceptait pas ceux-là mêmes que la coutume plaçait sous d'autres rapports dans une position privilégiée ;

2° Qu'en Hainaut comme en France, il fallait contredire le droit de propriétaire contre lequel on voulait prescrire, ou du moins il fallait posséder au vu et au su de celui dont on voulait usurper le droit. Dans l'un et l'autre pays, on suivait la maxime de Coquille que « la possession ni la prescription ne sont possibles *si la science de celui qui y a intérêt n'y est;* »

3° Remarquons enfin une nouvelle application de la règle

posée dans l'article 1 de ce chapitre, et d'après laquelle on ne prescrit que *contre personne puissante d'aliéner*.

Reste à prouver que dans tous les actes qui intervinrent d'après l'arrêt le 5 août 1558, acte de retrait de M. de Montpensier à M. d'Eytzing, acte de vente de M. de Montpensier à M. de Mansfeld, acte de garant du même au même, acte de donation de M. de Mansfeld à M. de Lalain, le tout suivi devant le même bailli en présence des mêmes personnes, de trois actes de déshéritance par MM. d'Eytzing, de Montpensier et de Mansfeld, et de trois actes d'adhéritance par MM. de Montpensier, de Mansfeld et de Lalain ; reste à prouver, disons-nous, que la bonne foi n'a pas pu présider à tous ces actes qui se réfèrent d'ailleurs les uns aux autres, et forment un tout homogène, bien qu'on y ait procédé par trilogie [1].

Cette preuve ne sera pas difficile.

De deux choses l'une en effet : ou bien MM. de Mansfeld et de Lalain connaissaient, ou bien ils ignoraient l'échange fait entre François Ier et le duc de Montpensier.

Au premier cas, ils savaient parfaitement que le comte

---

[1] L'homogénéité de ces actes ressort surtout, 1° de la requête sur laquelle intervinrent, à la date du 30 juillet 1558, les lettres patentes de Philippe II, créant un bailli portatif. Cette requête est présentée à la fois par MM. de Montpensier, de Mansfeld et de Lalain ;

2° De l'exposé que fait M. de Montpensier des causes qui l'ont déterminé à l'exercice du retrait, et des moyens à l'aide desquels il a pu le faire : « Or, pour ce que ledit seigneur, duc de Montpensier, à la journée de Saint-Laurent, dernière de l'an 1557, se serait trouvé, par fait de guerre, prisonnier du comte de Mansfeld, et que, pour fournir à la rançon dont il était convenu avec ledit comte, lui étoit expédient de racheter, reprendre et retraire, suivant l'option qu'il en avait, ladite terre de Condé, pour par après en faire son plus grand profit à sa délivrance et autres causes le mouvant, il aurait tellement pratiqué qu'il avait recouvert deniers par le moyen de messire Charles comte de Lalain, pour fournir au remboursement de neuf mille six cent trente-neuf écus d'or et douze deniers, lesquels il désirait délivrer audit sieur baron d'Eytzing. » (Pièces justificatives de la compagnie d'Anzin, p. 42.)

de Mortain, vicomte d'Auge [1], ne pouvait exercer un droit qu'il avait aliéné en 1529.

Au second cas, ils le savaient encore, car le contrat passé entre Charles-Quint et M. de Roghendorff était entre leurs mains [2], et ce contrat s'en référait en termes formels au traité de Cambrai qui, lui-même, réservait le droit de rachat au roi de France. Enfin, non-seulement l'acte du 26 août 1531 s'en référait au traité de Cambrai, mais encore il stipulait le rachat, tant pour le roi que pour le duc de Montpensier, d'où MM. de Mansfeld et de Lalain devaient conclure que si M. de Montpensier avait encore un droit de rachat, il ne l'avait pas seul, il ne pouvait pas l'exercer seul.

Ainsi donc, soit que MM. de Mansfeld et de Lalain aient connu, soit qu'ils aient ignoré l'échange fait entre François Ier et Mme de la Roche-sur-Yon pour le duc de Montpensier, ils ne pouvaient pas croire que ce dernier pût légitimement exercer le droit de rachat dont il usait.

Donc ces deux acquéreurs successifs connaissaient que celui avec lequel ils traitaient n'avait pas le pouvoir d'aliéner, et c'est là précisément le caractère auquel Pothier reconnaît le possesseur de mauvaise foi qui ne peut prescrire.

« La seconde espèce de possession purement naturelle, dit-il [3], est celle qui procède, à la vérité, d'un titre de nature à transférer la propriété, mais qui est infectée de mauvaise foi, qui consiste dans la connaissance que le possesseur

---

[1] Titres que prend le duc de Montpensier, et dans l'acte de retrait et dans la lettre de garant (voy. la production de la compagnie d'Anzin précitée, p. 37 et 43).

[2] On se rappelle que, d'après ce contrat même, M. de Roghendorff devait remettre, en cas de retrait, « cette et toutes lettres qu'il aura à ce servant. »

[3] *Traité de la possession*, ch. I, art. 2, n°s 10 et suiv.

avait que celui de qui il a acquis la chose n'avait pas le pouvoir de l'aliéner... La mauvaise foi dont la possession est infectée, de même que la nullité ou la qualité du titre dont elle procède, réclament perpétuellement contre la qualité de possession *animo dominantis* et de possession civile qu'on voulait lui donner. »

Ainsi, nous avons démontré que la possession de M. de Lalain n'était pas de bonne foi, et que, dès lors, elle ne pouvait pas, d'après les chartes du Hainaut, aboutir à la prescription.

D'un autre côté, nous avons démontré que cette possession était restée ignorée du roi, que son droit n'avait pas été contredit, et que, dès lors, d'après les principes du droit ancien, nulle interversion efficace de titre ne pouvait avoir eu lieu.

Il ne nous resterait plus donc qu'à démontrer que la prescription n'était pas possible contre une personne incapable d'aliéner; mais cette démonstration ressort des textes que nous avons déjà eu occasion de citer. Il résulte à l'évidence du serment que les rois de France prêtaient lors de leur sacre, et dont le préambule de l'édit de 1566 fait mention; il résulte des édits antérieurs à celui de Moulins, et dont nous avons cité quelques-uns, que le domaine de la couronne de France était inaliénable[1], et que, dès lors, quant à ce domaine, le roi se trouvait classé parmi ces personnes impuissantes de *fourfaire* ou d'aliéner, que les articles 1, 2 et 13 du chapitre CVII des Chartes générales du Hainaut défendent contre la prescription. A lui comme aux autres personnes de cette espèce devait s'étendre le bénéfice

---

[1] Bien avant l'édit de Moulins, Juvénal des Ursins disait : « Ce serait chose trop merveilleuse que le roi pût aliéner partie de l'héritage de la couronne, et de le non aliéner juré à son sacre. »

de l'observation que Raparlier[1] formule en ces termes :
« La prescription considérée *passivement*, c'est-à-dire par rapport à la personne contre laquelle elle s'exerce et qui en souffre le préjudice, étant une véritable aliénation, il est juste que telle personne ait les qualités requises selon la loi, pour pouvoir aliéner les immeubles soit féodaux ou autres, pour que la prescription puisse commencer à son égard. »

[1] *Exposition de la lettre et de l'esprit des Chartes générales du Hainaut*, t. I, p. 443.

§ III.

Ve MOYEN DE CASSATION.

VIOLATION DES PRINCIPES DE L'ANCIEN DROIT, QUI INTERDISAIENT D'UNE MANIÈRE ABSOLUE AUX POSSESSEURS A TITRE PRÉCAIRE, LA FACULTÉ DE PRESCRIRE PAR QUELQUE LAPS DE TEMPS QUE CE FUT, PRINCIPES CONFIRMÉS PAR LE DROIT COMMUN DES PAYS-BAS, ET SPÉCIALEMENT PAR LES ARTICLES 9, 10, 12 et 20 DU CHAPITRE CVII DES CHARTES GÉNÉRALES DU HAINAUT.

Nous venons de démontrer que le titre de possession qu'avaient acquis Charles-Quint en 1529, et M. de Roghendorff en 1531 sur Condé, n'avait pas été interverti en 1558, d'où la conséquence que depuis cette époque jusqu'à la loi de 1820, qui a définitivement aboli les anciennes prérogatives du domaine[1], et spécialement jusqu'à 1749, époque de la concession accordée à M. de Croy par l'arrêt du conseil du 14 octobre, la possession des de Lalain, puis après eux des de Croy, leurs successeurs, a été la même que celle de Charles-Quint et de M. de Roghendorff; d'où la conséquence encore, que si Charles-Quint et M. de Roghendorff étaient des détenteurs à titre précaire, et, comme tels, ne pouvaient pas prescrire, les de Lalain et les de Croy ont, eux aussi, été toujours dans l'impossibilité de prescrire.

Voyons donc quelle était la nature du droit acquis par Charles-Quint, en 1529.

Nous avons déjà dit (p. 43 et 44) que dans les engagements du domaine de la couronne, le roi demeurait propriétaire, soit du fief, soit de la justice. Cette vérité qui ressortira mieux encore de l'examen qui va suivre, attestée qu'elle sera par de nouveaux témoins, dont la déposition ne peut être récusée; cette vérité, disons-nous, conduit à celle-ci

---

[1] Voy. l'art. 9 de la loi du 12 mars 1820.

que l'engagiste du domaine n'était pas lui-même propriétaire, *nam plures eamdem rem in solidum possidere non possunt.*

Mais de quelle nature était le droit de l'engagiste?

De Fréminville[1], compare l'engagiste à un dépositaire. « L'engagiste, dit-il, doit faire foi et hommage au roi, et donner son aveu et dénombrement de tout le domaine qu'il tient par engagement, et n'en recéler aucune partie; il y est plus étroitement obligé qu'un seigneur de fief ordinaire, *n'en étant que le dépositaire.* »

Cochin[2] reconnaît que l'engagiste n'est qu'un détenteur à titre précaire d'un domaine dont la propriété reste au roi. « Le domaine de la couronne, dit-il, est sacré et inaliénable; celui qui en jouit à prix d'argent n'en est pas le seigneur ni le propriétaire, il n'en a que la simple jouissance; cela est si vrai, qu'il ne peut recevoir la foi et hommage des vassaux qui en relèvent, qu'il ne peut couper les bois de haute futaie; en un mot, *le domaine du roi n'est point à lui, il n'en a qu'une possession précaire;* et toutes les fois que le roi veut y entrer en rendant le prix qu'il en a reçu originairement, il est toujours libre de le faire. »

Pocquet de Livonière, Preudhomme, Bouhier, Billecoq, Henriquez, Hervé, Denisart, assimilent l'engagiste à l'usufruitier.

« Comme la foi et hommage, dit Pocquet[3], doit être faite par le propriétaire du fief servant, elle doit aussi être rendue par le propriétaire du fief dominant, et ne le serait pas valablement à l'usufruitier ou autre détenteur du même fief; *c'est pourquoi* les engagistes du domaine royal ne peuvent recevoir les fois et hommages dues aux fiefs qu'ils possèdent par engagement, elles doivent être faites au roi ou à

---

[1] *Les vrais Principes des fiefs*, t. I, p. 503 et 504.
[2] *OEuvres*, in-4°, t. IV, p. 194.
[3] *Traité des fiefs*, liv. I, ch. vi.

des officiers préposés pour cet effet, suivant l'ordonnance de 1566. Il en est autrement des princes apanagés, qui peuvent recevoir la foi et l'hommage, à la charge d'envoyer à la chambre des Comptes des copies des factions d'hommages qui leur auront été faites. »

« Les apanagistes, dit Preudhomme[1], peuvent faire saisir en leur nom, parce qu'ils sont propriétaires du fief dont ils prennent le titre et la qualité. On appelle apanagistes, les princes du sang à qui le roi a donné des biens réversibles à la couronne à défaut d'enfants mâles[2].

« A l'égard des engagistes, ils ne peuvent pas faire saisir à leur requête, sans la jonction du procureur du roi, *parce qu'ils sont plutôt usufruitiers que propriétaires;* c'est pourquoi ils doivent requérir, avant de saisir, la jonction du ministère public, et à son refus, qui doit être constaté, ils peuvent aller en avant, *comme un usufruitier ordinaire.* »

Bouhier, dans son commentaire sur la coutume de Bourgogne, chapitre XLV, n° 33, décide que l'usufruitier a le droit de saisir féodalement, « comme ayant le profit de la confiscation des fruits du vassal pendant la durée de la mainmise; » et il ajoute, n° 34 : « Ce qui vient d'être dit de l'usufruitier semble, par une conséquence naturelle, devoir s'appliquer aux engagistes des fiefs du domaine du roi, *qui sont regardés du même œil.* C'est aussi l'avis de Dumoulin (§ 1, gl. 1, n° 24, et gl. 3, n° 26), qui décide qu'ils peuvent user de la mainmise dans ce cas sur les possesseurs des arrière-fiefs mouvants du domaine qui leur est engagé, *dummodo non faciant suo nomine privato, sed nomine regis et tanquam jus habentes ab eo.* »

[1] *Traité des droits appartenants aux seigneurs sur les biens possédés en roture,* liv. VII, ch. II, p. 445.
[2] Ce qui a fait dire à certains auteurs qu'il n'y avait pas en ce cas exception à la règle de l'inaliénabilité du domaine. Voy. Lorry, sur Lefèvre de la Planche, t. III, p. 419.

Bretonnier, sur Henrys (édit. de 1738, t. I, p. 514), assimile aussi l'engagiste à l'usufruitier.

« Quand le fief dominant, *qui est du domaine du roi*, est engagé, la foi et hommage, dit Billecoq[1], doit être faite à la chambre des Comptes, et non à l'engagiste, *parce que l'engagiste est plutôt considéré comme usufruitier que comme propriétaire*... A l'égard des droits, ils sont dus à l'engagiste[2]. »

Plus loin (p. 328 et 329), cet auteur dit la même chose quant à la saisie féodale; et Henriquez[3] se décide par la même considération pour résoudre la question de savoir si l'engagiste peut opérer la réunion de fiefs. « L'engagiste, dit-il, la douairière, *ou autres usufruitiers* qui acquièrent, ne réunissent point, parce que les uns et les autres ne sont point propriétaires incommutables des deux parties qui tendent à la réunion. »

Hervé[4] dit de l'engagiste : « *Il n'est point le seigneur de la terre qui lui est engagée*, il n'a que la simple faculté de recevoir les fruits.... Ainsi il ne peut recevoir hommage. » Dans le même volume, p. 153, il dit encore : « *La propriété du domaine engagé demeurant en la personne du roi*, et l'engagiste n'en ayant que la jouissance jusqu'à ce qu'il plaise au roi de lui rendre le prix de l'engagement, les fiefs qui relèvent de ces domaines ne peuvent être saisis qu'au nom du roi, c'est-à-dire, à la requête du procureur général de la chambre des Comptes, ou du procureur du roi du bureau des finances, dans les endroits où il y en a, ou du procureur du roi du siége royal, commis pour faire rendre hommage[5]. »

---

[1] *Traité des fiefs*, liv. II, ch. VI, sect. VIII.
[2] Voy. Brodeau, sur la coutume de Paris, art. 63, n° 26.
[3] *Code des seigneurs hauts justiciers et féodaux*, p. 171.
[4] *Théorie des matières féodales*, t. II, p. 36 et 37.
[5] Voy. encore même volume, p. 28 et suiv., 153, 241 ; t. III, p. 220, et t. IV, p. 416.

« *L'engagiste des domaines du roi*, dit Denisart[1], *n'est considéré que comme un usufruitier, dont le droit se transmet à ses héritiers ou ayants cause*; jamais il ne peut devenir propriétaire du domaine engagé; le roi a une faculté perpétuelle d'y rentrer en remboursant le prix de l'engagement.

« Ainsi *la propriété du domaine engagé demeure toujours au roi*; c'est pour cela que l'engagiste ne doit point de droits seigneuriaux, ni de foi et hommage pour les mutations qui surviennent, soit de la part du roi, soit de la part de l'engagiste.

« *Comme l'engagiste d'un domaine n'en est que l'usufruitier*, il ne peut pas l'accenser ou le sous-inféoder, ni constituer un arrière-fief ou une roture d'aucune portion de son engagement, parce que l'accensement ou la sous-inféodation ne peut se faire que par le propriétaire.

« Ce principe a été consacré par l'arrêt rendu sur les conclusions de M. l'avocat général Gilbert, contre les carmélites de la rue Saint-Jacques, à Paris, le 15 décembre 1742. Ces religieuses soutenaient qu'un engagiste de différents domaines, situés en Bourbonnais, avait pu détacher de la haute justice Tresel, dont elles jouissaient, pour être tenue de lui en foi; mais l'arrêt déclara l'aliénation nulle et adjugea la foi au roi. »

Pothier[2] se rapproche beaucoup de l'opinion des auteurs ci-dessus cités lorsqu'il dit : « La question si l'engagiste a le droit de retrait féodal, dépend des mêmes principes rapportés au paragraphe précédent[3]. Si le retrait n'est regardé que comme le droit de profiter d'un bon marché, comme

---

[1] *Collections de décisions nouvelles*, édit. de 1771, t. II, p. 308, v° *Engagement*, n°ˢ 3, 4, 5 et 6.
[2] *Traité des fiefs*, part. II, ch. II, art. 3, § 6.
[3] Relatif à l'usufruitier.

une simple obtention féodale, *un simple fruit de fief,* il en faudra conclure que l'engagiste, à qui tous les fruits, tout l'utile des domaines engagés appartiennent, a le droit de retrait ; si, au contraire, on considère le retrait féodal *comme un acte domanial,* il en faudra conclure que l'engagiste n'a pas le droit de retrait féodal, au moins *proprio nomine ;* car le roi conservant tout l'honorifique des domaines engagés, les actes domaniaux ne peuvent être exercés que par lui et en son nom ; c'est pour cela que le commun des auteurs décident que l'engagiste n'a pas le droit de retrait féodal, à moins qu'il ne lui ait été expressément accordé par le contrat d'engagement. — Je ne vois pas néanmoins pourquoi les auteurs qui accordent à l'usufruitier le droit d'exercer le retrait féodal, *procuratorio nomine,* comme procureur légal du propriétaire, ne l'accordent pas particulièrement à l'engagiste ; car il y a même raison, et le droit de l'engagiste vaut au moins celui de l'usufruitier. — A l'égard de l'apanagiste, il n'est pas douteux qu'il a le droit de retrait féodal ; car il est vrai seigneur, vrai propriétaire des domaines de l'apanage, avec la charge seulement de réversion à la couronne, au cas de l'extinction de sa postérité masculine. »

Gœtsmann, Harcher, Bacquet, reconnaissent aussi dans les termes les plus explicites que, dans les engagements du domaine, la propriété ne passe pas à l'engagiste.

« L'engagement, dit Gœtsmann[1], est un moyen extraordinaire, que les seigneurs ont imaginé pour se procurer des secours dans des occasions urgentes ; au moyen de la faculté de rémérer à toujours, que le seigneur se réserve, *la propriété primitive ne se perd point pour lui : l'engagement ne peut donc pas être regardé comme une vraie aliéna-*

---

[1] *Traité du droit commun des fiefs,* t. II, p. 204.

tion; au contraire, il semble qu'on puisse dire que la possession de l'engagiste, quand il est question d'un domaine acquis par le roi, doit être comparée à l'administration des receveurs et officiers du roi, laquelle opère, au bout de dix ans, une incorporation tacite de ce domaine à la couronne, à l'effet de le rendre inaliénable, en cas de retour. »

« Les engagistes, dit Harcher[1], ne peuvent recevoir la foi-hommage des vassaux relevant du roi pour les fiefs qu'ils tiennent par engagement.... Mais les engagistes doivent-ils foi et hommage? *Comme l'engagement ne change rien à la seigneurie, qui demeure toujours au roi nonobstant l'engagement*, l'engagiste ne doit point la foi s'il n'a son engagement à titre d'inféodation, si quelques-uns ont été faits en vertu des édits de 1695, 1696, 1697, 1702, et 1703, qui pourtant ne peuvent jamais préjudicier aux droits du roi d'y rentrer toutes fois et quantes. — En général, l'engagiste ne doit ni ne peut exiger de foi. — *Secus* de l'apanager, qui jouit *ad imaginem proprietarii*, jusqu'à l'extinction de la ligne masculine[2]. »

Plus loin (ch. III, sect. VIII, § 6), le même auteur examine à quelles personnes sont dus les droits de rachat, et il dit : « Il n'y a que le seigneur propriétaire, à cause de ses fiefs ou de ceux de sa femme, qui puisse lever ces droits, et non l'usufruitier, ni le fermier ; le seigneur pourrait cependant en faire cession à son fermier, qui les prendrait sous son nom, en vertu d'une procuration.... A l'égard du mari, tous

---

[1] *Traité des fiefs sur la coutume du Poitou*, ch. I, sect. II, § 32.
[2] « Voy. le *Traité des fiefs*, de Guyot, t. IV, de la foi et hommage, ch. III, n° 4, et t. VI, des engagements du domaine du roi, chapitre unique, n°⁵ 25, 26, 35 et suiv. — Touchant la différence qu'il y a entre l'apanage et l'engagement, voy. Loyseau, *des Offices*, liv. IV, ch. IX, n°⁵ 25 et suiv., et le plaidoyer de Talon, avocat général, lors de l'arrêt du 21 mars 1741, au premier tome du *Journal des Audiences* ; il est rapporté par Guyot, t. VI, des engagements du domaine du roi, n° 25. »

les auteurs s'accordent à dire que, comme seigneur des biens dotaux de sa femme, il doit jouir de la taille aux quatre cas ; la coutume d'Auvergne (tit. v, art. 14), en a un texte formel. — La coutume de Tours (art. 93), dit que ce droit ne peut être cédé, donné, transporté, ni baillé à ferme. L'engagiste ne le peut prétendre, c'est un droit personnel au roi, *qui, nonobstant tout engagement, demeure toujours seigneur* (Boucheul, sur Poitou, art. 188, n°s 8, 9, 10 et 11, et Guyot, t. VI, *De la taille aux quatre cas, ch.* v). »

« Plusieurs sont d'avis, dit Bacquet[1], que ceux qui tiennent en engagement du roi quelque châtellenie ou seigneurie étant du domaine de la couronne de France, ne peuvent à leur requête seulement, sans l'adjonction du procureur du roi, faire saisir les fiefs dépendants de ladite châtellenie, à faute d'homme, droits et devoirs non faits et non payés ; ni pareillement celui qui a cession et transport du seigneur féodal, les droits et profits du fief qui étaient dus audit seigneur : non plus qu'un usufruitier le peut faire, sans nommer le propriétaire du fief dominant, et sans l'avoir préalablement sommé de faire saisir ledit fief, comme il est porté par le second article de la nouvelle coutume de Paris. — La raison est parce que la foi et hommage du fief servant ne sont dus ni à celui qui tient en engagement du roi ladite châtellenie, ni à l'usufruitier, mais sont dus au roi, ou bien au propriétaire du fief dominant. Et les simples profits des fiefs appartiennent à celui qui tient en engagement du roi, ou bien à l'usufruitier, *lesquels ont seulement la seigneurie utile pour quelque moment de temps,* ET NON LA DIRECTE. »

Une question qui fut soulevée vers la fin du xviie siècle contribue à bien mettre en lumière la vraie nature des droits

---

[1] *Traité des droits de justice,* ch. xii, n° 14.

que conférait à l'engagiste la transmission entre ses mains du domaine engagé.

« On a demandé à l'occasion des ventes d'usufruit, dit Boullenois[1], si un engagiste, *qui certainement n'est pas propriétaire*, vendant quelques portions du domaine qu'il tient par engagement, il était dû des droits au roi pour raison de cette vendition. *Il est certain qu'il ne saurait transférer aucune propriété, puisqu'il n'en a pas lui-même* : ce n'est donc que le droit de jouir utilement de la chose qu'il vend, et ce droit même peut être à chaque instant anéanti, si le roi juge à propos de rentrer dans la chose engagée.

« Cette question a fait néanmoins, en 1685, l'objet d'une contestation sérieuse et vivement poursuivie; et elle a été décidée contre les droits, par arrêt du conseil d'État[2]. Quatre des plus grands consultants de ce temps-là donnèrent leurs consultations séparément; savoir, MM. de l'Hommeau, Commeau, Billard et Lasnon. »

Ces consultations adoptent toutes les solutions que l'arrêt du conseil consacra.

Le premier consultant, l'Hommeau, dit que la prétention des fermiers du domaine est « sans exemple et sans fondement. » Il le démontre en prouvant que les droits seigneuriaux qui sont payés aux mutations, ne peuvent être dus qu'à un seigneur ayant directe seigneurie, « ce qui, dit-il, ne se peut appliquer à un domaine de la couronne aliéné par le roi à faculté de rachat, c'est-à-dire non pas proprement aliéné, mais plutôt engagé[3] ; de sorte que *le roi*

---

[1] *Traité de la personnalité et de la réalité des lois*, t. I, p. 882 et suiv.

[2] Du 15 janvier 1585, rapporté par Boullenois, *loc. cit.*, p. 895.

[3] Ceci confirme ce que nous avons dit plus haut de la position du roi, à l'égard des seigneuries d'Auge et de Mortain, pendant les six ans du rachat stipulé.

demeure toujours véritable propriétaire du domaine ainsi engagé. »

Le second consultant, Commeau, motive ainsi la même opinion :

« La première raison, dit-il, est que ladite vente ne contient point de translation de propriété, attendu que *les engagistes ne sont point propriétaires, mais le roi.*

« Il est certain que le domaine de la couronne est inaliénable, suivant les ordonnances anciennes et modernes, c'est pourquoi *les venditions qui sont faites à faculté de rachat ne passent pas pour des contrats translatifs de propriété, mais pour de simples engagements et contrats purement pignoratifs*[1].

« En effet les engagistes ne jouissent pas des droits et n'ont pas les actions compétentes aux véritables propriétaires.

« Ils ne peuvent point se qualifier seigneurs de terres engagées.

« Ils n'ont point la provision des officiers[2], mais la simple nomination, quand elle leur est accordée par le titre de leur engagement.

« Ils ne peuvent point faire administrer la justice en leur nom, mais elle doit être exercée sous le nom du roi.

« Ils n'ont point les droits honorifiques parce qu'ils appartiennent au propriétaire.

« Ils n'ont point droit de recevoir les hommages, cela n'appartient qu'aux seigneurs directs; c'est-à-dire au propriétaire du fief dominant.

« Ils ne peuvent point saisir féodalement les arrière-

---

[1] Nouvelle confirmation du principe que nous avons développé, p. 89 et 90.

[2] *Secus* des échangistes, et c'est ce qui explique la requête du duc de Montpensier, en 1570, et les lettres patentes qui y firent droit.

fiefs ou les faire saisir féodalement en leur nom, mais seulement à la requête du procureur du roi.

« Ils ne peuvent disposer des fonds dépendants du domaine, ni même des bois de haute futaie [1], d'autant qu'ils font partie du fonds et de la propriété.

« Ainsi il est évident que les acheteurs du domaine du roi n'ont qu'un simple engagement pour la mutation duquel il ne peut y avoir lieu aux lods et ventes.....

« Il est constant qu'il n'est dû aucuns droits pour les mutations des engagistes des domaines particuliers, qu'il ne faut pas confondre avec les acquéreurs à faculté de rachat, qui sont propriétaires; c'est le sentiment de M⁰ Charles Dumoulin, de M⁰ Réné Chopin et de tous nos auteurs français.....

« La seconde raison qui décharge des droits de lods et ventes les transports qui sont faits par les engagistes, est que les lods et ventes ne sont dus régulièrement que pour des héritages féodaux et roturiers, c'est-à-dire tenus à foi et hommage ou à cens. Or, les engagements du domaine ne sont point tenus à foi et hommage du roi : car il en est le *seigneur utile*, et non-seulement le seigneur direct; et d'effet il ne se trouvera point que jamais les engagistes aient été obligés de rendre les foi et hommage au roi, *qui ne peut pas en recevoir de sa propre chose;* à quoi il faut ajouter que les engagistes des domaines et terres appartenant aux particuliers qui sont de même condition que les engagistes des domaines du roi, ne sont pas capables de porter les foi et hommage aux seigneurs suzerains, parce

---

[1] *Secus*, encore de l'échangiste. Voilà pourquoi, dans tous les contrats faits en exécution du traité de Cambrai, la coupe des bois de futaie est défendue aux échangistes, sous faculté de rachat; voilà pourquoi aussi, après les six ans, lorsque l'échange est devenu définitif, le duc de Montpensier demande et obtient, en 1567, de faire la coupe des bois de haute futaie d'Auge et Mortain.

qu'ils ne sont pas propriétaires ; d'ailleurs que le domaine de la couronne ne dépend que de Dieu, et qu'il est exempt de toutes sortes de sujétions, suzeraineté et mouvance.

« Il n'est point non plus tenu à cens, ne pouvant passer pour roturier : car dès qu'il est venu entre les mains du roi, qui est la source d'où dérive toute la noblesse des fiefs, il est possédé *jure optimo,* exempt de toutes charges envers qui que ce soit. »

Parmi les raisons alléguées par le troisième consultant, Billard, nous remarquerons celle qu'il met lui-même au premier rang pour combattre les prétentions des fermiers du domaine :

« La première et la principale, dit-il, est que l'engagiste n'est pas propriétaire, mais seulement *fiduciarius possessor,* pour user du terme de M. Réné Chopin. En effet, l'on peut dire que par la qualité du domaine auquel l'inaliénabilité est essentielle, et par la condition de pouvoir être perpétuellement retiré et dégagé par le roi, *l'engagiste ne jouit que précairement* ; ce qui est si vrai que deux choses sont constantes : l'une, que *la propriété,* avec le droit de pouvoir en tout temps révoquer et faire cesser l'engagement, *réside toujours en la personne du roi* ; l'autre, que les engagistes ne jouissent pas des droits honoraires de la terre, mais seulement du domaine et des droits utiles, d'où il résulte qu'ils n'ont qu'un titre et une possession momentanés qui leur pouvant être ôtés dans tout temps, *il n'y a aucun droit de propriété en leurs personnes.* »

Mais c'est le dernier consultant, M⁰ Lasnon, qui nous paraît le mieux discerner quelle était la véritable nature des droits d'un engagiste du domaine.

Il se demande d'abord dans quels cas sont dus les droits de lods et ventes.

« Il faut, dit-il, que deux choses concourent, savoir : une

acquisition par un contrat translatif de propriété, et la possession réelle en conséquence de ce contrat; l'une sans l'autre ne suffirait pas, car de la propriété sans la prise de possession et changement de main, il n'est dû aucuns droits; ce qui doit s'entendre, non de la possession naturelle ou simple détention, qui est appelée par quelques-uns *detentio*, mais de la possession civile accompagnée d'un titre légitime translatif de propriété, qui s'appelle proprement possession.

« L'un et l'autre manque à *l'engagiste* du domaine du roi qui *n'a ni la propriété du domaine engagé ni la possession.*

« A l'égard de la propriété, il est certain que *jamais on n'a dit qu'un engagiste soit propriétaire*; son *contrat est une* ANTICHRÈSE *ou un contrat pignoratif qui ne lui donne autre qualité que celle de créancier*; et ces sortes de contrats s'appliquent fort bien à ce que dit Papinien en la loi 1, § 2, ff. de pign. et hypoth. : *Quæstio pignoris ab intentione domini separatur.* C'est par cette raison que l'engagiste ne peut se qualifier purement et simplement des titre et dignité de la seigneurie qui lui a été donnée *en nantissement*, etc.

« L'engagiste n'a que la simple jouissance des fruits et revenus et autres droits utiles…

« A l'égard de la même possession, l'engagiste est un simple détenteur qui n'a point la possession civile, *alteri, non sibi possidet* ou plutôt *tenet non possidet*; c'est le roi qui possède par l'engagiste, comme le débiteur qui a donné un gage ou nantissement possède par son créancier, et la possession de l'engagiste sert au roi, comme celle de tout autre créancier *qui possidet pignus* sert au débiteur qui a donné le gage [1].

---

[1] Peut-on plus clairement et plus énergiquement confirmer la thèse que nous avons soutenue en nous appuyant de l'autorité de Dunod, de Domat et de Pothier, à savoir que par l'engagement fait à Charles-Quint, en 1529,

« *Cela supposé, l'engagiste ne transfère pas plus de droit qu'il n'en a lui-même, et par conséquent celui qui acquiert de lui son engagement n'a ni propriété ni possession; il est seulement subrogé* à la finance de l'engagiste et à la jouissance des fruits et revenus du domaine engagé; en un mot, à l'*antichrèse* ou contrat pignoratif, et ainsi il n'a aucuns droits seigneuriaux à payer...

« D'ailleurs il y aurait de l'injustice et de l'inconvénient tout ensemble que le roi pût demander des lods et ventes d'un domaine *dont il demeure toujours propriétaire*...

« A quoi on peut ajouter, que le droit d'un engagiste est moindre que celui d'un usufruitier[1]; cependant il n'est point dû de lods et ventes pour la vente d'un usufruit. Enfin, les engagements des domaines du roi ne sont point d'autre nature que ceux des biens des particuliers pour lesquels il n'est point dû de droits seigneuriaux...

« Au reste, la seule raison qui peut faire prétendre des droits de lods et ventes, lorsqu'un engagiste traite de son engagement est qu'on dit que le roi en faisant l'engagement a retenu la directe sur le domaine engagé; mais on ne prend pas garde qu'il a fait davantage, parce QU'IL A RETENU, *non-seulement la directe, mais* LA PROPRIÉTÉ TOUT ENTIÈRE. »

Nous avons dit que des quatre consultants de 1684 le dernier était celui qui avait le mieux saisi la véritable nature de l'engagement du domaine; et en effet ceux-là, suivant nous, l'ont mieux discerné qui ont assimilé l'engagement à l'antichrèse, et qui ont considéré le roi et l'engagiste comme étant dans la position respective d'un débiteur et d'un créancier.

---

ce n'était pas l'empereur, mais le roi de France, qui avait été mis en possession de Condé?

[1] Moindre en effet en ce sens qu'il pouvait cesser à chaque instant; l'usufruit non.

Guyot, dans son *Traité des fiefs* (t. V, p. 432), a très-bien remarqué que l'engagement ne constituait pas un véritable usufruit. Voici comment il s'exprime :

« Je dis que l'engagement figure l'usufruit, car ce n'en est pas un véritable : l'usufruit a un temps marqué pendant lequel l'usufruitier jouit sans crainte d'être dépossédé ; l'engagiste *même à titre de propriété incommutable* ne peut jamais être sûr de la durée de son engagement ; les besoins de l'État occasionnent ces aliénations du domaine, le roi y rentre quand il lui plaît, il n'y a pas de terme, ou du moins il n'est pas de durée fixe. L'édit de 1695, qui a permis les aliénations à perpétuité, dit que les engagistes ne pourront être dépossédés avant trente ans ; c'est le seul édit qui paraisse assurer un terme fixe : quoi qu'il en soit, le principe est certain, l'engagement ne dure *que tant qu'il plaît au roi*; et de là nous avons raison de conclure que ce n'est pas même un usufruit, c'est un bien anomal irrégulier ; *l'engagiste* N'A PAS *même le domaine engagé ; à quelque titre, de quelque façon qu'il soit engagé, il n'en a que la jouissance*, sans pouvoir compter sur sa durée. »

Passons à la différence et à la ressemblance de l'engagement avec l'antichrèse.

« Engagement du domaine de la couronne, est, dit Henrion de Saint-Amand [1], un contrat par lequel le roi cède à quelqu'un un immeuble dépendant de son domaine, sous la faculté de pouvoir, lui et ses successeurs, le racheter à perpétuité toutes fois et quantes que bon leur semblera.

« L'étymologie du mot *engagement* vient de *gage*, et de ce que l'on a comparé ces sortes de contrat aux engagements ou antichrèses, que le débiteur fait au profit de son créancier.

« Il y a néanmoins cette différence entre l'engagement ou antichrèse que fait un débiteur, et l'engagement du do-

---

[1] *Encyclop. méth.*, v° *Engagement*, t. IV, p. 280 et suiv.

maine du roi, que le premier, dans le pays où il est permis, ne peut être fait qu'au profit du créancier, lequel ne gagne pas les fruits; ils doivent être imputés sur le principal [1], l'engagement n'étant à son égard qu'une simple sûreté : au lieu que l'engagement du domaine du roi peut être fait tant à prix d'argent que pour plusieurs autres causes, et l'engagiste gagne les fruits jusqu'au rachat, sans les imputer sur le prix du rachat, au cas qu'il lui en soit dû.

« Le domaine de la couronne, soit ancien ou nouveau, grand ou petit, est inaliénable de sa nature; c'est pourquoi les actes par lesquels le roi cède à quelqu'un une partie de son domaine, ne sont considérés que comme des engagements avec faculté de rachat...

« Toute aliénation du domaine et droits en dépendants, à quelque titre qu'elle soit faite, excepté le cas d'apanage ou d'échange, n'est donc véritablement qu'un engagement, soit que l'acte soit à titre d'engagement ou à titre d'inféodation [2], que ce soit à titre de vente, donation, bail à cens ou à rente, bail emphytéotique ou autrement; et quand

[1] Sur les intérêts de la créance d'abord, sur le capital ensuite. Voy. ce que disent ci-après Lefebvre de la Planche, Leprêtre, les auteurs du *nouveau Denisart* et M. Merlin.

[2] *Secus*, des inféodations du domaine faites à prix d'argent, ou pour récompense de services réels et exprimés dans l'acte, avant l'ordonnance de 1566. C'est ce que remarque Henrion de Saint-Amand dans ce même article, puis il ajoute : « Il y a d'autres inféodations du domaine qui ont été faites depuis cette ordonnance, en conséquence des édits du mois d'avril 1574, mars 1587, septembre 1591, 4 septembre et 23 octobre 1635, mars 1639, septembre 1645, décembre 1652, avril 1667, 1669, 7 avril 1672, mars et 19 juillet 1695, 18 mars, 3 avril et 4 septembre 1696, 13 août 1697, avril 1702, 2 avril et 26 septembre 1703, août 1708 et 9 mars 1715 : mais quoique plusieurs de ces édits et déclarations aient ordonné la vente des domaines à titre d'inféodation, et de propriété incommutable et à perpétuité, on tient pour maxime que toutes ces inféodations faites moyennant finance, et qui emportent diminution du domaine, en quelques termes qu'elles soient conçues, ne sont toujours que des engagements sujets au rachat perpétuel. »

même le titre porterait que *c'est pour en jouir à perpétuité et incommutablement*, sans parler de la faculté de rachat : cette faculté y est toujours sous-entendue ; et est tellement inhérente au domaine du roi, qu'on ne peut y déroger, et qu'elle est imprescriptible comme le domaine.

« L'ordonnance de Blois, articles 333 et 334, distingue à la vérité la vente du domaine d'avec le simple engagement[1]; mais il est sensible que les principes de cette matière n'étaient point alors développés comme il faut ; et selon les principes qui résultent des ordonnances postérieures, il est constant que l'aliénation du domaine, faite à titre de vente, ne peut avoir plus d'effet que celle qui est faite à titre d'engagement.

« L'engagiste a même moins de droit qu'un acquéreur ordinaire à charge de rachat. En effet, celui-ci peut faire tous les actes de propriétaire jusqu'à ce que le rachat soit exercé ; et quand le temps du rachat est expiré, il devient propriétaire incommutable : au lieu que l'engagiste du domaine n'est en tout temps qu'un simple acquéreur d'usufruit, qui a le privilége de transmettre son droit à ses héritiers ou ayants cause...

« L'engagement, comme nous l'avons déjà dit, n'est autre chose qu'un contrat pignoratif ; l'engagiste n'est pas propriétaire ; il ne peut pas même être assimilé à un usufruitier ; c'est, et rien de plus, un créancier de l'État auquel on a délégué le produit d'un domaine pour l'intérêt de son argent. »

Chopin, d'Aguesseau, Lefèvre de la Planche, Lorry, les auteurs du *nouveau Denisart*, M. Merlin, assimilent aussi l'engagement à une antichrèse, et la position respective du roi et de l'engagiste à celle d'un débiteur et d'un créancier[2].

[1] Voy. toutefois l'explication donnée ci-dessus par Guyot de ces articles de l'ordonnance de Blois.
[2] La Lande, sur l'article 63 de la coutume d'Orléans, n° 18, met aussi sur la même ligne l'engagement du domaine et l'antichrèse.

Après avoir établi (*du Domaine*, liv. I, tit. III, n° 4) que le domaine aliéné est rachetable à toujours sur les particuliers qui en jouissent, Chopin examine (liv. III, tit. XIX, n° 3), si les acquéreurs du domaine peuvent recevoir la foi et hommage des vassaux, et il résout la question négativement : « Non point, dit-il [1], pour la raison seule de l'ordonnance de Moulins, de laquelle j'ai ci-dessus fait mention, mais plutôt pour cette bonne et pertinente raison, d'autant que le domaine de la couronne ne peut se dire être proprement aliéné à l'endroit de ceux qui l'achètent, à cause qu'ils ne tiennent lieu seulement que de simples créanciers, et auxquels le domaine n'a été engagé que pour un temps, et pour en tirer profit par une manière de contrat appelé ἀντίχρησις c'est-à-dire *mutuus pignoris usus pro credito*, un usufruit ou accommodation, en retirant le profit de la chose engagée ou vendue pour le prêt et obligation qui a lieu jusqu'à ce qu'en payant le sort principal de ce qui est dû, le roi soit acquitté de sa dette. Or est-il que le contrat pignoratif ne change point la propriété de la chose. Et tout ainsi, comme un simple créancier n'est pas habile et capable de faire la foi et hommage, et acquitter les droits de relief et rachat de fief au seigneur supérieur, pour conserver son droit d'hypothèque, si ce n'est par permission du juge; aussi, au contraire, il n'est pas permis au créancier, sous le nom duquel nous entendons celui qui a acheté et acquis le domaine du roi à certain temps, d'exiger et recevoir la foi et hommage des vassaux, *qui ne peut appartenir qu'au seigneur direct*, Dumoulin tient cela assuré contre les créanciers *in* tit. I *cons. paris.*, §6, gl. 3, n°s 5, 6 [2]. »

[1] Je me sers de la traduction de Tournet.
[2] « Cependant, dit Guyot (t. V, p. 481), le même Chopin sur Paris (liv. III, tit. III, art. 17), fait une différence de la vente du domaine à faculté de rachat et de l'usufruit : il dit que puisque la vente du domaine est à

« Qu'est-ce qu'un contrat d'engagement, disait d'Aguesseau [1], si ce n'est une convention par laquelle le roi ou tout autre débiteur abandonne la jouissance d'un de ses domaines pour tenir lieu de l'argent qu'on lui prête, jusqu'à ce qu'il puisse le rendre à son créancier? C'est ce qu'on connaît dans le droit romain sous le nom d'antichrèse : *Antichresis est species pignoris ita dati ut donec pecunia solvatur, pignore creditor utatur, fruatur, in vicem usurarum*, dit Cujas, après les lois et les jurisconsultes. »

Lefèvre de la Planche, dans son *Traité du domaine*, (liv. XII, ch. IV), nous donne la même idée de l'engagement du domaine.

« En effet, dit-il, Leprêtre (VI cent. c. x), confond l'engagement avec le contrat pignoratif : « Nous appelons, « dit-il, contrat pignoratif et engagement, quand le débi-« teur vend au créancier son héritage pour jouir du revenu « des fruits, pour l'intérêt de son argent, avec faculté de « rachat perpétuel, et jusqu'à ce que le débiteur lui rende « son argent. »

« L'antichrèse peut aussi donner une juste idée du contrat d'engagement.

faculté de rachat, le particulier qui l'a acheté pour un temps, est réputé propriétaire en quelque manière et peut l'hypothéquer.

« Il a été séduit par les maximes des engagements du domaine qui, tant qu'ils durent, sont des propres dans les familles, peuvent être susceptibles du droit d'aînesse, peuvent être hypothéqués, vendus.

« Mais l'usufruit, tant qu'il dure, est susceptible d'hypothèque, de vente ; il peut être décrété ; il se fait à quatre-vingt-dix-neuf ans. Tels sont les baux emphytéotiques, ou à plusieurs générations, qu'en Poitou on nomme *vicairies*, à plusieurs vies : j'en ai vu appartenantes à la demoiselle Hillerin, qui est morte épouse de M. Grandjean de Fouchy, auditeur des comptes, aujourd'hui secrétaire de l'Académie des sciences : les baux étaient à trois générations.

« Chopin, sur Paris, ne traitait pas la matière des engagements des domaines comme dans son *Traité du domaine* ; c'est dans ce traité que sont les vraies maximes. »

[1] *OEuvres*, édit. in-4°, t. VII, p. 278.

« L'antichrèse est un contrat par lequel on convient que le prêteur jouira des fruits de l'héritage de son débiteur, pour l'intérêt de l'argent qu'il lui prête.....

« Dumoulin (dans son traité *Commerciorum contractuum*, etc., quæst. 58) compare aussi l'engagement à l'antichrèse : *magis tenet in vim pignoris et antichresis, quam in vim veræ venditionis*...

« *Il faut* donc *éloigner du contrat d'engagement toute idée de propriété* ; et de là la maxime qui s'observait dans les évaluations des domaines, de n'y comprendre que les droits utiles qui en sont l'objet[1], et non des droits qui sont plus personnels que réels, plus honorables qu'utiles, qui sont réservés à la personne du roi. »

Voici comment s'exprime, de son côté, le judicieux annotateur du *Traité du domaine*[2] :

« Nous l'avons déjà dit, le domaine est inaliénable, et cette règle n'admet aucune exception. La constitution de l'apanage n'en est pas une, comme nous l'avons prouvé ci-dessus. L'engagement n'en est pas une non plus. Seulement le domaine, qui ne peut être aliéné, peut faire le gage de la restitution d'une somme prêtée à l'État, et les fruits de ce domaine peuvent être délégués pour acquitter l'intérêt de l'argent prêté. Et de là le nom et l'opération de l'engagement. L'engagiste est créancier de la somme qu'il a avancée.

---

[1] C'est pourquoi dans les engagements faits en vertu du traité de Cambrai, et notamment dans l'acte fait avec M. de Clèves, en mai 1530, on n'a égard qu'au revenu des terres échangées, et on n'évalue pas les *forteresses, prérogatives et prééminences* des terres dont il se dépossède (voy. pièce n° 6, p. 70 et 71.)

C'est pourquoi aussi dans l'assiette générale des biens livrés à Charles-Quint, en vertu du traité de Cambrai, *in fine*, on a déduit les émoluments des officiers malgré l'opposition des mandataires du roi, ceux de l'empereur faisant observer avec raison que, « *s'il en était autrement, l'empereur n'aurait pas sa rente entière.* »

[2] T. III, p. 463.

Pour sûreté, on lui remet entre les mains un héritage du domaine, dont les fruits acquittent les intérêts de son prêt. A perpétuité, le prince et l'engagiste sont vis-à-vis l'un de l'autre dans la relation d'un débiteur et d'un créancier; et la faculté de rachat, réservée au prince, n'est autre chose que la faculté qui appartient au débiteur de retirer son gage en remboursant l'argent qu'il a reçu. Cette observation est la clef de toute cette matière. »

« Suivant l'acception la plus commune, disent les auteurs du *nouveau Denisart* (t. VII, p. 617), l'engagement d'un immeuble est la vente qui en est faite avec faculté de rachat.

« Dans un autre sens, l'engagement est synonyme d'antichrèse, et il signifie l'acte par lequel il est convenu qu'un créancier jouira d'un immeuble appartenant à son débiteur, et en percevra les revenus pour lui tenir lieu d'intérêts, jusqu'à ce qu'il soit remboursé du capital. »

Quant à l'engagement du domaine de la couronne les auteurs du *nouveau Denisart* reproduisent (*loc. cit.*, p. 619) la définition donnée par d'Aguesseau; et ils ajoutent : « Cette définition est la même que celle que nous avons donnée de l'antichrèse : c'est pourquoi il faut appliquer aux engagements du domaine de la couronne les principes généraux que nous avons posés sous le mot *Antichrèse* (t. II, p. 105 et suiv.). »

M. Merlin, dans son *Répertoire*, cite aussi d'Aguesseau et Chopin, et donne de l'engagement des domaines de la couronne la même idée que les auteurs du *nouveau Denisart*. Voici ce qu'il dit au mot *Engagement d'immeubles* :

« C'est en général un acte par lequel on cède à quelqu'un la jouissance d'un bien-fonds pour un temps.

« Il y a deux sortes d'engagements :

« L'un synonyme d'*antichrèse*, en vertu duquel le créancier jouit des biens de son débiteur et en perçoit les revenus pour lui tenir lieu d'intérêts, jusqu'à ce qu'il soit remboursé; l'autre synonyme de *vente à réméré*, qui transfère à l'engagiste la propriété de l'immeuble qu'il a pour objet, sous la condition que cette propriété sera résolue en cas de rachat de la part du vendeur.

« C'est à la première espèce d'engagements que se rapporte ce qu'on appelait dans notre ancienne législation l'*engagement* du domaine de la couronne [1]. »

Dans ses *Questions de droit*, v° *Engagement*, § 1, M. Merlin développe les vrais principes en cette matière, et reconnaît que dans les aliénations du domaine, le roi n'en transférait pas la propriété, qu'il la gardait au contraire par devers lui, et qu'il n'en cédait que l'usufruit.

« Il est universellement reconnu, dit-il, que de quelque couleur que l'ancien gouvernement revêtît les dispositions qu'il se permettait du domaine de l'État, pour se procurer

[1] M. Merlin, *ibid.*, n° 3, cite un arrêt du parlement de Douai, qui a décidé que l'héritage possédé à titre d'engagement, tenait nature d'immeuble dans la succession de l'engagiste, et était sujet comme tel aux réserves coutumières ; mais cette décision ne contrarie nullement l'assimilation que nous avons faite de l'engagement à l'antichrèse. Nous avons vu que Guyot admettait aussi que l'immeuble engagé pouvait être hypothéqué, qu'il était un propre dans la famille de l'engagiste, soumis au droit d'aînesse, etc.; et néanmoins Guyot assimile l'engagement à un usufruit imparfait. Si donc le bien engagé était sujet aux réserves coutumières, cela tenait à d'autres règles que celles relatives à la nature du contrat d'engagement. Aussi, dans l'espèce de l'arrêt en question, les principes que nous avons établis n'étaient-ils contestés par aucune des parties en cause ; mais celles qui avaient intérêt à soutenir que l'immeuble engagé tenait nature d'immeuble dans la succession de l'engagiste, se prévalaient des articles 129, 148 et 149 de la coutume de Paris; d'où ils concluaient « que, dans le droit général de la France, les droits d'engagement du domaine public, quoique sujets à la faculté d'un rachat perpétuel et qui peut s'exercer sans délai, les emphytéoses et les baux à longues années, sont des droits immobiliers et propres de succession, par la raison que tout droit à un immeuble, établi de manière à pouvoir durer plus que la vie d'un homme, est assimilé à l'immeuble, et est conséquemment de nature immobilière. »

de l'argent, et quelque clause qu'il y insérât, ce n'était point par ce qu'il avait dit ou stipulé, mais uniquement par ce qu'il avait pu faire, que l'on devait déterminer la nature et les effets de cette disposition [1].

« Règle générale : le domaine de l'État est inaliénable, et toutes les aliénations qu'en faisaient les rois, n'étaient considérées que comme de simples engagements. La célèbre ordonnance de Moulins, du mois de février 1566, a consacré cette maxime, et en a fait une des lois fondamentales de l'ancien gouvernement.

« A la vérité, cette ordonnance portait que le domaine pouvait être aliéné *à deniers comptants, pour la nécessité de la guerre, après lettres patentes pour ce décernées, publiées dans les parlements; auquel cas il y* aurait *faculté de rachat perpétuel*; et sans doute on ne manquera pas de dire que les aliénations de biens domaniaux étaient de véritables ventes *à réméré*; qu'ainsi elles transféraient aux acquéreurs une véritable propriété, qui, bien que résoluble, n'en était pas moins parfaite.

« Mais, comme l'observent tous les jurisconsultes qui se sont occupés de cette matière, il faut prendre garde à l'article 15 de la même ordonnance: *La réception en foi et hommage*

---

[1] Nous avons vu la même opinion émise par Henrion de Saint-Amand, et on la trouve partagée par tous les auteurs qui ont écrit sur le domaine. Contentons-nous de citer Guyot et Dunod.

« Le domaine de la couronne est inaliénable, dit le premier de ces auteurs (t. V, p. 440), maxime qui est la source de cette autre qui est constante, qu'*à l'exception de l'échange en bonne forme, toute aliénation du domaine* quoquomodo *est engagement.* »

« L'inaliénabilité du domaine, dit Dunod (*Traité des prescriptions*, p. 275), étant en France une loi qui intéresse la police et la conservation du royaume, les aliénations qui s'en font même par des édits, et dans des cas de nécessité, ne sont que des engagements, en sorte que le roi peut toujours retirer ses domaines aliénés en remboursant les acquéreurs, sans avoir égard à aucune approbation, confirmation, ni laps de temps, quand il serait de plusieurs siècles. »

(y est-il dit) *des fiefs dépendants des terres domaniales, au cas d'aliénation d'icelles, nous demeurera et appartiendra, ou à nos successeurs.* Et de là il résulte évidemment qu'en aliénant une terre domaniale, le roi n'en transférait pas la propriété; qu'il la gardait au contraire par devers lui, et qu'il n'en cédait que l'usufruit.

« Aussi a-t-on constamment tenu pour principe, que les acquéreurs de biens domaniaux devaient être considérés, *non comme propriétaires sujets à être évincés par la faculté perpétuelle de rachat, mais comme de simples engagistes.*

« Et ce principe a été solennellement sanctionné par l'article 24 de la loi du 22 novembre 1790 : *Les ventes et aliénations de domaines nationaux postérieurement à l'ordonnance de* 1566 SERONT RÉPUTÉES SIMPLES ENGAGEMENTS, *et comme telles perpétuellement sujettes à rachat, quoique la stipulation en ait été omise au contrat,* OU MÊME QU'IL CONTIENNE UNE DISPOSITION CONTRAIRE. »

Les auteurs qui précèdent, en déniant à l'engagiste tout droit de propriété sur le domaine qu'il détient, lui déniaient aussi tout droit de possession comme l asnon dans sa consultation de 1684; c'est ce qu'explique notamment très-bien d'Aguesseau dans une lettre datée du 31 janvier 1731[1] :

« Vous confondez, dit-il, deux sortes de possesseurs, ou, pour employer un terme plus général, de détenteurs de ce domaine, je veux dire les engagistes et les acquéreurs à titre de propriété.

« Les premiers ne pouvant jamais être admis à rendre la foi hommage, ne peuvent par conséquent y être contraints; et lorsqu'ils vendent les domaines qu'ils possèdent à titre d'engagement, il n'est dû au roi aucun droit à titre de mu-

---

[1] Voy. t. X, p. 456, de l'édition de ses *OEuvres*, in-4°.

tation; c'est une règle qui n'est pas douteuse, et qui est fondée sur ce que les engagistes n'acquérant ni la propriété *ni même la possession des domaines engagés,* mais seulement la jouissance des fruits par une espèce de droit d'antichrèse, ils ne sont sujets ni aux devoirs que les seuls propriétaires peuvent remplir ni aux droits qui ne se peuvent exercer que contre les seuls propriétaires.

« La condition des derniers est entièrement différente. Plusieurs édits et déclarations du roi ayant ordonné l'aliénation absolue et à titre de propriété de ce que l'on appelle *les petits domaines,* c'est-à-dire de ceux qui sont d'une si petite valeur que le roi n'en tire aucune utilité, et qu'il ne peut en profiter qu'en les vendant, les acquéreurs de ces domaines sont de véritables propriétaires et obligés par conséquent, soit à remplir les devoirs, soit à acquitter les droits qui sont une suite de la propriété. »

Et ailleurs [1] d'Aguesseau indique en deux mots pourquoi les engagistes ne possèdent pas : « Les engagistes, dit-il, jouissent pour le roi : *la possession de l'usufruit sert au propriétaire.* »

M. Troplong, après avoir combattu par des considérations de l'ordre le plus élevé cette opinion généralement répandue que la propriété dérive de la possession, rentre dans l'ordre d'idées que nous venons de voir exprimer par d'Aguesseau, en disant (sur l'art. 2228, n° 223) : « Lorsque le propriétaire consent à céder la possession à un tiers comme dans le cas de louage, d'antichrèse, ce démembrement ne détruit pas le lien qui unit le droit au fait : le maître est censé jouir par son fermier. Il y a là adhésion de la possession à la propriété. »

Mais M. Troplong (sur l'art. 2085, n° 504) s'éloigne de

[1] Troisième mémoire sur le vicomté de Martigues (*OEuvres*, in-4° t. VII, p. 515).

l'opinion de d'Aguesseau en ce qui concerne l'assimilation de l'engagement à l'antichrèse[1] ; suivant lui, « l'engagement se distingue de l'antichrèse par un caractère de réalité et d'affectation que n'a pas ce dernier contrat. »

Bientôt nous aurons occasion de remarquer que ce savant jurisconsulte a peut-être trop multiplié les distinctions dans son commentaire du titre XVII du livre III du Code civil, mais quoi qu'il en soit, sur quelle base repose celle qu'il propose ici?

« Il est constant, dit-il, que les engagements étaient nature d'immeubles dans les mains de l'engagiste[2]. Et cependant, comme nous le verrons plus tard, l'antichrèse n'attribuait au créancier que des droits mobiliers. L'engagiste jouissait de tous les droits attachés à la chose, de tous les droits réels et utiles[3]. Il pouvait céder son droit[4] ; l'engagement pouvait être décrété sur lui, en sorte que cette tenure avait un caractère de réalité dont l'antichrèse n'était pas investie. »

Qu'on se garde cependant d'exagérer ce caractère de réalité et de le reconnaître à des signes qui ne seraient après tout que plus qu'équivoques.

Comme le droit de l'engagiste, le droit du vendeur sous faculté de rachat pouvait être cédé[5].

[1] Aux auteurs qui adoptent cette assimilation il faut ajouter Legrand (sur la coutume de Troyes, tit. III, art. 34, gl. 2, n°ˢ 5 et 6); et Brodeau (sur Louet, let. P, som. IX), qui dit que l'aliénation du domaine *n'est qu'antichrèse.*

[2] M. Troplong cite en ce sens un arrêt du parlement de Douai du 2 avril 1778, mais cet arrêt, dont on peut voir l'espèce dans le *Répertoire* de Merlin, vⁱˢ *Engagement d'immeubles,* n° 3, a jugé seulement ceci : que les domaines engagés étaient considérés comme immeubles *dans la succession* de l'engagiste et sujets comme tels aux réserves coutumières.

[3] Quant à ces droits l'antichrèse était aussi *loco domini.*

[4] Sans nul doute l'antichrésiste pouvait aussi céder le sien.

[5] Voy. Legrand, sur la coutume de Troyes, tit. IX, art. 162, n°11; Cogniaux, *Pratique du retrait,* ch. I, n° 12; Pothier, *Traité des retraits,* n° 546.

Dans la succession du vendeur et dans le partage de la communauté, il était assimilé, comme l'engagement, à un immeuble [1].

L'aîné exerçait son préciput sur le bien racheté après le décès du père, absolument comme il l'eût exercé sur ce bien s'il l'eût trouvé dans sa succession [2].

Eh bien, malgré tous ces caractères de réalité, on admettait cependant en France que la vente sous faculté de rachat dépossédait le vendeur de tous ses droits réels et ne lui laissait à la place qu'une action personnelle, tandis que l'engagement d'un domaine n'opérait aucune transmission de propriété [3]. Et de là provenait que la vente à réméré donnait tout naturellement ouverture au retrait féodal et au retrait lignager [4], tandis qu'il n'en était de même à l'égard de l'engagement qu'en faisant quelque peu violence à la nature de ce contrat [5].

Hâtons-nous de dire d'ailleurs que si nous n'apercevons pas d'une manière distincte les différences que M. Troplong signale entre les engagements et les antichrèses, nous sommes au contraire en parfait accord avec lui sur les seuls caractères de l'engagement qui nous intéressent dans l'espèce.

Ce qu'il nous importe en effet seulement d'établir, c'est

[1] Voy. Denisart, v° *Faculté de rachat*, n° 3.
[2] Voy. Dumoulin, sur la coutume de Paris, § 11, n°° 28 et suiv.; Legrand, sur la coutume de Troyes, tit. II, art. 14, gl. 4, n° 9.
[3] Nous reviendrons bientôt sur ce point de jurisprudence; quant à présent, nous nous contenterons de citer Legrand qui, dans son commentaire sur la coutume de Troyes (tit. III, art. 34, n° 11), s'exprime en ces termes : « Le contrat d'engagement ne transfère aux créanciers aucun domaine et propriété, mais demeure toujours le débiteur maître et seigneur de la chose engagée. Au contraire la faculté de rachat transfère dès l'instant toute sorte de seigneurie à l'acheteur, lequel est rendu maître et propriétaire de la chose achetée sous cette condition de rachat. »
[4] Voy. Legrand, sur la coutume de Troyes, tit. IX, art. 162, n° 11; Cogniaux, *loc. cit.*, ch. III, n° 6, et ch. V, n° 5.
[5] Voy. Pothier, *Traité des retraits*, n° 30.

que l'engagement ne transférait ni la propriété ni la possession ; c'est que l'engagiste n'était qu'un détenteur à titre précaire ; c'est que comme tel, il ne pouvait pas prescrire.

Or sur tous ces points, nous sommes parfaitement d'accord avec M. Troplong. Comme nous il assimile l'engagiste à l'usager, à l'usufruitier, au dépositaire, à l'antichrésiste. Comme nous il le déclare un détenteur à titre précaire. Comme nous il le dit incapable de prescrire, fût-ce par mille ans[1].

Dans son commentaire sur le titre du nantissement, il répète à cet égard ce qu'il avait dit dans son commentaire sur le titre de la prescription, auquel d'ailleurs il renvoie. Dans sa préface (p. 32), il reconnaît que le droit de l'engagiste ne lui appartient que « sous un titre précaire et avec condition de retrait perpétuel en remboursant les deniers prêtés. » Et lorsqu'il cherche à distinguer l'engagiste de l'antichrésiste (n° 504), il s'empresse d'ajouter : « Ce n'est pas que le gagiste puisse jamais prescrire contre son titre. »

Or, comme c'est cela seul qui nous importe et comme, à ce point de vue, il n'y a nulle différence à faire entre l'antichrèse et l'engagement, nous n'avons nullement à nous préoccuper des qualifications à donner à l'acte que nous apprécions, pourvu que celle qu'on choisisse, implique l'idée de la propriété et de la possession restant au débiteur, et de la précarité du titre attribué au créancier. Nous dirons donc volontiers avec Cujas[2] : *Aliud est pignus, aliud hypotheca, aliud fiducia, aliud antichresis, et omnia tamen pignora.*

Et toujours au même point de vue, nous pourrons citer avec la même autorité et la même confiance, les juris-

[1] Voy. son commentaire sur l'art. 2236, n° 481.
[2] *De feudis*, lib. I, tit. v, t. II, p. 1091.

consultes qui, comme Legrand, confondent l'engagement avec l'antichrèse, et les auteurs qui comme ceux du *nouveau Denisart*, font de l'antichrèse et de l'engagement, deux sortes distinctes de contrat.

« Pour pouvoir prescrire, dit Legrand (sur la cout. de Troyes, tit. III, art. 23, gl. 1, n°s 16 et 17), il est nécessaire que le prescrivant soit fondé en titre valable, et puissant pour transférer le domaine et la seigneurie, et qu'il possède *pro suo*. Car les adjudicataires des fruits et revenus d'une terre, les séquestres, les dépositaires et autres semblables ne peuvent pas acquérir prescription, quoique leur jouissance a été continuée par mille ans, lorsqu'il apparaît du titre et du fondement de leur possession (J. Faber, *in* l. 2 C. *ubi in rem act. exerc. deb.*; Dumoulin, *in consuet. paris.*, § 52, gl. 1, n° 32; d'Argentré, *in consuet. Britan.* art. 266, c. x, n° 11) encore que n'apparaissant pas de titre, les susdits eussent pu acquérir prescription par trente ans (l. 3 et l. ult. C. *de præscrip.* 30 *vel* 40 *ann.*). C'est pourquoi il vaut mieux ne pas avoir de titre, que d'en avoir un vicieux. »

Ailleurs (titre III, art. 34, gl. 2, n°s 5 et 6) Legrand dit : « or le contrat d'engagement *ou* antichrèse pour quelque temps qu'il puisse être, *pignus tantum est, pignus autem nunquam dominium transferre potest* (l. 35 *in fine*, ff. *de pigner. act.*) C'est pourquoi le créancier possède seulement au nom du débiteur (l. 16 ff. *de usucap.*; l. 15, § 2, ff. *qui satisd. cogant.*; Dumoulin, *in cons. paris.*, § 57, n° 7, et § 52, n° 20).

Et ailleurs encore (tit. II, art. 14, gl. 4, n° 10) : « le preneur par engagement n'est proprement que créancier. »

« L'antichrèse, disent les auteurs du *nouveau Denisart*[1],

---

[1] V° *Antichrèse*, § 2, n° 3.

étant la tradition d'un gage à laquelle on ajoute la faculté de recueillir les fruits qu'il produit, ce contrat tient de la nature du gage, non-seulement de ne pas transférer la propriété de la chose qui fait le sujet de l'antichèse, mais même d'être à perpétuité exclusif de cette propriété. Ainsi, par quelque laps de temps qu'on ait joui d'une chose à titre d'antichrèse, on ne peut jamais prétendre en avoir la propriété, et l'on ne saurait s'opposer à l'action du débiteur qui vient demander sa chose, en offrant la restitution de la somme qu'on lui a prêtée. Le principe qui empêche la prescription, en pareil cas, est que l'on ne jouit point comme propriétaire. *Pignori rem acceptam usu non capimus*, dit la loi 13, ff. *de usurp. et usuc., quia pro alieno possidemus*. La possession centenaire ne nuit pas plus au débiteur que ne lui nuirait la possession d'un jour, parce que le titre subsistant réclame sans cesse, et lui conserve sa propriété pendant toute la durée de l'antichrèse, quelque longue qu'elle soit. Dumoulin, parlant du seigneur qui a saisi le fief de son vassal, et qui en a joui à ce titre, dit qu'il ne peut le prescrire tant qu'il en jouit à ce titre, le possédât-il pendant dix siècles, *etiam per spatium mille annorum nunquam præscribit*; et il ajoute aussitôt, *sicut in simili emphyteuta colonus, creditor hypothecarius, quamdiu in illa qualitate possident vel detinent, nullo tempore præscribunt nec unquam incipiunt præscribere, nisi a die qua, possessione priori interversa, cœperint pro suo possidere* (*in antiq. cons. paris.*, art. 7, n° 15). Despeisses établit de même, que l'effet possédé en gage par le créancier peut être répété quand il aurait joui pendant plus de cent ans; il ajoute « qu'il a été ainsi jugé au parlement, le 4 mai 1551, contre « un engagiste du comté de Dreux, qui, bien qu'il eût joui « pendant plus de cent ans, à titre d'engagement, fut con- « damné de le bailler au propriétaire, en tirant de lui les

« deniers pour l'assurance et jouissance desquel il avait
« été baillé en engagement. » (*Des contrats*, part. I, sect. IV,
n° 7.)

De ce qui précède il résulte que les engagements du domaine de la couronne n'en transféraient pas la propriété, qu'elle continuait à résider sur la tête du roi, que l'engagiste n'était considéré que comme un créancier antichrésiste, que dès lors les droits qu'il acquérait n'impliquaient jamais l'idée de la transmission de la propriété sur sa tête[1], et ne lui permettaient pas de dire sienne la chose qu'il détenait sans véritablement la posséder, ne la possédant que pour autrui.

Veut-on de nouveaux témoignages? Ils abondent.

« Par l'ordonnance du domaine, dit Guyot[2], l'honorifique reste au roi comme une suite du fief engagé, *qui lui reste nonobstant l'engagement*; c'est lui qui reçoit la foi et le dénombrement des vassaux du domaine engagé, qui les fait saisir féodalement par son procureur; *l'utile seul* passe à l'engagiste; c'est la disposition de l'article 15 : *Les réceptions en foi et hommage des fiefs dépendants des terres domaniales, en cas d'aliénations d'icelles, nous demeureront et appartiendront et à nos successeurs*[3]; *et les profits desdits fiefs, foi et hommage, et ce qui en dépend, à ceux à qui ces*

---

[1] Voy. notamment le *Dictionnaire* de Renauldon; *les vrais Principes des fiefs*, par de Fréminville, v° *Engagistes*; et le chapitre relatif aux engagements du domaine du roi dans le *Traité des fiefs* de Guyot. Voy. aussi le *Répertoire* de Guyot, t. VI, p. 732 et suiv.

[2] *Traité des fiefs*, t. V, p. 503 et 504.

[3] Il est bien remarquable que la compagnie d'Anzin, qui, grâce aux archives de la famille de Croy, est parvenue à produire des actes de relief de la terre de Condé, portant les dates des 13 octobre 1427, 25 octobre 1593 et 8 juillet 1671, ne produise cependant aucune réception de foi et hommage, par M. de Croy, pour les fiefs relevant de la seigneurie du château. Sans doute ces réceptions de foi et hommage ne constitueraient qu'une usurpation, et ne prouveraient pas la transmission de propriété d'un bien

terres sont dûment et licitement transférées et concédées[1].

« De là, dès que le pur honorifique, l'*acte vraiment domanial* reste au roi, on a décidé avec raison que le retrait féodal n'appartenait pas et ne pouvait appartenir à l'engagiste en vertu de son engagement, s'il n'y était exprimé nommément[2]... Si le retrait est dans l'engagement, cela ne rend pas l'engagiste seigneur du fief engagé, le roi reste toujours seigneur ; l'engagiste n'est alors *qu'un cessionnaire* de l'action de retrait, voilà tout ; il ne retire pas *par puissance de fief*, il ne l'a pas ; il retire *comme ayant la concession* du droit, ou plutôt *de l'exercice* du droit du roi. Ceci mérite une attention singulière. Cela paraît un argument subtil, c'est pourtant le vrai. L'engagiste d'une terre seigneuriale à titre d'inféodation n'a pas pour cela le fief du domaine engagé, je l'ai dit *supra*, n° 30, je le démontre n° 36. S'il n'a pas le fief du domaine engagé, donc, quand il a le retrait, il ne l'exerce pas *par puissance de fief*, il ne l'exerce que comme lui étant cédé dans ses lettres. »

Plus loin (p. 522 et 523), Guyot revient encore sur les mêmes idées, et il les développe en ces termes :

« La vraie seigneurie reste au roi nonobstant l'engagement *quoquomodo* ; le vrai fief lui demeure ; l'engagiste n'a

inaliénable, mais elles établiraient du moins que M. de Croy exerçait comme propriétaire les droits qui, suivant l'ordonnance de 1566, étaient réservés au roi.

[1] Voy. aussi la déclaration du 4 septembre 1592.

[2] On peut voir dans ce sens, Bacquet, *des Droits de justice*, ch. XII ; n° 10 ; Brodeau, sur l'article 20 de la coutume de Paris, n° 9 ; Duplessis, *des Fiefs*, liv. VII, ch. II ; Lacombe, v° *Retrait féodal* ; Bourjon, *Droit commun*, II° partie, *des Fiefs*, ch. 1, n° 13 ; Jacquet, dans son *Traité des fiefs*, p. 293 ; le *nouveau Denisart*, t. VII, p. 624, n° 4 ; Henrion de Saint-Amand, dans l'*Encyclop. méthod.*, v° *Engagement*, t. IV, p. 286, Hervé, *Théorie des matières féodales*, t. III, p. 220 et 221 ; de Fréminville, *les vrais Principes des fiefs*, t. I, p. 502 ; Renauldon, dans son *Dictionnaire des fiefs*, v° *Engagiste*, n° 110, etc.

ni la seigneurie, ni le fief du domaine engagé, à quelque titre que soit son engagement.

« Ce sont là de ces principes qu'il n'est permis à personne d'ignorer.

« Qu'est-ce donc qui passe à l'engagiste? *Un simple utile* plus ou moins étendu, *un usufruit, l'exercice* de quelques droits honorifiques. C'est un usufruit concédé *ad tempus incertum*, qui n'a pas même l'avantage de ces concessions à temps incertain, comme celles à vie, ou à deux ou trois vies, qui, dans leur incertitude, ont quelque chose de certain, c'est-à-dire de durer pendant la vie des preneurs, sans pouvoir être dépossédés. L'engagement est un *usufruit imparfait*, anomal, irrégulier, d'une nature qui n'est qu'à lui, qui ne participe d'aucune autre, qui ne ressemble à aucune autre, mais qui, de quelque façon et à quelque titre qu'il soit fait, n'est toujours et ne peut être *qu'un usufruit*.

« L'engagiste décédé laisse des héritiers directs ou collatéraux, il y a droit d'aînesse, suivant les coutumes. Sur quoi se prend-il? Ce n'est pas *sur la seigneurie engagée* : l'engagiste ne l'a point, il n'a point *le fief du domaine engagé*; ce n'est pas même dans le point de vue vrai le domaine engagé qui se partage : je dis là un grand mot, cela est pourtant vrai.

« C'est le *droit utile* de la seigneurie qui se partage *à l'instar* et suivant la coutume de la seigneurie ; *c'est la jouissance*, c'est le droit de percevoir les fruits du domaine engagé, suivant telle ou telle portion. On ne peut mieux comparer le partage d'un domaine engagé qu'au partage qui se fait entre cohéritiers d'un héritage indivisible resté en commun, dont on divise la jouissance jusqu'à la licitation ou jusqu'à la vente ; la propriété de cet héritage indivis appartient à la succession ; elle est encore dans la succession ; les héritiers n'en perçoivent, n'en partagent que les fruits. On peut encore le comparer au partage d'une justice qui ne se divise point : c'est un partage *de fruits*. Il n'y a réellement que cela dans la succession de l'engagiste ; le *domaine engagé, le fief du domaine engagé ne passent point à l'engagiste*, ILS RESTENT AU ROI. »

S'il en est ainsi, ce n'est pas l'engagiste mais le roi qui doit appeler *sa terre* un domaine, une seigneurie de cette nature, et l'engagiste ne se peut pas dire le seigneur de cette terre. C'est en effet ce que décident tous les auteurs.

Loyseau (dans son *Traité des offices*, livr. IV, ch. IX, n⁰ˢ 21 et suiv.) distingue très-bien la différence de position qui existe, à cet égard, entre l'apanagiste et l'engagiste ; il assimile l'un au propriétaire, l'autre à l'usufruitier.

« C'est pourquoi, dit-il, comme seulement ce qui consiste en fruit et commodité appartient à l'usufruitier, et non ce qui consiste en pur honneur séparé du profit, ainsi que dit fort bien Dumoulin sur l'article 1ᵉʳ de la coutume, gl. 1, n⁰ 14, il faut remarquer que l'apanage emportant la propriété de l'héritage quoique sujet à réversion, transfère les droits honorifiques aussi bien que les profitables ; mais que l'engagement ne produisant qu'une espèce d'usufruit, ne transfère que les droits utiles et non les honorables, en tant qu'ils peuvent être séparés des profits.

« De cette considération dépendent et procèdent quatre notables différences entre les apanages et les engagements.

« La première et plus importante est que l'apanagé, comme vrai seigneur et propriétaire, se peut titrer et qualifier pair, duc ou comte de la pairie, duché ou comté à lui baillés en apanages, et en conséquence peut jouir de tous les droits et prérogatives d'honneur qui appartiennent aux pairs, ducs et comtes, spécifiés au livre *des seigneuries*; mais non l'acquéreur par engagement, *qui ne se peut qualifier duc, ni comte, ni même seigneur haut justicier (car c'est le roi qui demeure le vrai propriétaire et seigneur du domaine engagé)*, et non pas même duc ou comte par engagement; mais seulement il se peut qualifier seigneur par engagement de domaine de tel duché, comté ou autre seigneurie, et par conséquent il ne peut jouir d'aucune prérogative honoraire des ducs ou comtes, même il ne peut pas jouir tout à fait de celles des simples seigneurs hauts justiciers, témoin ce bel arrêt du 5 juillet 1554 rapporté par Bacquet (liv. III, ch. xx), par lequel la cour trouva mauvais que l'acquéreur par engagement d'une haute justice eût fait mettre ses litres et ceintures funèbres à la paroisse d'icelle; et voilà la première différence qui concerne l'honneur.

« La seconde différence concerne le pouvoir, et que les apanagés peuvent eux-mêmes recevoir les hommages des vassaux relevant de leur apanage, les faire saisir en leur nom seul, leur donner souffrance et mainlevée, même recevoir leurs aveux, bref faire comme vrais seigneurs tout exercice des droits féodaux tant utiles qu'honoraires, sauf néanmoins que par la même ordonnance du domaine ils sont chargés d'envoyer chacun an, en la chambre des Comptes, les doubles des réceptions de foi et aveux par eux reçus : ce qui n'est pas ordonné pour retrancher leur pouvoir, mais pour conserver les droits du roi. Mais par cette même ordonnance il est porté qu'ès ventes à faculté de rachat, la réception des hommages, et par conséquent *tout l'exercice des droits féodaux, demeure au roi et à ses officiers, tout ainsi qu'ès seigneuries patrimoniales, ils appartiennent au propriétaire et non à l'usufruitier,* comme résout Dumoulin sur l'article 1er de la coutume, gl. 1, et a été décidé par notre coutume réformée, article 2. Ce que je ne m'amuserai pas à approfondir davantage, parce qu'il ne concerne pas notre matière.

« Mais les deux autres différences qui restent, y appartiennent directement, lesquelles je mêlerai ensemble pour ce qu'elles dépendent l'une de l'autre, à savoir qu'ès engagements de terres vendues à faculté de rachat, la justice s'exerce au nom du roi seul, et ainsi s'observe notoirement partout, et j'ai vu donner un arrêt portant défenses d'en user autrement ; et aussi dans ces mêmes terres les offices de la justice demeurent en la libre collation du roi, et n'y ont régulièrement les acquéreurs aucun droit de nomination, sinon qu'elle leur ait été nommément vendue, et encore en ce cas n'ont-ils que la nomination des offices précisément spécifiés en l'évaluation qu'on a coutume de faire lors de cet engagement, pour ce qu'en matière odieuse il n'y a au marché que ce qu'on y met. »

L'opinion de Loyseau sur le défaut de droit chez l'engagiste de se dire seigneur de la terre engagée, a été suivie par Lefèvre de la Planche (liv. XII, ch. IV, n° 7) ; elle est adoptée par la Garde, par Bosquet et par tous les auteurs domaniaux ; elle est aussi admise par de Fréminville, par Billecoq, par Renauldon, par les auteurs du *nouveau Denisart*, par Houard, par Hervé et par tous les feudistes.

« La justice dans les terres engagées, dit la Garde[1], doit s'exercer comme avant l'engagement, et *les engagistes ne peuvent* prendre en leur qualité *les noms et titres des terres du domaine,* mais seulement la qualité de seigneurs engagistes de telle ou telle terre et seigneurie appartenant au domaine royal. Ils ne peuvent pas non plus mettre et apposer leurs armes ès lieux publics, églises et auditoires. Ces charges et restrictions étaient des moyens sûrs établis anciennement par les parlements, pour conserver le domaine public contre les entreprises des particuliers ; mais cela

---

[1] *Traité historique de la souveraineté du roi,* t. I, p. 63 et 64.

n'avait pas toujours été exécuté; c'est pourquoi le roi Louis XIII, par ses lettres patentes données au camp devant la Rochelle l'an 1628, renouvela ces dispositions avec défenses d'y contrevenir sous les peines y portées; néanmoins ce prince déclara qu'il n'entendait point déroger aux droits appartenant à ces possesseurs, quant aux terres, fruits et émoluments de la justice, et nomination des officiers en la manière ordinaire. Ces fruits et émoluments de la justice dont les engagistes jouissent, sont ordinairement la nomination des officiers, les greffes, sceaux, amendes, confiscations, droits de déshérence, biens vacants, trésors trouvés et épars, ensemble le droit de bâtardise. »

Bosquet (dans son *Dictionnaire des domaines*, t. II, p. 306) dit aussi que *la justice doit être exercée au nom du roi comme avant l'engagement*, et que *les engagistes ne peuvent pas prendre les noms et titres des terres qui leur sont engagées*. « Le titre du fief, ajoute-t-il, reste toujours entre les mains du roi et ne peut être transféré, si ce n'est par échange. »

De Fréminville [1] exprime en ces termes la même opinion:

« Les engagistes ne peuvent pas prendre la qualité dont la terre engagée est décorée, c'est-à-dire si c'est un marquisat, une baronnie, etc., le nom de marquis ou baron, mais seulement le titre de seigneur par engagement d'un tel comté ou marquisat...; » et plus loin il ajoute « qu'ils sont tenus de faire exercer la justice au nom du roi. »

Billecoq [2] refuse à l'engagiste le droit de recevoir les foi et hommage et de saisir féodalement, précisément parce qu'il n'est ni propriétaire, ni seigneur.

« Quand le fief dominant, dit-il, qui est du domaine du

---

[1] *Les vrais Principes des fiefs*, t. I, p. 501 et 502.
[2] *Traité des fiefs*, p. 72, 328 et 329.

roi, est engagé, la foi et hommage doit être faite à la chambre des comptes et non à l'engagiste, parce que l'engagiste est plutôt considéré comme usufruitier que comme propriétaire, ne se pouvant pas dire duc, marquis ou comte de..., mais seulement seigneur par engagement de tel duché, marquisat ou comté. A l'égard des droits, ils sont dus à l'engagiste.

« Les apanagistes peuvent faire saisir en leur nom, parce qu'ils sont propriétaires du fief dont ils prennent le titre et la qualité. A l'égard des engagistes, ils ne peuvent pas saisir à leur requête, sans la jonction du procureur du roi, parce qu'ils sont plutôt usufruitiers que propriétaires, etc. »

Renauldon [1], au nombre des observations qu'il considère comme importantes relativement aux engagistes, place celle-ci : « que l'engagiste ne peut point prendre purement et simplement le titre du fief engagé ; ainsi, par exemple, dit-il, en se qualifiant de duc d'un tel duché, il faut qu'il ajoute par engagement, parce que n'étant pas possesseur incommutable, *le titre du fief engagé demeure toujours en la possession du roi.* »

Les auteurs du *nouveau Denisart* [2] s'expriment absolument dans les mêmes termes.

« Par édit du mois de mars 1695 adressé au parlement de cette province (de Normandie), les engagistes du domaine du roi, dit Houard [3], jouissent de tous les revenus et droits dépendants des biens domaniaux dont la concession leur a été faite ; ainsi leur jouissance peut, suivant que leur titre de concession est conçu, s'étendre non-seulement sur les terres et seigneuries, mais même sur l'administration des

---

[1] *Dictionnaire des fiefs*, v° *Engagistes*.
[2] T. VII, p. 623, v° *Engagement du domaine*, § 2, n° 2.
[3] *Dictionnaire du droit normand*, t. II, p. 132 et 133.
Voy. aussi la Lande, sur l'article 63 de la coutume d'Orléans, n° 18.

justices qui y sont annexées, sur la nomination aux offices de ces justices, soit qu'elles soient hautes, basses ou moyennes, et ils en ont les amendes et confiscations, sans qu'ils soient assujettis à aucuns droits de francs fiefs, à la taille, ou aux ustensiles. Malgré ces priviléges, les engagistes ne peuvent prendre le nom et les titres des terres qui leur sont engagées, ni apposer leurs armes dans les lieux publics, églises ou auditoires dépendants de ces terres ; il ne leur est permis que de s'en qualifier *seigneurs par engagement*. »

Enfin Hervé s'exprime en ces termes dans sa *Théorie des matières féodales* (t. II, p. 36 et 37) :

« Les princes apanagistes ont droit d'exiger et de recevoir l'hommage ; car quoiqu'ils ne soient pas propriétaires incommutables, néanmoins ils sont vrais propriétaires jusqu'à l'extinction de la ligne masculine.

« *Secus* de l'engagiste. *Il n'est point le seigneur de la terre qui lui est engagée* ; il n'a que la simple faculté de recevoir les fruits. Il ne peut prendre la qualité pure et simple de seigneur du domaine engagé, mais seulement celle de seigneur par engagement d'un tel domaine ; ainsi il ne peut recevoir l'hommage. »

Comme il s'agit dans l'espèce de savoir si en 1749 M. de Croy était *propriétaire* de la justice de la seigneurie gagère de Condé, il importe d'insister sur les idées que nous venons de voir exprimer à cet égard par la Garde, Bosquet et de Fréminville. Disons donc que le roi restait si bien seigneur haut justicier, que, nonobstant toute stipulation d'abandon des droits de justice et de nomination des officiers dans le titre de l'engagement, et nonobstant l'évaluation faite desdits droits dans ce titre, il demeurait libre de supprimer ou d'augmenter les offices attachés à ces seigneuries engagées. C'est ce qu'atteste Loyseau après avoir dit[1] que les offices de la justice demeurent en la libre collation du roi, et que les engagistes n'y ont aucun droit de nomination, si elle ne leur a été nommément vendue, et encore en ce cas n'ont-ils que la nomination des offices spécifiés en l'évaluation qu'on a coutume de faire lors de ces engagements. « Et le roi, ajoute Loyseau, ne laisse pas d'y créer de nouveaux offices, bien que préjudiciables aux contenus en cette évaluation, sans qu'il soit tenu de dédommager les acquéreurs ; ainsi qu'il s'est vu ès lieutenants, assesseurs et commissaires examinateurs de nouveau créés en toutes les justices royales : même si entre les offices compris en l'évaluation, il y en avait de sujets à suppression par ordonnances précédentes, l'acquéreur n'en peut empêcher la suppression, comme il a été jugé au conseil privé en l'an 1599, touchant l'office de lieutenant particulier de Dreux. Car cette nomination est tellement odieuse à leur égard, que même elle a été abolie par l'ordonnance de Blois, article 333, article qui toutefois n'est pas observé à la rigueur. »

Comme Loyseau, la Garde, de Fréminville et Bosquet, Lefebvre de la Planche[2], Chopin[3], l'avocat général Talon[4], la Lande[5], le Bret[6], l'auteur de l'*Essai sur les apanages*[7] et en général tous les domanistes et tous les feudistes, tenaient pour constant que la justice des seigneuries engagées devait être exercée au nom du roi, qui en restait *propriétaire* nonobstant l'engagement.

[1] *Des Offices,* liv. IV, ch. ix, n° 34.
[2] *Traité du domaine,* liv. XII, ch. iv, n°s 14 et 15.
[3] *Du domaine,* liv. III, ch. ix, n° 5 ; et ch. xx, n° 14.
[4] Voy. le plaidoyer sur lequel est intervenu l'arrêt du 21 mars 1741 rapporté au *Journal des Audiences,* t. I, p. 279.
[5] Sur l'art. 63 de la coutume d'Orléans, n° 19.
[6] *De la souveraineté du roi,* liv. III, ch. i.
[7] T. I, p. 12.

Nous nous contenterons de renvoyer aux auteurs que nous venons de citer, sauf Talon et l'auteur de l'*Essai sur les apanages*, dont nous reproduirons textuellement les expressions, parce que l'un résume très-bien la doctrine que nous venons de développer quant à la propriété des domaines engagés, et parce que l'autre reproduit d'une manière très-exacte la distinction faite, quant à l'exercice et aux profits de la justice, entre les engagistes et les apanagistes du domaine.

« L'engagement, dit Talon, à proprement parler, n'est pas une aliénation, mais une espèce d'antichrèse, de contrat pignoratif, par le moyen duquel l'engagiste jouit des fruits du domaine pour les intérêts de son argent, *sans qu'il puisse prétendre non-seulement aucun droit de propriété, non pas même aucune marque ni ressemblance, telle qu'elle soit, du domaine*; car il n'a pas les droits honorifiques, ni les collations des bénéfices, ni les provisions aux offices, mais *il jouit simplement des droits utiles et prééminences en qualité d'engagiste*, c'est-à-dire, *de créancier d'une somme de deniers*.

« Dans les engagements, dit l'auteur de l'*Essai sur les apanages*, la justice s'exerce au nom du roi seul; les offices sont en collation; les engagistes n'en ont pas la nomination, à moins qu'elle ne fasse partie de leur engagement, et en ce cas, ils n'ont que la nomination des offices directement spécifiés en l'évaluation qui se fait lors des engagements, parce qu'en matière odieuse il n'y a au marché que ce qu'on y met.

« Dans les apanages, la justice ordinaire se rend au nom du prince; il a la pleine provision et institution des officiers qui la concernent; le roi ne se réserve que la connaissance des cas royaux et la provision des officiers chargés de l'administrer, ainsi que celle des offices extraordinaires.

« La justice étant rendue au nom du prince, le produit des exploits, amendes, greffes, sceaux et autres émoluments lui appartient; et quoique la justice des causes des exempts, la provision et institution des officiers chargés de connaître de ces cas et matières, restent dans la main du roi, néanmoins le prince jouit des émoluments de cette juridiction, sous la condition toutefois de payer les gages des juges.

« Il n'en est pas de même de l'engagiste; le revenu des exploits, greffes, sceaux et émoluments ne peut lui appartenir, à moins qu'il ne fasse partie de son contrat, et que l'évaluation n'en ait été faite. »

Qu'on nous permette une dernière citation. Elle n'est pas longue; elle est d'un homme illustre et elle est décisive :

« Le domaine de la couronne, dit Cochin [1] est sacré et inaliénable; *celui qui en jouit* à prix d'argent *n'en est pas le seigneur et le propriétaire*; il n'en a que la simple jouissance; cela est si vrai qu'il ne peut recevoir la foi et hommage des vassaux qui en relèvent, qu'il ne peut couper les bois de haute futaie; en un mot, le domaine du roi n'est point à lui, *il n'en a que la possession précaire*, et toutes les fois que le roi veut y rentrer en rendant le prix qu'il en a reçu originairement, il est toujours en droit de le faire...

« Ce que l'on dit des engagements à prix d'argent s'entend *à plus forte raison* des donations purement gratuites, des simples libéralités [2]. Le roi ne peut aliéner son domaine ni en démembrer aucune partie, il ne peut donc le donner...

[1] Dans son quatre-vingt-quatorzième plaidoyer, t. IV, p. 194 et 195 de ses *OEuvres*, in-4°.
[2] Telle que celle que l'arrêt de la cour de Douai suppose, bien à tort il est vrai, avoir été faite par François Ier à Mme de la Roche-sur-Yon par le contrat du 11 avril 1529.

« *Il n'y a point de distinction à cet égard entre les domaines en fonds et les* JUSTICES. Tout ce qui fait partie du domaine est sujet aux mêmes règles ; *les hautes justices en sont même la portion la plus précieuse* ; ce serait donc exposer le domaine à un étrange avilissement que de supposer qu'on pût en démembrer les justices par des concessions particulières qui deviendraient irrévocables. »

Plus loin (p. 197) Cochin pose cette règle que « il n'y a point de loi qui puisse donner atteinte aux principes du domaine, » règle qui a été consacrée depuis par la Cour de cassation, lorsqu'elle a déclaré que l'inaliénabilité du domaine était une des lois *fondamentales* de l'ancienne monarchie.

Enfin, plus loin encore (p. 201), Cochin revient sur la nature du droit de l'engagiste et il dit : « A quoi donc se réduit ce droit ? A la simple jouissance des fruits qui se consomment par l'usage, qui renaissent chaque jour et qui n'altèrent point la propriété. Il ne faut point de réserve expresse pour cela dans les aliénations ou donations ; *la nature du titre annonce par elle-même cette réserve* ; elle ne constitue l'acquéreur, le donataire que simple usufruitier ; *quelques termes que l'on emploie, son droit n'aura jamais plus d'étendue.* »

Donc le *propriétaire de la justice*, comme du fief, comme du domaine des seigneuries engagées, ce n'était pas l'engagiste, *c'était le roi*.

On a prétendu, il est vrai, dans l'arrêt de la cour de Douai, que ces principes sur l'inaliénabilité du domaine et sur la position respective du roi et de l'engagiste, n'étaient applicables qu'en France, et que dès lors, ils étaient étrangers à la seigneurie de Condé, du moins jusqu'à ce qu'elle fût placée sous la domination française en 1678, par le traité de Nimègue.

Cette thèse, nous la discuterons ailleurs et nous verrons ce qu'elle vaut.

Quant à présent, plaçant François Ier, non sous le régime exceptionnel du droit domanial, mais sous le régime du droit commun, nous nous demandons ce qu'il a fait par le traité de Cambrai et par les actes qui s'en sont suivis, en considérant ce traité, non comme une convention internationale et de droit des gens, mais comme une simple convention privée exclusivement régie par le droit civil.

Si donc nous avons examiné, trop longuement peut-être, les effets des engagements du domaine, c'est pour arriver à cette conséquence : que si les domanistes pour sauvegarder l'inviolabilité du domaine, ont inventé cette *fiction* que toutes les ventes faites par le roi n'étaient que des engagements, ce n'était que pour arriver à cette *réalité*, que le roi restât seigneur, restât propriétaire, restât haut justicier des seigneuries engagées. Les ventes à faculté de rachat étaient permises au roi en apparence, mais de fait, elles lui étaient interdites par les domanistes ; ils voulaient que le roi ne pût pas même vendre à faculté de rachat, car ils voulaient que le roi ne fût jamais dessaisi de la propriété des domaines de la couronne ; et par une vente à réméré ordinaire il en eût été dessaisi, sous condition résolutoire il est vrai, mais enfin il en eût été dessaisi. Or, ce dessaisissement, même temporaire, les domanistes le considéraient comme attentatoire aux principes de l'inaliénabilité du domaine. Qu'imaginèrent-ils donc ? Ils imaginèrent que toute aliénation faite par le roi était censée faite à condition de rachat perpétuel et que toute vente à faculté de rachat perpétuel consentie par lui n'était qu'un engagement, et devait être assimilée à une antichrèse. Arrivés là, ils n'eurent plus besoin de fictions ; la réalité leur suffisait, car si le roi demeurait perpétuellement à l'égard d'un engagiste, dans la position d'un débiteur à l'égard d'un créancier nanti d'un gage; perpétuellement aussi ce créancier se trouvait dans l'impossibilité de prescrire contre lui; perpétuellement le titre même de ce créancier protestait contre toute prétention à la propriété d'une chose qu'il ne possédait pas *pro suo*, qu'il possédait pour autrui, qu'il détenait à titre précaire (*precario*).

Mais pour arriver à cette assimilation du possesseur d'un domaine de la couronne à l'antichrésiste, il fallait souvent ne pas tenir compte du titre même auquel il devait sa possession. Ainsi, en était-il notamment pour les *inféodations* du domaine précitées, faites en conséquence des édits des mois d'avril 1574, mars 1587, septembre 1591, 4 septembre et 23 octobre 1635, mars 1639, septembre 1645, décembre 1652, avril 1667, 1669, 7 avril 1672, mars et 19 juillet 1695, 13 mars, 3 avril et 4 septembre 1696, 13 août 1697, avril 1702, 2 avril et 26 septembre 1703, août 1703 et 9 mars 1715.

Nous avons vu qu'Henrion de Saint-Amand disait : que, « quoique plusieurs de ces édits et déclarations aient ordonné la vente des domaines à titre d'inféodation, et de propriété incommutable et à perpétuité, on tient pour maxime que toutes ces inféodations moyennant finance, et qui emportent diminution du domaine en quelques termes qu'elles soient conçues, ne sont que des engagements sujets au rachat perpétuel. »

Et cela était parfaitement vrai dans les principes du droit domanial, soit par suite de la fiction que nous avons rapportée, soit par suite de la règle : *inalienabile ergo impræscriptibile*; mais si dans les adjudications qui eurent lieu à la suite de ces édits, les contractants de part et d'autre eussent été de simples particuliers, nul doute que la propriété des domaines adjugés n'eût été transmise, quand même la faculté de rachat eût été stipulée, car par ces adjudications ce n'eût pas été un engagement proprement dit, un contrat pignoratif, en un mot une antichrèse, mais une vente, et dès lors un contrat translatif de propriété qui fût intervenu.

Ainsi donc, les quasi-aliénations du domaine de la couronne doivent être rangées en deux classes, dont l'une a besoin d'être protégée par le droit exceptionnel, tandis qu'à l'égard de l'autre, la protection du droit commun suffit.

Cette distinction n'a pas échappé au célèbre Loyseau. Dans son *Traité des offices* [1] il distingue très-bien le contrat pignoratif, le contrat d'engagement proprement dit, de la vente avec faculté de rachat. Il signale comme principale différence entre ces deux contrats, que l'un (la vente à faculté de rachat) opère la translation de propriété, tandis que l'autre n'aboutit pour l'engagiste qu'à la détention de la chose que son débiteur lui abandonne pour le garantir. Mais au n° 44 du même chapitre il assimile aux ventes à faculté de réméré, les aliénations du domaine lorsqu'elles sont faites au plus offrant et avec les autres conditions prescrites par l'ordonnance du domaine, et ne met au rang des engagements que celles qui sont faites par contrat privé, pour dettes contractées précédemment par le roi. « Tout ainsi, dit cet auteur, qu'aux particuliers, quand le marché commence par la vendition sans fraude ni déguisement, c'est vente à faculté de rachat, mais quand il commence par le prêt, c'est engagement simple, bien que le contrat soit conçu en forme de vente. »

C'est par application de ces principes que les consultants de 1684 disaient :

« Il est constant qu'il n'est dû aucuns droits pour les mutations des engagistes des domaines particuliers, qu'il

---

[1] Liv. II, ch. III, n° 40.

ne faut pas confondre avec les acquéreurs à faculté de rachat qui sont propriétaires [1].....

« Les engagements du domaine du roi ne sont point d'une autre nature que ceux du bien des particuliers, dont il n'est point dû de droits seigneuriaux [2]. »

Quant aux biens autres que ceux de la couronne, nous avons vu les auteurs du *nouveau Denisart* donner la dénomination commune d'engagement à deux contrats dont ils précisaient d'ailleurs très-bien la nature différente. Dans l'un ils reconnaissaient la vente à faculté de rachat. « Dans un autre sens, ajoutaient-ils, l'engagement est synonyme d'antichrèse, et il signifie *l'acte par lequel il est convenu qu'un créancier jouira d'un immeuble appartenant à son débiteur, et en percevra les revenus pour lui tenir lieu d'intérêts, jusqu'à ce qu'il soit remboursé du capital.* »

Nous avons vu M. Merlin, en traitant des engagements d'immeubles faits par de simples particuliers, dire aussi :

« Il y a deux sortes d'engagements :

« L'un synonyme d'*antichrèse*, en vertu duquel *le créancier jouit des biens de son débiteur et en perçoit les revenus pour lui tenir lieu d'intérêts, jusqu'à ce qu'il soit remboursé* ;

« L'autre, synonyme de *vente à réméré*, qui transfère à l'engagiste la propriété de l'immeuble qu'il a pour objet, sous la condition que cette propriété sera résolue en cas de rachat de la part du vendeur [3]. »

---

[1] Voy. Boullenois, *loc. cit.*, p. 890.
[2] *Id. ibid.*, p. 894.
[3] Ces deux espèces d'engagements ont été employés chez les Romains successivement ; et à une certaine époque, dont on ne peut pas bien exactement préciser le terme, elles furent même simultanément en usage. On les trouve indiquées dans les *Institutes* de Gaius (II, 59 et 60) et dans les *Sentences* de Paul (II, tit. XIII).
Celle qui survécut à l'autre fut l'engagement proprement dit (*pignus*), qui ne transmettait pas même temporairement la propriété au créancier, mais seulement un droit de rétention qui durait jusqu'au payement de la

Le président Bouhier signalait la seule ressemblance qu'il y eût entre la vente à faculté de rachat et l'engagement dette, et qui donna par la suite ouverture aux interdits possessoires et à l'action réelle que conférait l'hypothèque (*hypotheca*), et qui fut étendue à l'engagement (*pignus*) par analogie. C'est de cette espèce d'engagement qu'Isidore de Séville (*Origin.*, V, 25) parlait, et dont il signalait les effets sur le bien qui en était l'objet, en disant : *Cujus rei possessionem solam ad tempus consequitur creditor, ceterum dominium penes debitorem est.*

Le même auteur parle, *loc. cit.*, d'une autre espèce d'engagement plus ancienne et toute différente (*fiducia*) en ces termes : *Fiducia est quum res aliqua sumendo mutuæ pecuniæ gratia vel mancipatur, vel in jure ceditur.* Par cette *mancipatio* ou par cette *cessio in jure*, la propriété de la chose engagée était solennellement transmise par le débiteur à son créancier, avec promesse de rétrocession, par celui-ci, lorsque le payement aurait lieu. Et ce cas advenant, il fallait recourir aux mêmes formes solennelles de la *mancipatio* ou de la *cessio in jure* pour que l'ex-débiteur récupérât sa propriété *ex jure quiritium* ; sinon il ne parvenait à la propriété quiritaire que par l'*usureceptio*. Voy. Paul, *Sent.* lib. II, tit. XIII, § 3, et le *Traité succinct du droit de gage et d'hypothèque chez les Romains*, traduit de Schilling par M. Pellat, p. 29 et suiv. ; voy. aussi Varron, *De ling. lat.*, l. VI, p. 89 et 90, édit. de 1573 ; Cicéron, *de Officiis*, l. III, c. XVII ; Boèce, sur les Topiques de Cicéron, IV ; Loyseau, *des Offices*, liv. II, ch. III, n°s 31 et suiv. ; Saumaise, *De mod. usur.*, p. 590 et suiv. ; Noodt, *Observ.*, l. II, c. VII, VIII et X, et *ad ff.*, l. XIII, tit. VII, t. I, p. 283 et suiv., et t. II, p. 259 de l'édit. de 1732 ; Puga de Feijoo, *De leg. commiss.*, c. III, n° 6 ; M. Bonjean, *des Actions*, § 285 ; et M. Ortolan, p. 205 et 217.

Sous le droit justinien cette dernière espèce d'engagement disparaît, mais quant à sa forme seulement. Du reste, on continue parfaitement à distinguer le cas où l'emprunteur livre sa chose précairement, l'engage à proprement dire, et par conséquent n'en transmet pas la propriété, de celui où il la vend sous faculté de rachat et où il n'a dès lors qu'une action personnelle pour la récupérer, action qui, comme la revendication, ne peut pas atteindre les tiers (voy. sur le tit. LIV du liv. IV, du *Code Perez*, n° 15, et *Corvinus à Belderen*, p. 244). Si à cet égard, quelques dissidences se manifestent entre les commentateurs, c'est qu'ils ne sont pas d'accord sur les clauses qui sont de nature à déterminer telle ou telle espèce d'engagement (voy. Brunnemann, sur les l. 1 et 3 du titre précité et Tulden, n° 2, sur ce même titre), mais dès que l'espèce de l'engagement est déterminée, on ne peut plus disputer sur ses effets. Rien de plus clair à cet égard que le texte de la loi 3 C., *de pactis inter empt.* : *qui ea lege prædium vendidit ut nisi reliquum pretium intra certum tempus resti-*

proprement dit, le contrat pignoratif, lorsqu'il disait[1] : « Il est vrai que cette espèce de vente a quelque rapport à l'antichrèse, mais ce n'est que dans le sens le plus favorable au vendeur ; c'est-à-dire lorsqu'il se trouve en état de racheter la chose vendue, car ALORS *les fruits demeurent compensés avec les intérêts du prix.* »

D'un autre côté, Pothier ne distinguait pas moins bien les différences qui existaient entre la vente à réméré et l'engagement proprement dit lorsqu'il s'exprimait en ces termes[2] :

« La clause de réméré est une clause par laquelle le vendeur se réserve la faculté de racheter la chose vendue.

« Par cette clause, l'acheteur contracte l'obligation de rendre au vendeur la chose vendue, lorsqu'il lui plaira de la racheter, en satisfaisant aux conditions du rachat.

« La vente faite avec cette clause est différente du contrat d'engagement, CELUI QUI ENGAGE UNE CHOSE EN CONSERVE LA PROPRIÉTÉ ; *il ne transfère à l'engagiste, à qui il l'a donnée en engagement, que le droit de la posséder jusqu'au rachat, et d'en percevoir jusqu'à ce temps tous les fruits et toute l'utilité* : mais celui qui vend une chose avec la clause de réméré transporte à l'acheteur, à qui il la délivre, la propriété de cette chose ; il n'a que le droit de la racheter, qui naît de l'obligation que l'acheteur contracte par la clause de réméré. »

Pollet exprime la même idée lorsqu'il dit dans son *Recueil d'arrêts du parlement de Flandre*, part. II, p. 209 : « Pour ce qui touche la faculté de retirer un fonds donné à mort-

---

tutum esset, ad se reverteretur ; si non precariam possessionem tradidit, rei vindicationem non habet, sed actionem ex vendito.

[1] Dans son *Commentaire sur la coutume de Bourgogne*, ch. LXXVII, n° 50.

[2] *Traité du contrat de vente*, part. V, ch. II, sect. III, n° 385.

gage, il faut examiner si le titre contient une donation du fonds ou un simple engagement. S'il ne contient qu'un simple engagement, il est sans difficulté qu'elle ne se peut prescrire, à moins que celui qui jouit du fonds ne l'ait possédé, comme propriétaire [1], depuis un temps immémorial, parce qu'aussi longtemps qu'il en jouit à titre de mort-gage, il reconnaît qu'il le possède au nom du propriétaire. C'est la même chose que dans l'antichrèse [2], il faut posséder *pro suo et animo domini* pour être en état de prescrire [3]. »

Mais à quels caractères distinguera-t-on la vente à réméré de l'engagement? M. Merlin résout ainsi la question [4] :

« Nous avons dit que l'engagement est quelquefois considéré comme une vente à faculté de rachat; mais dans quel cas a-t-il ce caractère? *Dans celui-là* SEULEMENT *où il paraît, par les termes du contrat, que l'intention des parties a été d'aliéner d'une part et d'acquérir de l'autre*, sous la réserve du réméré. Mais aussi, dans ce cas, il y a véritablement vente à faculté de rachat, quoique les parties aient employé soit le terme d'antichrèse, soit tout autre semblable [5]. »

Interrogeons donc soit les termes, soit l'esprit des stipulations qui sont intervenues entre François Ier et Charles-Quint lors du traité de Cambrai; interrogeons l'esprit et les termes des conventions subséquentes, et voyons s'il s'agissait, entre les parties, d'une vente à réméré ou d'un simple contrat pignoratif.

Rappelons d'abord que, d'après le traité de Cambrai,

---

[1] Apparemment en contredisant le droit du propriétaire véritable et en commençant par là à posséder *pro suo*.

[2] Pour l'antichrèse, voy. d'Argentré, *ad consuet. brit.* art. 61, n° 3.

[3] Dumoulin, *ad cons. paris.* § 12, n° 15. *Nota.* Patou, dans son commentaire sur la coutume de Lille (tit. vi, art. 6, gl. 2, n° 11), exprime la même opinion que Pollet.

[4] *Répertoire*, v[is] *Engagements d'immeubles*, n° 4.

[5] En conformité de cette doctrine, M. Merlin cite deux arrêts de la Cour de cassation, à la date des 22 nivôse an ix, et 4 mars 1807.

François Ier s'engageait à payer à Charles-Quint, pour sa rançon, deux millions d'écus d'or; que un million deux cent mille écus devaient être versés comptant entre les mains de l'empereur; que deux cent quatre-vingt-dix mille autres écus devaient être remis au roi d'Angleterre à l'acquit de Charles-Quint; que, pour suppléer aux cinq cent dix mille écus qui manquaient, François Ier s'obligeait à desservir une rente annuelle de vingt-cinq mille cinq cents écus d'or; qu'enfin, pour garantie du payement de cette rente, le roi de France promettait de donner en nantissement des terres que ses sujets possédaient dans les Pays-Bas, desquelles terres l'empereur jouirait à condition de rachat et jusqu'à ce que ledit rachat fût fait. Voici la clause :

« Et pour le reste et parfait accomplissement desdits deux millions que pourra porter, outre lesdits un million deux cent mille écus d'Angleterre, environ cinq cent dix mille écus d'or au soleil, ledit seigneur roi très-chrétien *baillera* audit seigneur empereur *la rente de vingt-cinq mille cinq cents écus d'or au soleil*, qui est à l'advenant du denier vingt, et *pour ladite rente fera avoir à icelui seigneur empereur les terres et seigneuries* que la dame douairière duchesse de Vendôme a en ses pays de Brabant, Flandres, Hainaut, Artois et ailleurs, en ses pays d'en bas, et autres terres que tiennent et possèdent ès dits pays les sujets dudit seigneur roi très-chrétien, telles que ledit seigneur empereur ou ses commis à ce vouldront choisir et nommer... *pour, par ledit seigneur empereur, ses hoirs, successeurs ou ayants cause, jouir et user desdites terres et seigneuries et revenus d'icelles* par leurs mains, à condition de rachat, tant et jusques à ce que ledit rachat soit fait, lequel rachat se fera tout à une fois et *sans décompte ni rabat des fruits, profits et revenus desdites terres du temps qu'elles auront été ès mains dudit seigneur empereur, de sesdits hoirs et successeurs; du revenu desquelles terres et seigneuries sera* incontinent, après la ratification faite par ledit seigneur empereur de ce présent traité, *fait évaluation et assiette* sur les comptes manuels, bails, fermes et autres enseignements par quatre commis, dont seront de la part de chacun desdits princes nommés deux. »

Pour exécuter cette convention, François Ier traite avec divers de ses sujets et notamment avec Mme de la Roche-sur-Yon, à la date du 11 avril 1529. Or, que demande-t-il à ses sujets? de pourvoir en ce qui les concernait à l'exécution du traité de Cambrai, pas autre chose. Après avoir rappelé dans le contrat du 11 avril les clauses principales du traité dans les termes mêmes que nous venons de reproduire, on ajoute : « Pour l'entretenement et accomplissement de ce que dessus, ledit seigneur roi a fait requérir à madite dame princesse, en la qualité dessusdite, de *bailler, céder et transporter les terres et seigneuries* que sondit fils a ès pays d'en bas, *audit seigneur empereur,* pour et à la décharge dudit seigneur roi, et *en fournissant au prouffit dudit seigneur roi à ce qu'il a promis par ledit traité de paix* dont dessus est fait mention. » Suit la désignation des terres engagées, puis l'évaluation, non de leur valeur, mais de leur revenu : « Lesquelles terres dessusdites ont été évaluées et estimées par les commis desdits seigneurs roi et élu empereur à la somme de deux mille sept cent trois écus d'or, un tiers d'écu *de rente et revenu annuel.* » Vient enfin l'obligation prise par la princesse pour obtempérer aux désirs du roi : « Pour ce faire ladite dame constituera ses procureurs et messagers espéciaux, leur donnant plein pouvoir et mandement espécial et irrévocable *de bailler, céder et transporter lesdites terres audit seigneur élu empereur,* ou ses commis et députés, *selon et au désir dudit traité et accomplissant icelui* pour et au prouffit dudit seigneur roi et à sa décharge, et par sa requête et mandement *pour en jouir par ledit seigneur élu empereur*, ses hoirs, successeurs et ayants cause, *ainsi qu'il est dit audit traité.* »

A la date du 26 août 1531, Charles-Quint traite à son tour de la seigneurie de Condé avec M. de Roghendorff, mais que lui cède-t-il, que lui vend-il? une créance garantie par un gage immobilier, gage dont il devra se dessaisir aussitôt que la créance lui aura été remboursée. « En faisant ladite vendition, dit-il, a été pourparlé et soubs expresse condition que quand notredit bon frère et cousin le roi très-chrétien, ... ayant la faculté de racheter ladite terre de Condé et autres parties susdites, *selon ledit traité de Cambrai,* entendront procéder réallement audit rachat, *en ce cas icelui rachat et remboursement des deniers se fera ès mains dudit* sieur de Roghendorff ou de ses hoirs ou ayants cause, et nuls autres, pour autant que ladite terre de Condé a esté évaluée, et ce moyennant, seront icelui sieur de Roghendorff, et ses hoirs ou ayants cause, tenuz de rendre audit sieur *propriétaire* cette et toutes lettres qu'il aura à ce servant. »

Dans ces actes, qu'a-t-on fait, qu'a-t-on relaté? Une vente! il n'en est pas question, ce mot même n'est pas prononcé, et pour cause.

Ne nous arrêtons pas aux termes d'ailleurs ; comme le veut Merlin, pénétrons au fond des choses, voyons plus encore ce qui a été fait que ce qui a été dit.

S'agissait-il d'une vente? En aucune façon ; il s'agissait de garantir à Charles-Quint non pas même le montant d'une créance, mais le montant des intérêts d'une créance. Pour cela, il fallait un gage, c'est un gage qui a été donné.

A cet égard, le traité de Cambrai est positif et les actes subséquents ne sont pas plus équivoques.

S'il se fût agit d'une vente à réméré qu'eût-on dû prendre en considération? La valeur vénale de l'immeuble, car après le terme du réméré ou faute par le débiteur d'exercer ce réméré, si son terme était indéfini, la propriété de la chose vendue fût incommutablement restée à l'acquéreur.

En cas d'engagement, d'antichrèse, au contraire, que devait-on prendre en considération? Les revenus du bien donné en gage, car c'était sur ces revenus que le créancier devait être payé de l'intérêt du capital qui lui était dû d'abord, de ce capital lui-même ensuite[1].

[1] Nous suivons ici le texte de l'article 2085 du Code civil. M. Troplong (sur cet article, n°s 497 et 513) croit que ce texte est introductif d'un droit nouveau. « La définition de cet article, dit-il, nous montre l'antichrèse sous un jour un peu différent du droit romain. En droit romain, la fin caractéristique de l'antichrèse, c'était la compensation jusqu'à due concurrence des intérêts et des fruits. Toutes les fois que la créance ne produisait pas d'intérêts, et que l'immeuble engagé produisait des fruits qui étaient perçus par le créancier en extinction du capital, c'était un contrat de nantissement d'immeuble qui n'avait pas de nom particulier, une sorte de *pignus*. » M. Troplong (n° 497) refuse aussi la qualification d'antichrèse à tout contrat qui aurait étendu l'imputation des fruits à un capital productif d'intérêt : « Quand, dit-il, on stipulait que les fruits seraient perçus en extinction du capital, ce n'était pas le contrat d'antichrèse, c'était le *pignus* ordinaire. » Et cet auteur, à l'appui de cette distinction, cite Cujas sur les Décrétales, liv. III, tit. xx.

Mais Cujas, *loc. cit.*, se contente d'exprimer quels sont les contrats d'engagement permis par la loi canonique. L'imputation des fruits se fait-elle sur le capital de la créance, le contrat est licite. Il en est autrement si l'imputation se fait sur les intérêts, parce que la loi canonique ne permet pas qu'on en perçoive. Voilà tout ce que décide Cujas. Nous reconnaissons toutefois que ce grand jurisconsulte a donné ailleurs (*Obser.* lib. III, c. xxxvii, t. III, p. 76) une définition de l'antichrèse, qui s'accorde parfaitement avec l'idée restrictive qu'en donne M. Troplong. Nous reconnaissons que cette définition, qui est d'ailleurs d'accord avec les textes (voy. l. 11, § 1, ff. *de pign. et hypot.*; l. 39, ff. *de pign. act.*), est celle qu'ont adoptée les jurisconsultes les plus éminents et les publicistes les plus en renom. Nous citerons entre autres Pothier (*Traité de l'hypothèque*, ch. v, et *Traité du contrat de nantissement*, n° 20); Domat (*Lois civiles*, part. I, liv. III, tit. i, sect. i, n° 28); Doneau (sur la loi 17, tit. xxxii, liv. IV, C., t. VIII, p. 429; *de pign. et hypot.*, c. xi, n° 6, t. VI, p. 932; et sur le

Mais de cette imputation sur le capital il ne pouvait pas être question dans l'espèce, parce que l'on avait pris soin

titre ff. *de usur.*, c. i, n° 4, t. X, p. 1381); Voet (*ad ff.* lib. XX, tit. i, n° 23); Vinnius (*Quæst. select.* lib. II, c. vii, n° 1); Puffendorf (*Droit de la nature*, liv. V, ch. vii, § 11, et ch. x, § 14; *Devoirs de l'homme*, liv. I, ch. xv, § 15); Burlamaqui (*Éléments de droit naturel*, ch. xii, § 7), etc.

Nous reconnaîtrons encore que la distinction proposée par M. Troplong n'est pas neuve et qu'on la retrouve en toutes lettres dans d'anciens jurisconsultes (voy. Hévin sur Frain, t. I, p. 312 et 313; le *nouveau Denisart*, v° *Antichrèse*, § 2, n° 3, et v° *Engage*, n° 1).

Mais si l'on est d'accord sur ce point que dans le cas où les fruits du bien donné en antichrèse excéderaient le montant de l'intérêt de la créance, l'imputation de cet excédant se ferait sur le capital, à moins d'intention contraire, exprimée ou tacite (l. 14 et 17, C. *de usur.*), et à condition encore que cette intention ne sera pas contraire à la loi. Or, c'est ce qu'admet M. Troplong (n°s 4, 9 et 568) conformément à l'opinion de Doneau (sur la loi 17, C. *de usur.*, n° 4); d'Heineccius (*Pand.*, part. IV, l. XX, t. ii, n° 16) et de Noodt (*Observ.*, lib. II, c. ix);

Si d'un autre côté l'on admet que lorsque la loi interdit le prêt à intérêt l'imputation des fruits doit se faire sur le capital dû et le diminuer d'autant; ce que Cujas, *loc. cit.*, dit en termes exprès: *Ad prius sciendum est, fructus quos creditor percipit ex fundo pignori dato imputari in sortem, minuere sortem;*

Si enfin l'on admet que dans l'un et l'autre cas l'imputation étant faite soit sur le capital soit sur les intérêts, soit cumulativement sur ceux-ci, puis sur celui-là, l'action *pigneratitia* servira également au débiteur pour recouvrer sa chose sans que le créancier puisse toucher plus que le montant de sa créance. Et à cet égard, pour ne pas conserver l'ombre d'un doute, il suffit de rapprocher le texte des lois 1, 2, 12, C. *de pigner. act.*; 1, C. *de distr. pign.*; 6, § 1, ff. *de pign. act.*, de la loi 33 ff. au même titre qui est ainsi conçue: *Si pecuniam debitor solverit, potest pigneratitia actione uti ad recuperandam* ἀντίχρησιν, *nam quum pignus sit, hoc verbo poterit uti;*

Si, disons-nous, on tombe d'accord sur tous ces points, que devient l'importance, que devient l'intérêt de cette distinction entre le *pignus* et l'*antichrèse?* N'est-ce pas là une dispute non de choses, mais de mots, aussi inutile en droit que celle de savoir si le mot nantissement vient du grec moderne, du latin (*nancisci*) ou du saxon (*nam*); si le mot gage est d'origine teutonique (*wadium, guadium*), ou d'origine latine (*vas*); si *pignus* vient de *pugnus*, comme Gaius l'affirme (l. 238, § 1, ff. *de verb. ign.*), ou si, au contraire, une pareille étymologie mérite la qualification d'absurde que lui donne Saumaise (*de modo usur.*, p. 538 ; si enfin le même Saumaise (*loc. cit.*, p. 611 et suiv.) a eu tort ou raison de critiquer

comme le constate l'acte du 11 avril 1529, de faire faire conformément au traité de Cambrai, l'évaluation du revenu

la définition que donne Marcien (l. 11, § 1, ff. *de pign. et hypot.*) de l'antichrèse, définition que tous les jurisconsultes ont adoptée.

Pour notre compte, nous ne comprenons pas l'ardeur que de graves légistes ont mise à batailler, qui, pour Marcien, qui, pour son critique (V. Vinnius, *loc. cit.* et Noodt, *Observ.*, l. II, c. IX et X) ; nous sommes tout prêt en matière de philologie à nous soumettre à l'autorité de Vossius ou de Turnèbe, d'Eustathe ou de Casaubon, de Scaliger ou de Saumaise ; mais, en matière de jurisprudence, on nous permettra de préférer à leur opinion celle de Dumoulin ou de Cujas, et de croire que Papinien et Ulpien, Paul et Gaius, Modestin et Scævola, voire Marcien, sont des guides plus sûrs que Varron lui-même, fût-il escorté de Ducange, de Carpentier, des frères de Sainte-Marthe et de toute la docte cohorte des Bénédictins et des Bollandistes. Et en agissant ainsi, nous ne croyons pas méconnaître une de ces « distinctions essentielles, » rejetées par certains auteurs « qui, n'ayant pas d'intérêt, par la nature de leur sujet à les approfondir, en ont nié l'utilité. » (M. Troplong, *loc. cit.*, n° 458.) Nous attendons qu'on nous montre une différence *réelle* entre le *pignus* et l'*antichrèse* des Romains, dans les espèces proposées, voilà tout. Mais jusque-là nous croirons avec l'ancien Palais (voy. Hévin, *loc. cit.*) que d'Argentré a bien fait de traduire l'*engage* de Bretagne, par *antichresis*.

Qu'on distingue, d'ailleurs, l'antichrèse que les Italiens ont énergiquement définie par son objet *contractus ad gaudendum* (de Luca, *de Usuris*, disc. 9, n° 2), du nantissement d'un immeuble qui ne produirait pas de fruits, ou du pignus primitif qui ne conférait qu'un droit de rétention (M. Troplong, sur les articles 2071 et 2072, n°s 7 et 12), à la bonne heure. Qu'on le distingue du contrat pignoratif, non celui qui servait à cacher l'usure (Brodeau sur Louet, let. P, som. XI ; M. Troplong, n° 508), mais celui que les Romains admettaient comme pacte accessoire du gage fiduciaire (Gaius, *Instit.* II, § 60, *in fine*), et qui avait pour résultat de faire jouir de la chose engagée, non le créancier, mais le débiteur (voy. Schilling, trad. par M. Pellat, § 209), rien de mieux encore ; des droits différents sollicitent des dénominations différentes. Mais qu'on veuille distinguer entre une antichrèse et une autre ; qu'on appelle l'une *pignus*, parce que les revenus de la chose engagée suffisent à acquitter plus que les intérêts de la dette, ou parce qu'au lieu de restituer l'excédant du revenu sur les intérêts de cette dette au débiteur, on l'emploierait à désintéresser d'autant le créancier ; et qu'on réserve exclusivement le nom d'antichrèse à un contrat qui aurait pour objet, soit d'équilibrer exactement les revenus d'un côté et les intérêts de l'autre, soit de soustraire le débiteur à l'obligation de s'acquitter en tout ou en partie sur les revenus du gage, lorsque cela lui est possible : voilà ce que je ne m'explique pas, voilà ce que je ne

des terres engagées; de telle sorte que Charles-Quint ne devait avoir qu'un revenu égal à celui de la rente qui lui était due. Mais ce revenu égal, il devait l'avoir, et c'est pourquoi, dans l'évaluation des terres engagées, on ne tient pas compte des forteresses, prééminences et prérogatives qui augmentent l'importance de la terre sans en accroître le revenu [1].

Soit donc qu'on prenne pour guides les autorités que nous avons interrogées, soit qu'on prenne pour guides les principes purs du droit, on reste convaincu que ce que François Ier a fait en 1529, c'est un engagement, c'est une antichrèse et pas autre chose.

Veut-on s'en rapporter à Loyseau? Ce qui le préoccupe, on se le rappelle, c'est la préexistence de la dette; cette préexistence se rencontre-t-elle, il ne s'agit que de garantir la dette, le contrat qui a lieu est une antichrèse. Eh bien, dans l'espèce, la dette précède l'engagement. La dette, c'est la somme de cinq cent dix mille écus d'or; ce qu'il s'agit de garantir, c'est cette dette, ou, pour mieux dire, ce sont ses intérêts; ce qu'il s'agit de garantir et ce qu'on garantit, c'est un revenu, c'est une rente de vingt-cinq mille cinq cents écus d'or.

Veut-on s'en rapporter aux auteurs du *nouveau Denisart*, à Bouhier, à Leprêtre, à Lefèvre de la Planche, à Pothier, à Cujas, à Merlin? Suivant ces auteurs il y a engagement, il y a antichrèse *lorsque le créancier jouit des biens de son débiteur et en perçoit les revenus et tous les profits, pour lui tenir lieu d'intérêts jusqu'à ce qu'il soit remboursé.* Or, c'est là ce que l'on trouve, tout ce que l'on trouve, dans la convention intervenue entre le roi de France et l'empereur.

puis admettre, voilà ce dont je ne trouve dans les textes du droit romain nulle trace même légère, nul vestige même fugitif, nulle empreinte même presque effacée.

[1] Voy. pièce n° 6, p. 70 et 71.

Veut-on enfin s'en rapporter aux principes purs, ils disent ceci : que la vente à réméré, c'est la vente ordinaire plus la clause du rachat; que dans l'une comme dans l'autre, il y a une chose, un *prix* et un concours de volonté sur cette chose et sur ce prix; que dans l'une comme dans l'autre l'acheteur doit aviser à ce que son prix soit en rapport avec la valeur vénale de la chose, parce que si cette chose devient sienne immédiatement dans le contrat de vente ordinaire, elle deviendra sienne aussi dans le contrat de vente à réméré, après le délai du rachat ou s'il n'est pas exercé.

Dans l'engagement, dans l'antichrèse au contraire, ce qui préoccupe le moins le créancier, c'est la valeur vénale de la chose engagée. Pourquoi s'en préoccuperait-il? Il ne devient pas immédiatement, il ne deviendra pas, il ne pourra jamais devenir par la suite propriétaire de la chose engagée, il ne possède pas, il ne possédera jamais *pro suo*; nous nous trompons, il possédera *pro suo* les fruits, les revenus, les profits[1]; ce sera donc la quotité des fruits, des revenus, des profits qui sera l'objet et l'objet exclusif de son intérêt et de ses précautions.

Or, à ce point de vue encore peut-on douter de ce que les parties ont voulu faire, de ce qu'elles ont fait dans les stipulations ci-dessus rapportées du traité de Cambrai?

[1] « L'engagiste, dit Guyot (*Traité des fiefs*, t. V, p. 488 et suiv.), s'il est propriétaire, ce n'est que *des fruits*; Chopin et Loyseau en conviennent en le disant propriétaire *utile*; s'il recueille *animo domini*, ce n'est que relativement à la perception des fruits; de même qu'un usufruitier, *pendente usufructu*, est propriétaire des fruits; il peut engager, vendre son usufruit : en tout ce qui s'appelle usufruit, *venit appellatione domini*, dit Dumoulin, § 1, gl. 1, n°s 8, 9 et 10; mais en ce qui concerne la chose même, qui est la vraie propriété, il n'est jamais seigneur : *quantum ad dispositionem et effectum ipsius rei*, dit Dumoulin, *ib.*, *tunc appellatione domini etiam simpliciter nullo verbo etiam generalissimo nunquam venit ususfructus, nec vere, nec ficte, nec proprie, nec improprie, quia nullo modo est dominus rei in qua habet usumfructum, imo hoc est impossibile et repugnans quum nunquam consistat nisi in re aliena.* »

Une objection seule se présente, objection futile car elle repose non sur une idée mais sur un mot.

On dira peut-être que si dans le traité de Cambrai, et dans les contrats des 11 avril 1529 et 26 août 1531, il n'est pas question de *vente,* il est question de *rachat;* que le rachat suppose la vente et qu'en stipulant l'un on reconnaît l'autre.

D'abord nous pourrions répondre avec Merlin, que ce qu'il faut consulter avant tout ce ne sont pas les termes du contrat, ce sont les intentions des parties. Nous pourrions ajouter avec lui, qu'il y a vente à réméré et non engagement *là seulement où il paraît que l'intention des parties a été d'aliéner d'une part et d'acquérir de l'autre.*

Mais cette réponse nous pouvons la rendre plus complète ; complétons-la.

Nous voulons bien faire momentanément abstraction de la qualité de François Ier, lorsqu'il s'agit de déterminer la nature du contrat qu'il a fait, mais nous ne pouvons être d'aussi facile composition lorsqu'il s'agit de s'enquérir des intentions qui ont présidé à ce contrat.

Ces intentions ont dû être conformes aux lois fondamentales du royaume.

D'après ces lois le domaine de la couronne était inaliénable.

D'après l'interprétation donnée à ces lois, cette inaliénabilité ne faisait pas obstacle à la vente avec faculté de rachat, considérée d'ailleurs comme pure antichrèse.

De là il résultait que précisément pour témoigner (fictivement quelquefois) de cette antichrèse, on se servait des termes de « faculté de rachat; » que dès lors ces expressions dans la langue domaniale ne signifiaient qu'une chose : un abandon à titre précaire et temporaire du domaine de la couronne ; que d'ailleurs en tout temps, on s'est bien gardé de les omettre toutes les fois précisément qu'on a voulu constater que cet abandon n'avait pas un caractère définitif et n'entraînait pas après lui la perte de la propriété; qu'enfin les lois de la matière et notamment l'édit de Moulins et les lois des 1er décembre 1790 et 14 ventôse an VII, ont tenu en grande considération cette stipulation de rachat, et ce, dans un sens diamétralement opposé à celui qu'on voudrait lui donner ; qu'elles y ont vu une attestation de l'inaliénabilité du domaine de la couronne, et du respect pour ce principe, que le roi ne pouvait en disposer que par engagement, c'est-à-dire par antichrèse [1] ; que dès lors cette stipulation de rachat faite dans le traité de Cambrai, et mentionnée dans les contrats de 1529 et de 1531, ne fait que confirmer ce que nous avons dit du caractère de ce traité et de ces contrats; d'où la conséquence enfin, que sous quelque aspect qu'on les envisage on n'y voit et on ne peut y voir qu'un contrat exclusif de la transmission de propriété, qu'un contrat pignoratif, qu'un engagement pur et simple, en un mot qu'une antichrèse.

Cette appréciation du véritable caractère du contrat intervenu entre François Ier et Charles-Quint était nécessaire; voici pourquoi :

Suivant les auteurs français précités, celui qui engageait une chose en conservait la propriété; celui qui la vendait à réméré transportait, au contraire, la propriété à l'acheteur.

De cette distinction résultait cette conséquence, qu'à la différence de l'engagement, la clause de réméré était prescriptible, bien que le vendeur, dans ce dernier cas, se fût réservé le retrait perpétuel. « Il est vrai, dit M. Troplong [2], qu'un assez grand nombre de docteurs voulaient que la faculté du rachat fût imprescriptible; mais cette jurispru-

---

[1] Voy. ma seconde consultation, p. 409 et suiv.
[2] *De la vente*, n° 708.

dence tendait évidemment à éluder les principes qui ne veulent pas qu'on renonce à une prescription non acquise. »

Le réméré, disaient ces docteurs, consiste dans une faculté que se réserve le vendeur, et il est de principe que ce qui est de faculté n'est pas sujet à prescription. « C'était, dit M. Duranton[1], faire une fausse application d'une règle vraie : cette règle ne s'applique point aux facultés qui résultent des conventions ou des droits que nous avons à la propriété d'une chose, en vertu d'une certaine clause, mais seulement aux facultés que nous tenons de la nature ou de la loi[2]. Ainsi, j'ai bien la faculté de ne pas demander à mon débiteur ce qu'il me doit ou au détenteur de ma chose qu'il me la restitue ; et, cependant, si je ne forme pas une demande à ce sujet dans le délai déterminé par la loi, je perdrai ma créance ou ma propriété, par l'effet de la prescription. »

Ces raisons décisives amenèrent sans doute un revirement dans la jurisprudence, « et il n'est pas douteux aujourd'hui, disait Pothier, que le droit de réméré est sujet à la prescription ordinaire de trente ans. »

C'est ce qui est aussi attesté par Merlin[3].

« Quand, dit-il, la convention ne détermine aucun temps pour exercer la faculté de rachat, cette faculté dure trente années ; et après ce laps de temps, elle est prescrite....

« Cette règle doit être observée, quand même on aurait stipulé une faculté perpétuelle de rachat, ou que cette faculté ne serait pas sujette à prescription. La raison en est que les prescriptions étant de droit public, les particuliers ne peu-

---

[1] *Cours de droit français*, t. XVI, n° 294. Voy. aussi Pothier, *loc. cit.*, n° 391.
[2] Voy. en effet les articles 120 de la coutume de Paris, et 269 de celle d'Orléans, cités par Pothier.
[3] *Répertoire*, v° *Faculté de rachat*, n° 4.

vent pas y déroger par leurs conventions. Cela est fondé sur la loi 45, § 1, ff. *de reg. jur....*[1] »

Mais, à l'inverse, Merlin et tous les auteurs anciens et modernes tenaient pour constant que l'engagement, que l'antichrèse, et que, en général, toutes les transmissions à titre précaire ne pouvaient pas donner ouverture à la prescription, par quelque laps de temps que ce fût, *neque per mille annos*, comme disaient Dumoulin et M. Troplong d'après lui. Et cette doctrine était fondée précisément sur les motifs que nous avons vu si bien déduire par Pothier, par Domat et par l'un des consultants de 1684, à savoir, que pour prescrire il fallait posséder, et que par tous ces contrats la possession n'était pas plus transmise que la propriété ; que les détenteurs de la chose ne la possédaient pas en maîtres, *animo domini* ; qu'ils ne la possédaient pas *pro suo*, qu'ils la possédaient au contraire pour autrui ; que dès lors leur possession, loin de nuire au propriétaire, lui profitait, et que, quant à eux, leur titre même protestait perpétuellement contre toute prétention à la propriété, puisque leur droit ne pouvait s'exercer que sur la chose d'autrui : *Imo hoc est impossibile et repugnans quum nunquam consistat nisi in re aliena.*

Dans son *Traité du contrat de nantissement*[2], Pothier fait spécialement l'application de ces principes au contrat qui nous occupe, c'est-à-dire au contrat pignoratif.

« Il nous reste à observer, dit-il, que l'action *pignorati-*

---

[1] On peut voir encore, sur cette question, Fachinée, *Controv.*, liv. II, ch. XIII; le président Favre, en son *Code*, liv. VII, tit. XIII, def. 3; Rousseau de la Combe, vⁱᵉ *Faculté de rachat*, n° 1 ; Despeisses, *Traité de la vente*, sect. VI, n° 7; Tiraqueau, *De retr. conv.*, § 1, gl. 2, n°ˢ 1 et suiv. ; l'*Encyclop. méthod.*, t. VII, p. 170 et 171; et surtout Brodeau sur Louet, let. P, ch. XXI, où l'on trouvera une multitude d'arrêts et d'autorités favorables à la prescription de la faculté de rachat.

[2] Ch. II, art. 3, § 3, n° 53.

tia pour la restitution de la chose donnée en nantissement, n'est sujette à aucune prescription, par quelque laps de temps que ce soit : *Quominus fructus quos creditor ex rebus obligatis accepit habita ratione ac residuo debito soluto, vel si per creditorem factum fuerit quominus solveretur, oblato, et consignato, et deposito, pignora quæ in eadem causa durant restituat debitori : nullo spatio longi temporis defenditur* (l. 12, C. *de pign. act.*). La loi 10, C. *d. tit.*, décide la même chose.

« La raison est que le créancier qui a commencé à tenir la chose à titre de nantissement, est censé avoir toujours continué de posséder à ce titre, tant qu'il ne paraît pas qu'il soit survenu un nouveau titre, *quum nemo ipse sibi mutare possit causam possessionis suæ* (l. 3, § 19, ff. *de acquir. poss.*; l. 2, § 1, ff. *pro herede*). Or ce titre de nantissement auquel il possède, réclame perpétuellement pour la restitution de la chose, étant de l'essence de ce titre de posséder à la charge de rendre après la dette payée, et cette réclamation empêche la prescription[1]. »

Dans son *Traité de la possession*, ch. II, nos 31 et 33, et ch. IV, sect. II, nos 60 et suiv., Pothier insiste sur cette impossibilité où se trouvent tant le détenteur à titre précaire

---

[1] Le président Favre, dans son Code (liv. IV, tit. XVIII, definit. 4), donne de cette impossibilité de prescrire une autre raison plus subtile, mais qui ne nous paraît pas moins juridique. Le créancier gagiste ne peut prescrire, suivant lui, parce que l'action en restitution du gage ne naît pour son débiteur qu'au moment où il s'acquitte (l. 9, § 3, ff. *de pign. act.*) ; et qu'il serait absurde et impossible d'assigner à l'extinction de cette action une date antérieure à sa naissance (l. 1, § 1, ff. *quib. mod. usuf. amit.*; l. 19; ff. *quem serv. amit.*; l. 45, § 1, ff. *de legat.* I; l. 45, § 1, *de legat.* II; l. 1, § 7, ff. *de succes. edict.*) : *Pignoratitiæ actionis singulare jus est, ut nullius temporis quantumcunque longissimi præscriptione summoveatur, quia nec competit priusquam debitor pecuniam a se debitam obtulerit creditori : absurdum autem fuerit adeoque ἀδύνατον prius actionem perimi quam fuerit nata.*

que ses héritiers, de pouvoir changer eux-mêmes la cause de leur possession, et par conséquent de pouvoir prescrire.

« C'est, dit-il, un ancien principe de droit qu'on ne peut, par la seule volonté, ni par le seul laps de temps, se changer à soi-même la cause de sa possession.

« Par exemple, s'il paraît qu'une chose que je possède m'ait été donnée à titre d'engagement, ayant commencé à la posséder à ce titre, quelque déclaration que je fasse, quelque long temps qu'il s'écoule, tant qu'il ne paraîtra pas d'autres titres survenus depuis, moi, mes héritiers et les héritiers de mes héritiers *in infinitum*, continuerons toujours à la posséder à ce titre d'engagement, lequel résistera toujours à la prescription que nous pourrions prétendre de cette chose.

« Non-seulement on ne peut pas se changer soi-même la cause et le titre de sa possession, mais encore on ne peut pas en changer les qualités et les vices; telle elle a commencé, telle elle continue toujours; par exemple, si la possession a commencé par être une possession violente, une possession clandestine, une possession de mauvaise foi, une possession précaire, elle continuera toujours d'être une possession violente, une possession clandestine, une possession de mauvaise foi, etc., non-seulement dans la personne de celui dans qui elle a commencé, mais pareillement dans celle de ses héritiers et des héritiers de ses héritiers *in infinitum*, quelque bonne foi qu'ils eussent eux-mêmes; car les héritiers étant la continuation de la personne du défunt, étant *successores in universum jus defuncti,* la possession à laquelle ils ont succédé au défunt est la même possession qu'aurait le défunt, qui continue avec les mêmes qualités et les mêmes vices qu'elle avait lorsqu'elle a commencé; c'est de ces principes qu'a été formé cet axiome de droit : ***Vitia possessionum a majori-***

bus contracta perdurant (l. 11, C. *de acq. posses.*). C'est conformément à ces principes que Papinien dit : *Quum heres in jus omne defuncti succedit ignoratione sua, defuncti vitia non excludit*[1] (l. 11, ff. *de div. et temp. præscr.*).

« Il y a plus ; quand même celui qui a commencé d'être en possession d'une chose pour moi et en mon nom, changerait de volonté, et aurait la volonté de ne la plus détenir en mon nom, mais au sien, il serait toujours censé la détenir en mon nom, et je continuerais de posséder par lui mon héritage. Cela est conforme au principe que nous avons rapporté *supra*, que personne ne peut changer la cause et les qualités de sa possession ou de sa détention.

« Nous retenons la possession d'une chose par ceux qui la détiennent pour nous et en notre nom, non-seulement

---

[1] M. Merlin expose très-bien les mêmes principes dans son *Répertoire de jurisprudence*, v° *Précaire*.

« La possession précaire, dit-il, quelque longue qu'elle soit, ne peut opérer la prescription. La raison en est évidente : la prescription n'est que la confirmation, l'assurance que la loi donne à celui qui a joui pendant le temps qu'elle a déterminé, de ne pas être troublé à l'avenir dans sa jouissance. La loi ne peut donner cette assurance qu'à celui qui a joui comme propriétaire; comment la maintiendra-t-elle dans celui qui a joui précairement, qui possédait pour un autre, puisque par la nature même de sa possession, il était obligé de la restituer ?

« Non-seulement le possesseur lui-même, mais encore ses héritiers, ne peuvent pas prescrire, parce qu'ils représentent leur auteur, et que leur qualité n'opère pas de changement dans la possession qui leur est transmise.

« On a cependant douté dans cette espèce, si l'héritier de celui qui jouissait à titre d'usufruit, n'étant pas lui-même usufruitier, ne pouvait pas prescrire. La raison de douter était que l'usufruit finit par la mort de l'usufruitier (*secus* de l'engagement); que par conséquent l'héritier ne succède pas à cet usufruit qui ne subsiste plus ; que le titre de sa possession est changé par la nature de la chose; et que s'il continue de posséder, ce n'est plus au même titre que son auteur, mais d'une manière qui lui est propre et particulière. — On décide cependant, au contraire, que le vice qui se trouve dans la possession du défunt nuit à l'héritier, quand même il ignorerait ce vice, parce qu'il faut remonter au principe : l'héritier tient son droit du défunt, il est tenu de toutes les obligations du défunt, et ne peut pas prescrire parce que son auteur ne l'aurait pu faire. »

lorsqu'ils la détiennent par eux-mêmes, mais encore lorsqu'ils la détiennent par d'autres; quand même ceux qui la détiennent les en croiraient les véritables possesseurs, et auraient par conséquent l'intention de la détenir pour eux et non pour nous...

« Lorsque celui par qui nous possédons une chose est mort, et que cette chose se trouve par devers son héritier; nous continuons de la posséder par son héritier...

« Il résulte de tout ce que nous avons dit jusqu'à présent, que nous retenons la possession d'une chose par celui qui est en possession en notre nom, ou par son héritier, ou par celui qui la détient pour lui, tant que ces personnes conservent la possession de la chose en laquelle ils sont pour nous [1]. »

Pocquet de Livonière, dans ses *Règles du droit français* (liv. IV, ch. x, n° 46), résume la même doctrine en ces termes : « Pour acquérir un immeuble par la prescription de trente ans, il faut avoir possédé à titre de propriétaire ; en sorte que l'usufruitier, le fermier, le dépositaire, le seigneur dominant qui a joui en vertu d'une saisie féodale, ni

---

[1] Voy. encore ce que dit Pothier, *Traité de la prescription*, n° 71, 4ᵉ alin. ; n° 172, 2ᵉ alin. ; introduction au titre xiv de la cout. d'Orléans n° 18, et introd. au tit. xxii de la même cout., nᵒˢ 10, 11 et 12.

Domat, dans ses *Lois civiles*, part. I, liv. III, tit. vii, sect. i, nᵒˢ 9 et 10, et sect. v, nᵒˢ 11 et 12, ne rend pas, comme nous l'avons vu, moins que Pothier, hommage aux vrais principes en matière de possession. Il termine en ces termes les passages que nous avons cités :

« Celui qui se trouve tenir une chose qu'il n'a pas le droit de posséder en maître, ne peut changer sa condition, et se faire un autre titre de possession au préjudice d'une autre personne. Ainsi, par exemple, celui qui est en possession d'un fonds comme fermier, ne peut s'en rendre acquéreur par une vente simulée d'un vendeur, autre que le maître de qui il est fermier ; car ce nouveau titre ne changerait pas la qualité de sa possession, et ne lui donnerait pas le droit de posséder en maître, ni de prescrire contre celui de qui il s'était rendu le fermier. »

Nous rappelons que, dans le passage qui précède, Domat *assimilait au fermier* ou locataire, l'usufruitier et *le créancier qui tient en gage*, les héritiers de ces gens-là, *et d'autres semblables; ne* peuvent prescrire valablement *par quelque espace de temps que ce soit*, parce qu'ils ne peuvent changer à leur profit la cause de leur possession, sans un nouveau titre qu'ils doivent rapporter[1]. »

En ce qui concerne spécialement les contrats de la nature de celui qui fait l'objet de notre examen, nous citerons encore Duplessis, Coquille, Jean Decullant et Auroux des Pommiers.

Duplessis, en rappelant la disposition de l'article 120 de la coutume de Paris, qui déclare la faculté de rachat prescriptible par trente ans[2], se hâte d'ajouter : « *secus*, quand le contrat est pignoratif; car elle ne saurait jamais se prescrire alors en quelque cas que ce soit. »

Coquille, sur l'article 3 du chapitre XXXVI de la coutume de Nivernais, dont la disposition est la même que celle de l'article 120 de la coutume de Paris, dit aussi que cet article ne s'applique qu'à « un contrat de vraie vente d'héritage *qui n'ait les marques pour être jugé pignoratif.* »

Jean Decullant, dans ses remarques manuscrites sur l'article 20 de la coutume du Bourbonnais[3], disait[4] : *In contractibus pignoratitiis, sive in antichresi, hic articulus locum non habet; in his enim potest venditor post triginta vel quadraginta annos, offerre emptori pretium acceptum,*

---

[1] « (L. 3, § 19; l. 19, § 1, ff., *de acq. vel. amit. possess.*; l. 5, C., *de acq. et ret. poss.*; l. 2, § 1, ff., *pro hered.*; l. 10, § ult., *de acq. rer. dom.*; Dumoulin, sur la coutume de Paris, art. 12, 15; Coquille, *Quest.* 259; coutume d'Anjou, art. 439; *Arrêtés* de Lamoignon, *des Prescriptions*, art. 2). »

[2] Même disposition dans les coutumes du Bourbonnais, tit. III, art. 20; d'Auvergne, tit. XVII, art. 2; de la Marche, art. 92; de Nivernais, ch. XXXVI, art. 3; de Berri, tit. XII, art. 11; de Bretagne, art. 287, et d'Orléans, art. 269.

[3] « Faculté de racheter *toties quoties* est prescriptible par le laps et espace de trente ans. »

[4] Voy. Auroux des Pommiers, sur cet article, n° 9.

quia tales contractus non sunt proprie venditiones et emptiones, sed hypothecæ. Creditor enim qui fundum debitoris detinet, non proprie possidet, sed nomine alieno, ideoque non præscribit, quia titulus quo possidet non est translativus proprietatis, nec per fruitionis longum tempus potest causam suæ possessionis mutare.

Auroux des Pommiers, sur le même article (n° 8), dit qu'il ne s'applique qu'autant « que le contrat n'est pas pignoratif, *dont la faculté de rémérer est l'une des marques,* » et il ajoute que dans le cas contraire « la prescription telle qu'elle fût, de trente, de quarante, de soixante, même de cent ans, n'aurait pas lieu. C'est la remarque de M. Barthélemy Jabely sur l'article 92 de la coutume de la Marche ; celle de M. Jean Decullant sur le présent article, et de M. Duplessis sur Paris, traité des *Prescriptions*, liv. II, ch. I, sect. III, p. 515, édit. de 1709. »

Dans le numéro suivant, Auroux des Pommiers renvoie à son commentaire sur l'article 421 pour la désignation des « marques d'un contrat pignoratif. » Et voici ce qu'il dit, *loc. cit.*, n°ˢ 5, 6, 7 et 8 :

« On distingue dans le droit deux sortes d'engagements, l'un que l'on nomme *antichrèse* et l'autre contrat *pignoratif;* et il y a peu de différence entre ces deux contrats.

« L'antichrèse, dit Loyseau, c'est quand l'héritage est donné au créancier, non-seulement par engagement pour la sûreté de sa créance, mais encore pour jouir des fruits au lieu de l'intérêt de son denier.

« Le contrat pignoratif ou gracieux, qu'on appelle aussi engagement (dit le même auteur), est presque comme l'antichrèse, sinon qu'il est conçu en termes de vente sous faculté de rachat, et qu'ordinairement il y a réconduction (Loyseau, *du Déguerpissement*, liv. I, ch. VII).

« L'antichrèse diffère donc du contrat pignoratif en ce

que dans l'antichrèse il n'y a aucune vente de fonds, ni vraie ni simulée, et que ce sont seulement les fruits du fonds dont on donne la jouissance sans en abandonner la propriété : au lieu que le contrat pignoratif est conçu en termes de vente sous faculté de rachat ; de sorte que le contrat pignoratif contient une espèce de vente simulée du fonds, quoique véritablement on ne fasse que l'engager, à la charge : 1° que l'acquéreur en laissera l'usufruit et la jouissance au vendeur (qui dans le fond en est toujours le véritable propriétaire)...; 2° que l'acquéreur sera obligé d'en refaire la vente, lorsque le remboursement lui sera offert par le vendeur[1]. »

Ces principes étaient-ils méconnus dans les Pays-Bas ? Non ; nous avons déjà cité M. Britz[2], qui reconnaît que tous ceux qui possèdent pour autrui, ou ce qui est tout un, qui ne possèdent pas à titre de propriétaire, ne peuvent prescrire par quelque laps de temps que ce soit[3].

Mais il y a quelque chose de plus décisif que les autorités, ce sont les textes.

Citons des textes :

« Il est évident, dit un des statuts de Bruxelles[4], que ceux qui possèdent des biens par louage, emphyteuse, *empruntement* ou usufruit, ne peuvent prescrire par quelconque laps de temps, parce qu'ils n'ont possédé lesdits biens comme maistres ou comme leurs propres. »

---

[1] Le contrat que définit ici Auroux des Pommiers serait bien exactement celui qui intervint entre François Ier et Charles-Quint, si ce dernier n'avait pas eu la perception des fruits des immeubles engagés ; mais cette perception lui ayant été accordée par le traité de Cambrai, mis à exécution le 12 avril 1529, on voit que le contrat qui les liait tenait bien plus de l'*antichrèse* que du contrat *pignoratif*. De ce dernier contrat, il n'avait conservé que l'apparence par la stipulation de la faculté de rachat ; en réalité, il méritait donc la dénomination que nous lui avons toujours donnée.

[2] Voy. ci-dessus, p. 76.

[3] Voy. aussi Sohet, *Instituts de droit pour les pays de Liége, de Luxembourg, Namur et autres*, I, 79, 53 ; II, 59, 197 ; III, 19, 37.

[4] Voy. le *Coutumier général* de Bourdot de Richebourg, t. I, p. 1264.

« Quiconque possède aucun bien réel le terme et espace de vingt-deux ans, dit la coutume de Namur, il acquiert, par prescription, droit en la chose par lui possédée, excepté quand les biens sont tenus en usufruit, humières ou viages, ou entre frères et sœurs étant en commun.

« Item sur *engajures* il n'y aura point de prescription [1]. »

« Le locataire ou fermier, dit la coutume d'Audenarde [2], ne peut prescrire par aucun temps les choses louées, ny *celui qui a possédé par forme de prest* le bien du propriétaire, à quelque titre que ce soit; et encore bien moins celui qui en a la jouissance par souffrance. »

« Il n'y a nulle prescription, dit la coutume de la cour féodale de Furnes [3], entre le père et la mère et leurs enfants ny entre les enfants, le père et la mère; pareillement entre le tuteur et ses pupilles, entre le propriétaire du fonds et le fermier durant le bail, ny entre le procureur et le receveur contre son maître, ny entre le seigneur et son vassal. »

Mêmes dispositions dans l'article 6 du titre XXXVI de la coutume de la ville et châtellenie de Furnes [4].

Mêmes dispositions dans la coutume de la salle et châtellenie d'Ypres, ch. CCXXVII, art. 3 [5]; dans celle de la ville et bourgeoisie d'Ypres, rub. 17, art. 7 [6]; dans celle de la Gorgue, rub. 5, art. 47 [7]; dans celle de la ville et châtellenie de Cassel, art. 44 et 240 [8], et dans celle de la ville et châtellenie de Bailleul, rub. 21, art. 2 [9].

---

[1] Art. 33 et 40 de la coutume de Namur. Voy. Bourdot de Richebourg, t. II, p. 305.
[2] Rub. 15, art. 12. Voy. *loc. cit.*, t. I, p. 1085.
[3] Tit. X, art. 2. Voy. *loc. cit.*, t. I, p. 698.
[4] Voy. *loc. cit.*, t. I, p. 666.
[5] Voy. *loc. cit.*, t. I, p. 862.
[6] Voy. *loc. cit.*, t. I, p. 895.
[7] Voy. *loc. cit.*, t. II, p. 1009.
[8] Voy. *loc. cit.*, t. I, p. 702 et 715.
[9] Voy. *loc. cit.*, t. I, p. 973.

« Ny encore, ajoute cette dernière coutume, entre le propriétaire et l'usufruitier ou la douairière, durant l'usufruit ou le douaire. »

« Quiconque, dit la coutume d'Ostende, rub. 19, art. 1[1], aura possédé héritage ou rente héréditaire pendant trente ans, il retiendra lesdits héritages et rentes pour son bien propre et libre. Bien entendu que ladite possession de trente ans ne sortira point son effet contre l'Église ou le prince, ou pour ceux qui jouiront de tels biens à titre de saisies, de douaires, de survies, mais en ces sortes de choses on se réglera *selon le droit*. »

C'est aussi *selon le droit* que la coutume de Cambrai, titre XVII, art. 2[2], entend qu'on règle en matière de prescription les cas privilégiés *ou exceptés* de la prescription coutumière de vingt ans qu'elle adopte.

« L'usufructuaire, dit la coutume de Bouillon, ch. XXIII, art. 3[3], ne pourra prescrire la propriété du bien par lui tenu en usufruit, ni celui qui en tiendra à *tiltre gager*, précaire ou location. »

« Quiconcque, dit la coutume du pays du Franc, art. 182[4] a possédé de bonne foi un héritage, des rentes foncières, des rentes rachetables, etc., pendant vingt ans... pourra le retenir pour son propre bien franc... ; bien entendu que ladite possession de vingt ans n'aura point d'effet contre l'Église et le prince, ni à l'égard de ceux qui jouissent de quelques biens par bail, ou gain, ou retenue, douaire *ou autre semblable titre*, lesquels ne pourront prescrire lesdits biens en aucun temps. »

Même esprit, mêmes dispositions dans les Chartes gé-

[1] Voy. *loc. cit.*, t. I, p. 762.
[2] Voy. *loc. cit.*, t. II, p. 295.
[3] Voy. *loc. cit.*, t. II, p. 863.
[4] Voy. *loc. cit.*, t. I, p. 618.

nérales du Hainaut. L'article 20 du chapitre CVII[1] notamment est ainsi conçu :

« En fiefs, alloëts et mainfermes possédés à titre de bail, douaire ou à tiltre d'usufruict ne se pourra engendrer prescription ny autre chose faire qui puisse préjudicier à l'héritier propriétaire. »

D'un autre côté les articles 9, 10 et 12 du même chapitre portent[2] :

« Les tenants fiefs ne se pourront ayder de prescription contre les seigneurs desquels ils tiendront leurs fiefs regardant le tennement d'iceux par faute de relief.

« Mais s'il advenoit que fiefs eussent esté relevés d'autre seigneur prétendant droit au tennement d'iceux, par trois fois continuels et excédants ensemble le temps de vingt-un ans ou plus, le seigneur faisant apparoir desdits trois reliefs par ledit terme, aura acquis droit de prescription après les vingt-un ans passés pour le tennement du fief, contre autre seigneur y prétendant action.

« En matière de droits seigneuriaux [3] n'y aura prescription de l'héritier doyant le droit contre son seigneur ; mais si différend survenoit de deux seigneurs l'un contre l'autre chacun le prétendant, celuy faisant apparoistre de sa jouyssance et possession d'avoir receu les droits seigneuriaux par trois fois et de divers convents excédant le terme de vingt-un ans, aura acquis la propriété dudit droit seigneurial, et ou n'apparoistroit de ladite jouissance conviendra avoir recours aux actes et possessions plus anciennes. »

Conformément au droit commun de la France[4] et nous

---

[1] Voy. *loc. cit.*, t. II, p. 130.
[2] Voy. *loc. cit.*, t. II, p. 129.
[3] Il s'agit ici des droits dus par un possesseur de mainferme ou bien de roture.
[4] Voy. la coutume de Paris, art. 123 et 124 ; celle de Berri, titre des

pouvons le dire aussi des Pays-Bas [1] les articles précités établissent que de vassal à seigneur la prescription de la mouvance ne pouvait avoir lieu mais qu'il en était autrement de seigneur à seigneur.

Mais pourquoi cette différence si ce n'est parce que le vassal possédait pour autrui et parce qu'il ne pouvait pas prescrire contre son titre. *Propter mutuam recognitionem et protestationem quæ semper fit et intervenit inter patronum et clientem*, dit Dumoulin, qui compare la constitution d'un fief au bornage d'un champ : *Feudum semel constitutum est sicut ager limitatus finibus prima investitura præfixis qui non debent augeri vel minui.* « En effet, dit aussi de Fréminville [2], les célèbres maximes qu'on ne peut prescrire contre son titre, qu'on ne peut changer la cause de sa possession, ont encore plus particulièrement leur application à l'égard du contrat féodal essentiellement établi sur une bonne foi et une obligation réciproques ; le seigneur ne peut posséder la propriété utile, ni le vassal la propriété directe de la glèbe féodale et indivise, sans contrevenir à la cause de leur possession et sans une mauvaise foi manifeste. »

Ainsi donc, en résumé, dans le Hainaut comme dans les Pays-Bas, et dans les Pays-Bas comme en France, on excluait du droit de prescrire les usufruitiers, les fermiers, les locataires, les dépositaires, les emphytéotes, les antichrésistes et en général tous ceux qui n'avaient qu'une posses-

---

Prescriptions, art. 9 ; celle de Nivernais, titre des Fiefs, art. 15 ; Loisel, *des Prescriptions*, règles 25 et 26 ; Pocquet de Livonière, même titre, règles 69 et 70 ; Henrys, t. II, liv. III, quest. 12 ; Louet et Brodeau, lettre C, ch. XXI, etc.

[1] Voy. la coutume de la cour féodale de Furnes, précitée ; celle de Lille, ch. VI, art. 7 (t. II, p. 940 de Bourdot de Richebourg) ; celle de Bergh Saint-Winox, rub. 14, art. 2 (*ibid.*, t. I, p. 524) ; celle du pays de Waes, rub. 11, art. 2 (*ibid.*, p. 1198), etc.

[2] *Les vrais Principes des fiefs*, t. II, p. 92.

sion à titre précaire, tous ceux qui possédaient pour autrui, tous ceux enfin dont la détention de fait, attestait la possession de droit d'un autre, celle du propriétaire. Donc si, comme nous croyons l'avoir démontré dans le paragraphe précédent, il n'y a pas eu d'interversion de titre par suite du prétendu rachat de 1558, la possession du successeur de M. de Roghendorff n'a pu être et n'a été que la continuation de la sienne qui était précaire; donc elle n'a pu aboutir à la prescription; donc en supposant le rachat allégué, les droits du roi sont demeurés intacts, et il est resté, après comme avant ledit rachat, le seul seigneur, *le seul propriétaire* du fief et *de la justice* de la seigneurie gagère de Condé.

§ IV.

VIᵉ ET VIIᵉ MOYENS DE CASSATION.

VIOLATION DU PRINCIPE QU'ON NE PEUT PRESCRIRE CONTRE SON TITRE; — VIOLATION DE LA RÈGLE DU DROIT COUTUMIER DE HAINAUT QUI DÉCLARAIT IMPRESCRIPTIBLE LA FACULTÉ DE RACHAT, CONFORMÉMENT AU PRINCIPE POSÉ DANS L'ARTICLE 16 DU CHAPITRE CXXII DES CHARTES GÉNÉRALES DE CETTE PROVINCE.

En terminant le paragraphe qui précède, nous avons dit que l'impossibilité pour le vassal de prescrire contre son seigneur, témoignait de l'acceptation en Hainaut de ces deux règles de droit : qu'on ne peut pas prescrire quand on possède pour autrui, et qu'on ne peut pas prescrire contre son titre.

Ces deux règles se touchent de bien près; si elles ne se confondent pas elles se ressemblent beaucoup; si elles ne sont pas identiques elles sont jumelles.

Sous un certain rapport même elles sont identiques, elles se confondent.

Expliquons-nous.

Celui qui possède pour autrui ne peut prescrire.

Il ne peut prescrire, parce que pour prescrire il faut posséder, et qu'en réalité le détenteur à titre précaire ne possède pas.

Mais pourquoi ne possède-t-il pas?

Parce que son titre est exclusif de toute idée de propriété.

Donc le défaut de la possession et la contradiction du titre ne font ici que présenter sous une double face, un obstacle unique à la prescription.

C'est dans cet esprit que l'article 2240 du Code civil est

rédigé. « On ne peut pas, dit-il, prescrire contre son titre, en ce sens que l'on ne peut point se changer à soi-même la cause et le principe de sa possession. »

C'est dans le même ordre d'idées que le président Bouhier disait[1] : « Si à la prescription on joint quelque titre comme une concession de droit de justice, il faut bien prendre garde qu'il ne contienne rien de contraire à la possession dont on veut se prévaloir, car il est des maximes les plus certaines qu'en ce cas la possession n'est plus considérée, parce que personne ne saurait prescrire contre son titre. Et de là vient l'axiome qu'il vaut mieux n'avoir point de titre que d'en avoir un vicieux. »

C'est dans le même sens encore que tout en admettant que le domaine de la couronne « peut, peut-être, s'acquérir par la prescription centenaire[2], » du moins dans les pays de droit écrit[3], la Garde ajoutait cette restriction : « Cependant, s'il y avait quelque titre comme *une adjudication faite à faculté de rachat perpétuel*, ou engagement pour

---

[1] Dans son commentaire sur la coutume de Bourgogne, ch. LI, n° 33.

[2] Cette opinion est combattue par le plus grand nombre des auteurs, qui se prononcent pour l'imprescriptibilité absolue du domaine. Voy., entre autres, le *Traité des fiefs* de Guyot, t. V, p. 497, 521, 522, et Loyseau, *hic cit.*; *de la Souveraineté*, par le Bret, liv. III, ch. II; de Fréminville, *les vrais Principes des fiefs*, t. II, p. 102 et 103 ; Expilly, dans ses *Arrêts*, n° 217, Dupuy, *des Droits du roi au royaume de Bourgogne*; Godefroi, sur l'art. 521 de la coutume de Normandie, v[is] *excepté le droit de patronage*; Savaron, *de la Souveraineté du roi*; Duplessis, sur la coutume de Paris, traité XIII, liv. II, ch. III; Cassan, *des Droits du roi*; Bodin, *de Repub.*, lib. VI, c. II; Ferrerius, *ad quæst. Guid. Papæ* 416; Grivel, décis. 76; n°s 3 et suiv.; Lefèvre de la Planche, *Traité du domaine*, liv. XII, ch. VII, le *nouveau Denisart*, v[is] *Domaine de la couronne*, § 8; Dunod, *Traité des Prescriptions*, p. 273 et suiv.; Renauldon, *Dictionnaire des fiefs*, t. I, p. 237, n° 171 de l'édit. de 1765 ; de l'Hommeau, liv. I, max. 8 ; Merlin, *Répert. de Jurispr.*, v[is] *Domaine public*, § 4, n° 2 ; M. Troplong, sur l'art. 2227 du Code civil, n° 184, etc., etc.

[3] La déclaration de Henri II, du 15 août 1555, sur laquelle la Garde appuyait cette opinion, était spéciale au Dauphiné.

une certaine somme... et certain temps... la possession centenaire ou immémoriale n'aurait point d'effet. »

C'est aussi dans le même sens que la loi romaine disait : *pignori rem acceptam non usucapimus, quia pro alio possidemus* [1], et que d'Argentré et d'autres auteurs [2] ajoutaient : *Impræscriptibilitas tunc provenit ab agnitione dominii, quæ per se sufficiens est ad æternitatem interruptionis.*

C'est enfin dans le même sens que se prononçait Dunod, quand il disait [3] :

« Lorsqu'il paraît un titre qui a probablement donné lieu à la possession, l'on doit s'y référer, *origo enim nanciscendæ possessionis exquirenda est* [4]. Comme chacun est présumé posséder en vertu d'un titre, on doit, dans le doute, réduire la possession et l'expliquer par le titre qui existe [5]; et si elle est contraire à ce titre, elle doit être jugée vicieuse et de mauvaise foi, *quum nemo sibi causam possessionis mutare possit* [6].

« Sur ce fondement, celui qui a commencé à jouir comme fermier, ne prescrira jamais la propriété, à moins qu'il n'eût acquis un nouveau droit qui ait changé la cause de sa possession. Il en est de même de l'usufruitier, de l'usager, du dépositaire, *du créancier à l'égard du gage*, et de tous les autres qui jouissent pour autrui : l'on présume qu'ils ont joui à la fin, dans le même esprit qu'au commencement, et, en conséquence, qu'ils n'ont pas eu l'intention de

---

[1] L. 13, ff., *de usurp.*, Cujas *ad d. L.*

[2] D'Argentré, sur la coutume de Bretagne, art. 266, ch. VIII; Catelan, liv. VII, ch. XXIII; le président Favre, Code, liv. VII, tit. XIII, defin. 7.

[3] *Traité des prescript.*, part. I, ch. VIII.

[4] L. 6, ff. *de acquir. vel amit. poss.*

[5] L. 77, ff. *de rei vind.*; l. 2, C. *de acquir. poss.*; l. 2, *de imp. luc. descr.*; d'Argentré, art. 265, c. v, n. 11 et seq; Cancerii *Var. res.*, p. I, c. XIV, n° 95; Boniface, t. III, l. VI, tit. IV, ch. III.

[6] L. 5, C. *de acquir. et retin. poss.*

posséder comme maîtres, ou que s'ils ont voulu posséder comme maîtres sans titre nouveau et sans interversion, ils n'ont pas pu le faire, et qu'ils ont été de mauvaise foi... [1]

« La principale règle pour connaître quand la possession n'opère pas la prescription parce qu'elle est contraire au titre, est de voir si elle est opposée à la substance de ce même titre, comme il arrive dans le cas de la concession précaire, en suite de laquelle on veut avoir joui comme maître. Ce sont deux actes incompatibles. »

Mais le titre peut être vicieux, non-seulement en ce sens qu'il confère une concession précaire, mais aussi en ce sens que conférant une possession à titre de propriétaire, il ne vous a pas été transmis par une personne capable d'aliéner [2], ou dans les formes prescrites pour que cette aliénation devienne licite, et alors aussi, si le titre était produit, on appliquerait la règle que nul ne peut prescrire contre son titre. C'est ce que nous atteste Pothier dans son *Traité de la prescription*, n° 12.

« La prescription de quarante ans, dit-il, étant de même nature que celle de trente, le possesseur n'est pas obligé pour cette prescription de rapporter le titre d'où sa possession procède; le laps de temps fait présumer qu'il en est intervenu un. Mais si on produisait un titre vicieux d'où

---

[1] Salvaing, *De l'usage des fiefs*, ch. xciv; Basset, t. 1, l. II, tit. xxix, ch. ix; Lapeyrère, let. P., n° 78; Cancerii *Var. res.*, part. III, c. iii, n°s 120 et seq.; Mornac, sur la loi 13, ff. *de public. in rem act.*; Coquille, sur la cout. du Nivernais, ch. xxxvi, art. 1 et Q. 259.

[2] Parmi les personnes incapables d'aliéner au point de vue où nous nous plaçons ici, on doit ajouter celles qui transmettent un droit qu'elles savent ne pas avoir : aussi Pothier (*Traité de la possession*, ch. 1, art. 2) classe-t-il, parmi les possessions purement naturelles, « celle qui procède à la vérité d'un titre de nature à transférer la propriété, mais qui est infectée de mauvaise foi, qui consiste dans la connaissance que le possesseur avait que celui de qui il a acquis la chose n'avait pas le pouvoir de l'aliéner. »

sa possession procédât, ce titre empêcherait la prescription ; tel que serait, par exemple, une vente de l'héritage, qui aurait été faite à quelqu'un dont le possesseur est héritier médiat ou immédiat, laquelle vente aurait été faite contre les règles qui doivent être observées pour l'aliénation des biens de l'Église; ce titre étant un titre vicieux, et la possession du possesseur qui est héritier de l'acquéreur qui a acquis à ce titre, n'étant que la continuation de la possession de cet acquéreur, est une possession vicieuse qui procède d'un titre vicieux, et qui ne peut, par conséquent, opérer la prescription; c'est le cas de la maxime : *Melius est non habere titulum, quàm habere vitiosum.* »

L'application de ce passage de Pothier à notre espèce n'est pas difficile. Il suffit de substituer le roi à l'Église.

L'Église ne peut aliéner ses biens que dans certains cas et suivant certaines règles.

Le roi ne peut aliéner que par échange ou par apanage [1] les domaines de la couronne.

Si l'Église ne suit pas les règles qui lui sont imposées, l'acquéreur ne prescrit pas contre elle.

Donc si le roi ne se trouve pas dans les cas exceptés de l'inaliénabilité du domaine, l'acquéreur du domaine ne prescrit pas contre lui.

Dans l'un et l'autre cas le titre est vicieux, non parce qu'il est précaire, mais parce qu'il est transmis par un incapable.

Bien entendu que dans l'un et l'autre cas il faut qu'on prouve ici que l'immeuble aliéné a appartenu à la couronne, et là qu'il a appartenu au roi.

Mais cette preuve faite, dans l'un et l'autre cas, tout est

[1] Imparfaitement encore par apanage, puisqu'il y a droit de réversion.

dit, le vice du titre est démontré, et l'application de la règle qu'on ne peut pas prescrire contre son titre s'ensuit.

Or, nous avons prouvé au paragraphe 2, que soit que M. de Lalain ait connu, soit qu'il ait ignoré l'acte d'échange de 1529, toujours est-il qu'il n'ignorait pas l'acte d'acquisition fait par M. de Roghendorff, en 1531; que ce dernier acte mentionnait que le retrait de Condé appartenait au roi, d'après *le traité de Cambrai*; que dès lors, M. de Lalain savait qu'il s'agissait d'un bien, ou d'un droit inaliénable de la part de celui qui se l'était réservé, et que celui qui se l'était réservé n'exerçait pas; que par conséquent M. de Lalain connaissait les vices de son titre, et que dès lors, s'il n'intervertissait pas ce titre il ne pouvait prescrire, et comme nous avons prouvé au paragraphe 2 que cette interversion n'avait pas eu lieu en 1558, il s'ensuit que de même que M. de Lalain a continué la possession de M. de Roghendorff, de même il a continué son titre, et que si l'une excluait la prescription parce qu'elle avait lieu pour autrui, l'autre ne l'excluait pas moins parce qu'il était précaire.

Un mot encore sur ce point.

Nous avons vu que les lois domaniales avaient toujours soigneusement distingué les aliénations du domaine où la faculté de rachat avait été stipulée, de celles où elle avait été omise.

Un domaniste [1] explique fort bien le motif de cette distinction, et pourquoi la loi s'est toujours montrée plus rigoureuse, à l'égard des possesseurs ou détenteurs, dont le titre mentionnait la faculté de rachat.

« Le titre même d'aliénation fait ici la loi du détenteur : il ne peut s'y soustraire ; nul ne peut ni prescrire ni réclamer contre son titre ; à quelque époque reculée que sa pos-

[1] Boudet, *Traité sur les domaines engagés*, p. 38.

session puisse remonter, elle n'a jamais été que précaire ; l'intervalle de plusieurs siècles ne peut ni couvrir ce vice, ni enlever à la nation le droit que le titre lui a toujours conservé, ni même laisser au détenteur aucun motif de se plaindre. Son titre a dû lui rappeler sans cesse qu'il jouissait d'un fonds dont la propriété ne lui appartenait pas ; la longueur de sa possession, loin de prouver de sa part aucun droit, ne fait, au contraire, qu'attester la négligence des officiers du domaine. »

Mais, dit l'arrêt de la cour de Douai, il ne s'agit pas ici d'un titre précaire, car ce qui a été fait, c'est une vente à faculté de rachat, c'est un acte translatif de propriété, sauf condition résolutoire[1]. Si donc la condition a défailli, si le

---

[1] Le jugement du tribunal de Valenciennes, du 30 mars 1849, qualifie par mégarde cette condition de *suspensive* ; et, chose remarquable, c'est précisément comme conséquence de cette idée essentiellement fausse, qu'il dénie le caractère d'échange aux actes qui sont intervenus en 1529 entre François I*er* et M*me* de la Roche-sur-Yon. « Considérant, dit-il, que ces divers actes, malgré leur dénomination d'échange et de contre-échange, entre le roi de France et M*me* de la Roche-sur-Yon, *n'étant*, dans leur esprit comme dans leur exécution, que des *engagements au profit d'un tiers, ne sauraient avoir le caractère légal d'un contrat d'échange*, d'autant moins que la cession directe de la seigneurie de Condé à l'empereur Charles-Quint n'a été faite que sous la *condition perpétuellement suspensive* de rachat, ce qui *écarte toute idée de transmission irrévocable, condition essentielle de l'échange*. »

La société de Thivencelles est maintenant devant la Cour de cassation ; elle se trouve donc dispensée de prouver :

1° Qu'un engagement fait au profit d'un tiers n'exclut nullement l'idée d'un échange préalable, qui serait lui-même la cause de cet engagement ;

2° Que la transmission irrévocable n'est pas plus *la condition essentielle de l'échange*, que de la vente, que de la donation, en un mot que de tous les contrats translatifs de propriété. Il est par trop évident que l'échange, comme la vente, comme la donation, peut être fait, soit sous une condition suspensive, soit sous une condition résolutoire, et que l'essence de ce contrat n'est nullement atteinte par une modalité, parfaitement licite et d'un usage fréquent.

Mais enfin, puisque l'arrêt de la cour de Douai se réfère aux motifs des premiers juges, il fallait, une fois au moins, peser la valeur de ces motifs.

rachat a été prescrit, de résoluble, la propriété est devenue définitive et incommutable. Or le rachat pouvait se prescrire, donc s'il n'a pas été exercé pendant le temps requis pour prescrire, il a été perdu, et c'est ce qui était arrivé longtemps avant que le conseil du roi accordât une concession à M. de Croy, en 1749.

Ce raisonnement qui se trouve en substance et en germe, sinon en termes explicites dans l'arrêt déféré à la censure de la Cour suprême, ce raisonnement, disons-nous, a plus d'un défaut.

D'abord, comme nous l'avons vu dans le paragraphe qui précède, il tend à faire tourner contre l'inviolabilité du domaine de la couronne de France, les précautions mêmes qui avaient été prises pour la sauvegarder.

En second lieu, comme nous l'avons vu aussi dans le même paragraphe, ce raisonnement méconnaît la véritable nature du contrat, qui avait eu lieu en 1529, entre François Ier et Charles-Quint. Ce contrat ne constituait pas un acte de vente, mais un acte d'antichrèse; il ne transférait pas la propriété, il l'engageait seulement; en un mot, c'était à ne pas s'y méprendre un contrat pignoratif, et pas autre chose.

Enfin, ce raisonnement a un dernier défaut, c'est qu'il n'est pas concluant, ou, du moins, c'est qu'il ne devient tel, qu'en posant en principe ce qui est en question, à savoir si en transformant un acte d'antichrèse en acte de vente à réméré, on rendra la prescription plus facile que si on ne travestissait pas le caractère de cet acte.

Sans doute en France, du moins dans le dernier état du droit ancien, la faculté de rachat était prescriptible, et l'antichrèse non. Cette vérité, nous l'avons reconnue dans le paragraphe qui précède, et, en aucun temps, elle n'a été déniée par les défenseurs de la société de Thivencelles [1].

---

[1] Voy. notre seconde consultation, p. 401 et suiv.

Mais le droit de la France était-il le droit du Hainaut, et par conséquent de Condé, qui faisait partie du Hainaut?

L'arrêt de la cour de Douai décide résolûment cette question d'une manière affirmative : « la faculté du rachat conventionnel se prescrivait, dit l'arrêt, en Hainaut, par trente ans. »

Nous serions vraiment bien embarrassé de découvrir où l'arrêt a puisé une pareille doctrine, si nous n'avions sous les yeux une consultation d'un avocat belge[1] où elle a été d'abord professée.

Mais comment cet avocat justifie-t-il son opinion?

En citant Dunod[2], Pollet[3] et de Ghewiet[4].

Et Dunod, que dit-il? pas autre chose que ce que disent Pothier, Merlin, Tiraqueau, Rousseau de la Combe, Despeisses et les autres auteurs cités dans le paragraphe qui précède. Il dit qu'en France l'action personnelle que produit le pacte de rachat se prescrit par trente ans, lorsqu'elle est stipulée sans fixation de terme ou à perpétuité, et il cite en ce sens un arrêt rendu à la tournelle du parlement de Besançon, à la date du 26 janvier 1725. Mais de la jurisprudence particulière de la province du Hainaut, Dunod n'en dit rien.

Quant à Pollet il examine si, sous la *coutume de Lille*, la faculté de rachat se prescrivait par trente ans[5], ou bien par la prescription immémoriale ou centenaire[6]. Et il cite,

---

[1] Consultation de M. Dolez, p. 17. Cette consultation porte la date du 30 décembre 1848.

[2] *Traité des prescriptions*, part. I, ch. XII, p. 90.

[3] *Arrêts du parlement de Flandre*, part. II, n° 39, art. 6, p. 209.

[4] *Institution du droit belgique*, part. II, tit. V, § 14, art. 8.

[5] Terme ordinaire de la prescription d'après cette coutume. Voy. coutume de la châtellenie, ch. XVII, art. 1 et 2, et coutume de la ville, ch. VI, art. 1 (Bourdot de Richebourg, t. II, p. 908 et 940).

[6] Voy. Patou, *Comment. sur la coutume de Lille*, tit. VI, art. 6, gl. 2, n° 10.

dans ce dernier sens, un arrêt du 7 mai 1704, confirmé en révision le 14 avril 1707. Mais, à l'égard de la *coutume du Hainaut*, le mutisme de Pollet est aussi absolu que celui de Dunod.

Quant à de Ghewiet enfin, suivant sa coutume fréquente, il n'émet pas même d'opinion; il se contente de rapporter celle de Pollet sur la *coutume de Lille*, sans la critiquer, il est vrai, mais aussi sans l'approuver.

Cette réserve était prudente, même en ce qui concernait la *coutume de Lille*, car rien ne démontre que l'arrêt précité l'ait sainement interprétée, les termes de cette coutume sont même trop compréhensifs pour permettre l'interprétation que l'arrêt de 1704 en fait.

« La faculté de racheter droit de mort-gaige, rentes constituées à rachat [1] ou de pouvoir appréhender droit de quint et *autres facultés*, ne se peuvent prescrire. »

---

[1] Sur cette partie de l'article, Pollet, *loc. cit.*, fait une remarque singulière :

« La faculté de racheter une rente constituée à prix d'argent, est, dit-il, absolument imprescriptible, parce qu'elle est de la nature du contrat; sans cette faculté, la constitution deviendrait usuraire. »

On ne s'explique pas au contraire comment par cette faculté elle cesserait d'être usuraire.

Les canonistes voulaient, il est vrai, qu'une rente ne pût être constituée que sur un immeuble d'un revenu égal au montant de la rente, et tel était le prescrit d'une décrétale du pape Pie V; mais cette décrétale n'était pas reçue en France (voy. Denisart, v^{is} *Rentes constituées*, n° 5). De plus, on voit qu'elle faisait dériver l'usure d'un caractère tout autre que celui que signale Pollet.

Quant à la rente constituée, telle qu'elle existait en France, son taux légal, il est vrai, a souvent varié, mais quelles qu'aient été ces variations, elles ne pouvaient atteindre sans effet rétroactif les contrats faits sous un autre régime; aussi ne les atteignaient-elles pas (voy. l'édit de juin 1766, art. 5, et Denisart, *loc. cit.*, n° 22). Reste donc ce dilemme : ou le taux légal de la constitution de rente n'avait pas été excédé, ou bien il avait été excédé dans le contrat. Dans le premier cas, pas d'usure, lors même que la faculté de rachat n'existerait pas; dans le second cas usure, quand même la faculté de rachat aurait été stipulée : seulement l'usure pourrait alors n'être que temporaire.

Tels sont les termes de l'article 6 du chapitre XVII de la coutume de la salle et châtellenie de Lille, termes dont ne diffèrent guère ceux de l'article 6 du chapitre VI de la coutume de la ville de Lille, ainsi conçu : « La faculté de racheter une rente constituée à rachat *ne autres facultés*, ne actions procédant d'icelles, ne se peuvent prescrire. »

Que ces articles n'aient été introduits dans la coutume de Lille, suivant la remarque de Pollet, que parce que ses rédacteurs ont mal entendu la loi 2, ff. *de via publica et itinere publico*, c'est possible, mais qu'importe ! il ne s'agit pas de savoir ce qu'ils ont pensé, mais ce qu'ils ont fait. Bien des dispositions de nos Codes ne sont qu'un calque infidèle des lois romaines, dont on a cru les tirer[1] : est-ce à dire qu'elles en soient moins obligatoires ?

Nous croyons que Pollet et les auteurs de l'arrêt qu'il rapporte en déclarant la faculté de rachat prescriptible sous la coutume de Lille, ont trop cédé à l'influence des idées françaises, et trop facilement méconnu les principes tout autres qui étaient suivis dans les provinces des Pays-Bas.

Aussi un magistrat distingué du parlement de Flandre, qui était d'origine belge[2], se gardait-il bien d'accepter l'interprétation donnée par Pollet à l'article 6 du chapitre XVII de la coutume de la salle de Lille.

« Le mot faculté, dit le premier président de Blye[3], se prend de deux façons : la première pour une pure faculté, *qualis est libertas de publico nobis concessa, ut libera facultas eundi per viam publicam*, etc. ; *secundo modo*, se prend la

---

[1] Voy. les exemples cités dans la note de la page 406 de ma seconde consultation.

[2] Voy. M. Britz, *loc. cit.*, p. 306, 309 et 310.

[3] Voy. son *Commentaire sur quelques articles des coutumes de la salle, bailliage et châtellenie de Lille*. Ce commentaire se trouve dans le *Recueil d'arrêts du parlement de Flandres*, par Dubois d'Hermaville, de Baralle, etc. Lille, 1777, 6 vol. in-4°.

faculté *pro facultate non mera, sed quæ conceditur vel ex natura contractus, vel ex pacto contractui adjecto, ut jus luendi pignoris.*

« *Lesquelles facultés ne se peuvent prescrire par cette coutume*, combien que, de droit, la question soit grandement controversée, plusieurs inclinant pour l'affirmative, et d'autres pour la négative, conformément à la décision de cette coutume... » Pour ne laisser aucun doute sur sa pensée, de Blye revient sur ces mots de la coutume : ET AUTRES FACULTÉS : *Quæ verba,* dit-il, *intelliguntur generaliter ut comprehendant quaslibet facultates, ut judicatum est in gubernantia insulensi cujus sententia Gandavi confirmata fuit.* Et au mot PRESCRIRE de l'article en question, de Blye ajoute ce commentaire : *Intellige de præscriptione etiam centum annorum aut cujuslibet temporis immemorialis, ne libertas omnium rerum optabilissima tollatur.*

Le premier président de Blye devait être d'autant plus disposé à soustraire l'exercice du réméré à la prescription, même immémoriale ou centenaire, que cette opinion pouvait s'appuyer dans les Pays-Bas sur des textes plus précis encore que celui de la coutume de Lille.

Ainsi les articles 3 et 4 du titre XV de la coutume du pays de Luxembourg étaient conçus en ces termes [1] :

« Si les biens immeubles sont engagez ou aliénez soubs faculté de rachapt *toties quoties*, ou sous autre faculté temporelle aucune prescription ne court contre le propriétaire, ores [2] que ce fust de cent ans et davantage.

---

[1] Voy. Bourdot de Richebourg, t. II, p. 352.

[2] *Même, encore bien, quoique, encore que.*
Cette signification de ce mot ne se trouve pas indiquée par Lacombe, dom François, Borel et Roquefort ; elle est cependant incontestable.

« Et *ores que* le sage ne doive donner aux passions humaines de se fourvoyer de la droicte carrière, il peut bien, etc..... » (Montaigne.)

« Tibère, souventes fois sortant du sénat, s'écrioit parlant des séna-

« Le même est statué quand le bien est possédé à titre d'usufruict. »

Même disposition dans la coutume de Liége (ch. IX, art. 4[1]):

« La faculté de rédimer quelque bien immeuble, ou tenant nature d'immeuble n'est prescriptible[2]. »

Même disposition dans la coutume de Douai et d'Orchies tit. *de Prescription*, art. 2[3]):

« Faculté de racheter rentes à rachapt ne se peut prescrire. »

Même disposition dans la coutume de Tournai (ch. XI, art. 35[4]):

« Ledit droict de rachapt ne se peut prescrire, mais demeure perpétuel à la volonté dudit aisné ou de ses héritiers à toujours. »

Même disposition enfin, quant aux rentes foncières, dans la coutume de Mons (ch. XXVIII[5]), alors même que le rachapt de ces rentes n'eût pas été stipulé:

---

teurs: O hommes appareillés à servitude! tant il se fâchoit de leur indue patience et servage, *ores qu*'il ne voulût souffrir la liberté publique. » (Mémoires de Jean du Tillet.)

« Si la mère estoit serve, *ores que* le père fust noble, les enfants estoient serfs. » (Note de Coste sur Montaigne.)

Le mot *ores* est encore pris dans le même sens, dans la déclaration de François Ier, d'avril 1515, citée dans notre première consultation, p. 113 et 114. Enfin, comme le remarque Laurière, dans son *Glossaire* (t. II, p. 163), c'est encore dans le même sens que ce mot est employé par les rédacteurs de la coutume de Paris, art. 122, ainsi conçu: « Legs pitoyables de rentes en deniers, grains ou autres espèces sur une maison de la ville de Paris et faubourgs d'icelle, sont rachetables au denier vingt sans que ledit rachat se puisse prescrire, *ores qu*'il fût dit par le testateur non rachetable. »

[1] Voy. Bourdot de Richebourg, t. II, p. 329.

[2] Voy. aussi Méan, *Observ. et res judicata ad jus civile Leodiensium*, obs. 209, n° 3, et obs. 676, n° 4.

[3] Voy. Bourdot de Richebourg, t. II, p. 979.

[4] Voy. *id. ibid.*, p. 957.

[5] Voy. *id. ibid.*, p. 176.

« Toutes nouvelles charges de rentes qui dorénavant procéderont par arrentement, rendues à nouvelle loi, ou se chargeront tant à Mons que par tout le chef-lieu, sur héritages de mainfermes, seront tenues et entendues à rachat, et les peuvent et pourront les héritiers doyans icelles rentes racheter, toutes fois que bon leur semblera. »

Les articles 65 et 66 de la coutume de Valenciennes, de 1540[1] semblaient rédigés dans le même esprit que celle de Mons lorsqu'ils disposaient « que personne puissante de vente peut charger son héritage, situé tant en la ville et banlieue que sous le chef-lieu de notredite ville de rente héritière et à rachat, le faisant par déshéritance et adhéritance ; que l'on ne pourra charger aucun héritage situé en notredite ville et banlieue, ne sous-chef-lieu, sinon à rachat, et sera le prix dudit rachat mentionné ès lettres qui sur ce seront faictes, et seront tenus déclarer les vendeurs et acheteurs ledit prix, et s'il n'y a prix exprimé, seront rachetables au denier seize, n'est en arrentement qui se rachètera au denier vingt et non plus haut[2]. »

Mais c'est surtout dans l'article 4 du titre v de la coutume de Luxembourg[3] que se trouve repoussée de la manière la plus formelle toute distinction entre les engagements ou antichrèses et les ventes à réméré, quant à l'imprescriptibilité de l'exercice du retrait :

« Celuy, dit cet article, qui a engagé *ou* vendu son bien à grâce de rachapt, le peut luy-même, ses héritiers ou ayants cause, desgager *ou* rachapter sans aucune limitation de temps, estant la coutume telle que ce qui est une fois gagère est toujours gagère et subject à rachapt *et ladite faculté et grâce de rachapt faicte à certain temps ès contrats de vente*

---

[1] Voy. Bourdot de Richebourg, t. II, p. 230 et 231.
[2] Voy. aussi l'art. 61 de la coutume de 1619, *ibid.*, p. 245.
[3] Voy. Bourdot de Richebourg, t. V, p. 345.

est perpétuelle, COMME EN SIMPLE GAGÈRE, et se peut effectuer après l'expiration du temps stipulé et limité dans le contract. »

Aussi, faisant application de ces textes par analogie, les tribunaux et cours des Pays-Bas n'hésitaient pas à reconnaître que la faculté de racheter *toties quoties* n'était prescriptible ni par trente années ni par un terme plus long. Nous avons vu de Blye nous attester que cette jurisprudence était suivie à Lille et à Gand, et le président de Gryspère nous certifie à son tour qu'elle était également admise [1] par le grand conseil de Malines, ce qu'il approuve.[2]

Mais revenons à la consultation de M. Dolez, qui a induit dans une si singulière erreur la cour de Douai.

M. Dolez a, bien plus encore que l'arrêtiste du parlement de Flandre, cédé à l'influence des idées des anciens légistes français; car enfin si Pollet a déclaré, à tort suivant nous, la faculté de rachat prescriptible sous la coutume de Lille, du moins a-t-il été logique en déterminant la durée de cette prescription d'après les règles tracées par cette coutume, c'est-à-dire en la subordonnant à une possession de trente ans de la part de l'acquéreur [3].

Mais pour peu que M. Dolez eût voulu recourir à la loi qui régissait Condé, c'est-à-dire aux Chartes générales du Hainaut, il eût reconnu facilement que dans cette province la prescription de trente ans était totalement inconnue,

---

[1] Voy. le vingt-deuxième des arrêts du conseil de Malines, recueillis par Gryspère et publiés dans le recueil d'arrêts précité, Lille, 1777, 6 vol. in-4°.

[2] Il paraît que cette jurisprudence était aussi suivie en Artois, si l'on s'en rapporte à une sentence de l'échevinage de Béthune, du 30 juillet 1630, mentionnée dans le commentaire manuscrit de Desmazure, sur la coutume de cette province. Voy. ma seconde consultation, p. 404.

[3] Voy. les articles de la coutume de Lille, précités (châtellenie, ch. xvii, art. 1; ville, ch. vi, art. 1).

sauf en ce qui concernait la dixme [1] et les biens des gens d'Église [2]. Quant aux actions personnelles, elles se prescrivaient, comme les actions réelles [3], par le terme de vingt et un ans, s'il y avait titre authentique ou sous seing privé, sinon par le terme de douze ans ; le tout conformément à l'article 4 du chapitre cvii des Chartes générales ainsi conçu : « Quant aux actions personnelles, si avant qu'il y auroit obligation ou cédule icelles ne se pourront aussi prescrire fors par le susdit terme de vingt et un ans, et où il n'y auroit obligation ou cédule elles seront toutes prescriptibles telles qu'elles soient par le terme de douze ans. »

Il eût suffi à M. Dolez de lire ce texte pour s'assurer que quant au terme de la prescription [4] non plus que quant à la prescriptibilité du droit de rachat, les auteurs français n'étaient pas des guides bien sûrs dès qu'il s'agissait de déterminer quel était le droit coutumier du Hainaut.

Si ensuite le même avocat eût attentivement étudié le texte et l'esprit des chartes de cette province, il n'eût pas tardé à reconnaître qu'entre le droit de rachat tel qu'il était connu et pratiqué en France, et le droit de rachat tel qu'il était compris et usité en Hainaut et dans le pays de Liége, il y avait un abîme.

Nous avons vu qu'en France la vente à réméré transférait, comme la vente pure et simple, la propriété de la chose vendue à l'acheteur ; que par conséquent le droit de retrait du vendeur se réduisait à une action personnelle contre

---

[1] Voy. les art. 13 du ch. viii et 8 du ch. cvii des Chartes du Hainaut, précités.
[2] « Contre gens d'Église, il conviendra jouissance et possession de trente ans. » (Chartes du Hainaut, ch. cvii, art. 1.)
[3] Voy. l'art. 1 du ch. cvii des Chartes précité.
[4] Les actions personnelles se prescrivaient, sauf exception, en France, par trente ans. Voy. Pocquet de Livonière, *Règles du droit français*, liv. IV, ch. x, n° 45.

l'acheteur [1]; que celui-ci, au contraire, possédait *pro suo*; qu'à lui seul, dès lors, appartenait le droit réel, le *jus in re*, la revendication de la chose par lui achetée. Et de là cette conséquence encore, que bien que, par une fiction, le droit de réméré fût assimilé dans la succession du vendeur à l'immeuble même [2] sur lequel il devait être exercé [3], dans le patrimoine de ce même vendeur il tenait nature de meubles et n'eût pas été susceptible d'hypothèque, parce que d'un côté, sous l'ancien droit comme aujourd'hui, les biens incorporels étaient meubles ou immeubles suivant l'objet du droit à poursuivre ou de l'action à exercer, abstraction faite de la qualité du bien sur lequel cette poursuite et cet exercice avaient lieu [4]; et parce que, d'un autre côté, en cas de pacte de rachat, ce n'était pas le droit de revendiquer cet immeuble que le vendeur se réservait, mais le droit de forcer l'acheteur à lui en faire la rétrocession [5].

[1] Aux auteurs que nous avons cités en ce sens, on peut ajouter : Renauldon, *Dictionnaire des fiefs*, part. I, p. 137, n° 56; Giraud, *Traité des droits seigneuriaux*, liv. II, ch. VIII, n° 6; Denisart, v¹ˢ *Faculté de rachat*, n° 27; Pocquet de Livonière, liv. IV, ch. X, n° 50; et d'Argou, *Instit. au droit français*, liv. III, ch. XXIV. Voy. aussi l'art. 11 du tit. XII de la coutume de Berri.

[2] « Les meubles, dit Pocquet de Livonière (liv. II, tit. II, art. 7), sont quelquefois, par une espèce de fiction de droit, réputés immeubles, et les immeubles réputés meubles. » Voy. aussi de l'Hommeau, liv. III, max. 9.

[3] Voy. Denisart, v¹ˢ *Faculté de rachat*, n°ˢ 3 et suiv., t. II, p. 301 de l'édition de 1775. Aux mots *Retrait lignager*, n° 12, 3°, Denisart reconnaît que « les actions de réméré ne sont point immeubles et propres par elles-mêmes ; qu'elles ne sont point susceptibles d'hypothèque, et ne peuvent être saisies réellement ; qu'enfin elles ne sont immeubles et propres que par une fiction de la loi. »

[4] « Les droits et actions, dit Pocquet de Livonière, sont meubles ou immeubles, suivant la qualité de leur objet, et la nature de la fin où ils tendent, sans considérer la qualité des biens sur lesquels on les exerce. » (*Règles du droit français*, tit. III, art. 1). Voy. aussi les *Arrêtés* de Lamoignon, *de la qualité des biens*, art. 1, etc., etc., *passim ubique*, comme dit Pocquet.

[5] « Le droit de réméré, dit Pothier (*de la Vente*, n° 387), n'est pas pro-

Rien de semblable dans les Pays-Bas, ou du moins rien de semblable dans le pays de Liége et dans le comté de Hainaut.

Sans doute, dans ces pays, il fallait des œuvres de loi, des actes d'adhéritance et de déshéritance lorsque le retrait était exercé comme lorsque la vente à rachat s'effectuait, mais il en fallait aussi à l'égard de toute disposition entre-

<small>prement un droit que le vendeur ait dans l'héritage qu'il a vendu avec cette clause; ce n'est qu'un droit par rapport à cet héritage, une créance de cet héritage qui naît de l'obligation que l'acheteur a contractée par la clause de réméré d'en souffrir le rachat, à l'exécution de laquelle obligation l'héritage est affecté : c'est proprement *jus ad rem*, plutôt que *jus in re*. »

On trouve les mêmes principes dans un arrêt de la section des requêtes, du 21 décembre 1825 (Sirey, 26, 1, 275), rendu dans une espèce où il s'agissait uniquement de savoir si le vendeur à réméré avait pu vendre son action, sans que ses créanciers ayant hypothèque générale pussent se plaindre (voy. M. Troplong, sur l'art. 2125, n° 469).

« Attendu, dit l'arrêt, que la propriété est la base indispensable de toute affectation hypothécaire ; qu'en matière de vente à faculté de réméré, et pendant le délai fixé pour exercer cette faculté, les droits de propriété appartiennent exclusivement à l'acquéreur ; qu'attribuer ces droits au vendeur, ce serait confondre la vente à réméré avec un simple contrat d'engagement ; — attendu que le droit qu'a le vendeur de rentrer dans le bien, en remboursant le prix et loyaux coûts, à une époque déterminée, ne change pas la nature du contrat de vente, et fait seulement qu'au lieu d'être absolue cette vente est résoluble ; que toute clause résolutoire suppose nécessairement un contrat parfait, et qui peut seulement être un jour anéanti par suite de l'événement prévu dans cette clause ; qu'il est contre l'essence du contrat de vente que le vendeur retienne la propriété, et que la faculté même qu'il se réserve de recouvrer cette propriété suppose nécessairement qu'il l'avait perdue ; attendu que de ces principes incontestables résulte la conséquence que l'acquéreur seul a sur le bien vendu le *jus in re*, c'est-à-dire le droit d'aliéner et d'hypothéquer, avec la chance toutefois que présente la clause résolutoire ; tandis que le vendeur dessaisi n'a plus que le *jus ad rem* dans l'action qu'il s'est réservée, et que cette action est tout ce qu'il peut céder à des tiers, et tout ce dont ses créanciers peuvent se prévaloir en son nom. »

Voy. aussi arrêt de la section des requêtes, du 18 mai 1813; Sirey, 13, 1, 326 ; arrêt de la même section, du 14 mai 1806, Sirey, 6, 1, 331 ; arrêt de la section civile, du 23 prairial an XII, Sirey, 4, 1, 369, et arrêt de la même section, du 21 germinal an XII, Sirey, 4, 2, 175.</small>

vifs relative à des immeubles, cette disposition fût-elle exclusive de toute transmission de propriété, comme les constitutions d'antichrèses, d'hypothèques, de servitudes, etc. Donc rien à conclure de l'intervention des œuvres de loi lorsqu'on recherche quelle était la nature du droit que se réservait dans le pays de Liége et en Hainaut le vendeur à faculté de rachat [1].

Nulle conclusion à tirer non plus de ce que le droit de rachat n'aurait pas été susceptible d'hypothèque [2] en Hainaut, car cela fût-il vrai, il faudrait encore reconnaître que ce résultat ne tiendrait pas à la dépossession par le vendeur de tout droit réel, mais au système hypothécaire tout à fait anormal qui avait été adopté dans cette province [3].

[1] En France, bien que la vente à faculté de rachat transmît incontestablement la propriété de la chose vendue à l'acheteur, elle ne donnait pas lieu cependant aux lods et ventes lorsqu'elle n'était stipulée que pour neuf ans et exercée dans ce délai, « parce qu'alors elle est, dit Denisart (loc. cit., n° 15), plutôt considérée comme un engagement pour un temps bref, que comme une aliénation; cela est de droit commun (voy. Brodeau, sur la coutume de Paris; Auzanet; d'Argentré, sur celle de Bretagne; l'art. 83 de celle de Blois, etc.). » Ajoutons qu'il en était ainsi en Hainaut. Voy. Dumées, p. 373.

[2] M. Grenier (t. I, n° 152) dit que les actions immobilières, parmi lesquelles il classe (n° 153) l'action en réméré, « à raison de leur caractère particulier, auraient pu anciennement devenir l'objet d'une hypothèque. » Aujourd'hui, l'action de réméré n'est pas à proprement dire susceptible d'hypothèque (voy. cependant Pigeau, liv. II, part. V, tit. IV, ch. I, § 2, n° 3), mais l'immeuble qui en est l'objet peut être grevé d'hypothèque conditionnellement. Cette thèse, conforme à l'opinion de Tarrible, contraire à celle de M. Grenier et des cours de Besançon et de Bordeaux, nous paraît solidement établie par M. Troplong (sur l'art. 2118, n° 406; sur l'art. 2122, n° 435; sur l'art. 2125, n° 469, et sur l'art. 1665, n° 740).

Son opinion est aussi celle de M. Delvincourt, Cours, t. III, p. 292, note 4; de M. Persil, Rég. hypot., t. I, p. 310, n°ˢ 9 et suiv. de la 4ᵉ édit.; de M. Battur, Traité des hypot., t. II, n° 234, 2ᵉ édit.; de M. Dalloz, Jurisp. du XIXᵉ siècle, v° Hypothèques, ch. II, sect. I, n° 6; et de M. Duranton, Cours, t. XIX, n° 278. Voy. aussi en ce sens un arrêt de la cour de Douai du 22 juillet 1820, Sirey, 21, 2, 247.

[3] Voy., sur le régime hypothécaire du Hainaut, les articles de M. Del-

Que le vendeur à faculté de rachat conservât une action *in rem*, et non pas seulement une action *in personam*, dans le pays de Liége et dans le Hainaut; que le droit qu'il se réservait ne fût pas seulement assimilé à un droit réel dans sa succession, comme en France, par une fiction de droit, mais qu'il tînt nature d'immeubles dans son patrimoine, c'est ce qui résulte évidemment des dispositions des Chartes du Hainaut et de la coutume de Liége [1].

« Fiefs, alloëts ou mainfermes vendus ou transportés à faculté de rachapt, seront tenus et réputés pour héritages. »

Tel est le prescrit de l'article 16, du chapitre cxxii des Chartes générales du Hainaut.

L'article 8 du chapitre i de la coutume de Liége n'est pas moins explicite. Il est ainsi conçu : « Faculté de rédimer ou rapprocher le bien aliéné est un droit réel. »

Cette différence profonde qui existait entre le droit de rachat de ces deux provinces, et celui qui était pratiqué en France, explique suffisamment pourquoi l'un était imprescriptible et l'autre non.

Elle prouve aussi qu'il y avait beaucoup plus d'analogie entre le droit de rachat de ces deux provinces et l'antichrèse, qu'entre ce même droit et le pacte de réméré, comme on l'entendait en France.

Pourquoi en France la possession du créancier antichrésiste ne pouvait-elle pas aboutir à la prescription ? — parce que ce créancier ne possédait pas *pro suo*.

Pourquoi l'acheteur à faculté de rachat prescrivait-il dans le même pays ? par la raison contraire; parce qu'il était devenu propriétaire; parce qu'il possédait comme tel.

---

court publiés dans les *Archives de droit et de législation de Bruxelles*, 1838, p. 83 et suiv.; M. Britz, *loc. cit.*, p. 955 et suiv.; et Cogniaux, dans ses *Observations sur les hypothèques du Hainaut*, qui se trouvent à la suite de sa *Pratique du retrait*.

[1] Voy. le *Coutumier* de Bourdot de Richebourg, t. II, p. 138 et 328.

A l'inverse, pourquoi le débiteur, qui avait donné son bien en antichrèse, n'avait-il pas à craindre les effets de la prescription? parce qu'il restait propriétaire; parce qu'il possédait par son créancier.

Pourquoi, au contraire, en France le vendeur à réméré subissait-il la prescription? parce qu'il ne conservait plus sur le bien ainsi vendu aucun droit réel; parce qu'il était complétement dessaisi à son égard de toute possession; parce qu'enfin son droit se bornait à une action personnelle contre l'acheteur[1].

Donc, là où le droit était réel, là où la possession ne cessait pas, l'acheteur ne pouvait pas être considéré d'une manière absolue comme possesseur *pro suo*; donc, en Hainaut et dans le pays de Liége il devait être assimilé non à l'acheteur à réméré français, mais à l'antichrésiste; donc il ne pouvait pas prescrire.

Tel est, en effet, l'avis des jurisconsultes qui ont écrit spécialement sur le droit coutumier du Hainaut.

« La faculté de réméré, dit Dumées[2], portée par le contrat de vente, sans aucun terme préfix ou même à toujours, est imprescriptible par quelque laps de temps que ce soit. »

Dumées cite en preuve l'article 4 du chapitre ix de la coutume de Liége, ci-dessus reproduit; puis, il ajoute :

---

[1] C'est ce qu'a, entre autres, très-bien compris Ferrière (voy. son *Commentaire* in-12 *sur la coutume de Paris*, t. I, p. 269).

« La faculté donnée par contrat, dit cet article, de racheter héritage ou rente de bail d'héritage à toujours, se prescrit par trente ans entre âgés et non privilégiés. »

« La raison est, dit Ferrière, que *la faculté de rachat stipulée dans un contrat ne produit qu'une action personnelle*, laquelle s'éteint par cet espace de temps : en sorte que l'action étant éteinte, il n'y a plus lieu de se servir de la convention apposée au contrat qui devient inutile pour n'en pouvoir demander l'exécution. »

[2] *Jurisprudence du Hainaut français*, p. 372 et 373.

« La plupart des auteurs français sont d'avis que cette faculté se prescrit par le terme de trente ans, parce que toute convention apposée à un contrat ne produit autre chose qu'une obligation et une action personnelle, laquelle de sa nature se prescrivant par trente ans, la convention devient inutile, faute d'en pouvoir demander l'exécution. C'est par cette même raison que la faculté de rachat stipulée par un contrat de bail à rente ou d'arrentement, se prescrit aussi par le terme de trente ans.

« En Hainaut, la faculté de racheter une rente foncière provenant d'arrentement d'un héritage, peut être exercée par l'arrentaire ou ses héritiers dans quelque temps que ce soit, même après cent ans : telle est la disposition du chapitre XXVIII de la coutume de Mons. Ainsi, de même, la faculté de rédimer un héritage vendu doit être imprescriptible, conformément à la coutume de Liége ; la province qui porte ce nom étant contiguë à celle du Hainaut, on peut en adopter les principes, dès lors que la coutume du Hainaut ne renferme rien de contraire. »

Avant Dumées[1], un jurisconsulte qui jouissait en Hainaut d'une réputation méritée[2] publiait un traité spécial sur les retraits de Hainaut[3], et dans ce traité il professait[4] absolument la même opinion que le procureur du roi d'Avesnes;

---

[1] L'ouvrage de Dumées a été publié in-4°, à Douai, en 1750.

[2] Merlin cite fréquemment avec éloge le traité de Cogniaux, dont M. Britz (loc. cit., p. 312) dit : « c'est un ouvrage recommandable qui traite une matière spéciale d'une haute utilité pratique à cette époque. A l'étranger existaient déjà alors quelques monographies sur les retraits, mais elles ne pouvaient servir utilement dans le Hainaut, qui a des dispositions coutumières si étranges, si différentes de celles des autres provinces. On doit donc se féliciter de rencontrer un ancien magistrat mûri dans la pratique qui traite ce sujet *ex professo*. »

[3] *Pratique du retrait et reprise selon l'esprit des lois, coutumes et usages de la province et comté de Hainaut.* Mons, 1744, in-4°.

[4] Ch. I, n° 29, p. 22.

à savoir que la faculté de rachat était imprescriptible en Hainaut, lorsqu'elle avait été stipulée à perpétuité ou sans terme préfix.

Il n'est pas au reste sans intérêt de remarquer que Dumées écrivait sa *Jurisprudence du Hainaut français* au moment même où fut rendu l'arrêt du conseil du 14 octobre 1749, qui fait l'objet du litige actuel, et que dans un autre ouvrage qu'il mit au jour trois ans plus tard, ses *Éléments du droit français,* il reproduisait (p. 347) la même opinion en termes plus brefs, mais non moins explicites : « Si, disait-il, le contrat ne porte pas dans quel temps le vendeur devra intenter son action de réméré, la faculté est imprescriptible dans nos provinces. »

M. Britz[1], qui reproduit l'opinion de Cogniaux en la confirmant, consacre dans son ouvrage une section spéciale[2] à l'examen de la faculté de rachat, et comme cet ouvrage est moins connu en France qu'il ne mérite de l'être[3], nous croyons devoir en reproduire le passage suivant, où l'on verra bien sous quels aspects divers cette stipulation était envisagée dans les Pays-Bas, et quel sens, et quelle portée elle avait dans le Hainaut.

« Le réméré, dit-il, la *grâce* ou *faculté de rachat*, le *retrait conventionnel* (*naherhede conventionele*), le pacte appelé *rescousse* dans l'ancien droit français, et *pactum de retrovendendo* dans les ouvrages latins, est une convention qui tient de près au contrat pignoratif ou à l'engagement d'immeubles : c'est la faculté que se réserve le vendeur, dans le contrat de vente, de racheter, de retraire les biens meubles et immeubles. Cette stipulation peut avoir lieu

---

[1] *Code de l'ancien droit belgique*, t. II, p. 890 et 891.
[2] Sect. I du ch. VI du tit. VI du III⁰ livre.
[3] L'ouvrage de M. Britz, qui a été couronné par l'Académie royale de Belgique, fut publié à Bruxelles en 1847.

pour un temps immémorial, constitue un droit réel [1] et imprescriptible, et compète au vendeur, à ses héritiers ou ayants cause, à moins qu'il n'en soit autrement convenu.

« On regardait ce droit comme favorable, puisque le vendeur recevait toujours le prix de son bien, et que, regardé comme droit de retrait, il tendait à conserver les biens dans la famille [2].

« Lorsque le contrat était pur et simple, le retrayant était obligé de souffrir les charges imposées par l'acheteur, mais le prix en était diminué à proportion, à moins que les améliorations faites au bien y suppléassent. Le retrayant devait donc respecter les baux contractés; et lorsque le contrat était réalisé, il avait une action réelle contre le vendeur [3].

« Lorsque l'acheteur refusait de faire de gré la rétrovendition, le retrayant devait faire *offres et nantes*....

« On enseignait que cette convention était une vraie vente, une aliénation, mais soumise à une condition résolutoire; le fisc s'empara de cette doctrine pour réclamer le payement des lods et ventes [4].

« C'est par ce pacte que se faisaient, au moyen âge, les emprunts avec gage immobilier; il tenait lieu de régime hypothécaire.

« D'après un usage constant, fondé sur la coutume de Luxembourg, on attribuait aux ventes à faculté de rachat les mêmes effets qu'aux *engagères* (engageures); ces deux sortes d'actes étaient synonymes dans cette province et employés indistinctement pour rendre valables les prêts à intérêts qui étaient défendus. Celui donc qui avait engagé

---

[1] « Lorsque le contrat est réalisé. » (Winants sur Legrand, p. 160.)
[2] De Ghewiet, 3, 1, 22, art. 2.
[3] Winants sur Legrand, p. 160.
[4] M. Championnière, dans la *Revue de droit français*, 1843, p. 521; Cogniaux, ch. I, n° 13.

son bien, le pouvait lui-même (ou ses héritiers ou ses ayants cause) dégager par action réelle, sans aucune limitation de temps et sans encourir de prescription [1].

« On doit considérer comme engagère l'acte par lequel on vend des biens-fonds avec garantie à grâce et faculté de rachat, en donnant à l'acquéreur l'autorisation de vendre, hypothéquer et partager [2].

« La convention par laquelle les parties stipulent que, si le débiteur ne retire pas dans un certain temps l'immeuble donné en *engagère* le créancier en deviendra propriétaire à titre d'achat, au prix de la dette, présente un contrat de nantissement et non pas une vente à pacte de réméré [3].

« Le pacte de rachat était aussi usité dans les emphytéoses, les contrats d'arrentement et les cessions de droits incorporels, mais pas sous ces mêmes règles.

« De cette clause se rapprochait également la faculté de rédimer stipulée dans les constitutions de rentes à prix d'argent [4].

« On regardait comme engagère la vente *cum pacto retrovendendo*, le contrat par lequel le souverain accordait à des particuliers des emplois, charges et offices, soit à vie, soit héréditairement, à charge par les premiers titulaires de payer au trésor une somme déterminée ou une rente. Parfois le prince concédait de cette manière des terres, des

---

[1] M. Britz cite en note la coutume du Luxembourg; celle de Namur; celle de Bouillon; Sohet, III, 12, 58; et un arrêt de la cour de Liége du 23 décembre 1841, il ajoute: « Winants, sur Legrand (p. 37 et 155), dit également que le contrat d'*engagère* est une vente à réméré qui se fait de deux manières. »
Ceci rentre bien dans les idées des auteurs du *nouveau Denisart*, de M. Merlin, etc., qui comme nous l'avons vu distinguent aussi deux espèces d'engagements.
[2] Arrêt de la cour de Liége du 23 décembre 1841.
[3] Arrêt de la cour de Bruxelles du 14 juillet 1821.
[4] Sohet, III, 17, 160.

seigneuries entières, libre alors à lui de reprendre l'exercice de ces droits en remboursant au concessionnaire le prix qu'il en avait payé [1].

Nous avons voulu pousser cette citation jusqu'à la fin, parce que nous n'étions pas fâché de prouver que quoi qu'on en ait dit, l'inaliénabilité du domaine n'était pas, il s'en faut, une chose absolument inconnue dans les Pays-Bas.

On voit que pour sauvegarder les intérêts du domaine, on prenait dans ces pays comme en France les mêmes précautions, on recourait aux mêmes expédients. On recourait à la vente à faculté de rachat, mais cette vente, on l'assimilait à l'antichrèse, et on la qualifiait d'engagement.

Ne nous semble-t-il pas, lorsque nous voyons de semblables idées se produire, que nous ne sommes pas au delà mais en deçà des limites de la France? Ne croyons-nous pas entendre les auteurs du *nouveau Denisart*, Lefèvre de la Planche, Lorry, Chopin, d'Aguesseau, Merlin? Ne reconnaissons-nous pas qu'il n'a pas fallu de grands efforts à Dumées [2] contre les traditions du passé, pour dire après la conquête que « les biens domaniaux ne s'aliènent jamais qu'à la charge de rachat perpétuel ; *en sorte que les acquéreurs ne sont proprement qu'engagistes?*

Au reste on aurait bien tort de croire que les principes qui régissent le domaine de la couronne fussent particuliers à notre nation. Cujas, le grand Cujas, le pensait si peu qu'à son avis, le domaine royal était inaliénable par son essence et que pour établir et justifier cette inaliénabilité, une loi était superflue. Cette loi, disait-il, c'est la loi générale de tous les royaumes ; elle est aussi ancienne qu'eux, elle dérive du

---

[1] « Cette espèce de pacte, ce contrat, se nommait *engagement, engagère, beleeninghe van heerlyck heden, fiduciaria toparchia. Le seigneur gagier* et *pantheer* se nommait *toparcha fiduciarius.* » (Stockmans, Decis. 90.)
[2] *Jurisprudence du Hainaut français*, p. 413.

droit des gens : *Respondi hanc esse legem generalem omnium regnorum cum ipsis regnis natam, et quasi jus gentium* [1].

Sans généraliser notre pensée autant que le fait Cujas, disons que quant à l'inaliénabilité du domaine de la couronne les principes étaient à peu près les mêmes en Allemagne qu'en France; qu'à son avénement à l'empire, Charles-Quint avait pris à cet égard les mêmes engagements que François Ier à l'époque de son sacre [2]; et qu'ainsi en agirent ses prédécesseurs comme ses successeurs; que l'aliénation du domaine impérial paraissait même un fait si grave, qu'on en faisait un cas de déposition; et que ce fut un des prétextes que les quatre électeurs mirent en avant pour rendre à Lahnstein leur arrêt contre Wenceslas [3].

---

[1] Cujas, *ad Decret.*, c. xxxiii, tit. xxiv, lib. II. Voy. aussi Dumoulin, sur la coutume de Paris, tit. i, 62.

[2] En ce qui concerne les Pays-Bas, notamment voyez la *Joyeuse entrée*, 5, 12, 25, et remarquez que Winants (sur de Pape, p. 191) et Stockmans, *de Jure devolut.*, c. i et vii, enseignent que la défense d'aliéner ou engager une partie du domaine national n'est pas un privilége particulier au Brabant, que c'est une règle générale et pour ainsi dire de droit des gens.

[3] Voy. Pfeffel, *Nouvel Abrégé chronologique de l'histoire et du droit public d'Allemagne*, t. I, p. 134, 257 et 550 ; et t. II, p. 182 et 322 de l'édit de 1776.

Un grand nombre de jurisconsultes allemands soutenaient que toute aliénation faite par un prince souverain, sans le consentement de sa nation, était nulle. Voy. notamment Klock, *Consil.* 3, 4 et 55; Rhetius, lib. II, *Juris publici*, tit. xxxii, § 7; et Stryckius, *de Successionibus ab intestato*, disc. 8, c. vii, § 27.

Nous trouvons dans Guillimanus, lib. VI, *Habsb.*, c. ii, une charte de 1259, par laquelle Rodolphe, comte d'Habsbourg, et le landgrave d'Alsace, pour vendre deux villages, *Dicticum* et *Slierum vicos*, s'assurent du consentement de leurs vassaux et officiers, *vassalorum et ministerialium consilio et assensu*. Nous lisons dans Hertius, traité *De superioritate territoriali*, § 65, note 31, qu'en 1348, les comtes de Waldeck, avant de vendre leur comté à la maison de Hesse, traitèrent avec leurs sujets pour en obtenir l'agrément, *prius egerunt cum subditis suis*. Et Sleidan, lib. XVIII *Commentar.*, p. 563, rapporte un traité de 1547, par lequel le duc de Wurtemberg, faisant quelques cessions à l'empereur d'Allemagne, s'oblige à les faire approuver dans six semaines, non-seulement

Si nous voulions, passant du droit public au droit privé, pousser plus loin cette assimilation quant au Hainaut, nous pourrions dire que cette province ayant longtemps formé un fief immédiat de l'empire [1], pouvait être à ce point de vue considérée comme un pays germanique [2] et qu'on pouvait dès lors prendre pour guides les règles qui y étaient suivies. Or en Allemagne, comme dans le Luxembourg, comme dans le pays de Liége, etc., on tenait pour certain que la faculté de rachat était imprescriptible. Mynsinger [3] rapporte en ce sens plusieurs arrêts de la chambre impériale et un grand nombre d'autorités.

Mais la législation du Hainaut était à ce point anomale, qu'un certain nombre de jurisconsultes ont cru qu'elle devait se suffire à elle-même, ne faire à aucun autre d'emprunt et se passer des secours qu'elle aurait pu tirer du droit romain, cet ardent foyer de lumières juridiques [4]; et bien que cette opinion ait été combattue, et à notre avis réfutée [5], elle prouve toutefois par son exagération même combien la législation du Hainaut avait un caractère particulier, et combien il importait de rechercher l'esprit de cette législation

---

par son fils, mais encore par son peuple : *Ut intra sextam hebdomadam filius hujus Christophorus et populus illa confirment et habeant rata.*

[1] Voyez les chartes rapportées dans les *Annales du Hainaut*, de Vinchant; dans l'*Histoire du Hainaut*, du père Delwarde; dans l'*Histoire de Mons*, par de Boussu; et dans l'*Histoire de Valenciennes*, par d'Outreman. Voyez aussi notre première consultation, p. 64, et M. Merlin, *Rép.*, v° *Hainaut*, et *Quest. de droit*, v° *Terrage*.

[2] Voy. M. Britz, *loc. cit.*, p. 213.

[3] *Singul. observ.*, cent. 1, observ. 16.

[4] Telle est l'opinion de Stockmans (décis. 1, n° 3), et cette opinion a été suivie par l'éditeur anonyme des *Remarques de Winants sur Legrand* (préface); par Pollet, *Recueil d'arrêts du parlement de Flandre*, p. 252; par d'Outrepont, Verhoeven et Hettema, *Mémoires sur l'autorité du droit romain;* par la cour souveraine de Mons dans l'arrêt rappelé par Pollet, *loc. cit.*, et par la cour d'appel de Bruxelles, arrêts des 9 novembre 1827 et 27 juillet 1831.

[5] Voy. la note 1 de la page 197.

si volumineuse et souvent si obscure [1] dans cette législation même.

Si nous ne nous trompons, ce procédé ne nous servira pas moins bien ici que celui auquel nous avons eu recours en embrassant d'un coup d'œil circulaire ce qui se passait en dehors de cette province.

Les jurisconsultes du Hainaut nous disent que le pacte de réméré est imprescriptible.

D'un autre côté l'article 16 du chapitre CXXII nous déclare, qu'à l'inverse de ce qui se pratiquait en France, la faculté de rachat constituait en Hainaut un droit réel.

Immobiliser ainsi une obligation, qu'est-ce à dire, si ce n'est qu'on ne veut pas subordonner sa ruine à des chances trop fréquentes, à des périls trop nombreux? Qu'est-ce à dire encore si ce n'est qu'on ne veut pas qu'une aliénation définitive se fasse contre le gré de celui qui aliène? Qu'est-ce à dire enfin, si ce n'est que le législateur tient essentiellement à ce que les immeubles qui forment le patrimoine d'une famille restent à toujours entre ses mains?

Si donc nous parvenons à établir que la législation du Hainaut aspirait au suprême degré au maintien des immeubles dans les mêmes familles; si nous prouvons que pour arriver à ce résultat il n'est pas de fiction qu'elle n'invente, pas d'excentricité même qu'elle ne redoute et nous pouvons l'ajouter, pas d'absurdité qu'elle ne brave; si, disons-nous, nous prouvons tout cela, nous aurons par là même prouvé non-seulement que l'article précité du chapitre CXXII des Chartes a voulu que le droit de rachat fût perpétuel; mais encore pourquoi il l'a voulu.

Bien entendu que, pour faire cette preuve, il nous faut élaguer du débat toutes les institutions qui bien que tendant

---

[1] Voy. Merlin, *Rép.*, v° *Fief*, sect. II, § 2.

au même but n'étaient pas spéciales au Hainaut. Ainsi nous ne parlerons pas des successions des propres, du retrait lignager, des substitutions, et de tout ce cortége presque inséparable de la féodalité et tendant partout ou presque partout à perpétuer son empire en perpétuant l'état de choses dont elle profitait.

Mais nous ne pouvons nous empêcher de remarquer cependant que la coutume du Hainaut en adoptant ces institutions les exagérait.

Ainsi, dans les autres coutumes, on disait : « Les contrats qui donnent ouverture au retrait sont le contrat de vente, les contrats ou actes équipollents à vente ou dans lesquels la nature du contrat de vente prédomine[1]. »

De là on concluait :

Que le retrait n'avait lieu ni dans les échanges faits sans soulte[2]; ni dans les arrentements, c'est-à-dire dans les aliénations faites par bail à rente foncière non rachetable[3], ni dans les donations[4], fussent-elles onéreuses ou rémunératoires[5]. Quant aux donations de cette dernière espèce, il ne pouvait y avoir difficulté que dans le cas où la charge était plus forte, ou la dette rémunérée moindre de plus de la moitié du bien donné et où dès lors le caractère de gratuité ne prédominait pas[6]. Les dispositions contraires des

---

[1] Pothier, *Traité des retraits*, n° 73.

[2] Pothier, *loc. cit.*, n°s 89 et 91 ; Duplessis, *Traité des retraits*, ch. VII, sect. 1re.

[3] Voy. Duplessis, *loc. cit.*; Pothier, n°s 90 et 99 ; Brodeau, sur l'art. 129 de la coutume de Paris, n° 2.

[4] Pothier, n° 104 ; Duplessis, *loc. cit.*

[5] Voy. Tournet, sur l'art. 129 de la coutume de Paris; Coquille, quest. 36 ; Grimaudet, *du Retrait lignager*, tit. v, ch. xv; Pithou, sur l'art. 153 de la coutume de Troyes ; les arrêts des 21 mars 1601 et 1er mars 1610, cités par Brodeau et par Duplessis, et un arrêt prononcé en robes rouges en août 1583 et rapporté par Montholon.

[6] Voy. Denisart, v*is* *Retrait lignager*, n° 76, et Pothier, *loc. cit.*, n°s 85, 86, 105 et 106.

coutumes de Normandie, art. 498, de Vitry, art. 30, d'Orléans (l'ancienne), art. 125 (Dumoulin, sur cet article); de Chaumont, art. 41; de Blois, art. 121, et du Maine, art. 431, étaient de droit étroit[1].

Dans le Hainaut, au contraire, on disait nonobstant le droit commun des Pays-Bas, assez semblable à celui de la France[2] :

« Il est important à l'État, pour avoir de bons sujets, que les biens soient conservés dans les familles. C'est pour cette raison que nos coutumes voulant les favoriser, ne l'accordent pas seulement (le retrait lignager) pour fief vendu, mais généralement pour toutes sortes d'aliénations, arrentements, donations, échanges, etc. [3] »

En cas d'échange ou de donation, « la reprise s'en fera par prisée (ch. xcv des Chartes); » et suivant l'article 7 du même chapitre « le lignager retrayant devra faire faire sommaire prisée du fief par les hommes de fief de ladite cour (de Mons) et nantir les deniers que portera ladite prisée. »

En cas d'arrentement, le retrayant ne devait, même quand la rente avait été remboursée avant l'exercice du retrait, ni le capital de cette rente ni les arrérages échus et payés. Il suffisait qu'il servît désormais à l'acheteur dépossédé la rente que le vendeur avait stipulée de celui-ci[4].

En cas de débat entre le retrayant et l'acheteur sur le prix véritable, le retrayant pouvait déférer le serment à l'acheteur qui était tenu de le prêter pour gagner sa cause; de plus, la prestation de ce serment n'empêchait pas l'ache-

---

[1] Voy. Brodeau, *loc. cit.*, n° 7.
[2] Voy. de Ghewiet, part. III, tit. Ier, § 23, art. 20; M. Britz, *loc. cit.*, p. 701.
[3] Cogniaux, *Pratique du retrait*, p. 89.
[4] Voy. *ibid.*, art. 16; Cogniaux, ch. v, n° 45, p. 114 et suiv., et Raparlier, t. Ier, p. 405.

teur de prouver ultérieurement son allégation quant au chiffre contesté du prix (Chartes, même chapitre, art. 8). « Ce qui, dit Raparlier (t. 1er, p. 405), est contraire au droit commun et absolument particulier aux Chartes générales du Hainaut. »

Une autre différence montre combien ces Chartes étaient profondément empreintes d'esprit féodal. En France, de droit commun, le retrait conventionnel passait, dans les pays coutumiers, avant le retrait lignager, et celui-ci avant le retrait féodal[1]. D'après le droit commun des Pays-Bas, le retrait lignager était aussi préféré au retrait féodal[2]. Mais, dans le Hainaut, le retrait féodal primait tous les autres[3].

Nous ne parlerons pas au reste du retrait des *Comparchonniers*[4] qui bien que de droit étroit en France[5] était

---

[1] Voy. Beaumanoir, Coutumes de Beauvoisis, ch. LI; article dernier; Pothier, *loc. cit.*, nos 539 et suiv.; Dumoulin, sur la coutume de Paris, § 22, nos 1 et 4, et § 33, gl. 2, n° 53; *Encyclop. méthod.*, t. VII, p. 435 et 436; Pocquet de Livonière, *Traité des fiefs*, p. 415, etc.

[2] Voy. de Ghewiet, *loc. cit.*, § 24, art. 1er, et M. Britz, p. 588, 703 et 704.

[3] Voy. art. 2 et 25 du ch. XCV des Chartes; Raparlier, t. Ier, p. 404; Boulé, t. II, p. 121; M. Britz, p. 587, 588 et 703, et Cogniaux, ch. III, nos 6 et 31, p. 55 et 64.

[4] Voy. Chartes du Hainaut, ch. XCV, art. 25.

Ce retrait consistait dans le droit pour tout propriétaire d'un immeuble indivis, de racheter la part qui avait été cédée à un étranger par un de ses copropriétaires.

Ce retrait était désigné sous différents noms, Denisart (t. IV, p. 236) l'appelle *retrait de bienséance;* Dumées (p. 391), *retrait de société et de convenance.* D'autres le qualifient de *retrait partiaire, retrait de communion, retrait d'indivision, droit de reprise des biens indivis* (voy. M. Britz, *loc. cit.*, p. 704).

Ce retrait est en usage dans l'Allemagne où on l'appelle *jus congrui.* Dans les coutumes de Lille, d'Armentières et de Commines, on l'appelait *retrait de frareuseté.*

[5] « Comme cette espèce de retrait, dit Denisart (*loc. cit.*, n° 4), est exorbitant du droit commun, qui veut qu'un acquéreur jouisse librement de ce qui lui est transmis légitimement par la voie de la vente, il ne peut avoir lieu que dans les coutumes qui en ont une disposition formelle. »

cependant admis par quelques coutumes [1], parce que ce retrait était d'un fréquent usage dans les Pays-Bas, spécialement dans les villes et châtellenies du comté de Flandre [2].

Nous ne parlerons pas même du retrait de consolidation [3] établi par la coutume de Valenciennes [4], bien qu'il fût presque totalement inconnu en France [5] et qu'il fût beau-

[1] Voy. coutume de la Marche, art. 271 ; de l'Angle en Artois, rub. 5, § 8 ; de Bayonne, tit. v, art. 20 et 21 ; d'Acqs, tit. x, art. 17 et 18, et remarquez que pour exercer ce retrait d'après la coutume de la Marche il fallait, suivant la remarque de Denisart (t. IV, p. 236), « être commun en tous biens avec le parent vendeur. »
M. Merlin ne compte en tout que huit coutumes qui admettent le retrait de communion, savoir : indépendamment des quatre précitées, celles de Bergues, de Bourbourg, de la Gorgue et du Hainaut ; mais voyez la note suivante.

[2] Voy. coutumes de Gand, rub. 16, art. 7 (Bourdot de Richebourg, t. I, p. 1004) ; de Bruges, tit. xx, art. 3 (id. ibid., p. 580) ; d'Ypres, rub. 14, art. 4. (id. ibid., p. 893) ; du pays du Franc, art. 93 (id. ib., p. 612) ; d'Audenarde, rub. 12, art. 22 (id. ib., p. 1081) ; d'Alost, rub. 12, art. 33 (id. ib., p. 1118) ; de Termonde (ville), rub. 11, art. 14 (id. ib., p. 1166) ; de Termonde (cour féodale), ch. viii, art. 6 (id. ib., p. 1182) ; de Waes, rub. 10, art. 15 (id. ib., p. 1197) ; d'Assenede, rub. 10, art. 1 et 3 (id. ib., p. 809) ; de Bouchaute, rub. 12, art. 1 (id. ibid., p. 788) ; de Furne, tit. xxx, art. 1 (id. ibid., p. 660) ; de Bergh Saint-Winocx, rub. 9, art. 9 et 10 (id. ibid., p. 517) ; de Bourbourg, rub. 8, art. 15 (id. ibid., p. 491) ; de Nieuport, rub. 12, art. 1 (id. ib., p. 742) ; d'Ostende, rub. 7, art. 3 (id. ib., p. 757) ; de la châtellenie d'Ypres, ch. lxxxii (id. ib., p. 840) ; de Rousselaer, rub. 15, art. 9 (id. ib., p. 914) ; de la Gorgue, art. 74 (id., t. II, p. 1009) ; de Lille (ville), ch. vii, art. 1 (id. ib., p. 940) ; d'Armentières, art. 2 et 3 (id. ib., p. 923) ; de Commines, art. 22 (id. ib., p. 922) ; de Malines, tit. xi, art. 1 (id., t. I, p. 1218) ; et de Namur, art. 45 (id., t. II, p. 306).

[3] Ce retrait consistait dans la faculté accordée au nu propriétaire de racheter l'usufruit vendu à un tiers.

[4] Art. 91 : « Si un usufructuaire ou viager vend ou transporte son viage, le propriétaire le pourra reprendre et retraire pour le même prix en dedans l'an. » (Bourdot de Richebourg, t. II, p. 247.)
L'art. 34 du ch. li des Chartes préavisées du Hainaut, était conçu dans le même sens.

[5] La coutume de Normandie (art. 502) était, nous le pensons, la seule qui en parlât. En 1767 on tenta, dans une espèce particulière, de faire assimiler au profit d'un nu propriétaire la vente d'un usufruit à la vente

coup plus rare dans les Pays-Bas que M. Britz ne l'a cru [1].

Non, ce que nous cherchons, ce ne sont pas des traces fugitives et effacées par d'autres, ce sont les empreintes profondes et indélébiles de la féodalité; ce n'est pas ce vulgaire esprit de conservation des biens dans les familles qui partout se produisait avec le système féodal, c'est cet esprit poussé jusqu'aux dernières limites de l'exagération, c'est cette conservation des biens dans les familles passée à l'état d'idée fixe et de manie.

Et d'abord, consultons un symptôme général bien significatif.

En France, nos provinces se partageaient entre deux systèmes quant à la tenure des biens sous le régime de la féodalité.

Dans les unes l'on disait : Tous les biens comme tous les hommes sont réputés libres; donc c'est à celui qui allègue la servitude à la prouver; donc tous les immeubles sont présumés être des francs alleux.

---

de droits litigieux, mais la première chambre des enquêtes du parlement de Paris fit bonne justice de cette prétention par son arrêt du 27 août 1768. On peut voir cet arrêt et l'espèce sur laquelle il intervint dans Denisart, v° *Per diversas et ab Anastasio*, n° 2.

[1] On peut cependant citer comme reconnaissant ce droit au nu propriétaire, la coutume de la prévôté de Saint-Donat, à Bruges, rub. 4 (Bourdot de Richebourg, t. I, p. 540); celle d'Écloo et de Lembeke, rub. 7, art. 2 (*id. ibid.*, p. 771); et celle de Termonde, rub. 11, art. 13 (*id. ib.*, p. 1166), en remarquant toutefois que cette dernière coutume ne parle que du rachat des rentes.

D'un autre côté, la coutume de Namur, art. 45 précité, et celle de Luxembourg, tit. VII, art. 22 (Bourdot, t. II, p. 347), refusent en termes exprès au nu propriétaire le retrait de consolidation.

Enfin, il ne faut pas perdre de vue la réflexion fort sage que fait M. Britz (p. 705) : « A moins qu'on ne veuille considérer l'usufruitier et le nu propriétaire comme deux copropriétaires, et appliquer alors les règles du retrait précédent, ce qui nous semble inadmissible, il faut décider que les coutumes qui ne parlent pas du retrait dont il s'agit l'excluent. »

Dans les autres provinces, au contraire, on considérait la servitude comme de droit commun, car on tenait pour constantes ces maximes : Nulle terre sans seigneur, nul franc alleu sans titre[1] ; maximes qui, en s'étendant de proche en proche, aboutirent au dogme du droit domanial, d'après lequel le roi était considéré comme « étant la source et l'origine de tous les fiefs et de toutes les directes[2]. »

Mais, dans les coutumes dites censuelles, c'est-à-dire celles où l'on admettait la règle *nulle terre sans seigneur*, si l'on se prononçait pour la présomption de servitude, du moins se prononçait-on aussi pour la servitude la plus douce.

Cette règle signifiait seulement que tous les immeubles étaient présumés avoir été *baillés à cens* par le seigneur[3].

Or, entre les charges du bail à cens et celles du bail à fief, la distance était grande.

Du temps de Dupineau, le vendeur qui avait fait passer des fiefs pour des rotures, était passible de dommages-intérêts qui ne s'élevaient pas à moins du dixième ou même du huitième du prix[4].

---

[1] On peut voir sur l'origine et les progrès de ces règles un ouvrage où quelques erreurs se trouvent mêlées à une multitude de vérités pratiques et de recherches laborieuses et savantes. Nous voulons parler de l'ouvrage de M. Championnière, *de la Propriété des eaux courantes* (voy. spécialement p. 297 et suiv.).

On peut recourir aussi au § 8 de ma seconde consultation, *passim*.

[2] De Fréminville, *les vrais Principes des fiefs*, t. II, p. 37 : « système évidemment chimérique et qui contrarie toutes les données de l'histoire, dit M. Championnière, en ce qu'il suppose une époque où le roi a été propriétaire *cum pleno dominio* de toutes les terres inféodées. »

[3] Voy. Billecocq, *Traité des fiefs*, p. 4 et 28, note a; Levasseur, dans le *nouveau Denisart*, t. VII, p. 585 ; Hervé, *Théorie des matières féodales*, t. VI, p. 343 ; Preudhomme, *Traité des droits appartenants aux seigneurs sur les biens possédés en roture*, p. 10 ; Bourjon, *Droit commun de la France*, liv. II, tit. II, ch. III, n° 4 ; et Henrion de Saint-Amand, *Répert. de Jurisprudence*, v° Franc fief, § 2.

[4] Voy. ses observations sur l'art. 470 de la coutume d'Anjou, au mot *Aliénation*, vers la fin.

Du temps de Pocquet de Livonière, ces dommages-intérêts consistaient dans le cinquième de la valeur du bien[1].

Et cette dépréciation relative datait de loin, car Beaumanoir, qui vivait sous saint Louis, remarquait que les héritages censifs valaient un sixième de plus que les hommagés[2].

Enfin, sans préciser cette dépréciation, Pierre Defontaine, contemporain de Beaumanoir, la constatait en ces termes : « Mult plus est tenus li frans hom a son sengneur par la raison de l'iretage, ke li vilains par ses rentes payant[3]. » Maxime que Loisel a ainsi reproduite dans ses *Institutes coutumières*[4] : « Moult plus est tenu le franc homme à son seigneur pour l'hommage et honneur qu'il lui doit, que n'est le vilain par ses rentes payant. »

On se doute bien qu'en Hainaut la tenure allodiale ne fut pas celle pour laquelle on opta; mais on croit peut-être que, du moins dans ce pays, on se décida, comme dans les parties les moins favorisées de la France, pour la présomption de tenure censuelle, ou, en d'autres termes, pour parler le langage des Chartes, qu'au lieu de présumer les biens immeubles alloëts, on les présuma mainfermes.

Eh bien, non; la coutume du Hainaut fut la seule, absolument la seule qui n'admit ni l'une ni l'autre de ces présomptions.

« De droit commun et général, tout est et sera tenu et réputé fief, » dit l'article 2 du chapitre XLVI des Chartes générales.

« Tous biens immeubles seront réputez fiefs, si par fait espécial n'appert du contraire, » répète l'article 2 du chapitre CII de ces mêmes Chartes[5].

---

[1] Voy. son *Traité des fiefs*, p. 526.
[2] *Coutumes de Beauvoisis*, ch. XXVII, numéro dernier.
[3] *Conseil* à son ami, ch. X, n° 4.
[4] Liv. I, tit. 1, n° 30.
[5] Voy. Bourdot de Richebourg, t. II, p. 80 et 126.

Nous avions promis de montrer, dans cette législation, l'empreinte profonde de la féodalité, ne la voilà-il pas flagrante, irrécusable?

Mais passons aux détails.

Vous croyez peut-être qu'en Hainaut on pouvait disposer de ses biens meubles et immeubles pourvu qu'on n'entamât pas les réserves coutumières et qu'on ne portât pas atteinte aux substitutions dont on était grevé? Eh bien! contrairement à ce qui se passait partout ailleurs, en Hainaut on ne le pouvait pas, du moins quant à ses immeubles. Le texte de l'article 1, du chapitre XXXII des Chartes [1], est positif à cet égard. Il est ainsi conçu :

« Toutes personnes libres pourront disposer de leurs biens et actions mobiliaires par la voye de testament; mais quant à fiefs, et tous autres biens immeubles situés audit pays de Haynaut, ores que tenus de cours étrangères, nul n'en pourra disposer par testament, ny les charger de quelque somme de deniers, ny de rentes héritières, ny viagères, au préjudice de ses vrais hoirs et successeurs [2]. »

---

[1] Voy. *id. ibid.*, p. 69.

[2] « Cette particule négative, dit Raparlier (t. I, p. 125 et suiv.), posée avant la troisième personne du verbe *pouvoir*, accompagnée du terme universel, *nul ne peut* emporte une puissance absolue de droit et de fait, qui engendre une nécessité et qui désigne que l'acte est impossible.

« *Item negativa præposita verbo* POTEST *tollit potentiam juris et facti, et inducit necessitatem præcisam, designans actum impossibilem* (C. Molinœus, *in leg. prim.* in princ. de verbor. oblig., n° 2).

« Le même docteur, en son conseil cinquième, parlant d'un testament où les termes suivants étaient insérés, *et que ladite Henriette autrement n'en puisse ordonner ni disposer par quelque manière*, enseigne la même règle, n°ˢ 1 et 2, dans les termes les plus forts et les plus énergiques; les voici : *Ergo certum est, quod absolute et omni casu prohibita est, sive non habuisset, sive habuisset liberos. Verba enim illa absoluta etiam negativa, quæ potentius et universalius negant* (L. *hoc genus ubi* gl. BART. *et alii* ff. *de condit et demonst.*). *Et negativa præmissa verbo* POTEST, *quæ inducit necessitatem absolutam de jure et facto* (ut not. in l. *Gallus de lib. et posth.* gl. 1ᵃ AND. *et alii in cap. de*

Et, bien que cet article ajoute à cette restriction :

« Néanmoins, le testateur pourra user de clauses privatives, touchant ses biens meubles, en cas que ceux à qui il les aurait laissés, allassent au contraire de son intention et déclaration d'aucuns biens immeubles par son testament. »

Nonobstant cette restriction que les légistes du Hainaut considéraient comme « une sorte de relâchement à la disposition générale de la loi[1], » ils décidaient que même, par cette voie indirecte, les renvois, conditions et substitutions de fiefs étaient interdits aux testateurs[2]. Et, il faut bien le reconnaître, cette doctrine était en parfaite harmonie avec le texte et l'esprit des Chartes, car la disposition par *advis de père et mère*, si fréquente dans le Hainaut, « est un acte bien plus solennel et autorisé que le testament qui a sa disposition bornée et circonscrite aux effets et actions mobiliaires. » Or, on ne pouvait renvoyer, conditionner ou sub-

---

reg. juris in sexto). Et insuper alia verba universalia adduntur; videlicet : per quemcunque modum.

« La particule négative et l'universalité du terme, qui affecte et qui tombe sur tous ceux qui ont des immeubles, en la province du Hainaut, précédant le verbe *pourra*, *nul n'en pourra disposer par testament*. on peut assurer avec ce docteur que cette particule négative, ainsi posée et précédée d'un terme général, et qui enveloppe l'universalité de tous ceux qui ont des immeubles dans la province du Hainaut, emporte une nécessité absolue de droit et de fait, qui désigne clairement que l'acte, c'est-à-dire que la disposition par testament des immeubles situés en Hainaut, est absolument impossible. »

Plus loin (p. 135), Raparlier cite Prohet, qui, dans son commentaire sur l'article 41 du titre XII de la coutume d'Auvergne, émettait en ces termes une opinion conforme à celle de Dumoulin et à la sienne : « La coutume s'est servie de termes négatifs et prohibitifs pour faire connaître que l'on ne peut, pour quelque chose que ce soit, donner atteinte à sa disposition. »

[1] Voy. Raparlier, p. 147.

[2] C'est ce qui est constaté par trois enquêtes par *turbes*, faites à Mons en août 1734, et rapportées par Raparlier, p. 139 et suiv. C'est ce qui a été reconnu aussi par un acte de notoriété, délivré par le Magistrat de Mons le 27 juillet 1759. Voy. *id. ibid.*; p. 161.

stituer des fiefs dans les dispositions par avis de père et mère. « Il serait donc absurde d'accorder aux testaments une autorité et une étendue plus grandes que les lois n'ont accordées à l'acte le plus solennel de la société civile, qui est l'avis des père et mère qui renferme le règlement des successions et l'appui des familles[1]. »

Cette clause privative, que permettait la disposition finale de l'article 1 du chapitre XXII des Chartes, donnait elle-même lieu à de remarquables bizarreries qui nous feront mieux pénétrer encore l'esprit de cette législation exceptionnelle.

D'après le droit écrit, et d'après le droit coutumier[2], l'héritier institué qui était en même temps héritier à réserve pouvait, comme aujourd'hui, opter entre le bénéfice de l'institution et celui que lui faisait la loi, mais s'il optait pour l'exécution du testament, il ne prenait que la part que lui attribuait le testateur, d'après la règle *electo judicio defuncti, repudiatum beneficium prætoris intelligetur*; d'où la conséquence qu'il prenait en nature les biens, mais qu'il ne prenait en nature que les biens qui lui étaient dévolus par le testament.

Dans le Hainaut cette règle, *electo judicio defuncti*, avait son effet en ce sens que l'héritier soumis à la clause privative ne pouvait pas rejeter d'une manière absolue les charges de l'institution en acceptant ses profits[3], mais elle n'était pas suivie, dans cet autre sens, que son adition d'hérédité testamentaire ne faisait pas disparaître la prohibition édictée dans la première partie de l'article 1 du chapitre XXXII des Chartes. Comme le remarque Raparlier (p. 133) : « Dans

---

[1] Voy. *id. ibid.*, p. 142 et 143.
[2] Voy. les textes et les autorités cités par Raparlier, p. 129 et suiv.
[3] *Neque enim ferendus est is qui lucrum quidem amplectitur onus autem ei annexum contemnit.* L. unic. C. de cad. toll., § 4.

les autres provinces l'héritier qui acceptait le testament, était obligé de laisser suivre les réserves coutumières en nature, et la loi prescrite par le testament affectait également l'*indisponible* et le *disponible*; au lieu qu'en la province du Hainaut, il n'était pas obligé de laisser suivre l'immeuble en nature à la personne y appelée; mais il remplissait toute son obligation en lui payant l'équivalent de l'immeuble, parce qu'il ne naissait contre lui qu'une action personnelle de son acceptation, et que l'action personnelle en Hainaut, n'était exécutoire que pour l'équivalent. »

D'après les principes du droit commun, on ne pouvait pas mourir en partie *testat*, et en partie *intestat* : *nemo partim testatus, partim intestatus moritur.*

Au contraire, sous le régime des Chartes, suivant la remarque de Raparlier (p. 132) : « On meurt nécessairement de cette façon lorsqu'on a des immeubles, parce qu'on ne peut pas, en cette province, disposer de ses immeubles par testament. »

Que si l'on suppose que la clause privative a été omise, « l'héritier présomptif reprend les meubles *en vertu du testament*, et les immeubles *en vertu des Chartes*, comme n'étant nullement disposés par le même testament, et à cause qu'en la province du Hainaut on peut mourir en partie *testat* et en partie *intestat*[1]. »

---

[1] Raparlier, p. 134 ; et ainsi fut décidé par l'acte de notoriété du Magistrat de Mons, précité.
Au premier aspect on pourrait considérer comme contraire à cette doctrine un arrêt du parlement de Flandre, du 17 juillet 1690, qui infirma (*après partage*) une sentence rendue par les prévôt et jurés de Tournai (voy. Pollet, p. 8 et suiv.); mais en y regardant de plus près, on ne tarde pas à reconnaître que dans l'espèce il y avait une circonstance particulière, à savoir que le testateur était mort à Tournai, c'est-à-dire dans un pays qui n'était pas régi par les Chartes générales du Hainaut ; et que c'est précisément cette circonstance qui a décidé la cour à donner gain de cause à l'appelant ; qu'en un mot elle s'est bornée à décider que « la cou-

Plus loin, Raparlier dit (p. 135 et 136) : « Suivant le droit écrit, et suivant la coutume dont on vient de parler, celui qui accepte un testament, en recevant un legs, ou en exécutant le testament d'une autre façon, est absolument obligé de l'entretenir et de l'accomplir en tout ce qu'il contient, et l'acceptant ne peut plus varier ni revenir aux réserves coutumières; au lieu que les Chartes du Hainaut, loin de soumettre un héritier institué dans les meubles, à exécuter le testament pour les immeubles, déclarent en termes généraux et négatifs *que nul n'en pourra disposer par testament*; ce qui forme un décret irritant, qui ôte au testateur toute puissance *de droit et de fait*, de disposer de ses immeubles par testament, et qui met son héritier en droit d'appréhender lesdits immeubles, non plus, ni moins, que s'il n'en avait aucunement disposé.....

« Si l'on considère ces différences extrêmes entre les dispositions des Chartes du Hainaut et celles des coutumes de Flandre, d'Artois et autres qui ont leur relation au droit écrit, si l'on fait attention qu'en Hainaut il n'y a que les meubles et tels réputés, qui puissent faire la matière d'un testament, que les immeubles n'y sont pas disponibles à cause de mort, autrement que par avis conjonctif ou viduel, on trouvera que *rien ne doit surprendre*, si en la province du Hainaut, un héritier institué dans toute une masse mobilière, puisse en faire librement l'appréhension, sans se soumettre à exécuter le testament qui contiendrait une disposition directe des immeubles situés en Hainaut, et qu'il pourrait même à la fois, recueillir les mêmes immeubles s'ils lui étaient dévolus par les Chartes, puisqu'une disposition nulle absolument et radicalement, ne peut l'empêcher

tume du lieu de la maison mortuaire réglait l'obligation de l'héritier touchant l'exécution des dispositions du défunt. »

d'exercer des droits qui lui sont valablement acquis par la loi : encore un coup, *rien ne doit surprendre,* si une même personne, après s'être servie d'un testament pour recueillir la masse mobilière, combat et attaque ce même testament par rapport aux immeubles, pour les reprendre du chef de la loi, et en vertu des chartes qui les régissent, non plus ni moins, que s'ils n'avaient pas été disposés par ledit testament[1]. »

Oui, *rien ne doit surprendre,* en fait d'excentricités juridiques, lorsqu'il est question du Hainaut, et que l'intérêt qu'il s'agit de sauvegarder est la conservation des immeubles dans les familles ; mais pour ne pas être surpris, il ne faut pas perdre de vue que « les Chartes ont des dispositions particulières, qui, loin d'avoir quelque analogie avec le droit écrit et avec les autres coutumes, s'y trouvent diamétralement opposées. »

En veut-on une nouvelle preuve, plus décisive encore peut-être que celle que nous venons de produire? La voici :

Supposez que vers 1770, un Flamand ou un Brabançon (nous rapprochons la date de notre époque et nous choisissons exprès un voisin des Hennuyers, le tout pour rendre notre exemple plus frappant); supposez, disons-nous, qu'à l'époque que nous précisons, un habitant des Pays-Bas soit venu pour acheter, sur les bords de l'Escaut, dans la banlieue de Valenciennes, une prairie, une ferme, une maison

---

[1] Ces explications étaient nécessaires pour comprendre ce passage de M. Britz (p. 747), sur les testaments du Hainaut :

« La jurisprudence avait déclaré indivisibles les dispositions d'un testament; on ne pouvait admettre l'une et rejeter l'autre. *Ainsi* lorsqu'un testateur donnait à son héritier légitime ses meubles et ses immeubles sans ajouter la clause privative, celui-ci avait les meubles en vertu du testament et les immeubles en conséquence des Chartes générales, puisque la dernière disposition est censée non écrite. »

de campagne, n'importe quel héritage de nature de mainferme[1]. Il tombe d'accord du prix avec le propriétaire; il achète, il paye; le tout sans aucune réserve de part ni d'autre. La vente vous paraît parfaite sans doute, et la propriété vous semble incommutablement transmise, surtout si les œuvres de loi, pratiquées dans les pays de nantissement, tels que le Hainaut, sont intervenues et ont réalisé, comme l'on disait, le droit de l'acheteur. Eh bien ! ce qui eût été vrai partout ailleurs ne l'était pas à Valenciennes, et même en 1789 l'acheteur supposé aurait été exposé à une dépossession, s'il avait plu au vendeur d'exercer un droit de rachat qui n'avait pas été convenu entre les parties, qui n'avait pas été prévu par l'une d'elles, et dont l'autre avait semblé se départir en ne se le réservant pas.

En effet, d'après l'article 94 de la coutume de Valenciennes, les actions personnelles ne se prescrivaient que par trente ans, et, d'après l'article 93 de la même coutume, les droits réels se prescrivaient par vingt ans[2]; soit donc qu'on considérât le droit de rachat à Valenciennes comme un droit réel, ainsi que dans le reste du Hainaut, soit qu'on le considérât, ainsi qu'on le faisait en France (supposition toute gratuite d'ailleurs), comme ne constituant qu'une action personnelle, toujours serait-il qu'il n'aurait pas été prescrit en 1789 s'il avait été stipulé en 1770. Or, à Valenciennes, cette stipulation n'était pas nécessaire pour que son bénéfice fût acquis. Le droit de rachat était sous-entendu dans tous les contrats de vente. L'article 69 de la coutume portait, en effet[3] : L'on ne peut vendre, donner[4] ou trans-

---

[1] Nous avons déjà dit que les fiefs et les francs alleux du ressort de Valenciennes n'étaient pas régis par la coutume mais par les Chartes générales.

[2] Voy. Bourdot de Richebourg, t. II, p. 247.

[3] Voy. id. ib., p. 247.

[4] Ce mot est pris ici, sans doute, dans le sens du mot latin *dare* et non

porter directement ou indirectement aucun héritage ou rente, sans rachapt gisant en ladite ville et banlieue[1]; en mainmorte ne soit par octroi du prince[2]. »

dans celui du mot *donare, id est dono dare. Dare*, dit Schardius, dans son lexique, *proprie est dominium transferre. Dare*, répète Vicat, dans son vocabulaire, *proprie est accipientis facere*. Et c'est ainsi que M. Zachariæ, dans la définition qu'il donne de l'échange (t. II, § 360), substitue au mot *donner* de l'art. 1702 ceux de *transférer la propriété;* voy. aussi M. Duvergier, n° 402.

Nous avons vu au reste, que dans le Hainaut, l'idée de donation et celle de retrait ou de rachat n'étaient pas comme ailleurs, inconciliables.

[1] « Il faut prendre garde de confondre ce qu'on appelle le *chef-lieu* de Valenciennes avec la ville et banlieue du même nom.

« Le *chef-lieu* est une partie considérable de la province du Hainaut, qui, en matière de meubles et de rotures ou *mainfermes*, suit la coutume de Valenciennes, et dans tous les autres points est assujettie aux Chartes générales.

« La ville, au contraire, et son ancienne banlieue, suivent aussi les Chartes générales, mais dans une seule matière, celle des fiefs. »

M. Merlin (*Répert.*, v° *Valenciennes*, n° 2), qui nous fournit cette note, cite dans le sens de la distinction qu'il établit, et qui est incontestable, quatre actes de notoriété délivrés à la date des 26 juin 1724, 21 février 1757 et 18 janvier 1752 par les juges municipaux du Quesnoy, l'ordre des avocats au parlement de Flandre, les avocats et les juges municipaux de Valenciennes.

[2] Cet article est mal ponctué, dans Bourdot de Richebourg, et dans d'autres éditions, où on a placé entre deux virgules ces mots : *en mainmorte* ce qui tendrait à réduire la prescription de l'article à la défense de vendre à des gens de mainmorte, si ce n'est en stipulant un droit de rachat ou en obtenant l'autorisation du prince.

Mais il est évident que le sens que présenterait cette ponctuation n'est pas admissible :

1° Parce que l'incapacité des gens de mainmorte pour acquérir des immeubles était absolue longtemps avant la publication de la coutume de 1619 par les archiducs Albert et Isabelle; que cette incapacité s'étendait aux acquisitions faites sous faculté de rachat, comme aux acquisitions faites sans cette réserve; que cela résulte de plusieurs édits rendus pour tous les Pays-Bas par les souverains de ces pays, sous la date des 13 novembre 1446, 18 mai 1515, 27 juillet et 19 octobre 1520, 28 février et 19 octobre 1528, 21 novembre 1567, 15 septembre 1573, 1er juin 1587 et 25 novembre 1618 (voy. M. Britz, *loc. cit.*, p. 523).

2° Parce que, pour le Hainaut spécialement, les placards de Philippe II, de 1587, rapportés *in extenso* dans le second volume de Raparlier (p. 92

Et ce droit de rachat semblait tellement favorable sous la coutume de Valenciennes, qu'on l'admettait même dans le cas où l'aliénation n'était pas volontaire, et où dès lors on ne pouvait pas supposer cette stipulation sous-entendue dans les conventions des parties.

Ainsi pour les arrentements hypothéqués du chef-lieu de Valenciennes, le créancier, qui n'était pas payé de sa rente, avait le *clain de rétablissement*, c'est-à-dire le droit de faire annuler l'arrentement et de rentrer en possession de l'héritage; mais s'il exerçait ce droit, le débiteur avait à son tour celui de le déposséder dans l'année, en lui payant quoi? la valeur du bien? non; en lui payant seulement les arrérages dus et les frais.

Les articles 43 et 44 de la coutume de Valenciennes sont positifs à cet égard ; voici leurs termes :

et suiv. 132 et suiv.), et non moins explicites que l'édit de Charles-Quint, de 1528 (reproduit aussi *ib.*, p. 122 et suiv.), ne laissent aucun doute que les gens de mainmorte ne pouvaient acquérir d'immeubles dans cette province quand même ils se fussent soumis à la faculté du rachat.

3°. Parce que si la coutume de 1619 n'avait voulu que reproduire les interdictions établies par les édits et placards précités, elle ne se serait nullement préoccupée de la question du rachat stipulé ou non, et se fût bornée à relater ces interdictions d'une manière générale comme le faisait l'article 69 de la coutume de 1540 (voy. Bourdot de Richebourg, t. II, p. 231); elle se fût bien gardée surtout de circonscrire ces interdictions à la ville de Valenciennes et à sa banlieue.

Enfin nous ajouterons que Dumées ne s'est pas mépris sur le sens de l'article de la coutume de 1619. Il a à la fois constaté un droit existant et un fait dont il pouvait porter témoignage, lorsqu'il a dit dans sa *Jurisprudence du Hainaut français* (p. 373) :

« La clause de réméré a lieu de plein droit dans la vente des biens situés à Valenciennes et dans la banlieue. »

Plus loin Dumées (p. 376) exprime la même pensée, en d'autres termes, lorsque après avoir retracé la législation des Hébreux en matière de retrait et les effets de l'année jubilaire, il ajoute : « Selon nos mœurs toute faculté de rachat doit être stipulée par contrat de vente, sans quoi le vendeur n'est pas en droit de rentrer en possession des héritages qu'il aurait vendus; *excepté à Valenciennes*, article 69 de la coutume. »

« Mais si ce fut pour rente foncière ou d'arrentement, en ce cas après le rapport du juré aux eschevins du premier adjour qui aura esté signifié à la personne de l'obligé ou occupeur, si avant qu'il demeure dedans la ville, banlieue ou chef-lieu, sinon aux deux plus prochains voisins demeurants dessous et deseurs ladite hypothèque, dont il sera rapport auxdits eschevins, lesdits eschevins ordonneront faire itérative et seconde signification à la quinzaine.

« Et si l'obligé ou possesseur dudit héritage, après ladite signification faite, estoit défaillant et délayant de payer et satisfaire l'espace de quinze jours, en ce cas, le rentier ou son procureur sera par ledit mayeur à l'ordonnance des eschevins remis audit héritage, pour en jouir de là en avant comme du sien, aux charges antérieures à sadite rente : *sauf qu'en dedans l'an le propriétaire ou possesseur dudit héritage le pourra recouvrer* EN PAYANT *audit fourgaignant*[1] TOUS ARRIÉRAGES ET DÉPENS. »

Le désir ardent qu'éprouvaient les législateurs du Hainaut de conserver les biens dans les familles, ne ressort pas moins du régime hypothécaire qu'ils ont adopté que des articles 44 et 69 de la coutume de Valenciennes, et de l'article 1 du chapitre XXXII des Chartes générales.

Ces législateurs avaient fait preuve de tact, en n'étendant pas aux donations entre-vifs les prohibitions de disposer, qu'ils avaient établies à l'égard des dispositions faites par testament. Il fallait en effet se prémunir, non contre des actes auxquels on se décide difficilement, parce qu'ils ont pour résultat immédiat de dépouiller celui qui y procède, mais contre ceux dans lesquels la générosité du disposant est d'autant plus facile et plus large qu'elle ne s'exerce

---

Voy. sur ce mot le *Glossaire* de Laurière, t. I, p. 502; celui de Roquefort, t. I, p. 631, et le *Dict. du vieux langage*, de Lacombe, t. I, p. 226.

qu'au préjudice de ses héritiers[1] : *lex arctius prohibet quod facilius fieri putat.*

Par le même motif, il fallait prémunir les propriétaires du Hainaut contre le danger de l'aliénation éventuelle, auquel les aurait exposés le régime hypothécaire du droit commun [2], danger d'autant plus grand, qu'en le courant on ne l'eût pas toujours aperçu. On sait que d'après la loi Julia, dite *de fundo,* dont l'empereur Auguste était l'auteur [3], le mari pouvait vendre l'immeuble dotal pourvu que la femme y consentît, mais qu'il ne pouvait pas l'hypothéquer même avec ce consentement. « La cause de cette différence, disait-on [4], est que la femme eût moins aperçu le danger de l'hypothèque que celui de la vente, la première ne présentant pas comme la seconde l'idée effrayante d'un dépouillement [5]. »

Cette idée se présentait au contraire tout de suite, à l'esprit de celui qui donnait en Hainaut une hypothèque sur son bien, car cette constitution d'hypothèque empruntait les formes et l'aspect d'une aliénation. « Suivant l'usage constant [6], l'hypothèque usitée en Hainaut ne s'appliquait

---

[1] C'est ainsi pareillement que la loi Fusia Caninia permettait, entre-vifs, les affranchissements qu'elle prohibait par testament. Voy. les fragments d'Ulpien, tit. I, n° 24 ; les institutes de Gaius, *Comm.* I, n°s 42 et suiv., et les Institutes de Justinien, liv. I, t. VII.

[2] « L'hypothèque, dit M. Troplong (n° 460) *étant une aliénation d'une portion du domaine de la chose*, ne peut être consentie que par ceux qui ont la capacité d'aliéner. Tels étaient les principes de l'ancienne jurisprudence. » (Voy. Basnage, *Hypot.*, ch. III, n° 3.)

[3] Cette loi a été abrogée par la loi unique, § 15, Cod. *de rei uxoriæ actione.*

[4] M. Grenier, *Traité des hypothèques,* t. I, n° 260.

[5] C'est par cette même raison que le sénatus-consulte velléien en laissant aux femmes la liberté de faire des donations, leur défendait de s'obliger pour autrui : *quia,* dit Ulpien, *facilius se mulier obligat quam alicui donat.* Voy. l. 4, § 1, ff. *ad S. C. velleianum.*

[6] « Tel était l'usage mais non le strict droit, » dit ailleurs (p. 924)

qu'à une seule espèce d'obligations, *aux rentes perpétuelles* (héréditaires). La rente s'identifiait avec le fonds sur lequel elle était hypothéquée, elle devenait par l'hypothèque un droit réel, un immeuble féodal, allodial ou mainferme, selon la nature du fonds affecté à ce droit. Elle ne pouvait être aliénée par le créancier que comme le fonds lui-même, c'est-à-dire moyennant les devoirs de loi ; c'est un droit concédé, une partie de l'immeuble lui-même, consistant à prélever annuellement sur les revenus une certaine somme d'argent[1]. »

Qu'on se garde de croire cependant qu'en Hainaut, les constitutions d'hypothèque missent les créanciers dans une condition meilleure que celle qu'ils eussent obtenue dans d'autres pays, en recourant aux formes moins solennelles d'un simple contrat notarié. Il en était tout autrement.

M. Britz, Boulé (t. II, p. 253) dit aussi : « Régulièrement et pour l'ordinaire les dettes en sûreté desquelles se constitue et se donne une hypothèque, ce sont les rentes. Je ne vois rien néanmoins qui puisse empêcher qu'elle ne se puisse aussi donner pour dettes à une fois payer. Je tiens pourtant qu'en ce cas l'hypothèque n'aurait pas plus d'effet qu'un simple rapport, et que la dette pour laquelle elle aurait été donnée, ne deviendrait pour cela de nature et condition immobilière, ainsi que font les rentes héritières quand on vient à les hypothéquer (Chartes du Hainaut, ch. CXXII, art. 7 ; coutume de Mons, ch. XXVIII ; coutume de Valenciennes, art. 28), qui ne sont pas tenus pour immeubles et de la nature des fonds sur lesquels elles sont hypothéquées, par la force des déshéritances et adhéritances, mais bien parce qu'outre cela les coutumes les déclarent telles. Car si les déshéritances et adhéritances faites pour sûreté de dettes, c'est-à-dire, si l'hypothèque de soi seule immobilisait les dettes, il s'ensuivrait que les rentes viagères ou pensions pour lesquelles on peut donner hypothèques (Chartes du Hainaut, ch. CIV, art. 4 et 5) seraient aussi immobilières, ce qui n'est pourtant pas. D'où je conclus qu'il faut deux choses pour que quelque dette devienne immeuble par la voie de l'hypothèque ; et que les déshéritances et adhéritances soient solennisées et que la dette soit de nature à devenir immeuble suivant les coutumes : telles que sont les rentes héritières (et point les viagères) et les dettes à une fois payer. »

[1] *Code de l'ancien droit belgique*, p. 955 et 956.

Ainsi en France et ailleurs, le droit conféré par l'hypothèque ne faisait pas obstacle à l'exercice de l'action personnelle. Le créancier hypothécaire ne se trouvait pas sous un aspect en meilleure position, et sous un autre aspect en position plus mauvaise que les créanciers purement chirographaires. En Hainaut, au contraire, « le droit d'hypothèque faisait naître une action essentiellement *réelle*, à cause de l'identification de la rente avec l'immeuble hypothéqué. L'hypothèque absorbait tellement l'action personnelle que le créancier n'aurait même pu se réserver la faculté de l'exercer avant l'action réelle, ni concurremment avec elle... Cette action se *réveillait* et reprenait toute sa force après que l'hypothèque était éteinte, discutée ou rendue infructueuse [1]. Cette action personnelle, qui succédait donc en quelque sorte à l'action réelle, se nommait *action en réassignation* pour les mainfermes, et *plainte d'entérinement* pour les fiefs et les alloëts. La première tendait à obliger le débiteur à *refondre* (refournir) la rente ou la *courtresse* en constituant une nouvelle rente sur ses autres biens, et jusqu'à due concurrence ; la seconde tendait à obtenir l'adjudication des fruits et revenus des autres biens du débiteur, jusqu'à pleine satisfaction des arrérages et frais [2]. »

Mais du moins, lorsque la valeur du gage était suffisante, le créancier parvenait-il, par l'expropriation, à recouvrer le capital qui lui était dû ?

Non, ou du moins cela n'arrivait qu'exceptionnellement, c'est-à-dire que cela n'arrivait qu'à l'égard des seules mainfermes du chef-lieu de Valenciennes.

---

[1] Mais pour cela ou pour obtenir une nouvelle garantie, il fallait à Valenciennes une stipulation spéciale, faite lors de la constitution de la rente (voy. Boulé, t. II, p. 255 et 256).

[2] *Code de l'ancien droit belgique*, p. 956 et 957. — Chartes générales ch. LIII, art. 19 ; Cogniaux, p. 289 ; Boulé, t. II, p. 254.

« Pour les mainfermes du chef-lieu de Valenciennes, l'action tendait à faire vendre l'hypothèque [1] par le cours public, pour un prix en capital (en écus).

« Pour les mainfermes du chef-lieu de Mons, l'action se nommait *plainte de rendue à nouvelle loi ou nouvel héritier*, et tendait à faire constituer une nouvelle rente (*nommée rente de surcens*) sur d'autres biens. De cette manière, le fonds hypothéqué était adjugé à un nouvel héritier, plus solvable et plus diligent à payer la rente ; s'il y avait un surplus, il était payé annuellement au débiteur exproprié ; s'il y avait déficit, il était supporté par le dernier créancier en ordre de préférence.

« Si l'hypothèque était fief, alloët ou mainferme *de la Cour*, l'action avait pour but d'adjuger aux créanciers les fruits et revenus du bien jusqu'au parfait payement de leurs arrérages, sans qu'ils pussent exiger les capitaux [2]. »

Ainsi le plus souvent en Hainaut, l'action hypothécaire n'aboutissait qu'à un supplément de garantie, ou qu'à la transformation temporaire de l'hypothèque en antichrèse. Quelle différence avec ce qui se passait ailleurs, où l'on considérait si bien la réalisation du prix de l'immeuble hypothéqué comme le but de la constitution de l'hypothèque, qu'on spécifiait ainsi l'avantage qu'elle attribuait au créancier qui en était pourvu. « L'hypothèque est le droit qu'a un créancier dans la chose d'autrui, de la faire vendre en justice, pour, sur le prix, être payé de ce qui lui est dû [3]. »

---

[1] M. Britz veut dire l'immeuble hypothéqué. « Et ledit rapport ouï lesdits échevins à la semonce dudit mayeur et poursuite de partie que dessus, ordonneront que sera procédé à *la vente dudit héritage* par recours. » Tel est le texte de l'art. 42 de la coutume de Valenciennes. Voy. aussi Dumées, p. 333.

[2] M. Britz, *loc. cit.*, p. 956. Voy. aussi Boulé, t. II, p. 254 et 255.

[3] Pothier, sur la coutume d'Orléans, tit. xx, n° 1.

Cette définition est incomplète sans doute [1], mais comme elle établit bien une ligne de démarcation profonde entre le système hypothécaire qui était partout suivi, et celui si anormal qui avait été adopté dans le Hainaut !

Nous ne pousserons pas plus loin d'ailleurs l'exploration des pratiques exceptionnelles de cette province, nous en avons dit assez pour faire saisir l'esprit général de sa législation, et pour faire reconnaître que M. Britz n'en a pas exagéré le caractère lorsqu'il a dit du Hainaut [2] : « On regardait cette province comme très-importante, tant à cause de plusieurs prérogatives royales que possédait son bailli ou gouverneur, qu'à cause des priviléges et faveurs dont y jouissaient le clergé et la noblesse. Les Chartes générales de ce comté, homologuées pour la dernière fois en 1619, prouvent presque à chaque page la justesse de cette dernière remarque. Ces Chartes, espèce de Code civil et politique très-étendu, sont écrites dans un français aussi barbare que les dispositions sont féodales et différentes des coutumes des autres provinces. Elles favorisent outre mesure les héritiers du sang, et tendent à la conservation des biens patrimoniaux dans les familles. Quant aux dîmes, aux institutions féodales en général, elles présentent le système le plus développé, le plus complet. »

Oui, et dans ce système si développé et si complet s'encadre parfaitement l'article 16 du chapitre CXXII qui, en déclarant *héritage* le droit de rachat, a assimilé la vente à réméré à l'antichrèse, d'où les jurisconsultes du Hainaut ont, avec raison, conclu que dans leur province la faculté de rachat était imprescriptible. Et, à coup sûr, n'aurait-ce pas été une chose merveilleuse qu'ils eussent admis une doctrine diffé-

[1] Voy. M. Troplong, *Hypoth.*, n° 386.
[2] *Loc. cit.*, p. 283 et 284.

rente dans un pays où le respect de la propriété et de la conservation des biens dans les familles était poussé jusqu'à la superstition; où, pour ne pas toucher à cette arche sainte, on se décidait à méconnaître la volonté suprême des mourants[1]; où, dans le même but, l'on ne tenait pas compte des volontés exprimées dans les contrats[2]; où, toujours dans le même but, on ne considérait que comme provisoires les expropriations mêmes que la justice avait prononcées[3], et où, enfin encore dans le même but, on créait un système hypothécaire qui semblait avoir pour dernier mot d'enlever au créancier toute garantie sérieuse, et d'éviter au débiteur toute crainte de dépossession[4] !

En conscience, ce n'était pas dans un pays ainsi organisé que l'inaliénabilité d'un domaine de la couronne de France devait sembler une énormité, car cette inaliénabilité qui, au delà de ses frontières était de droit étroit, en deçà était, ou peu s'en faut, de droit commun : de nos jours, la mobilisation de la propriété foncière est le rêve de bon nombre d'économistes. Au xvi° et au xvii° siècle, en Hainaut, le rêve du législateur était tout différent. Il voulait, pour ainsi dire, river et souder le tenancier à la glèbe et le châtelain et ses hoirs à leur manoir féodal; toute mutation de propriété lui semblait une sourde atteinte aux institutions politiques du pays, et toute dépossession une brèche à cet

---

[1] Chartes du Hainaut, ch. xxxii, art. 1.
[2] Coutume de Valenciennes, art. 69.
[3] Même coutume, art. 44.
[4] Qu'on suppose en effet une créance hypothéquée sur un fief ou un franc alleu du Hainaut, créance portant intérêt et dont les intérêts ne sont pas payés; le créancier poursuit : qu'obtient-il ? de percevoir les revenus des biens de son débiteur; en telle sorte que si ces revenus sont moindres que les intérêts annuels auxquels il a droit, plus sa possession comme antichrésiste durera, et plus aussi s'élèvera le chiffre de sa créance. L'hypothèque aboutira donc à l'accroissement indéfini de la dette, au lieu d'aboutir à son extinction du moins partielle.

édifice féodal dont il avait, avec tant de soin, cimenté les assises et la base.

Nous n'aurions pas eu besoin, du reste, d'insister autant sur l'esprit excentrique de cette législation si nous nous étions contenté de rechercher en dehors de cet esprit la preuve de l'erreur que la cour de Douai a commise en déclarant prescriptible, en Hainaut, la faculté de rachat.

Cette preuve résulte des faits mêmes que l'arrêt a constatés ou a tenus pour tels.

Suivant l'arrêt, le rachat de Condé aurait eu lieu en 1558.

Suivant l'arrêt aussi, la faculté de rachat se fût prescrite en Hainaut par trente ans.

Ces deux hypothèses se coordonneraient très-bien entre elles, car, la mise en possession de Charles-Quint, ne datant que de 1529, en 1558 la prescription trentenaire n'eût pas encore été atteinte.

Malheureusement pour le système, très-commode d'ailleurs, de M. Dolez, nous savons actuellement qu'il ne repose que sur une supposition toute gratuite.

Nous savons que ce légiste a confondu la prescription hennuyère avec la prescription française.

Nous savons qu'en France la faculté de rachat était prescriptible par trente années, mais nous savons aussi qu'en Hainaut tous les droits, tant réels que personnels, se prescrivaient par vingt et un ans.

Par conséquent, si en Hainaut la faculté de rachat eût été prescriptible, celle stipulée en 1529 eût été prescrite en 1550.

Or, demanderons-nous à notre tour, si en 1558 ce droit de retrait avait été prescrit, comment cette prescription n'eût-elle pas été invoquée par M. de Roghendorff ou par son représentant, lorsqu'il leur était si facile de conserver la seigneurie du château pour moitié de sa valeur vénale?

De deux choses l'une, ou la faculté de rachat en Hainaut était prescriptible, ou elle ne l'était pas.

Si elle était prescriptible, la prescription était acquise en 1558, et le retrait qu'on suppose n'a pas été exercé.

Si elle ne l'était pas, les droits du roi de France, en 1749, étaient les mêmes que ceux que son prédécesseur avait stipulés en 1529 dans le traité de Cambrai.

Il est impossible de sortir de ce dilemme, et sans en sortir il est impossible de donner gain de cause à la compagnie d'Anzin.

§ V.

VIIIᵉ ᴇᴛ IXᵉ MOYENS DE CASSATION.

ᴠɪᴏʟᴀᴛɪᴏɴ ᴅᴜ ᴘʀɪɴᴄɪᴘᴇ ǫᴜᴇ ʟᴇ ᴘʀᴏᴘʀɪÉᴛᴀɪʀᴇ ᴘᴏssÈᴅᴇ ᴘᴀʀ ᴄᴇʟᴜɪ ǫᴜɪ ᴅÉ- ᴛɪᴇɴᴛ sᴏɴ ʙɪᴇɴ ᴘᴏᴜʀ ʟᴜɪ ᴇᴛ ᴇɴ sᴏɴ ɴᴏᴍ, ᴘʀɪɴᴄɪᴘᴇ ᴄᴏɴsᴀᴄʀÉ ᴘᴀʀ ʟᴇs ᴀʀ- ᴛɪᴄʟᴇs 9, 10, 12 ᴇᴛ 20 ᴅᴜ ᴄʜᴀᴘɪᴛʀᴇ ᴄᴠɪɪ ᴅᴇs ᴄʜᴀʀᴛÉs ɢÉɴÉʀᴀʟᴇs ᴅᴜ ʜᴀɪ- ɴᴀᴜᴛ.—ᴠɪᴏʟᴀᴛɪᴏɴ ᴅᴇ ʟ'ᴀʀᴛɪᴄʟᴇ 1 ᴅᴜ ᴄʜᴀᴘɪᴛʀᴇ ᴄᴠɪɪ ᴅᴇ ᴄᴇs ᴍÊᴍᴇs ᴄʜᴀʀᴛᴇs ᴅ'ᴀᴘʀÈs ʟᴇǫᴜᴇʟ ʟᴀ ᴘᴏssᴇssɪᴏɴ ᴅ'ᴜɴ ɪᴍᴍᴇᴜʙʟᴇ ᴏᴜ ᴅ'ᴜɴ ᴅʀᴏɪᴛ ʀÉᴇʟ ᴘᴇɴ- ᴅᴀɴᴛ ᴠɪɴɢᴛ ᴇᴛ ᴜɴ ᴀɴs sᴜғғɪᴛ *sᴀɴs ᴏᴇᴜᴠʀᴇs ᴅᴇ ʟᴏɪ* ᴘᴏᴜʀ ᴇɴ ᴀᴄǫᴜÉʀɪʀ ʟᴀ ᴘʀᴏᴘʀɪÉᴛÉ ᴘᴀʀ ʟᴀ ᴘʀᴇsᴄʀɪᴘᴛɪᴏɴ.

L'arrêt de la cour de Douai prétend que « François Iᵉʳ n'a pas été un seul instant *en possession réelle* de Leuze et de Condé; » mais nous avons déjà dit que, si par ces mots de possession réelle la cour n'a entendu parler que de la *détention* matérielle, elle n'a fait que constater un fait tout à fait insignifiant; mais que, si par ces mots elle a entendu la possession civile, la possession *animo domini*, la possession qui est de nature à acquérir la propriété par la prescription, alors, en paraissant apprécier un fait, elle n'a en réalité fait que violer un droit.

Nous avons en effet prouvé, au paragraphe 1ᵉʳ, que, sous l'ancien droit comme sous le Code civil, celui qui détient à titre précaire, l'antichrésiste, par exemple, ne possède pas l'immeuble qui lui a été livré en garantie de sa créance; que celui qui possède cet immeuble, c'est le débiteur; qu'il le possède par son créancier; et que, comme la prescription acquisitive n'est jamais que le résultat de la possession véritable, de la possession civile, de la possession *animo domini*, il en résulte que le débiteur peut prescrire contre des tiers par son créancier qui possède pour lui, tandis que celui-ci ne peut jamais prescrire, *neque per mille annos*, contre son débiteur pour lequel il possède.

D'un autre côté, nous avons prouvé au paragraphe 3, par une multitude de textes et d'autorités, que ces principes étaient suivis dans les Pays-Bas en général, et en particulier dans le Hainaut.

Nous avons prouvé en outre dans ce même paragraphe que les engagements du domaine de la couronne ne devaient être considérés que comme des antichrèses, et que c'était précisément parce qu'ils étaient considérés comme tels, que le roi restait propriétaire et possesseur des fiefs et des justices compris dans ces engagements.

Nous avons prouvé de plus qu'en faisant abstraction de la qualité de roi de France, et en mettant de côté les principes du droit domanial, on ne pouvait encore trouver qu'une antichrèse dans l'acte intervenu en 1529 entre François Ier et l'empereur Charles-Quint relativement aux seigneuries de Leuze et de Condé; que dès lors, même au point de vue du droit commun, François 1er avait dû rester possesseur de la seigneurie de Condé et de sa justice.

Surabondamment nous avons prouvé au paragraphe 4 que l'acte intervenu en 1529, eût-il pu être considéré comme une vente à faculté de rachat, cette circonstance, si décisive en France pour le transfert de la possession civile, ne l'eût pas été en Hainaut, parce qu'en Hainaut la vente à faculté de rachat ne dépossédait pas le vendeur de son droit réel, et ne constituait dès lors qu'une sorte d'antichrèse.

Enfin, nous avons prouvé au paragraphe 2 que le titre primitif de Charles-Quint n'avait pas été interverti, parce que pour cela il aurait fallu en Hainaut trois choses : bonne foi de la part du possesseur, capacité d'aliéner de la part de celui contre qui il voulait prescrire, et contradiction du droit de ce dernier, ou du moins connaissance acquise par lui des prétentions manifestées ou des usurpations exercées à l'encontre de ce droit.

Or, aucune de ces circonstances ne se rencontre dans l'espèce, même en supposant (ce qui est plus que douteux) que la possession ou, pour mieux dire, la détention de M. de Lalain procédât du rachat exercé par M. de Montpensier en 1558.

Donc, pas d'interversion de titre en 1558;

Donc, continuation de la possession primitive par les détenteurs;

Donc, identité de position à l'égard du roi de France entre les de Lalain ou les de Croy et Charles-Quint ou M. de Roghendorff;

Donc, les de Lalain et les de Croy possédaient à titre précaire;

Donc, ils n'avaient pas la possession civile; ils ne possédaient pas *pro suo*;

Donc, ils possédaient pour un autre, et cet autre possédait par eux.

Cet autre, c'était le débiteur de 1529, c'était le roi de France.

Resterait à prouver que cette possession du roi de France, en se prolongeant, devait, indépendamment de toutes œuvres de loi, aboutir à la propriété par la prescription; mais, avant de faire cette preuve, nous devons revenir un peu en arrière et nous occuper ici d'une partie de l'arrêt de la cour de Douai, dont la discussion se rattache à l'un des points traités dans le paragraphe 2.

Nous avons mis à l'écart tous les actes, tous les certificats, en un mot, tous les documents à l'aide desquels cet arrêt prouve qu'en 1749 M. de Croy exerçait la haute justice sur tout le territoire de Condé[1]. Nous les avons mis à l'écart,

---

[1] Qu'importent, par exemple, les arrêts rendus par le parlement de Flandre les 26 octobre 1726, 3 mars 1733 et 23 janvier 1742, sur les contestations existantes entre le duc de Croy et M. Taffin? M. Taffin préten-

parce qu'ils étaient sans portée aucune, puisque la dénégation de la compagnie de Thivencelles ne portait pas et n'avait jamais porté sur l'exercice de la haute justice, et qu'il était constant que l'engagement de 1529 comprenait avec le fief la haute justice de Condé. Enfin, nous les avons mis à l'écart, parce que la seule question du procès est celle de savoir, *non qui exerçait,* mais qui *avait* la haute justice de Condé en 1749, en un mot, qui en était *propriétaire.*

Mais, si nous n'avons pas tenu compte de ces documents au point de vue de l'exercice du droit, nous devons en tenir compte au point de vue de la reconnaissance qui aurait été faite par le roi d'un droit autre que celui qu'aurait donné un titre légitime, mais précaire. Nous ne pouvons donc laisser passer sans réfutation les considérants de l'arrêt où il est dit « qu'Emmanuel de Croy se prévalut de sa qualité de seigneur haut justicier vis-à-vis du roi lui-même, ainsi qu'on le voit notamment dans sa requête, sur laquelle a été rendu l'arrêt du conseil du 20 mars 1704, relatif au partage de la forêt de Condé, et dans la requête sur laquelle est intervenu l'arrêt du conseil qui lui accorda la permission qu'il sollicitait en qualité de seigneur haut justicier, de faire fouiller et exploiter, exclusivement à toutes personnes, les mines de charbon de terre qui étaient alors ou qui pourraient être

---

dait que Vieux-Condé formait une haute justice indépendante de Condé, dont il était propriétaire. Le sous-fermier du domaine soutenait la même thèse, mais il prétendait que cette haute justice de Vieux-Condé appartenait au roi comme dépendance non de Condé, mais de Rieux ; M. de Croy soutenait, au contraire, avec raison (et M. Taffin fut obligé de le reconnaître en 1742), que la haute justice de Vieux-Condé et la haute justice de Condé ne formaient qu'une seule et même haute justice, dont l'exercice lui appartenait. Mais cet exercice l'avait-il pour moitié comme propriétaire et pour moitié comme engagiste ? c'est ce que le parlement de Flandre n'examina pas en 1726, en 1733, et en 1742, c'est ce qu'il n'avait pas à examiner, puisque la question ne lui était pas soumise. C'est en 1743 seulement qu'elle fut déférée, non au parlement de Douai, mais au conseil du duc d'Orléans, et l'on sait comment elle y fut résolue.

découvertes par la suite dans l'étendue de ses terres de Condé et de Vieux-Condé ; — que ces arrêts du conseil ont été rendus sans aucune protestation contre la qualité prise par Emmanuel de Croy. »

Ces considérants nécessitent plus d'une réponse.

Disons d'abord que l'on n'est pas disposé à admettre que, suivant la prétention de la compagnie d'Anzin, tout le territoire de la commune de Condé a été l'objet de la concession accordée à M. de Croy par l'arrêt du conseil du 14 octobre 1749, soit que l'on consulte les faits, soit que l'on consulte les documents produits par la compagnie d'Anzin elle-même à d'autres époques, soit que l'on consulte les termes de l'arrêt de 1749, soit enfin qu'on rapproche les termes de cet arrêt de ceux d'autres arrêts de concessions accordées dans le Hainaut ou ailleurs, à différents pétitionnaires et à M. de Croy lui-même.

Si l'on consulte les faits, on voit qu'à l'époque où M. de Croy présentait sa requête, il n'avait fait de travaux que sur la partie du territoire de la commune de Condé qui ne fait pas l'objet du litige actuel. Il y a plus, jamais à aucune époque, la compagnie d'Anzin n'a fait acte, si timide, si équivoque qu'il soit, de propriété sur la portion du territoire de Condé qu'elle s'est avisée de revendiquer par son exploit du 21 avril 1843[1].

Ce n'est pas tout encore. En 1807, la compagnie d'Aniches demande la concession des terrains actuellement en litige. Les publications et les affiches prescrites par l'article 11 de la loi du 28 juillet 1791, sont faites au vu et su de la compagnie d'Anzin, à la porte, pour ainsi dire, d'un de ses établissements principaux. Cette compagnie si vi-

---

[1] Voy. n° 28 le certificat délivré par les habitants de Macou, banlieue de Condé.

gilante lorsqu'il s'agit de surveiller ses intérêts, si active lorsqu'il s'agit de les défendre, va sans doute s'émouvoir, s'indigner, protester, revendiquer! Eh bien! non, elle ne s'émeut pas, elle ne s'indigne pas, elle ne proteste pas, elle ne revendique pas. Elle souffre assurément, mais elle souffre en silence[1]. Ce mutisme n'est-il pas significatif? n'implique-t-il pas un aveu?—Cet aveu, d'ailleurs, est-il le seul?—Non.

Si l'on consulte les documents administratifs de la compagnie d'Anzin qui ne sont pas restés secrets, on trouve parmi eux un plan daté du 24 thermidor an XIII, dressé par un agent de la compagnie pour l'un des principaux actionnaires, et qui attribue à la concession de 1749 précisément le périmètre que la compagnie de Thivencelles lui assigne maintenant[2].

Si l'on consulte les déclarations officielles faites par la compagnie d'Anzin en parfaite connaissance de cause, elles ne sont pas moins explicites, moins significatives; elles disent ce que le plan décrit; ainsi, mise en demeure, en vertu de la loi de 1791, par l'autorité locale de faire connaître la contenance et les limites de la concession, que déclare cette compagnie? Que cette concession ne *contient qu'une*

---

[1] Un certificat du maire de Condé, dont l'original repose aux archives de l'administration des Mines (voy. n° 27), et qui est daté du 31 mars 1807, constate que la demande de la compagnie d'Aniches n'a donné lieu *à aucune réclamation ni à aucune opposition.*

« Quelle importance a ce fait en le supposant exact? Aucun, disait-on pour la compagnie d'Anzin. Aniches n'a pas obtenu la concession, cela répond à tout. »

« Ceci est trop fort, répliquait M. Duvergier; l'on suppose le soussigné, et le conseil d'État lui-même bien faciles, si l'on croit qu'ils se contenteront d'une pareille réponse.

« Aniches demande la concession de terrains qu'Anzin prétend lui appartenir; Anzin ne réclame pas pendant tout le temps que la loi lui donne pour réclamer; et ce silence est insignifiant?... *Credat Judæus Apella.* »

[2] Voy. ma seconde consultation, p. 652 et suiv.

lieue carrée environ, et elle se fonde même sur l'éxiguïté de cette contenance pour ne pas indiquer ses limites. Le directoire du département du Nord donne à cette déclaration la sanction administrative, et un arrêté du 6 prairial an IV attribue d'une manière officielle à la concession l'étendue d'une lieue carrée environ. Or, si l'on remarque d'un côté que cette contenance est précisément celle qu'aurait la concession d'Anzin dans le système de la compagnie de Thivencelles, et qu'elle serait de plus du double dans le système actuellement adopté par sa rivale; si d'un autre côté l'on remarque que la compagnie d'Anzin était sans intérêt à altérer la vérité dans sa déclaration de l'an IV, puisque dans aucun cas elle n'eût été soumise à une réduction, cette réduction ne devant, d'après la loi de 1791, s'appliquer qu'aux concessions dont le périmètre excéderait six lieues carrées; si, disons-nous, l'on fait ces observations et ces rapprochements, ne sera-t-on pas invinciblement porté à en induire que, pour savoir la vérité sur l'étendue de la concession de Condé, il ne faut pas consulter la compagnie d'Anzin en 1843, mais en l'an IV, et que la rétractation intéressée de son aveu ne le détruit pas [1].

Si l'on consulte l'acte de concession du 14 octobre 1749, on est frappé de cette désignation *au delà de l'Escaut*, qui ne se trouvait pas dans la requête de M. de Croy. Cette désignation avait paru tellement significative à la compagnie de Thivencelles, qu'elle croyait obtenir du conseil d'État qu'il délimitât conformément à ses conclusions, la concession de 1749, sans avoir besoin de recourir aux tribunaux pour vider la question de propriété de la haute justice de la seigneurie gagère. La compagnie de Thivencelles faisait remarquer que, par rapport au rédacteur de l'arrêt de 1749, daté de Fon-

[1] Voy. au reste, sur cet aveu, ma seconde consultation, p. 655 et suivantes.

tainebleau, la seigneurie gagère ne se trouvait pas au delà de l'Escaut, mais au delà de la Haine ; qu'à cette époque le bois dit du roi, qui faisait partie de la seigneurie gagère, appartenait encore au domaine de la couronne [1]; qu'en tout temps on avait pris grand soin de la conservation des forêts du roi, qu'on considérait comme « la plus noble, la plus précieuse et la plus utile partie de son domaine [2]; » que le rédacteur de l'arrêt n'était autre que d'Aguesseau, l'un des défenseurs les plus vigilants et les plus éclairés des intérêts du domaine; qu'il n'était pas probable dès lors qu'on eût négligé de prendre pour sauvegarder la propriété du roi les précautions que prenaient de simples particuliers dans de semblables circonstances [3]; que cela était d'autant moins vraisemblable, que les concessions de mines ne s'accordaient alors, comme aujourd'hui, qu'après une longue et minutieuse instruction, et qu'il en avait été ainsi pour la concession de 1749 [4]. D'un autre côté, la compagnie de Thivencelles faisait remarquer que, si on n'entendait pas ces mots *au delà de l'Escaut* d'une façon restrictive en ce qui concernait le cours de la rive droite du fleuve en amont de Condé, il en résulterait que la concession de 1749 aurait fait empreinte sur les terrains concédés à Désaubois et à Désandrouin jusqu'au mois de juillet 1760, par les arrêts du conseil des 8 mai 1717 et 29 mars 1735 [5]; que cependant dans l'ancien droit on te-

[1] Il ne fut échangé contre les marais d'Auderwick et une partie du bois de Fresnes, qu'à la date du 19 janvier 1758.
[2] De Fréminville, *les vrais Principes des fiefs*, t. 1, p. 180.
[3] Dans une convention faite avec la compagnie d'Anzin, le 20 janvier 1763, le duc d'Aremberg permet à cette compagnie, moyennant une redevance qu'il stipule, d'ouvrir des fosses dans les terres de Wallers et de la petite forêt de Raismes, mais il a bien soin de stipuler « qu'elle ne pourra ouvrir de fosses dans les forêts dépendantes desdites terres. » Voy. ma seconde consultation, p. 493 et 494.
[4] Voy. la consultation précitée, p. 480 et suiv.
[5] Voy. ces arrêts à la suite de ma première consultation, p. 602 et suiv.

nait pour maxime que *concession sur concession ne vaut*[1]; qu'il n'était pas présumable que, dans le cas où le conseil eût été tenté de mettre cette maxime en oubli en 1749, M. Taffin, l'adversaire de M. de Croy en 1726, en 1733 et en 1742, eût omis de la lui rappeler; qu'il avait à le faire un intérêt autre qu'un intérêt de vengeance, puisqu'il était l'associé de M. Désandrouin; que de plus, par suite de la décision prise en 1743 par le conseil du duc d'Orléans, il n'ignorait pas que la seigneurie gagère appartenait au roi; qu'enfin la reconnaissance du droit préalable de M. Désandrouin se trouvait faite implicitement par M. de Croy dans sa requête de 1749[2] et en termes exprès dans les requêtes sur lesquelles intervinrent les arrêts du conseil des 20 avril 1751 et 16 mars 1756[3]. D'où la compagnie de Thivencelles concluait que la concession de 1749 avait laissé intacts et le bois du roi et la concession de 1717, par conséquent la partie du territoire de Condé dite les Audenardes[4], située en amont de Condé; et que dès lors

---

[1] Aussi même pour les concessions dont le titre semblait révocable *ad nutum*, ou pour celles dont les terrains n'étaient pas exploités, le conseil ne se déterminait pas facilement à substituer un nouveau titulaire au concessionnaire primitif; voy. ma première consult., p. 384 et suiv., et *passim*; ma seconde consult., p. 489 et 490 et le rapport de M. Garnier, p. 150.

[2] Dans cette requête, il expose « que les charbons de terre, dont l'extraction se fait aux environs de Valenciennes, par J. Désandrouin et Cie, subrogés à N. Désaubois et ses associés en *vertu des concessions que S. M. leur a accordées*, ne suffisant pas pour la consommation de ses sujets, on est obligé d'en tirer beaucoup de l'étranger. » Puis après la demande de concession, M. de Croy supplie le roi de « lui octroyer les exemptions et remises de droit qui ont été accordées aux entrepreneurs des mines de charbon de terre ouvertes près Condé et Valenciennes, par arrêt et lettres patentes des 8 mai et 4 août 1717 et autres arrêts rendus en conséquence. » Voy. ma première consultation, p. 644 et 645.

[3] Voy. ma seconde consultation, p. 476, note 1.

[4] Cette portion du territoire de Condé avait été, disait encore la compagnie de Thivencelles, si peu comprise dans la concession de 1749, qu'elle fut après l'expiration du privilége de M. Désandrouin, concédée à Joseph Martho avec d'autres terrains, par l'arrêt du conseil du 16 septembre 1770. Voy. cet arrêt et celui du 3 juin 1773 qui le modifie, dans ma première

la portion de la commune de Condé qui restait libre après la concession de 1749 était celle comprise entre le Hainaut autrichien, la Haine et une ligne partant de la concession de 1717 et allant aboutir à l'extrémité du bois du roi[1]. Nous savons que le conseil d'État, dont nous respectons la décision souveraine, a, par son avis des 18, 19 et 20 août 1848, décidé que l'arrêt du 14 octobre 1749 devait être entendu en ce sens que les terres comprises dans la concession étaient celles situées sur la rive droite de l'Escaut, sans distinguer entre les terres sises en amont de Condé et celles qui sont situées au delà de Condé; mais, comme après tout cette question n'était soulevée par la compagnie de Thivencelles que pour faire exclure la seigneurie gagère de la concession de 1749; comme le point de savoir à qui appartenait à cette époque la justice de cette seigneurie, a été réservé par le conseil d'État; et, comme d'un autre côté les Audenardes et le bois du roi faisaient partie de la seigneurie gagère, il en résulte qu'en reconnaissant au roi la propriété de la justice de cette seigneurie, les tribunaux exécuteront, sans porter atteinte à la décision du conseil d'État, la pensée qui a présidé à l'arrêt rédigé par d'Aguesseau, pensée qui peut se traduire sous cette double forme : laisser intacte la seigneurie gagère, pour ne pas comprendre dans la concession un bois du domaine et un terrain antérieurement concédé ; ou bien, laisser intacts ce bois et ce terrain, en ne touchant pas à la seigneurie gagère, dont ils dépendent. Or, cette dernière question a été complétement réservée aux tribunaux par l'avis du conseil d'État précité.

Si, d'ailleurs, l'arrêt de 1749 avait porté sur tout le territoire de Condé, nul doute que cette circonscription si facile

consult., p. 635 et suiv.; voy. aussi le rapport de M. Garnier, p. 143 et suiv.; et le mémoire de M. Daverne, du 25 juin 1844, auquel il renvoie.

[1] Voy. le plan annexé à ma seconde consultation.

à préciser ne l'eût été en d'autres termes que ceux que l'arrêt a employés. Ainsi les concessions de Raismes, dans le Hainaut, de Saint-Aubin-de-Luigné, Chalonnes et Chaudefond en Anjou, de Saint-Georges, Chatelaison et Concourson dans la même province, reçoivent-elles pour limites celles des *paroisses* mêmes des villages dont elles prennent les noms[1] et lorsqu'on accorde à M. de Croy, en 1751, la concession d'Hergnies[2], dont il était seigneur, on lui permet « de faire fouiller et exploiter exclusivement à toutes personnes les mines de charbon de terre qu'il a découvertes et celles qu'il pourra découvrir par la suite dans *tout le territoire d'Hergnies*. » On se fût exprimé de la même manière en 1749, si l'on eût voulu accorder à M. de Croy la concession de la totalité du territoire de Condé. Ces deux arrêts rapprochés l'un de l'autre s'éclairent mutuellement. L'arrêt de 1751 accorde la concession du *territoire d'un village*; celui de 1749 accorde la concession des *terres d'un seigneur*, mots différents, choses différentes. La question de droits antérieurs du requérant sur le terrain concédé est insignifiante lorsqu'il s'agit d'Hergnies; elle est capitale lorsqu'il s'agit de Condé. Là, le périmètre de la concession est déterminé par l'étendue d'une commune ou, si l'on veut, d'une paroisse; ici par l'étendue des *terres* d'une personne, c'est-à-dire suivant le sens désormais fixé de ce mot, par l'étendue du territoire de la haute justice dont cette personne est *propriétaire*. Et voilà pourquoi précisément le conseil d'État par son avis précité a prononcé sur le territoire d'Hergnies (que d'ailleurs la compagnie de Thivencelles ne disputait pas à la compagnie d'Anzin) et qu'il a renvoyé devant le juge compétent l'examen de la question de savoir, qui, en 1749, était propriétaire de la justice de Condé.

[1] Voy. ma première consultation, p. 646, 682 et 689.
[2] Voy. *ibid.*, p. 631 et 632.

Ainsi donc, comme nous l'avons dit, l'on ne doit pas être disposé à admettre avec la compagnie d'Anzin que tout le territoire de la commune de Condé a été concédé à M. de Croy, soit qu'on consulte les faits, soit que l'on interroge les documents produits par la compagnie d'Anzin elle-même à d'autres époques, soit que l'on ait recours aux termes de l'arrêt de 1749, soit qu'on rapproche ces termes de ceux d'autres arrêts de concession, et notamment de ceux de l'arrêt de 1751, qui concerne aussi M. de Croy.

Mais il ne nous convient pas de rester dans ces termes généraux, l'objection contenue dans le passage de l'arrêt de la cour de Douai précité, sollicite une réponse directe et plus précise. Nous allons la faire:

L'objection condensée se réduit à ceci: Dans les requêtes de 1704 et de 1749, M. de Croy prenait la qualité de seigneur haut justicier de Condé, et le roi ou son conseil ne protestait pas contre cette qualité, donc il la reconnaissait.

Nous nous occuperons spécialement de ce qui se passa en 1704, lorsque nous traiterons la question du bois du roi; mais dès à présent nous pouvons montrer que les expressions de la requête du duc de Croy, à cette époque, ne pouvaient avoir la signification qu'on leur attribue. En effet, avant le partage, la forêt de Condé appartenait par indivis au roi pour un quart, et au duc de Croy pour les trois autres quarts. Or, de deux choses l'une: ou bien à ce domaine indivis une haute justice était annexée ou non. Dans la première hypothèse chacun des copropriétaires indivis avait dans la justice, dans ses charges et ses profits la même part que dans le domaine; dans la seconde hypothèse comment soutenir que M. de Croy avait, en 1749, la haute justice de tout le territoire de Condé ?

2° L'argument que l'arrêt tire de la requête de 1749 ne prouve rien parce qu'il prouverait trop; cet argument consiste à supposer qu'en se disant seigneur de Condé M. de

Croy entendait se dire propriétaire des deux seigneuries et que, par conséquent, soit dans sa requête, soit dans l'arrêt, le mot *ses terres* s'entend de tout le territoire de Condé. On le voit l'arrêt procède par pétition de principes : il pose en fait précisément ce qui est en question.

3° Pourquoi d'ailleurs tant se préoccuper des requêtes du duc de Croy, et de ce qu'il a dit ou de ce qu'il n'a pas dit dans ces requêtes? Les requêtes des parties ne sont aux arrêts du conseil que ce que sont aux jugements des tribunaux les conclusions des plaideurs ; les unes et les autres ne libellent que des prétentions, le dispositif seul de l'arrêt ou du jugement formule des droits. Et bien que toute décision judiciaire doive être motivée; bien que dès lors, les motifs d'un jugement semblent faire partie de sa substance, la Cour suprême a néanmoins constamment décidé que les motifs d'un jugement ou d'un arrêt ne donnent pas ouverture à cassation ; que les motifs ne constituent pas le jugement ; *qu'ils ne sont autre chose que des raisonnements et des opinions n'ordonnant rien, ne jugeant rien, et conséquemment ne disposant de rien*; que dès lors le jugement est tout entier dans le dispositif[1]. Les doctrines du conseil des mines sont sur ce point conformes à celles de la magistrature. Ainsi, dans ses réponses aux observations qui lui étaient adressées par le ministre de l'intérieur le 12 brumaire an XIV, il s'exprimait ainsi : « Il ne faut point...... s'arrêter *aux qualités prises alors par M. de Croy*, ni à la manière dont il a présenté sa demande,.... mais c'est au dispositif de cet arrêt qu'il faut

---

[1] Tels sont les motifs d'après lesquels la Cour de cassation rejeta le pourvoi de Forbin-Janson, dans une espèce très-favorable, le 29 janvier 1824. Voy. aussi dans le même sens son arrêt du 4 germinal an XIII, rapporté dans le *Répert.* de Merlin, v° *Contradiction*, et les arrêts des 29 janvier et 5 juin 1821, 29 mars 1828, 21 décembre 1830, 30 août 1832, 9 avril 1839, etc.

se fixer... *si on ne se tenait pas au texte des arrêts, et que l'on se permît d'y comprendre les prétentions des demandeurs, parce qu'elles auraient été consignées dans le préambule de l'arrêt*, ON TOMBERAIT DANS UN DÉDALE INEXTRICABLE. »

4° Veut-on la preuve du peu de cas qu'on doit faire des allégués ou des prétentions qui se trouvent insérés dans les requêtes? Nous la trouverons dans celle même qui précède l'arrêt du 14 octobre 1749. Le duc de Croy soutient, dans cette requête, que le règlement du 14 janvier 1744 n'a pas abrogé les articles 1 et 2 du chapitre cxxx des Chartes générales du Hainaut, qui donnaient au seigneur haut justicier *l'avoir en terre non extrayé*, c'est-à-dire, entre autres choses, le charbon enfoui dans les terres de sa juridiction. Or, rien n'est plus faux, et sans revenir sur une thèse épuisée[1], nous démontrerons en peu de mots que non-seulement le règlement de 1744 avait pour objet l'abrogation des articles 1 et 2 du chapitre cxxx des Chartes générales de Hainaut, mais encore que c'était son unique objet[2].

De toutes les coutumes qui ont pris place dans la volu-

---

[1] Voy. les paragraphes 4 et 5 de ma première consultation.

[2] L'avis du conseil d'État, des 18, 19 et 20 août 1848, n'a pas contredit cette opinion en disant : « que la permission sollicitée par le duc de Croy, *conformément aux prescriptions du règlement du 14 janvier 1744*, à l'effet d'extraire du charbon de ses terres de Condé et Vieux-Condé, a été sollicitée par lui en sa qualité de haut justicier, et *en raison du droit de préférence* que lui donnaient les coutumes sur les terres soumises à son droit de haute justice; qu'elle lui a été accordée par l'arrêt du 14 octobre 1749 en cette qualité. »

On voit que loin de nier l'exécution de l'arrêt de 1744, dans le Hainaut, le conseil d'État la constate; que, loin de nier l'abrogation des articles 1 et 2 du chapitre cxxx des Chartes, par ledit règlement, il la constate aussi en reconnaissant que le *droit de propriété* que les Chartes attribuaient aux seigneurs hauts justiciers s'était transformé depuis le règlement en un *droit de préférence;* en un mot le conseil d'État ne dit qu'une chose, c'est que la qualité de haut justicier a pu être prise en considération par le conseil du roi, en 1749, pour accorder une concession; et c'est ce que dit aussi un arrêt de la cour d'Angers, dont nous allons nous prévaloir;

mineuse collection de Bourdot de Richebourg, trois seulement attribuaient aux seigneurs des droits sur les mines: ce sont celles du Maine, de l'Anjou et du Hainaut (les Chartes générales); et comme le règlement de 1744 ne s'applique qu'aux mines de charbon, si le droit des seigneurs du Maine et de l'Anjou ne s'étendait pas aux mines de cette nature, par une conséquence inévitable, on sera forcé de reconnaître que les seigneurs hauts justiciers du Hainaut pouvaient seuls être atteints par l'article 1 de ce règlement et que c'était pour eux uniquement que cet article avait été jugé nécessaire.

Eh-bien! ce que nous supposons quant aux droits des seigneurs de l'Anjou, ou plutôt quant à l'absence de ces droits relativement aux mines de charbon, c'est précisément ce qui a été reconnu par deux arrêts fortement motivés, l'un de la cour d'Angers, du 5 mars 1831, l'autre de la chambre des requêtes de la Cour de cassation, du 15 mai 1833 [1].

mais le conseil d'État paraît d'un autre côté très-clairement reconnaître que l'ancien conseil du roi aurait pu ne pas prendre cette qualité en considération; en un mot, sa pensée semble être celle que M. l'ingénieur en chef Garnier exprimait en ces termes devant le conseil des mines, dans son rapport du 19 octobre 1844 (p. 147) : « Si l'on consulte les différents actes d'après lesquels ont été instituées des concessions de mines dans le Hainaut français, on reconnaîtra que les droits des seigneurs hauts justiciers n'ont pas à beaucoup près été maintenus dans toute leur étendue : tantôt on n'accordait auxdits seigneurs, que pendant un temps limité, le droit d'extraire des mines; tantôt on circonscrivait les concessions dans des limites beaucoup moins étendues que celles du territoire sur lequel les seigneurs avaient droit de haute justice; tantôt aussi on n'octroyait de permissions que pour les mettre à profit, après que les priviléges précédemment accordés sur tout ou partie des terres des hauts justiciers seraient expirés; et certes il fallait que le droit auquel ils prétendaient eût été profondément modifié, pour que les ordonnances des rois, portant permission de rechercher et d'extraire des mines de houille, continssent des dispositions que le droit régalien pouvait seul rendre légales. »

[1] Ces deux arrêts se trouvent dans Sirey, 31, 2, 193 et 33, 1, 363. Voy. aussi ma première consultation, p. 262 et suiv.

Donc, d'après cette jurisprudence, nous pouvons dire que le règlement de 1744 avait eu exclusivement le Hainaut pour objet. Aussi avait-on pris grand soin de le faire publier et afficher à Valenciennes[1], et M. de Croy ignorait si peu d'ailleurs la portée de ce règlement, qu'alors qu'il était en projet, il combattait dans des mémoires une mesure qui *alarmait cruellement tous les seigneurs*. « Cependant, dit un contemporain, malgré les égards que méritent son nom et son rang, on ne trouve pas sa réclamation fondée; les hauts justiciers du Hainaut ne furent point exceptés de la prohibition générale; l'arrêt du 14 janvier 1744 devint la loi de cette province, comme celle de tout le royaume[2]. »

Ce que disait M. Désandrouin, ce que disait son avocat en 1756[3], le conseil des mines n'a jamais cessé de le dire. Il a toujours tenu pour constant que les articles 1 et 2 du chapitre cxxx des Chartes du Hainaut avaient été abrogés par le règlement de 1744.

C'est ce que reconnaissaient unanimement les membres de ce conseil, en 1805, bien que divisés sur d'autres points dans le procès de la compagnie Lasalle contre la compagnie d'Anzin; et cet avis a d'autant plus de poids, que les ingénieurs qui le donnaient avaient tous exercé leurs fonctions sous l'empire de la législation ancienne, et qu'ils en étaient, pour ainsi dire, la tradition vivante.

« Il est certain, disait M. Gillet-Laumond, qu'il (M. de Croy) a pris dans l'arrêt le titre de haut justicier, et qu'il en jouissait sur Hergnies; il est certain que ce n'était pas en vertu de ce titre, quand il l'aurait possédé seul, qu'il au-

---

[1] Voy. la consultation précitée, p. 259.
[2] Voy. *ibid.*, p. 258.
[3] « Les hauts justiciers de ce ressort n'ont point de prérogatives qui les exemptent du droit commun de la France. » Voy. *ibid.*, p. 667.

rait pu exploiter, puisque *ses droits étaient* DEVENUS INVALIDES par l'arrêt de 1744. »

« J'ajouterai de plus, disait M. Lelièvre, que le titre de haut justicier ne doit pas être pris en considération dans cette affaire pour les mines. *Ce titre a été* ANNULÉ *par l'arrêt de* 1744, qui veut que les hauts justiciers demandent au souverain la permission d'exploiter, en indiquant les terrains sur lesquels ils veulent porter leurs travaux. »

« Je ne m'arrête pas, disait de son côté M. Lefèvre d'Helloncour aux autres points de discussion que présente cette affaire. Celui relatif aux seigneurs hauts justiciers du Hainaut ne me paraît que très-accessoire, puisque *ces droits étaient* ANÉANTIS par l'arrêt de 1744. »

Dans l'avis collectif du conseil des mines adressé au ministre de l'intérieur, il est aussi reconnu que ce n'est pas dans les Chartes du Hainaut, mais dans l'arrêt de règlement du 14 janvier 1744 qu'il faut chercher les éléments de décision : « Tous les priviléges, y est-il dit, tous les droits que donnaient à l'exploitation des mines, soit la qualité de propriétaire, soit les titres honorifiques, *ont été* PARALYSÉS par cet arrêt. »

Le conseil des mines a persisté dans cette opinion, et M. Garnier, en 1844[1], s'en référait à ce que disaient, en 1805, MM. Gillet-Laumond, Lelièvre et Lefebvre d'Helloncour : « Je pense qu'en principe, disait-il, le droit régalien n'était nullement subordonné aux prérogatives dont prétendaient toujours jouir, et en vertu des Chartes du Hainaut, les seigneurs hauts justiciers; et que l'on ne peut hésiter à admettre l'opinion qu'ont exprimée, sur cette question, les membres de l'ancien conseil des mines, lors de l'examen de l'affaire Lassalle et compagnie. »

[1] Voy. son rapport, p. 147 et suiv.

A l'appui de cette thèse, qui n'aurait pas dû être controversée, M. Garnier cite un document nouveau et qu'il considère comme fort important, c'est un avis du comité du commerce qui fut consulté en 1756, sur la demande de concession de M. de Croy pour ses terres de Fresnes et de Breuil[1]. Cette demande ne devait avoir de résultat, d'après la requête même, qu'après l'expiration du privilége de M. Désandrouin, en 1760, preuve nouvelle que les hauts justiciers se soumettaient au règlement de 1744, et respectaient les concessions accordées à des tiers sur leurs seigneuries en vertu du droit régalien. Toutefois le rapporteur ne voulait pas que, même après 1760, on accordât une concession à M. de Croy sans une renonciation de M. Désandrouin *au renouvellement* de son privilége, scrupule exagéré peut-être, mais qui démontrait du moins à l'évidence combien on était peu disposé à méconnaître la maxime : *concession sur concession ne vaut*. Le rapporteur[2] faisait en outre remarquer « que si on accordait aux seigneurs tout ce qu'ils demandent et demanderont, ce serait approuver tacitement plusieurs articles de la coutume de la province du Hainaut, rédigés sous Henri IV, auxquels le roi a dérogé par arrêt du 14 janvier 1744, comme à tout autre règlement précédent sur l'exploitation des mines de charbon. » Le comité du commerce ne partagea pas l'avis du rapporteur en ce qui concernait la préférence à accorder à M. Désandrouin sur M. de Croy, *après* l'expiration du privilége du premier, mais à l'égard de l'abrogation des Chartes du Hainaut, et de la nécessité de *faire sentir* cette abrogation à

---

[1] Il paraît qu'en 1768 encore, le conseil des dépêches rendait un arrêt conforme à l'opinion du conseil des mines et à celle du conseil du commerce (voy. ma première consultation, p. 696 et 697).

[2] M. Hellot, membre de l'Académie des sciences et traducteur de l'ouvrage de Schlutter, *De la fonte des Mines,* etc.

M. de Croy, le conseil adopta l'opinion de son rapporteur. Il s'exprimait ainsi : « Les députés pensent comme M. Hellot, que les concessions d'exploiter les mines de charbon *sont de pures grâces du souverain*, et que si le conseil (du roi) se porte à l'accorder à M. de Croy, *ce ne doit être que pour un temps limité* pour lui ou pour ses ayants cause, *en observant ce qui est prescrit par ledit règlement*, et non pour un temps indéfini, comme il semble qu'il le demande pour lui et ses hoirs. »

Et que fait le conseil du roi? précisément ce à quoi le comité du commerce a conclu. Il accorde la concession de Fresnes à M. de Croy, mais bien entendu sous condition de n'extraire aucun charbon des mines de Fresnes comprises dans la concession du sieur Désandrouin, jusqu'au 1ᵉʳ juillet 1760, jour que doit finir ladite concession. Et cette concession il ne l'accorde que *pendant l'espace de trente années* et aussi *à la charge par le concessionnaire et ses hoirs ou ayants cause de se conformer, pour ladite exploitation, aux dispositions du règlement du 14 janvier 1744*[1].

On voit clairement, d'après cela, ce qu'on doit croire de la valeur de la prétention exprimée par M. de Croy dans sa requête de 1749; l'on sait maintenant si, comme il le disait, il n'avait pas été dérogé aux articles 1 et 2 du chapitre cxxx des Chartes générales du Hainaut, par l'arrêt de règlement du 14 janvier 1744.

5° Mais il ne nous suffit pas d'avoir prouvé qu'il ne faut pas s'arrêter aux allégués des parties dans leurs requêtes et aux qualités qu'elles y prennent, nous voulons prouver, en outre, que dans l'espèce les qualités prises par M. de Croy, en 1704 et en 1749, ne pouvaient en aucune façon préjudicier aux droits du roi.

[1] Voy. cet arrêt de concession dans ma première consultation, p. 633 et 634.

Dans la consultation de M. Dolez, précitée, on a insisté avec une certaine complaisance sur cette idée que le traité de Nimègue n'avait pu rétroagir, et que les seules terres qu'il avait pu placer sous l'égide de l'inaliénabilité du domaine de la couronne c'étaient celles-là seulement qui, avant 1678, n'avaient pas été atteintes par une aliénation alors licite, par une prescription alors permise. Pour établir cette thèse, M. Dolez a cité Merlin, Dunod, le conseiller Tielemans, auteur d'un *Répertoire de droit administratif*, et les dispositions de l'article 37 du décret du 22 novembre-1er décembre 1790[1].

Ces citations étaient inutiles, car ce point de droit n'a jamais été contesté par la compagnie de Thivencelles, elle a toujours cru avec M. Merlin « qu'il ne faut point d'autorités ni d'exemples pour appuyer une vérité qui tient de si près au droit naturel et à l'essence des lois[2], » mais avec M. Merlin (*loc. cit.*), elle croit aussi *qu'au moment où une province est réunie à la couronne, ce qui appartenait à l'ancien souverain devient inaliénable comme le domaine royal dans lequel il se confond.*

Donc, pour que l'on pût arguer contre le roi d'une reconnaissance tacite du titre de seigneur de Condé que prenait M. de Croy, il aurait fallu se reporter à une époque où cette reconnaissance eût pu être préjudiciable aux droits du roi, parce qu'ils auraient, dans le système des adversaires, été susceptibles d'être atteints par la prescription;

---

[1] Consultation de M. Dolez, p. 15 et 16.
[2] Seulement nous verrons dans le paragraphe suivant, qu'indépendamment du caractère précaire du contrat passé en 1529, entre François Ier et Charles-Quint, la faculté de rachat perpétuel stipulée dans le traité de Cambrai eût frappé d'inaliénabilité et d'imprescriptibilité les biens qu'elle concernait. Mais on le comprend, cette inaliénabilité ne résulterait pas alors de la rétroactivité du traité de Nimègue, mais de l'exécution du traité de Cambrai.

donc il aurait fallu citer des faits antérieurs à 1678; donc ce qui se passait en 1704 et en 1749 est complétement indifférent.

Nous ne dirons pas que M. de Croy pouvait prendre le titre de seigneur de Condé, sans porter atteinte aux droits du roi, parce que s'il n'était pas seigneur de tout le territoire de Condé, il était cependant seigneur de Condé, en ce sens, qu'il était propriétaire de la seigneurie de Bailleul, qui avait un droit indivis à la haute justice de Condé, à l'encontre de la seigneurie gagère ou du château.

Cette explication ne serait que subtile. Voici la véritable :

Le seigneur haut justicier pouvait seul prendre indéfiniment *sine addito*, comme dit Guyot, le titre de seigneur d'une paroisse ou d'un village; seul il avait droit aux honneurs de l'église avec le patron. Loyseau (*des Seigneuries*, ch. xi, § 3) attribuait la qualité de seigneur du village à celui dont la justice s'étendait sur la plus grande partie du territoire de ce village. Il l'attribuait même (*ibid.*, § 10) au simple seigneur de fief, qui était dans l'usage de se qualifier seigneur de village, lorsque aucun autre ne prenait la même qualité, et qu'il était seigneur féodal de la majeure partie de ce même village[1]. Maréchal (dans son *Traité des droits honorifiques*, ch. i, § 42) attachait la qualité de seigneur d'un village, tantôt au nom du fief, tantôt à son étendue comparée à celle des fiefs adjacents, sans exiger que ce fief s'étendît jusque sur le sol de l'église[2]. Mais de Roye (dans son traité *de Juribus honorificis in ecclesia*, lib. II, c. ix) attribuait la qualité de seigneur à celui qui avait la haute justice du sol même de l'église;

---

[1] Voy. Hervé, t. IV, p. 447.
[2] *Id. ibid.*, p. 447 à 448.

Chassanée[1] donnait aussi le titre de seigneur d'un lieu à celui qui en avait la justice ; Simon[2], Mornac[3] et Salvaing[4] n'accordaient qu'au haut justicier *seul* ce titre. Guyot[5] et Hervé[6], adoptant cette opinion, soutenaient que le seigneur qui avait la haute justice de l'église pouvait seul se dire indéfiniment et sans restriction seigneur du village ou de la paroisse, et cette doctrine, consacrée par quatorze arrêts cités par ces auteurs[7], était adoptée à la fois par les parlements des pays de droit écrit et par ceux des pays de coutume[8].

Toutefois la qualification de seigneur de telle ville ou de tel village, *sine addito,* ne pouvait être prise par celui qui n'avait qu'un droit partiel et indivis à cette seigneurie, de même qu'il ne pouvait s'emparer, au préjudice de ses co-seigneurs, des honneurs de l'église. « Le copropriétaire de la haute justice de l'église, dit Hervé (t. IV, p. 467), peut seul se dire seigneur *en partie* du village ou de la paroisse; et chacun des copropriétaires peut également se dire seigneur *en partie.* »

« Lorsque, dit M. Henrion de Pansey[9] la justice du territoire ou du sol de l'église appartient indivisément à plusieurs, les honneurs se partagent, et chaque seigneur en jouit pendant un temps proportionnel à sa haute justice.

---

[1] Sur la cout. de Bourgogne, au tit. *des Justices,* § 1, v[is] *Haut justicier.*

[2] *Du droit de patronage,* tit. XVI, § 21.

[3] Sur la loi 1re, au Cod. *de officio præfect. urb.*

[4] *De l'usage des fiefs,* ch. LVI.

[5] *Observations sur les droits des patrons et des seigneurs de paroisse aux honneurs dans l'église,* ch. III, n° 20.

[6] T. IV, p. 451 et suiv.

[7] Guyot, ch. III, n° 4 ; Hervé, p. 453 et suiv.

[8] Guyot, p. 78 et suiv., indique des arrêts des parlements du Dauphiné, de Provence, de Toulouse, de Bordeaux et de Rouen, qui adoptent cette doctrine, et il cite Salvaing, Basset, Bouiface, La Roche-Flavin, Graverol, de Cambolas, de Catelan, de Fréminville, La Peyrère et Basnage, qui rapportent ces arrêts.

[9] *Dissertations féodales,* t. I, p. 580.

Ainsi réglé par plusieurs jugements, notamment par un arrêt recueilli par M. Danty dans ses observations, et par Brodeau, dans ses notes sur M. Louet, let. F, n° 31. »

Maréchal (dans son *Traité des droits honorifiques*, ch. 1) rapporte aussi plusieurs arrêts dans le même sens.

Mais lorsque, comme à Condé en 1704 et 1749, la haute justice du lieu appartenait par indivis au roi et à un autre seigneur, ce dernier prenait souvent la qualité de seigneur *sine addito*. Il y a plus : on ne s'opposait pas, vu l'imprescriptibilité des droits du roi, à ce que cette qualité fût prise par les moyens et bas justiciers, et même par les simples possesseurs de fiefs, là où la haute justice appartenait exclusivement au roi. C'est ce que nous attestent différents auteurs, entre autres Maréchal, Guyot, Basset et Hervé. Voici ce que dit ce dernier à cet égard [1] :

« Quoique à la rigueur, le haut justicier du sol de l'église ait seul le droit de se dire seigneur de la paroisse ou du village, on permet quelquefois aux moyens et bas justiciers, ou aux simples seigneurs de fiefs dont la mouvance circonscrit l'église, de prendre cette qualité lorsqu'il n'y a pas d'autre haut justicier que le roi. Cette tolérance est sans conséquence, parce qu'aucune possession ne peut préjudicier aux droits du roi. Guyot (p. 128) atteste qu'en 1740, il a vu la preuve que tous les seigneurs moyens ou bas justiciers du comté de Chaumont en Vexin, dont le roi a la haute justice partout, étaient dans une possession plus qu'immémoriale de se qualifier seigneurs de leurs paroisses. Basset atteste aussi qu'en Dauphiné, les moyens et les bas justiciers prennent le titre de *seigneur du village*, et il en donne pour raison que, dans cette province, il y a peu de terres dont la haute justice n'appartienne au roi. (Voyez

---

Théorie des matières féodales, t. IV, p. 465, 466.

encore Guyot, p. 80 ; voyez aussi Maréchal, ch. 1, § 38, qui assure qu'on a la même tolérance pour le seigneur du fief sur lequel l'église est située.) »

Ainsi donc, les qualités prises par M. de Croy, dans les requêtes de 1704 et de 1749, sont complétement insignifiantes, soit qu'on les examine par rapport au droit de celui qui les prend, soit qu'on les pose en regard du droit de celui qui les laisse prendre.

Donc, il reste démontré que la possession de Condé, que le roi avait acquise par Charles-Quint, en exécution du traité de Cambrai, et par suite des actes d'échange et d'engagement de 1529 n'a pas été contredite, et que dès lors elle s'est perpétuée jusqu'en 1749 et au delà.

Reste à apprécier la conséquence de cette possession, et le rôle que jouaient les *œuvres de loi*, les actes de *déshéritance* et d'*adhéritance* dans les pays dits de nantissement et spécialement dans le Hainaut.

Disons tout d'abord qu'on a attaché à ces formalités beaucoup plus d'importance qu'elles n'en avaient réellement.

Ainsi le tribunal de Valenciennes, dans son jugement du 30 mars 1849, paraît croire qu'elles étaient *impérieusement exigées*, et *à peine de nullité* pour que la transmission de propriété s'opérât. Il dit qu'on les regardait en Hainaut, et surtout sous la coutume de Valenciennes, comme *tenant à l'ordre public*. Il ne se contente pas de citer l'article 1er du chapitre XCIV des Chartes générales, il cite encore l'article 50 de la coutume de Valenciennes, qui exige que l'acquéreur procède personnellement[1] aux œuvres de loi. Il ne se borne

---

[1] Exceptionnellement en effet, à Valenciennes, les œuvres de loi ne pouvaient être faites par procureur, sauf le cas d'empêchement provenant de maladie, d'absence, etc. Cela résulte, non de l'art. 50 de la coutume, cité par le tribunal, mais de l'art. 68.

Les mainfermes régies par la coutume de Mons ne pouvaient non plus être adhéritées par procureur avant le décret du 20 mars 1606 (voy. Rapas à dire qu'en Hainaut François Ier, étant en dehors de son royaume, devait se soumettre à ces formalités, il ajoute que Charles-Quint lui-même, malgré sa souveraineté, y était soumis.

Il y a là bien des erreurs.

Et d'abord la coutume de Valenciennes ne dit pas que l'acte de transmission sera nul s'il n'est pas accompagné d'œuvres de loi ; il dit, ce qui est bien différent, que les œuvres de loi seront nulles si elles ne sont pas faites dans la forme qu'il indique : « Les devoirs de déshéritances et adhéritances de tout bien immeuble se devront faire en notre ville de Valenciennes, par-devant sept échevins et nostre mayeur, ou son establi, et au chef-lieu d'icelle par-devant le mayeur ou son lieutenant et quatre eschevins, à peine de nullité. »

De plus, la coutume de Valenciennes n'a que faire ici

---

parlier, t. I, p. 431); mais quant aux fiefs, ils étaient régis par l'art. 1, du ch. CIII des Chartes, ainsi conçu : « Les reliefs et les déshéritances de fiefs devront se faire en personne *ou par procureur.* »

Cet article assimile avec raison ici les déshéritances aux reliefs, parce que les uns et les autres avaient également pour objet, sous une forme différente, la reconnaissance de la vassalité. Et à cette occasion nous ferons remarquer, que les actes de relief des 25 octobre 1593 et 8 janvier 1671, relatifs à la seigneurie gagère sont faits par procureur; le procureur qui figure dans le premier de ces actes est un sieur Plumet; dans le second, M. de Croy est représenté par Adrien Marin, commissaire de la cour à Mons.

La coutume de Cambrai (tit. v, art. 3) était encore plus rigoureuse que la coutume de Valenciennes, car sauf pour les communautés, collèges ou couvents, elle n'admettait pas d'exception à la nécessité de faire en personne les œuvres de loi; aussi par son arrêt du 28 mars 1696, le parlement de Flandre jugea-t-il que, sous l'empire de cette coutume on ne pouvait, même en cas de maladie mortelle, se faire remplacer dans l'accomplissement des œuvres de loi. Cet arrêt, que M. Dolez (p. 10), a cru à tort s'appliquer au Hainaut, est rapporté par Pollet, part. II, n° 44.

Mais de droit commun, les devoirs de loi pouvaient, comme sous l'empire des Chartes, se faire par procureurs (voy. M. Britz, *loc. cit.*, p. 907).

puisqu'il s'agit d'un fief, et que les fiefs étaient régis, non par la coutume, mais par les Chartes générales[1].

Charles-Quint fut adhérité comme engagiste de la terre de Condé, en 1529. L'acte du 26 août 1531 le constate, et il est vrai encore qu'il est question dans le traité de Cambrai des œuvres de loi qui devront intervenir en exécution de ce traité; mais est-ce à dire que le souverain fût astreint à ces formalités, soit en France, soit dans les Pays-Bas?

Suivant M. Dolez (p. 6 et 7), il y aurait une distinction à faire entre les actes d'acquisition et les actes de vente du prince; ceux-ci pourraient être dispensés des devoirs de loi, ceux-là non; « car, dit-il, si le prince pouvait attribuer l'effet de la réalisation à la seule expression de sa volonté en ce qui concerne les biens qui lui appartiennent, et qu'il voulait transférer à d'autres, c'était en vertu de fictions puisées dans sa qualité de souverain, fictions qui ne peuvent s'appliquer aux actes de vente faits par des tiers, même en faveur du souverain. »

Nous n'aurons pas de peine à prouver que la distinction proposée ne doit pas être admise, et qu'elle a pour base des notions complétement fausses sur la nature et la cause des œuvres de loi.

Disons d'abord en quoi elles consistaient :

« Lorsque deux parties voulaient traiter sur un bien, elles comparaissaient devant la justice; celle qui voulait opérer le transport déclarait s'en dessaisir, s'en déshériter, s'en déposséder au profit de l'autre qui en était alors *vétue* [2] *ad-*

---

[1] Nous renvoyons de nouveau à ce que disent à cet égard Merlin, Raparlier, etc. : en nous contentant d'ajouter qu'il est assez singulier que le tribunal de Valenciennes soit tombé dans une erreur que les conseils de la compagnie d'Anzin n'avaient pas commise. Voy. ma première consultation, page 390 et ma seconde consultation, page 654, en note.

[2] « De *werpir*, *werpen* (jeter), *vestire*, c'est-à-dire jeter le symbole dans le giron de l'acquéreur. »

héritée, *saisie* par les juges. Une cérémonie symbolique accompagnait cette transmission. Le vendeur ou cessionnaire remettait à la justice une brique, un gazon [1], une bûchette [2], un petit baston [3], un *buisset de bois* [4], un gant, des croix, un tuyau de blé [5], ou autre objet, selon la nature du bien, et l'acquéreur recevait le symbole des mains du justicier [6]...

« Il est à remarquer que cette formalité ne consistait pas dans une transmission immédiate de la chose à l'acquéreur, mais dans une espèce de consignation entre les mains d'un tiers, le juge, qui, par un *jugement public*, une *condamnation volontaire*, la remettait à l'acquéreur. Il y avait donc tradition ou prise de possession, non de fait ou réelle comme en droit romain [7], mais judiciaire [8], ce qui donnait la *saisine de droit* de l'immeuble (le droit réel);

---

[1] « Per *herbam et cespitem*, par une poignée d'herbe et un gazon, dit la formule 43 de l'appendice de Marculfe. »

[2] « A Bouillon. » (Cout., ch. XIV, art. 6.)

[3] « A Chimay. » (Cout., VIII, 4.) En Hainaut c'était aussi *par rain et baston* que se faisait la tradition symbolique (voy. *Glos*. de Laurière, t. II, p. 270 et suivantes; Brodeau, sur la coutume de Paris, t. I, p. 625, et Galland, *Du franc alleu*, p. 328 et 329).

[4] « Dit encore la coutume de Chimay, *loc. cit.* »

[5] « Le vassal est deswesti et mis hors de souche en pleine cour, par le jet d'un festu ou d'autres tuyaux de blés hors de ses mains, et avec les termes qui sont à ce requis, mettant le fief purement et absolument dans les mains du seigneur, afin qu'il soit donné par lui à l'acquéreur, à celui qui le réclame ou à autre à qui il appartient. » (Wielant, *de Feudis*, c. XXXIV.)

[6] « Celui qui livrait la chose *déguerpissait* la propriété, celui qui la recevait avait la *main garnie* (lex Baj. XVII, 2).

« La bûchette était remise en main de l'acheteur en forme de saisissement, solennité qui héritera l'acheteur, dit la coutume de Munau. »

[7] « Ce qui porte les auteurs, qui méconnaissent l'élément germanique de notre droit, à dire que l'adoption de ces formules était un progrès, attendu qu'originairement la possession était le seul signe auquel on distinguait celui qui avait droit sur une chose. »

[8] « Du fait que les juges sont les ministres de la loi, dérive la dénomination d'*œuvres de loi*. »

ainsi, aussi longtemps que la *tradition judiciaire* n'avait pas lieu, la *saisine de droit* restait entre les mains de l'ancien acquéreur, et le nouvel acquéreur n'avait encore que la *saisine vide*[1]. »

Et quel était le sens de ces actes symboliques? Le même auteur nous le dit : « Les seigneurs étant autrefois propriétaires de tous les héritages sur lesquels s'étendait leur autorité, cette dépendance où était l'immeuble forçait de recourir aux devoirs de loi pour transférer la propriété du bien. Aussi cette formalité même est déjà le signe matériel de l'autorité féodale du suzerain. »

Mais c'est M. Merlin surtout qui donne bien l'explication de l'origine et du sens des œuvres de loi.

« Le nantissement, dit-il[2], tire son origine du droit féodal. Les seigneurs, ont dit les feudistes, étaient autrefois propriétaires de tous les héritages situés dans leurs territoires respectifs; dans la suite ils en ont inféodé ou accensé une partie à leurs vassaux; mais le domaine direct de ces fonds demeurant toujours dans leurs mains, ceux-ci n'ont jamais pu, et ne peuvent pas encore, se dire propriétaires dans toute l'étendue de ce mot; par conséquent, a-t-on ajouté, il ne peut pas être en leur pouvoir de transférer leurs droits à des tiers sans l'intervention des seigneurs : et les donations, rentes ou constitutions d'hypothèques qu'ils en font, ne sont pour ainsi dire que des procurations *ad resignandum* : semblables à des bénéficiers qui ne peuvent pas transporter directement leurs prébendes à ceux qu'ils jugent à propos, mais seulement les remettre aux collateurs pour les conférer aux personnes qui leur sont indiquées par les actes de résignation. »

---

[1] *Code de l'ancien droit belgique*, p. 904 et 905.
[2] *Répert.*, v° *Nantissement*, n° 2.

Après ces explications on comprend tout de suite pourquoi, soit qu'il achetât, soit qu'il vendît, soit qu'il fît tout autre acte qui nécessitât, d'après le droit commun, l'intervention des œuvres de loi, le souverain qui était la clef de voûte de tout l'édifice féodal, en était dispensé. S'il s'agissait d'un fief ou d'un bien accensé qui était dans sa mouvance immédiate, il était évident qu'il ne se devait pas un témoignage à lui-même, de la consolidation qui s'opérait par la réunion de la propriété utile à la directe. Et si le fief ou la mainferme ne relevait pas immédiatement de lui, il ne devait pas faire acte de vassalité, lui qui était, suivant les feudistes, *la source et l'origine de tous les fiefs et de toutes les directes.* Aussi François 1er s'écriait-il : « Par saint Antoine, chacun tient du roi, le roi ne tient de personne. »

Ces principes n'étaient pas moins sûrs en Hollande et en Belgique qu'en France et en Italie. Aussi Néostade [1], Dulaury [2], Albert de Leeuw, Léonin, surnommé Longolius [3] et

---

[1] Dans son recueil d'arrêts du conseil souverain de Hollande, § 15.

[2] *Jurisprudence des Pays-Bas autrichiens, établie par les arrêts du grand conseil de Malines,* § 34.

[3] *Consil.* 7°. — Encore une célébrité belge que ses compatriotes comparaient à Cujas! On disait à Louvain : *Leonino cantilante, saltat Cujacius.* — Nos voisins ont encore comparé, soit à Papinien, soit à Cujas : Révard, Wamèse, Van Giffen (Giphanius), et bien d'autres encore. M. Proudhon (*Traité des droits d'usufruit*, etc., t. VIII, p. 388) appelait aussi Menochius *le Cujas de l'Italie.* « Un tel jugement, dit M. Troplong (sur l'art. 2228, n° 282, en note), prouve combien la littérature du droit est arriérée en France, même chez nos meilleurs auteurs. Conçoit-on, en effet, que l'on ait l'idée de comparer à Cujas, au Bossuet de la jurisprudence, à ce génie philosophique qui éclaira le droit par l'histoire, la philologie et la critique, et conçut la grande idée de recomposer les livres des jurisconsultes de Rome mis en pièces par les ciseaux de Tribonien, avec Menochius, disciple entêté de l'école bartoliste; érudit, j'en conviens, mais radicalement incapable de s'élever jusqu'à l'histoire, la philosophie et à toutes ces hautes pensées qui rehaussent le droit ; casuiste minutieux et sans discernement, étouffant chacune de ses propositions sous une série

M. Britz [1], enseignent-ils, comme Dumoulin [2] et Merlin [3], comme Fachin [4] et Menochius [5], que le souverain était dispensé des œuvres de loi.

Voici comment s'exprime Merlin :

« Il y a certaines espèces d'actes qui réalisent de plein droit et sans le secours de nantissement.

« Tels sont d'abord *tous ceux* que fait un souverain relativement aux terres qu'il possède dans ses États. C'est ce que pense Néostade, dans son recueil d'arrêts du conseil souverain de Hollande, § 15, et c'est ce qu'a jugé un arrêt du grand conseil de Malines, du 18 décembre 1620, rapporté par Dulaury, § 34.

d'ampliations, de limitations et de sublimitations qui dégoûtent la patience la plus dévouée. »

Cet éloge de Cujas est bien grand et toutefois il est mérité ; cette critique de Menochius est bien sévère et cependant elle n'est pas injuste. On aurait tort de croire, au reste, que le jurisconsulte italien, dont on fait un pygmée en le plaçant à côté d'un géant, fut dépourvu de tout mérite. Son savoir était considérable et son livre *de Præsumptionibus* tenu en assez haute estime par Leibnitz, l'un des plus grands génies dont s'honore l'Allemagne, pour qu'il fît figurer un abrégé de cet ouvrage et de celui de Mascardus, *de Probationibus*, dans son *Catalogus desideratorum ad perficiendam jurisprudentiam*. Quoi qu'en disent M. Toullier (t. VII, préface) et M. Foisset (*Biog. univers.*, t. XXVII, p. 348), nous ne pensons pas d'ailleurs que Leibnitz ait jamais songé à entreprendre lui-même la tâche qu'il indique, et qui fut exécutée plus tard par Stimpelius à l'égard des *Conclusiones probationum omnium* de Mascardus.

[1] *Loc. cit.*, p. 922. — « Lorsque, dit M. Britz, les biens étaient d'origine domaniale et qu'ils avaient été acquis immédiatement du gouvernement, la formalité de la réalisation et de la transcription n'était pas nécessaire pour imprimer aux acquêts le caractère d'immeubles. (Arrêt de la cour de Bruxelles, du 29 mai 1817.) »

Mais en parlant des acquisitions faites du gouvernement, M. Britz n'entendait pas exclure les acquisitions faites par ce même gouvernement, car il venait de dire : « Il ne fallait pas la réalisation *des actes* que faisait un souverain relativement aux terres qu'il possédait dans ses États. »

[2] *Consil.*, 41, n° 10.
[3] *Loc. cit.*, n° 6.
[4] *Controvers.*, l. I, § 1, c. II.
[5] *De præsumpt.*, l. III, c. XLIV, n° 19.

« La raison qu'en donne celui-ci, est que, *telles solemnités ès contrats du prince ne sont requises, et que sa personne vaut toute solemnité.*

« Mais celle de Néostade est plus satisfaisante : C'est que, même dans le droit romain, la tradition (qui est représentée dans les pays de nantissement par les formalités de dessaisine et de saisine, de déshéritance et d'adhéritance) n'est pas nécessaire à la réalisation des contrats souscrits par le prince, et que ces contrats sont par eux-mêmes translatifs de propriété : *eo ipso quod princeps vendit, donat, transfert; non requiritur alia traditio*; maxime que ce jurisconsulte confirme par une foule d'autorités, et sur laquelle s'est exactement modelée la loi du 13-20 avril 1791, lorsqu'elle a dit, article 30, que les *transcriptions* substituées par celle du 19-27 septembre 1790 aux formalités du nantissement, ne seraient *nullement nécessaires pour transférer la propriété des biens nationaux, soit aux particuliers qui s'en rendraient directement adjudicataires, soit à ceux qu'ils déclareraient leurs commands, d'après la réserve faite lors des adjudications.* »

Au reste, pour prouver que les actes faits par le souverain pouvaient se passer des œuvres de loi, nous n'avions pas besoin d'étendre nos recherches au delà de notre dossier.

Cette preuve résulte d'abord de l'acte de cession du 26 août 1531, où Charles-Quint nomme ses procureurs pour adhériter de la terre de Condé M. de Roghendorff, « ou tel homme de loi ou personnage que ledit sieur de Roghendorff voudra dénommer. » *Nonobstant que*, ajoute Charles-Quint, *au lieu où lesdits déshéritement ou œuvres de loi se devront faire, la coutume et usance portassent par exprès que déshéritement ou assurance de biens ne se puissent faire par procureur* [1] *à laquelle coutume comme souve-*

[1] Il paraîtrait d'après cela que la jurisprudence du Hainaut qui permet-

rain seigneur de nosdits pays, avons de notre autorité, haulteur et pouvoir absolu, pour nous et nos successeurs en ce cas dérogé et dérogeons par cesdites présentes, voulant que lesdits déshéritement, adhéritement et reconnoissance, qui en notre nom et de notre part auront été faits au prouffit dudit sieur de Roghendorff par nosdits procureurs ou aucuns d'eux, sortissent leur plein et entier effet comme si les eussions faits en notre personne et pour telles les avons de nosdits haulteur, pouvoir absolu, authorisé et authorisons par cesdites présentes.

Était-ce là une dérogation exceptionnelle, et Charles-Quint, en se mettant au-dessus du droit commun, se faisait-il une idée exagérée de ses prérogatives de souverain? Non, l'opinion qu'il exprimait était celle de tous; le droit qu'il s'attribuait, chacun le lui reconnaissait à l'envi.

Ainsi, dans la procuration que donne M. de Clèves pour ses terres d'Anglemoutier et autres, à la date du 25 mars 1529[1], il attribue « pouvoir et faculté audit seigneur empereur de par ses gens, officiers ou l'un d'eulx tel qu'il lui plaira, quand bon lui semblera, prendre et appréhender les droits et possessions réels, corporels et actuels desdits fiefs, terres et seigneuries, *sans y être tenu d'y observer et garder aucunes solemnités ni œuvres de loy requises de droit par les coutumes et usaiges du pays, mais par la seule appréhension de fait de sa propre autorité.* »

On trouve une clause semblable dans la procuration de M. de la Vauguyon et dans celle du maréchal de la Marche données dans de semblables circonstances.

Pourquoi donc, lorsque chacun reconnaissait avec

---

tait de faire faire les œuvres de loi par procureur n'était pas alors aussi certaine qu'elle l'est devenue depuis.

[1] Voy. pièce n° 8, p. 97.

Charles-Quint qu'il était dispensé des œuvres de loi, persistait-il cependant à les accomplir pour Condé et pour les autres seigneuries qui lui étaient données en nantissement en exécution du traité de Cambrai? A coup sûr, ce n'était pas dans son intérêt, qui dans tous les cas restait sauf; mais n'était-ce pas dans celui de François Ier?

Nous avons entendu M. Merlin dire que la *tradition* du droit romain *était représentée* dans les pays de nantissement par les œuvres de loi. Un jurisconsulte belge, Goudelin (*Gudelinus*), ne voit aussi dans ces solennités symboliques qu'une mise en possession rendue plus facile par la substitution d'une chose mobilière à un immeuble : *Non enim commodum est semper ducere illum in quem dominium rei transferre volumus, in rem præsentem; quare utiliter usu comparatum est traditionem rei absentis et immobilis symbolo alicujus rei præsentis et mobilis repræsentari* [1].

Or, nous avons démontré que la possession de Charles-Quint profitait à François Ier, que celui-ci possédait par celui-là, il est donc certain que si les œuvres de loi ne constituaient qu'une mise en possession solennelle, l'accomplissement de ces œuvres par Charles-Quint devait profiter au roi de France, et avoir pour effet *immédiat* de lui transférer un droit réel.

C'est ce qui aurait eu lieu par exemple dans les pays autres que ceux de nantissement où l'on aurait suivi la maxime de la loi romaine [2] : *Traditionibus dominia rerum non nudis pactis transferuntur.*

Et pour cela inutile de recourir à des fictions, à une tradition de brève main, dont nous avons parlé moins pour nous soumettre à une autorité très-respectée de nous d'ail-

---

[1] *Syntagm. reg. jur.*, c. XXIII, n° 3.
[2] L. 20, C. *de pactis.*

leurs [1], que pour éviter des circonlocutions qui n'eussent abouti qu'à indiquer dans des termes moins clairs peut-être un résultat identique.

La tradition *brevis manus* nous l'admettons dans l'espèce de la loi 43, § 1, ff. *de jure dotium*, et dans celles de la loi 3, § 12 et 13, *de donat. inter vir. et uxorem*.

Nous l'admettrions encore dans l'espèce citée par Pothier [2], c'est-à-dire dans le cas où pour prêter une somme d'argent on la ferait compter par son débiteur.

Nous l'admettrions aussi dans le cas où achetant une propriété et la revendant avant d'en avoir pris possession, on la ferait livrer directement à celui qui vous l'aurait achetée par celui qui vous l'aurait vendue.

Nous l'admettrions, en un mot, dans tous les cas où il s'agirait d'économiser une tradition et de la tenir pour accomplie alors qu'elle n'a pas eu lieu, ou, comme dit Ulpien, dans la loi 3 précitée [3] : *celeritate cungendarum inter se actionum, unam actionem occultari*.

Mais nous ne l'admettons pas dans les espèces proposées par M. Merlin comme exemples dans son *Répertoire* [4], c'est-à-dire alors qu'il s'agirait de transférer la possession à titre de propriétaire à un acheteur qui détiendrait antérieurement la chose vendue à titre de loyer, de dépôt ou de prêt, cas que Voet [5] avait aussi en vue lorsqu'il disait : *Brevis manus traditio appellatur, qua res, ex alia causa prius tradita, ex nova causa rursus tradita fingitur*.

---

[1] Voy. la consultation de M. Duvergier, du 8 avril 1845, p. 40 et 41, et celle du 28 avril 1847, p. 15.
[2] *Traité du droit de propriété*, n° 207.
[3] L. 3, § 12, ff. *de donat. inter virum et uxorem*.
[4] V° *Tradition*, n° 1.
[5] Ad Pandect., lib. XLI, tit. 1, n° 34. Voy. aussi Doneau, *Comm. de jure civ.* l. IV, c. XIX, n° 21 (t. I, p. 760 de l'édit. de Rome, 1828).

« Cette invention de la fiction *brevis manus*, dit Pothier [1], est dans ce cas et dans les autres cas semblables fort inutile ; il vaut mieux dire plus simplement qu'on peut transférer à quelqu'un le domaine d'une chose par le seul consentement des parties et sans tradition, lorsque la chose se trouve déjà par devers lui. »

Aussi dans ces différents cas la loi romaine ne parle-t-elle pas de la tradition *brevis manus* [2], et la raison elle la donne, c'est que, dans ces cas : *sine traditione, nuda voluntas domini sufficit ad rem transferendam* [3].

La tradition, en effet, n'est autre chose que la dation ou le transfert de la possession : *datio sive translatio possessionis*, dit Zoesius [4], d'après Cujas [5]. Or, pour que la tradition soit efficace, il faut deux éléments, la volonté de transférer la propriété [6] et la mise en possession effective [7]. Lors

---

[1] *Loc. cit.*, n° 206. Voy. aussi M. Ducaurroy, *Institutes expliquées*, t. I, n° 401 et suiv. de l'édit. de 1822, et t. II, p. 417.

[2] Voy. § 44, Instit. *de rer. divis.* ; l. 77, ff. *de rei vindic.* ; l. 21, § 1, ff. *de acq. rer. dom.* ; l. 30, ff. *deposit.* ; l. 7 et 28, C. *de donat.* ; l. 45, ff. *locat. conduct.* ; l. 18, ff. *de acq. possess.* ; l. 1, § 1, ff. *de serv. præd. rust.* ; et l. 11, § 1, ff. *de pub. in rem act.*

[3] Instit., § 44, *de rer. div.* ; et l. 9, § 5, ff. *de adq. rer. dom.*

[4] *Ad* ff. lib. XLI, tit. 1, n° 82. Schardius, dans son lexique (p. 2151), adopte aussi cette définition. Vicat, dans son vocabulaire (t. III, p. 490 de l'édit. de 1759), emprunte, comme d'habitude, celle de Vürffel : *Factum quo res e nostra in alterius possessionem transit.*

[5] *Observat.*, lib. XI, c. xix (t. III, p. 287 de l'édit. de Venise-Modène). Et sur le titre LII du liv. IV du Code (t. X, p. 968), Cujas dit encore : *Traditio est datio possessionis, datio est alienatio sive translatio dominii.*

[6] *Nunquam nuda traditio transfert dominium : sed ita, si venditio, aut alia justa causa præcesserit propter quam traditio sequeretur.* Tels sont les termes de la loi 31, ff. *de acquir. rer. domin.* Voy. aussi la loi 55, ff. *de oblig. et act.*

[7] Il faut en outre que celui qui fait la tradition ait pouvoir légal de la faire. Ces trois conditions ont été indiquées par Doncau avec sa précision et sa clarté habituelles. Voici comment il s'exprime dans ses *Comm. de jure civ.*, l. IV, c. xv, n° 3 (t. I, p. 731). *In dante tria necessaria ad trans-*

donc que cette possession effective, que cette détention préexiste, la seule volonté manque pour que la transmission de propriété s'opère. C'est ce qu'explique très-bien Celse dans un texte que nous avons déjà eu occasion de citer [1].

Et comme on acquiert la possession civile, soit par soi-même soit par toute personne qui détient en votre nom ou dont le titre est la reconnaissance du vôtre, tels que l'usufruitier, le locataire, le dépositaire, l'emprunteur ou l'engagiste [2], il en résulte que dans les hypothèses posées par M. Merlin la fiction *brevis manus* est inutile pour expliquer une tradition qui s'opère très-bien sans cela [3]. Elle est nécessaire, au contraire, dans le système de la loi romaine, si comme nous le supposions plusieurs ventes successives étaient restées sans tradition et que l'on voulût mettre en possession le dernier acheteur ; car, pour procéder régulièrement, il faudrait alors autant de traditions qu'il y a d'acheteurs successifs, tandis que par la fiction dite *brevis manus* on les économise, comme nous le disions tout à l'heure, en faisant parvenir directement la chose vendue à la personne qui devrait la recevoir en dernier lieu.

ferendum. Primum, ut possit jure transferre; secundum, ut velit; tertium, ut quod potest et vult, id ita transferat quod fit traditione.

[1] Voy. p. 77. Remarquons au reste que dans ce texte Celse ne dit pas que la tradition s'opère, mais que la possession est acquise. Comme le remarque en effet Doneau, lib. IV, c. XVIII, n° 4 (t. I, p. 748) : *Tradere est rem cedere alteri, facere, ut possidere, aut tenere possit is apud quem ejus rei possessio non fuit.* Voy. aussi M. Ducaurroy, *loc. cit.*, n° 401.

[2] Indépendamment des textes que nous avons déjà cités sur ce point, nous renverrons aux lois 13, 20, § 2 et 65, ff. *de acq. rer. dom.;* et 6 ff. *de donat.*

Nous citerons aussi ce passage de Paul (*Sent.*, lib. V, tit. II, § 1), qui résume à peu près tout ce que nous avons dit sur la possession : *Possessionem adquirimus animo et corpore : animo utique nostro, corpore vel nostro, vel alieno.*

[3] *Eo quod patitur tuam esse*, comme dit le § 44, Instit. *de rer. divis.*

La tradition fictive opère au reste le même effet que la tradition réelle ; comme elle, elle transfère la propriété à celui qui doit l'acquérir, *Non minus hæc quam illa operatur domini translationem*, dit Zœsius [1], *non minus vero*, dit Vinnius [2], *ficta et symbolica traditione dominium in accipientem transit quam vera et naturali.*

Si donc l'on veut supposer qu'il y a eu une tradition feinte dans ce qui s'est passé en 1529 entre François I*er*, M*me* de la Roche-sur-Yon et Charles-Quint, soit pour la cause, puisque le résultat sera le même.

Mais si en droit comme en fait on veut être dans le vrai, on reconnaîtra que le 11 avril 1529 un contrat d'échange a été convenu, qui s'est réalisé le lendemain par la mise en possession de Charles-Quint, puisque celui-ci, ne devant posséder que comme engagiste, il ne recevait la tradition que pour le propriétaire, c'est-à-dire pour François I*er*.

Dans l'une et l'autre hypothèse, la propriété de Leuze et Condé eût passé dès le 11 ou du moins dès le 12 avril 1529, de M*me* de la Roche-sur-Yon au roi de France.

Cela serait incontestable du moins, pour la première de ces dates, dans les principes de notre droit actuel, et, pour la seconde, dans ceux du droit romain.

Mais comme un droit réel ne se constituait dans les Pays-Bas, et spécialement dans le Hainaut, que par l'adhéritance, et comme le privilége de l'empereur qui le dispensait de l'adhéritance était un privilége tout personnel, n'aurait-il pas été à craindre qu'on contestât la mise en possession de François I*er* par Charles-Quint, si ce dernier n'eût pas subi pour lui les formalités dont personnellement il était dispensé[3]? Ou nous nous trompons fort, ou telle est l'expli-

---

[1] *Ad* ff. l. 41, tit. I, n° 91.
[2] Instit. l. II, tit. I, § 40, n° 1.
[3] Voy. à cet égard ce que dit Wamèse, *Cent.* v, *Consil.* 34, n°ˢ 26 et suiv.

cation de la conduite que nous voyons tenir à Charles-Quint en 1529 ; elle lui aura été dictée par l'intérêt de François I*er* et conseillée par les mandataires de ce prince.

Et si cette explication était admise, il faudrait admettre aussi que dès 1529 François I*er* se serait trouvé adhérité de la seigneurie de Condé. Au reste ce point nous touche peu, car nous prouverons bientôt que si son droit ne s'est pas trouvé *réalisé* en 1529, il s'est infailliblement trouvé tel en 1550 ; et cela nous suffit.

Mais revenons au caractère et aux effets des œuvres de loi pour prouver *qu'elles ne tenaient pas à l'ordre public*, qu'elles n'étaient pas comme on l'a dit *exigées à peine de nullité* pour que la transmission de la propriété s'opérât.

Si elles eussent été si impérieusement exigées, si elles eussent été essentielles, si elles eussent été d'ordre public, il en fût résulté :

Que la nullité d'un acte où elles auraient dû intervenir, et où elles ne seraient pas intervenues, aurait pu être invoquée non-seulement par les tiers, mais par les parties contractantes elles-mêmes ;

Que l'acquisition non suivie de nantissement n'eût produit aucun effet ;

Que, en cas de stellionat, le second acheteur ensaisiné eût dû être préféré au premier acheteur non ensaisiné, encore bien qu'il eût connu cette vente préalable ;

Que la même chose aurait dû avoir lieu dans le cas où le seigneur ou ses officiers auraient négligé ou refusé d'admettre le premier acquéreur à la saisine et y eussent admis le second acheteur ;

Enfin, que la prescription n'aurait pas pu couvrir le défaut d'accomplissement des devoirs de loi.

Or rien de tout cela n'est vrai, et nous en avons pour preuve le témoignage de Merlin, témoignage imposant surtout lorsqu'il s'agit d'apprécier le sens, l'esprit, la portée de coutumes d'un caractère exceptionnel, que ce jurisconsulte eut longtemps à étudier et à appliquer comme avocat avant qu'il eût à utiliser son expérience et ses lumières comme magistrat et comme écrivain.

I. « Quelques coutumes, dit Merlin [1], semblent porter la nécessité du nantissement jusqu'à annuler tous les actes qui n'en reçoivent pas le sceau.

« Qu'y a-t-il, par exemple, de plus positif en apparence que l'article 1er du chapitre xciv des Chartes générales du Hainaut : *Personne ne pourra vendre, changer, donner, charger, bailler à rente, ni en autre matière aliéner ses fiefs que par déshéritance...*

« L'article 1er du titre v̄ de la coutume du Cambrésis, ne paraît pas moins formel : *Héritages, tant fiefs que mainfermes, ne se peuvent vaillamment vendre, changer, donner, arrenter, charger ou hypothéquer ni aucunement aliéner, sinon par en faire et passer devoirs de loi de déshéritance et dessaisine ou rapport solennel par devant les gens de la loi des lieux et seigneuries dont ils sont tenus immédiatement... sans lesquels devoirs de loi ne se peut pas contracter, transférer ou acquérir droit de propriété incommutable en aucuns héritages.*

« Et remarquez que ces termes ne sont qu'une répétition assez faible d'une charte du mois de juin 1284, par laquelle l'empereur Rodolphe condamne l'usage qui s'était introduit à Cambrai d'aliéner les immeubles sans le secours des échevins : *Nos volentes malitiis talium obviare et jus suum cuique salvum fore, declaramus, statuimus et ordinamus ut venditiones, alienationes, ingressus et exitus domorum et hereditatum prædictarum per dictos scabinos nostros et non*

[1] *Loc. cit.*, n° 7.

alio modo fiant; et quod secus hactenus factæ, vel in posterum faciendæ non valeat, nec alienis per tales venditiones, alienationes, ingressus et exitus, causa sive jus præscriptionis aut aliquod commodum acquiratur; SED PRO INFECTIS PENITUS HABEANTUR.

« Ce serait cependant une erreur de prendre ces dispositions à la lettre. Le nantissement n'est que l'image et le symbole de la tradition réelle et de fait; il ne peut donc être nécessaire à la validité des actes qu'autant que, par le droit commun, la tradition réelle et de fait y est essentiellement requise. Or, suivant les lois romaines, cette tradition n'est requise dans aucun acte, pas même dans les donations : elle en forme, à la vérité, l'accomplissement et l'exécution; mais son défaut n'est jamais une nullité, et n'empêche pas que l'acte ne produise une action personnelle contre celui qui l'a signé et ses héritiers. Il en doit être de même du nantissement[1].

« Aussi, a-t-il été jugé par un arrêt du parlement de Paris, du 13 août 1763, rapporté dans la *Jurisprudence civile* de Rousseau de Lacombe que *le défaut de vesture en Vermandois* ET AUTRES COUTUMES QUI EXIGENT LE VEST ET DEVEST, *ne rend pas nulle et sans effet une vente sous signature privée.* »

Cependant dans les Pays-Bas la question fut agitée de savoir si du moins à l'égard des donations, les œuvres de loi n'étaient pas essentielles, et si dès lors le donateur lui-même ne pouvait pas se prévaloir comme les tiers de leur défaut d'accomplissement.

Cette question ne pouvait se soulever sous la coutume de Bruges, car l'article 2 du titre XXVII de cette coutume était ainsi conçu : « Nulles ventes, eschanges, *donations* et autres

---

[1] Voy. l'article *Donation*, sect. v, § 2.

aliénations, engagements, transports et autres affectations telles qu'elles soient, ne seront d'aucune valeur, force ny effet au préjudice *d'autres que de ceux qui les ont faits et reconnus*, jusqu'à ce qu'ils auront été enregistrés, etc. »

Cette question ne pouvait se soulever non plus dans le pays du Franc, car une ordonnance relative à ce pays contenait une disposition semblable à celle de la coutume de Bruges[1] : « déclarant et ayant expressément statué de plus, disait-elle, dans son article 7, que toutes ventes, dessaisines et saisines, *donations*, eschanges et autres aliénations, engagements, transports d'héritages ou rentes et d'obligations réelles tels qu'ils soient et en quelque temps qu'ils pourroient être faits... ne seront d'aucune valeur, de nulle vertu ny effet contre ou au préjudice *d'un autre que de celuy qui les aura faits et reconnus* jusques au temps qu'ils seront apportez, notez et enregistrez, etc... »

Mais en était-il de même dans les coutumes, qui comme celles de Gand (rub. 12, art. 1), d'Alost (rub. 11, art. 1), etc., déclarent les donations valables mais seulement POURVU QUE le *donateur* se démette, et fasse la tradition des biens donnés et que le donataire ou celui qui a pouvoir l'accepte, et qui reconnaissent comme celle d'Alost, *ibid.*, article 2, que dans les donations, les saisines et dessaisines sont nécessaires.

Laurent Vandenhane dans son Commentaire sur la coutume de Gand [2] a prétendu que les prescriptions de ces coutumes étaient impérativement restrictives et que leur effet était de rendre la donation nulle à l'égard du donateur luimême si elle n'était pas suivie de tradition, il affirme : *Gan-*

[1] Voy. cette ordonnance dans le recueil des coutumes de Flandre publié par Legrand, t. II, p. 140.
[2] Voy. Legrand, *loc. cit.*, t. I, p. 53.

davi semper viguisse jus romanum antiquum, quod donatio ad sui perfectionem et essentiam requirit traditionem.

Mais d'abord ce jurisconsulte se trompait profondément lorsqu'il supposait que l'ancien droit romain faisait de la tradition une condition substantielle de la donation entre-vifs[1], puis, que valait en pareille matière le témoignage de Vandenhane, témoignage dont il avait antérieurement appuyé la thèse contraire à celle qu'il soutenait dans ses notes sur la coutume de Gand?

Écoutons encore M. Merlin[2]:

« Un savant contemporain de cet auteur, Knobbaert, *ad jus civile Gandensium*, s'élève avec la plus grande force contre sa doctrine. Il rapporte (p. 632 à 635) trois consultations des 23 août 1651, 28 août 1663 et 27 février 1674, dans lesquelles figurent les noms des avocats les plus distingués, et qui tous établissent, comme une vérité qui n'a jamais été contredite, que les formalités de nantissement ne sont requises par la coutume de Gand, dans les donations entre-vifs, que pour l'intérêt des tiers Il fait même remarquer que l'une de ces consultations, celle du 28 août 1663, est signée de Laurent Vandenhane. Il traite hautement ce jurisconsulte de *novateur*; et après avoir retracé (p. 412) un jugement du conseil provincial de Flandre du 1er mars 1675, qui avait proscrit, à l'unanimité et chambres assemblées, l'opinion de Vandenhane, il ajoute: Puisque dans vos notes vous passez ce jugement sous silence; puisque vous osez, en dépit de tout le barreau, écrire qu'on ne répond et ne juge que conformément à votre avis, j'ai voulu consigner dans mon ouvrage ce jugement et ces consultations, *quoniam si tacuissem, poterat apud nepotes et posteros pati veritas.*

« Pour se convaincre, en effet, que la coutume de Gand

---

[1] Voy. le *Répert.* de Merlin, v° *Donation*, sect. v, 1, art. 1.
Répert., v° *Nantissement*, § 1, n° 8.

doit être interprétée dans le sens de Knobbaert, il suffit de comparer son texte avec celui du placard du 6 décembre 1586. Comme l'article 1 de la rubrique 12 de cette coutume, le placard du 6 décembre 1586 déclare *qu'aucunes aliénations, ventes, transports ou affectations d'immeubles* NE SORTIRONT EFFETS *si elles ne sont passées par déshéritance et adhéritance devant les juges du lieu de leur situation.*

« Or, par les mots *ne sortiront effets,* ce placard entend-il que les aliénations d'immeubles seront nulles, faute de déshéritance et d'adhéritance? Non, il entend seulement qu'à défaut de ces formalités elles ne pourront pas être opposées à des tiers, et c'est ce qu'explique parfaitement le placard du 16 septembre 1673 : « Comme il serait venu (y est-
« il dit) à notre connaissance que, par la non-observation
« du contenu du placard de l'an 1586, et du quinzième ar-
« ticle de l'édit perpétuel du 12 juillet 1611, se seraient
« glissés plusieurs abus..... nous avons, en rafraîchissant
« et ampliant lesdits placards, déclaré et ordonné, décla-
« rons et ordonnons..... qu'aucunes clauses et conditions
« de fidéicommis, substitutions, prohibitions d'aliéner, et
« semblables charges prescrites et ordonnées par testament,
« *donations* et contrats, comme aussi la vente des biens,
« constitutions de rentes et *toutes aliénations de biens im-*
« *meubles n'auront effets de réalisation* AU PRÉJUDICE DES
« PERSONNES TIERCES..... si lesdites ventes *et toutes autres*
« *aliénations* de biens immeubles ne soient notifiées et en-
« registrées au premier livre et registre des juges où tels
« biens..... sont situés et ressortissants. »

Dans son *Code de l'ancien droit belgique* (p. 911 et 912) M. Britz reconnaît, comme Merlin, d'une part, que, « suivant la loi romaine, la tradition n'est de rigueur dans aucun acte, pas même les donations, » et d'autre part « que les aliénations d'immeubles ne sont pas nulles faute de déshéritance et d'adhéritance, mais que cette formalité est requise seulement dans l'intérêt des tiers [1].

« A la vérité, dit-il (p. 909 et 911), par la seule réalisation on acquérait la propriété de la chose vendue, quoique la chose ne fût pas réellement transférée, et même cette formalité n'étant pas de la substance de l'engagement, n'était pas nécessaire dans l'intérêt des parties contractantes; mais elle seule *dessaisissait* le cédant et *investissait* l'acquéreur du *jus in re*, et donnait à ce dernier l'action en revendication contre le tiers détenteur. Avant l'accomplissement des œuvres de loi, le cessionnaire ou acquéreur avait bien le *jus ad rem*, un titre valable pour exiger la délivrance de la chose de son obligé, ou pour repousser l'action de celui-ci dans le cas où il aurait voulu l'évincer; mais son droit n'engendrait qu'une action personnelle. Lorsqu'il n'y avait pas de tiers intéressé, l'acquéreur non réalisé, quoique non réputé propriétaire du bien qu'il *possédait de fait*, avait les mêmes droits que s'il avait rempli ces formalités de nantissement...... Lorsqu'un acte était valablement passé, on pouvait forcer le contractant ou ses héritiers à remplir les formalités des devoirs de loi. »

M. Britz cite sur ce dernier point Sohet (III, 1, 93) et la coutume de Luxembourg. Dans cette coutume, en effet, tit. v, art. 1, après avoir parlé de la manière dont devaient se faire les œuvres de loi, on ajoutait : « Bien entendu que si le vendeur ou autre contractant, ou ses héritiers sont requis de faire le transport de la chose vendue, ils ne le pourront refuser. »

M. Britz aurait pu citer aussi l'article 4 de la rub. 10 de la coutume d'Audenarde, qui est ainsi conçu : « Lorsque le

[1] Dans son commentaire sur l'art. 211 de la coutume de Senlis (p. 86 de l'édition de 1783), Ricard reconnaît que la saisine « ne fait que confirmer le contrat à l'égard des tierces personnes. »

vendeur est en défaut d'accepter le prix de la vente qui lui est présenté, et de faire la tradition de la chose vendue, l'acheteur a le choix de faire de ses deniers ce que bon luy semble, et de ne point ensuite accepter la livraison, quoique le vendeur offrît après de la faire, ou *d'attaquer ledit vendeur pour la tradition expresse de la chose vendue,* au cas qu'elle soit en sa puissance; le tout par-dessus les despens, dommages et intérests soufferts par luy acheteur, par le défaut de tradition ou le retard. »

II. « Quoique l'acquéreur qui n'a pas pris saisine ne soit pas réputé propriétaire du bien qu'il possède de fait, il ne laisse pas de jouir à certains égards des effets d'une propriété véritable, et l'on peut dire en général que ses droits sont les mêmes, dans tous les cas où il n'y a pas de tiers intéressés, que s'il avait rempli les formalités du nantissement. C'est ce qui résulte de la note de Dumoulin sur l'article 119 de la coutume de Vermandois.

« Ainsi point de doute qu'un tel possesseur ne soit recevable à se pourvoir en complainte contre ceux qui viennent le troubler. L'article 167 de la coutume de Reims en contient une disposition expresse : « Et combien que ledit premier
« acquéreur eût jouy par un, deux, trois, quatre, cinq, six,
« sept, huit et neuf ans sans soy faire vestir dudit héritage
« par luy acquis, et qu'*il s'en peut défendre au possessoire,*
« néanmoins au pétitoire sera mal fondé et ne s'en pourra
« dire seigneur et propriétaire..... » Telle est aussi la disposition de la coutume de Vermandois, art. 129, et de la coutume de Chaulny, art. 34.

« D'après le même principe, il est clair que le bien dont on n'a pas pris saisine ne laisse pas de tenir nature d'immeuble dans la personne de celui qui l'a acquis, et d'être réglé comme tel, soit en communauté, soit en succession [1]. »

---

[1] Merlin, *Répert.*, v° *Nantissement*, § 1, n° 4.

Merlin mentionne comme contraire à cette opinion les coutumes de Bergh Saint-Winox, rub. 17, art. 9, et de Gand, rub. 20, art. 14.

« Mais, ajoute-t-il, cette disposition, qui dans les deux coutumes citées n'est susceptible d'aucune restriction, ne peut, hors de leurs territoires et dans les coutumes neutres, s'appliquer qu'au cas où l'acheteur n'a pris possession de l'héritage, ni de fait ni par nantissement ; alors, il est vrai, *on doit considérer l'action qu'il a pour se le faire livrer comme un effet mobilier* [1], et en cette qualité sujet à entrer en communauté ; mais quand il en a pris possession de

[1] Merlin renvoie à ce qu'il dit à cet égard dans le même paragraphe n° 5, mais dans ce numéro il reconnaît qu'il soutient *un paradoxe* en niant que les actions qui tendent à avoir un immeuble, soient réputées immobilières, « c'est en effet, dit-il, ce qu'enseignent une foule d'auteurs français, flamands, hollandais et allemands ; c'est même la disposition textuelle des coutumes de Normandie, art. 504, et du Berri, tit. IV, art. 2. On peut ajouter qu'elle paraît fondée sur plusieurs textes du droit romain. *Id apud se quisque habere videtur de quo habet actionem ; habemus enim quod peti potest ;* ce sont les termes de la loi 143, ff. *de verbor. significatione*. La loi 49 du même titre ne paraît pas moins précise : *æque bonis adnumerabitur etiam si quid est in actionibus, petitionibus, persecutionibus; nam hæc omnia in bonis esse videntur.* La même décision est écrite dans la loi 64, § 6, ff. *Sol. matrimonio.* » Nous ajouterons que le paradoxe de Merlin repose sur une erreur. Faisant une fausse application de cette règle que les obligations qui consistent *in faciendo* se résolvent en dommages-intérêts, en cas d'inexécution, Merlin dit que « quand un vendeur par exemple, s'obstine à ne pas livrer le bien qu'il a vendu, la seule ressource qui reste à l'acheteur est de le faire condamner à la restitution du prix, et à l'indemniser de tout ce qu'il souffre par l'inexécution de l'acte. »

Jean Boutiller qui était originaire de Tournai ou du Tournaisis (voy. la notice de M. Paillard de Saint-Aiglan dans le tome IV, p. 89, de la Bibliothèque de l'École des Chartes) et dont la *Somme rurale* est si intéressante à consulter pour les coutumes du nord de la France et celles de la Belgique, Jean Boutiller nous atteste dans les termes les plus clairs et les plus énergiques qu'on aurait tort de réduire les droits de l'acheteur non ensaisiné, à une action en dommages et intérêts : « Celuy, dit-il (liv. I, ch. LXVII, p. 397), qui vend sa tenure, mais il en retient encore la saisine par devers luy, ne n'en fait vest à l'acheteur, sçachez qu'il est encore sires de la chose ; mais toutefois il peut estre contraint à faire le werp et adhéritement de la chose. »

fait, le droit qu'il a acquis par ce moyen ne peut être considéré que comme immeuble. C'est ce qui a été jugé par plusieurs arrêts. »

Merlin cite en effet :

Un arrêt de la quatrième chambre des enquêtes du 17 mars 1601, rendu en matière de succession, sous la coutume du Boulonnais, et rapporté par Dufresne sur l'article 137 de la coutume d'Amiens ;

Un arrêt de la cinquième chambre des enquêtes, du 18 décembre 1604, en matière de succession, sous la coutume d'Amiens, arrêt aussi rapporté par Dufresne et par Leprestre.

Un arrêt du parlement de Flandre, du 24 octobre 1691, rendu en matière de communauté, sous l'empire de la coutume du Cambrésis, et rapporté dans le recueil de Dubois d'Hermaville (p. 110) ;

Un arrêt du même parlement, du 12 octobre 1699, cité par de Ghewiet et relatif à une succession ouverte en Hainaut ;

Un troisième arrêt du parlement de Flandre, du 9 juin 1712, relatif à la liquidation d'une communauté aussi ouverte en Hainaut, et dont Merlin rapporte l'espèce, d'après le président Desjaunaux ;

Deux arrêts du conseil souverain de Mons, rendus dans le même sens, dont l'un porte la date du 5 février 1679 et l'autre celle du mois d'octobre 1712.

« Voici, dit Merlin, l'espèce d'un troisième arrêt de la même cour, qui mérite une attention particulière. Un homme achète un héritage, à peine en a-t-il pris possession, qu'un de ses créanciers le fait saisir par *mainmise* (voy. ce mot). Quelques jours après, il prend adhéritance, et alors se présente un autre créancier qui fait exploiter une nouvelle mainmise. Question de savoir lequel des deux saisissants doit-être préféré, et le 8 juillet 1684, arrêt en faveur du premier. »

III. « Puisque c'est la tradition qui fait le propriétaire, et que le nantissement est la seule tradition légale qui soit reconnue dans les coutumes dont il s'agit, il est clair que, de deux acheteurs ou donataires du même bien, celui qui est nanti le premier doit avoir la préférence sur l'autre, quoique son contrat soit postérieur en date; c'est ce qui résulte de la loi 15, C. *de rei vindic.;* et c'est ce que décident formellement les coutumes du Vermandois, art. 128.; de Chaulny, art. 33.[1]; et de Reims, art. 166 [2]. »

M. Merlin cite dans le même sens l'article 4 du chapitre x de la coutume de la châtellenie de Lille, et il aurait pu citer aussi l'article 216 de la coutume de Senlis qui est ainsi conçu : « Quand à diverses personnes a esté donné ou vendu un héritage en fief ou roturier, celuy qui premier aura esté saisi dudit héritage, mis et reçu en foy et hommage, ou d'iceluy héritage aura eu appréhension de faict (qui en ce équipolle à saisine) au sceu et consentement du donateur ou vendeur, sera préféré audit héritage donné ou vendu, posé ores qu'il soit le second donataire ou acquéreur, et a le plus clair droit. »

M. Merlin aurait pu citer également l'article 5 de la rubrique 11 de la coutume de Bouchaute, ainsi conçu : « De deux acquéreurs ou de plus, celui qui le premier est ensaisiné est préféré, ou qui reçoit la livraison ; les autres demeurants entiers, pour recouvrer leurs dommages et intérêts à la charge du vendeur. »

Mais ce qui prouve que cette préférence donnée à l'acquéreur qui est le premier ensaisiné ne tient pas à ce que les

---

[1] L'art 31 de la coutume de Chaulny de 1510 portait la même disposition que l'art. 33 de celle de 1609.
[2] Merlin, *loc. cit.*, n° 2.

œuvres de loi sont essentielles pour transférer la propriété, c'est l'exception que subit la règle dans le cas « où le second acheteur qui s'est fait nantir le premier était instruit, soit en contractant, soit en prenant saisine, qu'il existait déjà un contrat de vente du même bien. » Dans ce cas on donne, dit Merlin (*loc. cit.*), au premier acheteur « une action révocatoire pour faire casser le nantissement de l'autre, à peu près comme on permet à un simple créancier chirographaire de révoquer par l'action pauliane les aliénations qui ont été faites en fraude de sa créance. C'est ce que pense Desmasures, procureur général du conseil d'Artois, dans les *Observations* manuscrites qu'il a laissées (livre III, titre x), et *on le juge ainsi dans toutes les coutumes.* »

En ce qui concerne le Hainaut, spécialement Cogniaux nous atteste dans sa *Pratique du retrait* que cette jurisprudence était suivie.

« Si le même fief (dit-il, p. 97) a été vendu à deux diverses personnes et que le second acheteur ait su, lors de son contrat, que la vente du même fief était déjà faite à un autre, quoique le second en ait été le premier investi... il est certain qu'en ce cas, la seconde vente est nulle et que le second acheteur est tenu de remettre le fief acheté au premier.....

« Cette question s'étant présentée en ce conseil (de Mons), en l'an 1710, au procès du conseiller Boële, demandeur en cassation de la terre de Courcelles, elle lui fut adjugée, quoiqu'il n'eût pas eu les vestures, mais un simple contrat personnel, et que le second acheteur eût été investi [1]. »

IV. Nous avons dit que le refus ou la négligence du seigneur ou de ses officiers à recevoir les devoirs de loi

---

[1] Il résulte d'un recueil manuscrit vu par Merlin, que l'arrêt, dont parle ici Cogniaux, est du 26 juin 1710, et qu'il a été rendu contre le prince de Croy, au rapport de M. Hanot de Fleuru.

ne pouvait pas faire préférer à un premier acquéreur non investi un second acquéreur ensaisiné. A cet égard, M. Merlin (*loc. cit.*, n° 2) prend pour règle les dispositions des coutumes du Vermandois et de Reims qui ne font qu'appliquer, en effet, à un cas spécial, les règles que nous venons de poser, à cette différence près qu'ici la faute ne serait pas imputable à l'acheteur, mais à celui qui le mettrait en possession.

Voici la disposition de l'article 131 de la coutume du Vermandois : « Toutefois est à entendre qu'au refus ou délay que le seigneur foncier ou ses officiers pourroient faire à l'acheteur de le vestir, pour quelque cause que ce fust, ne lui peut préjudicier contre autre second acheteur qui, depuis, se serait fait vestir par ledit seigneur ou ses officiers. Et suffit en ce cas, pour exclure ledit second acheteur, que le vendeur se soit premièrement devestu au profit dudit acheteur, encore qu'iceluy acheteur n'ait depuis été vestu, au moyen du refus ou délay dessusdit. »

Voici maintenant les dispositions des articles 169 et 170 de la coutume de Reims :

« Si toutefois ledit premier acquéreur, au profit duquel ledit vendeur se seroit devestu, a fait son devoir envers la justice foncière, pour s'en faire vestir et ensaisiner, et ladite justice ait été refusante ou délayante de ce faire, tel refus ou délay servira de vest, à l'encontre dudit second acheteur et tous autres, lesquels auroient été vestus et ensaisinés par ladite justice, après ledit refus ou délay ; lesquels, pour ce, n'auroient acquis aucun droict de propriété, contre ledit premier acheteur auquel au contraire ledit droict de propriété sera acquis, par le moyen de sadite diligence envers ladite justice, et nonobstant ledit refus ou délay. — Peut ledit premier acheteur, depuis l'an et jour d'icelle acquisition, intenter cas de nouvelleté contre ledit qui le voudroit troubler en sa possession, sous ombre qu'il eust esté le premier vestu et ensaisiné dudit héritage par luy acquis. »

V. Nous arrivons au dernier point à démontrer, à savoir que la prescription couvrait le défaut d'accomplissement des devoirs de loi. Ce point est essentiel dans l'espèce, car si, comme nous l'avons établi, à l'évidence nous le pensons, grâce à l'autorité de Pothier, de Domat, de Dunod et, nous pouvons le dire, de tous les jurisconsultes anciens et modernes, il est certain que le détenteur à titre précaire, l'engagiste, l'antichrésiste ne possédait pas, mais que celui-là seulement possédait au nom duquel l'engagiste, l'antichrésiste détenait la chose donnée en engagement ou en antichrèse; si dès lors il est certain que par suite de l'engagement, de l'antichrèse, intervenu en 1529, le possesseur de Leuze et Condé c'était François Ier par Charles-Quint; en supposant que par suite de la *réalisation* de ce dernier *comme engagiste*, le roi de France n'ait pas été immédiatement investi de la *possession solennelle* de Leuze et Condé, toujours serait-il qu'il eût été investi de la *possession civile*, et que si cette possession en se perpétuant pendant un certain laps de temps devait aboutir à l'acquisition de la propriété, ce serait à lui, François Ier, que la propriété eût été acquise; que, par exemple, si en Hainaut la propriété était le résultat d'une possession de vingt et un ans, lorsqu'on avait omis de recourir aux œuvres de loi, François Ier serait devenu, dès 1550, propriétaire de Leuze et Condé.

Reste à prouver que la possession prolongée pendant le temps requis par les diverses coutumes, et en Hainaut pendant vingt-un ans, pour prescrire les droits réels, équivalait à l'accomplissement des devoirs de loi. Or, sur ce point encore, prenons pour guide M. Merlin [1].

« Quoique, dit-il, la possession, prise de fait et avec le

---

[1] *Loc. cit.*, n° 3.

consentement exprès ou tacite de celui qui vend ou donne, ne puisse pas d'elle-même assurer une propriété incommutable à l'acheteur ou donataire, si cependant elle durait un certain temps, elle suppléerait au nantissement et en produirait tous les effets, c'est ce qu'on peut inférer de la loi 2, C. *de acquirenda possessione.* Un acheteur était depuis longtemps en possession du bien qu'on lui avait vendu, mais il ne rapportait pas la preuve que la tradition lui en eût été faite, et l'on prétendait en conséquence faire déclarer la possession nulle et illégitime; mais l'empereur Alexandre défendit de l'inquiéter, parce que le temps pendant lequel il avait possédé devait faire présumer la tradition : *Minus instructus est qui te sollicitum reddidit, quasi in vacuam possessionem ejus quod per procuratorem emisti non sis inductus, quum ipse proponas te* DIU *in possessionem ejus fuisse, omniaque ut dominum gessisse.*

« Quelques interprètes ont expliqué le mot *diu* par dix ans, et cinq de nos coutumes ont adopté leur opinion.

« Néanmoins, constitution de rente passée pardevant no-
« taire et témoins, ou bien sous signature et scel, oblige le
« constituant et payes de dix ans ensuivies ont force de
« transport, aussi bien contre un tiers acquéreur, après les
« dix payes accomplies, que contre le transporteur. » (Liége, ch. VI, art. 6.)

« Mais si ledit acheteur avoit jouy paisiblement par dix
« ans entiers de l'héritage par luy acquis, il en est faict vrai
« seigneur et propriétaire par le moyen d'icelle acquisition
« et jouissance, et équipolle telle jouissance de dix ans à
« tradition et vesture. » (Vermandois, art. 130.)

« Les coutumes de Reims, article 168, de Chaulny, article 35[1], et de Péronne, article 265, s'expliquent de même.

---
[1] On trouve dans l'art. 33 de la coutume de Chaulny de 1510, la même disposition que dans l'art. 35 de la coutume de 1609.

« De Ghewiet prétend que la disposition de ces coutumes doit être étendue à tous les pays de nantissement : « La « possession paisible de dix ans, dit-il (dans ses *Institutions* « *au droit belgique*), vaut adhéritance, suivant l'arrêt du par- « lement de Flandre rendu le 12 octobre 1699. »

« Mais cet arrêt est rapporté par Desjaunaux, avec toutes ces circonstances et les moyens des parties ; et l'on voit clairement par les détails dans lesquels entre ce magistrat, qu'il n'a rien jugé de ce que lui prête de Ghewiet...

« Il serait plus raisonnable de restreindre les coutumes citées dans leurs territoires, et de dire que partout ailleurs il faut, pour suppléer au nantissement une possession égale à celle que les différentes lois municipales exigent pour la prescription des immeubles.

« Ainsi, dans la coutume du Hainaut, on ne peut prescrire un fief que par un laps de vingt et un ans. En conséquence, Cogniaux dit (dans sa *Pratique du retrait*, p. 92) qu'un acheteur non ensaisiné ne peut en cette province « avoir acquis la propriété que par le terme de vingt et un « ans, et qu'il n'y a que cette prescription qui équipolle à « vest et devest. »

« J'ai toujours vu cette doctrine approuvée par les plus habiles avocats du parlement de Flandre : on trouvera ci-après, n° 4, un arrêt de cette cour du 17 décembre 1711, qui la confirme expressément, et Stockmans en rapporte un du conseil souverain de Brabant, du mois de juillet 1644, qui a jugé dans une coutume où l'on ne prescrit que par l'espace de trente ans, qu'une possession paisible de vingt-cinq années consécutives n'avait pas réalisé un contrat d'achat. »

M. Britz (p. 921) émet absolument la même opinion que Merlin [1] :

---

[1] Voy. aussi *Observations sur les règles du droit coutumier* (par Brunel), ch. III, n° 28.

« Le vendeur, dit-il, ne pouvait sans dessaisine être dépouillé de son droit de propriété: mais on pouvait devenir propriétaire sans prendre saisine, lorsqu'on avait laissé écouler un certain temps après que le vendeur s'était déshérité. En général, la possession paisible d'un bien dont on a négligé de prendre saisine suffit, lorsqu'elle a duré tout le temps de la prescription *ordinaire*, pour suppléer aux formalités des œuvres de loi [1].

« A Liége, par exemple, la possession d'un immeuble pendant dix ans, soit entière, soit complétée par accession, valait *vesture* [2].

« A Liége, à Bouillon, à Anvers et à Malines, le payement d'une rente, pendant dix années consécutives, donnait *titre et vesture;* au duché de Limbourg [3] et ailleurs, il fallait à cet effet des *payes trentenaires*, c'est-à-dire l'acquit pendant le temps requis pour la prescription ordinaire. »

Nous remarquerons au reste que la cour de Douai ne nie pas que les œuvres de loi se prescrivissent par vingt et un ans dans le Hainaut, elle nie seulement qu'on puisse prescrire sans posséder, ce qui est parfaitement vrai, mais ce qui, comme nous l'avons vu, est non moins parfaitement inapplicable à notre espèce.

Enfin nous ne prendrions peut-être pas la peine de faire remarquer que M. Dolez dans sa consultation (p. 11) reconnaît aussi comme *incontestable* que dans le Hainaut, la possession de vingt et un ans équivaut à l'accomplissement des œuvres de loi, si nous n'avions été frappé des citations qu'il fait pour appuyer cette thèse, incontestable d'ailleurs.

---

[1] Winants, *Décis.*, 190.

[2] Coutume de Liége, ch. vi, art. 6 et 31; ch. vii, art. 7; de Ghewiet, part. II, tit. iii, § 4, art. 2; Sohet, III, 1, 93 et 96.

[3] Coutume du Limbourg, ch. ii, art. 2. « Le payement de la rente, pendant dix ans, dans le duché ne donnait qu'une présomption de son existence. »

Il cite les observations de Raparlier sur le chapitre CVII des Chartes; Boulé, t. II, p. 185 et suiv.; Britz, p. 967, texte et notes.

Or que disent ces auteurs dans ces divers passages?

Ils disent que la prescription de la dîme ou du terrage ne peut commencer que du jour du *contredit et refus* d'acquitter ces deux droits; ils disent qu'il en est de même de l'emphytéote à l'égard du propriétaire et que pour qu'il prescrive contre lui, il faut qu'il ait commencé par contredire son droit et cessé de payer le canon qui lui est dû. Ils disent enfin, comme les auteurs dont nous avons invoqué le témoignage au paragraphe 2 qu'on ne possède utilement que lorsque l'on possède comme maître; que l'on ne possède comme tel que lorsqu'on a interverti son titre si l'on possédait d'abord à titre précaire; et que cette interversion n'est pas possible, si la possession dont on veut se prévaloir est clandestine ou équivoque, si elle n'a pas lieu au su et vu du propriétaire, si elle n'implique pas son consentement tacite, par sa persévérance à souffrir sans se plaindre la négation et la contradiction de son droit.

Et si c'est là le sens des passages de Raparlier, de Boulé et de M. Britz cités par M. Dolez, comment le conseil de la compagnie d'Anzin n'a-t-il pas vu qu'il ruinait par ses citations les prétentions de ses clients?

Quelle preuve donne-t-on en effet de la connaissance que François Ier ou ses successeurs auraient eue du rachat supposé ou réel de 1558? on n'en donne aucune.

Où montre-t-on la contradiction du droit de propriétaire? on ne le montre nulle part.

Il y a plus; loin de contredire le droit du roi de France, le duc de Montpensier le reconnaît. Il le reconnaît dans toutes ses requêtes, il le reconnaît en 1566; il le reconnaît en 1567; il le reconnaît en 1568; il le reconnaît en 1570; il le reconnaît en un mot toutes les fois qu'il parle de l'*échange* de 1529; il le reconnaît toutes les fois qu'il met ses droits sur Auge et Mortain en regard des droits du roi sur Leuze et Condé; il le reconnaît toutes les fois enfin qu'il soutient incommutable son titre de propriété sur ses terres de Normandie, toutes les fois qu'il prend les titres de comte de Mortain [1] et de vicomte d'Auge, car ces titres il n'a pu les obtenir, car ces terres il n'a pu les rendre patrimoniales, de domaniales qu'elles étaient, sans perdre toute espèce de droits sur les seigneuries de Leuze et Condé.

Si donc les droits du roi sur ces seigneuries n'eussent pas été inattaquables, s'ils eussent eu besoin d'être confirmés, ils trouveraient leur consécration dans les aveux et dans les actes de M. de Montpensier lui-même, actes et aveux que ses successeurs à titre particulier tenteraient vainement de répudier, car ils sont inséparables de la tradition qui leur a été faite, et de la possession qui leur a été transmise. La tache originelle de cette tradition et de cette possession est indélébile.

[1] La seigneurie de Mortain fut érigée en comté en 1401. Voy. Chopin, *du Domaine*, liv. I, tit. v, n° 8.

§ VI.

X.ᵉ MOYEN DE CASSATION.

VIOLATION DE L'ARTICLE 3 DU TRAITÉ DE CAMBRAI.

Suivant l'arrêt de la cour de Douai, la faculté de rachat eût été prescriptible en Hainaut, et, d'un autre côté, les domaines que le roi eût possédés dans cette province avant 1678, n'y eussent pas été protégés par le principe de l'inaliénabilité du domaine de la couronne.

Nous avons prouvé au paragraphe 4 que dans le Hainaut la faculté de rachat stipulée dans un contrat de vente était imprescriptible.

Nous avons prouvé au paragraphe 5, que l'acte qui avait eu lieu entre François Iᵉʳ et Charles-Quint, en 1529, n'était pas un acte de vente, mais un acte d'engagement, acte qui perpétuait par l'engagiste la possession du bailleur.

Raisonnons maintenant comme si ces deux preuves n'étaient pas acquises, et examinons si même, dans cette hypothèse, l'incapacité d'aliéner les domaines de la couronne n'eût pas, même dans le Hainaut, sauvegardé les intérêts et les droits du roi de France.

Nous allons aborder, on le voit, la distinction entre les statuts personnels et les statuts réels.

Cette distinction, bien que mieux éclaircie par les auteurs modernes qu'elle ne l'était jadis[1], donne cependant lieu journellement à des difficultés sérieuses; sous l'ancien droit elle était considérée comme l'une des matières les plus ar-

---

[1] Voy. M. Fœlix, *Traité du droit international privé*, 2ᵉ édition, nᵒˢ 9 et suiv.; M. Story, § 21 et 22; M. Graux, p. 436; M. Mailher de Chassat, *Traité des statuts*, nᵒˢ 54 et suiv.; M. Wheaton, *Éléments de droit international*, part. II, ch. II.

dues qui pussent exercer les méditations des jurisconsultes et la sagacité des praticiens[1], elle avait été l'objet d'une foule de traités spéciaux[2], et, malgré les efforts de Gérard Titius, d'Hertius, des deux Voët, de Rodenburg, de Bouhier, de Lemée, de Froland, de Burgundus, de Boullenois et de bien d'autres, elle n'avait laissé pénétrer dans ses arcanes qu'une lumière équivoque pour les adeptes eux-mêmes.

Sur quoi étaient-ils d'accord, ou plutôt sur quoi n'étaient ils pas en dissidence?

A la différence de ce qui était pratiqué par les barbares qui envahirent l'empire romain et qui admirent le principe des lois personnelles[3], il était passé en axiome que toutes les coutumes étaient *réelles*. « Mais, dit M. Mailher de Chassat[4], quel était donc le sens de ce mot qui avait le singulier privilége de partager, comme en deux camps, trente à quarante jurisconsultes du premier ordre, en tête desquels figuraient le docte d'Argentré, Mascardus, presque tous les jurisconsultes hollandais, de Laurière, Froland, etc., dans le sens de la *réalité;* Dumoulin, Coquille, Stockmans, Gérard Titius, Bouhier, Prévôt de la Janès, etc., dans le sens de la rénovation des principes, du progrès des doctrines politiques et dès lors de la *personnalité ?* »

[1] « Ces questions sont si difficiles, dit Froland (*Mémoires*, part. II, p. 1129), que je ne sais à quel autel adresser mes vœux pour parler juste sur cette matière. » *Verum in iis definiendis*, disait de son côté Hertius *de collis. leg.* sect. IV), *mirum est quam sudent doctores.* « Dans toute la jurisprudence, disait Prévôt de la Janès (discours 3, n° 3), il n'est peut-être point de question plus étendue, il n'en est point aussi de plus délicate et de plus embarrassante (que celle de savoir quel statut on doit suivre).» Guyot (*Répert.*, v° *Statut*) s'exprimait à peu près dans les mêmes termes.

[2] Voy. la bibliothèque de Lepinius, au mot *Statuta*.

[3] Voy. Klimrath, *Histoire du droit public et privé de la France*, liv. II, ch. VI.

[4] *Traité des statuts*, n° 24.

Puis, à part ces tendances générales, que de divergences, que de désaccords sur des questions particulières!

S'agissait-il, par exemple, de déterminer quelle était la nature du statut mixte et à quel caractère on pouvait le reconnaître? d'Argentré, Burgundus, Paul Voët et Boullenois émettaient à cet égard les idées les plus diverses et les plus discordantes [1].

Le sénatus-consulte velléien, qui interdisait aux femmes de s'engager pour autrui, était-il personnel ou réel? Il est réel, disait les uns, parce que c'est en considération des biens sur lesquels peut s'exercer le cautionnement qu'est prononcée la défense; il est personnel, disaient les autres, parce que l'obligation des biens n'est qu'un accessoire de l'obligation de la personne qui est toujours la principale. Entre ces deux systèmes, le procureur Denisart restait indécis et perplexe; mais d'Argentré, Burgundus, Hertius, Roussilhe et Lebrun se prononçaient pour la réalité de statut; et ces deux derniers auteurs citaient des arrêts en ce sens. D'un autre côté, Bouhier, Boullenois, Serres, Pothier, Poullain-Duparc, Froland et Corail de Sainte-Foix décidaient que le statut était personnel, et les arrêts ne faisaient pas défaut à l'appui de cette thèse [2].

Même divergence d'opinions en ce qui concernait l'inaliénabilité du fonds dotal. Le statut était personnel et le fonds dotal était par conséquent inaliénable, n'importe quel fût le lieu de sa situation, suivant Froland, Bouhier, Rodenburg, Ant. Matheus, Beaune dans ses notes sur Lapeyrère et Houard dans son *Dictionnaire du droit normand*. Ce der-

---

[1] Voy. M. Mailher de Chassat, *loc. cit.*, n° 33. Voy. aussi la *dissertation sur les statuts*, qui se trouve en tête du commentaire d'Auroux des Pommiers, sur la coutume du Bourbonnais (p. 5).

[2] Voy. Mailher de Chassat, *loc. cit.*, n° 33, et Merlin, *Répert.*, v° *S. C. velléien*, § 2, n° 1.

nier auteur cite en ce sens plusieurs arrêts aux mots *Coutumes*, *Dot* et *Remplacement*, entre autres un arrêt du parlement de Rouen du 18 mai 1759, et un arrêt du parlement de Paris du 7 février 1776. Le statut prohibitif de l'aliénation du fonds dotal est réel au contraire suivant Burgundus, Vandermeulen, Vigier, Jean Voët, Duplessis, Boullenois, Chorier[1], Auroux des Pommiers[2], Chabrol et les auteurs du *nouveau Denisart*, qui, au mot *Dot*, § 14, n° 12, rapportent un arrêt du parlement de Paris, du 17 août 1761, qui l'a ainsi décidé[3].

M. Merlin, qui admet avec la majorité des auteurs ci-dessus cités que le sénatus-consulte velléien formait un statut personnel et la loi Julia sur l'aliénabilité de la dot un statut réel, M. Merlin, disons-nous, se demande[4] si une femme domiciliée dans un lieu où le sénatus-consulte n'était pas suivi, à Paris, par exemple, aurait pu engager pour au-

---

[1] Qui, dans sa *Jurisprudence de Guy-Pape*, liv. IV, sect. I, art. 3, appuie son opinion sur un arrêt du parlement de Grenoble, du 16 mars 1688.

[2] Sur l'article 238, n° 4, de la coutume de Bourbonnais, cet auteur cite en ce sens les commentaires manuscrits de Jean Decullant et Fauconnier sur cette coutume, des arrêts rapportés par ce dernier, et un acte de notoriété délivré à la date du 6 juillet 1706 par les magistrats et le barreau de la sénéchaussée de Bourbonnais et du siége présidial de Moulins.

[3] Voy. au reste le *Répert.* de Merlin, v° *Puissance maritale*, sect. II, § 3, art. 3, et le *Traité de la dot*, par M. Tessier, t. I, n° 79.

Nous devons ajouter que les auteurs modernes et la jurisprudence des cours d'appel et de la Cour de cassation ont maintes fois consacré, avec raison, cette dernière doctrine. On peut voir, à cet égard, les opinions et les arrêts cités par M. Fœlix, *Traité du droit international privé*, p. 71; par M. Tessier, dans la note 678 de son ouvrage précité; par Merlin, *Questions de droit*, v¹ˢ *Régime dotal*, § 1, n° 2; par M. Dalloz, dans son *Dictionnaire*, et le supplément, aux mots *Lois personnelles et réelles*, n°ˢ 61 et suiv., et *Dot*, n°ˢ 267 et suiv.; par M. Duranton, *Cours de droit français*, t. I, n°ˢ 52 et 83, et par M. Demolombe, *Cours de Code civil*, t. I, n°ˢ 85 et 86.

[4] *Répert.*, v¹ˢ *Sénatus-consulte velléien*, § 2, n° 2.

trui des immeubles dotaux situés dans la circonscription territoriale d'une coutume qui, comme le statut delphinal, admettait à la fois la disposition du sénatus-consulte et celle de la loi Julia, et il décide que cette femme aurait dû gagner sa cause contre les créanciers qui eussent tenté de la déposséder de ses immeubles de Dauphiné.

« Elle aurait dû triompher, dit-il, nonobstant la personnalité du statut que forme le sénatus-consulte velléien. Pourquoi? Parce que ce statut se serait trouvé en concours avec la loi de la situation qui, portant uniquement sur les biens, forme un statut réel; et que, comme on l'a vu à l'article *Majorité*, § 5, il est de principe que le statut réel doit toujours l'emporter sur le statut personnel, lorsqu'il se trouve en concours avec lui.

« Ainsi, par l'effet de la personnalité du statut résultant du sénatus-consulte velléien, le cautionnement d'une femme domiciliée dans un pays gouverné par ce sénatus-consulte, ne produit aucune action sur les biens non dotaux qu'elle possède dans des pays non soumis à cette loi, mais aussi par l'effet de la réalité du statut résultant de la loi Julia, qui déclare le fonds dotal inaliénable, le cautionnement d'une femme domiciliée à Paris ou dans tout autre pays non soumis au sénatus-consulte velléien, ne produit aucune action sur les biens dotaux qu'elle possède, soit dans le Dauphiné, soit dans le Languedoc, soit dans tout autre pays de droit écrit, ceux du ressort du parlement de Paris exceptés.

« Ce que nous disons de la loi Julia, il faut le dire également des coutumes qui, à son exemple, frappaient d'inaliénabilité les fonds dotaux.

« Ainsi, quoique la femme normande soit, par le sénatus-consulte velléien, et à raison de la personnalité de ce statut, incapable d'obliger pour autrui les biens qu'elle possède dans les coutumes où ce sénatus-consulte n'est pas reçu ; la femme parisienne tout affranchie qu'elle est du sénatus-consulte velléien, ne peut cependant pas obliger pour autrui les immeubles dotaux qu'elle possède en Normandie.

« C'est ce qui a été jugé par un grand nombre d'arrêts, tant du parlement de Rouen que de celui de Paris.

« Bérault, sur l'article 578 de la coutume de Normandie, en rapporte un du parlement de Rouen du 20 décembre 1607[1], par lequel il fut dit « qu'un créancier n'avait pas pu, en
« vertu de l'obligation d'une femme mariée, et domiciliée
« hors de la province de Normandie, et de la condamnation
« qui en avait été prononcée contre elle et son mari, par
« arrêt du parlement de Paris, décréter ses biens dotaux
« qui étaient situés en Normandie ; et la saisie qu'il en avait
« faite fut déclarée nulle. »

« Basnage, sur l'article 539 de la même coutume, en rapporte deux autres de la même cour, des 9 mars 1679 et 18 juin 1682[2] qui ont jugé la même chose.

« Froland, dans ses *Mémoires sur le sénatus-consulte velléien*[3], nous fournit plusieurs arrêts semblables du parlement de Paris[4]. »

Nous ne citons pas cette opinion de M. Merlin pour la combattre ; car la solution qu'il donne à la question qu'il pose nous semble parfaitement juridique. Elle n'est qu'une

---

[1] Merlin date à tort cet arrêt de 1617, *Répert.*, v° *Puissance maritale*, sect. II, § 2, art. 2, n° 19.

[2] Merlin, *loc. cit.*, date cet arrêt de 1680.

[3] Voy. aussi les *Mémoires* du même, p. 1014 et 1047 et suivantes, où il rend un compte fort détaillé d'une conférence tenue à la bibliothèque des avocats au parlement de Paris, en présence de l'avocat général Lamoignon, le 31 décembre 1718.

[4] M. Merlin ne reproduit l'espèce que de l'un d'eux, rendu à la date du 6 septembre 1664. Froland rapporte avec détails les espèces de cinq autres arrêts portant les dates des 7 septembre 1685, 13 août 1686, 4 septembre 1688, 20 juin 1689 et 26 août 1700.

application du principe de la souveraineté territoriale[1], principe d'où l'on a déduit que le statut réel régit les biens situés dans l'étendue du territoire pour lequel il a été rendu, mais sans pouvoir s'étendre au delà des limites de ce même territoire. Telle est la règle que les jurisconsultes de toutes les nations ont acceptée[2].

Mais nous tenons à faire remarquer seulement que, pour que la question soulevée par M. Merlin offre l'apparence d'une difficulté, il faut qu'il y ait discordance entre le statut personnel et le statut réel.

Supposez que dans l'espèce qu'il examine l'immeuble soit situé en Dauphiné, mais que la femme, au lieu d'être domiciliée à Paris, le soit dans le ressort des parlements de Toulouse, de Bordeaux, de Rouen, d'Aix, de Pau ou de Douai, des conseils souverains de Colmar ou de Perpignan,

---

[1] Voy. Martens, *Précis du droit des gens*, § 73; Fœlix, *Traité du droit international privé*, n° 9; Mailher de Chassat, *Traité des statuts*, n°˚ 41 et suivants.

[2] Voy. d'Argentré, sur la coutume de Bretagne, tit. xii, art. 218, gl. 6. n° 2; Burgundus, *Tract.* 1, n°˚ 4, 11, 12 et 14; Rodenburg, *de Jure quod oritur ex statutorum diversitate*; tit. i, c. ii; Paul Voët, *de statutis eorumque concursu*, sect. iv, c. ii, n°˚ 4 et 6; Jean Voët, *ad ff. de statut.* n° 3; Abraham de Wesel, art. 16, n° 19; Chrystinen, *Decisiones*, vol. II, tit. i. decis. 3, n° 2; de Méan, *ad consuet. Leod.*, observ. 652, n° 9, observ. 660, n° 12; Boullenois, t. I, p. 2 et suiv.; Hert, sect. iv, § 9; Huber, *Prælectiones*, lib. I, tit. iii, *de Conflictu legum*, § 15; Cramer, *Observationes juris universi*, t. V, observ. 462; Pothier, sur la coutume d'Orléans, introduction, ch. i, § 2, n°˚ 22, 23 et 24, ch. iii, n° 51; Vattel, *le Droit des gens*, liv. II, ch. viii, § 103 et 110; Glück, *Commentaire*, § 76, *Droit privé*, § 17 et 18; Danz, *Manuel*, t. I, § 53, n° 1; Portalis père, *Exposé des motifs du Code civil* (Locré, t. I, p. 581); le tribun Faure (*id. ibid.*, p. 613); Meier, p. 17; Mittermaier, § 32; Eichhorn, § 36; Tittmann, ch. v; Mühlenbruch, § 72, n° 2; Reinhardt, *Suppléments de Glück*, t. I, § 31; Brinkmann, p. 10 et 11; Gœschen, t. I, § 31, p. 112; Story, § 374, 424 et suiv., et surtout § 428; Wheaton, *Éléments de droit international*, ch. ii, § 1, 2, 3 et 5, t. I, p. 101 à 106 et 136; Rocco, p. 104, 110, 118 et 122, et Burge, règle 6, t. I, p. 25, t. II, p. 14, 26, 78 et 840.

où le sénatus-consulte velléien était en vigueur[1], la question ne peut pas naître, car l'obligation personnelle serait prohibée par le statut personnel comme l'engagement réel par le statut réel.

A l'inverse, supposez que la femme de Paris ait des immeubles situés non en Dauphiné, où la loi Julia était en vigueur, mais dans le Lyonnais, le Forez, le Beaujolais ou le Mâconnais, où Louis XIV avait abrogé cette loi par un édit du mois d'avril 1664, enregistré le 20 août suivant[2], la question ne peut pas encore naître, car l'obligation que le statut personnel ne défend pas le statut réel ne la défend pas non plus.

Cochin[3], Prévot de la Janès[4], Bourjon[5], Denisart[6], Froland, Boullenois[7], et le plus grand nombre des anciens auteurs ne reconnaissent que deux espèces de statuts, le statut personnel et le statut réel, de même que les jurisconsultes qui ont écrit sous le Code civil n'ont distingué que deux espèces de lois, les lois personnelles et les lois réelles[8].

---

[1] *Répert.*, aux mots *Sénatus-consulte velléien*, § 1, n⁰ˢ 7 et suiv.
Un édit de Henri IV, du mois d'août 1606, abrogea le S. C. velléien, et fut exécuté dans tout le ressort du parlement de Paris, sauf l'Auvergne et la Marche.
Cet édit fut reçu successivement par le parlement de Bourgogne, en 1609, par celui de Bretagne, en 1683, et par celui de Franche-Comté, en 1705.

[2] Voy. le *nouveau Denisart*, v° *Dot*, § 14, n° 9.

[3] Plaidoyers 31 et 122, t. I, p. 545, et t. V, p. 80.

[4] Voy. le troisième discours qui précède les *Principes de la jurisprudence française*.

[5] *Droit commun de la France*, liv. I, tit. XI, ch. I, n° 2.

[6] V° *Statut*, n° 4.

[7] M. Fœlix, n° 21, range à tort Boullenois parmi les auteurs qui ont admis les statuts mixtes. Voy. la *Dissertation sur les statuts* d'Auroux des Pommiers, et M. Mailher de Chassat, n° 17.

[8] Même ceux qui ont écrit peu de temps après la promulgation du Code civil. Voy. Delaporte, *Pandectes françaises*, 2ᵉ édit., t. I, p. 45; Delvincourt, t. I, p. 11; Bavou et Loyseau, *Jurisp. du Code civil*, t. I, p. 450.

D'Argentré[1], Burgundus[2], Rodenburg[3], Paul Voët[4], Challine[5], d'Aguesseau[6], Auroux des Pommiers[7], admettaient une troisième espèce de statuts qu'ils nommaient statuts mixtes.

« Ce sont, suivant eux, disait Guyot[8], les statuts qui concernent tout à la fois la personne et les biens ; mais, de cette manière, la plupart des statuts seraient mixtes, n'y ayant aucune loi qui ne soit faite pour les personnes, et aussi presque toujours par rapport aux biens. A dire vrai, il n'y a point de statuts mixtes, ou du moins qui soient autant personnels que réels ; car il n'y a point de statut qui n'ait un objet principal, cet objet est réel ou personnel et détermine la qualité du statut. »

Chabot, dans ses *Questions transitoires*[9], repousse aussi la division tripartite des statuts, imaginée par d'Argentré, « cet homme d'un génie si subtil[10]. »

« Quelques auteurs, dit-il, avaient distingué une troisième espèce de statuts qu'ils appelaient *mixtes*, savoir ceux qui concernaient à la fois la personne et les biens.

« Mais, de cette manière, presque tous les statuts seraient mixtes ; car il n'est presque pas de cas où le statut personnel et le statut réel n'exercent une influence réciproque l'un sur l'autre, et n'atteignent en même temps le bien et la personne.

---

[1] Sur l'art. 218, gl. 6, n°ˢ 5 et 6 de la coutume de Bretagne.
[2] *Tract.* I, n° 3.
[3] Ch. II.
[4] Mais dans un autre sens que les précédents. Voy. ce qu'il dit sect. IV, ch. II, n°ˢ 3 et 4.
[5] *Méthode générale pour l'intelligence des coutumes*, règle 14, p. 212 de l'édition de 1666.
[6] Plaidoyer 54, t. IV, p. 638 de l'édition in-4.
[7] Dans la préface de son commentaire sur la coutume du Bourbonnais.
[8] *Répertoire*, v° *Statut*.
[9] V¹ⁿ *Autorisation maritale*, § 1.
[10] Boullenois, t. I, p. 27.

« Ainsi, par exemple, le statut qui met le mineur en puissance de son père ou de sa mère, le rend par cela même inhabile à régir, et, à plus forte raison, à vendre ses biens : le statut qui réserve une partie de la succession aux héritiers légitimes, frappe par contre-coup le testateur d'une espèce d'interdiction qui l'empêche de disposer de cette portion réservée.

« Il ne pourrait y avoir de statut réellement *mixte* que celui qui serait autant réel que personnel ; mais il n'en existe pas de cette nature, parce qu'il n'y en a pas qui n'ait un objet principal, soit réel soit personnel, et c'est cet objet qui détermine la qualité du statut. »

M. Fœlix dit aussi (n° 21) : « Nous n'admettons pas les statuts mixtes comme troisième membre de la division. Les lois qui disposent à la fois des personnes et des choses doivent être rangées dans celle des deux classes dont les caractères y prédominent ; ou bien si cette prédominance n'existe pas, elles appartiennent pour la première partie aux lois personnelles ; pour la seconde, aux lois réelles : elles ne forment pas une classe à part et d'une nature particulière [1]. »

Enfin M. Demolombe [2] exprime à peu près la même pensée dans ces termes : « Certains auteurs avaient autrefois proposé de déclarer des *statuts mixtes,* mais les effets si différents, si contraires même des deux statuts ne permettent pas cette alliance, cette confusion ; il faut donc choisir, et c'est dans le caractère prédominant de chaque loi, dans l'objet essentiel de sa préoccupation, dans son but final, en un mot, qu'il faut puiser les moyens de distinction. »

---

[1] Voy. dans le même sens M. Story, § 13 ; M. Burge, I, p. 10 ; M. Mailher de Chassat, n° 17. « Du reste, dit M. Fœlix, les auteurs qui ont adopté le système ancien n'ont jamais été d'accord sur la question de savoir si telle loi est réelle, personnelle ou mixte. Voy. Hauss, p. 3 ; Meier, p. 12. »

[2] *Cours de Code civil*, t. I, n° 78.

Mais qu'on admette ou qu'on n'admette pas la distinction tripartite de d'Argentré, la seule question intéressante sera toujours celle-ci : Dans tel ou tel cas faudra-t-il suivre la loi du domicile du contractant, ou la loi de la situation du bien qui a fait la matière du contrat? et lorsque les deux lois diront la même chose, aucun doute ne pourra jamais s'élever, car aucun conflit ne pourra naître.

Or l'hypothèse que nous avons faite relativement à l'immeuble dotal situé en Dauphiné, et appartenant à une femme domiciliée dans le ressort des parlements de Bordeaux, Rouen, etc., est précisément celle d'une espèce parfaitement semblable à celle qui est soumise à la Cour de cassation.

Dans notre espèce comme dans celle du concours du sénatus-consulte velléien et de la loi Julia, il s'agit de deux statuts qui interdisent absolument la même chose en des termes et par des motifs différents.

Veut-on suivre le statut personnel? C'est la loi domaniale de France qui ne permet pas d'acquérir par prescription des biens qui ne sont pas dans le commerce : *inalienabile ergo impræscriptibile*.

Veut-on suivre le statut réel? Ce sont les Chartes générales du Hainaut qui ne permettent de prescrire que contre personne impuissante d'aliéner.

Mais allons plus loin, et disons qu'alors même que la coutume du Hainaut n'eût pas interdit d'une manière générale la prescription contre personnes impuissantes de *fourfaire* ou d'aliéner, dans l'espèce, la prescription de Condé eût encore été impossible.

Supposons en effet que la seigneurie du château au lieu d'être placée sous l'égide protectrice de l'article 1er du chapitre cvii des Chartes, ait été régie par les dispositions des coutumes de Malines, d'Anvers, de Gheel, de Lierre, de Deurne et de Santhoven qui, quant à la prescription trentenaire qu'elles adoptaient, n'établissaient nulle distinction entre les personnes capables d'aliéner et celles qui ne l'étaient pas[1] ; eh bien ! dans cette hypothèse même, la seigneurie de Condé eût été soustraite au statut local qui la déclarait prescriptible.

Montesquieu[2] l'a dit avec sa précision habituelle : « Il ne faut point décider par les règles du droit civil quand il s'agit de décider par celles du droit politique. »

« Le domaine de l'État est-il inaliénable ou ne l'est-il pas ? Cette question doit être décidée par la loi politique et non par la loi civile. Elle ne doit pas être décidée par la loi civile, parce qu'il est aussi nécessaire qu'il y ait un domaine pour faire subsister l'État, qu'il est nécessaire qu'il y ait dans l'État des lois civiles qui règlent la disposition des biens. Si donc on aliène le domaine de l'État, l'État sera forcé de faire un nouveau fonds pour un autre domaine[3] ; mais cet expédient renverse encore le gouvernement politique, parce que, par la nature de la chose, à chaque domaine qu'on établira le sujet payera toujours plus, et le souverain tirera toujours moins ; en un mot, le domaine est nécessaire et l'aliénation ne l'est pas. »

On voit que Montesquieu arrivait à la même conclusion que Cujas et Stockmans[4].

---

[1] Arrêts de la cour de Bruxelles des 27 novembre 1823, 17 mai 1834 et 10 août 1844 ; arrêts de la Cour de cassation de Belgique des 5 juin 1818 et 3 juillet 1824 ; Coloma, *Arrêts du grand cons. de Malines*, t. I, p. 32, Christynen, *ad leg. Melchin.*, XXVI, 1 ; M. Britz, *loc. cit.*, p. 1006.

[2] *Esprit des lois*, liv. XXVI, ch. XVI.

[3] Il est presque inutile de faire remarquer que ce que dit Montesquieu n'est pas vrai d'une manière absolue ; mais, selon la coutume, il n'indique pas ce qui peut être ou ce qui doit être, il se borne à expliquer ce qui a été ou ce qui est.

[4] Ainsi faisait aussi Dunod lorsque, dans son *Traité des prescriptions* (p. 274 et 275), il disait : « La raison qui établit l'inaliénabilité du domaine est que le souverain le tenant pour des causes qui regardent l'intérêt public, il n'en doit pas être regardé comme propriétaire, mais seu-

M. Merlin acceptait aussi cette conclusion, mais par d'autres motifs, il disait [1] :

« Que le souverain proprement dit, le corps de l'État, la nation puisse aliéner ses domaines, c'est une vérité reconnue de tous les temps et à laquelle les lois de nos jours ont rendu l'hommage le plus éclatant et le moins équivoque.

« En est-il de même du chef de l'État, du prince que, par une confusion de mots qui ne doit influer en rien sur les idées, on s'est généralement habitué à qualifier de *souverain*? Non, sans doute : il n'est point propriétaire, il n'est qu'administrateur, il peut bien administrer, mais il ne peut pas aliéner. Il est donc dans la nature des choses, que le domaine d'un État soit inaliénable de la part du chef de l'État, il ne faut donc point de loi pour que le domaine d'un État soit inaliénable en ce sens; il en faut une au contraire pour qu'en ce sens, il puisse être aliéné; et encore cette loi ne peut-elle émaner que de la volonté générale du corps de l'État. »

M. Merlin ne faisait guère d'ailleurs que reproduire les idées exprimées par Vattel [2].

« Le prince ou le supérieur quelconque de la société, disait ce publiciste, n'étant naturellement que l'administrateur et non le propriétaire de l'État, sa qualité de chef de la nation, de souverain, ne lui donne pas par elle-même le droit d'aliéner ou d'engager les biens publics. La règle générale est donc, que le supérieur ne peut disposer des biens publics quant à la substance ; ce droit étant réservé au seul propriétaire, puisque l'on définit la propriété par le droit

lement comme usufruitier et administrateur; ce qui a fait passer parmi presque toutes les nations qu'il ne peut en disposer d'une manière préjudiciable. »

[1] *Répert*, v° *Inaliénabilité*, § 1.
[2] *Droit des gens*, liv. 1, § 260.

de disposer d'une chose quant à la substance : si le supérieur vient à passer son pouvoir à l'égard de ces biens, l'aliénation qu'il en aura faite est invalide, et peut toujours être révoquée par son successeur ou par la nation. C'est la loi communément reçue dans le royaume de France, et c'est sur ce principe que le duc de Sully conseilla à Henri IV de retirer toutes les parties du domaine de la couronne qui avaient été aliénées par ses prédécesseurs. »

L'inaliénabilité du domaine de la couronne se confondait dans les idées des anciens jurisconsultes et des anciens publicistes avec l'inaliénabilité du territoire soumis au pouvoir administratif et exécutif du prince. Les mêmes règles s'appliquant aux deux cas, nous pouvons donc conclure de l'un à l'autre et citer ce que dit du dernier M. Wheaton [1] :

« Les lois fondamentales de la plupart des gouvernements libres, limitent le pouvoir de traiter relatif au démembrement de l'État, ou par une prohibition expresse, ou nécessairement implicite, résultant de la nature de la constitution. Ainsi même sous la constitution de l'ancienne monarchie française, les états généraux du royaume [2] déclarèrent que François Ier n'avait pas le pouvoir de démembrer le royaume, comme il fut forcé de le faire dans le traité de Madrid ; et cela non pas seulement sous le simple prétexte qu'il était prisonnier, mais parce que l'assentiment de la nation représentée par les états généraux était essentiel à

---

[1] *Éléments de droit international*, t. II, p. 207.
[2] Il n'y eut pas convocation des états généraux, mais lit de justice en parlement ; et bien que ce lit de justice fût plus nombreux et plus solennel que de coutume, ce n'était toujours, suivant la remarque d'un historien moderne (M. H. Martin), qu'une espèce de simulacre d'états généraux. Voy. du reste Sismondi, *Histoire des Français*, t. XVI, p. 307 et suiv. ; Gaillard, *Histoire de François Ier*, t. II, p. 212 et suiv. ; M. Henrion de Pansey, *des Assemblées nationales en France*, t. II, p. 16 et suiv. ; l'*Essai sur l'histoire des comices de Rome, des états généraux de France et du parlement d'Angleterre* (par Gudin), t. I, p. 402, etc.

la validité du traité. La cession de la province de Bourgogne fut donc annulée, comme contraire aux lois fondamentales du royaume; et les états provinciaux de ce duché déclarèrent, selon Mézerai, que *n'ayant jamais été sujets d'une autre couronne que celle de France, ils mourraient dans cet engagement de fidélité; et s'ils étaient abandonnés par le roi, ils prendraient les armes et maintiendraient leur indépendance par la force, plutôt que de passer sous une domination étrangère*.[1]

Dans les mêmes circonstances le premier président de Selves répondait aux mandataires de Charles-Quint : « Le roi ne peut aliéner le duché; il est obligé d'entretenir les droits de la couronne, laquelle est à lui, et à son peuple, et à ses sujets commune. »

Et si François Ier dans ces circonstances néfastes avait tenté de méconnaître ses devoirs et le serment prêté lors de son sacre, rentré dans ses États, il se rattacha aux maximes qu'il avait antérieurement proclamées dans ses édits, et se garda de porter atteinte à l'inaliénabilité du domaine de la couronne.

Ainsi dans la séance du parlement du 15 janvier 1536[2] « l'avocat général dit, le roy présent, que par la loy de France qui se nomme salique, et par le droit commun divin et positif, le sacré domaine de la couronne et ancien domaine du prince ne tombe dans le contract et n'est communicable à autres qu'au roy, qui est mari et époux politique de la chose publique laquelle lui apporte à son sacre et cou-

---

[1] Charles-Quint ne niait pas que cette résistance fût légitime, mais il se contenta de répondre à Lannoy, qui la lui faisait connaître : « Que François Ier ne rejette pas sur ses sujets son manque de foi; il lui suffit, pour remplir ses engagements, de revenir en Espagne, qu'il le fasse. » Voy. Le Ferron, liv. VIII, p. 163; Guichardin, liv. XVII, p. 366; et Martin du Bellay, liv. III, p. 22.

[2] Archives générales. — Extrait du registre : *le domaine*, X, 20,407.

ronnement en dot le domaine de la couronne, laquelle dot il jure à son sacre de n'aliéner. »

Ainsi encore, lorsqu'à la date du 13 août 1543 le conseil rendait un arrêt tendant à limiter à un certain nombre d'années le rachat perpétuellement permis des biens du domaine « les gens du roy s'estant plaints, le roy ne voulut que ledit arrest fût prononcé [1]. »

Et ce qu'on disait et faisait sous François Ier, on le disait, on le faisait avant cela. Ainsi, en 1506, les états généraux assemblés à Tours, représentèrent à Louis XII que le traité qu'il avait fait avec l'empereur Maximilien et l'archiduc Philippe son fils, ne le liait pas, quoique garanti par serment, parce qu'il disposait des biens de la couronne dont l'aliénation ne lui était pas permise [2]. Et, comme l'on sait, le traité fut annulé [3].

Ce principe de l'inaliénabilité du domaine a paru en tout temps tellement respectable en France qu'on ne l'a pas laissé fléchir même dans des circonstances où sa violation était, après tout, plus apparente que réelle. Ainsi lorsque eut lieu la réunion de l'Alsace à la France, grâce aux négociations dirigées par le cardinal Mazarin, Louis XIV donna à ce ministre, pour le récompenser de ses efforts heureux et habiles, des seigneuries et des forêts situées dans cette province. A coup sûr, le domaine ne se fût pas appauvri s'il n'eût jamais été entamé que dans des circonstances semblables. Eh bien! nonobstant cette considération, la donation dont s'agit fut annulée le 14 juillet 1791 par un décret spécial de l'Assemblée constituante.

Il faut donc reconnaître avec la Cour suprême [4] « qu'il y

---

[1] Archives générales, *loc. cit.*
[2] Voy. Vattel, *Le droit des gens*, liv. II, ch. XII, n° 160.
[3] On se rappelle aussi les débats que soulevèrent dans les deux Chambres l'ordonnance de 1825, qui reconnaissait l'indépendance d'Haïti.
[4] Arrêt du 15 mars 1837 (Dalloz, 1837, 1, 270.)

avait en France divers ordres de lois : les lois fondamentales que les rois eux-mêmes se proclamaient dans l'heureuse impuissance de changer, selon les propres termes de l'édit du mois de juillet 1717, et les lois d'une autre nature qu'il appartenait toujours au roi de porter, de modifier ou de révoquer ; que *la loi qui déclarait le domaine de la couronne de France inaliénable était rangée dans la classe des lois fondamentales, et constituait une loi toute politique, tenant à la constitution même du royaume,* et dont il était fait mention dans le serment des rois à leur sacre. »

Ces maximes, auxquelles les anciens parlements étaient inviolablement attachés, devaient d'autant plus préoccuper les négociateurs du traité de Cambrai, que leur violation avait amené la rupture du traité de Madrid[1] et que le nouveau traité qui se négociait devait, lui aussi, être soumis à la vérification de ces sévères gardiens des lois fondamentales du royaume.

« C'est une condition implicite en négociant avec des puissances étrangères, dit M. Wheaton[2] que les traités conclus par le gouvernement exécutif, seront soumis à la ratification de la manière prescrite par les lois fondamentales de l'État. Celui qui contracte avec un autre, dit Ulpien, connaît ou doit connaître sa condition : *qui cum alio contrahit, vel est, vel debet esse non ignarus conditionis*

---

[1] Personne au reste ne se faisait illusion sur l'exécution de ce traité « que, dit Sismondi (t. XVI, p. 275), le roi comme français, n'auroit jamais dû signer, que comme chevalier et homme d'honneur, il n'auroit jamais dû rompre. » « Gattinara était si persuadé que le traité de Madrid ne serait point exécuté, qu'après avoir opiné contre ce traité dans le conseil, il refusa de le sceller. L'empereur le scella, mais les raisons du chancelier avaient fait impression sur son esprit; sa conduite annonça qu'il comptait peu sur l'exécution du traité; il commença lui-même par ne point l'exécuter; il laissa le roi en prison à Madrid plus d'un mois après la signature.» (Gaillard, *Histoire de François I*er, t. II, p. 203.)

[2] *Éléments de droit international*, t. I, p. 239 et 240.

ejus[1]... Le traité ainsi ratifié est obligatoire pour les États contractants, indépendamment de mesures auxiliaires législatives qui peuvent être nécessaires pour lui donner un effet complet. De sorte que, quand une pareille législation devient nécessaire, en conséquence de quelque limite au pouvoir de traiter exprimée dans les lois fondamentales de l'État, ou résultant nécessairement de la distribution des pouvoirs constitutionnels — *telle par exemple, la prohibition d'aliéner le domaine national* — le traité doit être alors considéré comme imparfait dans son effet obligatoire, jusqu'à ce que le consentement de la nation soit donné dans les formes requises par la constitution civile. »

François Ier et Charles-Quint devaient donc faire un traité tel, que cette ratification fût obtenue, car de part et d'autre ils devaient vouloir que ce traité ne restât pas *imparfait dans son effet obligatoire*. François Ier devait désirer vivement de retirer des mains de son heureux rival les otages précieux qu'il lui avait remis; il le devait d'autant plus que par une récente et cruelle expérience il avait appris combien étaient pénibles les ennuis de l'exil; de son côté, Charles-Quint devait avoir grande hâte de recueillir enfin les fruits de la bataille de Pavie[2].

Or comment pouvaient-ils s'entendre pour obtenir ces

---

[1] L 19, ff. *de reg. juris.*

[2] « La lassitude était universelle, dit un historien. » « L'épuisement de toutes les puissances, dit Gaillard (t. II, p. 338) rendait la paix nécessaire. François Ier voulait revoir ses enfants et soulager ses sujets; l'empereur malgré tous ses succès n'était sûr de rien. » De son côté M. de Sismondi (t. XVI, p. 330) explique que «malgré l'acharnement que les deux monarques avoient fait paroître, malgré la violence de leurs dernières provocations et de leurs démentis, le traité que les deux dames (Louise de Savoie et Marguerite d'Autriche) devoient entamer, n'étoit pas si difficile à conclure qu'il pouvoit le paroître. La situation de l'empereur étoit récemment devenue plus critique et lui donnoit un plus grand désir de s'arranger avec la France. »

résultats auxquels ils aspiraient tous deux avec une égale impatience?

Cinq cent dix mille écus d'or restaient à payer pour compléter la rançon du roi de France, et pour une somme aussi forte, la parole du roi-chevalier semblait un gage trop léger au défiant fils de Jeanne la Folle[1]. Il voulait des garanties réelles. Il les voulait sous sa main. Il pensait qu'en cas de contestation, pour que des huissiers instrumentassent en France contre le roi, il leur eût fallu pour recors un corps d'armée ni plus ni moins; et il ne voulait pas commettre de nouveau aux hasards de la guerre les avantages que la capricieuse fortune lui avait départis et qu'il ne s'agissait plus que de récolter.

C'était donc dans les Pays-Bas que Charles-Quint voulait son gage. Mais de terres dans ces provinces, le roi de France n'en possédait pas. Il fallait sortir de cette difficulté par un expédient. Cet expédient fut trouvé.

Certains sujets du roi de France, dont quelques-uns de sa famille même, possédaient des domaines considérables dans les Pays-Bas. Mme de Vendôme entre autres y avait des possessions suffisantes pour garantir à elles seules la rente des vingt-cinq mille cinq cents écus d'or qui représentaient au denier vingt l'intérêt de la somme que redevait à Charles-Quint François Ier [2].

---

[1] On peut voir dans Sleidan, dans Beaucaire, dans du Bellay et dans les autres historiens contemporains, quelles précautions minutieuses furent prises lors de l'échange du roi contre ses fils en 1526, et lors de l'échange de ceux-ci contre une partie de la rançon de leur père en 1529. Malheureusement, il faut le reconnaître, ces précautions n'étaient pas superflues, et dans cette dernière circonstance notamment, les écrivains même les plus favorables à François Ier, sont obligés de reconnaître que son argent n'était pas de meilleur aloi que sa parole (voy. l'*Histoire* de Gaillard, t. II, p. 349).

[2] Indépendamment des terres désignées dans l'acte du mois de mars 1529 et qui donnaient un revenu de onze mille sept cent soixante-quatre écus d'or et deux tiers, Mme de Vendôme possédait un grand nombre d'autres

Acheter ces terres, il n'y fallait pas songer, car si le roi de France avait été assez riche pour cela, le plus simple eût été de ne pas rester débiteur de l'empereur et de lui solder en totalité les deux millions d'écus d'or stipulés pour la rançon de François Ier.

Restait la voie de l'échange, voie d'autant plus naturelle que c'était le seul mode d'aliénation qui fût permis au roi, et que c'était, dans l'espèce, le seul mode d'acquisition aussi qui lui fût possible.

Mais acquérir des terres dans les Pays-Bas et les remplacer par des terres françaises, c'était après tout, quelque exactement qu'on équilibrât les biens contre-échangés, faire une mauvaise affaire, car Mme de Vendôme avait appris à ses dépens que des possessions inféodées à l'empereur n'offraient pas la même sécurité pour des Français que des possessions sises en deçà de la frontière. Et si Mme de Vendôme avait eu à pâtir de la guerre qui venait de finir, si elle avait vu le séquestre s'appesantir sur ses biens[1], combien, la guerre venant à se rallumer, le même danger ne serait-il pas plus menaçant encore, alors que Charles-Quint pourrait atteindre non pas les biens des sujets de son antagoniste, mais ceux de son antagoniste lui-même!

François Ier devait donc désirer que les échanges qu'il allait être forcé de consentir ne fussent pas définitifs. Et comme il comprenait très-bien que les contre-échangistes ne se contenteraient pas d'un droit perpétuellement résoluble sur les terres françaises qu'il allait leur livrer, il eût voulu obtenir d'eux du moins, pour annuler l'échange, un délai plus long que celui qui, en définitif, lui fut accordé[2].

---

terres dans les Pays-Bas dont elle se défit peu de temps après la signature du traité de Cambrai.

[1] Voy. l'art. 39 du traité de Cambrai.

[2] Il s'agissait d'un délai de dix ans dans la procuration du 16 décembre 1529.

Le gouvernement ne possédait pas alors cette force de concentration dont on a peint en une phrase la puissance infinie[1], et de plus le trésor était à sec, les impôts excessifs, la France épuisée, le roi généreux, prodigue même parfois, et les courtisans avides comme toujours. Il fallait donc un délai assez long pour que cette réserve d'annulation des échanges ne fût pas illusoire. Aussi, faute d'avoir obtenu celui qu'il demandait, François Ier ne parvint-il à obtenir qu'en partie le résultat qu'il avait prévu et espéré lors du traité de Cambrai[2].

Du reste, comme par ce traité c'étaient les terres qu'il devait acquérir qu'il engageait, et comme ces terres une fois acquises faisaient partie du domaine de la couronne, il ne pouvait, suivant les principes du droit domanial, les aliéner, même quant à leurs revenus, que sous faculté perpétuelle de rachat.

Enfin, comme Charles-Quint tenait à être toujours soldé complétement de l'intérêt des cinq cent dix mille écus d'or qui lui restaient dus; comme le revenu des terres engagées pouvait varier pour quelques-unes, et comme en cas de rachat partiel on n'eût pas manqué de choisir celles de ces terres dont le revenu s'était accru et de laisser à l'engagiste celles dont le revenu avait diminué, Charles-Quint, tout en cédant à l'exigence des principes du droit domanial, c'est-à-dire en acceptant le rachat perpétuel, voulut du moins, ce qui n'était pas contraire à ces principes, que le rachat ne fût possible qu'autant qu'il serait exercé en bloc.

Les intentions respectives que nous venons de dire, et les précautions prises de part et d'autre par les parties pour sauvegarder leurs intérêts, sont très-nettement précisées

---

[1] « Au même moment le ministre ordonne, le préfet transmet, le maire exécute, les régiments s'ébranlent, les flottes s'avancent, le tocsin sonne, le canon gronde, et la France est debout. »

[2] Il récupéra la moitié environ des terres qu'il avait échangées.

dans la clause suivante du traité de Cambrai : « Et pour le reste et parfait accomplissement desdits deux millions..... environ cinq cent dix mille cinq cents écus d'or au soleil, ledit seigneur roi très-chrétien baillera audit seigneur empereur la rente de vingt-cinq mille cinq cents écus d'or au soleil, qui est à l'advenant du denier vingt, et pour ladite rente fera avoir à iceluy seigneur empereur les terres et seigneuries que la dame douairière, duchesse de Vendôme, a en ses pays de Brabant, Flandre, Hainaut, Artois et ailleurs en ses pays d'en bas, et autres terres que tiennent et possèdent esdits pays les subjets dudit seigneur roy très-chrétien, telles que ledit seigneur empereur ou ses commis à ce voudront choisir et nommer..... pour, par ledit seigneur empereur, ses hoirs, successeurs ou ayants cause, jouir et user desdites terres et seigneuries et revenus d'icelles par leurs mains, à condition de rachat, tant et jusqu'à ce que ledit rachat soit fait, lequel rachat se fera tout à une fois et sans décompte ou rabat des fruits, profits et revenus desdites terres du temps qu'elles auront été ès mains dudit empereur, de sesdits hoirs ou successeurs. »

Il semble en vérité que Formey ait eu en vue un traité semblable lorsque d'après Wolff il disait[1] :

« Les traités ou conventions quelconques peuvent aussi être accompagnés et munis d'*oppignoration*; et comme on donne des gages pour la sûreté d'une dette, on peut aussi en donner pour celle d'un traité. Tout ce qu'une nation a dans son domaine peut servir de gage, comme villes, cantons, provinces entières, aussi bien que les droits de la nation, ou des choses précieuses qui appartiennent à l'État. Le souverain peut aussi engager ses propres biens pour les dettes de la nation.

---

[1] *Principes du droit de la nature et des gens*, extraits de Wolff, par Formey, l. IX, ch. v, n°s 21 et 22.

« Quand une province entière ou une certaine étendue du territoire est donnée en gage pour sûreté d'une dette, il y a, outre l'oppignoration, ce qu'on appelle antichrèse, c'est-à-dire que celui entre les mains de qui se trouve la chose engagée peut jouir de ses revenus et de ses fruits en compensation des intérêts de la somme qu'il a prêtée. Les droits *antichrestiques* se déterminent par les conventions stipulées dans le traité sur lequel ils sont fondés. »

N'insistons pas sur ce caractère d'antichrèse que nous retrouvons dans le contrat intervenu entre Charles-Quint et François Ier ; car, si nous insistions sur ce caractère, nous arriverions à prouver qu'en ne consultant que les règles du droit civil, qu'en ne considérant les auteurs du traité que comme deux contractants ordinaires, la propriété de la seigneurie du château et de sa justice serait restée au roi par l'engagement de 1529. Or, ce n'est pas le droit civil, mais le droit public que nous voulons interroger maintenant. Nous voulons prouver que les chefs de deux États indépendants, en signant un traité de paix, obligent à son exécution leurs sujets respectifs, et peuvent déroger par des stipulations de droit des gens et d'intérêt général aux coutumes et aux autres lois d'intérêt privé et de droit civil qui régissent les habitants des deux pays qu'ils représentent.

Mais cette preuve est-elle nécessaire, et n'est-il pas évident qu'il faut ou dénier aux nations et à ceux qui les représentent le droit de se lier réciproquement par des traités, ou qu'il faut reconnaître que ces traités deviennent des lois internationales obligatoires pour tous les sujets des États qui y concourent ?

Aussi Vattel dit-il[1] : « Le souverain qui possède l'empire plein et absolu est sans doute en droit de traiter au nom

---

[1] *Le droit des gens*, liv. II, § 154.

de l'État qu'il représente, et *ses engagements lient toute la nation.* »

Et ailleurs[1] le même publiciste dit encore que « le traité de paix conclu par une puissance légitime est sans doute un *traité* public *qui oblige toute la nation.* »

Burlamaqui[2] exprimait en termes encore plus clairs la même pensée en disant : « Si des traités sont obligatoires entre les États et les souverains qui les ont faits, ils le sont aussi par rapport aux sujets de chaque prince en particulier. Ils sont obligatoires comme conventions entre les puissances contractantes; mais ils ont force de loi à l'égard des sujets considérés comme tels, et il est bien manifeste que deux souverains qui font ensemble un traité, imposent par là à leurs sujets l'obligation d'agir d'une manière conforme au traité, et de ne rien faire qui y soit contraire. »

Et Perrau[3] résumait fort bien Burlamaqui en disant des traités, qu'ils ont « pour effet en obligeant les peuples, d'obliger, comme lois, les individus dont se composent ces peuples. »

M. Merlin faisait l'application de ces principes, lorsque devant la section des requêtes de la Cour de cassation il s'exprimait ainsi à l'audience du 15 juillet 1811[4] :

« Le traité du 11 janvier 1787 était une loi pour la France comme pour la Russie ; il avait été publié en France immédiatement après sa signature, aucun tribunal français ne pouvait le méconnaître, et plusieurs fois vous avez cassé des arrêts pour avoir contrevenu aux traités passés entre la France et des nations étrangères, comme vous les auriez cassés pour avoir contrevenu aux lois particulières de la

---

[1] Liv. IV, § 35.
[2] *Principes du droit politique*, part. IV, ch. IX, § 5.
[3] *Éléments de législation naturelle*, p. 478.
[4] *Répert.*, v° *Jugement*, § 7 bis, t. VIII, p. 755 de la 5ᵉ édition.

France. Il est même à remarquer que le 21 brumaire an XIII, au rapport de M. Cochard, vous avez rejeté, en vous fondant sur l'article 17 du traité du 11 janvier 1787, l'opposition formée par le sieur Raimbert à un arrêt de l'ancien conseil d'État du 6 septembre 1790, par lequel un arrêt du parlement de Rouen avait été cassé comme contraire à cet article [1]. »

La Cour suprême est restée fidèle à ses précédents. Jamais sa jurisprudence n'a varié! Elle a constamment décidé que les traités de paix et de guerre ne sont pas de simples actes administratifs ou d'exécution; qu'au contraire, dès leur publication en France, ils deviennent des lois de l'État; qu'à ce titre, leur violation donne ouverture à la cassation, cette violation n'eût-elle pas été préalablement invoquée; qu'à ce titre encore ils doivent être appliqués et interprétés par les autorités chargées d'appliquer toutes les lois dans l'ordre de leurs attributions; qu'enfin leur interprétation doit se faire d'après les règles du droit sur l'interprétation des conventions, c'est-à-dire d'après l'ensemble des clauses, et en recherchant la commune intention des plénipotentiaires contractants.

Nous citerons spécialement comme ayant consacré ces principes les arrêts des 15 juillet 1811, 10 avril 1838, 24 juin 1839 et 11 août 1841 [2].

Comme d'ailleurs ces principes dérivaient du droit des gens, ou, pour mieux dire, de la nature des choses, ils ont dû être considérés comme vrais dans tous les pays et dans tous les temps, et appliqués comme tels par les cours sou-

---

[1] Voy. l'article *Écu de mer*.

[2] Dalloz, 1811, 1, 468; 1838, 1, 187; 1839, 1, 257; 1841, 1, 336. Voir aussi arrêt de la cour de Douai du 2 janvier 1843 (Dalloz, 1843, 2, 96).

M. Dalloz (*Jurispr. du* XIXe *siècle*, v° *Lois*, sect. 1, art. 2, § 4, n° 4) en rappelant l'opinion consacrée par le premier de ces arrêts, ajoute : « Cette opinion ne nous paraît pas susceptible de controverse. »

veraines des Pays-Bas et par les parlements de France au xvi⁰ siècle, comme par la Cour de cassation au xix⁰.

Mais en considérant les traités comme des lois, est-ce à dire qu'ils pussent déroger aux coutumes? Est-ce à dire, par exemple, que le traité de Cambrai eût pu rendre imprescriptibles des biens qui auraient pu être prescrits, même contre des personnes incapables de les aliéner, sous les coutumes de Malines, d'Anvers, de Gheel, de Lierre, de Deurne et de Santhoven?

Examinons cette question successivement au point de vue français, et au point de vue de la législation des Pays-Bas et spécialement du Hainaut.

Challine ne mettait pas en doute que les ordonnances ou lois faites par le roi ne l'emportassent sur les coutumes de chaque province qui ne devaient leur force qu'à la tolérance du prince.

« Les peuples de chaque province de France, dit-il [1], ont cette liberté approuvée par la bonté et l'authorité de nos rois, de pouvoir établir des lois et des coutumes par un tacite consentement, confirmé par une longue suite d'années et même ils les peuvent abolir par le non-usage, comme j'ai remarqué ci-dessus sur la règle v, mais les rois de France par leur seule volonté expresse ont droit de faire des lois, *hoc est jus regium*. M. Antoine Loisel, en ses *Institutes coutumières* (liv. I, t. I, règ. 1), dit *qui veut le roi si veut la loi*... C'est aussi au prince souverain à corriger la dureté des coutumes, comme il est remarqué en la loi *prospexit*, etc., ce qui est observé par M. Cujas sur le livre II *de Feudis*, titre I, en ces termes : *Ut in his quæ scripto palam comprehensa sunt, etiamsi prædura videantur, judex a scripto*

[1] *Méthode générale pour l'intelligence des coutumes de France*, p. 154 et suiv. de l'édit. in-8° de 1666.
Voy. aussi le *Dictionnaire* de Ferrière, v° *Coutume*.

recedere non potest, et ut solus princeps eam duritiem emendare possit. Il a même le pouvoir de faire des édits contraires aux dispositions des coutumes quand la nécessité publique le requiert, car il est comme le premier mobile qui emporte tous les cieux inférieurs par son mouvement général, sans toutefois les priver de leur mouvement particulier [1]. »

Denisart exprime la même pensée sans l'obscurcir par des métaphores tirées de si loin et de si haut, lorsqu'il dit [2] :

« Les jurisconsultes pensent que le roi *n'est pas soumis aux coutumes*, surtout dans ce qui peut intéresser les droits de la souveraineté et l'ordre public. La raison de cette exception est que les coutumes ne sont que des usages anciens introduits parmi les peuples. Nos rois, en permettant de les rédiger par écrit et en les autorisant, leur ont conféré le caractère de lois ; et, par cette autorisation, elles sont devenues lois dans l'État, mais non pas lois de l'État.

« Elles régissent les biens situés dans leur district et les citoyens qui y sont domiciliés ; *mais elles cèdent à l'autorité des lois générales émanées de la puissance législative*, et, par conséquent, elles ne peuvent assujettir, ni les personnes, ni la majesté du prince maître d'y déroger.

« *Il n'en est pas de même des ordonnances*, qui sont des lois publiques et générales émanées de la volonté du prince, *elles commandent absolument et partout ; ce sont des lois de l'État*. Le roi y est soumis parce qu'il les a faites, et qu'il s'y est enchaîné lui-même ; sa promesse le lie, sa volonté est sa chaîne (tant que l'ordonnance subsiste), au lieu

---

[1] Et Challine après avoir posé cette règle donne plusieurs exemples de son application.
[2] V° *Coutume*, n°s 39 et suiv.

que les coutumes ne sont que des conventions particulières qui ne peuvent avoir de force qu'entre ceux qui s'y sont soumis.

« Avant la rédaction des coutumes, elles n'étaient que des usages ; après leur rédaction elles sont restées usages, et tout ce que la rédaction a opéré, c'est qu'elles pouvaient changer, au lieu qu'elles ne peuvent plus varier, aujourd'hui qu'elles sont rédigées par écrit. Le peuple s'est soumis à leur empire et le prince a consenti qu'elles fussent suivies ; son autorité leur a donné le caractère de loi, mais les commissaires du roi n'ayant eu caractère que pour revoir le vœu de la disposition des habitants, lors de la rédaction, n'ayant eu aucune mission pour y soumettre le roi et ne l'y ayant pas soumis ni stipulé pour lui, *elles ne peuvent pas l'obliger.*

« Ces maximes ont été plaidées comme certaines par M. l'avocat général Séguier, parlant pour le roi, qui avait acquis le duché de Gisors, et autres biens du maréchal Fouquet, duc de Belle-Isle, contre la dame Becquez, le duc et la duchesse de la Vauguyon, qui avaient intenté le retrait lignager de terres situées en Normandie. Il fit voir que les acquisitions royales n'étaient pas sujettes au retrait, parce que le roi n'était pas soumis aux coutumes qui l'admettent[1] : et par un arrêt rendu sur délibéré, prononcé le jeudi 5 août 1762, les retrayants ont été déclarés non recevables.

« On peut, sur cette matière, consulter du Tillet, dans son *Recueil des rois de France* ; Chopin, sur la coutume

---

[1] M. Henrion de Pansey, *De l'autorité judiciaire*, ch. XXXI, dit aussi des coutumes : « Arrêtées par les trois états de chaque province ou bailliage, et par conséquent *étrangères à la puissance législative*, on ne les regardait que comme de simples conventions particulières. »

d'Anjou ; Loyseau, *des Seigneuries* ; Bacquet, etc.; tous ces auteurs ont été cités par M. Séguier[1]. »

D'autres jurisconsultes ont donné à la puissance royale plus d'étendue encore que Denisart ne lui en accorde et aux coutumes moins d'importance même qu'il ne leur en reconnaît.

L'un d'eux dit[2] : « *Les souverains sont au-dessus des lois civiles*[3], c'est une conséquence nécessaire du droit qu'ils ont de les faire. Ils peuvent les modifier, les interpréter, les annuler, en donner de meilleures. On ne peut, avec quelque raison, contester ce droit à la souveraineté. »

Un autre jurisconsulte reconnaît que « les coutumes qui s'établissent insensiblement dans les différentes parties d'un État ne peuvent être regardées comme des lois, que parce que la perpétuité de leur observation fait présumer qu'elles sont connues du souverain, et que n'en ayant pas arrêté le cours, il est censé leur avoir imprimé le caractère de la loi par un consentement tacite[4]. »

Rebuffe[5] dit dans son latin barbare : *Notandum est quod populus regitur tribus modis : rege, lege et consuetudine... Nec tamen consuetudo major est imperio : unde potest papa*

---

[1] Grimaudet, *Traité des retraits*, liv. III, ch. v. Mornac, ad l. 1, ff. *de constit. princip.*; Despeisses, t. I, p. 86, et Tiraqueau, *de retract.*, § 1, gl. 14, n°s 38 et 39, décident aussi que le roi n'était pas soumis au retrait lignager. Tiraqueau cite en ce sens un arrêt relatif au comté de Guines, qui avait été acheté par le roi, arrêt recueilli par du Cocq.

[2] Voy. *Dict. univ. des sciences morales, économiques*, etc. mis en ordre et publié par Robinet, t. XXIV, p. 66.

[3] Voy. aussi en ce sens Mornac, ad l. 1, ff. *de constit. princip.*; Tiraqueau, *de retract.*, § 1, gl. 14, n°s 38 et 39; Chopin, sur la coutume d'Anjou, liv. I, tit. I, n° 6, et Jean du Tillet (*Titres, grandeur et excellence des rois et royaume de France*, p. 2) qui rapporte un arrêt en ce sens, du 16 juillet 1351.

[4] *Encyclop. méthod.* Jurisprudence, t. V, p. 595.

[5] *In constit. regias*, Tract. *de consuetudine*, art. 1, gl. 2, n°s 1 et 4. Voy. aussi Balde, *Consil.* 430.

in terris suis et temporali suæ jurisdictioni subjectis annulare consuetudines et cassare, quum sit majoris authoritatis quam consuetudo ; et idem in alio principe non recognoscente aliquem in superiorem.

« Les souverains qui accordaient les communes, dit un autre auteur, demeuraient toujours les maîtres d'y faire les changements qu'ils croyaient convenables, *leur qualité de législateur attachait à leur puissance le pouvoir inaliénable d'exercer leur autorité sur cette portion du droit public de leur royaume.* Nous avons publié dans ce volume [1] les changements que Louis VI fit au premier établissement de la commune de Saint-Riquier. On trouve dans le premier tome de ce recueil, plusieurs ordonnances de saint Louis et de Philippe le Bel, concernant des règlements généraux pour les communes, indépendamment des chartes particulières qu'ils avaient accordées.... Quand Charles V rétablit, en 1368, les habitants de Péronne dans les droits anciens de leurs communes, ce fut avec un grand nombre de modifications. Il en mit encore plus à la charte des communes de Tournai, lorsqu'il la renouvela en 1370. On peut regarder aussi comme une modification du droit de commune, l'article 71 de l'édit de Moulins, en février 1566, qui, laissant l'examen du criminel et de la police aux maires, échevins et autres administrations du corps des villes, leur interdit la connaissance des causes civiles entre les parties [2]. »

Terminons ces citations en faisant connaître sur l'abrogation ou la réforme des coutumes l'opinion d'un publiciste qu'on a loué avec exagération, lorsqu'on a dit [3] de lui qu'il

---

[1] Le tome XI des ordonnances du Louvre.

[2] Recherches sur les communes par de Vilevaut, au t. XI des ordonnances du Louvre.

[3] M. Lerminier dans le ch. VI de son *Introduction générale à l'histoire du droit.*

était *le créateur de la science politique*, et de son livre *qu'il fut jusqu'à Grotius le manuel des penseurs*, mais dont enfin la personne et l'ouvrage méritaient en partie la réputation et l'autorité qu'ils obtinrent autrefois. Voici ce qu'on lit dans le livre *de la République* de Bodin, et il est à peine besoin de faire observer que l'autorité qu'on va lui voir dénier aux états généraux du royaume, il l'eût à plus forte raison contestée, soit à des états provinciaux, soit à des corps municipaux ou judiciaires.

« On a vu souvent en ce royaume, dit Bodin, certaines coutumes générales abolies par les édits de nos rois, sans ouïr les états, quand l'injustice d'icelles étoit oculaire; comme la coutume de tout le royaume en tout le pays coutumier, touchant la succession des mères ès biens de leurs enfants, a été changée sans assembler les états, ni en général ni en particulier; qui n'est rien de nouveau, car, dès le temps de Philippe le Bel, la coutume générale en tout le royaume, qui ne souffroit pas que celui qui avoit perdu son procès fût condamné aux dépens, fut cassée par édit sans assemblée des états, et la coutume générale qui défendoit de recevoir le témoignage des femmes en causes civiles, fut abolie par l'édit de Charles VI sans appeler les états; car il faut que le prince souverain ait les lois en sa puissance pour les changer et corriger selon l'occurrence des cas, comme disoit le jurisconsulte Sextus Cæcilius, tout ainsi que le maître pilote doit avoir en sa main le gouvernail pour le tourner à sa discrétion, autrement le navire seroit plus tôt péri qu'on n'auroit pris l'avis de ceux qu'il porte [1]. »

Le principe que l'autorité des coutumes provenait de l'assentiment et de l'homologation du prince [2] était si bien reconnu, qu'elles ne furent jamais changées sans que cet

---

[1] *De la république*, liv. I, ch. VIII.
[2] Ce principe est adopté par M. Merlin, *Rép.*, v° *Coutumes*, § 2.

assentiment et cette homologation intervinssent. Tel fut l'objet des lettres patentes de Henri III, du mois de septembre 1575, pour la coutume du duché de Bourgogne; de celles de Louis XV, du mois d'avril 1773, pour la coutume d'Artois; de celles de Louis XVI, du 27 mars 1781, pour la coutume de Péronne; de celles du 8 décembre 1782, pour la coutume de Senlis; de la déclaration du 23 septembre 1784, pour la coutume du Perche; et des lettres patentes, du 4 mars 1788, pour la coutume de Saint-Quentin.

Suivait-on d'autres règles dans les Pays-Bas? Le pouvoir du prince y était-il moins grand, et ses placards n'avaient-ils pas autant d'autorité que les ordonnances des rois de France?

Nous savons qu'en Belgique bon nombre de personnes sont encore aujourd'hui très-fières des prétendues franchises dont jouissaient leurs aïeux, qu'elles expliquent avec complaisance comment ces franchises furent acquises, maintenues, conservées; mais il faut toujours en revenir à l'histoire de la dent d'or, et avant d'expliquer un fait, il faut savoir d'abord s'il existe. Consultons donc, non des préjugés, mais des faits, et comparons.

En France « les états votaient l'impôt; là finissait leur pouvoir; quant à l'exercice de la puissance législative ils n'y concouraient que par des remontrances, qu'ils ne manquaient jamais de déposer au pied du trône, remontrances, à la vérité sans suites nécessaires, mais qui, toujours interprètes fidèles de la société, éclairaient le gouvernement sur ses devoirs et auxquelles nous devons nos plus célèbres ordonnances[1]. »

Pour les Pays-Bas, voici ce qu'écrivait de Neny, qui est

---

[1] *Des états généraux et autres assemblées nationales;* par M. Henrion de Pansey, t. 1, p. 191, 192.

considéré comme « le premier écrivain politique » de ces pays et comme un « homme d'État éminent auquel revient une large part de la vénération dont les Belges entourent le nom de l'impératrice Marie-Thérèse[1]. »

« Le pouvoir des états, dit de Neny[2], doit être borné au droit de consentir aux impositions et à une administration économique sans juridiction, sans autres attributs de la puissance publique; car ils ne sont que les représentants du corps des sujets : les tributs qu'ils lèvent sur les peuples sont des fonds appartenant au souverain, imposés en vertu de leur consentement, mais par l'autorité du souverain, sans laquelle nulle espèce d'impôts n'est légitime. Telle est l'existence de la constitution du corps d'État en général; le souverain ne saurait permettre qu'il sorte de sa sphère, sans s'exposer à de grands inconvénients. »

« Comme il est de la gloire d'un prince, dit ailleurs[3] le même publiciste, de ne rien établir qui ne mérite de durer toujours, la prudence exige qu'il consulte bien avant que d'ordonner, qu'il écoute pour être obéi sans représentation et qu'il donne une autorité solide à ses ordonnances, par la sagesse de la justice. C'est d'après ces principes, lorsqu'il s'agit d'émaner une loi nouvelle dans les Pays-Bas, que souvent on consulte les tribunaux supérieurs de justice, et quelquefois les états des provinces. »

Poursuivons ce parallèle.

En France, on suivait pour maxime *si veut le roi, si veut la loi*. « Personne ne doute, disait Blanchard[4], que les or-

---

[1] M. Britz, *loc. cit.*, p. 361.
[2] *Mémoires histor. et polit. sur les Pays-Bas autrichiens et sur la constitution tant interne qu'externe des provinces qui les composent*, t. II, ch. XXIV, p. 155.
[3] T. II, ch. XXI, p. 120.
[4] *Compilation chronologique des ordonnances*, avertissement.

donnances de nos rois ne soient la première et la principale partie du droit qui s'observe dans le royaume. »

En Belgique, de Neny disait : « La puissance de faire des lois n'appartient, aux Pays-Bas, qu'au souverain seul ou à celui qui exerce son autorité suprême. C'est au conseil privé que se traitent les affaires relatives à la législation. »

Récuse-t-on l'autorité de cet auteur comme trop favorable au despotisme ? interrogeons un des oracles de la jurisprudence belge, Van den Zype, plus connu sous le nom de Zypœus [1], ouvrons un des livres les plus fréquemment consultés par les praticiens des Pays-Bas, les *Institutions du droit belgique,* de de Ghewiet [2]. Le premier de ces jurisconsultes ne fait nulle difficulté d'admettre pour maxime que *quod principi placet legis habet vigorem*, et que si, avant de décréter sa volonté, le prince s'entoure de conseils, ce n'est pas pour accroître l'autorité de ses édits, mais pour en rendre l'exécution plus facile, *facilioris obedientiæ causa* [3]. Quant à de Ghewiet il n'est pas moins explicite que Zypœus sur ce point : « La volonté du souverain, dit-il [4], doit nous servir de règle et, par une conséquence ultérieure, les édits, placards, ordonnances, déclarations et arrêts qui viennent de lui, *forment nos principales lois et notre premier droit.* »

En France, on distinguait entre les franchises, priviléges, etc. des provinces qui avaient été stipulés par trai-

---

[1] « C'est à Zypœus, dit M. Britz, p. 190, que revient l'honneur d'avoir composé le premier essai d'ouvrage dogmatique sur le droit belgique. De Ghewiet, au XVIIIe siècle, a certes pu faire mieux ; mais il recommande encore l'ouvrage de son prédécesseur et le cite constamment. C'est un excellent manuel de droit édictal. »

[2] « De Ghewiet, dit encore M. Britz, p. 306, est un estimable jurisconsulte dont les ouvrages forment une des principales sources de notre ancien droit. »

[3] *Notitia juris belgici,* p. 39, n° 10.

[4] *Institutions du droit belgique,* t. I, p. 5, art. 1, de l'édit. in-8°.

tés [1], et ceux qui avaient été concédés par le prince, *motu proprio;* les uns étaient considérés comme irrévocables, tandis que les autres étaient abandonnés au bon plaisir du concédant. Cette distinction est aussi admise pour la Belgique, par Zypœus [2], mais craignant, sans doute, d'avoir été trop loin en faisant cette concession, il se hâtait d'ajouter, qu'en cas de nécessité le prince pouvait ne pas tenir sa promesse, sans dire qui serait juge de cette nécessité, et, par conséquent, sans garantir les limites qu'il avait d'abord posées à l'omnipotence du chef de l'État : *Quod tamen diximus non posse principem abrogare privilegia in formam contractus, intelligimus ut id pro lubitu solo atque arbitrio non possit; ceterum si publica nonnunquam salus aliud exiget, aliter dixerimus.*

En France, l'autorité des coutumes provenait de l'homologation du prince [3], ou, à défaut d'homologation, de l'assentiment tacite qu'il leur avait donné en les laissant s'établir et s'invétérer.

En Belgique, on professait également cette doctrine que l'autorité des coutumes dérivait de la tolérance du prince, ou de son approbation : *Quando populus,* dit Zypœus [4], *tacito quodam consensu, ex facto plurium, probationeque publica* ET PATIENTIA PRINCIPIS *quasi mores inducit,* FULCITUR MAGIS AUCTORITATE PRINCIPIS PATIENTER PERMITTENTIS CONSUETUDO, QUAM POPULI.

Enfin, en France, l'autorité des coutumes était moindre que celle des ordonnances, et il dépendait du prince de dé-

---

[1] Lors de la réunion à la France du Dauphiné, de la Bourgogne, de la Bretagne et de la Provence. Voy. ma première consultation, p. 103 et suiv.

[2] *Loc. cit.,* p. 6, n° 12.

[3] Sur la nécessité de cette homologation, voy. Merlin, *Rép.,* v° *Coutumes,* § 2.

[4] *Loc. cit.,* p. 37, n° 4

roger aux unes comme aux autres; il en était de même dans les Pays-Bas pour les édits de leurs princes et les placards des archiducs. De Ghewiet[1] et Zypœus[2] les placent en première ligne dans l'énumération qu'ils font des sources du droit belge, et ce dernier jurisconsulte, examinant la question de savoir si le prince peut abroger la coutume, n'hésite pas à répondre affirmativement. Voici ses termes[3] : *An vere consuetudini derogare princeps possit præsertim in Brabantia ubi se inveteratos usus sartos tectos servaturum promittit, quærit* Kinschot, Tract. I, *de Brabantia,* cap. IV, V, *et sane edicta plurima ejus modi clausulas habent quæ ea servari jubeant non obstantibus consuetudinibus*; NEQUE DUBITARI POTEST QUIN PRINCIPI LICEAT ABROGARE CONSUETUDINES LOCORUM *perinde ac leges publicas, justa ex causa : sed neque servandarum promissa ad irrationabiles extendi.*

Insistons sur ces promesses faites par les princes des Pays-Bas dont parlent Kinschot et Zypœus.

« Le souverain, investi du droit de faire des lois, dit M. Britz[4], avait également celui de les *modifier,* de les *interpréter* et de les *corriger.* Cette règle du droit romain doit être admise avec quelques restrictions en Belgique. On objecte le serment inaugural qui renferme promesse formelle de respecter les *lois, usages, coutumes, priviléges, droits, franchises, traités, observances, libertés,* etc. Le serment réciproque des états représentant le peuple ne s'étant donné qu'après cette promesse[5], on en

---

[1] *Loc. cit.,* p. 4, art. 3.
[2] *Loc. cit.,* p. 1.
[3] *Loc. cit.,* p. 6, n° 13.
[4] *Loc. cit.,* p. 365 et suiv. « L'autorité des lois municipales et locales avait, dit le même auteur (p. 347), dû céder à celui du droit édictal. »
[5] « C'est ainsi que sont conçus les serments inauguraux prêtés par le souverain dans le Brabant (*Plac. van Brab.*, VIII, p. 141), le Namurois (Gailliot, *Histoire de Namur,* t. II, p. 247, et t. VI, p. 120), la Flandre (Wielant, *Chroniq. de Flandre,* publiées par M. de Smet, Ier vol.), le Hai-

conclut[1], qu'en vertu de ce pacte, il fallait le *commun accord* des états, ou au moins leur avis formel ou leur assentiment tacite pour toute innovation, pour tout changement. Si l'on s'en tenait à la lettre de l'acte inaugural, qui ne parle cependant pas de l'accord commun, on pourrait croire que le prince jurait l'immobilité, la perpétuité des *lois, coutumes, usages écrits ou non écrits*. Ce n'est pas ainsi qu'il faut entendre cette coutume apportée par le moyen âge. Nous en trouvons déjà la preuve dans les coutumes homologuées, qui, la plupart réservaient *au prince et à ses hoirs et successeurs, l'autorité et le pouvoir de changer, altérer, augmenter ou diminuer, corriger et interpréter ces coutumes, déclarées cependant* lois du pays, *selon et ainsi que pour son service et le plus grand bien du pays ils trouveront convenir*[2]. Il n'y a que pour les nouvelles rédactions et homologations des statuts que le souverain avait admis l'usage de consulter préalablement les parties intéressées et les états; dans les autres, un décret, parfois une simple lettre ou déclaration *interprétait, amplifiait* et même *modifiait* le statut, acte nouveau que, du reste, les intéressés réclamaient presque toujours les premiers.

« En règle générale, l'interprétation des lois par voie d'autorité appartenait au conseil privé. C'est ainsi que dans un édit du 19 mai 1566, sur les priviléges et franchises des bandes d'ordonnances, Philippe IV réserve l'interprétation des anciens placards qu'il y rappelle, *à lui et à ceux du conseil privé*[3].

naut (Delattre, p. 124, 126 et 154), à Anvers (Guichardin, trad., p. 85), dans le Tournaisis (Guichardin, p. 370). Dans le Limbourg il jurait d'être bourgeois de Limbourg et de maintenir les anciens droits, libertés et bonnes coutumes de la ville et du pays de ce nom (*Brabandtsrecht*, de Christyn, t. II, p. 1376). »

[1] « M. Faider, *Études*, p. 153. »

[2] « Voyez les conclusions des coutumes de Luxembourg de 1623 et de Namur de 1564. »

[3] « *Plac. van Vlaenderen*, III, 1097. »

« Nous pensons aussi que le prince, à son avénement au trône, ne jurait que *selon une formule banale* le maintien des droits politiques écrits ou non écrits.

« Le Brabant avait une Charte où étaient consignés tous les droits; les autres provinces avait leurs priviléges, paix, diplômes, us et coutumes dont elles usaient par prescription, par concession ou par force [1].

« Lors donc, par exemple, qu'il s'agissait d'innover quelque chose dans les règles et formes établies pour l'administration de la justice, dans l'ordre des juridictions [2], dans la forme du gouvernement [3], dans la constitution des états provinciaux [4], dans l'ordre de succession au trône [5], dans la garantie du vote des aides et subsides [6], dans

---

[1] « Streithagers (Ms. 13 554) fait bien remarquer que les anciens usages (*oude kerkomen*), doivent, suivant la Joyeuse entrée, être regardés comme des *priviléges écrits.* »

[2] « Voyez les représentations des états adressées à Joseph II; la convention de la Haie du 10 décembre 1790. »

[3] « *La forme du gouvernement de cette province ne peut être changée ni altérée que du consentement des deux parties contractantes, c'est-à-dire de S. M. et des Brabançons..... Il faut le concours commun du souverain et de tous les ordres des états pour porter des changements dans l'administration, qui seraient contraires à la Joyeuse entrée,* disent les commissaires des nations de Bruxelles (la sûreté des Brabançons), et les trois états le 20 avril 1787. »

[4] « *Les changements dans la constitution de la Flandre ont toujours eu leur source dans la seule autorité du souverain,* dit de Neny, ch. xxiv, art. 5, p. 186. C'est en vertu de cette doctrine que nous croyons fausse, et contre laquelle réclamaient, en 1754, les états de Flandre, que Marie-Thérèse changea la constitution des états de cette province. »

[5] « Voyez les pragmatiques sanctions de Charles-Quint et de Charles VI. En novembre 1549, Charles *requit les états de vouloir bien consentir* à son nouveau projet. En 1598, pour la cession de la souveraineté, et, en 1725, pour la pragmatique sanction, les états furent *advertis et consentirent* (voy. Delattre, p. 119). »

[6] « Privilége de la duchesse Marie accordé aux Namurois en mai 1477, mais révoqué plus tard; de Neny, ch. xxiv, vol. II, p. 220 (voy. ch. xxv, art. 1er), règlement du 30 juin 1672; convention de la Haie du 10 décembre 1790. C'était là l'objet essentiel pour lequel les états étaient convoqués; de Neny veut même borner à cette seule matière le pouvoir des états. »

l'aliénation d'une partie du territoire [1], pour les traités de paix [2], pour la modification d'une loi *fondamentale* ou *politique*, il fallait le commun accord des états. Lorsqu'il n'était plus question de lois *fondamentales*, de *droits politiques,* on entrait dans les règles générales sur le pouvoir législatif que nous venons d'expliquer. »

Ainsi donc voici encore une nouvelle similitude entre les Pays-Bas et la France; dans l'un, comme dans l'autre pays, le roi pouvait tout modifier, tout changer en matière de législation, sauf les *lois fondamentales* de la nation. M. Britz ajoute, il est vrai, ces mots : *ou politiques* à la jurisprudence de la Cour de cassation; mais au point de vue où nous nous plaçons, cette addition est sans conséquence, car il est bien constant que les coutumes des villes et provinces n'étaient pas des lois politiques ; M. Britz le reconnaît [3] et l'article 13 de la rub. 1 de la coutume d'Ypres témoigne suffisamment que les coutumes ne s'occupaient que des droits civils en disant : « La susdite ville est avec cela pourvue de divers

---

[1] « *La défense d'aliéner ou engager une partie du domaine national, n'est pas un privilége particulier au Brabant, il est général et pour ainsi dire du droit des gens,* disent Winants, sur de *Pape,* p. 191 ; Stockmans, *de jure devolut.,* c. I et VII; Dumoulin, *ad consuet. paris.,* tit. I, 62; Joyeuse entrée, 5, 12, 25. »

[2] « L'article 47 du traité de Cambrai de 1529, et l'article 27 du traité de Crespy, du 18 septembre 1544, stipulent que Charles-Quint fera ratifier et approuver lesdits traités par les états particuliers. »

Nous ajouterons à cette note de M. Britz, que spécialement, quant au traité de Cambrai, la condition imposée à Charles-Quint fut accomplie et qu'on trouve aux Archives nationales de Paris (section historique, carton 668), la ratification des états de Cambrai, à la date du 22 décembre 1529; celle des états du duché de Luxembourg, à la date du 24 janvier 1529 (1530 nouveau style) ; celle des états de Tournai, à la date du 27 janvier même année ; celle des états du Brabant, à la date du 5 février; celle des états de Flandre, à la date du 9 du même mois; celle des états de Zélande et de Hollande, à la date du 10; et celle des états de Namur, à la date du 24 janvier 1530 (1531 nouveau style).

[3] Page 566, fin de la note 5 de la page précédente.

droits, priviléges et franchises concédés autrefois et donnés à elle et à ses bourgeois par les princes, comtes et comtesses de Flandre nos prédécesseurs, dont il n'est pas besoin de faire la spécification, *comme ne concernant point les droits et usages coustumiers* [1]. »

Signalons enfin un dernier point de ressemblance entre la législation des Pays-Bas et celle de France.

En France, bien que la plénitude de la puissance législative résidât dans les mains du roi, les lois qu'il faisait devaient être vérifiées et enregistrées dans les parlements, qui sous prétexte qu'ils remplaçaient les états généraux lorsque ceux-ci ne siégeaient pas, refusaient non-seulement leur approbation à des édits bursaux, à des lois de subsides, mais encore à des lois d'un autre ordre et qui semblaient par leur nature échapper au contrôle des états généraux eux-mêmes. On surmontait cette résistance, soit par des lettres de jussion, soit par des lits de justice, mais enfin si le roi n'avait pas recours à ces moyens extrêmes, mais décisifs, l'ordonnance ou l'édit restait sans exécution dans le ressort des parlements qui ne l'avaient pas enregistré.

Quand et comment cet usage de l'enregistrement s'établit, on ne le sait pas bien ; mais suivant M. Merlin, il serait beaucoup moins ancien qu'on ne l'a cru, et beaucoup moins respectable qu'on ne l'a dit autrefois. » Ce qu'il y a de très-constant, disait-il dans son plaidoyer du 23 fructidor an XIII [2], c'est que l'année 1482 est l'époque où, pour la première fois,

---

[1] Voyez aussi la coutume de Bruges, tit. XXXII, art. 1.
Dans les décrets d'exécution des coutumes de Valenciennes en 1534, 1540 et 1619, il est dit aussi qu'on n'entend aucunement déroger ni préjudicier « aux droits, lois, franchises et priviléges de notredite ville par ci-devant accordés par nous ou nos prédécesseurs, desquels lesdits (prévost, jurés et eschevins) de Valenciennes au nom de notredite ville sont en bonne et paisible jouissance et possession. »

[2] Rapporté au *Répertoire*, v° *Enregistrement* (droit d').

on voit un roi de France reconnaître la nécessité de l'enregistrement ; ce fut Louis XI qui donna cette reconnaissance et il la donna, suivant Duclos, son historien, en déclarant qu'un édit qu'il avait fait sur les blés, n'avait pas pu être exécuté sans enregistrement préalable au parlement de Paris. »

M. Merlin citait ensuite et approuvait Mably disant : « L'enregistrement semblable par son origine et dans ses progrès à tous les autres usages de notre nation, s'est établi par hasard, s'est accrédité peu à peu, et ce n'est que par une suite de circonstances extraordinaires, qu'on lui a enfin attribué tout le pouvoir qu'il a eu depuis. »

A notre avis cette explication négative ne vaut rien.

Des usages ne s'établissent, ne se fortifient, et ne se propagent pas par hasard ; ils s'établissent, ils se propagent, ils se fortifient parce qu'ils correspondent à des intérêts, parce qu'ils satisfont à des besoins, parce qu'ils créent des garanties, qui avant leur établissement faisaient défaut, et de là, pour le dire en passant, procédait la légitimité du droit coutumier. Or de même que l'accroissement du pouvoir royal depuis Hugues Capet avait eu sa raison d'être, et sa légitimité dans la nécessité de réfréner l'oppression plus immédiate et plus intolérable des grands et des petits vassaux ou arrière-vassaux de la couronne ; de même lorsque le pouvoir royal fut devenu omnipotent, ou qu'on vit qu'il allait le devenir, on sentit aussi la nécessité de le réfréner, en reconnaissant entre lui et le peuple, une autorité intermédiaire qui protégeât celui-ci contre celui-là.

Et la date même que Merlin assigne d'après Duclos à la reconnaissance du droit d'enregistrement ne ferait que fortifier cette conjecture. Ne serait-il pas remarquable en effet que le roi qui le premier reconnut ce droit aux parlements fût celui-là même qui porta de si rudes coups à la féodalité, si redoutable à ses prédécesseurs et si affaiblie depuis son règne ?

Toujours est-il que par les raisons que nous venons de dire, on considéra facilement comme une loi ce qui n'était après tout qu'une usurpation des droits mal définis d'ailleurs, des états généraux.

« Les édits, dit Castelnau, n'ont force de loi et ne sont approuvés des autres magistrats (des bailliages) s'ils ne sont reçus et vérifiés auxdits parlements, *qui est une loi d'État*, par le moyen de laquelle le roi ne pourrait, quand il le voudrait, faire des lois injustes que bientôt elles ne fussent rejetées. »

« La première et principale autorité du parlement, disait à son tour La Roche-Flavin [1] est de vérifier les ordonnances, et édits du roi, et *telle est la loi du royaume*, que nuls édits, nulles ordonnances n'ont d'effet, et on ne les tient pour tels, s'ils ne sont vérifiés aux cours souveraines et par la libre délibération d'icelles. »

L'auteur de l'article *Enregistrement* (droit d') dans le *Répertoire* de Merlin, reconnaissait aussi que ce droit formait ou était devenu une loi *fondamentale*, lorsque, après l'avoir prouvé par un grand nombre de précédents et d'autorités, il ajoutait : « Mais toutes ces preuves peuvent être regardées comme superflues, quand on voit nos rois eux-mêmes déclarer aux puissances étrangères, ou à leurs grands vassaux, que, suivant les lois du royaume ils ne pouvaient rien faire de solide et de régulier sans la vérification et l'enregistrement dans leurs parlements; heureuse impuissance qui fut, dans tous les temps, le plus ferme appui de leur pouvoir et le *retenail* de cette grande monarchie, pour me servir de l'expression énergique de Pasquier! »

---

[1] *Des Parlements*, liv. XIII, ch. IX.

Il serait étrange que les ordonnances et édits non enregistrés eussent acquis depuis qu'ils ont été abrogés une autorité et une force qu'ils n'avaient pas lorsqu'ils étaient censés en vigueur, aussi la Cour suprême a-t-elle déclaré dans plusieurs arrêts et notamment dans celui du 15 nivôse an XI, que *les anciennes ordonnances ne se sont conservées sous le nouveau régime qu'avec les effets qu'elles avaient sous l'ancien et telles qu'elles y étaient exécutées* [1].

Ce qui se passa en France, se passa aussi dans les Pays-Bas. Seulement dans ce pays le droit de *concours* des états reconnu d'abord [2] fut ensuite contesté [3] puis rétabli par l'usage, mais réduit à peu près à ce qu'était en France le droit d'enregistrement des parlements [4].

Ainsi dans le Brabant, par l'article 7 des additions à la Joyeuse entrée des 20 septembre 1451 et 28 novembre 1457 le duc promettait que contrairement aux droits et priviléges accordés ou confirmés par lui, *il ne ferait aucune ordonnance ou défense sans le consentement des états*; et les articles 13 et 14 de la deuxième addition à la Joyeuse entrée du 26 avril 1515, exigeaient également le concours des

---

[1] Voy. Dalloz, *Jurisp. du* XIXe *siècle*, v° *Lois*, sect. I, art. 2, § 1, n° 3; Merlin, *Questions de droit*, aux mots *Divorce*, § 6, et *Désertion d'appel*.

[2] Par la paix de Fexhe de 1316 pour le pays de Liége et par un usage antérieur. Voy. M. Britz, p. 288, et les ouvrages de M. de Gerlache, Warkœnig et Dewez, *hic cit*. Suivant de Waseige, cette paix n'aurait pas exigé le *consentement* des états de Liége, mais leur *conseil* (voy. M. Britz, loc. cit., et p. 375 et 376.) « Ce droit *tant de fois contesté*, dit M. Britz, fut encore confirmé par Gérard de Groesbeeck (1578). »

[3] Par l'édit du 12 novembre 1684, l'évêque de Liége Maximilien de Bavière se réserve « *le droit d'édicter, étant des régaux*, sauf le *droit de présence*, aux édits de police attribué aux bourgmestres. »

[4] Dans les Pays-Bas, on refusait aussi d'obéir aux édits et placards qui n'avaient pas été publiés dans la province où l'on voulait poursuivre leur exécution. Voy. Zypœus, *Notitia juris belgici*, p. 3, n° 6, de Ghewiet, *Instit. du droit belgique*, t. I, p. 6, n° 4.

états, ou au moins des chefs-villes pour les aliénations d'immeubles en faveur des gens de mainmorte.

Mais cet état de choses fut ensuite altéré, et Neny et Sohet[1], loin de reconnaître aux conseils et aux états de toutes les provinces le droit de *veto*, le déniaient même au conseil de Brabant. « Et en effet, dit M. Britz[2], la Joyeuse entrée, telle que Charles-Quint est parvenu à la modifier en 1549 (voy. art. 5), n'oblige le souverain de traiter les affaires du Brabant que *par avis* du conseil de ce duché, par conseil des bonnes gens du pays[3]. La loi pour être exécutoire devait en outre être revêtue du sceau de Sa Majesté, dont le chancelier avait la garde[4]. L'édit du 13 janvier 1652 porte aussi que les tribunaux supérieurs ne peuvent retarder la publication d'un acte, mais qu'ils peuvent faire des représentations en cas de *sub ou obreption* ou autrement et *après obéissance préalable*. Quoi qu'il en soit, l'usage et la jurisprudence, cette grande loi de nos ancêtres que les besoins de l'État, la menace du refus de subside ont fait consacrer, avaient fait admettre comme principe de notre droit public que le conseil souverain de Brabant exercerait un pouvoir intermédiaire entre la nation et le prince, et qu'aucune ordonnance ne pouvait avoir force de loi dans son ressort avant d'avoir été examinée, approuvée et scellée par lui[5]. »

---

[1] De Neny, *Mémoires*, ch. XXII, t. II, p. 121, Sohet, *Traité prélim.* 6, 18.
[2] *Loc. cit.*, p. 363 et 364.
[3] « Anselmo (ad art. 116 de l'*Édit perpétuel*) dit aussi que *les actes faits sans l'avis du conseil de Brabant sont nuls. — Dans le Brabant seul, les mandements ou ordres pour l'exécution des édits généraux doivent être contre-signés par l'audiencier ou autre secrétaire ayant signature en cette province, sans qu'il y ait en cela parallèle avec les autres provinces qui n'ont pas ou ont perdu semblable prérogative*, dit Winants. (Manuscrits Hovines, p. 31.) »
[4] Zypœus, *Judex*, lib. IV, c. II et VI; c. IV, n° 3 et *passim*.
[5] De Neny, *Mém.*, loc. cit.

Mais en Hainaut n'y avait-il pas d'autres règles? le pouvoir du prince n'était-il pas plus circonscrit, l'autorité des états plus grande, leur intervention plus nécessaire dans cette province? C'est ce que semble reconnaître l'article 56 du chapitre 1er des Chartes générales de 1619 ainsi conçu :

« Toutes lesquelles choses ainsi par nous ordonnées touchant la réformation de notredite cour, nous voulons *être inviolablement entretenues*, réservant toutefois à nous et à nos successeurs comtes et comtesses de Hainaut de *par l'advis et participation des trois états de ladite province*, y adjouter, changer et diminuer toutes fois et quantes pour le bien de la justice, utilité de nos sujets et de nostre service, le trouverons convenir. Permettant aussi auxdits états que si avec le temps, ils y retrouvent quelque chose à redresser pour le bien de la justice, ils nous puissent représenter tout ce qu'ils jugeront mériter redressement selon que de tout temps ils ont fait. »

Et s'il faut donner à ce texte le sens qu'il paraît présenter, s'il faut dire que dans le Hainaut, les coutumes ne pouvaient être modifiées ou abrogées sans le concours du prince et des états, ne faut-il pas dire aussi que ce concours est demeuré nécessaire après le traité de Nimègue, puisque par ce traité le roi d'Espagne n'a pu transmettre et n'a transmis au roi de France sur les provinces ou les villes qu'il lui abandonnait, que les droits qu'il avait lui-même antérieurement sur ces provinces et sur ces villes.

Mais d'abord il est à remarquer qu'à la différence du traité des Pyrénées (art. 5), celui de Nimègue ne disait mot des *coutumes* des pays réunis à la France, et que par son article 12 il voulait seulement indiquer que Charles II ne se réservait aucun droit sur ces pays qui « demeureraient à Sa Majesté très-chrétienne et à ses hoirs, successeurs et ayants cause irrévocablement et à toujours, avec les mêmes droits de souveraineté, propriété, droits de régale, etc., qui avaient auparavant appartenu au roi catholique. »

De plus, lorsqu'il s'agit de déterminer par quelles lois seront régis les pays nouvellement réunis, celles que Louis XIV indique d'abord, ce sont celles que lui ou ses prédécesseurs ont faites, et qui avaient pour objet de réglementer, d'une manière générale et uniforme, des matières que les coutumes réglementaient d'une manière spéciale et diverse. Dans son édit donné à Saint-Germain-en-Laye, au mois de mars 1679, édit qui règle la juridiction du conseil souverain de Tournai, à l'égard des villes de Valenciennes, Cambrai, etc., le roi déclare que les jugements rendus par ce conseil devront l'être *conformément* A NOS ORDONNANCES *et aux us et coutumes tant générales que particulières de tous et chacun desdits lieux.*

Puis, ces Chartes générales de 1619, qu'était-ce autre chose si ce n'est une ordonnance des archiducs?

Ils confirment ces Chartes de leur *certaine science et puissance plénière* [1].

Ils terminent cette confirmation par ces mots : *car ainsi nous plaît-il*, formule équivalente à celle qui termine l'édit de 1679 et les autres édits des rois de France : *car tel est notre plaisir.*

Ils ordonnent l'exécution des Chartes nouvelles, *sans préjudice des droits et authoritez, tant de leur souveraineté que de leurs domaines et autres auxquels ils n'entendent aucunement déroger par lesdits points et articles, ains, qu'iceux nonobstant, nous et nos successeurs, demeurerons*

---

[1] Zypœus, dans sa *Notitia juris belgici*, paraît attacher une importance toute particulière à cette formule. Voici ce qu'il en dit au paragraphe 7 de son introduction : *Solent quandoque principes adjicere præter finalem clausulam*, quia nobis ita placet, clausulam ex certa scientia et potestatis plenitudine *quæ utræque legis auctoritatem nervose stabiliunt, et subditorum obidientiam obstringunt.*

entiers en tous nosdits droits et authoritez COMME AUPA-
RAVANT.

Ces diverses clauses suffisent pour caractériser la nature et la portée de l'acte que font ici les archiducs.

Aussi, dans son *Traité des droits féodaux* (p. 20), Dumées reconnaissait-il que dans les Chartes de 1619 *les archiducs parlent eux-mêmes en législateurs,* » circonstance très-remarquable, ajoute-t-il, dont on ne voit rien de semblable dans les autres coutumes du royaume [1]. »

Raparlier, à ces mots de l'article 56 du chapitre 1er des Chartes : *par nous ordonnées*, ajoute aussi cette note (t. I, p. 15) : « Ceci décide clairement que toutes les dispositions des Chartes sont émanées du souverain, tandis que les autres coutumes ont été rédigées par les peuples et quelques-unes d'icelles homologuées par le souverain, ce qui est tout différent. »

Enfin, dans son *Répertoire*, aux mots : *Chartes générales du Hainaut*, M. Merlin dit : « C'est ainsi qu'on appelle une *ordonnance* des archiducs Albert et Isabelle, du 5 mars 1619, qui contient le recueil général [2] des lois données jusqu'alors au Hainaut. Ce recueil est appelé quelquefois *Coutumes générales du Hainaut*, mais l'expression est impropre. »

Mais si les Chartes n'étaient qu'une *ordonnance* du prince, il appartenait au prince, et au prince seul, de les modifier,

---

[1] Les archiducs Albert et Claire-Eugénie parlent de même en législateurs dans les articles des coutumes d'Ypres et de Bruges précités.

[2] Au mot *Hainaut*, § 2, M. Merlin reconnaît lui-même d'ailleurs que « les Chartes générales renferment à peine la moitié des lois propres à ce pays, » et dans la confirmation de 1619, les archiducs déclarent que cette confirmation a lieu « sans déroger aux chartes, lois et ordonnances de nos prédécesseurs dont changement ni modération n'a été fait cy-dessus, lesquelles demeureront en leur force et vertu et voulons estre entretenues, gardées et observées en la mesme forme et manière qu'elles ont été jusques à maintenant. »

de les abroger d'après la maxime : *ejus est reformare legem cujus est condere.*

Il est à remarquer d'ailleurs que, dans le chapitre LX de ces Chartes, au nombre des attributions importantes données au grand bailli, *comme représentant le comte de Hainaut* (art. 1), se trouvait celle de connaître de tous placards, édits et mandements des archiducs, quand on se pourvoyait à lui par complainte (art. 37); ce qui n'était encore qu'une application de cette maxime : *ejus est legem interpretari cujus est condere.*

Après la conquête, le droit de révoquer en tout ou en partie cette *ordonnance* passa des anciens souverains du Hainaut au roi de France. En droit, cela ne peut faire l'objet d'un doute; en fait, les preuves abondent.

Nul doute, par exemple, que les droits exorbitants qu'attribuait aux seigneurs hauts justiciers l'article 1 du chapitre CXXX des Chartes générales du Hainaut[1], n'aient été profondément altérés depuis 1678, et que, par exemple, la question préparatoire n'ait été, nonobstant cet article, abolie dans cette province, comme dans tout le royaume, par la déclaration du 24 août 1780[2].

---

[1] « Haute justice et seigneurerie s'extend et comprend de faire emprisonner, pilloriser, eschaffauder, faire exécution par pendre, décapiter, mettre sur roue, bouillir, ardoir, enfouir, flastrir, exoriller, couper poing, bannir, fustiger, torturer, lever corps mort, treuve de mouches à miel, de droits d'aubanitez, bastardise, biens vacants, espaves, avoir en terre non extrayé, lois de sang, aussi celles à faute de payer dismes, terrage, winage, tonlieux et toutes amandes avec création de sergeans. »

[2] Cette déclaration a été enregistrée au parlement de Flandre le 8 novembre suivant (voy. le *Recueil des édits*, etc., enregistrés au parlement de Flandre, t. VIII, p. 318).

Du reste le chap. CXXXVI des Chartes de 1619, avait été abrogé par l'ordonnance d'août 1670 sur les matières criminelles (voy. Raparlier, t. II, p. 551), enregistrée au conseil souverain de Tournai le 10 avril 1679 (voy. le *Recueil* précité, t. I, p. 228).

Nul doute que, malgré l'article 26 du même chapitre[1], le droit de confiscation du seigneur ne pût pas paralyser le droit de grâce entre les mains du roi[2].

Nul doute que, malgré les anciennes Chartes du Hainaut et notamment celles du 22 septembre 1390, les subsides n'y fussent levés depuis 1678 comme dans les pays de généralités[3].

Nul doute qu'en matière d'eaux et forêts on n'y prît pas pour guide le chapitre cxxxiii des Chartes, mais l'ordonnance de 1669[4].

Nul doute qu'en matière de juridiction on n'assimilât pas les attributions du parlement de Flandre à celles du conseil de Mons[5].

Nul doute que quant aux gens d'Église on ne suivît la règle établie par la déclaration du mois de juillet 1684, et qu'on admit la distinction entre les délits communs et les cas privilégiés[6].

---

[1] « Les seigneurs, à cause de leur haute justice, auront la confiscation des biens meubles et castels de l'homicide, et du revenu de ses biens immeubles de l'année ensuivante le cas commis, à charge de payer ses leales debtes. »

[2] Voy. Imbert, liv. III, ch. xvii; Lecoq, quest. 284; Papon, liv. XXIV, tit. xvii; Renauldon, *Traité des droits seigneuriaux*, p. 68; Loyseau, *des Seigneuries*, ch. xii, n° 82.

[3] Voy. *Encyclopédie méthodique*, Jurisprudence, t, V, p. 6.

[4] Voy. Raparlier, sur les Chartes; t. I, p. 534 et 535. Il dit de plusieurs dispositions de ce chapitre : « Elles sont présentement bornées et limitées au Hainaut autrichien, à cause de ladite ordonnance, qui, ayant des règlements incompatibles avec les dispositions des Chartes, en contient une dérogation, la maxime étant certaine que *taciti et expressi sit eadem vis atque potestas.* »
L'ordonnance de 1669 a été enregistrée au conseil souverain de Tournai, le 13 octobre 1679 (voy. le *Recueil des édits*, etc. enregistrés au parlement de Flandre, t. I, p. 329).

[5] Voy. dans l'*Encycl. méth.*, loc. cit., p. 5, la déclaration du 26 mai 1686, l'arrêt du conseil du 18 juin 1703, et celui du 12 septembre 1724, revêtu de lettres patentes enregistrées au parlement.

[6] Voy. l'*Encycl. méth.*, l. cit., p. 9, et les art. 11, 12 et 13 du ch. xv des Chartes.

Nul doute encore que nonobstant les dispositions contraires soit des Chartes, soit de la coutume de Valenciennes on n'exécutât dans le Hainaut français les dispositions des ordonnances de 1731 sur les donations ; de 1735 sur les testaments ; de 1749 sur les substitutions[2] ; et celles de l'édit de mars 1697, et de la déclaration du 24 juin 1749 sur les mariages[2].

[1] Voy. Duméés, *Hist. et éléments du droit français*, part. II, tit. VIII et x, et Merlin, *Répert.*, v^{is} *Renvoi de biens*, § 2, n° 5.

[2] De même que Raparlier n'hésitait pas à appliquer au Hainaut l'ordonnance de 1669, sur les eaux et forêts et celle de 1670, sur les matières criminelles, quoiqu'elles fussent antérieures à la conquête, de même, Dumées (*loc. cit.*, p. 283 et suiv.) ne faisait nulle distinction entre les édits et ordonnances des rois de France qui avaient précédé, et ceux qui avaient suivi la réunion d'une partie du Hainaut à la France, il considérait l'ordonnance rendue par Henri II en 1556, l'ordonnance de Blois de 1579, l'édit de Melun de 1580, la déclaration de Louis XIII du 26 novembre 1639, comme tout aussi applicables aux mariages contractés dans cette province, que l'édit rendu par Louis XIV en mars 1697, et que la déclaration de Louis XV du 24 juin 1749.

Dira-t-on que ces édits antérieurs à la conquête avaient été enregistrés au parlement de Flandre ? Cela est exact (voy. l'édit de septembre 1742, dans le t. II, p. 240, de Raparlier), mais cela ne prouverait pas que le Hainaut fût soustrait, quant à ses coutumes, à l'application du droit commun, et c'est uniquement ce dont il s'agit ici.

Mais ce qui est vrai, c'est que par son édit du mois de mars 1679, enregistré au parlement de Flandre le 21 du même mois, Louis XIV avait rendu applicables au Hainaut les ordonnances de ses prédécesseurs comme les siennes propres, et en agissant ainsi il n'a fait que suivre le principe retracé par d'Aguesseau, lorsqu'il dit (t. I, p. 3 0 de ses *OEuvres*, in-4°): « Que dans l'ordre commun, tout ce qui accroît, tout ce qui est ajouté au royaume, s'y confond et s'identifie en quelque manière avec le royaume dont il devient une partie : que de droit commun cette partie est de même nature que le tout, soumise aux mêmes lois générales, au même droit de souveraineté que les autres parties du royaume..... C'est ce qui faisait dire aux Romains : *quo arma nostra pervenere, eo jus nostrum perveniat.....* Quelle différence peut-on trouver entre une province et un particulier, puisqu'une province n'est que l'assemblage de plusieurs particuliers? Or, a-t-on jamais douté qu'un étranger qui se fait naturaliser en France ne soit dans l'instant même assujetti de plein droit à toutes les lois qui lient les autres citoyens, quoiqu'il ne le soit que par sa seule volonté

Nul doute aussi qu'on n'ait exécuté en Hainaut les arrêts du conseil de 1698 et de 1744, relativement aux mines de charbon[1].

et que le prince n'ait pas contre lui le droit que donne la conquête? Un fils devenu tel par l'adoption était-il moins soumis chez les Romains à la puissance paternelle que celui qui l'était par le droit de nature? »

Dans une *Histoire de la recherche, de la découverte et de l'exploitation de la houille*, récemment publiée par M. Grar, on oppose (p. 24 et suiv.) à l'édit de mars 1679, ceux d'avril 1668, d'août 1678 et de mars 1693.

Dans l'édit de mars 1679 on dit que le conseil souverain de Tournai devra juger « conformément *à nos ordonnances* et aux us et coutumes, tant générales que particulières de tous et chacun desdits lieux (*Recueil* de Vernimenn, p. 73, et celui de Plouvain et Six, t. I, p. 227).

Dans les édits de 1668, 1678 et 1693, on dit que le conseil souverain ou le parlement devra juger « conformément aux lois, ordonnances et coutumes des lieux (voy. le *Recueil* de Plouvain et Six, t. I, p. 3, 195 et 196, et t. II, p. 170). »

Ainsi, dans tous ces édits on met en première ligne les lois et ordonnances; les coutumes, comme cela devait être, ne viennent qu'après. Qu'importe après cela que dans ces édits comme dans celui de 1679 il n'ait pas été dit expressément qu'il s'agissait des ordonnances des rois de France? Cela allait de soi, et pour ne pas s'en apercevoir il faut être bien aveugle.

De deux choses l'une au reste, ou l'observation de M. Grar tend à prouver que les édits de 1668, 1678 et 1693 n'ont eu en vue que les lois et ordonnances des anciens souverains du pays, ou il ne nie pas que ces édits (qui ne distinguent pas entre les anciennes et les nouvelles ordonnances) se réfèrent surtout à la législation française. Au premier cas, cette observation est évidemment absurde d'abord et de plus en contradiction flagrante avec l'édit de 1679. Au second cas, cette observation n'est pas moins évidemment futile et sans portée.

[1] Ces arrêts ne furent pas soumis et ne devaient pas être soumis à l'enregistrement des parlements, parce que les matières qu'ils réglementaient étaient soustraites à la juridiction des corps judiciaires (voy. ma première consultation, p. 135 et 136).

L'auteur de l'*Histoire de la houille* précitée, ne nie pas que le règlement de 1744 ne fût exécuté en Hainaut; il prétend seulement, p. 254, deux choses assez difficiles à concilier, c'est-à-dire qu'en enlevant aux seigneurs hauts justiciers du Hainaut la *disposition* des mines, ce règlement leur en a laissé la *propriété*. Mais qu'importe d'ailleurs ce qu'on dit ou ce qu'on ne dit pas dans un ouvrage que personne n'a lu, que personne ne lira, qui n'a eu pour prôneurs que des compères et pour sous-

Nul doute enfin, que les lois fondamentales du royaume de France, sur l'inaliénabilité du domaine, n'aient été appliquées à la partie du Hainaut réunie à la France dès le premier jour de la conquête, et que, par conséquent, les biens faisant partie de ce domaine n'aient été reconnus imprescriptibles, et les aliénations qu'on en aurait faites, considérées comme de simples engagements [1].

Mais on dira peut-être que, par sa réunion à la France, la constitution d'une partie de cette province s'était notablement modifiée; que les états de Hainaut, qui se tenaient à Mons, ne pouvaient plus avoir d'action sur la partie française de la province depuis que cette ville avait été restituée à la maison d'Autriche; que, d'un autre côté, Louis XIV, n'ayant pas jugé à propos d'établir des états particuliers pour le Hainaut français [2], il en résulta que cette partie de la province fut régie par des principes tout différents de ceux qui étaient suivis dans le Hainaut autrichien; qu'en France il était tout naturel que par suite de la suppression des états, la plénitude du pouvoir législatif se fût concentrée dans les mains du roi; que par cela seul qu'il existe une

cripteurs que des associés et des employés de la compagnie d'Anzin, sous l'influence, comme sous le patronage de laquelle il passe pour avoir été rédigé?

[1] « On n'est point, dit Dumées, garant de l'événement d'un retrait féodal ou lignager, ni des faits du prince *dont les biens domaniaux ne s'aliènent jamais qu'à la charge de rachat perpétuel*, en sorte que *les acquéreurs ne sont proprement qu'engagistes* (*Jurisprudence du Hainaut français*, p. 413); » de son côté, d'Aguesseau disait : « le domaine du roi est imprescriptible dans toute l'étendue de la monarchie....., et celui qui voudrait prétendre que cette maxime n'a pas eu lieu dans les provinces nouvellement conquises, *ne serait pas seulement écouté*. » (*OEuvres*, in-4°, t. V, p. 395.)

[2] Ces états furent enfin établis par une déclaration de Louis XVI, du 10 février 1788, mais sans qu'on leur donnât d'ailleurs la moindre participation à l'autorité législative (voy. ma première consultation, p. 162 et suiv.).

organisation sociale, il faut que le pouvoir de faire des lois, et, par conséquent, celui de les changer réside quelque part; que si le pouvoir législatif est fractionné, s'il est conjointement exercé par différentes personnes ou par différents corps, il faut qu'à défaut d'un certain nombre de ces personnes ou de ces corps, les autres puissent les suppléer; qu'il faut que, le cas échéant, chaque branche de la législature se fasse souche, et qu'aux forces qu'elle possédait par elle-même viennent se joindre celles qu'elle acquiert par une sorte d'absorption; qu'ainsi arriva-t-il en France, lors de la suppression du tribunat, sans qu'il vînt jamais à la pensée de personne d'attaquer comme inconstitutionnels les décrets rendus sous un régime qui avait si profondément altéré le système de législature créé par la constitution de l'an VIII [1]; et que, dès lors, pour déterminer à qui appartenait le pouvoir législatif en Hainaut, sous Charles-Quint, en 1529, il importe peu de savoir à qui ce pouvoir était dévolu dans une partie de cette province, sous Louis XIV et ses successeurs, depuis 1659 ou 1678 [2].

Cette objection est sérieuse et mérite que nous nous y arrêtions; car, s'il nous importait de prouver que Condé, à partir de 1678, s'était trouvé, comme le reste de la France, régi par l'édit de 1566 et les autres lois domaniales, il ne nous importe pas moins d'établir que cette ville et son territoire étaient, dès 1529, régis par les mêmes principes; et,

[1] Voy. la consultation précitée, p. 160 et 161, et la note 1 de cette dernière page.

[2] Les villes d'Avesnes, de Landrecies, du Quesnoy, de Philippeville et leurs dépendances furent cédées à la France par le traité des Pyrénées, le 7 novembre 1659; celles de Valenciennes, *Condé*, Bouchain, Maubeuge, Bavay, etc., y furent réunies par le traité de Nimègue, le 17 septembre 1678.

Le traité de Nimègue a été enregistré au conseil souverain de Tournai (parlement de Flandre), le 7 avril 1679; voy. le *Recueil des édits, déclarations*, etc., enregistrés au parlement de Flandre, t. 1, p. 219.

pour cela (en supposant que le traité de Cambrai dérogeât aux Chartes du Hainaut), il nous faut prouver que Charles-Quint, n'excédait pas son droit en dérogeant à ces Chartes et en consentant que les terres qu'il recevait en nantissement fussent à perpétuité soumises à la faculté de rachat.

Nous avons déjà vu que quant à l'exercice du pouvoir législatif, Charles-Quint ne paraissait pas se croire plus entravé dans sa liberté d'action ou plus lié par les coutumes établies dans le Hainaut, que si ces coutumes n'eussent pas existé. Il y dérogeait *comme souverain seigneur* et en parlant absolument comme Louis XIV eût fait en France à l'époque de l'apogée de sa puissance, de son *autorité, haulteur et pouvoir absolu*.

Veut-on des exemples plus éclatants parce qu'ils sont plus généraux ? ils ne nous manquent pas.

En 1540, Charles-Quint *de certaine science, authorité, et pleine puissance, déclare, ordonne, statue et décrète* les coutumes de la ville, banlieue et chef-lieu de Valenciennes; et dans le préambule de ce décret il nous apprend que les prévôt, mayeur et eschevins de cette même ville avaient été ajournés à comparaître à la requête du procureur général du grand conseil de Malines, « afin de veoir déclarer, abolir, annihiler et casser » certain cahier des coutumes de ladite ville, banlieue et chef de cens de Valenciennes, qu'ils avaient fait imprimer et publier, *comme contenant aucunes coustumes exorbitantes, desraisonnables et desrogantes à notre supériorité et haulteur*. Et comme à ce qu'il paraît le conseil de Malines n'avait pas procédé assez vite au gré de l'impatience de Charles-Quint, celui-ci évoqua l'affaire devant lui et son conseil privé, *pour être sommairement et de plain traictée*. « Et finalement, ajoute-t-il, par notre sentence définitive et pour droict a esté dict, justifié et sentencié, que ledit cahier des coustumes seroit rapporté ès mains desdits de notre conseil privé, pour estre cassé et aboly, et que doresnavant lesdits de Valenciennes ne s'en pourroient ayder en manière quelconque. » Au reste, en donnant ces nouvelles coutumes à la date du 22 mars 1540, Charles-Quint prend soin de déclarer qu'elles ne le lieront pas, et qu'il se réserve, le cas échéant, tout droit de les abroger. « Avons réservé et réservons à nous et à nosdits successeurs de pouvoir changer, corriger, amender et réformer, limiter et interpréter lesdites coutumes et usages, toutes et quantes fois il nous plaira et qu'il se trouvera par nous et notredit conseil être expédient et nécessaire de faire. Déclarons au surplus que n'entendons sous ombre desdites coustumes et usages aucunement déroguer ne préjudicier à nos droicts, haulteurs ou domaines [1]. »

« Ces coutumes ainsi abolies par Charles-Quint étaient probablement fort anciennes, » dit Bourdot de Richebourg[2], qui eût été bien surpris, à coup sûr, en apprenant qu'elles ne remontaient qu'à six années, et qu'elles avaient été imprimées par conséquent sous le règne de Charles-Quint. M. Merlin n'a pas ignoré cette circonstance. Il a parlé des coutumes de 1534; il a même cité un document d'où il résultait que ces coutumes avaient été décrétées par Charles-Quint[3]; mais en présence du préambule de celles de 1540,

---

[1] Voy. le *Coutumier général*, de Bourdot de Richebourg, t. II, p. 223, 224 et 239.

Et lorsque par l'article 147 de la coutume, article reproduit dans celle de 1619 (art. 223), Charles-Quint autorise les prévôt, jurés, et échevins de Valenciennes à édicter les chartes et statuts particuliers des villes et villages du ressort de ce chef-lieu, il a soin d'ajouter encore : « sauf que tels statuts ne nous concernent en nos successions (*ne nos successeurs*, dit la coutume de 1619), et qu'ils n'emportent effect de privilége, ou autre chose dépendante de notre auctorité. »

[2] *Loc. cit.*, p. 223, note *a*.

[3] Nous voulons parler d'une requête des juges municipaux de Valen-

il n'a pu s'empêcher de douter de cette confirmation [1].

Nous ne nous étonnons pas, au reste, que M. Merlin ne soit pas parvenu à éclaircir ses doutes, car Charles-Quint fit supprimer si exactement l'édition de ces coutumes de 1534, qu'on n'en connaissait guère que des copies manuscrites qu'on collationnait, le cas échéant, au seul exemplaire imprimé qui se trouvât, à ce qui paraît, à Valenciennes en 1779 [2]. Aussi l'un des plus persévérants investigateurs de nos antiquités locales ne put-il, pendant toute sa vie, découvrir un de ces si rares textes imprimés [3]. Plus heureux, nous en avons un sous les yeux en écrivant ces

---

ciennes, visée dans une ordonnance des archiducs Albert et Isabelle du 26 novembre 1612.

Voici ce que porte cette ordonnance : « Sur la remontrance faite aux archiducs en leur conseil privé de la part des prévôt, jurés, échevins et conseil de la ville de Valenciennes, contenant que par les coutumes décrétées dès l'an 1534 par feu de très-haute et perpétuelle mémoire l'empereur Charles-Quint pour ladite ville, banlieue et chef-lieu de Valenciennes, art. 66, avait été ordonné, etc. »

[1] Il dit en parlant de cette coutume (*Répert.*, v° *Valenciennes*, n° 3) : « Il faudrait en avoir le cahier sous les yeux pour décider au juste si elle fut confirmée par Charles-Quint. » Et, en parlant de la requête de 1612 : « Il est bien difficile de ne pas suspecter cette énonciation, à la simple lecture du décret de la troisième rédaction (celui de 1540 précité). »

[2] Dans un procès qui eut lieu à cette époque au parlement de Flandre entre la ville de Valenciennes d'une part, le prévôt-le-comte Locart et l'imprimeur Henry d'autre part, les magistrats municipaux durent invoquer plusieurs articles de la coutume de 1534 ; ils donnèrent copie de ces articles dans leurs pièces justificatives, et cette copie fut certifiée *conforme à l'imprimé* par Crendal de Dainville, conseiller pensionnaire de la ville de Valenciennes. (Voy. les *Archives du nord de la France et du midi de la Belgique*, nouvelle série, t. V, p. 469 et 470.)

[3] M. Aimé Leroy, dans l'article précité des *Archives du nord*, disait : « Ce volume, dont aucun bibliographe n'a parlé, et qui se rattache si essentiellement à l'histoire de Valenciennes, doit être bien rare ; car, dans notre longue carrière de bibliophile, où nous avons remué plus de vieux livres que jamais porteur de hotte ne remua de chiffons, nous n'eûmes pas une seule fois le bonheur de rencontrer un exemplaire de ce vénérable bouquin. »

lignes, et il nous a été permis de nous assurer que la copie citée par M. Aimé Leroy était parfaitement exacte [1].

[1] Voici la description de ce rarissime volume que nous croirions même unique, si l'on ne nous assurait qu'un autre exemplaire a paru à Paris en 1837, dans une vente publique où il aurait été poussé jusqu'à cinq cents francs, par un bibliophile de Lille, dont l'enchère fut couverte. A quel prix et à qui fut-il enfin adjugé? C'est ce qu'on ne nous a pas fait connaître et ce que nous laisse ignorer le *Manuel* de M. Brunet, excellent ouvrage de bibliographie, mais qui serait bien plus intéressant encore, si à tout ce qui s'y trouve on ajoutait tout ce qui devrait s'y trouver.

Le titre de la coutume de 1534 est ainsi conçu :

« Coustumes et usaiges de la ville, eschevinage, banlieue et chief-lieu de Vallenchiennes. »

Suivent sept pages de table non cotées.

Au verso de la 7e se trouve le préambule de l'empereur, formant trois pages, également non cotées.

Le texte de la coutume vient ensuite et s'arrête à la 65e page cotée qui en contient les six dernières lignes.

L'homologation de l'empereur remplit le reste de la page, les 66e et 67e et douze lignes de la 68e et dernière.

Elle se termine par ces mots : « Donné en notre ville de Bruxelles, le 12 d'apvril l'an de grâce 1534, de notre empire le quatorzième et de nos règnes d'Espagne et des Deux-Cecilles (*sic*) et autres le dix-huitième. »

Puis après ces douze lignes de la page 68e hors texte ces mots : « Par l'empereur en son conseil—du secrétaire Pensart. »

Dans le même volume et dans l'ordre où nous allons les indiquer se trouvent :

« Loix, chartres et coutumes du noble pays et comté de Haynau qui se doibvent observer et garder en la souveraine et haulte cour de Mons et jurisdiction dudit pays, ressortissans à ladite cour de Mons. Nouvellement reveues et corrigées. »

« Loix, chartres et coustumes du chef-lieu de la ville de Mons et des villes ressortissans audit chef-lieu de Mons. Nouvellement reveues et corrigées. »

Les Chartes de 1534 forment cinq pages de table et cent cinquante-deux pages de texte. La coutume de Mons trois pages de table et soixante-neuf pages de texte.

Ces trois recueils, de format in-4°, imprimés en lettres gothiques, sans réclames et avec des signatures chiffrées 1, 2 et 3 pour les trois premiers feuillets de chaque page qui contient vingt-neuf lignes, sortent bien évidemment des mêmes presses.

Ont-ils été imprimés à Anvers, comme M. A. Leroy l'a conjecturé ? nous l'ignorons, la seule indication qui s'y trouve est celle-ci :

« Imprimé pour Jehan Pissart libraire, demourant à Mons en Haynau, en la rue des clercs, à l'enseigne Saint Jehan l'évangéliste. »

Entre cette indication et le titre de chaque recueil se trouve un écusson

Le décret de Charles-Quint est daté de Bruxelles 12 avril 1534; on y lit :

aux armes de la maison de Werchin (qui portait d'azur semé de billettes d'argent, sur le tout un lion, aussi d'argent, armé et lampassé de gueules) avec cette devise : « Haynault av Seneschal. »

Au verso du titre se trouve également dans les trois recueils une gravure en bois portant la date de 1535, représentant l'empereur, ayant à sa droite et à sa gauche les douze pairs du Hainaut. Cette gravure est assez exactement décrite dans les *Annales de la province et comté d'Haynau*, par Vinchant et Ruteau, page 9, à cela près que les noms des pairies n'y sont pas orthographiés de la même manière et que ces auteurs ne font pas mention d'un quatorzième personnage (le sénéchal du Hainaut apparemment) qui se trouve placé en face du comte, c'est-à-dire de Charles-Quint.

La gravure dont s'agit fut faite pour l'édition *princeps* des Chartes de 1534, imprimée à Anvers en 1535, par Michel de Hochstrat, pour Jehan Pissart, ainsi que la coutume de Mons, qui fait partie du même volume, du moins dans les exemplaires que nous avons eu occasion de consulter. Ce petit in-folio est imprimé en caractères gothiques assez semblables à ceux des recueils que nous venons de décrire, et il offre cette particularité assez remarquable qu'il est chiffré de la même manière, quoique de format différent.

Les Chartes de 1534 ont seules cette attestation : *cum gratia et privilegio*. Ces Chartes et la coutume de Mons portent au bas du titre le millésime de 1543.

Quant à la coutume de Valenciennes elle porte celui de 1540. Cette date, contemporaine de celle où la seconde homologation de cette coutume fut donnée par Charles-Quint (le 23 mars), serait pour nous un nouveau sujet d'étonnement si nous ne connaissions pas le préambule de cette dernière homologation. Il nous paraîtrait inconcevable que les Valenciennois eussent attendu six ans pour faire éditer leur coutume et il nous paraîtrait incroyable d'un autre côté que cette coutume introuvable eût eu une édition antérieure à celle que nous venons de décrire.

Mais grâce au préambule de Charles-Quint tout s'explique ou du moins tout se devine.

On ne peut plus admettre avec M. A. Leroy que : « la finesse dont usèrent les magistrats de Valenciennes pour conserver à cette *bonne et franke ville*, comme dit Froissart, la plus grande somme de droits et de libertés possible était cousue d'un fil parfaitement retors et pas du tout voyant. »

Le fil était assez visible, témoin la précaution qu'on prit pour le cacher d'abord; il n'était pas très-solide, témoin la facilité avec laquelle il fut rompu.

Ce qu'il faut croire, c'est que l'adhésion de Charles-Quint à la coutume de 1534 fut surprise, ou du moins donnée sans examen suffisant; c'est

« Sçavoir faisons que..... désirant de tout notre cœur le bien de justice et soulagement de nosdits pays et subjectz, par l'advis et délibération de nostre très chière et très amée sœur la royne douagière de Hongrie, pour nous régente et gouvernante... avons de notre certaine science, authorité et grâce spéciale, pour nous, nos hoirs et successeurs conte et contesses de Haynnau gréet, louet, confirmet, approuvet, autoriset, gréons, louons, confirmons, autorisons et approuvons par ces présentes, lesdites coustumes et usaiges et chacun d'iceulx ainsi par la forme et manière que ils sont cy-dessus couchiez et redigez par escript. Vollons et ordonnons que pour l'advenir lesdites coustumes et usaiges soient tenus et réputez, et nous-mêmes les tenons et réputons pour loy, coustumes et usaiges par escript en nostredite ville de Valenciennes, banlieuwe, eschevinage et chef-lieu d'icelle.....

« Avons réservé et réservons à nous et à nos successeurs de pouvoir changer, corriger, amender, réformer, limiter et interpréter lesdites coustumes toutes et quantes fois qu'il nous plaira et qu'il se trouvera par nous et nostredit

que lorsqu'il reconnut qu'il avait été ou qu'il s'était trompé, il ne voulut pas avouer cette erreur ou cette surprise et aima mieux qu'on ne vit pas sa *certaine science* en défaut et qu'on crût seulement sa *pleine puissance* méconnue. Il voulut cacher la déconvenue de son amour-propre sous un coup d'autorité et ce coup d'autorité sous un mensonge. Il espéra enfin, que grâce au feu ou au pilon, la constatation de ce mensonge deviendrait par la suite impossible. Mais même au milieu du XVIe siècle la presse était déjà une puissance dont on n'avait pas facilement raison, fût-on empereur des Romains, roi d'Espagne, souverain des Deux-Siciles, des Pays-Bas, etc. Nous en avons pour preuve la quasi-résurrection après trois siècles d'un ou deux exemplaires de cette fameuse coutume de 1534. Le prince qui dans ses actes législatifs prenait à la suite d'une longue kyrielle de titres, celui plus emphatique qu'exact de *dominateur en Asie et en Afrique*, ne parvenait pas à supprimer dans l'une des provinces de son vaste empire, une brochure de soixante-quinze pages dont la publication excitait sa ire. Écrions-nous avec l'Ecclésiaste : *Vanitas vanitatum et omnia vanitas !*

conseil expédient et nécessaire de faire. Déclairons au surplus que ne entendons soubz ombre desdites coustumes et usaiges aucunement desrogier ne préjudicier à noz droitz, haulteurs et domaines, ne aussy aux droitz, loix, franchises et priviléges de notredite ville par ci-devant accordez par nous et nos prédécesseurs, desquelz lesdits suppliants, au nom de notredite ville, sont en bonne et paisible jouissance et possession. »

Passons aux Chartes générales de 1534.

Et d'abord voici ce qu'on lit dans le préambule de ces Chartes :

« Comme plusieurs plainctes et doléances nous ayent esté faictes, de ce que depuis la dernière réformation, déclaration et interprétation des loix et chartres de notre pays de Haynault, *faictes* en l'an 1483 *par* feuz de très excellente mémoire l'empereur Maximilien et le roy dom Philippe, nos grand-père et père, auroient esté introduictes, practiquées et usitées, plusieurs loix, coustumes, stils et usages exhorbitantes, non fondées en raison et équité, au préjudice du bien publique d'iceluy notre pays et de noz subjets, et au retardement de la justice. Et que à ceste cause eussions par noz lettres closes ordonné et mandé aux estats de nostredit pays de faire recueil et mettre par escrit les loix, stils, coustumes et usages dont l'on a usé jusques ores en notredit pays, *pour approuver et confirmer les bonnes et raisonnables, et réformer et corriger les déraisonnables*. A quoy lesdits de nos estats auroient fourny et obéy et envoyé par leurs députez par devers nous lesdits loix, coustumes et usages par escrit en un cahier contonant cinq cent vingt-neuf articles, lesquels avons fait voir et examiner par aucuns conseilliers et praticiens lettrez et experts au fait de la justice, qui nous ont fait rapport du contenu esdits articles, et de leur advis sur iceux. Sçavoir faisons, que désirant pourvoir à ce que bonne et briefve justice ait cours en nostredit pays, et que bonne ordre et police y soit observée et gardée, au bien, soulagement et repos de noz bons subjets; et eu sur ce l'advis de nostre grand bailly, des gens de nostre conseil et de ceux des estats de nostredit pays de Haynault et des chefs et gens de nostre privé conseil; et par l'advis et délibération de nostre très-chère et très-aimée dame et sœur la royne douagière de Hongrie et de Bohême, etc., pour nous régente et gouvernante de nos pays d'embas, avons sur lesdites loix, usages, stils et coustumes, FAIT, ORDONNÉ ET STATUÉ *les déclarations, modifications, corrections et interprétations qui s'ensuivent*[1]. »

Voici maintenant en quels termes Charles-Quint décrétait l'exécution de ces Chartes de 1534 :

« Lesquelles loix, statuts, coustumes, stils, usages et ordonnances *avons* DE NOTRE CERTAINE SCIENCE ET PLÉNIÈRE PUISSANCE *confirmé, ratifié et aprouvé, confirmons, ratifions et approuvons*, et voulons estre inviolablement entretenues[2] en nostre pays de Haynault, tant en jugement comme dehors. Et si en icelle cheoit cy après quelques difficultés ou obscurités, *nostredit grand bailly et hommes de fief de nostre court pourront vuider et déclarer icelles difficultez et obscuritez. Et si en ce ils ne se trouvoient d'accord, le référeront et rapporteront à nous ou à nos successeurs*, comtes et comtesses de nostredit pays, *pour en faire la déclaration et interprétation, telle qu'il appartiendra*, le tout sans desrogier aux chartes, loix, ordonnances de nos prédécesseurs, dont modération ou changement ne seroit fait cy dessus. Lesquelles demoureront en leur force et vertu, et *voulons estre entretenues, gardées et observées*

---

[1] Bourdot de Richebourg, t. II, p. 1.
[2] Il est clair que cette obligation concerne ceux qui obtiennent les chartes et non celui qui les accorde.

selonc leur forme et teneur. Si donnons en mandement à nosdits grand bailly de Haynault, etc., que cesdites présentes ils fassent en pleine audience de plaids... dénoncher et publier et aussi enregistrer... et ce fait ils... entretiennent et fassent entretenir le contenu en ces mesmes présentes, à commencer du jour de ladite publication et dénonciation d'icelles, et jugent selon leur contenu sans aller ne souffrir estre allé, ores ne pour le temps advenir aucunement au contraire, *sauf en tout et partout nostre droit, haulteur, seigneurie et demaine*[1]. *Car ainsi nous plaît-il*[2]. »

Des termes de ce préambule et de cette confirmation des Chartes de 1534, il nous paraît clairement résulter que Charles-Quint était pleinement et exclusivement investi en Hainaut des attributions du pouvoir législatif. Il consulte les états, mais lui seul ordonne, après s'être entouré d'avis qu'il reste libre de suivre ou de négliger. Les états recueillent et rédigent les coutumes, mais c'est l'empereur qui approuve et confirme *les bonnes*, qui réforme et corrige *les déraisonnables*. Les cahiers présentés par les états contenaient cinq cent vingt-neuf articles ; les Chartes promulguées par Charles-Quint sont classées en cent dix-neuf chapitres. Le rôle que jouent les états dans tout ceci, ne paraît guère autre, quant à l'autorité qu'ils exercent, que celui rempli par le grand bailli, le conseil privé et les praticiens interrogés par l'empereur. Les uns et les autres concourent aux travaux préliminaires de la législation, mais voilà tout. C'est l'empereur seul qui *fait, ordonne et statue les déclarations, modifications, corrections et interprétations sur les-*

---

[1] Dans le *Songe du Verger* et dans Pasquier on emploie aussi le mot *demaine* pour *domaine*. Voy. à la suite du *Dictionnaire étymologique* de Ménage le *Trésor* de Borel, p. 63 ; et le *Dictionn. du vieux langage* de Lacombe, t. II, p. 144.

[2] Voy. Bourdot de Richebourg, *loc. cit.*, p. 38.

dites lois, usages, stils et coustumes. Il réserve expressément pour l'avenir, à lui ou à ses successeurs, le droit d'interprétation qui est une conséquence du pouvoir législatif, et s'il veut que les Chartes qu'il publie soient obligatoires pour tous et en tout temps, ce n'est que *sauf en tout et partout ses droit, hauteur, seigneurie et domaine* ; en d'autres termes, il déclare s'affranchir lui-même des lois qu'il donne à ses sujets. Et, comme pour ne laisser aucun doute sur son omnipotence législative, il termine sa confirmation des Chartes par ces mots : *Car ainsi nous plaît-il*.

Nous croyons donc que M. Britz a trop cédé à cet esprit de liberté rétrospectif que nous avons signalé lorsqu'il a dit (p. 284), en parlant des coutumes du Hainaut : « Ce n'est que *par l'avis des états* que ces coutumes pouvaient être revisées ou modifiées ; » et plus loin (p. 365 et 366) : « En règle générale, l'interprétation des lois par voie d'autorité appartenait au conseil privé. Le Hainaut faisait exception. Dans cette province, on regardait comme loi fondamentale, consacrée par tous les actes d'homologation des Chartes, que le souverain ne pouvait diminuer les Chartes ou y ajouter que *par l'avis et participation des trois états*. Mais il est à remarquer que cette province avait des *droits politiques* particuliers inscrits dans sa coutume de 1619, tandis qu'en règle générale.. ... les coutumes n'ont que des dispositions de *droit civil*. »

Nous savons maintenant si *tous les actes d'homologation des Chartes* consacraient ces prétendus droits des états de Hainaut d'intervenir activement dans toutes modifications de ces mêmes Chartes, nous pourrions aussi prouver par maints exemples qu'en fait bon nombre d'articles de ces Chartes, soit de 1534, soit de 1619, ont été modifiés ou abolis par des édits ou placards des souverains du Hainaut ; nous pourrions prouver que fréquemment dans cette province des Pays-Bas, comme dans les autres, on admettait comme vrai ce que M. Britz (p. 347) disait de ces dernières provinces seulement : « L'autorité des coutumes municipales ou locales le cède à celle du droit édictal. » Mais pour abréger, nous nous bornerons à un seul exemple.

Le treizième alinéa du chapitre cvi des Chartes de 1534 n'attribuait guère aux seigneurs hauts justiciers du Hainaut des droits moins étendus et surtout moins exorbitants que les articles 1 et 2 du chapitre cxxx des Chartes de 1619 : « Avons déclaré et déclarons, disait-il, que le cas de haute justice est esroller [1], pendre, bouillir, ardoir, enfouir, flastrer [2], coupper membres, bannir et troene de vassiaux dels [3], droit d'aubanité, de bastardise, avoir extraire [4], lois de sang [5] et amandes. »

Sans nul doute cet article ne resta pas intact après la pu-

---

[1] Ou *exoriller* comme dit l'art. 1 du chap. cxxx des Chartes de 1619, ou *essoriller* comme disent l'art. 148 de la coutume d'Anjou, et les art. 90 et 92 de l'édit de Louis XII de 1419. Voy. le *Glossaire* de Laurière, t. I, p. 423; le *Dictionnaire roman, walon*, etc. (de dom François), p. 107; Lacombe, t. II, p. 217; Roquefort, t. I, p. 534.

[2] Flétrir, marquer. Voy. le *Glossaire* précité, p. 485, et celui de Roquefort, t. I, p. 607.

[3] Ou *troeve de vassaux d'oes* ou *d'eps*. Voy. Laurière, *loc. cit.*, t. II, p. 437 et 438. C'est le même droit que les Chartes de 1619, *loc. cit.*, appellent en langage plus moderne, *treuve de mouches à miel*.

[4] « Extraire, dit Bourdot de Richebourg (t. II, p. 37), pour extrayeure, qui signifie *succession et échéance de biens*. » Et Lacombe dans son *Dictionnaire du vieux langage* (t. II, p. 230), dit : « Extraiure, droit seigneurial sur les biens délaissés par mort. » Quant à Laurière (*loc. cit.*, t. I, p. 450) il semble croire que les mots *avoir extraire* se réfèrent à la succession des bâtards dont il est question au chap. LXXXV, art. 8. Mais M. Merlin a très-bien compris que par ces mots *avoir extraire* les Chartes de 1534 ne désignaient pas d'autre droit que celui auquel les Chartes de 1619 donnaient la qualification de *avoir en terre non extrayé* (voy. ma première consultation, p. 67).

[5] Connaissance des rixes où il y a eu effusion de sang (voy. les art. 13 et 15 des Chartes de 1619 et le *Glossaire* de Laurière, v° *Sang*, t. II, p. 345).

blication de l'édit ou décret du roi Philippe II, du 5 juillet 1570 sur la justice criminelle dans les Pays-Bas, édit que « le grand bailly de Haynaut et les gens du conseil de Mons » sont spécialement chargés de faire mettre à exécution « nonobstant aucuns priviléges, loix, coutumes ou usances au contraire, lesquelles, dit Philippe, au cas présent, ne voulons avoir lieu. » (Voy. Raparlier, t. II, p. 165 et 166.)

Dans cet édit on parle entre autres choses de la diversité des peines qui frappent non suivant le cas, mais suivant les lieux, les auteurs de tel ou tel crime ou délit : « De manière, dit l'article LXI, que crimes en soi capitaux de droit divin et humain, sont quelquefois punis extraordinairement et bien légèrement; et au contraire s'observe en quelques lieux, qu'aucuns délits non capitaux en soi, sont punis du dernier supplice, comme pour furt ou larrecin, un ou deux (quels petits qu'ils soient), en certains lieux on pend un pauvre homme; en autres, l'officier ou seigneur prend à soi tout ce qu'a le prisonnier, jaçoit qu'il soit bien robbé ou sacrilége, et que les maistres reconnoissent et poursuivent. Partant y veuillant généralement remédier, ordonnons que tels et semblables abus (où ils peuvent estre) cesseront. *Déclarant de nostre authorité royale, souveraine, et pour droit, toutes ces coustumes, priviléges ou statuts, nuls et abusifs, défendant à tous d'en user, ni mesme alléguer*, à peine de chastoi et correction contre celui qui les allégueroit ou en voudroit user, et contre les officiers s'ils les dissimuloient, et aussi contre les juges s'ils jugeoient selon ce : ains voulons qu'en tous lesdits cas soit ensuivi le droit civil, commun et escrit, s'il n'y a ordonnance nostre particulièrement en disposant, laquelle s'observera. »

En admettant au reste l'opinion de M. Britz, en supposant qu'avant les Chartes de 1619 et sous Charles-Quint, par exemple, la participation des états fût nécessaire pour l'abrogation des Chartes du Hainaut, au moins serait-il incontestable qu'avec la participation de ces états, cette abrogation serait parfaitement régulière.

Or nous avons été assez heureux pour trouver la preuve que la loi internationale, connue sous le nom de traité de Cambrai, avait été soumise à la sanction des états du Hainaut, et l'avait reçue dans la forme la plus régulière, bien qu'à notre avis elle eût pu s'en passer si l'article 47 du traité en question ne l'avait exigée de Charles-Quint.

Voici *in extenso* cette pièce intéressante; elle repose aux Archives nationales, section historique (trésor des chartes), série J, carton 668, n° 8⁸.

« Nous Jehan abbé de l'église et abbaye Saint-Denis en Brocqueroye de l'ordre de Saint-Benoit; Allart abbé de l'église et abbaye Notre-Dame de Cambron de l'ordre de Chistau ; Pierre abbé de l'église et abbaye de Saint-Follyen de l'ordre de Prémonstré; Jacques de Gaure, seigneur de Fresin, d'Ollenguyen, de Mussaing conseiller et chambellan de l'empereur, chevalier de son ordre et grand bailly du pays et comté de Haynnau ; Pierre baron de Werchin et de Chisoing [1] Sénéschal de Haynnau premier ber [2] de Flandre, seigneur de Walincourt du Biez; Anthoine, seigneur de Mastaing, de Brugelette; Ustasse de Bouzies, seigneur de Vertaing, de Ghossillies, de Felluy, chevaliers, conseillers

---

[1] Voy. *Recherche des antiquitez et noblesse de Flandres*, par de l'Espinoy, p. 145 et 146.

[2] Baron. Voy. le *Glossaire* de Roquefort, t. I, p. 146, et le *Trésor* de Borel, p. 24.

De l'Espinoy, *loc. cit.*, p. 97, dit : « Il se trouve une sorte de barons, appelez beers, desquels j'en compte quatre en Flandres, qui sont les seigneurs de Pamèle, de Cisoing, de Boulers et de Heyne; en Brabant, un beer, qui est le seigneur d'Ysche; en Artois, un, qui est le seigneur d'Auxy, n'ayant jamais peu savoir pour quel sujet ils portent ce nom de beer. »

et chambellans de l'empereur ; mayeur, échevins, jurez, conseil et communaulté de la ville de Mons ; mayeur, échevins, jurez, conseil et communaulté de la france[1] ville d'Ath ; mayeur, eschevins, jurés, conseil et communaulté de la ville d'Enghien et mayeur, eschevins, jurés, conseil et communaulté de la ville de Binch [2] représentans les trois estaz du

---

[1] Pour *franche* (voy. le *Glossaire* de Roquefort et le *Trésor* de Borel). Quant aux priviléges qui ont valu à cette ville cette qualification, on peut consulter *la description de la ville d'Ath,* par Zuallart, et l'*Histoire* de la même ville, par de Boussu, p. 139 et suiv.

[2] On s'étonnera peut-être de ne pas voir figurer les officiers municipaux de Valenciennes dans ces états, alors qu'on y voit paraître les représentants des villes bien moins importantes de Binch, d'Enghien et d'Ath. Cela tient à ce que le comté de Valenciennes, bien que gouverné par les mêmes princes que le comté de Hainaut depuis le XIe siècle, ne se confondit cependant jamais complétement avec lui. Vinchant et Ruteau, dans leurs *Annales de la province et comté du Hainaut,* liv. III, ch. XXXI, ont soutenu, il est vrai, l'opinion contraire ; mais cette opinion est victorieusement réfutée par d'Outreman dans son *Histoire de Valenciennes* et par Merlin dans son *Répertoire* (v° *Valenciennes,* n° 1). Si nous voulions joindre une nouvelle preuve à celles si décisives que produisent ces auteurs, nous citerions ce qui se passa lors de l'expédition du comte d'Ostrevant contre les Frisons. Son père, le duc Aubert de Bavière, alla avec lui à Mons et à Valenciennes pour obtenir des secours pécuniaires. A Mons, il convoqua les états, et, dit Delewarde (*Histoire générale du Hainaut,* t. IV, p. 277), « *Valenciennes, faisant son affaire à part,* ne se laissa pas vaincre en générosité, elle contribua libéralement. » Froissart (liv. IV, ch. L) montre encore plus clairement que Valenciennes ne se confondait pas avec le comté de Hainaut, lorsque, rendant compte de cette même tenue d'états, il dit : « Comme j'en ai esté informé, ils lui firent tout prestement avoir *sur son pays de Haynaut,* en deniers comptans, trente mille livres, *sans y comprendre la ville de Valenciennes,* laquelle fit de ce très-bien son devoir, car le duc Aubert, avec son fils, les alla veoir, et leur fit une pareille requeste qu'il avoit faite *aux Hainuyers* en sa ville de Mons. »

La ville de Valenciennes envoyait cependant des députés aux assemblées générales qui se tenaient à Mons ; mais c'était uniquement pour empêcher qu'on y prit des résolutions contraires à ses intérêts ; et la preuve que ces députés n'étaient pas considérés comme membres des états, c'est qu'ils prenaient séance, comme étrangers, avant les députés de Mons, capitale du Hainaut, et qu'ils n'ouvraient pas leur avis dans les affaires qui n'intéressaient que la province en général (Merlin, *loc. cit.*). « Depuis quelques années en ça, nous avons cessé d'y envoyer, » dit (p. 288)

pays et comté de Haynnau, à tous ceulx quy ces présentes verront, salut; Comme en nostre présente assemblée en la ville de Mons, en laquelle l'empereur nostre très redoubté seigneur et prince naturel et souverain roy des Espaignes, archiduc d'Austrice, duc de Bourgoigne, de Brabant, conte de Flandres, d'Artois, de Haynnau, nous a fait convocquer, icelluy seigneur, nous ait fait faire lecture de mot à autre du traictié de paix, amitié, confédération et alliance perpétuelle naghaires accordé et conclu en la cité de Cambrai, entre lui et le roy très-chrétien de France et tous et chascuns leurs royaulmes, pays, terres et seigneuries, vassaulx et subjectz; aussi le traictié d'entre lesditz seigneurs fait à Madrid en Espaigne auparavant celluy de Cambray, et la lecture desdits traictiez achevée, nous ait, de la part de nostredit très redoubté seigneur esté ordonné que iceulz traictiez assavoir celluy de Cambray entièrement et celluy dudit Madrid, en ce que par celuy de Cambray il n'est changié, mué ou innové, nous eussions à ratiffier et approuver et d'iceulx jurer et promettre la perpétuelle observance et entretenement selon que l'empereur avoit accordé et promis que nous et autres estaz de sesdits pays de par deçà le ferions; savoir faisons que advons bien entendu lesdis traictiez, et en obéissant au bon plaisir de l'empereur, nous advons, de nostre part, en tant que en nous est, ratiffié et approuvé, ratiffions et approuvons, par ces présentes, ledit traictié de Cambray et celluy de Madrid, en ce que par celluy de Cambray il n'est changié, mué et innové et advons solempnellement juré sur les saintes évangiles de Dieu[1] par

l'historien de Valenciennes, d'Outreman, qui mourut en 1605, ou son fils, qui publia cette histoire en 1639.

[1] On sait qu'à cette époque le serment jouait un rôle beaucoup plus fréquent qu'aujourd'hui, non-seulement dans les traités internationaux, mais dans les conventions privées. On en était surtout prodigue dans la province du Hainaut (voy. le ch. cxix des Chartes de 1619). Aussi

nous manuellement touchées, que iceulx traictiez en la manière dessusdite nous garderons, observerons et entretiendrons de nostre part inviolablement et perpétuellement, selon leur forme et teneur, sans les enfraindre ne aller au contraire en manière que ce soit. En tesmoing de ce avons à ces présentes fait mettre et appendre noz sceaulx [1]. Ce fut fait l'an mil chincq cens vingt neuf (1530 nouveau style) le dix-huitième jour du mois de janvier. »

On n'avait pas attendu, au reste, cette confirmation des états pour publier et rendre exécutoire le traité de Cambrai [2].

Dès le 14 août précédent, Marguerite d'Autriche s'étant rendue à Valenciennes, elle fit connaître aux habitants qu'elle leur apportait la paix, puis, se tournant vers le cardinal de Liége qui l'accompagnait, elle lui dit, d'après l'historien précité : « Segneur, quand est-ce qu'on la publiera en ceste ville? On le doibt, comme il est conclu, partout publier le dix-huitième jour du mois d'aoust; mais je la voldrois bien faire publier en ceste ville pour veoir quelle feste ilz en feroient, car je puis assez sçavoir que mes enfans de Valenchiennes le sont fort désirant. »

Charles-Quint, dans ses Chartes de 1534, avait-il cru devoir prévoir et punir le parjure et décider (ch. xcviii, art. 3) « que si aucuns avoient fait serment et que après il fust trouvé qu'ils auroient faulsé de leur foy, ils en devront estre punis à l'arbitrage des juges et l'exigence du cas : » disposition qui se trouve reproduite dans l'art. 3 du ch. cxix des Chartes des archiducs Albert et Isabelle.

[1] L'original en parchemin dont nous donnons copie est, en effet, scellé de onze sceaux, comme le constate l'expédition collationnée par le garde général des Archives nationales, délivrée à la date du 14 août 1850 n° 12,388), et qui est jointe au dossier. Cet acte a été remis au roi de France, en exécution de l'art. 47 du traité de Cambrai.

[2] Robert Macquériau rend compte avec détails de cette publication à Cambrai même, le 5 août, et de la « grosse liesse à ce subject » dans le soixantième chapitre de son *Histoire générale de l'Europe durant les années 1527, 1528 et 1529*, publiée pour la première fois en 1841 par les soins de M. J. Barrois.

Le cardinal offrit de la faire publier dès le lendemain. Marguerite accepta, fit connaître sa volonté au prévôt qui lui-même la transmit au peuple par le crieur de la bretèque[1]; et le lendemain, en effet, à la sortie de la grand'messe, le traité fut publié « en suivant comme on le avoit publié en le église Notre-Dame de Cambray et à Cantimpré, mot après aultre; » puis vinrent les réjouissances/ « une feste plantureuse, » comme dit Macquériau (p. 217), puis la publication générale qui eut lieu comme cela avait été convenu, le 18 août : « Et soiiez advertis, continue notre historien (p. 218), que le dix-huitième jour du mois de aoust, un merquedy, la paix fut criée partout, aussy bien au realme de France que en ès païs de embas; parquoy en fut partout faict grosse feste, loant Dieu de avoir à ung cescun donné telle grâce. »

Comment croire qu'un traité de paix, partout accueilli avec tant de faveur, nous pouvons le dire, avec tant d'enthousiasme, eût eu besoin, pour être valide, de la ratification des états qui, après tout, n'étaient que les mandataires et les représentants de ces nobles qui entouraient Marguerite, de ce peuple qui se pressait sur son passage, et de ce clergé qui consacrait par des cérémonies religieuses l'heureuse issue de sa négociation?

Et d'un autre côté, lorsqu'on voit les états de Hainaut *ratifier* et *approuver* le traité de Cambrai dans la forme la plus solennelle, s'engager par serment à le *garder, observer et entretenir*, comment croire que si cette loi internationale est contraire à la coutume, en ce qui concerne la durée de

---

[1] On nommait ainsi non-seulement le lieu où l'on affichait les actes de l'autorité publique, les assignations faites à des étrangers, etc. (voy. le *Répert.* de Merlin et le *Dictionnaire rouchi* de M. Hécart), mais la tribune même où se faisaient les publications officielles, et c'est dans ce dernier sens que ce terme est pris ici.

la faculté de rachat, si l'une la déclare perpétuelle tandis que l'autre la déclare prescriptible [1], ce ne soit pas la loi internationale et non la coutume qu'il faille préférer; ce ne soit pas la coutume et non la loi internationale qui doive fléchir.

Enfin si la loi internationale est telle que nous l'avons fait connaître, comment croire qu'elle ait pu être abrogée autrement que par un nouveau traité? Et si ce nouveau traité n'existe pas, comment se soustraire à l'application de celui de Cambrai? Et si cette application on l'accepte, comment la seigneurie du château y échapperait-elle? Et si elle n'y échappe pas comment le roi de France aurait-il pu perdre la faculté de rachat stipulée de Charles-Quint en 1529! Et s'il ne l'a pas perdue, comment aurait-il cessé d'être seigneur, d'être *propriétaire de la justice* d'un domaine simplement engagé? Et s'il est resté seigneur, s'il est resté propriétaire, quel titre autre qu'un titre précaire M. de Croy aurait-il eu en 1749? Enfin, si tout cela est vrai, comment la cour de Douai a-t-elle pu dire que la possession de M. de Croy en 1749, faisait que de défenderesse au principal, la société de Thivencelles devenait demanderesse sur l'exception? D'exception, il n'y en a pas ombre ici; il y a, et pas autre chose, un titre à appliquer, titre qui détermine les droits respectifs des parties, la nature de la détention de l'une, et de la possession de l'autre. Ce titre qui est en même temps une loi, c'est le traité de Cambrai.

---

[1] Ceci, nous l'avons vu, n'est qu'une pure hypothèse, et nous avons vu aussi que François Ier était à la fois placé sous la double protection du statut personnel de France et du statut réel du Hainaut par son incapacité de *fourfaire* ou d'aliéner.

CONCLUSION.

Il nous resterait à résumer en peu de mots cette discussion, dont l'étendue peut être excusée par le nombre des questions qu'elle soulève et des erreurs qu'elle réfute, et aussi par l'importance des intérêts qui sont en litige. Nos arguments, dégagés des citations et des preuves qui les embarrassent, ne perdraient pas, nous en sommes convaincus, de leur force en se condensant. Mais cette tâche semble plus naturellement rentrer dans le cadre du mémoire ampliatif, et nous serions inexcusable d'ajouter volontairement au labeur des magistrats dont nous sollicitons la pénible et patiente attention. Si le temps ne nous eût manqué[1], nous eussions mis sans doute dans ce mémoire plus de méthode et de précision; mais, tel qu'il est, nous le livrons avec une pleine confiance aux méditations de la Cour suprême, convaincu que nous sommes, d'une part, que la cause de la société de Thivencelles est assez bonne pour que l'art puisse sans danger lui faire défaut, et, d'autre part, que les magistrats auxquels elle est soumise ont un savoir trop sûr et une raison trop haute, pour que les prestiges de la forme puissent, en charmant leur goût, troubler leur jugement.

Nous nous bornerons donc à leur soumettre une dernière observation.

Dans le système adopté par la compagnie d'Anzin, il faut bon gré mal gré, ne tenir aucun compte de la plupart des documents du procès, et n'accepter les autres qu'après les avoir mutilés.

Ainsi, la clause du traité de Cambrai qui réserve au roi

---

[1] Jusqu'au dernier moment, presque, nous avions espéré qu'une plume plus habile que la nôtre défendrait les intérêts de la société de Thivencelles.

de France la faculté perpétuelle de rachat, il faudrait la considérer comme non avenue.

Il en serait de même de la convention ultérieure qui permettait à François I*er* de racheter en deux fois les biens engagés dont primitivement il devait exercer le retrait en bloc.

La procuration de la princesse de la Roche-sur-Yon, donnée *dix jours* avant le contrat du 11 avril, aurait vainement tracé au mandataire qu'elle avait choisi ses devoirs dans la forme la plus impérative. La volonté de la princesse aurait été complétement méconnue.

La procuration de François I*er*, du 16 décembre 1529, serait aussi restée sans exécution, bien qu'il soit incontestable que toutes les aliénations qui eurent lieu en exécution du traité de Cambrai furent faites en vertu de cette procuration.

La plupart des expressions ou des clauses du contrat du 11 avril 1529 seraient inexplicables.

Telles seraient :

L'expression de *contre-échange* qui se rencontre trois fois dans l'acte; et la qualification de *contrat d'échange* maintes fois donnée à ce contrat, dans les expéditions qui en ont été faites;

La stipulation que l'exécution de cet acte doit avoir lieu *selon le traité de Cambrai*;

La convention d'après laquelle le rachat doit être exercé par M*me* de la Roche-sur-Yon, ou son fils *et autrement*;

La clause qui détermine une si exacte pondération des immeubles contre-échangés;

Celle qui stipule la remise respective des titres originaux de propriété après le délai de six ans, pendant lequel le roi peut recouvrer la propriété d'Auge et Mortain, en restituant Leuze et Condé;

Enfin, celle dans laquelle les parties déclarent qu'elles ne veulent faire que *ce qui est plus à plein déclaré dans les lettres de procuration* annexées d'ailleurs à l'acte, et qui font corps avec lui.

Non-seulement il ne faudrait pas voir dans l'acte du 11 avril ce qui y est, mais il faudrait y voir ce qui n'y est pas.

Le caractère de l'échange vainement s'y révélerait à chaque ligne, ce serait en donation que l'acte serait travesti.

Les parties n'auraient si scrupuleusement équilibré les valeurs respectivement transmises, que pour déterminer d'une manière plus précise, combien l'avidité de l'une d'elles était âpre, combien la prodigalité de l'autre était aveugle.

De plus, pour admettre ce système, il faut soutenir que la tradition faite à Charles-Quint directement, n'équivaut pas à la tradition à lui faite par l'intermédiaire du roi de France, ce qui est démenti et par l'acte de M. de Béthune, et par celui de M. de Clèves, et par celui de l'évêque de Béziers, et par celui de la duchesse de Vendôme, et par celui surtout de Mme de la Roche-sur-Yon, où il est dit que les cessions et transports faits *selon et au désir du traité de paix, en accomplissant iceluy pour et au profit dudit seigneur roi, sont réputés être faits à lui-même*[1].

Il faut en outre nier qu'une position égale ait été faite à tous les sujets du roi de France qui ont traité avec lui en même temps, dans le même but et en vertu de la même

---

[1] Ce qui est confirmé et par la supplique de Mme de la Roche-sur-Yon à la cour des Comptes, et par le registre contenant l'assiette des terres *engagées par le roi de France*, et par la minute des *lettraiges* des terres *transportées à l'empereur par le roi de France*. Voy. ci-dessus, p. 103 et 104. Voy. aussi la quittance de Guillaume Leblanc, p. 110.

procuration (ce que ne fait pas l'arrêt de la cour de Douai, puisqu'il argumente des autres actes contemporains pour pénétrer l'esprit du contrat du 11 avril); ou si l'on ne nie pas cette parité, il faut étendre à ces actes l'œuvre de mutilation qu'on a entreprise, car ils ne laissent aucun doute sur la nature des conventions qui interviennent. Elles sont qualifiées de *permutation* et d'*échange* par M. de Clèves, par M. de Béthune et par Mme de Vendôme, dont le contrat a servi de type à tous les autres, et notamment à celui de Mme de la Roche-sur-Yon.

Toujours dans le même système, on ne tient pas plus compte des actes qui ont suivi celui du 11 avril, que de ceux qui l'ont précédé.

Ainsi, ce serait en vain que les parties contractantes auraient déclaré, dans le procès-verbal de mise en possession des terres d'Auge et de Mortain, que par l'acte du 11 avril, elles avaient fait un *échange*, et que les terres de Leuze et Condé, remises en engagement à l'empereur, étaient en réalité *baillées au roi*.

Vainement encore, le duc de Montpensier aurait reconnu la même chose dans ses requêtes de 1548, 1566, 1567, 1568 et 1570.

Vainement, dans les lettres patentes rendues à ces diverses époques, après avis de leur conseil privé, les rois de France auraient déclaré que par suite de l'*échange* qui avait eu lieu en 1529, les terres d'Auge et Mortain appartenaient en toute propriété au duc de Montpensier *comme faisaient les terres de Leuze et Condé* AUPARAVANT ICELUI.

Vainement ces lettres patentes eussent été vérifiées et enregistrées en parlement.

Vainement enfin l'héritier du duc de Montpensier aurait reconnu en 1743 qu'il *n'avait aucun droit de retirer la terre de Condé, parce qu'au moyen de* l'ÉCHANGE *tous les droits du* *prince de la Roche-sur-Yon, duc de Montpensier, avaient été transportés au roi François I*^{er}.

Dans le contrat du 26 août 1531, il faut, en adoptant le système de la compagnie d'Anzin, renoncer à expliquer : 1° le renvoi qui y est fait au traité de Cambrai ; 2° l'assimilation qui s'y trouve du duc de Montpensier aux autres seigneurs qui avaient comme lui remis des terres à Charles-Quint, en exécution de ce traité ; 3° l'obligation imposée au cessionnaire de l'empereur de remettre, en cas de rachat, son titre *au sieur propriétaire* ; 4° enfin la mention qui y est faite de François Ier, lorsqu'il s'agit du droit de rachat de Condé, puisque dans ce système, ce droit n'aurait en aucun temps pu appartenir au roi de France : réservé qu'il était au duc dans les six premières années, d'après l'acte du 11 avril, et à lui attribué *à titre gratuit*, passé ce terme, d'après l'interprétation que l'arrêt donne à ce même acte.

Serait encore inexplicable, dans le système de la compagnie d'Anzin, cette énonciation dans la quittance du 2 décembre 1529, du double droit qu'a le roi *de racheter* ou *pouvoir faire racheter,* suivant que le retrait s'opère *par et pour lui,* après les six ans, *par les contre-échangistes et toujours pour lui*, pendant ce délai.

Serait inexplicable surtout le retrait de 1538, exercé *de la part dudit seigneur roi de France*, à l'égard des terres qui avaient été baillées à Charles-Quint par l'évêque de Béziers, retrait évidemment incompatible avec cette supposition toute gratuite de l'arrêt qu'après le terme de six années, les seigneurs qui avaient fait des échanges avec le roi acquéraient le droit de rachat des terres dont ils avaient reçu l'équivalent en domaines de la couronne.

Nous ne reviendrons pas sur l'inanité, en droit, du prétendu rachat de 1558, mais nous rappellerons que pour l'admettre en fait, il faut ne pas tenir compte :

1° De cette *lettre de garant* isolée de l'acte de vente et qui proteste contre cette vente même;

2° Des actes de relief de 1593 et 1671, qui ne font pas dériver la possession des de Lalain et des de Croy de M. de Montpensier, mais de M. de Roghendorff;

3° De l'histoire manuscrite de Condé, qui constate aussi que cette transmission eut lieu sans intermédiaire[1];

4° Du registre des fiefs et arrière-fiefs du Hainaut, de 1564 et 1573, d'où résulte la même constatation;

5° De la sentence rendue par le conseil privé de Philippe II, le 23 décembre 1559, où il est dit que M. de Roghendorff avait *la jouissance de la terre et seigneurie de Condé par lui acquise* EN GAIGIÈRE et que *le feu comte de Lalain avait* ACHAPTÉ LE DROIT DE LADITE GAIGIÈRE;

6° De la sentence rendue, par le même conseil, à la date du 31 janvier 1559 (1560 nouveau style), qui prouve que M. d'Eytzing ne s'était pas déshérité de la seigneurie du château, comme le suppose l'arrêt, à la date du 5 août 1558, puisque dix-sept mois plus tard il n'en était pas encore adhérité;

[1] Cet aveu est d'autant plus précieux qu'il émane de M. de Croy lui-même, par les ordres et sous l'inspiration duquel cette histoire fut rédigée pendant le cours des années 1737, 1749 et 1775 (voy. notre seconde consultation, p. 274). Au reste, cette histoire ne semble avoir été écrite que pour, à l'exemple de bon nombre d'engagistes, faire perdre la trace du titre primordial d'une possession précaire. Ainsi, en prenant le manuscrit en question pour guide, on peut soutenir indifféremment que la seigneurie du château de Condé fut acquise, soit par Charles de Lalain, soit par Marie de Montmorency, soit par tous deux ensemble; que la transmission de cette seigneurie se fit à titre gratuit, ou bien qu'elle se fit à titre onéreux; que le cédant fut ou Guillaume de Roghendorff ou son fils Christophe, ou le comte de Mansfeld, ou Louis de Bourbon; que cette cession eut lieu ou en 1553, ou en 1557, ou en 1558, ou en 1559, ou en 1560. Enfin, toutes ces versions sont contredites par l'histoire manuscrite de l'Ermitage (écrite aussi par M. de Croy, ou sous sa direction), dans laquelle on lit, t. I, p. 117 : « En 1618, Jeanne de Lalain acheva d'hériter et de réunir les deux seigneuries principales. Elle mourut à Condé, le 1ᵉʳ février 1649. » (Voy. la consultation précitée, p. 267 et suiv., et p. 711.)

7° D'un atlas reposant au ministère de la guerre et portant la date de 1778, document visé dans l'arrêt, et d'où il résulte que ce ne fut qu'en 1560 que la seigneurie propriétaire et la seigneurie gagère furent réunies dans les mêmes mains ;

8° De la légende d'un plan provenant des archives de la maison de Croy, et où on assigne à la réunion des deux fiefs cette même date de 1560 ;

9° De la même indication qui se retrouve dans Aubert Le Mire, dans Vinchant et dans les éditions successives du *Calendrier général du gouvernement de la Flandre, du Hainaut et du Cambrésis*, publiées jusqu'en 1778 inclusivement [1].

10° Enfin, de l'histoire du duc de Montpensier par Coustureau, son intendant général, d'où il résulte que la rançon du duc aurait été acquittée, non par la cession d'un droit de retrait qu'il n'avait pas, mais *moyennant soixante-dix mille écus d'or qu'il paya* [2].

Ajoutons que dans ce même système tout le territoire de Condé aurait été dès 1558 soumis *au* DROIT *de haute justice* de M. de Croy ou de ses auteurs, ce qui est inconciliable avec ces deux faits : que le roi était propriétaire dans ce même territoire d'un quart de la forêt de Condé [3] et de la seigneurie Notre-Dame ; et ce qui ne se concilie guère mieux avec ces deux autres faits que le roi pourvut après le traité de Nimègue à la nomination du magistrat de Condé et qu'il

---

[1] Voy. le mémoire ampliatif ci-après, n° II.

[2] De ces soixante-dix mille écus d'or, cinquante auraient été donnés au duc par Henri II, si l'on adopte l'interprétation que nous avons donnée aux lettres patentes de Charles IX, portant la date du 26 juin 1561. Et, chose remarquable, cette somme de cinquante mille écus d'or représente exactement le bénéfice que, dans le système de la compagnie d'Anzin, le retrait de la seigneurie du château aurait produit.

[3] Voy. la dernière partie du mémoire ampliatif précité.

ne cessa depuis lors jusqu'à la révolution d'y percevoir des droits de *tonlieu*[1].

Ainsi, comme nous le disions, pour adopter le système de la compagnie d'Anzin, il faut ne tenir aucun compte de la plupart des documents du dossier, et n'accepter les autres qu'en leur faisant subir de nombreuses mutilations qui les défigureraient au point de les rendre méconnaissables.

Dans le système des compagnies réunies, au contraire, tout se lie, tout s'enchaîne, tout se coordonne, tout s'explique.

Elles n'ont pas d'expressions gênantes à biffer, de clauses inconcevables à taire, d'actes hostiles à tenir pour non avenus.

Elles n'ont pas, suivant l'intérêt du moment, besoin de faire abstraction de toutes les dispositions d'un acte pour s'en tenir à quelque passage dont l'ambiguïté tiendrait à son isolement même.

Elles n'ont pas, suivant le parcours mobile de l'argumentation, tantôt à considérer comme uniques les stipulations de l'acte du 11 avril 1529, et tantôt à chercher leur interprétation dans des actes de même nature, faits dans les mêmes circonstances.

Toutes les pièces qu'elles ont, les compagnies réunies les livrent loyalement à la justice.

Toutes les pièces que ses adversaires produisent, elles les examinent sans les altérer.

Les actes, elles les interprètent d'après leurs expressions, d'après leur esprit, d'après leur ensemble, comme le veut la loi.

Elles n'en retranchent aucun; elles n'en mutilent aucun.

---

[1] Voy. le mémoire ampliatif, n° II.

Elles considèrent : le traité de Cambrai comme la base de tout le procès, comme le point de départ de toute argumentation sérieuse, comme l'élément principal de toute solution logique ;

Les procurations des 16 décembre et 1er avril 1529, comme la première mise à exécution de ce traité ;

L'acte du 11 avril comme l'application des procurations précitées ;

La prise de possession du 23 mai 1530 comme la conséquence de cet acte ;

Et les interprétations données à ce contrat du 11 avril, par les parties intéressées ou par leurs successeurs, par le conseil privé et par le parlement en 1548, 1566, etc., comme la consécration de cette mise en possession qui, elle-même, ne se légitime que par le transfert au profit du roi, de la propriété de la glèbe, du fief et de la justice de la seigneurie gagère ou du château de Condé.

Entre ces deux systèmes, dont l'un est simple comme la vérité, et l'autre confus comme le mensonge, la Cour suprême n'hésitera pas, nous en avons la conviction profonde.

Délibéré à Valenciennes, le 1er novembre 1850.

N. REGNARD,
avocat, docteur en droit.

MÉMOIRE AMPLIATIF

MÉMOIRE AMPLIATIF

A L'APPUI DU POURVOI

FORMÉ PAR LES SOCIÉTÉS RÉUNIES

DE THIVENCELLES, FRESNES-MIDI ET SAINT-AYBERT

(OU CONDÉENNE),

CONTRE L'ARRÊT

RENDU PAR LA COUR D'APPEL DE DOUAI

le 16 juillet 1849.

L'arrêt déféré à la censure de la Cour suprême se réfère à deux ordres de faits distincts, à deux ordres d'idées d'une nature différente et qui doivent être l'objet d'un examen successif que nous allons faire.

SEIGNEURIE GAGÈRE.

I.

Dans le courant du mois de mars 1843, les sociétés réunies de Thivencelles, Fresnes-Midi et Saint-Aybert (ou Condéenne) procédèrent à d'importants travaux de recherches dans la partie Est du territoire de Condé ; la présence de la houille fut constatée sur trois points distincts. Une demande en concession fut la suite de cette découverte.

La compagnie d'Anzin forma opposition à cette demande comme concessionnaire en vertu d'arrêts de l'ancien conseil de tout le territoire, sans exception, des communes de Condé, Vieux-Condé et Hergnies. Le 21 avril 1843, elle assigna en conséquence les compagnies réunies devant le tribunal de Valenciennes pour faire ordonner la discontinuation des travaux entrepris et obtenir la réparation du préjudice qu'ils lui avaient causé.

L'administration éleva un conflit et la cause tomba dans le domaine administratif. Le conseil général des mines, consulté, élabora longuement et soigneusement la question qui lui était soumise et qui, dévolue ensuite au conseil d'État comme question contentieuse, fut vidée par avis de ce conseil en date du 20 août 1848, approuvé par le chef du pouvoir exécutif le 15 septembre suivant.

Le débat s'était présenté devant le conseil d'État sous plusieurs faces qu'il importe de préciser.

La compagnie d'Anzin prétendait d'abord que sa situation avait été fixée, en 1806, par le conseil d'État lui-même d'une manière définitive, et qu'il était impossible de débattre de nouveau vis-à-vis d'elle aucune question de délimitation territoriale.

Les sociétés réunies repoussaient cette fin de non-recevoir, en faisant remarquer d'un côté que la décision intervenue en 1806 dans le procès soutenu par la compagnie d'Anzin contre les généraux Lasalle, Belliard et Berthier, ne constituait qu'un jugement qui était pour elles *res inter alios acta*; et en faisant remarquer d'un autre côté que la question soulevée en 1806 n'était pas celle qui s'agitait maintenant. En 1806, il s'agissait uniquement de savoir si la compagnie d'Anzin n'avait pas encouru de déchéance pour n'avoir pas accompli, à l'égard de sa concession, les formalités prescrites par la législation des mines. La question d'étendue et de délimitation de cette concession était donc restée entière à côté de la question de déchéance résolue.

Les sociétés réunies arrivaient au fond du débat, et elles disaient : Les droits de la compagnie d'Anzin ne sont autres que ceux qu'avait primitivement M. de Croy, et les droits de M. de Croy sont limités par l'acte de concession qu'il a obtenu à la date du 14 octobre 1749. Cette concession ne s'étendait, d'après l'arrêt du conseil, qu'à *ses terres au delà de l'Escaut*. Il y a là une désignation topographique et une désignation de propriété, toutes deux également restrictives.

La désignation topographique exclut de la concession les terres qui ne sont pas *au delà de l'Escaut*. Or, le territoire en litige n'est pas *au delà de l'Escaut*, mais *au delà de la Haine*.

Les mots *ses terres* ne peuvent s'entendre que du territoire dont le duc de Croy avait soit la propriété, soit la directe ou la mouvance féodale, soit la haute justice. Or, la portion du terrain où les fouilles des sociétés réunies ont été pratiquées ne dépendait pas des terres du duc de Croy, à l'époque de sa concession, soit à titre de propriété, soit à titre de dépendance féodale, soit à titre de circonscription de juridiction. Le roi de France, en effet, était le véritable propriétaire, le seul seigneur direct et le seul haut justicier de toute cette partie de la commune de Condé, désignée alors sous le nom de *seigneurie gagère* et de *quart du bois du roi*. Dès lors la compagnie d'Anzin, ne pouvant exercer d'autres et de plus amples droits que ceux qui appartenaient à son auteur, venait sans titre et abusivement arrêter les travaux entrepris par une société rivale, dans cette direction.

La compagnie d'Anzin n'acceptait pas le débat ainsi posé. Elle entendait y introduire une question subsidiaire qu'elle formulait ainsi : La concession de 1749 ne comprenait-elle pas tout le territoire sur lequel le duc de Croy exerçait en fait, à cette époque, la haute justice, indépendamment d'ailleurs, de son droit à l'exercer?

La substitution de cette question à celle que le procès présentait seule à résoudre, avait déjà été repoussée par le conseil général des mines qui, dans son avis des 25, 26 et 30 octobre 1844, reconnaissait « que l'arrêt du 14 octobre 1749 devait être interprété en ce sens que, par les expressions *ses terres de Condé et Vieux-Condé,* au delà de l'Escaut, *ont été désignés les terrains sur lesquels s'étendait la haute justice dont M. de Croy* ÉTAIT PROPRIÉTAIRE. » Dans son avis du 18 juillet 1845, le conseil des mines posait de nouveau la question absolument dans les mêmes termes; et ainsi faisait aussi le ministre des travaux publics, M. Dumon, en saisissant, à la requête de la compagnie d'Anzin, le comité du contentieux de la connaissance de l'affaire.

De plus, les compagnies réunies faisaient remarquer que si l'on transformait une question de droit en question de fait, il n'y avait plus de débat possible, puisque sur le fait il n'y avait pas de désaccord.

Les compagnies réunies ne niaient pas, en effet, que M. de Croy n'exerçât, en 1749, des droits de haute justice sur tout le territoire de Condé. Elles ne prétendaient même pas que cet exercice fût illégal. Elles reconnaissaient qu'en 1529 la haute justice de la seigneurie du château de Condé avait été engagée avec le fief de cette seigneurie; que cela résultait de l'évaluation qui avait eu lieu alors, et dans laquelle on avait fait figurer en termes exprès, le droit d'*épave* et le droit d'*aubaineté*, qui d'après les articles 1 et 2 du chapitre cxxx des Chartes générales du Hainaut de 1619, étaient compris dans les attributions de la haute justice; que cela résultait encore de la cession faite par l'engagiste primitif (Charles-Quint) au baron de Roghendorff, à la date du 26 août 1531, et dans laquelle on voit que cette cession comprend *icelle ville et chastel, terre,* JUSTICE *et seigneurie de Condé.*

Mais, ajoutaient les sociétés réunies, dans cette cession, et l'acte même le constate, l'engagiste ne transférait pas plus de droits qu'il n'en avait lui-même. Or, il n'avait que des droits résolubles, qu'une détention précaire; car l'engagement des domaines de la couronne n'était point un acte translatif de propriété. Après comme avant, la possession civile, le domaine, le fief, la justice des domaines engagés restaient au roi.

C'est dans ces circonstances et après ces débats qu'intervint l'avis du conseil d'État du 20 août 1848.

Par cet avis, le conseil d'État repousse la fin de non-recevoir proposée par la compagnie d'Anzin. Il déclare que le décret des 24-31 mars 1806 n'a eu ni pour but ni pour effet d'étendre ou de restreindre les permissions contenues aux arrêts du conseil des 14 octobre 1749 et 21 avril 1751.

Mais, d'un autre côté, le conseil d'État décide que la permission accordée à M. de Croy par l'arrêt du conseil du 14 octobre 1749 comprend tout le territoire de Condé et de Vieux-Condé *situé sur la rive droite de l'Escaut;* et par là le conseil d'État repousse la distinction que les compagnies réunies voulaient faire entre les terrains situés sur la rive droite de l'Escaut qui, par rapport au rédacteur de l'arrêt, se trouvaient au delà de la Haine et ceux qui, au même point de vue, se trouvaient au delà de l'Escaut.

Enfin le conseil d'État reconnaît que la permission accordée à M. de Croy par l'arrêt du conseil du 21 avril 1751 comprend tout le territoire de la commune d'Hergnies.

Et comme sur ce dernier point il n'y avait pas de contestation entre les parties, comme sur les deux autres, elles avaient respectivement échoué sur un chef de leurs conclusions, le conseil d'État compense entre elles les dépens.

Quant à la question de savoir quel était, en 1749, le droit de haute justice de M. de Croy sur le territoire de Condé, c'était là une question de propriété réservée aux tribunaux ordinaires, et dont, aux termes de la loi de 1810, la justice administrative ne devait pas connaître. Tout ce que pouvait donc faire le conseil d'État, c'était de circonscrire, par son interprétation de l'arrêt de 1749, l'application que le juge de droit commun devait en faire. Et c'est ce qui a eu lieu lorsqu'il a dit : « que la permission accordée à M. de Croy par cet arrêt comprend tout le territoire de Condé et Vieux-Condé soumis, en 1749, *au droit de haute justice dudit sieur de Croy*, sans distinction entre les terres dont il était propriétaire foncier et les terres qui étaient seulement soumises *à son droit de haute justice.* »

En présence de termes aussi clairs, il semblait que la compagnie d'Anzin dût renoncer désormais à des prétentions si hautement condamnées ; il n'en a pas été ainsi cependant, et devant le tribunal de Valenciennes ses défenseurs ont insisté complaisamment sur toutes les circonstances qui leur semblaient de nature à constater en fait l'exercice de la haute justice par M. de Croy, en 1749, sur la seigneurie gagère et le quart du bois du roi.

Les compagnies réunies se sont au contraire efforcées de ramener toujours et avec plus de raison que jamais, le débat sur le terrain du droit lui-même ; et de prouver qu'il devait porter non sur l'*exercice* mais sur la *propriété* de la justice du territoire de Condé.

C'est ce que constate le jugement du tribunal de Valenciennes du 30 mars 1849, aux motifs duquel se réfère l'arrêt de la cour de Douai, contre lequel les compagnies réunies se sont pourvues : « Considérant, dit le jugement, que la ville et le territoire de Condé se divisaient par moitié entre la seigneurie *propriétaire* ou de Bailleul et la seigneurie *gagère*, ou du château, dont le bois du roi faisait partie ; que, bien antérieurement au 14 octobre 1749, *des documents établissent*, CE QUI D'AILLEURS N'EST PAS CONTESTÉ, *que le prince de Croy exerçait la haute justice sur la totalité du territoire de Condé et de Vieux-Condé.* »

On a dit d'ailleurs, avec raison, de ce jugement, qu'en s'arrêtant à ses formes extérieures mêmes, il offrirait facilement prise à la critique; qu'on y voit mélangés de la manière la plus étrange le style narratif et les considérants judiciaires; et qu'on ne s'étonne pas peu d'y trouver ce singulier appel qui le termine, adressé par le juge qui condamne, à la commisération du vainqueur : sorte d'attestation, après tout, de l'intérêt public, qui entourait le vaincu, et dernier écho peut-être aussi des doutes qui avaient assiégé la conscience du juge !

Quant à l'arrêt de la cour de Douai, il n'est pas, nous nous empressons de le reconnaître, aussi reprochable par la forme que par le fond, aussi avons-nous été d'autant plus surpris d'y retrouver cette longue énumération d'actes et de pièces qui tous ne tendent à prouver qu'une chose sur laquelle tout le monde est d'accord, à savoir que M. de Croy exerçait la haute justice sur tout le territoire de Condé.

A quoi bon aussi cet allégué, que pour justifier d'une haute justice il n'était pas nécessaire de reproduire le titre originel de sa concession ; qu'une possession soutenue de rapports, d'aveux et de dénombrement pouvait le remplacer ? Cela est parfaitement vrai, mais là non plus n'est pas la question. Il ne s'agit pas de remplacer par des équipollents un titre originel de concession, qui fait défaut. Dans l'espèce, le titre originel existe, comme nous le verrons bientôt; ce titre, c'est le traité de Cambrai, c'est l'acte d'engagement qui a eu lieu en vertu de ce traité. Quant à la possession du duc de Croy, c'est en regard de ce titre qu'il faut l'apprécier. S'il possédait à titre précaire, s'il possédait pour autrui, sa possession, loin de pouvoir aboutir à une prescription, protestera perpétuellement contre sa prétention à vouloir prescrire.

De ce qui précède, il résulte que la cour de Douai a eu tort de se demander s'il ne résultait pas des documents produits que le duc de Croy exerçait *légalement* la haute justice sur la totalité du territoire de Condé. Là n'était pas la question. L'usufruitier, le locataire, l'antichrésiste, etc., ont un titre légal pour réclamer la chose dont ils ont l'usufruit, la location ou l'antichrèse, mais ce titre est comme celui de la personne qui réclame l'exercice d'une servitude, un titre exclusif du droit de propriété. De même que *nemini res sua servit*, de même on n'est pas usufruitier, locataire ou antichrésiste de sa propre chose [1].

Or, les compagnies réunies soutenaient que, pour la moitié du territoire de Condé, M. de Croy exerçait la justice en son propre nom et comme propriétaire d'icelle; que pour l'autre moitié de ce même territoire, au contraire (celle en litige), il exerçait la haute justice au nom d'autrui, comme détenteur précaire, en un mot comme engagiste d'un domaine de la couronne.

Les seules questions que la cour de Douai eût à résoudre étaient donc celles-ci :

La portion du territoire de Condé en litige était-elle un domaine engagé? Si elle était un domaine engagé, à qui appartenait la haute justice de ce domaine? Était-ce le roi de France qui était propriétaire de cette haute justice? Était-ce au contraire l'engagiste, l'exercice de la haute justice ayant été compris dans l'acte d'engagement?

Tous les anciens jurisconsultes qui ont écrit sur le droit domanial sont d'accord sur ce point que dans les engagements du domaine de la couronne, le roi restait *propriétaire*, restait *seigneur*, restait *haut justicier* du domaine engagé; que la possession de l'engagiste n'était qu'une possession

---

[1] *Neque pignus, neque depositum, neque precarium, neque emptio, neque locatio rei suæ consistere potest* (l. 45, ff. *de reg. jur.*).

Uti frui jus sibi esse solus potest intendere qui habet usumfructum, dominus autem fundi non potest: quia qui habet proprietatem, utendi fruendi jus separatum non habet. Nec enim potest ei fundus servire (l. 5, ff. *si ususf. pet.*).

précaire qui ne pouvait, fût-ce après mille ans, aboutir à la prescription de la propriété, et que pour que cette prescription fût impossible, il suffisait que la preuve de l'engagement fût rapportée [1].

Or, cette preuve est acquise dans l'espèce.

L'acte d'engagement lui-même, qui est sans nul doute entre les mains de la compagnie d'Anzin [2], n'est pas produit; mais le fait de l'engagement n'est nié ni par cette compagnie, ni par l'arrêt attaqué. Il résulte au reste à l'évidence de la cession précitée, faite à M. de Roghendorff, à la date du 26 août 1531. On y voit que Charles-Quint était détenteur de la seigneurie gagère ou du château de Condé, *en exécution du traité de Cambrai,* que par ce traité le roi François Ier s'était réservé la faculté de rachat perpétuel, caractère distinctif de l'acte appelé par les domanistes *engagement du domaine,* et qu'enfin Charles-Quint, en transmettant ses droits, prend bien soin de soumettre son cessionnaire à l'obligation qu'il a lui-même acceptée, c'est-à-dire à la condition de subir perpétuellement le rachat stipulé en faveur du roi de France, dans ledit traité de Cambrai.

Nous ne rappellerons pas dans quelles circonstances ce traité fut signé le 5 août 1529 : tout le monde connaît cette triste page de notre histoire. Mais nous rappellerons la clause de ce traité qui sert de point de départ au procès soumis à l'appréciation de la Cour suprême.

---

[1] Une fois pour toutes, nous supplions qu'on veuille bien recourir à la consultation qui précède, soit pour le développement, soit pour la justification des moyens de notre mémoire. On y trouvera des preuves nombreuses des points de droit et de fait que nous sommes réduit à n'indiquer ici que sommairement.

[2] L'année qui suivit la demande de concession de M. de Croy, il réclama et obtint de M. de Godefroy, conservateur des archives de la chambre des Comptes de Lille, la communication de tous les documents relatifs à sa famille et à celle des de Lalain (voy. n°s 24 et 24 *bis*). Ces pièces ne furent pas restituées.

François Ier s'engage à payer pour sa rançon et pour la délivrance de ses fils, retenus en son lieu et place comme otages, deux millions d'écus d'or à Charles-Quint. De ces deux millions, un million deux cent mille écus doivent être versés comptant entre les mains de l'empereur. Deux cent quatre-vingt-dix mille écus doivent être payés à sa décharge au roi d'Angleterre. Enfin, pour suppléer aux cinq cent dix mille écus d'or qui manquent, François Ier s'oblige à desservir une rente annuelle de vingt-cinq mille cinq cents écus d'or, dont le payement sera garanti par des terres situées dans les Pays-Bas et appartenant alors à la duchesse douairière de Vendôme et à d'autres sujets du roi de France, lequel les donnera en nantissement à l'empereur qui en jouira, *à condition de rachat, tant et jusques à ce que ledit rachat soit fait, lequel rachat se fera tout en une fois*.

Nul doute que le rachat dont il est ici question ne concerne le roi de France seul et non ses sujets. Car, d'une part, c'est ici le roi de France seul qui stipule, et d'autre part, lui seul peut opérer ce rachat *tout en une fois*, comme l'exige Charles-Quint.

Depuis, l'empereur se départit de la rigueur de cette condition et consentit à ce que le rachat se fît *en deux fois*. Mais cette dérogation au traité de Cambrai, faite *au profit de François Ier*, confirme cette idée que c'était à lui et à lui seul qu'appartenait le droit de rachat stipulé dans le traité.

Il fallait que les engagements pris au nom du roi de France le 5 août 1529, reçussent une prompte exécution, car, à cette exécution, était subordonnée la mise en liberté des jeunes princes.

Donner aux sujets de François Ier qui avaient des terres dans les Pays-Bas, des terres situées en France pour une valeur égale, apprécier approximativement cette valeur, stipuler que cette évaluation serait ensuite rectifiée, le cas échéant, et en cas d'inégalité dans les biens échangés, convenir que la partie lésée par l'échange recevrait le supplément qui lui serait dû; tel était le seul parti qui conciliât les exigences de la situation avec les principes du droit domanial, qui ne permettait que l'échange ou l'engagement des domaines de la couronne; tel était le parti qui devait être adopté, et qui le fut.

Comme, toutefois, le roi préférait des propriétés situées en France à des propriétés situées en pays étranger, il voulut se réserver la faculté de rentrer, dans un certain délai, en la possession des domaines qu'il allait échanger, le tout, bien entendu, en restituant de son côté les terres des Pays-Bas qu'il recevrait lui-même en contre-échange.

Voilà ce qui résulte des actes faits par François Ier, soit avec Mme la duchesse de Vendôme, dénommée dans ledit traité, soit avec les autres sujets du roi qui se trouvaient dans une position analogue, c'est-à-dire qui avaient des terres dans les Pays-Bas. Tels étaient notamment Mme la princesse de la Roche-sur-Yon, M. Louis de Clèves, M. de Béthune, seigneur de Mareuil, M. le maréchal de la Marche, M. Dubois, évêque de Béziers, etc.

Le contrat qui nous intéresse spécialement, c'est-à-dire le contrat d'échange des terres de Leuze et Condé, appartenant à Mme de la Roche-sur-Yon, contre celles d'Auge et Mortain, appartenant au roi, porte la date du 11 avril 1529.

Suivant l'arrêt attaqué, ce contrat ne constituerait pas un contrat d'échange, mais une sorte de traité *sui generis*, une espèce de contrat innommé qui échapperait à toute classification juridique.

Mais tout repousse cette hypothèse, et tout confirme, au contraire, la qualification que nous avons donnée à cet acte.

D'abord il est de principe, en matière d'interprétation

d'actes, qu'on les entende dans un sens qui peut leur faire sortir effet, et par conséquent qu'on suppose que les parties n'ont pas excédé la capacité qu'elles avaient d'y concourir. Ainsi, s'agissait-il d'un domaine de la couronne comme Auge et Mortain, la présomption devait être que l'acte de transmission de ce domaine ne constituait pas autre chose qu'un échange ou un engagement, puisque ce n'était que par ces deux modes que le roi pouvait légalement s'en dessaisir.

En second lieu, pour connaître l'intention des parties, ce qu'on interroge ordinairement ce sont les termes dont elles se sont servies en contractant. Or, ces termes sont ici parfaitement clairs ; car dans l'acte du 11 avril on rencontre trois fois le mot *contre-échange* et il ne peut pas plus y avoir de *contre-échange* sans *échange* que de vente sans achat, que de vallées sans montagnes. Ajoutons qu'il existe aux Archives nationales un grand nombre de copies de l'acte dont il s'agit, et qui toutes spécifient dans leur intitulé que cet acte est un *contrat d'échange*

Si des mots nous passons aux choses, nous acquérons une conviction plus complète encore que cette qualification est méritée.

A quel caractère, en effet, reconnaît-on un échange? A la transmission respective que se font les parties de choses différentes, sans que de part ni d'autre, la valeur de ces choses se transforme en prix; si donc l'on voit les contractants s'appliquer à établir, à compléter l'égalité entre les choses qu'ils se transmettent réciproquement, on peut affirmer sans hésitation que c'est un échange qu'ils ont voulu faire.

Or, que dit-on dans le contrat du 11 avril 1529 ? Que *par la contrainte du temps dans lequel ledit seigneur roi doit faire avoir audit seigneur élu empereur lesdites terres* de

Mme de la Roche-sur-Yon une évaluation exacte de ces terres et de celles du roi n'est pas immédiatement possible ; en conséquence on stipule que cette évaluation sera faite dans l'année, et que *si par ladite évaluation ci-après faite, il est trouvé que les terres cédées en récompense et* CONTRE-ÉCHANGE *à ladite dame valent moins que celles que ladite dame aura baillées et cédées au proufit dudit seigneur roi, ledit seigneur roi* SERA TENU LUI PARFAIRE ET FOURNIR LE SURPLUS EN TERRES DE SEMBLABLES QUALITÉS ; *et aussi où il serait trouvé que les terres qui lui seront cédées par lesdits procureurs* (de François Ier) *excédassent la valeur et estimation des terres qui seront cédées par ladite dame au prouffit et décharge dudit seigneur roi, en ce cas ladite dame* SERA TENUE DE RENDRE L'OUTRE-PLUS.

Ce qu'ont donc voulu faire et ce qu'ont fait les parties, c'est la transmission respective d'immeubles d'une valeur absolument égale ; et si un tel contrat ne constitue pas un contrat d'échange, en vérité il faut désespérer de rencontrer jamais un acte auquel cette qualification puisse s'appliquer.

Aussi l'arrêt attaqué ne parvient-il pas à détruire l'argument décisif que les compagnies réunies tiraient de cette clause importante de l'acte du 11 avril 1529. Il se borne à dire que « pour apprécier *le sacrifice,* que la princesse de la Roche-sur-Yon consentait à faire, et régler *l'indemnité* à laquelle elle avait droit, il fallait exactement connaître la valeur des terres qu'elle abandonnait à Charles-Quint en l'acquit du roi, comme de celles qu'elle recevait de ce dernier *à titre de récompense.* »

De *sacrifice,* Mme de la Roche-sur-Yon n'en faisait aucun : loin de là, puisqu'elle acquérait, au lieu de terres situées en pays étranger et qui avaient été séquestrées pendant la guerre, comme le constate le traité de Cambrai (art. 39), des terres de *même valeur* situées au cœur du royaume, et à l'abandon desquelles le roi témoignait suffisamment sa répugnance par la clause de rachat stipulée à son profit dans le même acte.

Du reste, rien de plus égal que la condition que faisait aux parties le contrat du 11 avril.

Pendant le délai de rachat stipulé, François Ier engageait Leuze et Condé, mais pendant ce même délai, le même droit était réservé à la princesse pour Auge et Mortain.

Après le délai expiré, leurs droits respectifs de résolubles devenaient incommutables.

Enfin, pour que cette égalité de position fût toujours et en tout respectée, on stipulait pour la princesse que les terres qu'elle acquérait seraient soumises *à tels ou semblables droits et devoirs féodaux et seigneuriaux et non plus grands ni excessifs que ceux que lesdites terres par elles cédées sont tenues et sujettes.*

On le voit, ce que la cour de Douai appelle l'*indemnité* reçue par la princesse de la Roche-sur-Yon *à titre de récompense*, ce n'était que *l'équivalent en immeubles des immeubles qu'elle livrait elle-même*; et encore une fois, si on voit là autre chose qu'un *échange*, il faut rayer ce mot du dictionnaire et ce contrat du Code.

Une autre clause du contrat du 11 avril n'est pas moins inexplicable pour la cour de Douai que celle relative à la pondération des biens : nous voulons parler de celle qui concerne la remise des titres.

Nous avons dit que le roi de France se réservait d'annuler, dans un certain délai, l'échange convenu. Ce délai était de six ans.

Pendant les six années, les droits respectifs des parties étaient résolubles, il était donc tout naturel qu'elles ne se dessaisissent pas des titres de propriétés qu'elles n'avaient pas encore définitivement perdues.

Après les six années, l'échange devenant définitif, la remise respective des titres devait naturellement avoir lieu.

Et si après ce délai Mme de la Roche-sur-Yon remettait en effet à François Ier les titres de Leuze et Condé, de même que François Ier lui remettait ceux d'Auge et Mortain, la preuve était acquise dès lors que celle-ci ne conservait pas plus de droits sur Leuze et Condé que celui-là sur Auge et Mortain.

A ce raisonnement, que répond l'arrêt contre lequel les compagnies réunies se sont pourvues?

« On se prévaut, dit-il, de la clause relative à la remise des titres, mais on ne pourrait en tirer avantage qu'autant qu'elle porterait, *ce qui n'existe pas,* qu'à l'expiration des six années pendant lesquelles le rachat pourrait être exercé, les titres de Leuze et Condé seraient remis à François Ier. »

Comment, l'acte ne dit pas qu'après l'expiration des six ans les titres de Leuze et Condé devront être remis à François Ier; mais que dit-il donc!

Il est plus facile, nous le savons, de contester l'évidence que de la démontrer; mais nous savons aussi que certaines vérités n'ont pas besoin du secours du raisonnement pour pénétrer la conscience, et qu'heureusement il ne suffit pas de nier en plein jour la lumière pour empêcher les autres de voir. Faisons donc comme ce philosophe ancien à qui on soutenait que le mouvement n'existait pas. Il ne répondit pas; il marcha. Ne discutons pas; citons.

Voici textuellement la clause de l'acte du 11 avril relative à la remise des titres:

« Et ne sera tenue, ladite dame, *durant ledit temps de rachapt,* soi dessaisir des titres et enseignements originaux de sesdites terres, ne *pareillement* ledit seigneur roi des siens, ains *demeureront en* LEUR *possession jusqu'au temps de ladite faculté de rachapt expirée,* et durant ledit temps seront *auxdits seigneur roi et dame* baillées les copies desdits titres et enseignements collationnés aux originaux, quand besoin sera. »

Il semblerait que nous pourrions nous arrêter là, et que la qualification de contrat d'échange ne peut être désormais contestée à l'acte du 11 avril 1529 ; mais dans cette cause les preuves abondent et nous ne devons en négliger aucune.

Supposons donc que les clauses de cet acte du 11 avril au lieu d'être claires soient obscures ; que les termes dont se sont servis les contractants au lieu d'être limpides, pour ainsi dire, soient équivoques ; que leur volonté au lieu d'être manifeste soit incertaine. Quels documents interrogerons-nous pour dissiper nos doutes ? A quels titres aurons-nous recours pour découvrir la véritable pensée des parties? Quels de leurs actes seront pour nous la preuve de leur volonté réelle?

Sans doute les meilleurs documents à consulter seront ceux qui auront, avant le contrat du 11 avril, posé les bases de ce contrat ;

Sans doute, les titres qui feront jaillir la lumière, ce seront ceux qui auront été remis par le roi de France à d'autres personnes que Mme de la Roche-sur-Yon dans le même but et dans les mêmes circonstances ;

Sans doute, les actes qui lèveront toute incertitude, ce seront ceux par lesquels les parties auront interprété, exécuté et confirmé la convention intervenue entre elles le 11 avril 1529.

Eh bien ! ces documents, ces titres, ces actes, nous les possédons ; interrogeons-les.

Nous devons dire d'abord que les parties ne figurent pas en personne dans l'acte du 11 avril ; elles sont représentées par des mandataires, et les procurations de ces mandataires existent. Il y a plus, ces procurations sont annexées à l'acte et font corps avec lui. Ce n'est pas tout encore, elles doivent servir à son interprétation, et c'est l'acte lui-même qui le dit. Les mandataires de François I*er* *agissent comme ayant pouvoir et mandement spécial dudit seigneur roi de faire faire et accorder les choses ci-après contenues* AINSI QU'IL EST PLUS A PLEIN DÉCLARÉ DANS SES LETTRES DE PROCURATION.

Ainsi, cela est évident, les procurations vont nous dire ce que l'acte qui s'en est suivi a voulu faire, ce qu'il a fait.

Or, les procurations sont des plus explicites, il en résulte clairement que ce que les parties projettent de faire, c'est un *échange,* c'est une *permutation.* Vingt fois ces mots sont répétés dans la procuration donnée par le roi à la date du 16 décembre 1529, et dans celle donnée par la princesse le 1*er* avril suivant. Il est d'ailleurs impossible de méconnaître, d'après la nature du mandat reçu par leurs procureurs respectifs, que c'est purement et simplement un *échange* qu'ils ont à faire.

Ainsi la princesse dit qu'elle accorde au roi « *lui bailler les terres de Leuze et Condé...* pour icelles bailler à l'empereur au désir des traités de paix naguères faits entre lesdits seigneurs roi et empereur. »

Elle désigne ensuite pour mandataire François de Montigny « pour et au nom de ladite dame *céder, délaisser, transporter audit seigneur roi* ou ses commis et dépêchés ayant de par lui pouvoir, *lesdites terres et seigneuries de Leuze et Condé... à titre toutefois d'échange, récompense et permutations contre les... comté de Mortain, vicomté d'Auge.* »

- La procuration du roi n'est pas moins formelle.

Aussi l'arrêt attaqué ne nie-t-il pas que le but des mandats dont s'agit était d'accomplir un échange. « On y voit en effet, dit-il, que *le projet avait été d'abord* de faire céder au roi les terres que ses sujets possédaient dans les Pays-Bas pour qu'il les rétrocédât à Charles-Quint, mais qu'il appert d'un document produit au procès, que le roi, pour abréviation de l'affaire et pour être relevé de payer doubles droits seigneuriaux, avait désiré que les déshéritances se fissent immédiatement au profit de l'empereur. »

Mais aucun document du procès non-seulement n'établit, mais ne tend même à faire soupçonner que les parties aient voulu, en aucune façon, se départir de la volonté exprimée dans leurs mandats.

Quant aux déshéritements faits au profit de l'empereur, et sur lesquels nous aurons à revenir, on comprend tout de suite qu'ils n'étaient que la réalisation du traité de Cambrai.

Enfin, quant à la crainte que François Ier éprouvait de payer doubles droits seigneuriaux, elle a pu être imaginée au XIXe siècle, mais elle n'a pu être éprouvée au XVIe, parce que François Ier savait très-bien que Leuze et Condé relevaient du comte de Hainaut, et par conséquent de Charles-Quint, et que, d'après le traité de Cambrai, les frais d'actes étaient bien mis à la charge du vaincu par le vainqueur, mais *sauf les droits seigneuriaux qui pourraient être dus audit seigneur empereur, desquels ne sera payé aucune chose.*

En résumé, il résulte de cette partie de l'arrêt attaqué ceci : que les procurations n'ont pas été suivies, que les mandants ont voulu une chose, et que les mandataires en ont fait une autre ; que François Ier et Mme de la Roche-sur-Yon ont ordonné qu'on fît un échange, et, qu'au lieu de ce contrat, qui leur était seul permis en présence des maximes du droit domanial, leurs procureurs ont fait je ne sais quel contrat innommé, peu facile à définir, et, dans tous les cas, interdit aux parties contractantes.

Une pareille hypothèse ne serait pas facile à admettre, en dehors même des prescriptions exceptionnelles qui régissaient le domaine de la couronne. Au moins faudrait-il, pour la rendre à peu près vraisemblable, prétendre et prouver, ou que les procureurs ont pu se méprendre sur la portée de leur mandat, ou que de nouvelles et impérieuses circonstances les ont déterminés à le modifier dans son application.

Mais rien de semblable ne se rencontre dans l'espèce.

Les termes du mandat ne sont ni ambigus ni généraux. Ils sont précis, ils sont spéciaux, ils sont impératifs.

Les procureurs ne sont pas des hommes inintelligents, illettrés ou étrangers au droit. Ce sont des légistes, ce sont des hommes considérables par leur position et par leur expérience, c'est le premier président du parlement de Paris, Pierre Lizet, c'est Jean Briçonnet, président de la cour des Comptes, c'est Matthieu de Longue-Joue, maître des requêtes et conseiller du roi.

Les circonstances dans lesquelles ils agissent, ce sont les mêmes que celles dans lesquelles le mandat leur a été donné. *Dix jours* seulement se sont écoulés depuis que M. de Montigny a été nommé mandataire de la princesse; et si, par hasard, dans ce court espace de temps, des événements imprévus eussent surgi, d'une nature telle que les procureurs respectifs des parties eussent été mis à l'impossible d'exécuter leur mandat, ils n'eussent pas manqué, pour mettre leur responsabilité à couvert, d'expliquer comment et pourquoi ils s'en étaient départis et s'étaient résignés à n'être que des *negotiorum gestores*.

Mais ne nous arrêtons pas à des vraisemblances; scrutons la pensée intime des actes, comparons-les entre eux, et si nous ne découvrons que des similitudes là où l'arrêt attaqué n'aperçoit que des dissemblances, il faudra bien reconnaître que les procurations et le contrat qui s'en est suivi forment un tout homogène, dont les parties ont entre elles trop de cohésion pour qu'on puisse les désunir sans les altérer.

Or, dans l'acte, comme dans les procurations, nous voyons qu'il s'agit de l'exécution du traité de Cambrai, traité qui, comme nous l'avons dit, stipule au profit de François Ier un droit perpétuel de rachat à l'égard des terres qu'il donnera en gage à Charles-Quint.

Dans l'acte, comme dans les procurations, il s'agit de *remettre* ou *faire remettre* (nous nous réservons de prouver que c'est la même chose) à Charles-Quint des terres dans les Pays-Bas, au lieu et place desquelles François Ier remettra lui-même des terres de la couronne, situées en France.

Dans l'acte, comme dans les procurations, il est stipulé qu'on pondérera de telle façon la valeur de ces biens, que chacune des parties ne devra recevoir dans l'un des deux pays, que l'équivalent exact de ce qu'elle transmettra dans l'autre.

Dans l'acte, comme dans les procurations, on réserve au roi de France le droit d'annuler, dans un certain délai, la permutation dont s'agit.

Enfin, si dans ce même acte du 11 avril il est dit, comme nous l'avons vu, que cet acte doit, au besoin, être interprété par les procurations qui lui servent d'annexes; dans ces procurations, il est dit aussi qu'elles doivent être strictement exécutées. Rien de plus positif que les termes dont se sert à cet égard la princesse de la Roche-sur-Yon. Elle déclare vouloir que les clauses du contrat qu'elle fait avec le roi soient « telles et semblables de point en point, en effet et teneur d'icelles, qui ont été, seront ou pourront être mises et observées à l'*échange* et contrat fait ou qui se fera pour les mêmes causes entre ledit seigneur roi ou sesdits commis et députés, et ladite dame duchesse de Vendôme, et lesquelles entièrement ladite dame princesse, au nom dessus dit, entend et veut être gardées *en traitant le présent échange*, comprises et contenues ès lettres qui de ce seront faites et passées, et *sans que son devant dit procureur y puisse aucune chose faire innover ou obmettre, outre et contre la teneur d'icelles et* EFFET DE CES PRÉSENTES.

Ainsi sur tous les points principaux il y a dans les éléments essentiels des procurations d'une part, et d'autre part de l'acte pour lequel elles sont données, non-seulement similitude extrême, mais identité complète. Dans les procurations comme dans l'acte, dans l'acte comme dans les procurations, soit qu'on les rapproche, soit qu'on les isole, on trouve les traits caractéristiques et infaillibles d'un contrat d'échange ici projeté, là accompli.

D'où l'arrêt attaqué tire-t-il donc la preuve que l'exécution a différé du projet et que ce qui a été fait par les mandataires est tout différent de ce qui leur avait été prescrit par les mandants?

L'arrêt tire cette preuve d'une énonciation qui se trouve dans l'acte de cession des droits de Charles-Quint à M. de Roghendorff, à la date du 26 août 1531, et d'une clause de l'acte du 11 avril 1529.

De cette énonciation et de cette clause il résulte, suivant l'arrêt, que la tradition de Leuze et Condé qui devait être fait au roi d'après le projet, a été faite à l'empereur d'après l'acte.

Nous ne pouvons nous empêcher de remarquer d'abord qu'il est bien singulier de voir l'arrêt de la cour de Douai rechercher dans l'acte du 26 août 1531 le sens de l'acte du 11 avril 1529 : comment, cette cour repousse, pour interpréter un acte, des procurations données pour faire cet acte, et que cet acte lui-même déclare supplétives de son contenu, et elle va en demander l'interprétation à un contrat ayant un tout autre objet et où d'autres parties figurent! Comment, on nous défend d'interroger les mandants pour savoir ce que les mandataires ont dû faire, et ont fait, et l'on s'enquiert près de Charles-Quint et M. de Roghendorff qui contractent en 1531, de ce qu'ont voulu stipuler François Ier et Mme de la Roche-sur-Yon en 1529 !

Le passage du contrat du 11 avril cité dans l'arrêt nous fournit une observation d'une autre nature, mais qui n'est pas moins importante. La citation faite par l'arrêt est exacte mais elle n'est pas complète. L'arrêt omet un membre de phrase qui indique clairement que le rachat des seigneuries engagées de Leuze et Condé, doit être réservé et a été réservé au roi de France. En effet après avoir dit que la princesse de la Roche-sur-Yon donnera à ses procureurs plein pouvoir de *bailler, céder et transporter lesdites terres audit seigneur élu empereur*, l'acte du 11 avril ajoute immédiatement que ce transport sera fait *selon et au désir du traité de paix et accomplissant iceluy.*

Or, le traité de Cambrai réservait au roi de France le droit de rachat, cela n'est pas contestable ; et ce qui ne l'est pas non plus, c'est qu'il le réservait précisément en vue de l'éventualité qui s'est accomplie : car dans ce traité le roi s'obligeait précisément à *faire avoir* à l'empereur, en garantie, les terres et seigneuries que possédaient la duchesse de Vendôme et ses autres sujets dans les Pays-Bas.

Y a-t-il d'ailleurs quelque différence entre ces deux actes : *bailler au roi pour qu'il remette à l'empereur*, ou bien *bailler à l'empereur pour le compte et au profit du roi ?*

Prouvons d'abord qu'en fait les parties contractantes n'ont vu qu'une même chose dans ces deux opérations, qui, l'une plus compliquée, l'autre plus simple, tendaient toutes deux au même but, aboutissaient toutes deux au même résultat.

Interrogeons quelques-uns des actes qui ont été faits pour dégager la promesse du rival de Charles-Quint.

Dans celui passé entre les mandataires du roi et M. de

Béthune (n° 5), tantôt on dit que les terres échangées contre des domaines de la couronne *seront baillées à l'empereur*, tantôt on dit qu'elles *seront baillées au roi*.

Dans l'acte par lequel M. de Clèves s'engage à mettre directement l'empereur en possession des terres d'Anglemoutier et autres, il déclare *baillées respectivement* ces terres qui sont de l'objet de l'échange qu'il fait avec des terres domaniales (n° 6). Il emploie aussi les termes de *bailler au roi* dans la procuration qu'il donne pour faire exécuter cet acte, à la date du 18 avril 1530 (n° 7).

Dans la quittance donnée par l'abbé Dubois, évêque de Béziers, à la suite du rachat des terres qu'il avait livrées à Charles-Quint en exécution du traité de Cambrai, il est dit que ces terres furent *baillées à l'empereur par le roi de France* (n° 35).

Enfin, dans l'acte de Mme de Vendôme, qui a servi de point de départ et de type à tous les autres contrats, il est parfaitement expliqué que la tradition faite à Charles-Quint doit être considérée comme faite à François Ier (n° 4).

Mais à quoi bon interroger d'autres actes que celui passé entre les mandataires du roi et le mandataire de la princesse de la Roche-sur-Yon, à la date du 11 avril 1529 (n° 9)? Nul n'est plus explicite; nul ne repousse plus énergiquement l'insaisissable variation que la cour de Douai a cru apercevoir dans la volonté des parties.

On y lit en effet cette clause : « Lesquelles cessions et transports accordés pour ladite princesse audit nom par ledit de Montigny, son procureur, à la requête et mandement dudit sieur roi, et à son profit et décharge, *ledit sieur roi comme lesdits procureurs ont dit et affirmé et réputé être faits comme à lui-même.* »

Les procureurs respectifs des parties se trompaient-ils, au reste, en croyant que *bailler des terres à l'empereur pour le compte et au profit du roi,* c'était faire absolument, quant au résultat, la même chose que si l'on avait *baillé d'abord ces mêmes terres au roi, pour qu'il les remît à l'empereur?* Non. Leur opinion était en tout point conforme aux principes les plus sûrs et les moins contestables du droit.

En effet, que voulait-on faire en mettant les biens étrangers entre les mains du roi, qui les ferait ensuite passer dans les mains de l'empereur? On voulait sans nul doute mettre le roi *en possession* des terres qu'il recevait en échange de ses domaines, pour qu'il pût engager ces mêmes terres à Charles-Quint. Mais si cette transmission étant faite directement à Charles-Quint par les anciens propriétaires *au nom, à la requête, à la décharge et au profit du roi,* il en résultait que le roi *entrait en possession comme propriétaire* des biens dont Charles-Quint devenait *détenteur comme engagiste,* il sera évident qu'on aura atteint parfaitement le but qu'on se proposait dans les procurations, qu'on aura choisi le mode le plus rapide et le plus simple pour atteindre ce but, et qu'enfin les procureurs des parties avaient raison de croire que la transmission faite à Charles-Quint, *comme engagiste,* par les ex-propriétaires de biens *déjà échangés contre des domaines de la couronne,* équivalait à la transmission faite directement par le roi, après une *détention personnelle,* qui aurait dû d'ailleurs immédiatement cesser.

Or, d'après le droit ancien comme d'après l'article 2228 du Code civil, la possession ne s'acquérait pas et ne se perpétuait pas seulement par des faits personnels. On possédait par autrui, on possédait par son locataire, on possédait par son dépositaire, on possédait par son créancier, en cas d'antichrèse ou d'engagement.

C'est ce que les lois romaines nous disent; c'est ce que Dunod, Domat et Pothier nous expliquent; c'est ce que les auteurs des Pays-Bas, comme les jurisconsultes français nous enseignent.

Donc Charles-Quint ne possédait pas, *nam plures eamdem rem in solidum possidere non possunt*; mais un autre possédait par lui. Cet autre, quel était-il?

Celui apparemment qui avait traité avec lui à Cambrai; celui dont il avait exigé un gage; celui qui le lui avait donné; celui qui pouvait seul retirer ce gage multiple et dont la revendication partielle n'était pas possible, puisque l'indivisibilité du payement avait été l'objet d'une stipulation formelle.

Reconnaissons donc comme certain que, soit qu'on consulte les expressions dont se sont servies les parties contractantes, soit qu'on interroge leur pensée, soit qu'on examine ce qu'elles ont fait, soit enfin qu'on rapproche leurs actes des principes du droit, on demeure également convaincu qu'elles n'ont altéré en rien, dans l'exécution, et par leur contrat du 11 avril 1529, ce qu'elles avaient projeté et prescrit dans leurs procurations des 16 décembre et 1er avril de la même année. Et comme dans ces procurations, ce qu'elles projettent, ce qu'elles prescrivent, c'est incontestablement un *échange*, il suit de là, que ce qu'elles ont fait *en se référant d'ailleurs à ces procurations*, c'est aussi incontestablement un échange.

On arrive à la même conclusion en consultant les actes qui ont été passés par les mandataires du roi avec les autres seigneurs français qui possédaient dans les Pays-Bas des terres à la convenance de Charles-Quint.

Ces actes, nous pouvons, à l'exemple de la cour de Douai, les invoquer avec pleine confiance. Car si, rédigés par des notaires différents, ils peuvent varier dans leurs formes, inspirés par la même pensée, ils doivent au fond dire la même chose.

On le comprend facilement, tous les sujets de François Ier qui contractaient, dans des circonstances identiques, avec lui, avaient droit aux mêmes avantages, et ces avantages, indubitablement, ils les obtinrent sur le pied d'une égalité parfaite; ce qui le prouve, c'est qu'*une seule procuration fut donnée pour traiter avec tous*, et que tous prirent pour modèle de leur convention l'acte passé par Mme de Vendôme.

Or, dans *le mémoire de la forme qui sera tenue à l'entérinement de la récompense de Mme de Vendôme* (n° 3), comment qualifie-t-on le contrat qui va intervenir entre cette dame et le roi de France? On y dit que « Mme de Vendôme, pour faire plaisir au roi et pour le recouvrement de messeigneurs de France, ses enfants, a été contente *bailler audit seigneur*, PAR TITRE DE PERMUTATION ET ÉCHANGE, les terres qu'elle tient sous la subjection de l'empereur. » On explique ensuite pourquoi les circonstances urgentes dans lesquelles on se trouve ne permettent pas préalablement des évaluations régulières, et l'on ajoute que : « Nonobstant que lesdites évaluations ne soient faites, néanmoins CONTRAT D'ÉCHANGE *se passera entre lesdits sieur et dame desdites terres qu'elle a* sous la subjétion de l'empereur, *et de celles que ledit sieur a offert de lui bailler.* »

Dans la procuration que donne M. de Clèves, le 18 avril 1530 (n° 7), il est dit aussi qu'il charge les procureurs y dénommés « de prendre et d'accepter, pour et au nom de nous, du roi notre sire ou ses procureurs et commis, en récompense et *contre-échange* de nosdites terres d'Anglemoutier, Pont-Rouard et Vive-Saint-Éloi..... les terres et seigneuries de Pont-Audemer et Châteauneuf-sur-Loire. »

Puis M. de Clèves stipule que cette tradition aura lieu « sous les pactions, convenances et modifications apposées en semblable contrat et *échange* passé entre le roi notredit seigneur et Mme la duchesse douairière de Vendôme. »

Dira-t-on de cette procuration comme de celles des 16 décembre et 1er avril 1529, qu'elle ne peut tenir lieu de l'acte d'échange lui-même? Soit. Mais on ne dira pas du moins de celle de M. de Clèves, qu'elle n'a trait qu'à un projet qui n'a pas reçu d'exécution. La procuration de M. de Clèves ne dit pas en effet ce qu'il projette, mais ce qu'il a fait. Elle est donnée pour l'exécution de l'acte passé entre lui et le roi, le 29 mars précédent.

Puis, ce qu'on trouve dans la *procuration*, on le trouve aussi dans les *actes;* ainsi, dans celui de M. de Béthune (n° 5), après les dénominations des parties par les notaires, il est dit (p. 40), que ces parties (les procureurs du roi d'un côté, et M. de Béthune, seigneur de Mareuil, de l'autre) « accordent et passent le contrat de *récompense et échange ci-après déclaré*..... »

Ainsi encore dans l'acte de M. de Clèves (n° 6), après avoir parlé (p. 74) des terres données par le roi en récompense et *contre-échange* de celles baillées par Louis de Clèves à l'empereur pour le roi, on stipule (p. 79) que *durant le temps de six ans pourra ledit seigneur Louis de Clèves engager, vendre et aliéner lesdites terres à lui baillées en* ÉCHANGE, *à la charge de pareille faculté et condition de rachat envers le roi que lesdites terres lui ont été cédées par lesdits procureurs dudit seigneur roi.*

Dans la bibliothèque de d'Aguesseau, signataire de l'arrêt du conseil du 14 octobre 1749, dont l'interprétation est l'objet du procès actuel, se trouvait l'original ou la copie de l'acte passé entre le roi et Mme de Luxembourg (duchesse de Vendôme), et quel nom donnait-on à cet acte? « *Échange* entre le roi François Ier d'une part et la duchesse de Luxembourg d'autre, au fait de la rançon de Sa Majesté en 1529. »

Dans un inventaire des actes faits *en conséquence du traité de Cambrai*, et qui se trouve dans les archives du département du Nord, on dit de ce même contrat qu'il a été passé entre le roi et la duchesse de Vendôme « pour raison d'*échanges respectives.* »

Mais à quoi bon interroger des témoins étrangers lorsqu'on peut recourir au témoignage des parties contractantes elles-mêmes?

Avant de passer l'acte du 11 avril 1529, François Ier et la princesse de la Roche-sur-Yon avaient dit ce qu'ils voulaient faire. Après cet acte, ils disent ce qu'ils ont fait.

Y a-t-il dissidence cependant entre les instructions qu'ils donnent pour l'exécution de l'acte, et celles qu'ils ont données pour sa passation? Nullement.

A la date du 23 mai 1530, on constate, dans un procès-verbal, la prise de possession des terres d'Auge et Mortain, par le mandataire de Mme de la Roche-sur-Yon, le sieur de Montigny, celui-là même qui représentait la princesse, comme procureur, dans le contrat du 11 avril. Dans ce procès-verbal (voy. n° 10), on est appelé tout naturellement à spécifier la nature de l'acte qui a produit une double mutation de propriété, et comment le qualifie-t-on? CONTRAT D'ÉCHANGE *entre le roi François Ier et Louise de Bourbon, princesse de la Roche-sur-Yon,* DES TERRES DE LEUZE ET CONDÉ POUR LE COMTÉ DE MORTAIN ET LE VICOMTÉ D'AUGE. De plus, quand il s'agit de parler de la tradition des terres de Leuze et Condé, s'éloigne-t-on de la déclaration qui a été faite dans l'acte du 11 avril, à savoir que la délivrance à l'empereur équivaudrait à la délivrance faite au roi? Nullement, on considère si bien que l'un de ces actes tient lieu de l'autre qu'on énonce comme faite au roi une tradition qui en réalité a été faite à l'empereur : *Disant que ès places de Condé et Leuze,* BAILLÉES *avec autres terres et choses hérédi-*

tales AU ROI *par ladite dame en* ÉCHANGE *d'icelle vicomté* (voy. p. 170); et cette déclaration est réitérée à l'égard du comté de Mortain (p. 172).

Une autre occasion se présente pour que les parties contractantes de 1529 s'expliquent sur la nature de l'acte qui a été passé entre elles.

L'échange qu'elles avaient fait devenait définitif après le terme de six années, mais pendant ce délai, le roi conservait la faculté de recouvrer Auge et Mortain, en restituant Leuze et Condé. Or, dans les principes de l'ancien droit, pour qu'une pareille faculté se perdît, l'échéance du terme ne suffisait pas : il fallait en outre ou le désistement de celui qui se l'était réservée, ou une décision judiciaire, ou une prescription de trente ans.

Ceci explique la requête adressée au roi en 1548, par le duc de Montpensier, fils de Mme de la Roche-sur-Yon, et pour lequel cette dame avait stipulé en 1529 (il était alors mineur). Le duc expose au roi Henri II que le délai de six ans fixé pour le rachat des terres d'Auge et de Mortain était expiré, que douze années s'étaient en outre écoulées, et il demande qu'en conséquence Sa Majesté veuille bien, *en tant que de besoin et pour plus grande sécurité à l'avenir, déclarer ledit* ÉCHANGE *pur et absolu, et ordonner qu'il sortisse son plein et entier effet à toujours.* Des lettres patentes délivrées à Saint-Germain-en-Laye, le 20 novembre 1548, faisant droit à cette requête, déclarèrent « ladite faculté de rachapt expirée et passée, *conséquemment ledit* ÉCHANGE *être demeuré pur et absolu,* voulons et ordonnons que *comme tel* il sorte son plein et entier effet, et en ce faisant, que lesdites choses baillées en *contre-échange* à notredit cousin ou à notredite cousine, sa mère, audit nom, lui demeurent, et à ses hoirs masles ou femelles pour en jouir et user comme de leur propre patrimoine, perpétuellement et à jamais. »

Ces lettres patentes furent enregistrées au parlement de Rouen le 20 décembre 1548 (voy. n° 12).

La codification des maximes du droit domanial par le chancelier de l'Hospital, en surexcitant le zèle des officiers du domaine, fournit aux contractants de 1529, ou à leurs successeurs, de fréquentes occasions de s'expliquer de nouveau sur la qualification qui convenait au contrat qu'ils avaient souscrit.

Tantôt les gardes de sceaux de Normandie, chargés de fieffer et d'arrenter les marais, les terres vaines et vagues, etc., poussaient leurs excursions jusque dans le comté de Mortain et le vicomté d'Auge; tantôt les officiers du domaine voulaient s'opposer à ce que le duc de Montpensier fît des coupes de haute futaie; tantôt enfin le duc éprouvait des obstacles pour pourvoir aux offices des seigneuries qu'il avait acquises.

Dans ces diverses circonstances, il recourait au roi par des requêtes sur lesquelles il était statué par lettres patentes, délivrées après avis du conseil privé, qui prenait communication de l'acte de 1529. Puis ces lettres étaient enregistrées au parlement de Rouen.

C'est ce qui eut lieu en 1566, en 1567, en 1568 et en 1570.

Or, dans toutes ces requêtes, dans toutes ces lettres patentes, le roi et le duc qualifient invariablement de *contrat d'échange* l'acte de 1529. On y dit que les terres d'Auge et Mortain « appartiennent au duc en toute propriété par le moyen dudit *échange* comme faisaient lesdites terres de Leuze et Condé *auparavant icelui*. » On y reconnaît que la tradition faite à Charles-Quint devait être considérée comme faite au roi de France lui-même. Ainsi Charles IX, « après avoir fait voir en son conseil privé ledit *contrat d'échange* et par l'advis dudit conseil, » déclare que « lesdites terres d'Auge et Mortain sont propres au duc de Montpensier, et de son patrimoine *pour et au lieu* des terres de Leuze et Condé *baillées à notredit feu*-seigneur et ayeul. »

Vers 1743, on examine dans le conseil du duc d'Orléans s'il ne pourrait pas, comme représentant du duc de Montpensier, exercer le retrait des terres de Leuze et Condé et l'on résout la question négativement « parce qu'au moyen de l'*échange* tous les droits du prince de la Roche-sur-Yon, duc de Montpensier, furent transportés au roi François Ier. »

Ainsi, pendant plus de deux siècles, depuis 1530 jusqu'à 1743, époque bien voisine de celle où fut rendu l'arrêt dont l'interprétation donne lieu au procès actuel (cet arrêt porte la date du 14 octobre 1749), tout le monde est d'accord sur la qualification qui appartient à l'acte passé le 11 avril 1529; tout le monde y reconnaît un contrat d'échange.

Faut-il croire que les parties contractantes, après s'être désistées de leur volonté première, ne se soient pas rendu compte de leurs intentions ultérieures? Faut-il croire que François Ier n'ait pas su en 1530 ce qu'il avait fait en 1529? Faut-il croire que cet aveuglement se soit transmis avec la couronne à Henri II et à Charles IX? Faut-il croire que le sens véritable du contrat du 11 avril ait échappé aux membres du conseil privé du roi de France malgré les nombreuses occasions qu'ils eurent de l'examiner et d'en peser les termes? Faut-il croire, enfin, qu'une soudaine illumination ait révélé à la cour de Douai, en 1849, les arcanes secrets de cet énigmatique contrat dans les profondeurs duquel le parlement de Rouen n'aurait pu pénétrer ni en 1529, ni en 1530, ni en 1548, ni en 1566, ni en 1567, ni en 1568, ni en 1570, non plus que le conseil privé du duc d'Orléans, en 1743?

En conscience, une si tardive découverte serait trop extraordinaire pour qu'on l'admette avant de l'avoir bien constatée. Examinons-la donc de près.

Suivant l'arrêt de la cour de Douai, ce ne serait pas au roi de France, mais au duc de Montpensier, que l'acte du 11 avril 1529 aurait réservé la faculté de rachat; cette réserve avait été faite, en effet, au profit de François Ier dans le traité de Cambrai; mais le droit qu'il avait, il pouvait le céder, et cette cession, il l'a faite.

Voilà, en résumé, tout le système de l'arrêt déféré à la censure de la Cour suprême.

Ce système ne repose pas sur une base bien solide.

Il est évident que la cour de Douai a confondu avec le rachat perpétuel, stipulé dans le traité de Cambrai, le rachat qui pouvait être exercé pendant la période de six années durant laquelle l'annulation du contrat d'échange dépendait du roi.

Si le rachat était exercé pendant cette période, c'était au nom de Mme de la Roche-sur-Yon qu'il devait s'effectuer, non-seulement parce qu'il devait avoir pour résultat de la remettre en possession des terres de Leuze et Condé, mais encore parce que cette condition lui avait été *imposée* par le contrat du 11 avril; enfin parce que pendant ce laps de temps, n'étant considérée que comme engagiste d'Auge et Mortain d'après les règles du droit domanial [1], elle devait être, en conséquence, considérée comme propriétaire de Leuze et Condé. Elle devait être considérée comme telle, en Hainaut surtout, pays de nantissement où les droits réels ne s'acquéraient que par l'accomplissement des devoirs de loi.

Mais ces devoirs de loi n'étaient, après tout, qu'une mise en possession solennelle qui devait produire les mêmes ef-

---

[1] Voy. la consultation qui précède, p. 89, texte et note.

fets que la tradition réelle; par conséquent, en adhéritant Charles-Quint *comme engagiste*, Mme de la Roche-sur-Yon adhéritait en même temps François Ier *comme propriétaire*.

On voit tout de suite, d'après cela, ce qu'il faut penser de l'objection suivante que fait l'arrêt de la cour de Douai :

« Si c'est le 12 avril 1529 que la cession de Leuze et Condé a été faite par la princesse de la Roche-sur-Yon à Charles-Quint, il est certain qu'il n'y a pas eu un véritable contrat d'échange entre elle et François Ier, puisqu'elle n'aurait pu transmettre, le 12, à Charles-Quint une propriété qui, dès le 11, aurait cessé de résider sur sa tête. »

Cette objection n'aurait de valeur que si le 11 Mme de la Roche-sur-Yon s'était déshéritée au profit de François Ier; alors ce serait le roi, en effet, qui, le 12, aurait dû adhériter Charles-Quint. Mais, le 11, qu'avait fait Mme de la Roche-sur-Yon? Ceci seulement : elle s'était obligée de donner à des procureurs « plein pouvoir et mandement spécial et irrévocable de bailler, céder et transporter lesdites terres (de Leuze et Condé) audit seigneur élu empereur selon et au désir du traité de paix et accomplissant icelui pour et au profit dudit seigneur roi, et à sa décharge et par sa requête et mandement. »

Et c'était bien là, en effet, l'accomplissement du traité de Cambrai par lequel François Ier s'était engagé « à faire avoir » à l'empereur des terres situées dans les Pays-Bas et appartenant à ses sujets, pour garantir le payement de la rente des cinq cent dix mille écus d'or qu'il ne pouvait payer.

Mais de même que le contrat du 11 avril ne faisait qu'exécuter le traité de Cambrai, de même l'acte d'engagement du 12 ne faisait qu'exécuter l'acte d'échange du 11.

François Ier, n'ayant pas été adhérité par Mme de la Roche-sur-Yon, il ne pouvait pas se déshériter en faveur de Charles-Quint. Mme de la Roche-sur-Yon seule le pouvait. C'est ce qu'elle fit le 12, et c'est ce qu'elle devait faire d'après l'engagement qu'elle avait pris la veille.

On le voit donc, l'objection proposée se réduit à dire que Mme de la Roche-sur-Yon en exécutant le contrat du 11 l'a annulé.

Dans quels termes, au reste, se fit l'acte d'engagement du 12? Nous l'ignorons, puisque la compagnie d'Anzin a toujours refusé de produire cet acte. Mais ce refus même témoigne suffisamment que dans l'engagement le retrait perpétuel du roi, *ainsi qu'il est dit audit traité* (comme s'exprimait l'acte du 11 avril lui-même) était explicitement réservé et qu'on le distinguait clairement du droit de rachat temporaire que la princesse devait exercer. Nous trouvons, au reste, la trace non douteuse de cette distinction dans la clause de l'acte du 11 avril, où il est dit que l'engagement aura lieu, « avec faculté de rachat à ladite dame audit nom et aux siens, *et autrement* ainsi qu'il sera avisé par lesdits procureurs. »

Que le roi se fût réservé par le traité de Cambrai le rachat perpétuel des terres et seigneuries qui seraient engagées à Charles-Quint, la cour de Douai ne le nie pas, mais elle prétend que ce droit, François Ier l'aurait cédé à Mme de la Roche-sur-Yon.

Mais d'abord, comment concilier cette hypothèse avec le silence absolu de l'acte du 11 avril sur cette prétendue cession?

Comment croire ensuite que si Mme de la Roche-sur-Yon eût voulu l'imposer, elle n'eût pas pris soin de le dire en termes exprès dans la procuration du 1er avril, dont les expressions, au contraire, repoussent toute idée semblable?

Puis ce droit de rachat, à quel titre l'aurait-elle, après

avoir reçu la valeur exacte, complète de Leuze et Condé? et comment, au contraire, le roi ne l'aurait-il pas, lui qui avait payé Leuze et Condé tout ce qu'ils valaient?

Était-ce donc peu de chose que ce droit de rachat qu'on suppose si facilement abandonné? Non ; l'arrêt de la cour de Douai constate lui-même en fait que « cette terre (de Condé) valait *beaucoup plus* que le prix moyennant lequel la cession en avait été faite par Charles-Quint » à M. de Roghendorff. Et la compagnie d'Anzin avait pris soin elle-même de prouver que cette plus-value s'élevait à cinquante mille écus d'or pour les deux terres de Leuze et de Condé, c'est-à-dire à environ moitié de la valeur vénale desdites terres.

En regard d'un pareil résultat, M. Duvergier ne pouvait-il pas s'écrier : « Le roi eût perdu le sens s'il eût dit à la princesse de la Roche-sur-Yon : Je vous paye vos terres ce qu'elles valent, exactement ce qu'elles valent ; il ne manque pas un écu d'or à la valeur que je fournis en contre-échange, et cependant ce sera à vous, ce ne sera pas à moi qu'appartiendra le droit de rachat des terres que je vous ai payées? »

Et comme l'a fait remarquer un autre conseil des sociétés réunies, si le roi avait aussi aveuglément méconnu ses intérêts et ses devoirs, croit-on que ses mandataires ne l'eussent pas averti, que son conseil ne l'eût pas éclairé, que ses successeurs n'eussent pas désavoué ses engagements? Pense-t-on que le premier président du parlement de Paris eût prêté les mains à une aussi flagrante violation de l'inaliénabilité du domaine de la couronne? Pense-t-on qu'un président de la cour des Comptes eût accepté comme exacte une aussi inégale pondération des valeurs contre-échangées? Pense-t-on qu'après examen itératif, après avis de leur conseil, les rois Henri II et Charles IX eussent approuvé en

1548, 1566, 1567, 1568 et 1570 ce que François Ier avait fait en 1529 et 1530 ? Pense-t-on enfin qu'à ces différentes époques les parlements eussent enregistré sans résistance des contrats, des mises en possession et des lettres patentes qui auraient porté une aussi profonde atteinte aux intérêts et aux droits qu'ils avaient mission de garantir, et qu'ils sauvegardaient avec un zèle si persévérant, et, nous pouvons le dire, si jaloux ?

Puis si, en 1529, François Ier avait été aussi aveugle qu'on le suppose, Mme de la Roche-sur-Yon aurait été la première à lui dessiller les yeux.

Elle se serait rappelé ce proverbe d'alors : « Qui mange l'oie du roi, cent ans après en rend la plume. »

Elle se serait rappelé que Mme de Vendôme, dont elle recommandait à son procureur de suivre fidèlement les traces, après avoir consulté « gens de longue robe » avait reconnu que « elle ne sçauroit bien asseurer son affaire (pour estre ledit domayne tant privilégié), synon par forme d'eschange. » (Voy. n° 2.)

Elle aurait reconnu qu'en se montrant si avide, elle se montrait plus imprudente encore.

Expliquons-nous :

En se reportant au contrat du 11 avril 1529, on voit que Mme de la Roche-sur-Yon n'était pas moins préoccupée que le roi de l'idée de ne donner des terres que contre des terres, de faire en un mot un échange, et rien de plus. Cela s'explique facilement, surtout lorsqu'on se rappelle qu'elle n'agissait que comme ayant la tutelle et la garde-noble de son fils, du bien duquel elle disposait. On comprend très-bien alors pourquoi son mandataire prenait soin de stipuler, que si par l'évaluation *il est trouvé que les terres que lesdits procureurs* (du roi) *ont cédées, en récompense et contre-échange à madite dame, valent moins que celles que ladite dame aura baillées et cédées au proufit dudit seigneur roy, ledit seigneur roy sera tenu de lui parfaire le surplus en terres de semblables qualités.*

Mais si Mme de la Roche-sur-Yon avait été cessionnaire du droit de rachat du roi, elle aurait couru grand risque après avoir perdu Leuze et Condé, par suite de l'engagement fait à Charles-Quint, de perdre ensuite moitié d'Auge et Mortain par suite de la cession du droit de rachat faite par François Ier. Soit sous ce prince, soit sous ses successeurs, les administrateurs du domaine n'auraient pas manqué de lui dire : Les principes du droit domanial s'opposent à ce que le domaine de la couronne soit aliéné autrement que par échange ; vous conservez sur Leuze et Condé un droit de rachat, qui équivaut à la moitié de la valeur de ces terres, par conséquent en vous donnant moitié d'Auge et Mortain, nous vous restituons en France l'équivalent de ce que vous nous avez abandonné dans les Pays-Bas, et nous ne faisons en cela qu'appliquer une stipulation du contrat du 11 avril que vous avez acceptée. Dans ce contrat, en effet, après la clause ci-dessus rappelée se trouvait celle-ci : *et aussi où il serait trouvé que les terres qui lui seront cédées par lesdits procureurs, excédassent la valeur et estimation des terres qui seront cédées par ladite dame audit nom, au proufit et décharge dudit seigneur roi, en ce cas, ladite dame audit nom sera tenue de rendre* L'OUTRE-PLUS.

Après ces explications on ne dira plus, nous l'espérons, avec l'arrêt de la cour de Douai, qu'après qu'elle était devenue propriétaire incommutable d'Auge et de Mortain, Mme de la Roche-sur-Yon *conservait encore la faculté de racheter Leuze et Condé, mais avec ses deniers*. On concevra que si, rachetant avec les deniers du roi, elle eût eu alors Auge et Mortain pour rien ; rachetant avec ses propres deniers, elle eût eu encore la moitié d'Auge et Mortain, ou, ce qui est la même chose, la moitié de Leuze et Condé pour rien.

Après ces explications, on ne dira plus, avec l'arrêt, *que si le roi s'était réservé le droit de rachat par le traité de Cambrai, il* EST INCONTESTABLE *qu'il pouvait le céder à ceux de ses sujets qui satisferaient à ses obligations envers Charles-Quint, avec leurs propres biens ; que c'est ce qu'il a fait en faveur de* Mme *de la Roche-sur-Yon.*

Non, ce n'est pas ce qu'il a fait, car c'est ce qu'il n'a pas pu faire ; c'est ce que la partie avec laquelle il contractait n'a pas pu vouloir qu'il fît. Ce qui est incontestable, c'est le contraire de ce que l'arrêt qualifie tel. Ce qui est incontestable, c'est que le domaine de la couronne était inaliénable ; c'est que le droit de rachat dont s'agit était incessible ; c'est que, pour qu'il fût valablement cédé, il fallait un échange ; c'est que, dans le système adopté par l'arrêt, cet échange n'a pas lieu : c'est que toujours, dans ce système, un droit domanial aurait été aliéné gratuitement, puisque, *sans le droit de rachat*, Auge et Mortain valaient Leuze et Condé.

L'arrêt insiste cependant. Il se prévaut de l'acte passé à Bruxelles, le 26 août 1531, pour prétendre que la faculté de rachat perpétuel n'était pas réservée au roi, mais à Mme de la Roche-sur-Yon, et à ses héritiers. La preuve en est que, dans ledit acte, il est énoncé que les terres de Leuze et Condé ont été *cédées et transportées à l'empereur par Louis de Bourbon, prince de la Roche-sur-Yon*, et que le rachat ne pourra être fait *par autres que par ceux qui en ont fait le transport.*

Mais d'abord, comme nous l'avons déjà dit, il n'est pas très-logique de s'adresser à Charles-Quint et à M. de Roghendoff, pour savoir ce qu'ont fait deux ans auparavant François Ier et Mme de la Roche-sur-Yon.

De plus, l'acte du 26 août ne se borne pas (comme on le croirait si l'on ne consultait que l'arrêt) à dire que les terres de Leuze et Condé ont été transportées à l'empereur par Louis de Bourbon, il ajoute que Louis de Bourbon a fait ce transport *de la part du roi très-chrétien.*

Or, nous avons prouvé que les transports faits *de la part du roi* équivalaient aux transports faits *par le roi lui-même.* Cela résulte et de l'acte de M. de Béthune et de celui de M. de Clèves, et de la quittance relative aux terres de M. l'évêque de Béziers. Cela résulte plus positivement encore, s'il est possible, des contrats d'échange passés avec Mme de Vendôme et Mme de la Roche-sur-Yon. Enfin de nombreuses pièces relatives au traité de Cambrai démontrent surabondamment que tout le monde, au moment où ce traité a été fait, considérait comme *baillées, transportées et engagées par le roi de France* les terres remises à Charles-Quint de sa part par ses sujets. Nous rappellerons la supplique adressée par Mme de la Roche-sur-Yon elle-même à la cour des Comptes, le petit registre de l'assiette des terres engagées et la minute de l'inventaire des lettraiges des terres *transportées* à l'empereur *par le roi de France* (voy. ci-dessus, p. 103 et 104).

De même que l'acte de 1531 ne se borne pas à dire comme l'arrêt que les terres de Leuze et Condé *ont été transportées par le prince de la Roche-sur-Yon*, de même il ne se borne pas à dire que le rachat ne pourra être fait *par autres que par ceux qui en ont fait le transport.*

Il ajoute que ce rachat sera fait *selon le traité de Cambrai,* ce qui seul suffirait pour réserver le droit du roi.

Il dit de plus que ce rachat se fera pour Condé comme pour les autres seigneuries qui avaient été engagées par suite du même traité. Or, ces engagements avaient pour objet de garantir la rente de vingt-cinq mille cinq cents écus d'or due par le roi à l'empereur, et le droit de rachat était corrélatif de l'extinction de cette rente, qui elle-même ne pouvait être opérée que par le roi.

L'acte du 26 août impose à M. de Roghendorff l'obligation de remettre en cas de rachat son titre *au sieur propriétaire,* c'est-à-dire au détenteur des titres originaux de Leuze et Condé, et par conséquent avant l'expiration des six ans au prince et après l'expiration des six années au roi. Ce sont là ceux *qui ont fait le transport,* l'un directement, l'autre par l'intermédiaire du premier.

Enfin, l'acte du 26 août réserve en termes exprès le droit de rachat au roi (*notredit bon frère et cousin le roi très-chrétien*), réserve inexplicable dans le système de l'arrêt, d'après lequel le roi n'aurait ce droit ni avant ni après l'expiration des six années.

Qu'après cela ladite clause de rachat s'étende aussi au prince de la Roche-sur-Yon, cela était tout naturel parce qu'on se trouvait encore dans la période des six ans pendant lesquels le roi pouvait annuler l'échange, et que cette éventualité advenant, c'était comme nous l'avons vu, par le prince que le rachat devait être exercé.

Mais une autre clause de l'acte du 26 août achève de nous révéler toute l'économie des transactions qui étaient intervenues en 1529. On y dit que l'empereur transporta au baron de Roghendorff la terre de Condé « à la charge toutefois des rentes et charges ordinaires dont ladite terre est chargée, *déclarées en l'assiette et évaluation qui s'est faite par nos députés et ceux de notredit bon frère et cousin le roi très-chrétien lorsqu'elles nous furent transportées et baillées.* » Or, dans le petit registre qui se trouve dans les archives du département du Nord se trouve cette énonciation : « Assiette de terres *engagées par le roi de France* venant de ses sujets, et gisant ès pays de l'empereur; » et en rapprochant de cette légende ou de cet intitulé la clause qui précède on sera encore plus disposé à admettre ce que M. Duvergier disait de celle-ci :

« Ce passage prouve bien que le roi fut partie à l'acte d'engagement du 12 avril; qu'il y figura comme principal intéressé, comme propriétaire réel, et Mme de la Roche-sur-Yon seulement comme propriétaire nominal. C'était, en effet, au propriétaire véritable des terres engagées à en faire l'assiette et l'évaluation.

« Ainsi, on a raison de dire que la cession de 1531 par l'empereur à M. de Roghendorff, combat au lieu de justifier les prétentions de la compagnie d'Anzin. »

Et en effet plus on avance dans cet examen et mieux on découvre l'inanité des arguments qui ont été opposés aux sociétés réunies; plus au contraire on demeure convaincu de la solidité de la base et des assises du système de défense de ces sociétés.

Ainsi elles avaient prouvé par les actes, qu'un double droit de rachat dérivait des transactions intervenues en 1529; l'un temporaire, qui devait être exercé par le duc de Montpensier, l'autre perpétuel, et qui appartenait au roi seul.

Eh bien! les sociétés réunies ne s'en sont pas tenues là. Ce qu'elles avaient démontré en droit, elles voulurent le prouver en fait. Elles voulurent saisir pour ainsi dire en action ce double droit de rachat qu'elles avaient affirmé.

Pour cela, elles eurent recours à trois documents qui semblaient décisifs :

Ces documents sont :

1º Une quittance de trente mille écus d'or payés à Charles-Quint par François Ier, pour dégager des mains de l'empereur les terres d'Anglemoutier, Pont-Rouart et Vive-Saint-Éloi, qui lui avaient été transportées par Louis de

Clèves, suivant le traité de Cambrai. Cette quittance a été délivrée à Bruxelles, le 18 août 1531 (voy. n° 33).

2° Une autre quittance, aussi délivrée par Charles-Quint à François Ier, pour le payement d'une somme équivalant à peu près à la moitié de celle que le roi devait à l'empereur, d'après le traité de Cambrai; c'est-à-dire deux cent trente-cinq mille quatre-vingt-quinze[1] écus d'or, et un quart pour les terres de Mme de Vendôme, et dix-neuf mille six cent trente-un écus quatre sous, pour la terre d'Havrincourt, appartenant à M. de la Marche. Cette quittance est datée de Tournai, 2 décembre 1531 (voy. n° 34).

3° Une procuration de Guillaume Leblanc, pour opérer la revente ou subir le retrait des terres d'Antoine Dubois, évêque de Béziers, et recevoir la somme de neuf mille huit cent soixante dix-huit écus d'or, capital du revenu pour la garantie duquel elles avaient été engagées à l'empereur. Cette procuration est donnée à Bruxelles, le 19 mars 1538 (voy. n° 35).

Aucun de ces documents n'a paru concluant à la cour de Douai.

A l'égard des deux premiers, elle donne pour motif *que le délai de six années n'était pas encore écoulé.*

Cela est vrai, mais cela n'empêche pas que les deux quittances de 1531 n'aient leur importance.

Elles prouvent d'abord que pendant les six années, le rachat s'opérait comme nous l'avons dit.

Elles prouvent en second lieu que le traité de Cambrai n'a pas été annulé par les actes subséquents, et que ce traité réservait au roi de France seul le retrait perpétuel des terres engagées; puisque d'une part on y déclare ledit traité maintenu, sauf la dérogation qui y est faite, et d'autre

---

[1] Nous rectifions le chiffre ci-dessus énoncé, p. 109.

part que cette dérogation n'est faite qu'en faveur du roi de France et ne peut profiter qu'à lui, son objet étant de permettre de faire *en deux fois* un rachat qui, primitivement, devait s'opérer *tout à une fois*.

De plus, nous trouvons une indication précieuse dans ces termes de la quittance du 2 décembre : *racheter* ou *faire racheter*. C'est là encore, sans nul doute, une expression significative du double droit de rachat qui peut être exercé *par et pour le roi* après les six ans, *par les échangistes et pour le roi* pendant ce délai. Comme dans les deux cas, c'est dans son intérêt que le droit a été stipulé, Charles-Quint dit avec raison qu'il a consenti *au roi de France* « la faculté de réacheter *ou* pouvoir faire réacheter. »

Enfin, sous un autre aspect, ces quittances méritent de fixer l'attention. Elles témoignent en effet de la vive sollicitude de François Ier pour les intérêts du domaine de la couronne. Et lorsqu'on voit ce prince, malgré l'épuisement de ses finances, attesté par tous les historiens du temps, se résoudre à tirer de son trésor la somme considérable de deux cent quatre-vingt-quatre mille sept cent vingt-six écus d'or pour dégager ces mêmes domaines, comment croire qu'il se soit résigné au sacrifice sans mesure et sans excuse que la cour de Douai a cru apercevoir dans l'acte du 11 avril 1529 ?

Cette cour, qui ne tient pas compte des quittances de 1531, *parce que le délai de six années n'était pas encore écoulé*, va sans doute prendre en grande considération un rachat postérieur de trois années à l'expiration de ce même délai.

Eh bien non ; apparemment si les quittances de 1531 se rapprochent trop du contrat du 11 avril et du traité de Cambrai, la procuration du 19 mars 1538 s'en éloigne trop ; car l'arrêt ne trouve pas plus de poids à celle-ci qu'à celles-là.

Cette procuration, dit l'arrêt, est *étrangère à la contestation actuelle*.

Qu'est-ce à dire !

L'arrêt entend-il que cette procuration ne concerne pas la seigneurie du château de Condé? cela est vrai : mais qu'importe? Les actes de Mme de Vendôme, de M. de Béthune et de M. de Clèves ne sont pas moins étrangers que cette procuration à la seigneurie gagère, et cela n'a pas empêché la cour de Douai de les interroger et de s'en prévaloir. Ce qu'elle a fait, elle devait le faire; mais, ce qu'elle a fait, nous pouvons le faire.

L'arrêt entend-il au contraire que la procuration dont s'agit est étrangère à l'exécution du traité de Cambrai? Mais alors il serait en contradiction avec les termes formels de cette procuration même. Guillaume Leblanc reconnaît que : « il avait acquis et acheté de l'empereur les fiefs, cens et terres de Lenthoult, et depuis de messire Jehan Ruffault, seigneur de Neufville, et de Guillaume Petitpas, seigneur de Pontenerye, ayant droit, par transport dudit seigneur empereur, les terres et seigneuries de Bois-le-Val, Gamechines et Maresquiel, leurs appartenances et appendances, *qui furent baillées et transportées audit seigneur empereur par le roi de France*, avec aultres parties, en solution et payement de cinq cent dix mille écus d'or au soleil, *suivant le traicté de paix fait en la ville et cité de Cambrai au mois d'août 1529.* »

Ainsi, la position de Leblanc à l'égard des terres de M. de Béziers était absolument la même que celle de M. de Roghendorff à l'égard de la terre de Mme de la Roche-sur-Yon.

Mais, dit l'arrêt, *on ignore quand, à quelles conditions et par qui le transport des terres de l'évêque de Béziers avait été fait à Charles-Quint.*

Tout au contraire on n'ignore rien de tout cela.

Quand lesdites terres ont-elles été transportées ? Le 14 *mai* 1530 (voy. n° 29, p. 315).

A quelles conditions lesdites terres ont-elles été transportées ? *Aux mêmes conditions que celles stipulées* pour Mme de Vendôme et *pour Mme de la Roche-sur-Yon* (voy. n° 11, p. 178 et 180).

Par qui le transport desdites terres avait été fait ? La procuration le dit en termes exprès : *Par défunt messire Antoine Dubois, en son vivant évêque de Béziers et abbé commendataire de Saint-Lucien*, absolument comme le transport de Leuze et Condé à Charles-Quint a été fait par Mme de la Roche-sur-Yon conformément à l'acte du 11 avril 1529.

Mais, dit l'arrêt : « Il est à remarquer que la revente dont il s'agissait devait, d'après cette procuration, avoir lieu non *au profit* du roi de France, mais *au profit* de l'ancien propriétaire, Antoine Dubois, *ce qui ôte à ce document tout l'avantage qu'on voudrait en tirer.* »

La procuration, répondrons-nous d'abord, constate, en termes exprès, que le rachat sera fait pour le roi de France, ce qui restitue à ce document tout l'avantage que nous voulons en tirer.

Rien de plus positif que les termes de l'acte du 19 mars 1538, à cet égard : « Or est-il que ledit rachat auroit esté signifié audit comparant par l'empereur nostredit seigneur, se devoir faire *de la part dudit seigneur roi de France*, en ladite ville et cité de Cambray, le vingt-sixième jour de ce présent mois de mars, et de illec aller ou envoyer quérir lesdits neuf mille huit cent soixante-dix-huit écus d'or soleil, avec l'amélioration du double patard sur chascun écu, *selon l'appointement fait entre lesdits seigneurs empereur et roi de France.* »

Ainsi, il est évident que le rachat se fait pour le roi comme il se fait avec ses deniers ayant l'aloi dont il est convenu avec l'empereur.

Puis, qui ne voit que l'argument de l'arrêt roule sur une pure équivoque?

La procuration constate, il est vrai, que les héritiers d'Antoine Dubois devront être remis en possession des terres que leur auteur avait échangées contre des domaines de la couronne, mais il va de soi qu'en recouvrant ces terres, ils perdront ces domaines[1], et comme le roi préférait ceux-ci à ceux-là, c'est en réalité *à son profit* et non au profit des héritiers d'Antoine Dubois que le retrait s'exerce.

Vainement donc la cour de Douai a voulu écarter du débat ce document qui mine par sa base tout le système de son arrêt.

Quel est en effet ce système? Que pendant six ans le droit de rachat appartenait à l'échangiste pour le roi, et qu'après ce délai il appartenait à l'échangiste pour lui-même.

Suivant les compagnies réunies, au contraire, après les six années, le retrait appartenait au roi seul.

Eh bien, ce que suppose l'arrêt, la pièce produite le dément; ce que disaient les sociétés réunies, la pièce produite le prouve.

Encore une fois cette pièce est décisive. Elle vient compléter comme une dernière maille un tissu d'arguments trop dense et trop solide pour laisser passage à un sophisme si subtil qu'il soit, ou à une argutie si déliée qu'elle puisse être.

Désormais, nous en avons la conviction profonde, toutes les séductions de l'éloquence, toutes les finesses de style, toutes les ressources d'une dialectique captieuse échoueront

---

[1] La récupération de ces domaines et de ceux livrés à Mme de Vendôme et à M. de Clèves, est ci-dessus constatée (p. 115 et 116) par des preuves irrécusables.

devant la puissance irrésistible des faits et l'évidence du droit.

Cette conviction nous ne la puisons, bien entendu, que dans la bonté de notre cause.

Elle ne demande, à notre avis, qu'à être simplifiée pour que sa perte soit impossible.

C'est pourquoi nous empruntons à la consultation qui précède le résumé rapide du moyen de cassation que nous venons de développer :

Le traité de Cambrai est le point de départ de tous les actes que nous avons passés en revue.

Les procurations données par François Ier et Mme de la Roche-sur-Yon ne sont que des instructions sur le mode de mise à exécution de ce traité.

L'acte du 11 avril 1529 à son tour n'est que la mise à exécution des procurations.

Les procurations sont impératives.

L'acte du 11 avril s'y réfère.

L'acte du 11 avril et les procurations renvoient également au traité de Cambrai.

Or, le traité de Cambrai stipule pour le roi, qui seul y figure avec Charles-Quint, le droit de rachat perpétuel des terres qui seront données en gage à celui-ci par celui-là.

Pour savoir si ce droit a été réservé au roi lorsqu'il a traité avec Mme de la Roche-sur-Yon, il faut examiner ce que les parties ont pu faire, ce qu'elles ont dit, ce qu'elles ont fait.

Ce qu'elles ont pu faire, c'était un échange, rien qu'un échange, car la loi domaniale n'admettait que ce mode d'aliénation, et Mme de la Roche-sur-Yon n'avait pas moins d'intérêt que le roi à ce que cette loi ne fût pas transgressée.

Ce qu'elles ont dit est en complète harmonie avec le seul droit qu'elles eussent ;

Consultez l'acte du 11 avril 1529, le mot *contre-échange* s'y trouve ;

Consultez les copies de cet acte, notamment celle imprimée en 1744[1]; elles le qualifient d'échange.

Le mot *échange* est répété dans tous les actes antérieurs et postérieurs :

Dans la procuration générale donnée par le roi à la date du 16 décembre 1529 ;

Dans la procuration spéciale donnée par la princesse de la Roche-sur-Yon le 1er avril suivant ;

Dans les actes passés dans des circonstances identiques, en vertu de la même procuration du roi et par ses mêmes mandataires, avec MM. de Béthune et de Clèves ;

Dans le procès-verbal de mise en possession d'Auge et Mortain en 1530 ;

Dans les lettres patentes enregistrées de 1548, 1566, 1567, 1568 et 1570 ;

Dans le rapport fait au conseil du duc d'Orléans en 1743.

A l'argument du texte se joint l'argument tiré de la nature de l'acte.

Le roi donne une chose, il en reçoit une autre.

Mme de la Roche-sur-Yon donne et reçoit aussi.

Les choses sont de même nature et d'égale valeur.

C'est un échange ou jamais il n'en fut.

Si c'est un échange, le roi doit être mis en possession des titres qui lui permettront d'exercer le droit de rachat qui découle de cet échange.

Or, ces titres lui sont remis.

Si c'est un échange, le roi doit devenir propriétaire de ce qu'il reçoit ; par conséquent c'est à lui que doit appartenir le retrait de la chose reçue pour lui et engagée en son nom.

---

[1] Date importante, puisqu'il s'agit dans l'espèce de l'interprétation d'un acte de concession contemporain, l'arrêt du conseil du 14 octobre 1749.

Si c'est un échange provisoire d'abord, définitif après six ans, pendant la première période, le rachat doit être exercé pour le roi, et, pendant la seconde, par lui.

Or, ce qui devait se faire s'est fait ; témoin, pour la première période, les actes relatifs aux terres de M. de Clèves, de Mme de Vendôme et de M. de la Marche ; témoin, pour la seconde période, l'acte relatif aux terres de M. de Béziers.

Dans le système de l'arrêt, Mme de la Roche-sur-Yon aurait acquis après six ans, par l'acte du 11 avril 1529, un droit de propriété incommutable sur Auge et Mortain, et un droit de rachat perpétuel sur Leuze et Condé.

Or, comme Auge et Mortain valaient Leuze et Condé, et comme Leuze et Condé avaient une valeur vénale double de la somme pour laquelle ces terres avaient été engagées ; il en résulte que le roi aurait gratuitement donné à Mme de la Roche-sur-Yon moitié soit d'Auge et de Mortain, soit de Leuze et de Condé.

Donc, l'arrêt de la cour de Douai a violé les principes de l'ancien droit, qui interdisaient, sauf par échange, l'aliénation du domaine de la couronne, principes admis bien antérieurement au règne de François Ier, mais que ce prince a consacrés lui-même par son édit du 30 avril 1517, par ses lettres patentes du 1er mai 1519, par son édit du mois de juillet 1521, et plus spécialement encore, en ce qui concerne l'objet du litige actuel, par son édit du 13 avril 1529 (voy. pièce n° 32).

Un édit du 30 juin 1539, en prescrivant l'exécution rigoureuse des précédents, a offert au législateur une nouvelle occasion de bien fixer quelles règles devaient être suivies en matière de droit domanial. Le célèbre édit de Moulins lui-même ne décrète pas avec plus de clarté et plus de force l'inaliénabilité et l'imprescriptibilité du domaine de la couronne (voy. p. 120 et suiv.)

Nous n'aurions donc plus rien à ajouter sur ce premier moyen de cassation si nous ne devions aller au-devant d'une objection qu'il n'est pas impossible qu'on présente, car elle s'est produite toutes les fois qu'on a eu à défendre par des raisons telles quelles un mauvais arrêt.

On dira peut-être que la cour de Douai a apprécié très-mal les différents actes qu'elle a visés dans son arrêt, et notamment celui du 11 avril 1529, mais que cette appréciation, si fausse qu'elle soit, échappe à la censure de la Cour de cassation, parce qu'en matière d'appréciation de faits les décisions des cours d'appel sont souveraines.

Mais cette thèse n'est pas admissible sans distinction ; sinon, par le pouvoir discrétionnaire, et sans aucune espèce de contrôle qu'on attribuerait aux juges du fait, on arriverait à paralyser complétement dans les mains du juge du droit l'action régulatrice que la loi lui a confiée dans l'intérêt de l'unité de la jurisprudence.

Un exemple mettra mieux que tous les raisonnements notre pensée en relief.

Deux personnes conviennent, l'une d'acheter, l'autre de vendre une chose. Sur cette chose elles sont d'accord, elles sont d'accord aussi sur son prix. Il y a donc vente. La vente cependant est contestée, et les juges du fait décident que c'est avec raison, parce qu'il manque au contrat l'un des trois éléments qui le constituent : *res*, *pretium*, *consensus*. Cette décision peut être erronée, mais elle sera souveraine.

Qu'on suppose, au contraire, que l'arrêt attaqué constate lui-même l'existence de ces trois éléments, ou que cette constatation résulte des actes qu'il vise, ou bien encore que tout en ne niant pas la vente, l'arrêt refuse une action soit à l'acheteur pour obtenir la délivrance de la chose, soit au vendeur pour obtenir le payement du prix ; dans ces divers cas, l'arrêt qui aura ainsi méconnu ou le caractère ou les conséquences légales d'un acte échappera-t-il à la censure de la Cour suprême? Évidemment non.

Il y a donc, comme nous le disions, une distinction à faire dans l'appréciation des faits. Cette appréciation se réduit-elle à une simple constatation matérielle? Elle peut constituer un *mal-jugé*, mais elle est souveraine. Va-t-elle plus loin, au contraire, détermine-t-elle la nature des actes et contrats *dans leurs rapports avec la loi*, la *qualification légale* qui leur convient, les *conséquences juridiques* qu'ils doivent produire? Oh! alors le domaine du juge du fait cesse d'être inviolable pour le juge du droit, ou plutôt celui-là ne peut se dire souverain qu'en usurpant les attributions de celui-ci.

Aussi la distinction essentielle que nous venons de faire a-t-elle été admise et formulée dans les termes les plus clairs par tous les auteurs qui se sont occupés, soit incidemment, soit dans des ouvrages spéciaux, du soin de déterminer l'étendue et les limites de la juridiction des cours d'appel en regard de celle de la Cour de cassation. Tels sont MM. Tarbé, Lavaux, Dalloz aîné, Berriat Saint-Prix, Carré, Boncenne, Toullier, Duranton, Zachariæ et Merlin.

Il y a plus, la Cour suprême a pris soin elle-même de tracer, dans de nombreux arrêts, la ligne de démarcation profonde qui sépare les attributions des juges du fait des siennes. Nous citerons notamment ses arrêts des 12 frimaire an v, 22 juin 1812, 26 juillet 1823, 5 mai et 15 juillet 1835, 22 juin 1841, 24 avril 1844, et 4 juin 1849.

Il faudrait faire un volume, si l'on voulait rappeler toutes les occasions que la Cour de cassation a eues de faire l'application des principes posés dans ces arrêts[1]; nous nous contenterons de rappeler qu'elle les a mis en pratique pour

[1] Voyez, au reste, ci-dessus, p. 139 et suiv.

des ventes, pour des donations, pour des substitutions et pour d'autres contrats dont le caractère ou les effets légaux avaient été méconnus par des cours d'appel.

Or, nous dirons :

Si, dans une convention où l'une des parties s'oblige à livrer une chose, et l'autre à la payer, les juges du fait sont obligés de reconnaître une vente;

Si, dans tout acte par lequel le donateur se dépouille actuellement et irrévocablement de la chose donnée en faveur du donataire qui l'accepte, ils sont obligés de reconnaître une donation ;

Si, dans toute disposition par laquelle le donataire, l'héritier institué ou le légataire est chargé de conserver ou de rendre à un tiers, ils sont obligés de reconnaître une substitution prohibée ;

Si, en un mot, dans toutes les dispositions ou dans tous les contrats définis par la loi ils sont obligés, sous peine de cassation, de mettre d'accord avec la loi ces dispositions et ces contrats, comment, dans un contrat par lequel les parties se donnent réciproquement une chose pour une autre de même valeur, ne seraient-ils pas, sous la même peine, obligés de reconnaître un échange?

A coup sûr, la disposition de l'article 1702 du Code civil n'est ni moins positive ni moins obligatoire que celle des articles 1582, 894 et 896 du même Code.

Cette disposition de l'article 1702 est-elle d'ailleurs introductive d'un droit nouveau? Nullement.

Donne-t-elle d'un contrat inconnu une définition anormale? Pas davantage.

Le contrat qu'elle définit, c'est le plus ancien des contrats ; c'est un contrat qui appartient au droit des gens bien plus encore qu'au droit civil.

La définition qu'elle en donne, on la retrouve partout :

Dans la loi romaine, témoin, entre autres, la loi 1, § 1, ff. *de præsc. verb.* ;

Dans les publicistes, témoin Grotius, Puffendorf, Burlamaqui, Perreau ;

Dans les jurisconsultes qui ont écrit sur notre ancien droit, soit au point de vue du droit écrit, soit au point de vue du droit coutumier, témoin Domat et Pothier ;

Dans les commentateurs des Pandectes et du Code justinien, témoin Cujas, Doneau, Voët, Heineccius, Tulden, Perez, Corvin de Belderen ;

Dans les législations étrangères, témoin Blackstone, témoin les Codes autrichien, bavarois, badois, hollandais, sarde, sicilien, vaudois, louisanois et haïtien ; témoin aussi les auteurs belges [1].

Dans tous ces Codes, dans tous ces commentateurs, dans tous ces jurisconsultes, dans tous ces publicistes on trouve, comme dans l'article 1702 du Code civil que « l'échange est un contrat par lequel les parties se donnent respectivement une chose pour une autre. »

Si donc, comme nous croyons l'avoir démontré jusqu'au dernier degré d'évidence, le contrat passé entre François Ier et Mme de la Roche-sur-Yon, le 11 avril 1529, était un de ces contrats *sur le caractère desquels il est impossible de se méprendre*[2], parce qu'ils sont purs de tout alliage; en vain la

---

[1] Ainsi de Ghewiet (part. II, tit. v, § 19, art. 1) dit : « La permutation diffère de la vente en ce qu'elle se fait en donnant une chose pour une autre, au lieu que dans la vente on donne les choses pour un certain prix. »

Et de son côté M. Britz s'exprime en ces termes (p. 897) : « La vente, chez nos ancêtres les Francs, était assimilée en tous points à l'échange (*cambium, concambium*). L'échange a même précédé la vente dans l'ordre chronologique. Nommé autrefois *troc*, il a lieu lorsque les contractants donnent immédiatement une chose pour une autre, à la différence du contrat de vente où les choses sont données pour un certain prix. »

[2] C'est ce que dit M. Duvergier (*de l'Échange*, n° 406) des contrats de

cour de Douai aura cru y voir nous ne savons quel contrat qu'elle n'a pu dénommer, la Cour suprême restituera à ce contrat anonyme la *qualification* qui lui appartient.

Elle agira à l'égard de l'arrêt attaqué comme elle a fait à l'égard de beaucoup d'autres qui avaient nié une vente là où il y avait *res, pretium, consensus*; ou qui avaient nié une donation là où il y avait concours de volontés sur un dépouillement actuel, irrévocable et gratuit, ou qui avaient nié une substitution là où il y avait disposition avec charge pour le donataire ou légataire de conserver et de rendre à un tiers le bien qui avait été l'objet de la donation ou du legs.

La Cour suprême a cassé ces arrêts ; elle cassera celui qui lui est déféré par les sociétés réunies.

Elle le cassera d'autant plus sûrement qu'en méconnaissant le caractère de l'acte du 11 avril 1529, la cour de Douai n'a pas violé une loi seulement ; elle en a violé trois :

La loi du contrat d'abord, qu'elle a mal qualifié ;

Le traité de Cambrai ensuite, traité auquel se référait le contrat du 11 avril 1529, et qui reconnaissait au roi de France un droit de rachat perpétuel que l'arrêt lui dénie ;

Enfin la loi d'inaliénabilité du domaine de la couronne, loi qui reste intacte en reconnaissant un échange dans le contrat du 11 avril, puisque dans les principes du droit domanial et à cause de la règle *subrogatum capit naturam subrogati* l'échange n'était pas considéré comme une aliénation ; loi outrageusement méconnue, au contraire, dès que l'on suppose, comme le fait l'arrêt, que l'acte du 11 avril a eu pour objet de déposséder le roi de France du droit de rachat qu'il s'était réservé, ou, en d'autres termes, de faire donation à Mme de la Roche-sur-Yon de moitié des sei-

cette nature qui sont faits *but à but et sans soulte*, suivant l'expression des coutumes.

gneuries d'Auge et Mortain ou de moitié des seigneuries de Leuze et Condé.

Maintes fois la Cour suprême a décidé que les juges du fait ne pouvaient, sous prétexte d'interprétation des clauses des actes, leur donner un sens, d'après lequel ils porteraient atteinte à l'inaliénabilité du domaine de la couronne, cette *loi fondamentale* de l'ancienne monarchie.

C'est ce qu'elle a décidé notamment par son arrêt du 11 juillet 1842, arrêt remarquable, en outre, et directement applicable par analogie à notre espèce, en ce qu'il prend en grande considération, pour annuler l'arrêt de la cour de Nancy du 25 avril 1839, *la qualification donnée par le contrat lui-même à la concession dont il s'agissait.*

De même, la Cour suprême prendra en grande considération, nous n'en doutons pas, pour annuler l'arrêt de la cour de Douai du 16 juillet 1849 la *qualification* donnée au contrat du 11 avril 1529, tant dans l'acte lui-même que dans les procurations qui y sont annexées et auxquelles il se réfère. Elle prendra en grande considération aussi cette même *qualification* reproduite, non-seulement dans les actes passés avec d'autres que Mme de la Roche-sur-Yon, par les mêmes mandataires du roi, dans les mêmes circonstances, et *en vertu de la même procuration*, mais encore dans les actes qui ont ou exécuté ou confirmé celui du 11 avril, en 1530, 1548, 1566, 1567, 1568 et 1570.

La Cour de cassation dira avec un ancien jurisconsulte : *Breviter et resolutive dico quod si partes expresse dicunt quod sit contractus venditionis erit venditio; si vero dicunt quod sit permutatio erit permutatio.*

Avec le même jurisconsulte elle suivra la doctrine des lois romaines *quibus probatur, quod ille contractus erit judicandus, quem verba partium demonstrant.*

La Cour de cassation reconnaîtra que la cour de Douai a

dénaturé un acte, comme disait l'arrêt du 12 frimaire an v;

Qu'elle a surtout *mal déterminé sa nature et son essence,* comme s'exprimait l'arrêt du 22 juin 1812;

Qu'elle a, suivant les termes de l'arrêt solennel du 26 juillet 1823, donné à un contrat *une fausse qualification;*

Qu'elle a, comme disait l'arrêt du 5 mai 1835, méconnu *le caractère de ce contrat dans ses rapports avec la loi qui le qualifie et qui en assure la validité;*

Qu'elle a, lorsqu'il s'agissait d'un échange, inventé *un acte différent de celui caractérisé par la loi,* ce que défendait, sous peine de cassation, l'arrêt du 15 juillet de la même année;

Qu'elle n'a pas tenu compte, comme le prescrivait l'arrêt du 22 juin 1841, *des conditions légales auxquelles on pouvait reconnaître le caractère* du contrat qu'elle avait à apprécier;

Qu'elle a très-mal discerné *les éléments constitutifs* de ce contrat, contrairement à ce qu'exigeait l'arrêt du 24 avril 1844;

Qu'elle *l'a placé dans une classe à laquelle il était étranger sous prétexte d'interprétation,* ce que défendait impérieusement l'arrêt du 4 juin 1849.

Et, conformément à une règle qu'elle a toujours suivie, à des principes dont elle n'a jamais dévié, à l'intérêt de la loi dont elle s'est toujours montrée la gardienne vigilante, à l'intérêt de la jurisprudence dont elle a pour mission de sauvegarder l'unité, la Cour régulatrice proclamera encore bien haut, cette fois, comme elle le faisait l'année dernière, *qu'il ne peut appartenir à une cour d'appel de modifier arbitrairement un contrat, d'en changer la nature ou l'essence,* DE LUI DONNER UNE FAUSSE QUALIFICATION, *pour le placer dans une classe à laquelle il serait étranger, ou* POUR L'AFFRANCHIR DES RÈGLES QUI DOIVENT LE RÉGIR, *ou pour le soumettre à des règles qui ne lui sont pas applicables.*

II.

Nous avons démontré que le roi de France était devenu, en 1529, propriétaire de Leuze et Condé, propriété qui se réduisait à un droit de rachat par suite de l'engagement de ces seigneuries à Charles-Quint.

Mais ce droit qu'on ne peut plus sérieusement contester, l'a-t-il, lui ou ses successeurs, conservé jusqu'en 1749, époque de l'acte de concession sur l'interprétation duquel roule le procès? Ou bien, au contraire, l'a-t-il perdu?

Suivant nous il l'a conservé; suivant l'arrêt de la cour de Douai il l'aurait perdu.

Cette opinion comment la cour de Douai la justifie-t-elle?

Fait prisonnier en 1557, le duc de Montpensier, pour payer sa rançon, aurait exercé sur M. de Roghendorff, cessionnaire de Charles-Quint, le retrait de la terre de Condé. Ce retrait aurait été suivi le même jour, 5 août 1558, d'une vente faite par M. de Montpensier à M. de Mansfeld, suivie elle-même, toujours dans la même journée, d'une donation de M. de Mansfeld à M. de Lalain. Depuis, et par suite de cette transmission de la seigneurie du château de Condé, cette terre serait restée dans la possession des de Lalain ou de leurs successeurs à titre universel, les de Croy. Or, comme Condé n'a été réuni à la France qu'en 1678, par le traité de Nimègue, comme d'un autre côté le privilége de l'imprescriptibilité attribué au domaine de la couronne de France n'était pas admis dans le Hainaut, comme aussi dans cette province la faculté de rachat conventionnel se prescrivait par trente ans, il en résulte que si le rachat exercé en 1558 ne prouve pas l'abandon de ce droit par le roi en 1529, il crée du moins pour les de Lalain une possession qui, en se prolongeant pendant le temps requis pour prescrire, a dû infailliblement aboutir à la propriété près d'un siècle avant la réunion de Condé à la France.

Telle est, en somme, et sans l'affaiblir, l'argumentation de l'arrêt.

Nous la trouvons vulnérable en plus d'un point.

Et d'abord nous devons faire justice du parti que l'on veut tirer du rachat de 1558 au profit de l'interprétation qu'on donne au contrat de 1529.

Le duc de Montpensier a exercé le droit de rachat en 1558, donc il lui a été conféré en 1529. Voilà l'objection.

Nous répondons : Le droit de rachat n'a pas été, n'a pas pu être conféré au duc de Montpensier en 1529, donc il n'a pas pu l'exercer en 1558.

Mais, poursuit-on, si le rachat n'appartenait pas à M. de Montpensier, et si, comme cela est incontestable, il était onéreux à M. de Roghendorff, comment celui-ci l'a-t-il subi sans contradiction ?

Nous nous engageons à prouver bientôt que dans le système de la prescriptibilité du droit de rachat, ce serait son exercice par M. de Montpensier, sans contradiction de la part de M. de Roghendorff, qui serait inexplicable ; mais nous avons hâte de dire notre pensée sur ce rachat de 1558.

Si nous nous bornions à énoncer qu'il nous est suspect, nous mentirions, car nous sommes profondément convaincu qu'il n'a pas eu lieu, ou que du moins telle n'a pas été la cause de l'acquisition de la seigneurie gagère par les de Lalain.

Présomptions morales, preuves matérielles, témoignages historiques, aveux d'autant plus précieux qu'ils sont spontanés, documents juridiques et autres dont l'authenticité n'est pas contestable et dont la portée n'est pas douteuse, tout concourt pour fortifier cette conviction, tout concourt pour reléguer au rang des fables ce prétendu rachat de 1558.

Qu'après avoir fait déclarer définitif en 1548 l'*échange* de 1529, le duc de Montpensier se soit momentanément mépris sur le caractère et sur les conséquences légales de cette déclaration, c'est ce qui n'est pas absolument impossible ; qu'il ait voulu, pour faire cesser une captivité de onze mois qui lui devenait trop lourde, user de ressources qu'il savait ne pas lui appartenir, c'est ce qu'il répugnerait bien plus d'admettre ; mais ce qu'on ne peut pas croire surtout, ce qui est moralement impossible, c'est que ce prince, auquel l'histoire attribue un caractère élevé, de la droiture, de la franchise, ait, après le rachat de 1558, eu l'impudence de revendiquer ses droits d'*échangiste* dans ses requêtes de 1566, 1567, 1568 et 1570 ; qu'il ait eu l'effronterie de dire, comme un stellionataire sans vergogne, que les terres d'Auge et Mortain « lui appartiennent en toute propriété *par le moyen dudit* ÉCHANGE, *comme faisoient lesdites terres de Leuze et Condé,* AUPARAVANT ICELUY. » Non, si le rachat de 1558 eût été fait et maintenu jusqu'en 1566, à cette dernière époque le duc de Montpensier n'eût pas tenu un tel langage. S'il l'a tenu c'est que ce retrait n'a pas eu lieu ou qu'on s'en est départi.

Aux présomptions morales vient se joindre la présomption tirée de la lacune qui se trouve dans la production qu'on fait des actes de 1558.

La compagnie d'Anzin ne produit pas plus, en effet, l'acte de vente de M. de Montpensier à M. de Mansfeld, qu'elle ne produit l'acte d'engagement de Mme de la Roche-sur-Yon à Charles-Quint, et l'une de ces abstentions n'est pas moins significative que l'autre.

Au lieu de l'acte de vente, en effet, la compagnie d'Anzin produit *une lettre de garant*.

Qu'est-ce à dire! Pourquoi cette garantie donnée en dehors d'un acte avec lequel elle devrait faire corps, si tant est qu'elle y fût nécessaire, si tant est qu'en y étant insérée elle ne trahirait pas déjà l'incertitude de la réalité du droit transmis?

Est-ce que par hasard en Hainaut, le vendeur n'était pas tenu de garantir l'acheteur de l'éviction? La lettre de garant dit elle-même le contraire.

Est-ce que dans les autres parties des Pays-Bas la jurisprudence, sur ce point, était autre qu'en Hainaut? Non; Sohet, de Ghewiet et M. Britz nous affirment qu'il n'en était pas ainsi; ils nous affirment qu'en Belgique, comme en France, comme partout, la vente entraînait pour le vendeur la garantie en cas d'éviction.

La lettre de garant de 1558 est donc un témoin irrécusable des doutes qu'avaient les parties contractantes sur la légalité des actes auxquels elles concouraient, doutes qui se seront transformés en certitude lorsque, d'une part, M. de Montpensier, de retour en France, aura pu s'éclairer sur la réaction que l'abandon des droits qu'il n'avait pas sur Leuze et Condé pouvait avoir sur les droits qu'il avait régulièrement acquis sur Auge et Mortain; et lorsque, d'autre part, M. de Roghendorff, alors en Turquie, aura pu faire connaître à M. d'Eytzing, son beau-frère, combien légèrement il avait permis un retrait que celui qui l'exerçait n'avait pas qualité pour faire.

Que se sera-t-il passé alors? Ceci sans nul doute. A un acte qu'on ne pouvait pas faire et qu'on avait fait on aura substitué un acte qu'on pouvait faire et qu'on n'avait pas fait. M. de Lalain sera resté en possession de Condé, non comme propriétaire, mais comme engagiste. Au lieu d'une propriété incommutable, il aura acquis une propriété résoluble. Cette propriété lui aura été transmise par M. de Roghendorff ou son représentant, et M. de Montpensier, de son côté, aura payé sa rançon en écus, au lieu de la payer en immeubles.

Que les choses se soient ainsi passées, c'est ce que démontrent de nombreux documents.

Des actes de relief ont lieu à l'égard de la seigneurie du château, ceux notamment qui portent les dates des 25 octobre 1593 et 8 janvier 1671. Eh bien! dans ces actes, il n'est pas dit un mot de cette transmission de propriété opérée par le retrait du duc de Montpensier; ils mentionnent l'engagement sans mentionner le rachat, et ils font dériver la possession de la famille de Lalain du transport fait par l'empereur à M. de Roghendorff, c'est-à-dire de la cession, non du droit de propriété, mais du droit de gage.

Cette transmission directe de M. de Roghendorff aux de Lalain est constatée aussi dans l'*histoire* manuscrite *de Condé*, qui se trouve dans la bibliothèque publique de Valenciennes, et qui fut écrite par M. de Croy, ou sous son inspiration pendant les années 1737 et suivantes. On y lit, p. 128 et 129 :

« Christophe de Roghendorff, fils de Guillaume et d'Isabeau de la Hamayde, fut seigneur à Condé en 1537, et fit faire le feuillis de Condé et l'hermitage dans le bois; il vendit les terres et seigneurie de Condé à Charles II, comte de Lalain, marié à Marie de Montmorency en deuxième noce, en l'an 1559. »

Dans le registre des fiefs et arrière-fiefs de Hainaut, des années 1564 et 1573, on constate aussi que les de Lalain ont acquis de M. de Roghendorff (ou de M. d'Eytzing, son représentant) la seigneurie gagère. Seulement il paraîtrait que cette acquisition ne fut pas faite par Charles de Lalain, mais par Marie de Montmorency sa veuve (voy. n° 38 et ci-dessus, p. 167).

Dans une sentence rendue par le conseil privé de Philippe II, à la date du 23 décembre 1559 (voy. n° 16, p. 225), on dit que M. de Roghendorff avait *la jouissance de la terre et seigneurie de Condé* PAR LUI ACQUISE EN GAIGIÈRE, et que *le feu comte de Lalain* AVAIT ACHAPTÉ LE DROIT DE LADITE GAIGIÈRE [1].

Un autre document plus décisif encore, s'il se peut, et dont l'arrêt de la cour de Douai n'a pas non plus voulu tenir compte, c'est la sentence rendue par le conseil privé de Philippe II, à la requête de M. d'Eytzing, tendant à la création d'un bailli portatif devant qui il ferait les transport et œuvres de loi *pour et au regard des seigneuries d'une portion de Condé et de Fresnes*. Cette sentence (voy. n° 17) porte la date du 31 janvier 1559, ancien style, ou 1560, nouveau style (voy. n° 17 *bis*); or comment concilier cette requête et cette sentence avec l'exercice du droit de rachat accepté comme constant par l'arrêt? Suivant l'arrêt, M. d'Eytzing se serait déshérité de la seigneurie gagère dès le 5 août 1558. Suivant la requête et la sentence, il n'en était pas encore adhérité dix-huit mois après, il demandait à l'être.

L'arrêt de la cour de Douai suppose, il est vrai, ou que cette requête se référait non à la seigneurie gagère, mais à la seigneurie propriétaire, ou qu'elle avait pour objet l'acquêt fait en remploi des deniers du rachat, et qui devait tenir la même nature et condition que la terre rachetée.

---

[1] L'argument que l'arrêt de la cour de Douai tire de ce document (voy. ci-dessus, p. 27) se réduit à ceci, que la seigneurie gagère avait été transmise, puisque la comtesse de Roghendorff exerçait sur les deniers provenant de cette transmission les droits que lui attribuait son contrat de mariage. Mais n'importe à quel titre cette transmission aurait eu lieu, ces droits devaient être exercés. Tout se réduit donc à savoir si elle fut le résultat de l'exercice d'un droit de rachat, comme le suppose l'arrêt, ou si au contraire elle fut le résultat de la *vente de la gaigière*, comme le dit positivement la sentence du conseil privé.

Mais ni l'une ni l'autre de ces suppositions n'est admissible.

La première, parce que l'acquisition de la seigneurie propriétaire par la famille de Lalain est, comme l'arrêt le constate lui-même, du 23 novembre 1559[1], et par conséquent antérieure à la demande d'adhéritement dont il s'agit ici (voy. n° 17 précité).

La seconde, parce qu'il résulte de la sentence : 1° que la contradiction du droit de M. d'Eytzing ne vient pas de Mme de Roghendorff, mais des créanciers de son mari ; 2° qu'il ne s'agit pas de l'exécution du contrat de mariage de cette dame, puisque les droits qui en dérivaient ne portaient que sur la seigneurie gagère de Condé, et non sur *la seigneurie de Fresnes ;* 3° enfin, et cela seul suffirait, que l'adhéritance réclamée par M. d'Eytzing, ce n'est pas celle de terres innommées acquises en remploi, mais spécialement et nominativement celle d'une partie de Condé et de Fresnes.

Des divers documents qui précèdent, il résulte non-seulement que la transmission de la seigneurie gagère aux de Lalain a été faite directement par M. de Roghendorff, mais encore qu'elle est postérieure à l'année 1558, époque assignée au rachat de M. de Montpensier par l'arrêt.

C'est ce qui résulte encore d'un autre document visé dans ce même arrêt. Nous parlons « d'un extrait de l'Atlas de Condé, reposant au ministère de la guerre, dans les archives du dépôt général des fortifications (année 1778), où il est dit, à la page 103, que le duc de Croy, gouverneur de Condé et seigneur des deux fiefs (la seigneurie proprié-

---

[1] Cette date est celle de la réalisation par œuvres de loi, car le contrat d'acquisition remonte au 1er août 1559 (voy. le rapport de M. Garnier, p. 136) ; il a par conséquent précédé de six mois la sentence dont nous nous occupons.

taire et la seigneurie gagère) *réunis en* 1560, est haut justicier de Condé, et nomme les officiers du bailliage et le Magistrat. »

La même date de 1560 est assignée à la réunion des deux fiefs dans la légende d'un plan provenant des archives de la maison de Croy, et dont, devant le conseil d'État, copie a été présentée sur la demande du ministre des travaux publics, par les officiers du génie de la direction de Lille et de la place de Condé.

Cette légende est ainsi libellée [1] :

« Condé, ville sur l'Escaut et sur la Haine, bien située pour en faire une place forte, pouvant inonder trois mille bonniers de prairies, *ayant un fief à Sa Majesté* de tout ce qui est peint en bleu, *avec tous les droits honorifiques, en gage de rachat, de l'an* 1560. Ce qui est peint en rouge est *l'autre fief foncier* (la seigneurie propriétaire) venant de Robert de Condé, et depuis à ses descendants, est possédé par le seigneur Charles comte de Lalain, *possesseur actuel de ces deux fiefs en* 1560. »

Cette date de 1560 est aussi celle qu'assignent à la réunion des deux fiefs les éditions successives du *Calendrier général du gouvernement de la Flandre, du Hainaut et du Cambrésis*, publiées jusqu'en 1778 inclusivement [2].

Aubert Le Mire et Foppens (si compétents en matière d'antiquités belges) adoptent aussi cette date de 1560 comme celle de la réunion des deux fiefs [3], et ainsi font

---

[1] Voy. le rapport de M. Garnier, inspecteur général et membre du conseil des mines, p. 137.

[2] Nous citerons spécialement, parce que nous les avons eus un moment sous les yeux, le Calendrier de 1764, p. 181; celui de 1769, p. 213; celui de 1770, p. 188; celui de 1771, p. 196; celui de 1777, p. 250 et celui de 1778, p. 196. Les Calendriers des années suivantes ne reproduisent plus cette indication.

[3] *Miræi opera diplomatica et historica;* ed. Foppens, t. II, p. 726.

aussi Vinchant et Rutau dans leurs *Annales de la province et comté d'Hainaut*, p. 219.

Après des renseignements aussi précis et aussi décisifs, il nous importerait peu de savoir comment la rançon de M. de Montpensier a été payée. Elle ne l'a pas été par le retrait de Condé, qui n'est pas arrivé aux de Lalain par lui, mais par M. de Roghendorff; cela résulte des documents qui précèdent, et cela, sans contredit, nous suffirait; mais surabondamment il nous est facile de prouver que la rançon du duc a été payée en écus.

Pour faire cette preuve, nous invoquerons un témoignage irrécusable.

Il existe une biographie du duc de Montpensier qui mérite toute confiance pour les détails qu'elle contient, son auteur, Nicolas Coustureau, seigneur de la Jaille, n'y ayant rien inséré que ce qu'il avait vu et ce qu'il était en position de bien voir, puisqu'il était intendant général de la maison du duc.

Dans cette biographie (p. 71), on explique comment le duc de Montpensier est devenu propriétaire d'Auge et Mortain « qu'il tient dudit feu roi François I*er* *en échange* et récompense *des terres de Leuze et de Condé* en Hainaut, lesquelles Sa Majesté avait prises et *baillées à l'empereur* pour partie de sa rançon. » Dans cette même histoire, l'auteur fait connaître (p. 5) comment le duc de Montpensier fut fait prisonnier à la bataille de Saint-Quentin, après avoir vaillamment combattu (voy. n° 39); il dit ensuite combien dura et comment cessa sa captivité : « Ledit seigneur demeura onze mois prisonnier, au bout desquels il fut délivré *moyennant soixante-dix mille écus, qu'il paya* tant pour sa rançon que pour les frais de prison. »

Si, au lieu de tout ou partie de ces soixante-dix mille écus, le duc de Montpensier eût payé sa rançon en immeubles retraits, à coup sûr son intendant n'eût pas manqué de le savoir et de le dire. On n'eût pas manqué non plus de le savoir et de le dire dans le conseil du duc d'Orléans lorsqu'on examina, en 1743, si le droit de rachat stipulé en 1529 appartenait encore à ce prince. Au lieu des longs raisonnements du rapporteur pour établir la négative (voy. n° 23), il lui eût suffi de dire : Le rachat qu'on propose au duc d'Orléans, il ne peut pas l'exercer, par la raison fort simple que son auteur l'a exercé lui-même. Et qu'on ne dise pas qu'on avait perdu de vue ce rachat fait depuis si longtemps, car le mémoire de M. Taffin, qui donna lieu au rapport ci-dessus mentionné, mettait sur la trace de ce rachat, en ce sens qu'il le signalait comme ayant été projeté, sinon effectué : « Il est vrai, disait-il, qu'il paraît que M. le duc de Montpensier a eu dessein de céder la faculté de rémérer; M*mes* Suzanne et Louise de Bourbon, sa mère et sa sœur, y ont consenti, mais les deux brevets par lesquels elles ont donné leur consentement se trouvent existants sur parchemin et en originaux sans avoir été délivrés, ce qui est une preuve que ce dessein n'a pas eu son exécution; aussi n'a-t-on pu trouver aucune cession, quelques perquisitions qu'on ait pu faire à Mons et à Bruxelles, où elle aurait été passée. »

Ainsi donc, ce n'est pas avec des biens qui ne lui appartenaient pas, c'est avec ses propres deniers que M. le duc de Montpensier a soldé sa rançon. Mais le roi Henri II l'indemnisa d'ailleurs de la majeure partie des sacrifices qu'il avait faits à son service. Il lui fit don, en effet, *pour aucunes bonnes justes causes et considérations à ce mouvant* de cinquante mille écus d'or, donation que, de l'avis de son conseil, Charles IX confirma par ses lettres patentes du 26 juin 1561, ayant égard *à la grande dépense* du duc de Montpensier *au fait des guerres*. Le chiffre de ce don est d'ailleurs remarquable en ce qu'il concorde exactement avec le bénéfice que, dans le système de l'arrêt, le retrait des terres de Leuze et de Condé eût dû produire.

Ainsi donc, jusque dans les moindres détails, tout s'accorde pour ruiner ce système et pour prouver qu'il ne repose *en fait* que sur des données qui sont contredites par d'autres plus sûres auxquelles s'attachent des conséquences inconciliables avec ce système.

Mais nous n'oublions pas que nous ne sommes plus devant les juges du fait, et que l'erreur de ceux-ci à cet égard échappe à la cassation.

Prouvons donc qu'ils n'ont pas seulement mal jugé, mais qu'ils ont violé la loi.

En admettant comme constant le stellionat que l'arrêt attaqué impute implicitement au duc de Montpensier, le roi de France aurait-il pu perdre le bénéfice de l'échange effectué en 1529 et du droit de rachat stipulé dans le traité de Cambrai?

Non; et cela par plusieurs raisons également juridiques, également décisives.

Celle-ci d'abord :

Sous l'empire de l'article 2238 du Code civil, les détenteurs à titre précaire peuvent prescrire, si le titre de leur possession est interverti, et cette interversion résulte *soit* du fait d'un tiers, *soit* de la contradiction qu'ils ont opposée au droit du propriétaire.

Mais les principes de l'ancien droit en matière d'interversion de titre étaient plus rigoureux. Ils n'admettaient pas qu'une possession efficace pût exister à l'insu du propriétaire. Ils n'admettaient pas qu'il pût perdre son droit sans son assentiment, du moins tacite : *sciente, volente*. Ils exigeaient en conséquence impérieusement que ce droit fût *contredit* pour qu'il pût être entamé.

C'est ce que nous atteste, dès le xive siècle, l'auteur du *Livre de justice et de plet.*

C'est ce que nous attestent plus tard un grand nombre d'auteurs, et notamment Coquille, Brunnemann et Dunod.

On trouve de fréquentes applications de cette règle dans les écrits des jurisconsultes et dans les textes de nos coutumes.

On en trouve aussi un exemple célèbre sous le régime de la féodalité.

Sous ce régime, nulle maxime n'était plus répandue et plus respectée que celle-ci : « De vassal à seigneur la prescription n'a lieu. » Et cependant cette maxime fléchissait en cas de contradiction du titre du seigneur par le vassal.

Et d'où dérivait cette règle, d'où provenait cette exception ?

Les feudistes nous le disent.

La règle dérivait de ce que le vassal *possédant pour le seigneur, sa possession était censée conforme à son titre*, et par conséquent *précaire.*

L'exception provenait de ce que, dans le cas supposé, le vassal ne possédait plus comme vassal, mais comme seigneur; que par conséquent on ne pouvait plus lui croire une intention conforme à son titre, que c'était dès lors au seigneur à contredire à son tour cette transformation de la tenure féodale ou censuelle en tenure allodiale.

Ces règles étaient suivies dans le Hainaut, comme le témoignent les articles 8 du chapitre cvii et 13 du chapitre viii des Chartes générales.

Le premier de ces articles se contentait de dire : « L'héritier ayant été exempt de payer dixmes par l'espace de trente ans routiers (c'est-à-dire consécutifs), prenant le profit de ses héritages, en devra demeurer quitte, et pour terrage après vingt-un ans. »

Mais l'article 13 du chapitre VIII prenait soin d'expliquer que la prescription du possesseur ne pouvait commencer que du jour où le droit du propriétaire avait été contredit. « Héritages sujets à dixmes, disait-il, n'en seront exempts, n'est que les possesseurs d'iceux fassent apparoir d'affranchissement, ou qu'ils aient été en possession paisible de rien payer par le terme de trente ans, pour avoir acquis droit de prescription, *à commencer du jour du contredit et refus,* et ce pour dixme ecclésiastique, et quant aux laycales ne sera besoin que de vingt-un ans *depuis semblable refus.* »

Dumées, en citant ces articles dans la *Jurisprudence du Hainaut français,* y ajoutait les réflexions suivantes qui sont en parfaite harmonie avec la doctrine des feudistes précités.

« La prescription est fondée sur la possession ; ainsi pour pouvoir acquérir par la prescription la liberté d'une chose, il faut être en possession de cette liberté : or, celui qui ne paye point la dixme ou le terrage n'est point censé être en possession de la liberté et de l'exemption de ces deux redevances, à moins que lui ou ses auteurs aient fait refus d'y satisfaire ; ce refus opère ensuite une espèce de prise de possession de la liberté, qui opère ensuite la prescription.

« On peut appliquer les mêmes principes aux rentes foncières d'arrentement et aux rentes constituées à prix d'argent, qui passent communément pour imprescriptibles : il ne suffit pas d'alléguer qu'on n'a pas payé une rente depuis vingt-un ans à l'effet de pouvoir en prescrire l'exemption, *il faut* en outre *justifier que cette possession a pris sa source dans le refus de payer la rente.* »

Boulé, dans son *Institution au droit coutumier du Hainaut,* mettait sur la même ligne à cet égard, et avec raison, le preneur à bail et le preneur à cens.

« Je suis d'opinion, disait-il, que les possesseurs de biens à titre de mainferme ou d'emphytéose, peuvent se servir de la prescription, pourvu toutefois qu'ils changent de titre et de cause de leur possession, comme si le seigneur direct ayant prétendu cens et rentes et droits de lods et ventes, aux mutations, *tout cela lui auroit été constamment* DÉNIÉ *par le possesseur* et qu'iceluy auroit persisté dans ses liberté et exemption par un temps suffisant pour prescrire. »

Or, si ces principes sont vrais, s'il est vrai que sous l'ancien droit l'interversion du titre ne pouvait avoir lieu à l'insu du propriétaire et sans que son droit n'eût été contredit, s'il est vrai qu'aujourd'hui même on exige que la possession qui suit l'interversion du titre *signale une prétention éclatante à la propriété*[1], il est évident dès lors, que ni M. de Montpensier, ni M. de Mansfeld, ni M. de Lalain, n'ont pu acquérir par prescription la propriété de la seigneurie gagère, car on ne prouve pas, on n'allègue même pas qu'ils aient contredit le droit de rachat perpétuel que le roi s'était réservé; on n'allègue pas non plus que le prétendu retrait du duc de Montpensier fût n'importe à quelle date, parvenu à la connaissance du roi. Au contraire, loin que le roi se désiste tacitement de son droit, il le revendique implicitement dans ses lettres patentes de 1566, 1567, 1568 et 1570, toutes postérieures au prétendu rachat de 1558, et loin que le duc de Montpensier contredise le droit du roi, il le reconnaît et le confirme en termes on ne peut plus clairs dans les requêtes qu'il présente à ces différentes époques.

Ici se représente cependant une objection proposée par l'arrêt du 16 juillet 1849 et que nous tenons à ne pas laisser en arrière [2].

---

[1] Voy. M. Troplong sur l'article 2229, n° 508.
[2] Comme exceptionnellement nous intervertissons ici l'ordre de la con-

Nous avons mis à l'écart tous les actes, tous les certificats, en un mot, tous les documents à l'aide desquels cet arrêt prouve qu'en 1749 M. de Croy exerçait la haute justice sur tout le territoire de Condé. Nous les avons mis à l'écart, parce qu'ils étaient sans portée aucune, puisque la dénégation de la compagnie de Thivencelles ne portait pas et n'avait jamais porté sur l'exercice de la haute justice, et qu'il était constant que l'engagement de 1529 comprenait avec le fief la haute justice de Condé. Enfin, nous les avons mis à l'écart, parce que la seule question du procès est celle de savoir, *non qui exerçait,* mais qui *avait* la haute justice de Condé en 1749, en un mot, qui en était *propriétaire.*

Mais, si nous n'avons pas tenu compte de ces documents au point de vue de l'exercice du droit, nous devons en tenir compte au point de vue de la reconnaissance qui aurait été faite par le roi d'un droit autre que celui qu'aurait donné un titre légitime, mais précaire. Nous ne pouvons donc laisser passer sans réfutation les considérants de l'arrêt où il est dit, « qu'Emmanuel de Croy se prévalut de sa qualité de seigneur haut justicier vis-à-vis du roi lui-même, ainsi qu'on le voit notamment dans sa requête, sur laquelle a été rendu l'arrêt du conseil du 20 mars 1704, relatif au partage de la forêt de Condé, et dans la requête sur laquelle est intervenu l'arrêt du conseil qui lui accorda la permission qu'il sollicitait en qualité de seigneur haut justicier, de faire fouiller et exploiter, exclusivement à toutes personnes, les mines de charbon de terre qui étaient alors ou qui pourraient être découvertes par la suite dans l'étendue de ses terres de Condé et de Vieux-Condé; — que ces arrêts du conseil ont

sultation qui précède, nous croyons devoir y renvoyer (voy. p. 333 et suiv.).

été rendus sans aucune protestation contre la qualité prise par Emmanuel de Croy. »

Ces considérants provoquent plus d'une réponse.

Disons d'abord que l'on n'est pas disposé à admettre que, suivant la prétention de la compagnie d'Anzin, tout le territoire de la commune de Condé a été l'objet de la concession accordée par l'arrêt du conseil du 14 octobre 1749, soit que l'on consulte les faits, soit que l'on consulte les documents produits par la compagnie d'Anzin elle-même à d'autres époques, soit que l'on consulte les termes de l'arrêt de 1749, soit enfin que l'on rapproche les termes de cet arrêt de ceux d'autres arrêts de concessions accordées dans le Hainaut ou ailleurs, à d'autres pétitionnaires, ou à M. de Croy lui-même.

Si l'on consulte les faits, on voit qu'après la conquête ratifiée par le traité de Nimègue ce fut le roi qui nomma le Magistrat[1] de Condé. C'est ce que nous attestent dans leurs grands dictionnaires géographiques Expilly et Bruzen de la Martinière, v° *Condé*; et ce n'est qu'en 1763 que le Calendrier précité indique pour la première fois que M. de Croy est en possession de nommer les officiers du Magistrat de Condé comme ceux du bailliage.

D'un autre côté, dans la nomenclature des villes et villages régis par la coutume de Valenciennes de 1619, et dont la liste dressée par Henri Leboucq se trouve en tête de la

---

[1] Il ne faut pas confondre le Magistrat de Condé avec le bailliage. Le Magistrat était composé des officiers municipaux (le mayeur et les échevins); il avait l'administration de la police de la ville et de ses dépendances, et il connaissait, tant au pétitoire qu'au possessoire, de tous procès relatifs à des mainfermes sises dans l'étendue de l'échevinage, sous la charge qu'il prenait par enquête des prévôt, jurés et échevins de Valenciennes.

Ces renseignements, qui se trouvent dans le Calendrier précité des années 1780 et suivantes, sont pleinement confirmés par ce que dit Dumées dans son *Traité des juridictions*, p. 12, art. 5.

plupart des éditions de cette coutume¹, on voit figurer la *seigneurie de la teneur Nostre Dame appartenant au roi à Condé*. Or, comme le roi ne pouvait être soumis à la mouvance et bien moins encore à la justice d'un de ses sujets, cette possession d'une seigneurie par le roi dans le territoire de Condé suffirait à elle seule pour prouver que tout ce territoire n'était pas soumis à la haute justice de la famille de Croy².

On a voulu, il est vrai, faire de cette seigneurie nous ne savons quel être de raison insaisissable dont l'existence ne se fût révélée que par la collation des canonicats et prébendes de la collégiale de Condé³.

Mais cette explication rencontre deux difficultés insurmontables.

La première vient de ce qu'elle transforme une seigneurie en *fief en l'air*, comme on disait jadis⁴. Or, une seigneurie de cette espèce était chose inouïe sous le régime de la féodalité. Régulièrement on n'attribuait cette qualification de seigneurie qu'à un fief auquel une haute justice était attachée. « Bref, disait Loyseau⁵, la seigneurie est composée du fief, pris *active*, et de la justice, comme l'homme est composé de l'âme et du corps, et comme toute chose l'est de la forme et de la matière. Le fief est la matière, et la justice est la forme qui anime et donne l'être au corps de la seigneurie. » Abusivement et dans un sens plus restreint on donnait parfois le titre de seigneur soit au propriétaire de la

---

¹ Voy. Bourdot de Richebourg, t. II, p. 262.

² La même observation s'applique au bois du roi, qui ne fut acquis par M. de Croy qu'en 1758, mais dont nous aurons bientôt à nous occuper spécialement.

³ Voy. la consultation de M. Vivien du 23 décembre 1843, p. 46.

⁴ On appelait *fiefs en l'air* ceux qui n'avaient aucun fonds pour assiette, mais qui consistaient uniquement en mouvances et en censives.

⁵ *Des Seigneuries*, ch. IV, nº 17.

terre (*dominus*), soit à celui qui en avait la mouvance ou la directe, soit à celui qui en avait la justice, mais encore une fois une seigneurie sans glèbe, sans mouvance, sans directe et sans justice eût été considérée comme un être monstrueux et purement imaginaire.

En second lieu, cette réduction de la seigneurie de Notre-Dame à un fantôme impalpable est une idée que repoussent deux témoignages décisifs dans l'espèce : celui de M. de Croy lui-même et celui de Broudehou, dont M. de Croy fit transcrire en entier l'ouvrage qu'il qualifie d'excellent, de très-précieux. De ce que disent l'un et l'autre il résulte que la seigneurie Notre-Dame était importante, peuplée, pourvue d'une juridiction particulière et de priviléges considérables, dont elle n'aurait eu que faire si elle n'avait consisté comme on le prétend qu'en *un fief en l'air*[1].

Un autre fait ne s'expliquerait pas mieux dans le système que nous combattons.

Nous voulons parler des droits de *tonlieu* que le roi possédait à Condé en 1702 (voy. pièce n° 20), droits qui figuraient en Hainaut parmi les attributs de la haute justice d'après l'article 1 du chapitre cxxx des Chartes générales. Et, qu'on y prenne garde, en faisant cette remarque nous ne rétractons pas ce que nous avons reconnu (p. 472 et suiv.), à savoir que la justice de la seigneurie du château avait été engagée en 1529, car il suffit, pour faire disparaître toute apparence de contradiction, de rappeler en fait que les droits de tonlieu ne figuraient pas dans l'assiette du domaine engagé, et en droit que tout ce qui n'y figurait pas restait au roi, parce que, comme disait Loyseau, et après lui l'auteur de l'*Essai sur les apanages*, « en matière odieuse il n'y a au marché que ce qu'on y met. »

---

[1] Voy. ma seconde consultation, p. 208 et suiv.

Si l'on consulte des faits d'un autre ordre, on voit qu'à l'époque où M. de Croy présentait sa requête, il n'avait fait de travaux que sur la partie du territoire de Condé, qui ne fait pas l'objet du litige actuel. Il y a plus, jamais à aucune époque, la compagnie d'Anzin n'a fait acte, si timide, si équivoque qu'il soit, de propriété sur la portion du territoire de Condé qu'elle s'est avisée de revendiquer par son exploit du 21 avril 1843 [1].

Ainsi, les richesses considérables qu'elle avait en sa possession, elle les aurait dédaignées ou bien elle n'aurait songé à les dire siennes, qu'après qu'un territoire, stérile entre ses mains, aurait été fertilisé par les semailles et les labeurs d'autrui.

Le désintéressement de la compagnie d'Anzin n'est pas tel que la première hypothèse soit facilement admissible.

La seconde ne l'est qu'au point de vue de la convoitise; elle ne l'est pas au point de vue du droit.

En veut-on une preuve décisive? La voici.

En 1807 la compagnie d'Aniches demande la concession des terrains en contestation aujourd'hui. Les publications et les affiches prescrites par l'article 11 de la loi du 28 juillet 1791, sont faites au vu et au su de la compagnie d'Anzin, à la porte, pour ainsi dire, d'un de ses établissements principaux. Si elle a des droits elle va sans doute les faire valoir avec cette ardeur, cette âpreté qu'elle a toujours mises à défendre ses intérêts et à faire de son industrie un monopole. Eh bien non ; elle laisse passer les délais d'opposition sans agir, sans protester. Cette inertie, ce mutisme, c'est par l'absence de tout droit seulement qu'ils peuvent s'expliquer. Toutefois, après la découverte de 1843, cette conviction de

---

[1] Ses travaux les plus avancés sont encore à 1600 mètres de la route de Condé à Bonsecours, à 2000 mètres de la fosse du Coq et à 4000 mètres de celle de Macou.

l'absence de tout droit ne suffit plus pour la retenir, surexcité qu'est son appétit par l'approche d'une riche proie.

Mais poursuivons.

Si l'on consulte les documents administratifs de la compagnie d'Anzin qui ne sont pas restés secrets, on trouve parmi eux un plan daté du 24 thermidor an XIII, dressé par un agent de la compagnie pour l'un des principaux actionnaires, et qui attribue à la concession de 1749 précisément le périmètre que la compagnie de Thivencelles lui assigne maintenant.

Si l'on consulte les déclarations officielles faites par la compagnie d'Anzin en parfaite connaissance de cause, elles ne sont pas moins explicites, moins significatives; elles disent ce que le plan décrit; ainsi, mise en demeure, en vertu de la loi de 1791, par l'autorité locale de faire connaître la contenance et les limites de sa concession, que déclare cette compagnie? Que cette concession ne *contient qu'une lieue carrée environ,* et elle se fonde même sur l'exiguïté de cette contenance pour ne pas indiquer ses limites. Le directoire du département du Nord donne à cette déclaration la sanction administrative, et un arrêté du 6 prairial an IV attribue d'une manière officielle à la concession l'étendue d'une lieue carrée environ. Or, si l'on remarque d'un côté que cette contenance est précisément celle qu'aurait la concession d'Anzin dans le système de la compagnie de Thivencelles, et qu'elle serait de plus du double dans le système actuellement adopté par sa rivale; si d'un autre côté l'on remarque que la compagnie d'Anzin était sans intérêt à altérer la vérité dans sa déclaration de l'an IV, puisque dans aucun cas elle n'eût été soumise à une réduction, cette réduction ne devant, d'après la loi de 1791, s'appliquer qu'aux concessions dont le périmètre excéderait six lieues carrées; si, disons-nous, l'on fait ces observations et ces rapprochements, ne sera-t-on pas invinciblement porté à en induire que, pour savoir la vérité sur l'étendue de la concession de Condé, il ne faut pas consulter la compagnie d'Anzin en 1843; mais en l'an IV, et que la rétractation intéressée de son aveu ne le détruit pas?

Si l'on consulte l'acte de concession du 14 octobre 1749, on est frappé de cette désignation *au delà de l'Escaut*, qui ne se trouvait pas dans la requête de M. de Croy. Cette désignation avait paru tellement significative à la compagnie de Thivencelles, qu'elle croyait obtenir du conseil d'État qu'il délimitât conformément à ses conclusions, la concession de 1749, sans avoir besoin de recourir aux tribunaux pour vider la question de propriété de la haute justice de la seigneurie gagère. Suivant elle, ces mots, *au delà de l'Escaut* excluaient de la concession tous les terrains situés en amont de Condé, ou qui, par rapport au rédacteur de l'arrêt daté de Fontainebleau, se trouvaient placés, non pas *au delà de l'Escaut*, mais *au delà de la Haine*. Cette interprétation a paru trop subtile au conseil d'État, et il l'a repoussée; mais comme il a réservé aux tribunaux la solution des questions relatives à la propriété de la seigneurie gagère et du bois du roi, comme d'un autre côté le terrain dit les Audenardes, le bois du roi et la portion du territoire de Condé située au delà de la Haine faisaient partie de la seigneurie gagère, il en résulte que, par la solution donnée à la question relative à cette seigneurie, les tribunaux pourront, sans porter atteinte à la décision du conseil d'État, concilier les termes de l'arrêt de 1749 (qui ont été à coup sûr mûrement pesés) avec le principe autrefois si respecté, *concession sur concession ne vaut*, et avec le soin qu'on prenait jadis des forêts du roi, comme de « la plus noble, de la plus précieuse et la plus utile partie du domaine de la couronne[1]. »

---

[1] Voy. au reste ci-dessus, p. 337 et suiv.

Si d'ailleurs l'arrêt de 1749 avait porté sur tout le territoire de Condé, nul doute que cette circonscription si facile à préciser ne l'eût été en d'autres termes que ceux que l'arrêt a employés. Ainsi les concessions de Raismes, dans le Hainaut, de Saint-Aubin-de-Luigné, Chalonnes et Chaudefond en Anjou, de Saint-Georges, Chatelaison et Concourson dans la même province, reçoivent pour limites celles des *paroisses* mêmes des villages dont elles prennent les noms, et lorsqu'on accorde à M. de Croy, en 1751, la concession d'Hergnies dont il était seigneur, on lui permet « de faire fouiller et exploiter exclusivement à toutes personnes les mines de charbon de terre qu'il a découvertes et celles qu'il pourra découvrir par la suite dans *tout le territoire d'Hergnies*. On se fût exprimé de la même manière en 1749, si l'on eût voulu accorder à M. de Croy la concession de la totalité du territoire de Condé. Ces deux arrêts, rapprochés l'un de l'autre, s'éclairent mutuellement. L'arrêt de 1751 accorde la concession du *territoire d'un village*; celui de 1749 accorde la concession des *terres d'un seigneur,* mots différents, choses différentes. La question de droits antérieurs du requérant sur le terrain concédé est insignifiante lorsqu'il s'agit d'Hergnies; elle est capitale lorsqu'il s'agit de Condé. Là, le périmètre de la concession est déterminé par l'étendue d'une commune ou, si l'on veut, d'une paroisse; ici par l'étendue des *terres* d'une personne, c'est-à-dire, suivant le sens désormais fixé de ce mot, par l'étendue du territoire de la haute justice dont cette personne est *propriétaire*. Et voilà pourquoi précisément le conseil d'État, par son avis précité, a prononcé sur le territoire d'Hergnies (que d'ailleurs la compagnie de Thivencelles ne disputait pas à la compagnie d'Anzin), et qu'il a renvoyé devant le juge compétent l'examen de la question de savoir qui, en 1749, était propriétaire de la justice de Condé.

Ainsi donc, comme nous l'avons dit, l'on ne doit pas être disposé à admettre avec la compagnie d'Anzin que tout le territoire de la commune de Condé a été concédé à M. de Croy, soit qu'on consulte les faits, soit que l'on interroge les documents produits par la compagnie d'Anzin elle-même à d'autres époques, soit que l'on ait recours aux termes de l'arrêt de 1749, soit qu'on rapproche ces termes de ceux d'autres arrêts de concession, et notamment de ceux de l'arrêt de 1751, qui concerne aussi M de Croy.

Mais il ne nous convient pas de rester dans ces termes généraux. L'objection contenue dans le passage de l'arrêt de la cour de Douai précité, sollicite une réponse directe et plus précise. Nous allons la faire :

L'objection condensée se réduit à ceci : Dans les requêtes de 1704 et de 1749, M. de Croy prenait la qualité de seigneur haut justicier de Condé, et le roi ou son conseil ne protestait pas contre cette qualité, donc il la reconnaissait.

Nous nous occuperons spécialement de ce qui se passa en 1704, lorsque nous traiterons la question du bois du roi, et nous verrons alors que l'arrêt rendu à cette époque par le conseil dit tout le contraire de ce que l'arrêt de Douai suppose. Mais dès à présent il est facile de le prouver. En effet, en 1704, de quoi s'agissait-il ? du partage de la forêt de Condé qui appartenait par indivis au roi pour un quart, et au duc de Croy pour les trois autres quarts. Or, de deux choses l'une ; ou bien à ce domaine indivis une haute justice était annexée, ou non. Dans la première hypothèse, chacun des copropriétaires indivis avait dans la justice, dans ses charges et ses profits, la même part que dans le domaine ; dans la seconde hypothèse, comment soutenir que M. de Croy avait, en 1749, la haute justice de tout le territoire de Condé ?

2° L'argument que l'arrêt tire de la requête de 1749 ne

prouve rien, parce qu'il prouverait trop; cet argument consiste à supposer qu'en se disant seigneur de Condé, M. de Croy entendait se dire propriétaire des deux seigneuries de Bailleul et du château, et que, par conséquent, soit dans sa requête, soit dans l'arrêt qui la suit, les mots *ses terres* s'appliquent à tout le territoire de Condé. On le voit, l'arrêt procède par pétition de principe : il pose en fait précisément ce qui est en question.

3° Il n'y a pas entre les requêtes et les arrêts une adhérence aussi intime qu'entre les motifs et le dispositif des jugements, puisque, d'après la loi, toute décision judiciaire devant être motivée, il semble que les motifs d'un jugement font partie de sa substance. Les requêtes, au contraire, ne sont aux arrêts du conseil que ce que sont aux tribunaux les conclusions des plaideurs : elles n'actent pas des droits, elles formulent des prétentions. Or, à l'égard même des motifs des jugements, la Cour suprême a constamment décidé qu'ils ne donnaient pas ouverture à la cassation, parce qu'*ils ne sont autre chose que des raisonnements, et des opinions n'ordonnant rien, ne jugeant rien, et conséquemment ne disposant de rien*. Et quant aux allégués qui se trouvent dans les requêtes, le conseil des mines en a parfaitement apprécié la valeur lorsque, dans ses réponses aux questions qui lui étaient adressées par le ministre de l'intérieur le 12 brumaire an XIV, il s'exprimait ainsi : « Il ne faut point s'arrêter *aux qualités prises alors par M. de Croy*, ni à la manière dont il a présenté sa demande, mais c'est au dispositif de cet arrêt qu'il faut se fixer. *Si on ne se tenait pas au texte des arrêts, et que l'on se permit d'y comprendre les prétentions des demandeurs, parce qu'elles auraient été consignées dans le préambule de l'arrêt*, ON TOMBERAIT DANS UN DÉDALE INEXTRICABLE. »

4° Veut-on la preuve du peu de cas qu'on doit faire des

allégués ou des prétentions qui se trouvent insérés dans les requêtes? Nous la trouverons dans celle même qui précède l'arrêt du 14 octobre 1749. Le duc de Croy soutient, dans cette requête, que le règlement du 14 janvier 1744 n'a pas abrogé les articles 1 et 2 du chapitre cxxx des Chartes générales du Hainaut, qui donnaient au seigneur haut justicier *l'avoir en terre non extrayé*, c'est-à-dire, entre autres choses, le charbon enfoui dans les terres de sa juridiction. Or, à cet égard, M. de Croy savait mieux que personne à quoi s'en tenir, car lorsque ce règlement n'était encore qu'un projet, il fit des efforts inouïs pour empêcher la mise à exécution d'une mesure qui, disait-il, *alarmait cruellement tous les seigneurs*. Mais il échoua, et nous pouvons dire que non-seulement l'arrêt de 1744 atteignit les seigneurs du Hainaut, mais qu'il les atteignit seuls.

La preuve, la voici.

De toutes les coutumes de France, trois seulement attribuaient des droits sur les mines aux seigneurs hauts justiciers. C'étaient celles d'Anjou, du Maine et du Hainaut.

Or, les deux premières n'avaient pas de dispositions applicables aux mines de charbon. C'est ce qu'ont décidé, dans des arrêts fortement motivés, la cour d'Angers, le 5 mars 1831, et la chambre des requêtes de la Cour de cassation, le 15 mai 1833.

Donc le règlement de 1744 ne pouvait concerner que les seigneurs hauts justiciers du Hainaut.

Aussi, dans le procès Lassalle, en 1805, les membres du conseil des mines, divisés sur d'autres questions, étaient-ils unanimement d'accord sur ce point que les droits accordés aux seigneurs hauts justiciers de cette province, par les articles 1 et 2 du chapitre cxxx des Chartes, avaient été *paralysés, anéantis* par ce règlement. Soit dans leur avis individuel, soit dans leur avis collectif, ils exprimaient leur pensée à cet égard de la manière la plus nette et la plus énergique.

Ainsi faisait aussi le rapporteur de l'affaire actuelle dans le conseil des mines en 1844, et pour motiver par une considération nouvelle son opinion, il citait le fait curieux et oublié que voici :

Lorsqu'en 1756 M. de Croy demanda la concession de ses terres de Fresnes et de Breuil, sa requête fut soumise au comité du commerce pour avoir son avis.

Le comité nomma un rapporteur qui conclut au rejet de la demande, par ce motif, entre autres, « que si on accordait aux seigneurs tout ce qu'ils demandent et demanderont, ce serait approuver tacitement plusieurs articles de la coutume de la province du Hainaut, auxquels le roi a dérogé par arrêt du 14 janvier 1744, comme à tout autre règlement précédent sur l'exploitation des mines de charbon. »

Le comité n'adopta pas les conclusions du rapport quant au rejet de la demande, mais il prit d'ailleurs le parti auquel l'incitait M. Hellot, de *faire sentir à M. de Croy que ces sortes de concessions sont de pures grâces du souverain.*

Il s'exprima en conséquence en ces termes : « Les députés pensent, comme M. Hellot, que les concessions d'exploiter les mines de charbon *sont de pures grâces du souverain*, et que si le conseil (du roi) se porte à l'accorder à M. de Croy, *ce ne doit être que pour un temps limité*, pour lui ou pour ses ayants cause, *en observant ce qui est prescrit par ledit règlement*, et non pour un temps indéfini, comme il semble qu'il le demande pour lui et ses hoirs. »

Et que fit le conseil du roi? Précisément ce que le comité du commerce lui avait conseillé ; il accorda la concession de Fresnes et de Breuil à M. de Croy, mais seulement *pendant l'espace de trente années*, et aussi *à la charge par le conces-*

sionnaire et ses hoirs ou ayants cause de se conformer, pour ladite exploitation au règlement du 14 janvier 1744.

On voit clairement, d'après cela, ce qu'on doit croire de l'allégation de M. de Croy dans sa requête de 1749; l'on sait maintenant si, comme il le disait, il n'avait pas été dérogé aux articles 1 et 2 du chapitre cxxx des Chartes générales du Hainant par le règlement de 1744.

5° Mais il ne nous suffit pas d'avoir prouvé qu'il ne faut pas s'arrêter aux allégués des parties dans leurs requêtes et aux qualités qu'elles y prennent, nous voulons prouver, en outre, que, dans l'espèce, les qualités prises par M. de Croy en 1704 et en 1749 ne pouvaient, en aucune façon, préjudicier aux droits du roi.

Dans une consultation produite par la compagnie d'Anzin, on a insisté avec une certaine complaisance sur cette idée que le traité de Nimègue n'avait pu rétroagir, et que les seules terres qu'il avait pu placer sous l'égide de l'inaliénabilité du domaine de la couronne, c'étaient celles-là seulement qui, avant 1678, n'avaient pas été atteintes par une aliénation alors licite, par une prescription alors permise. Pour établir cette thèse, on a cité divers auteurs, Merlin, entre autres (*Répert.*, v° *Inaliénabilité*, § 2).

Ces citations étaient inutiles, car ce point de droit n'a jamais été contesté par la compagnie de Thivencelles; elle a toujours cru avec M. Merlin « qu'il ne faut point d'autorités ni d'exemples pour appuyer une vérité qui tient de si près au droit naturel et à l'essence des lois, » mais avec M. Merlin (*loc. cit.*), elle croit aussi *qu'au moment où une province est réunie à la couronne, ce qui appartenait à l'ancien souverain devient inaliénable comme le domaine royal, dans lequel il se confond.*

Donc, pour que l'on pût arguer contre le roi d'une reconnaissance tacite du titre de seigneur de Condé que prenait

M. de Croy, il aurait fallu se reporter à une époque où cette reconnaissance eût pu être préjudiciable aux droits du roi, parce qu'ils auraient, dans le système des adversaires, été susceptibles d'être atteints par la prescription; donc il aurait fallu citer des faits antérieurs à 1678, donc ce qui se passait en 1704 et en 1749 est complétement indifférent.

Nous ne dirons pas que M. de Croy pouvait prendre le titre de seigneur de Condé, sans porter atteinte aux droits du roi, parce que, s'il n'était pas seigneur de tout le territoire de Condé, il était cependant seigneur de Condé, en ce sens qu'il était propriétaire de la seigneurie de Bailleul, qui avait un droit indivis à la haute justice de Condé, à l'encontre de la seigneurie gagère ou du château.

Cette explication ne serait pas bonne si on la laissait dans ces termes généraux, car le seigneur indivis d'une ville ou d'un village ne pouvait d'ordinaire se dire que seigneur *en partie* de cette ville ou de ce village; il ne pouvait pas s'en dire seigneur *sine addito,* suivant l'expression des feudistes.

Mais cette explication devient excellente, au contraire, dès qu'on prend en considération la qualité du copropriétaire de la justice de Condé. Lors, en effet, que, comme à Condé, en 1704 et en 1749, la haute justice du lieu appartenait par indivis au roi et à un autre seigneur, ce dernier prenait souvent la qualité de seigneur *sine addito.* Il y a plus : on ne s'opposait pas, vu l'imprescriptibilité des droits du roi, à ce que cette qualité fût prise par les moyens et bas justiciers, et même par les simples possesseurs de fiefs, là où la haute justice appartenait exclusivement au roi. C'est ce que nous attestent différents auteurs, entre autres, Maréchal, Guyot, Basset et Hervé.

Ainsi Guyot constate qu'en 1740 tous les moyens ou bas

justiciers de Chaumont en Vexin, dont le roi était seigneur haut justicier, étaient en possession immémoriale de se qualifier seigneurs de leurs paroisses.

La même chose avait lieu en Dauphiné, et Basset le certifie.

« Cette tolérance, disait Hervé, est sans conséquence, parce qu'aucune possession ne peut préjudicier aux droits du roi. »

Ainsi donc la qualité prise par M. de Croy dans ses requêtes de 1704 et de 1749 est complétement insignifiante, et le roi n'a eu nul besoin de protester contre elle, car en la tolérant, il ne la reconnaissait pas, et en la reconnaissant même, son droit inaliénable n'en fût pas moins resté intact.

Donc, il reste démontré que la possession de Condé acquise à François Ier par Charles-Quint, en exécution du traité de Cambrai et des actes subséquents, n'a pas été contredite, et que dès lors elle s'est perpétuée jusqu'en 1749 et au delà.

III.

D'après le droit commun des Pays-Bas, la bonne foi était impérieusement nécessaire pour pouvoir prescrire.

Le texte de la plupart des coutumes était formel à cet égard, et on suppléait au silence de celles qui, en ne dérogeant pas au droit commun, étaient censées avoir voulu s'y référer.

La plus favorable de toutes les prescriptions, la prescription immémoriale ou centenaire, n'était pas elle-même exceptée de cette condition.

C'est ce que nous attestent Grivel, André de Vaux (*Vallensis*), de Méan, Stockmans, jurisconsultes très-estimés autrefois en Belgique, les deux derniers surtout.

Suivant la doctrine d'un arrêt de la cour de Bruxelles, du

7 décembre 1831, il ne suffisait pas d'alléguer sa bonne foi, il fallait la prouver. La présomption qui milite aujourd'hui en faveur du possesseur, militait jadis au profit du revendiquant.

Quoi qu'il en soit, la coutume de Valenciennes (art. 93) exigeait aussi la bonne foi pour prescrire, et bien que sa disposition ne s'appliquât qu'aux droits réels on l'étendit aux actions personnelles par suite de la faveur dont jouissait le principe du droit commun, qui considérait la prescription acquisitive comme incompatible avec la mauvaise foi. De Ghewiet et Desjaunaux rapportent plusieurs arrêts qui l'ont ainsi décidé.

L'article 1 du chapitre CVII des Chartes générales du Hainaut subordonnait la prescription d'un droit réel à ces deux conditions : trois ans d'*empiétement* et vingt et un ans de possession.

Or, pour que cet *empiétement* eût lieu, il fallait titre et bonne foi. C'est ce que reconnaissaient les jurisconsultes qui ont écrit sur la coutume, et ce qu'ont constamment décidé les cours de justice. Nous citerons, d'après le *Code de l'ancien droit belgique* de M. Britz, les arrêts en ce sens de la cour de Bruxelles des 25 juillet 1825 et 13 février 1826, et celui de la Cour de cassation de Belgique du 11 février 1841.

Les gens d'Église, que les Chartes traitent d'habitude fort généreusement, n'étaient pas plus dispensés que d'autres de cette condition de bonne foi. Le texte de l'article 13 du chapitre CVII de ces mêmes Chartes est positif à cet égard, et il prouve aussi de nouveau ce que nous avons démontré dans le numéro précédent, c'est-à-dire la nécessité sous l'ancien droit, et spécialement sous celui du Hainaut, d'avoir pour prescrire une possession qui fût connue, non-seulement du public, mais de la partie intéressée à la contredire ou à la faire cesser. Cet article veut que la possession ait lieu *à veue et sceu du seigneur*.

Reste à prouver que dans tous les actes qui intervinrent, d'après l'arrêt, le 5 août 1558 : acte de retrait de M. de Montpensier à M. d'Eytzing, acte de vente de M. de Montpensier à M. de Mansfeld, acte de garant du même au même, acte de donation de M. de Mansfeld à M. de Lalain, le tout suivi devant le même bailli en présence des mêmes personnes, et de trois actes de désbéritance par MM. d'Eytzing, de Montpensier et de Mansfeld, et de trois actes d'adhéritance par MM. de Montpensier, de Mansfeld et de Lalain; reste à prouver, disons-nous, que la bonne foi n'a pu présider à aucun de ces actes, qui se réfèrent d'ailleurs les uns aux autres, et qui forment un tout homogène à partir même de leur point de départ, puisque ce fut sur une requête collective de MM. de Montpensier, de Mansfeld et de Lalain, que Philippe II nomma un bailli portatif, par ses lettres patentes du 30 juillet 1558.

Cette preuve ne sera pas difficile.

De deux choses l'une en effet : ou bien MM. de Mansfeld et de Lalain connaissaient, ou bien ils ignoraient, l'échange fait entre François Ier et le duc de Montpensier.

Au premier cas, ils savaient parfaitement que le comte de Mortain, vicomte d'Auge[1], ne pouvait exercer un droit qu'il avait aliéné en 1529.

Au second cas, ils le savaient encore, car le contrat passé entre Charles-Quint et M. de Roghendorff était entre leurs mains[2], et ce contrat s'en référait en termes formels au

---

[1] Titres que prend le duc de Montpensier et dans l'acte de retrait et dans la lettre de garant.

[2] On se rappelle que, d'après ce contrat même, M. de Roghendorff devait remettre, en cas de retrait, *cette et toutes lettres qu'il aura à ce servant*.

traité de Cambrai, qui lui-même réservait le droit de rachat au roi de France. Enfin non-seulement l'acte du 11 avril 1529 s'en référait au traité de Cambrai, mais encore il stipulait le rachat, tant pour le roi que pour le duc de Montpensier, d'où MM. de Mansfeld et de Lalain devaient conclure que si M. de Montpensier avait encore un droit de rachat, il ne l'avait pas seul, il ne pouvait pas l'exercer seul.

Ainsi donc, soit que MM. de Mansfeld et de Lalain aient connu, soit qu'ils aient ignoré l'échange fait entre François Ier et Mme de la Roche-sur-Yon pour le duc de Montpensier, ils ne pouvaient pas croire que ce dernier pût légitimement exercer le droit de rachat dont il usait.

Donc ces deux acquéreurs successifs connaissaient que celui avec lequel ils traitaient n'avait pas le pouvoir d'aliéner, et c'est là précisément le caractère auquel les anciens jurisconsultes reconnaissaient le possesseur de mauvaise foi qui ne pouvait prescrire.

« La mauvaise foi, disait Pothier, consiste dans la connaissance que le possesseur avait que celui de qui il a acquis la chose *n'avait pas le pouvoir de l'aliéner.* »

Nous retrouvons la même idée exprimée en termes plus généraux dans l'article 550 du Code civil, et dans le *Traité des Prescriptions* de Dunod (p. 38).

« La bonne foi en matière de prescriptions, dit Dunod, consiste dans l'ignorance du droit d'autrui à ce que l'on possède : *Bonæ fidei emptor esse videtur, qui ignoravit rem alienam esse, aut putavit eum qui vendidit, jus vendendi habere*[1]. La mauvaise foi est l'effet de la connaissance de ce droit. »

Nous citerons enfin Boulé, qui, dans son *Institution au droit coutumier du pays de Hainaut*, examine quels sont

[1] L. 109, de verbor. signif.

les effets de la bonne foi, et dit que l'un de ces effet est « de constituer le possesseur dans la voie et condition de prescrire et d'acquérir, par ce moyen, la propriété du bien par lui possédé, même contre le vrai propriétaire. » Puis, énumérant les causes qui font cesser ce droit, il classe parmi elles « la science du possesseur que le bien par lui possédé appartient à autrui, d'autant que *cette science le constitue dans la mauvaise foi.* »

IV.

Nous avons démontré que la possession de M. de Lalain étant dépourvue de bonne foi ne pouvait pas, d'après les Chartes du Hainaut, aboutir à la prescription.

D'un autre côté, nous avons prouvé que cette possession, restée secrète pour le roi, n'avait pu lui être préjudiciable, puisque, d'après les principes du droit ancien, la dépossession de la propriété devait être forcément précédée de la contradiction du droit du propriétaire.

Il nous reste à dire qu'un troisième motif non moins décisif que les précédents eût encore fait obstacle à la prescription que l'arrêt attaqué suppose avoir pu être acquise.

Vainement en Hainaut le possesseur eût été de bonne foi, vainement il eût possédé au vu et su du propriétaire, vainement même il eût contredit son droit, si ce droit n'avait pas été susceptible d'aliénation. Les articles 1 et 13 du chapitre CVII des Chartes sont positifs en effet; ils ne permettent de prescrire que contre « personne puissante d'aliéner ou de *fourfaire.* »

Or on sait qu'à l'égard du domaine de la couronne l'aliénation n'était pas permise aux rois de France.

Donc, pour eux comme pour toute autre personne incapable d'aliéner, nous pouvons invoquer ce que dit Raparlier dans son *Exposition de la lettre et de l'esprit des Chartes générales du Hainaut* :

« La prescription considérée *passivement*, c'est-à-dire par rapport à la personne contre laquelle on l'exerce et qui en souffre le préjudice, étant une véritable aliénation, il est juste que telle personne ait les qualités requises selon la loi, pour pouvoir aliéner les immeubles féodaux ou autres, pour que la prescription puisse commencer à son égard. »

V.

Nous venons de démontrer que le titre de possession qu'avaient acquis Charles-Quint en 1529, et M. de Roghendorff en 1531 sur Condé, n'avait pas été interverti en 1558, d'où la conséquence que, depuis cette époque jusqu'à la loi de 1820, qui a définitivement aboli les anciennes prérogatives du domaine, et spécialement jusqu'à 1749, époque de la concession accordée à M. de Croy par l'arrêt du conseil du 14 octobre, la possession des de Lalain, puis après eux des de Croy, leurs successeurs, a été la même que celle de Charles-Quint et de M. de Roghendorff ; d'où la conséquence encore, que si Charles-Quint et M. de Roghendorff étaient des détenteurs à titre précaire, et, comme tels, ne pouvaient pas prescrire, les de Lalain et les de Croy ont, eux aussi, été toujours dans l'impossibilité de prescrire.

Voyons donc quelle était la nature du droit acquis par Charles-Quint en 1529.

Nous avons déjà dit que dans les engagements du domaine de la couronne, le roi restait propriétaire soit de la glèbe, soit des mouvances, soit de la justice du domaine engagé.

S'il devenait propriétaire, l'engagiste ne le devenait pas, *nam plures eamdem rem in solidum possidere non possunt.*

Mais de quelle nature était le droit de l'engagiste?

De Fréminville compare l'engagiste à un dépositaire.

Cochin reconnaît qu'il n'a qu'une possession précaire.

Pocquet de Livonière, Preudhomme, Bouhier, Bretonnier, Billecoq, Henriquez, Hervé, Denisart, assimilent l'engagiste à l'usufruitier.

Pothier adopte cette assimilation.

Gœtsmann, Harcher, Bacquet, reconnaissent aussi, dans les termes les plus explicites, que les droits de l'engagiste sont exclusifs de toute idée de propriété.

Boullenois se prononce énergiquement dans le même sens, et il cite à l'appui de son opinion des consultations données en 1684 par « quatre des plus grands consultants de ce temps-là, » de l'Hommeau, Commeau, Billard et Lasnon.

La question sur laquelle ils furent consultés était celle de savoir si la cession par l'engagiste de tout ou partie de ses droits donnait ouverture aux lods et ventes.

Cette question fut résolue négativement par les quatre avocats. Leurs raisons furent que les lods n'étaient dus qu'à l'égard des mutations translatives de propriété; que dans les engagements du domaine, cette propriété restait au roi; que le seul droit que l'engagiste acquît et pût transmettre, c'était le droit de percevoir les fruits du domaine engagé; qu'en dehors de ce droit il n'était plus, soit à l'égard de la propriété, soit à l'égard même de la possession qu'un détenteur à titre précaire, *fiduciarius possessor*; que dès lors il fallait dire de lui comme de tout détenteur à titre précaire, qu'il détient, mais qu'il ne possède pas, *tenet non possidet*, ou que, s'il possède, c'est pour autrui, *alteri non sibi possidet*, C'EST LE ROI QUI POSSÈDE PAR L'ENGAGISTE.

Ces raisons parurent décisives au conseil du roi, qui, par

son arrêt du 15 janvier 1685, décida que les lods n'étaient pas dus.

L'un des avocats, conformément à l'avis desquels cette décision fut rendue, Lasnon faisait remarquer que sous certains rapports la position de l'engagiste était inférieure à celle de l'usufruitier proprement dit, l'usufruit ayant du moins une durée certaine, l'engagement non, puisqu'il ne dure que tant qu'il plaît au roi ; remarque que faisait aussi Guyot dans son *Traité des fiefs*. Lasnon croyait donc mieux déterminer la véritable nature du droit de l'engagiste en disant que *son contrat est une* ANTICHRÈSE *ou un contrat pignoratif qui ne lui donne autre qualité que celle de créancier*.

Telle est aussi l'idée que nous donnent des engagements du domaine les jurisconsultes qui ont le mieux étudié et discerné le but et les effets de ce contrat.

Tels sont Dumoulin, Chopin, d'Aguesseau, Lefebvre de la Planche, Leprêtre, Legrand, Lorry, Henrion de Saint-Amand, les auteurs du *nouveau Denisart* et Merlin, qui comparent, comme Lasnon, l'engagement à une antichrèse, et la position respective du roi et de l'engagiste à celle d'un débiteur et d'un créancier.

Guyot explique fort bien comment le domaine engagé est assimilé à une propriété immobilière dans la succession de l'engagiste, de même que le produit d'une justice indivise ou celui de biens laissés en commun jusqu'à la licitation qui doit s'en faire. « C'est, dit-il, un partage *de fruits*. Il n'y a réellement que cela dans la succession de l'engagiste ; *le domaine engagé, le fief du domaine engagé, ne passent point à l'engagiste*, ILS RESTENT AU ROI. »

L'apanagiste avait sur son apanage un droit de propriété résoluble, mais l'engagiste n'avait pas *pas même ombre de patrimonialité*[1]. D'où cette différence que le *titre* du bien

[1] Voyez ci-dessus, p. 90.

apanagé (marquisat, comté ou duché) appartenait à l'apanagiste, et que l'engagiste au contraire n'avait pas droit de le prendre. D'où cette autre différence encore que les apanagistes pouvaient recevoir les foi et hommage, faire saisir féodalement, etc., toutes choses qui étaient interdites à l'engagiste.

C'est ce qu'expliquent très-bien Loyseau, Lefèvre de la Planche, la Garde, Bosquet, de Fréminville, Billecoq, Renauldon, Houard, Hervé et les auteurs du *nouveau Denisart*.

Une autre différence entre les apanagistes et les engagistes que nous devons surtout signaler parce qu'elle a trait direct à notre espèce, c'est celle qui concerne la justice des seigneuries données en apanage ou en engagement.

Les apanagistes rendaient la justice en leur nom.

Les engagistes devaient la rendre au nom du roi.

Les premiers ainsi que les seconds avaient, comme on le voit, sur la justice, des droits de même nature que ceux qu'ils avaient sur la mouvance ou la glèbe.

Les apanagistes, à l'égard de la justice comme à l'égard de la mouvance ou de la glèbe, étaient propriétaires sous une condition résolutoire.

Les engagistes, à l'égard de la justice comme à l'égard de la mouvance ou de la glèbe, n'avaient qu'un usufruit imparfait qui pouvait cesser d'un moment à l'autre.

Dans les engagements, à la différence des apanages, *la propriété de la justice* comme de la mouvance, comme de la glèbe, *restait au roi*.

C'est ce que nous apprennent tous les domanistes et tous les feudistes. C'est ce dont témoignent notamment dans les termes les plus formels Loyseau, la Garde, de Fréminville, Bosquet, Lefèvre de la Planche, Chopin, l'avocat général Talon, la Lande, le Bret, l'auteur de l'*Essai sur les apana-*

ges, Bacquet, Bouhier, Guyot, Maréchal et M. Henrion de Pansey.

C'est ce qu'expliquait aussi très-bien l'illustre Cochin dans son 94ᵉ plaidoyer.

Après avoir dit que l'engagiste qui jouit d'un domaine de la couronne *n'en est pas le seigneur et le propriétaire,* qu'*il n'en a que la possession précaire;* après avoir ajouté que s'il en est ainsi des engagements à prix d'argent, il en est *à plus forte raison* de même *des simples libéralités* (telle que celle que l'arrêt suppose faite par François Iᵉʳ à Mᵐᵉ de la Roche-sur-Yon en 1529), Cochin ajoutait : « *Il n'y a point de distinction à cet égard entre les domaines en fonds et les* JUSTICES. Tout ce qui fait partie du domaine est sujet aux mêmes règles; *les hautes justices en sont même la portion la plus précieuse.* »

Plus loin, Cochin se demandait à quoi se réduisait le droit de l'engagiste, et il répondait : « A la simple jouissance des fruits qui se consomment par l'usage, qui renaissent chaque jour et qui n'altèrent point la propriété. Il ne faut point de réserve expresse pour cela dans les aliénations ou donations ; *la nature du titre annonce cette réserve;* elle ne constitue l'acquéreur, le donataire que simple usufruitier; *quelques termes que l'on emploie, son droit n'aura jamais plus d'étendue.* »

Ce que dit Cochin est d'une rigoureuse exactitude en regard des principes du droit domanial, mais cela n'est pas exact de la même façon à l'égard de tous les engagements du domaine.

Les uns ne transféraient pas la propriété ; les autres *étaient censés* ne pas la transférer.

Expliquons-nous.

Les anciens auteurs, Loyseau et Pothier entre autres, ont très-bien établi la différence qui existait entre la vente à faculté de rachat et l'engagement proprement dit. Celui-ci laissait au débiteur la propriété du bien qu'il donnait en nantissement, tandis que celle-là la transférait au créancier sous une condition résolutoire.

De là, dans un sens plus large, deux espèces d'engagement, suivant Merlin et les auteurs du *nouveau Denisart*, l'un synonyme d'*antichrèse*; l'autre synonyme de vente *à réméré*.

Lorsque l'engagement du domaine de la couronne avait eu lieu par la première de ces voies, lorsqu'il ne constituait qu'une antichrèse, on n'avait pas besoin de recourir aux principes exceptionnels du droit domanial pour protéger le débiteur contre les tentatives d'usurpation du créancier.

A ce cas aussi s'appliquait parfaitement ce que disaient les consultants de 1684 :

« Il est constant qu'il n'est dû aucuns droits pour les mutations des engagistes des domaines particuliers, qu'il ne faut pas confondre avec les acquéreurs à faculté de rachat qui sont propriétaires.....

« Les engagements du domaine du roi ne sont point d'une autre nature que ceux des biens des particuliers dont il n'est point dû de droits seigneuriaux. »

Non, les engagements du domaine du roi n'étaient pas d'une autre nature que ceux des particuliers qualifiés d'antichrèse. Les uns et les autres, en effet, n'entraînaient aucune aliénation, aucune délibation du droit de propriété.

Mais parfois le domaine de la couronne était aliéné sans réserve de faculté de rachat.

Quelquefois, souvent même, il fut aliéné d'une manière incommutable à titre d'inféodation, et cela longtemps après l'édit de 1566.

Au premier cas, la stipulation de faculté de rachat omise dans l'acte y était censée inscrite.

Au second cas, l'abandon incommutable stipulé dans l'acte y était réputé non écrit.

Dans l'un et l'autre cas, ce n'était que par une fiction qu'on parvenait à empêcher le domaine royal de s'amoindrir.

Les domanistes ne voulaient pas qu'il pût être atteint même par une dépossession résoluble. Ils proscrivirent donc les ventes à réméré des biens du domaine, et ils assimilèrent à une antichrèse toute transmission, n'importe à quel titre ou sous quelle forme que ce fût, d'un immeuble domanial.

Arrivés là, ils n'eurent plus besoin de fiction, la réalité leur suffisait; car si le roi demeurait perpétuellement, à l'égard d'un engagiste, dans la position d'un débiteur à l'égard d'un créancier nanti d'un gage, perpétuellement aussi le créancier se trouvait dans l'impossibilité de prescrire contre lui; perpétuellement le titre même de ce créancier protestait contre toute prétention à la propriété d'une chose qu'il ne possédait pas *pro suo*, qu'il possédait pour autrui, en un mot, qu'il détenait à titre précaire.

On a dit, il est vrai, que ces règles n'étaient applicables qu'en France, et qu'en dehors de nos frontières le principe de l'inaliénabilité du domaine de la couronne perdait son action et sa force.

Cela n'est vrai qu'avec une distinction.

Sans doute, si la vente à réméré n'avait pas donné, en Hainaut au vendeur une action imprescriptible pour récupérer son bien (voy. ci-après n° VII); si au contraire cette action eût été prescriptible dans cette province comme en France, le roi n'eût pu se prévaloir de l'imprescriptibilité du domaine de la couronne pour revendiquer en Hainaut un immeuble dont la propriété eût été acquise par l'acheteur ou par un tiers à l'aide de la prescription.

Sans doute encore, si l'on ne considère pas comme loi internationale le traité de Cambrai (voy. ci-après n° X), toujours dans cette hypothèse d'une simple vente à faculté de rachat, le bien domanial serait devenu prescriptible si d'après la coutume de la situation du bien l'action en réméré eût été telle.

Mais tout cela n'est vrai que pour les engagements du domaine, qui n'étaient considérés comme des antichrèses que par une fiction, et non pour ceux qui en réalité n'étaient pas autre chose.

Les uns avaient besoin de la protection d'un droit exceptionnel; les autres non.

Or, en ce moment, nous plaçons François Ier non sous le régime du droit domanial, mais sous le régime du droit commun; et nous nous demandons ce qu'il a fait par le traité de Cambrai et par les actes qui s'en sont suivis, en considérant ce traité non comme une convention internationale et de droit des gens, mais comme une simple convention privée exclusivement régie par le droit civil.

Si François Ier n'a fait qu'une vente à faculté de rachat son action de réméré (à part toujours le droit exceptionnel du Hainaut) a pu se prescrire.

C'est ce que reconnaissent entre autres le président Favre, Tiraqueau, Despeisses, Brodeau, Pothier et Merlin.

Mais si François Ier a fait une antichrèse, le preneur antichrésiste ni ses héritiers *in infinitum* n'ont jamais pu prescrire *neque per mille annos*, et cela par cette raison fort simple que pour prescrire il faut posséder, et que le créancier ne possède pas l'immeuble qui lui est donné en nantissement, ou que s'il le possède ce n'est que pour autrui.

C'est ce qu'expliquent très-bien Dumoulin, Pothier et Domat.

C'est ce qu'expliquent non moins bien des jurisconsultes

qui, tout en ne figurant pas comme ceux-ci parmi les princes de la science du droit, jouissaient cependant autrefois d'une autorité incontestable et d'une réputation méritée. Tels étaient entre autres Duplessis, Coquille, Pocquet de Livonière, Auroux des Pommiers.

C'est ce qu'affirment d'un autre côté en termes non moins explicites les jurisconsultes qui ont écrit sur le droit des Pays-Bas, entre autres Sohet et M. Britz; et, ce qui est plus décisif encore c'est ce que disent les coutumes mêmes de ce pays. Nous citerons celles de Bruxelles, de Namur, d'Audenarde, de Furnes, d'Ypres, de la Gorgue, de Cassel, de Bailleul, d'Ostende, de Cambrai, de Bouillon et du pays du Franc.

Même esprit, mêmes dispositions dans les Chartes générales du Hainaut, qui dans l'article 20 du chapitre cvii font application à plusieurs cas de ce principe, que celui qui détient pour autrui ne possède pas et ne peut prescrire, application que réitèrent quant aux vassaux par rapport aux seigneurs les articles 9, 10 et 12 du même chapitre.

Mais à quels caractères distinguera-t-on la vente à réméré de l'engagement? M. Merlin résout ainsi la question:

« Nous avons dit que l'engagement est quelquefois considéré comme une vente à faculté de rachat; mais dans quel cas a-t-il ce caractère? *Dans celui-là* SEULEMENT *où il paraît, par les termes du contrat, que l'intention des parties a été d'aliéner d'une part et d'acquérir de l'autre*, sous la réserve du réméré. Mais aussi, dans ce cas, il y a véritablement vente à faculté de rachat, quoique les parties aient employé soit le terme d'antichrèse, soit tout autre semblable. »

Interrogeons donc soit les termes, soit l'esprit des stipulations qui sont intervenues entre François Ier et Charles-Quint lors du traité de Cambrai; interrogeons l'esprit et les termes des conventions subséquentes, et voyons s'il s'agissait, entre les parties, d'une vente à réméré ou d'un simple contrat pignoratif.

Rappelons d'abord que, d'après le traité de Cambrai, François Ier s'engageait à payer à Charles-Quint, pour sa rançon, deux millions d'écus d'or; que un million deux cent mille écus devaient être versés comptants entre les mains de l'empereur; que deux cent quatre-vingt-dix mille autres écus devaient être remis au roi d'Angleterre à l'acquit de Charles-Quint; que, pour suppléer aux cinq cent dix mille écus qui manquaient, François Ier s'obligeait à desservir une rente annuelle de vingt-cinq mille cinq cents écus d'or; qu'enfin, pour garantie du payement de cette rente, le roi de France promettait de donner en nantissement des terres que ses sujets possédaient dans les Pays-Bas, desquelles terres l'empereur jouirait à condition de rachat et jusqu'à ce que ledit rachat fût fait.

La jouissance de ces terres devant tenir lieu à Charles-Quint des intérêts des cinq cent dix mille écus dont il restait créancier, il fut naturellement convenu que le rachat aurait lieu *sans décompte ni rabat de fruits, profits et revenus desdites terres, du temps qu'elles auront été ès mains dudit seigneur empereur, de ses hoirs et successeurs.* Et pour s'assurer que les revenus abandonnés se compensaient avec les intérêts dus, il fut stipulé qu'il en serait « incontinent *fait évaluation et assiette* par quatre commis dont seraient, de la part de chacun desdits princes, nommés deux. »

Pour exécuter cette convention, François Ier traite avec divers de ses sujets et notamment avec Mme de la Roche-sur-Yon, à la date du 11 avril 1529. Or, que demande-t-il à ses sujets? de pourvoir en ce qui les concernait à l'exécution du traité de Cambrai, pas autre chose. Après avoir rappelé dans le contrat du 11 avril les clauses principales du traité dans les termes mêmes que nous venons de reproduire, on ajoute : « Pour l'entretenement et accomplissement de ce que dessus, ledit seigneur roi a fait requérir à madite dame la princesse, en la qualité dessusdite, de *bailler, céder et transporter les terres et seigneuries* que sondit fils a ès pays d'en bas, *audit seigneur empereur*, pour et à la décharge dudit seigneur roi, et *en fournissant au prouffit dudit seigneur roi à ce qu'il a promis par ledit traité de paix* dont dessus est fait mention. » Suit la désignation des terres engagées, puis l'évaluation, non de leur valeur, mais de leur revenu : « Lesquelles terres dessusdites ont été évaluées et estimées par les commis desdits seigneurs roi et élu empereur à la somme de deux mille sept cent trois écus d'or, un tiers d'écu *de rente et revenu annuel.* » Vient enfin l'obligation prise par la princesse pour obtempérer aux désirs du roi : « Pour ce faire ladite dame constituera ses procureurs et messagers espéciaux, leur donnant plein pouvoir et mandement espécial et irrévocable *de bailler, céder et transporter lesdites terres audit seigneur élu empereur,* ou ses commis et députés, *selon et au désir dudit traité et accomplissant icelui* pour et au prouffit dudit seigneur roi et à sa décharge, et par sa requête et mandement *pour en jouir par ledit seigneur élu empereur,* ses hoirs, successeurs et ayants cause, *ainsi qu'il est dit audit traité.* »

A la date du 26 août 1531, Charles-Quint traite à son tour de la seigneurie de Condé avec M. de Roghendorff, mais que lui cède-t-il, que lui vend-il ? une créance garantie par un gage immobilier, gage dont il devra se dessaisir aussitôt que la créance lui aura été remboursée. « En faisant ladite vendition, dit-il, a été pourparlé et soubs expresse condition que quand notredit bon frère et cousin le roi très-chrétien, ... ayant la faculté de racheter ladite terre de Condé et autres parties susdites, *selon ledit traité de Cambrai,* entendront procéder réellement audit rachat, en *ce cas icelui rachat et remboursement des deniers se fera ès mains dudit* sieur de Roghendorff ou de ses hoirs ou ayants cause, et nuls autres, pour autant que ladite terre de Condé a esté évaluée, et ce moyennant, seront icelui sieur de Roghendorff, et ses hoirs ou ayants cause, tenus de rendre audit sieur *propriétaire* cette et toutes lettres qu'il aura à ce servant. »

Dans ces actes, qu'a-t-on fait, qu'a-t-on relaté? Une vente! il n'en est pas question, ce mot même n'est pas prononcé, et pour cause.

Ne nous arrêtons pas aux termes d'ailleurs; comme le veut Merlin, pénétrons au fond des choses, voyons plus encore ce qui a été fait que ce qui a été dit.

S'agissait-il d'une vente? En aucune façon; il s'agissait de garantir à Charles-Quint non pas même le montant d'une créance, mais le montant des intérêts d'une créance. Pour cela, il fallait un gage, c'est un gage qui a été donné.

A cet égard, le traité de Cambrai est positif et les actes subséquents ne sont pas plus équivoques.

S'il se fût agi d'une vente à réméré qu'eût-on dû prendre en considération? La valeur vénale de l'immeuble, car après le terme du réméré ou faute par le débiteur d'exercer ce réméré, si son terme était indéfini, la propriété de la chose vendue fût incommutablement restée à l'acquéreur.

En cas d'engagement, d'antichrèse, au contraire, que devait-on prendre en considération? Les revenus du bien donné en gage, car c'était sur ces revenus que le créancier devait être payé de l'intérêt du capital qui lui était dû d'abord, de ce capital lui-même ensuite.

Mais de cette imputation sur le capital il ne pouvait pas être question dans l'espèce, parce que l'on avait pris soin, comme le constate l'acte du 11 avril 1529, de faire faire, conformément au traité de Cambrai, l'évaluation du revenu des terres engagées; de telle sorte que Charles-Quint ne devait avoir qu'un revenu égal à celui de la rente qui lui était due. Mais ce revenu égal, il devait l'avoir, et c'est pourquoi, dans l'évaluation des terres engagées, on ne tient pas compte des forteresses, prééminences et prérogatives qui augmentent l'importance de la terre sans en accroître le revenu.

Soit donc qu'on prenne pour guides les autorités que nous avons interrogées, soit qu'on prenne pour guides les principes purs du droit, on reste convaincu que ce que François Ier a fait en 1529, c'est un engagement, c'est une antichrèse et pas autre chose.

Veut-on s'en rapporter à Loyseau? Ce qui le préoccupe, c'est la préexistence de la dette ; cette préexistence se rencontre-t-elle ? il ne s'agit que de garantir la dette, le contrat qui a lieu est une antichrèse. Eh bien, dans l'espèce, la dette précède l'engagement. La dette, c'est la somme de cinq cent dix mille écus d'or ; ce qu'il s'agit de garantir, c'est cette dette, ou, pour mieux dire, ce sont ses intérêts ; ce qu'il s'agit de garantir et ce qu'on garantit, c'est un revenu, c'est une rente de vingt-cinq mille cinq cents écus d'or.

Veut-on s'en rapporter aux auteurs du *nouveau Denisart*, à Bouhier, à Leprêtre, à Lefèvre de la Planche, à Pothier, à Domat, à Doneau, à Voët, à Vinnius, à Puffendorf, à Burlamaqui, à Cujas, à Merlin? Suivant ces auteurs il y a engagement, il y a antichrèse *lorsque le créancier jouit des biens de son débiteur et en perçoit les revenus et tous les profits, pour lui tenir lieu d'intérêts jusqu'à ce qu'il soit remboursé.* Or, c'est là ce que l'on trouve, tout ce que l'on trouve, dans la convention intervenue entre le roi de France et l'empereur.

Veut-on enfin s'en rapporter aux principes purs? ils disent

ceci : que la vente à réméré, c'est la vente ordinaire plus la clause du rachat ; que dans l'une comme dans l'autre, il y a une chose, un *prix* et un concours de volonté sur cette chose et sur ce prix ; que dans l'une comme dans l'autre l'acheteur doit aviser à ce que son prix soit en rapport avec la valeur vénale de la chose, parce que si cette chose devient sienne immédiatement dans le contrat de vente ordinaire, elle deviendra sienne aussi dans le contrat de vente à réméré, après le délai de rachat ou s'il n'est pas exercé.

Dans l'engagement, dans l'antichrèse au contraire, ce qui préoccupe le moins le créancier, c'est la valeur vénale de la chose engagée. Pourquoi s'en préoccuperait-il ? Il ne devient pas immédiatement, il ne deviendra pas, il ne pourra jamais devenir par la suite propriétaire de la chose engagée ; il ne possède pas, il ne possédera jamais *pro suo* ; nous nous trompons, il possédera *pro suo* les fruits, les revenus, les profits ; ce sera donc la quotité des fruits, des revenus, des profits qui sera l'objet et l'objet exclusif de son intérêt et de ses précautions.

Or, à ce point de vue encore, peut-on douter de ce que les parties ont voulu faire, de ce qu'elles ont fait dans les stipulations ci-dessus rapportées du traité de Cambrai ?

Une objection seule se présente, objection futile, car elle repose non sur une idée, mais sur un mot.

On dira peut-être que si dans le traité de Cambrai, et dans les contrats des 11 avril 1529 et 26 août 1531, il n'est pas question de *vente* il est question de *rachat* ; que le rachat suppose la vente, et qu'en stipulant l'un on reconnaît l'autre.

D'abord nous pourrions répondre, avec Merlin, que ce qu'il faut consulter avant tout ce ne sont pas les termes du contrat, ce sont les intentions des parties. Nous pourrions ajouter avec lui, qu'il y a vente à réméré et non engagement *là seulement où il paraît que l'intention des parties a été d'aliéner d'une part et d'acquérir de l'autre.*

Mais cette réponse nous pouvons la rendre plus complète; complétons-la.

Nous voulons bien faire momentanément abstraction de la qualité de François Ier, lorsqu'il s'agit de déterminer la nature du contrat qu'il a fait, mais nous ne pouvons être d'aussi facile composition lorsqu'il s'agit de s'enquérir des intentions qui ont présidé à ce contrat.

Ces intentions ont dû être conformes aux lois fondamentales du royaume.

D'après ces lois le domaine de la couronne était inaliénable.

D'après l'interprétation donnée à ces lois, cette inaliénabilité ne faisait pas obstacle à la vente avec faculté de rachat, considérée d'ailleurs comme pure antichrèse.

De là il résultait que précisément pour témoigner (fictivement quelquefois) de cette antichrèse, on se servait des termes de « faculté de rachat; » que dès lors ces expressions dans la langue domaniale ne signifiaient qu'une chose: un abandon à titre précaire et temporaire du domaine de la couronne; que d'ailleurs, en tout temps, on s'est bien gardé de les omettre toutes les fois précisément qu'on a voulu constater que cet abandon n'avait pas un caractère définitif et n'entraînait pas après lui la perte de la propriété; qu'enfin les lois de la matière, et notamment l'édit de Moulins et les lois des 1er décembre 1790 et 14 ventôse an VII, ont tenu en grande considération cette stipulation de rachat, et ce, dans un sens diamétralement opposé à celui qu'on voudrait lui donner; qu'elles y ont vu une attestation de l'inaliénabilité du domaine de la couronne, et du respect pour ce principe, que le roi ne pouvait en disposer que par engagement, c'est-à-dire par antichrèse; que dès lors cette stipulation de rachat inscrite dans le traité de Cambrai, et mentionnée dans les contrats de 1529 et de 1531, ne fait que confirmer ce que nous avons dit du caractère de ce traité et de ces contrats ; d'où la conséquence enfin, que sous quelque aspect qu'on les envisage on n'y voit et on ne peut y voir qu'un contrat exclusif de la transmission de propriété, qu'un contrat pignoratif, qu'un engagement pur et simple, en un mot qu'une antichrèse.

Donc si, comme nous croyons l'avoir démontré (n°s II, III et IV), il n'y a pas eu d'interversion de titre par suite du prétendu rachat de 1558, la possession du successeur, à titre particulier, de M. de Roghendorff n'a pu être et n'a été que la continuation de la sienne, qui était précaire, donc elle n'a pu aboutir à la prescription ; donc, en supposant le rachat allégué, les droits du roi sont demeurés intacts, et il est resté, après ledit rachat, ce qu'il était avant, c'est-à-dire le seul seigneur, *le seul propriétaire* du fief et *de la justice* de la seigneurie gagère de Condé.

VI.

Les articles 9, 10 et 12 du chapitre CVII des Chartes générales du Hainaut, qui interdisaient au vassal la prescription contre son seigneur, conformément au droit commun, ces articles, disons-nous, prouvent que, dans cette province, on admettait ces deux règles : qu'on ne peut pas prescrire quand on possède pour autrui[1], et qu'on ne peut pas prescrire contre son titre.

Ces deux règles se touchent de bien près.

---

[1] Le vassal ne pouvait prescrire, comme le disait Dumoulin : *propter mutuam recognitionem et protestationem quæ semper fit et intervenit inter patronum et clientem.*

Sous un certain rapport même elles sont identiques, elles se confondent.

Expliquons-nous.

Celui qui possède pour autrui ne peut prescrire.

Il ne peut prescrire, parce que pour prescrire il faut posséder, et qu'en réalité le détenteur à titre précaire ne possède pas.

Mais pourquoi ne possède-t-il pas ?

Parce que son titre est exclusif de toute idée de propriété.

Donc le défaut de la possession et la contradiction du titre ne font ici que présenter sous une double face un obstacle unique à la prescription.

C'est dans cet esprit que l'article 2240 du Code civil est rédigé : « On ne peut pas, dit-il, prescrire contre son titre, en ce sens qu'on ne peut point se changer à soi-même la cause et le principe de sa possession. »

C'est dans le même ordre d'idées que le président Bouhier disait : « Si à la prescription on joint quelque titre comme une concession de droit de justice, il faut bien prendre garde qu'il ne contienne rien de contraire à la possession dont on veut se prévaloir, car il est des maximes les plus certaines qu'en ce cas la possession n'est plus considérée, parce que personne ne saurait prescrire contre son titre. Et de là vient l'axiome qu'il vaut mieux n'avoir point de titre que d'en avoir un vicieux. »

C'est dans le même sens encore que tout en admettant que le domaine de la couronne s'acquérait peut-être par la prescription centenaire dans les pays de droit écrit, la Garde ajoutait cette restriction : « Cependant, s'il y avait quelque titre comme *une adjudication faite à faculté de rachat perpétuel,* ou engagement pour une certaine somme... et certain temps... la possession centenaire ou immémoriale n'aurait point d'effet. »

C'est aussi dans le même sens que la loi romaine disait : *pignori rem acceptam non usucapimus, quia pro alio possidemus,* et que d'Argentré et d'autres auteurs ajoutaient : *Impræscriptibilitas tunc provenit ab agnitione dominii, quæ per se sufficiens est ad æternitatem interruptionis.*

C'est enfin dans le même sens que se prononçait Dunod, quand il disait :

« Lorsqu'il paraît un titre qui a probablement donné lieu à la possession, l'on doit s'y référer, *origo enim nanciscendæ possessionis exquirenda est.* Comme chacun est présumé posséder en vertu d'un titre, on doit, dans le doute, réduire la possession et l'expliquer par le titre qui existe ; et si elle est contraire à ce titre, elle doit être jugée vicieuse et de mauvaise foi, *quum nemo sibi causam possessionis mutare possit.*

« Sur ce fondement, celui qui a commencé à jouir comme fermier, ne prescrira jamais la propriété, à moins qu'il n'eût acquis un nouveau droit qui ait changé la cause de sa possession. Il en est de même de l'usufruitier, de l'usager, du dépositaire, *du créancier à l'égard du gage,* et de tous les autres qui jouissent pour autrui : l'on présume qu'ils ont joui à la fin, dans le même esprit qu'au commencement ; et, en conséquence, qu'ils n'ont pas eu l'intention de posséder comme maîtres, ou que s'ils ont voulu posséder comme maîtres sans titre nouveau et sans interversion, ils n'ont pas pu le faire, et qu'ils ont été de mauvaise foi...

« La principale règle pour connaître quand la possession n'opère pas la prescription parce qu'elle est contraire au titre, est de voir si elle est opposée à la substance de ce même titre, comme il arrive dans le cas de la concession précaire, en suite de laquelle on veut avoir joui comme maître. Ce sont deux actes incompatibles. »

Mais le titre peut être vicieux, non-seulement en ce sens

qu'il confère une concession précaire, mais aussi en ce sens que conférant une possession à titre de propriétaire, il ne vous a pas été transmis par une personne capable d'aliéner, ou dans les formes prescrites pour que cette aliénation devienne licite, et alors aussi, si le titre était produit, on appliquait la règle que nul ne peut prescrire contre son titre. C'est ce que nous atteste Pothier dans son *Traité de la prescription*, n° 12.

« La prescription de quarante ans, dit-il, étant de même nature que celle de trente, le possesseur n'est pas obligé pour cette prescription de rapporter le titre d'où sa possession procède ; le laps de temps fait présumer qu'il en est intervenu un. Mais si on produisait un titre vicieux d'où sa possession procédât, ce titre empêcherait la prescription ; tel que serait, par exemple, une vente de l'héritage, qui aurait été faite à quelqu'un dont le possesseur est héritier médiat ou immédiat, laquelle vente aurait été faite contre les règles qui doivent être observées pour l'aliénation des biens de l'Église ; ce titre étant un titre vicieux, et la possession du possesseur qui est héritier de l'acquéreur qui a acquis à ce titre, n'étant que la continuation de la possession de cet acquéreur, est une possession vicieuse qui procède d'un titre vicieux, et qui ne peut, par conséquent, opérer la prescription ; c'est le cas de la maxime : *Melius est non habere titulum, quam habere vitiosum.* »

L'application de ce passage de Pothier à notre espèce n'est pas difficile. Il suffit de substituer le roi à l'Église.

L'Église ne peut aliéner ses biens que dans certains cas et suivant certaines règles.

Le roi ne peut aliéner que par échange ou par apanage les domaines de la couronne.

Si l'Église ne suit pas les règles qui lui sont imposées, l'acquéreur ne prescrit pas contre elle.

Donc si le roi ne se trouve pas dans les cas exceptés de l'inaliénabilité du domaine, l'acquéreur du domaine ne prescrit pas contre lui.

Dans l'un ou l'autre cas le titre est vicieux, non parce qu'il est précaire, mais parce qu'il est transmis par un incapable.

Bien entendu que dans l'un et l'autre cas il faut qu'on prouve ici que l'immeuble aliéné a appartenu à la couronne, et là qu'il a appartenu au roi.

Mais cette preuve faite, dans l'un et l'autre cas, tout est dit, le vice du titre est démontré, et l'application de la règle qu'on ne peut pas prescrire contre son titre s'ensuit.

Or, nous avons prouvé au n° III, que soit que M. de Lalain ait connu, soit qu'il ait ignoré l'acte d'échange de 1529, toujours est-il qu'il n'ignorait pas l'acte d'acquisition fait par M. de Roghendorff, en 1531; que ce dernier acte mentionnait que le retrait de Condé appartenait au roi, d'après *le traité de Cambrai*; que dès lors M. de Lalain, savait qu'il s'agissait d'un bien, ou d'un droit inaliénable de la part de celui qui se l'était réservé, et que celui qui se l'était réservé n'exerçait pas; que par conséquent M. de Lalain connaissait les vices de son titre, et que dès lors, s'il n'intervertissait pas ce titre il ne pouvait prescrire, et comme nous avons prouvé aux n°ˢ II, III et IV que cette interversion n'avait pas eu lieu en 1558, il s'ensuit que de même que M. de Lalain a continué la possession de M. de Roghendorff, de même il a continué son titre, et que si l'une excluait la prescription parce qu'elle avait lieu pour autrui, l'autre ne l'excluait pas moins parce qu'il était précaire, transmis qu'il était par une personne qui ne pouvait, sauf par échange, être dépossédée que précairement.

Un mot encore sur ce point.

Nous avons vu que les lois domaniales avaient toujours

soigneusement distingué les aliénations du domaine où la faculté de rachat avait été stipulée, de celles où elle avait été omise.

Un domaniste explique fort bien le motif de cette distinction, et pourquoi la loi s'est toujours montrée plus rigoureuse, à l'égard des possesseurs ou détenteurs, dont le titre mentionnait la faculté de rachat.

« Le titre même d'aliénation fait ici, dit-il, la loi du détenteur : il ne peut s'y soustraire ; nul ne peut ni prescrire ni réclamer contre son titre ; à quelque époque reculée que sa possession puisse remonter, elle n'a jamais été que précaire ; l'intervalle de plusieurs siècles ne peut ni couvrir ce vice, ni enlever à la nation le droit que le titre lui a toujours conservé, ni même laisser au détenteur aucun motif de se plaindre. Son titre a dû lui rappeler sans cesse qu'il jouissait d'un fonds dont la propriété ne lui appartenait pas ; la longueur de sa possession, loin de prouver de sa part aucun droit, ne fait, au contraire, qu'attester la négligence des officiers du domaine. »

VII.

Suivant l'arrêt de la cour de Douai il ne s'agit pas ici d'un titre précaire. Ce qui a été fait, c'est une vente à faculté de rachat, c'est un acte translatif de propriété sauf condition résolutoire. Si donc la condition a défailli, si le rachat a été prescrit, la propriété est devenue définitive et incommutable. Or le rachat pouvait se prescrire, donc s'il n'a pas été exercé pendant le temps requis pour prescrire, il a été perdu, et c'est ce qui était arrivé longtems avant que le conseil du roi accordât une concession à M. de Croy, en 1749.

Ce raisonnement qui se trouve en substance et en germe,

sinon en termes explicites dans l'arrêt déféré à la censure de la Cour suprême, ce raisonnement, disons-nous, a plus d'un défaut.

D'abord, comme nous l'avons vu dans le n° V, il tend à faire tourner contre l'inviolabilité du domaine de la couronne de France, les précautions mêmes qui avaient été prises pour la sauvegarder.

En second lieu, comme nous l'avons vu aussi dans le même numéro, ce raisonnement méconnaît la véritable nature du contrat, qui avait eu lieu en 1529, entre François Ier et Charles-Quint. Ce contrat ne constituait pas un acte de vente, mais un acte d'antichrèse; il ne transférait pas la propriété, il l'engageait seulement; en un mot, c'était à ne pas s'y méprendre un contrat pignoratif, et pas autre chose.

Enfin, ce raisonnement a un dernier défaut, c'est qu'il n'est pas concluant, ou, du moins, c'est qu'il ne devient tel, qu'en posant en principe ce qui est en question, à savoir si en transformant un acte d'antichrèse en acte de vente à réméré, on rendra la prescription plus facile que si on ne travestissait pas le caractère de cet acte.

Sans doute il en eût été ainsi en France, où, comme nous l'avons reconnu, l'acheteur à réméré prescrivait contre le vendeur, tandis que le créancier antichrésiste ne pouvait jamais prescrire contre son débiteur.

Mais le droit de la France était-il le droit du Hainaut, et par conséquent de Condé qui faisait partie du Hainaut?

L'arrêt de la cour de Douai décide résolûment cette question d'une manière affirmative : « La faculté de rachat conventionnel se prescrivait, dit l'arrêt, en Hainaut par trente ans. »

Nous eussions été bien embarrassé, nous l'avouons, de deviner où la cour de Douai avait vu cela, si nous n'avions pas sous les yeux la consultation, en faveur de la compagnie d'Anzin, d'un avocat belge, où cette curieuse découverte se trouve consignée.

Mais comment cet avocat justifiait-il une opinion qu'on aurait à bon droit traitée d'hétérodoxe, dans le Hainaut, si jamais elle s'y était produite?

Il la justifie en citant Dunod, Pollet et de Ghewiet.

Or Dunod ne parle que de la jurisprudence de la France ou plutôt de celle du parlement de Besançon. Pollet à son tour ne parle que de ce qui se pratiquait sous l'empire de la coutume de Lille; et de Ghewiet se contente de rapporter ce que dit Pollet.

Ne voilà-t-il pas des autorités bien concluantes?

Elles le sont d'autant moins, que l'opinion émise par Pollet sur la prescriptibilité de la faculté de rachat sous la coutume de Lille (coutume toute différente de celle du Hainaut), n'est rien moins qu'incontestable. On jugeait autrement à la gouvernance de Lille en première instance et au conseil de Flandre à Gand en appel; et le premier président de Blye qui atteste cette jurisprudence, l'approuve.

D'un autre côté, diverses coutumes des Pays-Bas déclaraient imprescriptible la faculté de rachat, soit relativement aux immeubles, soit relativement aux rentes qui en étaient l'objet. Telles étaient les coutumes de Luxembourg, de Liége, de Tournai, de Douai et d'Orchies. Telles étaient aussi les coutumes de Mons et de Valenciennes.

Il paraît que dans l'Artois on décidait également que la faculté de rachat était imprescriptible, et telle était la jurisprudence du grand conseil de Malines, jurisprudence dont le président de Gryspère est à la fois le témoin et l'approbateur.

Enfin, comme le Hainaut, a formé pendant longtemps un fief immédiat de l'empire, il n'est pas sans intérêt de remarquer que cette jurisprudence était aussi suivie en Allemagne, comme le constate Mynsinger, qui rapporte en ce sens plusieurs arrêts de la chambre impériale et un grand nombre d'autorités.

Au reste, sans recourir soit à la jurisprudence allemande, soit à celle des Pays-Bas, l'avocat belge dont nous parlons aurait pu facilement reconnaître que l'on ne pouvait pas appliquer au Hainaut les règles suivies à Besançon ou à Lille.

Il lui eût suffi d'ouvrir les Chartes, pour s'assurer immédiatement que la prescription trentenaire dont parlent Dunod et Pollet, était, sauf pour les dîmes et pour les biens des gens d'Église, complétement inconnue dans le Hainaut.

Il résulte en effet, des articles 1 et 4 du chapitre CVII des Chartes, que toutes les actions soit réelles, soit personnelles, se prescrivaient par vingt et un ans. Les actions personnelles se prescrivaient même par douze années lorsqu'elles n'étaient pas appuyées sur un titre.

Si, non content de consulter ces textes, M. Dolez eût attentivement étudié l'esprit de la législation coutumière de cette province, il n'eût pas tardé à reconnaître qu'il y avait une immense différence entre le droit de rachat tel qu'il était connu et pratiqué en France, et le droit de rachat tel qu'il était compris et usité en Hainaut et dans le pays de Liége.

Nous avons vu qu'en France la vente à réméré transférait, comme la vente pure et simple, la propriété de la chose vendue à l'acheteur; que par conséquent le droit de retrait du vendeur ne consistait qu'en une action personnelle contre l'acheteur; que celui-ci, au contraire, possédait *pro suo*; qu'à lui seul, dès lors, appartenait le droit réel, le *jus in re*, la revendication de la chose par lui achetée. Et de là cette conséquence encore, que bien que, par une fiction, le droit de réméré fût assimilé dans la succession du vendeur à l'immeuble même sur lequel il devrait être exercé, dans le patrimoine de ce même vendeur il tenait nature de meuble et n'eût pas été susceptible d'hypothèque, parce que ce droit se réduisait à forcer l'acheteur à une rétrocession.

Rien de semblable dans les Pays-Bas, ou du moins rien de semblable dans le pays de Liége et dans le comté de Hainaut.

Sans doute, dans ces pays, il fallait des œuvres de loi, des actes d'adhéritance et de déshéritance lorsque le retrait était exercé comme lorsque la vente à rachat s'effectuait, mais il en fallait aussi à l'égard de toute disposition entrevifs relative à des immeubles, cette disposition fût-elle exclusive de toute transmission de propriété, comme les constitutions d'antichrèses, d'hypothèques, de servitudes, etc. Donc rien à conclure de l'intervention des œuvres de loi lorsqu'on recherche quelle était la nature du droit que se réservait dans le pays de Liége et en Hainaut le vendeur à faculté de rachat.

Nulle conclusion à tirer non plus de ce que le droit de rachat n'aurait pas été susceptible d'hypothèque en Hainaut, car cela fût-il vrai, il faudrait encore reconnaître que ce résultat ne tiendrait pas à la dépossession par le vendeur de tout droit réel, mais au système hypothécaire tout à fait anormal qui avait été adopté dans cette province.

Que le vendeur à faculté de rachat conservât une action *in rem*, et non pas seulement une action *in personam*, dans le pays de Liége et dans le Hainaut; que le droit qu'il se réservait ne fût pas seulement assimilé à un droit réel dans sa succession, comme en France, par une fiction de droit, mais qu'il tînt nature d'immeuble dans son patrimoine, c'est ce qui résulte évidemment des dispositions des Chartes du Hainaut et de la coutume de Liége.

« Fiefs, alloëts ou mainfermes vendus ou transportés à faculté de rachapt, seront tenus et réputés pour héritages. »

Tel est le prescrit de l'article 16 du chapitre cxxii des Chartes générales du Hainaut.

L'article 8 du chapitre i de la coutume de Liége n'est pas moins explicite. Il est ainsi conçu : « Faculté de rédimer ou rapprocher le bien aliéné est un droit réel. »

Cette différence profonde qui existait entre le droit de rachat de ces deux provinces, et celui qui était pratiqué en France, explique suffisamment pourquoi l'un était imprescriptible et l'autre non.

Elle prouve aussi qu'il y avait beaucoup plus d'analogie entre le droit de rachat de ces deux provinces et l'antichrèse, qu'entre ce même droit et le pacte de réméré, comme on l'entendait en France.

Pourquoi en France la possession du créancier antichrésiste ne pouvait-elle pas aboutir à la prescription? parce que ce créancier ne possédait pas *pro suo*.

Pourquoi l'acheteur à faculté de rachat prescrivait-il dans le même pays? par la raison contraire; parce qu'il était devenu propriétaire, parce qu'il possédait comme tel.

A l'inverse, pourquoi le débiteur, qui avait donné son bien en antichrèse, n'avait-il pas à craindre les effets de la prescription? parce qu'il restait propriétaire; parce qu'il possédait par son créancier.

Pourquoi, au contraire, en France le vendeur à réméré subissait-il la prescription? parce qu'il ne conservait plus sur le bien ainsi vendu aucun droit réel; parce qu'il était complétement dessaisi à son égard de toute possession; parce qu'enfin son droit se bornait à une action personnelle contre l'acheteur.

Donc, là où le droit était réel, là où la possession ne cessait pas, l'acheteur ne pouvait pas être considéré d'une manière absolue comme possesseur *pro suo*; donc, en Hainaut et dans le pays de Liége il devait être assimilé non à l'acheteur à réméré français, mais à l'antichrésiste; donc il ne pouvait pas prescrire.

Tel est, en effet, l'avis des jurisconsultes qui ont écrit spécialement sur le droit coutumier du Hainaut.

Tel est, notamment, celui de Dumées, qui écrivait son ouvrage sur la jurisprudence de cette province, l'année même où fut rendu l'arrêt du conseil du 14 octobre 1749.

Telle est aussi l'opinion de Cogniaux dans sa *Pratique du retrait*, et de M. Britz, dans son *Code de l'ancien droit belgique*.

Il faut le dire, au reste, cette opinion était en tout point conforme à l'esprit général de la coutume de cette province qui avait admis avec empressement tous les moyens jugés efficaces par le législateur pour conserver les biens dans les familles.

Aussi nulle part les retraits n'étaient-ils plus communs qu'en Hainaut.

Certains de ces retraits étaient à peine connus en France, même de nom. Tels étaient le retrait des *comparchonniers* et le retrait de *consolidation*.

D'un autre côté, on avait exagéré dans cette province toutes les institutions qui servaient ailleurs aussi de cortége habituel à la féodalité.

Ainsi, en France, on ne permettait en général le retrait lignager qu'en cas de vente ou d'actes équipollents à vente. On ne l'admettait ni pour les échanges, surtout s'ils avaient lieu sans soulte, ni pour les arrentements, ni pour les donations, fussent-elles même onéreuses ou rémunératoires.

Dans le Hainaut, au contraire, toutes les aliénations, soit à titre onéreux, soit à titre gratuit, donnaient ouverture au retrait lignager.

Une autre différence montre combien les Chartes de cette province avaient reçu profondément l'empreinte de la féodalité.

En France, de droit commun, le retrait conventionnel passait, dans les pays coutumiers, avant le retrait lignager, et celui-ci avant le retrait féodal.

D'après le droit commun des Pays-Bas le retrait lignager était aussi préféré au retrait féodal.

Dans le Hainaut, le retrait féodal primait tous les autres.

Autre exemple.

On connaissait autrefois trois espèces de tenures, la tenure allodiale, la tenure censuelle et la tenure féodale.

De ces deux dernières, la tenure féodale était, de beaucoup, la plus onéreuse.

Dans un certain nombre de provinces, tous les biens étaient réputés des francs alleux.

Dans toutes les autres, sauf le Hainaut, tous les biens étaient réputés des rotures ou mainfermes.

En Hainaut, non-seulement la présomption d'asservissement prévalait, mais encore la loi se prononçait, dans le doute, pour l'asservissement le plus avantageux au seigneur. Tous les biens étaient réputés fiefs.

Est-ce la seule disposition de cette coutume qui soit tout à fait en dehors des règles qui se pratiquaient ailleurs? Non, sans doute; et en parcourant la législation de cette province, on rencontre à chaque instant les anomalies les plus bizarres, mais en même temps les plus propres à démontrer combien cette législation était essentiellement conservatrice du patrimoine immobilier des familles.

Ainsi, partout ailleurs qu'en Hainaut, on permettait les

dispositions testamentaires pourvu qu'elles n'entamassent pas les réserves des héritiers légitimaires.

En Hainaut, ces dispositions n'étaient permises que pour les meubles. Les immeubles ne pouvaient être l'objet d'une disposition testamentaire efficace.

Ailleurs, on ne pouvait mourir en partie testat et en partie intestat. En Hainaut, on le pouvait.

Ailleurs, la disposition testamentaire faite au profit d'un héritier du sang l'obligeait d'opter entre le bénéfice de cette disposition et l'avantage qui lui était attribué par la loi. Il ne pouvait, en profitant de la partie du testament qui lui était favorable, tenir pour non avenue celle qui lui imposait des charges.

En Hainaut, il cumulait ce profit et cette exemption; il prenait les meubles en vertu du testament, et les immeubles en vertu de la coutume.

Enfin, ailleurs la clause privative avait pour résultat d'obliger l'héritier du sang à délivrer au légataire le bien, quel qu'il fût, dont le testateur avait disposé en sa faveur.

En Hainaut, il pouvait ne pas tenir compte de la clause privative, en ce sens qu'il pouvait se dispenser de délivrer l'immeuble légué en en payant la valeur.

Ce n'est pas tout.

A Valenciennes, l'idée de dépossession d'un immeuble patrimonial semblait une idée tellement exorbitante, qu'on n'y admettait pas d'autres ventes que celles sous faculté de rachat. Vainement le vendeur avait exprimé, de la manière la plus formelle, son intention de se dessaisir de sa propriété, d'une manière incommutable, la coutume se montrait plus soigneuse que lui-même de ses intérêts. Elle transformait en vente à réméré la vente pure et simple qu'il avait faite.

Il y a plus, les ventes judiciaires elles-mêmes ne transféraient pas la propriété d'une manière définitive.

Ainsi, pour les arrentements hypothéqués du chef-lieu de Valenciennes, le créancier, qui n'était pas payé de sa rente, avait le *clain de rétablissement*, c'est-à-dire le droit de faire annuler l'arrentement et de rentrer en possession de l'héritage; mais s'il exerçait ce droit, le débiteur avait à son tour celui de le déposséder dans l'année en lui payant, quoi? la valeur du bien? non : en lui payant seulement les arrérages dus et les frais.

Les articles 43 et 44 de la coutume de Valenciennes sont positifs à cet égard.

Le désir ardent qu'éprouvait le législateur du Hainaut de ne pas laisser sortir les immeubles des familles, ne ressort pas moins du régime hypothécaire qu'il adopta, que des articles des Chartes et de la coutume de Valenciennes précités.

Ce régime semblait inventé pour dissuader le créancier de l'idée de prendre hypothèque, ou, s'il s'y décidait, pour rendre son droit illusoire.

Ainsi l'hypothèque, qui n'est en définitive que l'auxiliaire de l'action personnelle absorbait, en Hainaut, tellement celle-ci, qu'elle la paralysait complètement pendant toute sa durée; de telle façon que la position du simple créancier chirographaire pouvait être meilleure que celle du créancier auquel on accordait en apparence une position plus favorable.

Puis ce créancier venait-il à exercer l'action hypothécaire, à quoi le plus souvent aboutissait-elle? Non pas comme ailleurs à la vente de l'immeuble hypothéqué, mais simplement à une garantie nouvelle ou à la transformation de l'hypothèque en antichrèse; d'où il résultait que si les fruits de l'immeuble hypothéqué étaient de moindre valeur que les intérêts de la créance, celle-ci ne faisait, avec le temps, que s'accroître au lieu de diminuer.

N'était-ce pas là une merveilleuse organisation du crédit privé, mais n'était-ce pas là surtout la preuve la plus certaine de l'intention bien arrêtée chez le législateur du Hainaut, de rendre impossible toute expropriation immobilière? N'était-ce pas là la confirmation la plus éclatante de l'induction que tiraient les jurisconsultes du pays de la disposition de l'article 16 du chapitre CXXII des Chartes?

A coup sûr la prescription de la faculté de rachat eût été quelque chose d'énorme dans un pays ainsi organisé, et l'on devait s'y familiariser facilement, au contraire, avec le principe de l'inaliénabilité du domaine de la couronne de France, puisque cette inaliénabilité qui, au delà de ses frontières était de droit étroit, en deçà était, ou peu s'en faut, de droit commun.

Nous n'aurions pas eu besoin, du reste, d'insister autant sur cet esprit excentrique de la législation du Hainaut, s'il nous eût plu de rechercher, en dehors de cet esprit, la preuve de l'erreur que la cour de Douai a commise en déclarant prescriptible, dans cette province, la faculté de rachat.

Cette preuve résulte des faits mêmes que l'arrêt a constatés ou a tenus pour tels.

Suivant l'arrêt, le rachat de Condé aurait eu lieu en 1558.

Suivant l'arrêt aussi, la faculté de rachat se fût prescrite en Hainaut par trente ans.

Ces deux hypothèses se coordonneraient très-bien entre elles, car, la mise en possession de Charles-Quint ne datant que de 1529, en 1558 la prescription trentenaire n'eût pas encore été atteinte.

Malheureusement pour le système, très-commode d'ailleurs, de M. Dolez, nous savons actuellement qu'il ne repose que sur une supposition toute gratuite.

Nous savons que ce légiste a confondu la prescription hennuyère avec la prescription française.

Nous savons qu'en France la faculté de rachat était prescriptible par trente années, mais nous savons aussi qu'en Hainaut tous les droits, tant réels que personnels, se prescrivaient par vingt et un ans.

Par conséquent, si en Hainaut la faculté de rachat eût été prescriptible, celle stipulée en 1529 eût été prescrite en 1550.

Or, demanderons-nous à notre tour, si en 1558 ce droit de retrait avait été prescrit, comment cette prescription n'eût-elle pas été invoquée par M. de Roghendorff ou par son représentant, lorsqu'il leur était si facile de conserver la seigneurie du château pour moitié de sa valeur vénale?

De deux choses l'une, ou la faculté de rachat en Hainaut était prescriptible, ou elle ne l'était pas.

Si elle était prescriptible, la prescription était acquise en 1558, et le retrait qu'on suppose n'a pas été exercé.

Si elle ne l'était pas, les droits du roi de France, en 1749, étaient les mêmes que ceux que son prédécesseur avait stipulés en 1529 dans le traité de Cambrai.

Il est impossible de sortir de ce dilemme, et, sans en sortir, il est impossible de donner gain de cause à la compagnie d'Anzin.

VIII.

L'arrêt de la cour de Douai prétend que « François I*er* n'a jamais été un seul instant *en possession réelle* de Leuze et Condé; » mais nous avons déjà dit que, si par ces mots de possession réelle la cour n'a entendu parler que de la *dé-*

tention matérielle, elle n'a fait que constater un fait tout à fait insignifiant; que si, au contraire, par ces mots elle a entendu la possession civile, la possession *animo domini*, la possession qui est de nature à acquérir la propriété par la prescription, alors, en paraissant apprécier un fait, elle n'a en réalité fait que violer un droit.

Nous avons en effet prouvé, au n° I, que sous l'ancien droit comme sous le Code civil, celui qui détient à titre précaire, l'antichrésiste, par exemple, ne possède pas l'immeuble qui lui a été livré en garantie de sa créance ; que celui qui possède cet immeuble, c'est le débiteur; qu'il le possède par son créancier; et que, comme la prescription acquisitive n'est jamais que le résultat de la possession véritable, de la possession civile, de la possession *animo domini*, il en résulte que le débiteur peut prescrire contre des tiers par son créancier qui possède pour lui, tandis que celui-ci ne peut jamais prescrire, *neque per mille annos*, contre son débiteur pour lequel il possède.

D'un autre côté, nous avons prouvé au n° V, par une multitude de textes et d'autorités, que ces principes étaient suivis dans les Pays-Bas en général, et en particulier dans le Hainaut.

Nous avons prouvé en outre dans ce même numéro que les engagements du domaine de la couronne ne devaient être considérés que comme des antichrèses, et que c'était précisément parce qu'ils étaient considérés comme tels, que le roi restait propriétaire et possesseur des fiefs et des justices compris dans ces engagements.

Nous avons prouvé de plus qu'en faisant abstraction de la qualité de roi de France, et en mettant de côté les principes du droit domanial, on ne pouvait encore trouver qu'une antichrèse dans l'acte intervenu en 1529 entre François Ier et l'empereur Charles-Quint relativement aux seigneuries de

Leuze et Condé; que dès lors, même au point de vue du droit commun, François Ier avait dû rester possesseur de la seigneurie de Condé et de sa justice.

Surabondamment nous avons prouvé au n° VII que l'acte intervenu en 1529, eût-il pu être considéré comme une vente à faculté de rachat, cette circonstance, si décisive en France pour le transfert de la possession civile, ne l'eût pas été en Hainaut, parce qu'en Hainaut la vente à faculté de rachat ne dépossédait pas le vendeur de son droit réel, et ne constituait dès lors qu'une sorte d'antichrèse.

Enfin, nous avons prouvé aux n°s II, III et IV que le titre primitif de Charles-Quint n'avait pas été interverti, parce que pour cela il aurait fallu en Hainaut trois choses: bonne foi de la part du possesseur, capacité d'aliéner de la part de celui contre qui il voulait prescrire, et contradiction du droit de ce dernier, ou du moins connaissance acquise par lui des prétentions manifestées ou des usurpations exercées à l'encontre de ce droit.

Or, aucune de ces circonstances ne se rencontre dans l'espèce, même en supposant (ce qui est plus que douteux) que la possession ou, pour mieux dire, la détention de M. de Lalain procédât du rachat exercé par M. de Montpensier en 1558.

Donc, pas d'interversion de titre en 1558;

Donc, continuation de la possession primitive par les détenteurs;

Donc, identité de position à l'égard du roi de France entre les de Lalain ou les de Croy et Charles-Quint ou M. de Roghendorff;

Donc, les de Lalain et les de Croy possédaient à titre précaire;

Donc, ils n'avaient pas la possession civile; ils ne possédaient pas *pro suo*;

Donc, ils possédaient pour un autre, et cet autre possédait par eux.

Cet autre, c'était le débiteur de 1529, c'était le roi de France.

IX.

Il nous reste à prouver que cette possession du roi de France, en se prolongeant, devait, indépendamment de toutes œuvres de loi, aboutir à la propriété par la prescription.

Avant tout, disons que le tribunal de Valenciennes surtout, a attaché à ces formalités beaucoup plus d'importance qu'elles n'en avaient réellement.

Or il faut bien nous occuper des motifs du jugement rendu par ce tribunal à la date du 30 mars 1849, puisque la cour de Douai les approuve et s'y réfère dans l'arrêt que nous déférons à la censure de la Cour suprême.

Le tribunal de Valenciennes paraît admettre que pour transférer la propriété dans le Hainaut, les œuvres de loi étaient *impérieusement exigées, à peine de nullité.*

Il dit qu'on les regardait dans cette province, et à Valenciennes spécialement, comme *tenant à l'ordre public.*

Il ne se contente pas de citer le texte des Chartes, il cite la coutume du chef-lieu qui exigeait l'intervention personnelle de l'acquéreur dans les actes de déshéritance et d'adhéritance.

Il ne se borne pas à dire qu'en Hainaut François Ier étant en dehors de son royaume, ne pouvait se soustraire à l'accomplissement de ces formalités, il ajoute que Charles-Quint lui-même y était soumis, malgré sa souveraineté.

Il y a là bien des erreurs.

Et d'abord la coutume de Valenciennes ne dit pas que la transmission de la propriété sera nulle si elle n'est pas accompagnée d'œuvres de loi. Cette coutume dit, ce qui est bien différent, que ces œuvres de loi seront nulles si elles ne sont pas faites dans la forme qu'elle prescrit.

De plus, la coutume de Valenciennes n'a que faire ici, puisqu'il s'agit d'un fief et que les fiefs étaient exclusivement régis par les Chartes générales.

La dispense pour le souverain d'accomplir les œuvres de loi n'avait pas besoin d'être consacrée par des textes, car elle dérivait de la nature des choses.

Le nantissement n'était, comme ses formes elles-mêmes le prouvaient, qu'une reconnaissance de vassalité. On ne pouvait donc l'exiger de celui qui selon le langage du temps ne relevait que de Dieu et de son épée, ou qui suivant l'expression des feudistes, était considéré comme *la source et l'origine de tous les fiefs et de toutes les directes.*

Aussi en Hollande comme en Belgique, et en Italie comme en France, tenait-on pour maxime certaine que le souverain était dispensé des œuvres de loi. Sur ce point le langage de Néostade n'est pas autre que celui de Dulaury, d'Albert de Leeuw et de M. Britz, et l'opinion de Fachin et de Menochius ne diffère pas de celle de Dumoulin et de Merlin.

Cette concordance se retrouve dans les actes qui font partie de notre dossier.

Ainsi d'un côté dans l'acte du 26 août 1531, Charles-Quint déclare que M. de Roghendorff sera valablement adhérité par son procureur, alors même que la coutume locale n'admettrait pas ce mode d'adhéritement; et d'un autre côté MM. de Clèves, de la Marche et de la Vauguyon reconnaissent dans leurs procurations que Charles-Quint pourra prendre possession des terres qu'ils doivent lui transmettre en exécution du traité de Cambrai, *sans être tenu d'observer et garder aucunes solemnités ni œuvres de loi requises par les coutumes et usaiges du pays, mais par la seule appréhension de fait, de sa propre autorité.*

Pourquoi donc, lorsque chacun reconnaissait avec Charles-Quint qu'il était dispensé des œuvres de loi, persistait-il cependant à les accomplir pour Condé et pour les autres seigneuries qui lui étaient données en gage par suite du traité de Cambrai? A coup sûr, ce n'était pas dans son intérêt qui, dans tous les cas, restait sauf; mais n'était-ce pas dans celui de François Ier?

Si, avec le jurisconsulte belge Goudelin, on ne voyait dans les solennités symboliques des œuvres de loi qu'une mise en possession rendue plus facile par la substitution d'une chose mobilière à un immeuble; si, en disant avec M. Merlin que *la tradition* du droit romain *était représentée* dans les pays de nantissement *par les œuvres de loi*, on pouvait assurer que cette représentation était complète: alors on ne s'expliquerait que bien difficilement la conduite de Charles-Quint, car il serait certain que la mise en possession de l'empereur comme engagiste aurait opéré cette tradition au profit du roi de France.

Voici pourquoi:

La tradition n'était autre chose que la dation ou le transfert de la possession: *datio sive translatio possessionis*, disent Zœsius et Cujas.

Cette dation ou ce transfert était indispensable pour opérer une mutation de propriété d'après les principes de la loi romaine: *traditionibus dominia rerum non nudis pactis transferuntur*.

Lors donc qu'il y avait plusieurs aliénations successives, il aurait fallu autant de traditions qu'il y avait eu d'aliénations; mais comme ces divers actes n'avaient en définitive d'autre objet que de mettre en possession le dernier acquéreur, on les supposait accomplis, bien qu'ils n'eussent pas eu lieu, et l'on se contentait de la tradition faite par le premier vendeur au dernier acheteur. Tel était l'objet de la fiction dite *brevis manus*, qui, suivant la remarque d'Ulpien, permettait *celeritate cungendarum inter se actionum unam actionem (vel plures actiones) occultari.*

Mais toujours parce que la tradition n'avait d'autre objet que la mise en possession, elle devenait inutile, sans recourir même à aucune fiction de droit, lorsque la chose qu'il s'agissait de livrer était déjà entre les mains de celui qui devait la recevoir. C'est pourquoi la loi romaine disait que *interdum etiam sine traditione nuda voluntas domini sufficit ad rem transferendam.* C'est pourquoi Pothier disait aussi « qu'on peut transférer à quelqu'un le domaine d'une chose par le seul consentement des parties et sans tradition, lorsque la chose se trouve déjà par devers lui. »

Or, pour acquérir la possession, il fallait à la fois une intention et un fait, mais l'intention devait nécessairement être celle de l'acquéreur, tandis que le fait pouvait être celui d'un tiers. Paul disait : *Possessionem adquirimus animo et corpore, animo utique nostro, corpore vel nostro vel alieno.* C'est pourquoi on acquérait la possession civile par toute personne qui détenait en votre nom, ou dont le titre était la reconnaissance du vôtre, tels que l'usufruitier, le locataire, le dépositaire, le commodataire, l'antichrésiste ou l'engagiste.

Si donc l'on prenait à la lettre ce que disent Goudelin et Merlin, si l'on admettait que, dans l'espèce, la tradition du droit romain était suffisante, sans nul doute, dès le 12 avril 1529, cette tradition eût été accomplie, pour Leuze et Condé, au profit de François Ier, car, à cette date, le roi de France aurait acquis *comme propriétaire* la possession des seigneuries que l'empereur recevait pour lui *comme engagiste.*

Mais comme un droit réel ne se constituait dans les Pays-

Bas, et spécialement dans le Hainaut, que par l'adhéritance, et comme le privilége de l'empereur qui le dispensait de l'adhéritance était un privilége tout personnel, n'aurait-il pas été à craindre qu'on contestât la mise en possession de François Ier par Charles-Quint, si ce dernier n'eût pas subi pour lui les formalités dont personnellement il était dispensé? Ou nous nous trompons fort, ou telle est l'explication de la conduite que nous voyons tenir à l'empereur en 1529 ; elle lui aura été dictée par l'intérêt de François Ier, et conseillée par les mandataires de ce prince.

Et si cette explication était admise, il faudrait admettre aussi que dès 1529 François Ier se serait trouvé adhérité de la seigneurie de Condé. Au reste ce point nous touche peu, car nous prouverons bientôt que si son droit n'a pas été *réalisé* en 1529 il l'a été infailliblement en 1550 ; et cela nous suffit.

Mais revenons au caractère et aux effets des œuvres de loi, pour prouver, contrairement à l'opinion du tribunal de Valenciennes, qu'*elles ne tenaient pas à l'ordre public*, qu'elles n'étaient pas, comme il l'a dit, *exigées à peine de nullité* pour que la transmission de propriété s'opérât.

Si elles eussent été si impérieusement exigées, si elles eussent été essentielles, si elles eussent été d'ordre public, il en fût résulté :

Que la nullité d'un acte où elles auraient dû intervenir, et où elles ne seraient pas intervenues, aurait pu être invoquée non-seulement par les tiers, mais par les parties contractantes elles-mêmes ;

Que l'acquisition non suivie de nantissement n'eût produit aucun effet ;

Que, en cas de stellionat, le second acheteur ensaisiné eût dû être préféré au premier acheteur non ensaisiné, encore bien qu'il eût connu cette vente préalable ;

Que la même chose aurait dû avoir lieu dans le cas où le seigneur ou ses officiers auraient négligé ou refusé d'admettre le premier acquéreur à la saisine et y eussent admis le second acheteur ;

Enfin, que la prescription n'aurait pas pu couvrir le défaut d'accomplissement des devoirs de loi.

Or rien de tout cela n'est vrai, et nous en avons pour preuve le témoignage de Merlin, témoignage imposant surtout lorsqu'il s'agit d'apprécier le sens et l'esprit de coutumes d'un caractère exceptionnel que ce jurisconsulte a étudiées avec un soin tout particulier.

Merlin démontre que malgré les expressions si impératives des articles 1 du chapitre XCIV des Chartes générales du Hainaut, et 1 du titre v de la coutume du Cambrésis, l'accomplissement des devoirs de loi n'était jamais exigé à peine de nullité, et que nonobstant ce défaut d'accomplissement l'acheteur avait, pour se faire livrer la chose vendue, une action personnelle contre celui avec lequel il avait contracté ou contre ses héritiers. Il cite en ce sens un arrêt du parlement de Paris du 13 août 1763.

Il prouve que l'accomplissement des devoirs de loi n'était pas plus nécessaire pour la validité des donations que pour celles des autres actes, même dans les coutumes qui comme celles de Gand et d'Alost, contenaient des textes qui semblaient contredire cette doctrine. Il cite l'opinion de Knobhaert et trois consultations délibérées en 1651, 1663 et 1674, par les avocats les plus distingués de la Flandre. Il cite, ce qui est plus décisif encore, les termes du placard du 16 septembre 1673, d'où il résulte que dans *toutes aliénations*, les œuvres de loi ne sont exigées que dans l'intérêt *des personnes tierces*.

Sohet et M. Britz attestent la même chose, et ils ne mettent pas en doute qu'on ne pût forcer le contractant ou ses héritiers à remplir les formalités des devoirs de loi, l'on trouve, en effet, des dispositions positives à cet égard, dans les coutumes de Luxembourg et d'Audenarde.

Loin que l'acquisition qui n'avait pas été suivie de nantissement ne produisît aucun effet, elle produisait au contraire tous ceux qui eussent dérivé d'une vente accompagnées d'œuvres de loi, pourvu qu'il n'y eût pas de tiers intéressés à la contester.

Ainsi elle transférait la possession et rendait recevable à se pourvoir par complainte contre ceux qui la troublaient. C'est ce que décident formellement les coutumes de Reims, de Vermandois et de Chaulny.

De même, l'immeuble non ensaisiné était complétement assimilé à l'immeuble ensaisiné dans les partages de communauté et de succession. Merlin cite en preuve huit arrêts dont deux du parlement de Paris, trois du parlement de Flandre et trois du conseil souverain de Mons.

En cas de plusieurs ventes successives, le premier acheteur ensaisiné était, il est vrai, préféré, mais ce qui prouve que cela ne tenait pas à ce que les œuvres de loi auraient été essentielles pour transférer la propriété, c'est l'exception que subissait cette règle, quand le second acheteur qui s'était fait nantir le premier était instruit, soit en contractant, soit en prenant saisine, qu'il existait déjà un contrat de vente du même bien; dans ce cas le premier acheteur était préféré au second. C'est ce que nous attestent Desmasures pour l'Artois et Cogniaux pour le Hainaut; c'est aussi ce qu'a décidé un arrêt du conseil souverain de Mons, rendu en 1710.

Dans le même cas de ventes successives, le premier acheteur était encore préféré au second, si le défaut d'accomplissement des devoirs de loi ne provenait pas pour celui-là de son défaut de diligence, mais du refus ou retard que le seigneur ou ses officiers auraient mis à l'adhériter. Les dispositions sur ce point des coutumes du Vermandois et de Reims, qui suivant Merlin doivent servir de règle générale, nous prouvent de nouveau que les œuvres de loi n'étaient pas indispensables, dans les pays de nantissement, pour transférer la propriété.

Enfin elles l'étaient si peu que leur omission se prescrivait.

A cet égard les auteurs sont unanimes; il n'y a dissidence entre eux que sur le terme de la prescription.

Suivant de Ghewiet, cette prescription résultait d'une possession de dix années. Au lieu de citer en ce sens un arrêt du parlement de Flandre du 12 octobre 1699, qu'il a mal compris, cet auteur aurait pu citer les dispositions des coutumes de Liége, du Vermandois, de Reims, de Chaulny et de Péronne.

Mais suivant Merlin et M. Britz, ces coutumes ne formaient pas le droit commun, elles devaient être restreintes à leurs territoires, et partout ailleurs il fallait pour suppléer au nantissement une possession égale à celles que les différentes lois municipales exigeaient pour la prescription des immeubles.

Cette opinion, qui est la plus logique, était aussi celle adoptée en Hainaut par Cogniaux, qui dans sa *Pratique du retrait* disait qu'un acheteur non ensaisiné ne pouvait dans cette province avoir acquis la propriété que par le terme de vingt et un ans « et qu'il n'y a que cette prescription qui équipolle à vest et devest. »

« J'ai toujours vu, ajoute Merlin, cette opinion approuvée par les plus habiles avocats du parlement de Flandre. » Et il cite à l'appui, un arrêt de ce parlement du 17 décembre 1711, et un arrêt du conseil souverain de Brabant rendu au mois de juillet 1644 et rapporté par Stockmans.

Nous remarquerons au reste que la cour de Douai ne nie pas que les œuvres de loi se prescrivissent par vingt et un ans dans le Hainaut, elle nie seulement qu'on puisse prescrire sans posséder, ce qui est parfaitement vrai, mais ce qui, comme nous l'avons vu (n° I), est non moins parfaitement inapplicable à notre espèce.

Enfin nous ne prendrions peut-être pas la peine de faire remarquer que M. Dolez dans sa consultation, reconnaît aussi que dans le Hainaut, la possession de vingt et un ans équivaut à l'accomplissement des œuvres de loi, si nous n'avions été frappé des citations qu'il fait pour appuyer cette thèse, *incontestable* d'ailleurs, comme il le dit.

Il cite les observations de Raparlier sur le chapitre CVII des Chartes; Boulé, t. II, p. 185 et suiv.; Britz, p. 967, texte et notes.

Or que disent ces auteurs dans ces divers passages?

Ils disent que la prescription de la dîme ou du terrage ne peut commencer que du jour du *contredit et refus* d'acquitter ces deux droits; ils disent qu'il en est de même de l'emphytéote à l'égard du propriétaire et que pour qu'il prescrive contre lui, il faut qu'il ait commencé par contredire son droit et cessé de payer le canon qui lui est dû. Ils disent enfin, comme les auteurs dont nous avons invoqué le témoignage au n° II, qu'on ne possède utilement que lorsque l'on possède comme maître; que l'on ne possède comme tel que lorsqu'on a interverti son titre si l'on possédait d'abord à titre précaire; et que cette interversion n'est pas possible, si la possession dont on veut se prévaloir est clandestine ou équivoque, si elle n'a pas lieu au su et vu du propriétaire, si elle n'implique pas son consentement tacite, par sa persévérance à souffrir sans se plaindre la négation et la contradiction de son droit.

Et si c'est là le sens des passages de Raparlier, de Boulé

et de M. Britz, cités par M. Dolez, comment le conseil de la compagnie d'Anzin n'a-t-il pas vu qu'il ruinait par ses citations les prétentions de ses clients?

Quelle preuve donne-t-on, en effet, de la connaissance que François Ier ou ses successeurs auraient eue du rachat supposé ou réel de 1558? on n'en donne aucune.

Où montre-t-on la contradiction du droit de propriétaire? on ne la montre nulle part.

Il y a plus; loin de contredire le droit du roi de France, le duc de Montpensier le reconnaît. Il le reconnaît dans toutes ses requêtes, il le reconnaît en 1566; il le reconnaît en 1567; il le reconnaît en 1568; il le reconnaît en 1570; il le reconnaît, en un mot, toutes les fois qu'il parle de l'*échange* de 1529; il le reconnaît toutes les fois qu'il met ses droits sur Auge et Mortain en regard des droits du roi sur Leuze et Condé; il le reconnaît toutes les fois enfin qu'il soutient incommutable son titre de propriété sur ses terres de Normandie, toutes les fois qu'il prend les titres de comte de Mortain et de vicomte d'Auge, car ces titres il n'a pu les obtenir, car ces terres il n'a pu les rendre patrimoniales, de domaniales qu'elles étaient, sans perdre toute espèce de droits sur les seigneuries de Leuze et Condé.

Si donc les droits du roi sur ces seigneuries n'eussent pas été inattaquables, s'ils eussent eu besoin d'être confirmés, ils trouveraient leur consécration dans les aveux et dans les actes de M. de Montpensier lui-même, actes et aveux que ses successeurs, à titre particulier, tenteraient vainement de répudier, car ils sont inséparables de la tradition qui leur a été faite, et de la possession qui leur a été transmise. La tache originelle de cette tradition et de cette possession est indélébile.

X.

Le sénatus-consulte velléien ne permettait pas aux femmes de s'engager pour autrui.

La loi Julia dite *de Fundo* déclarait inaliénable le fonds dotal.

Or, dans certaines provinces, on suivait le sénatus-consulte velléien sans admettre la loi Julia.

Dans d'autres, on admettait la loi Julia sans suivre le sénatus-consule velléien.

Dans les unes et dans les autres, il était très-intéressant de savoir si, soit le sénatus-consulte, soit la loi, devait être considéré comme formant un statut personnel, ou si, au contraire, l'un ou l'autre devait être classé parmi les statuts réels.

Si en effet le sénatus-consulte formait un statut réel, il n'atteignait que les biens possédés par une femme dans la circonscription d'une coutume où ce sénatus-consulte était en vigueur.

De même, si la loi Julia formait un statut personnel, elle devait atteindre même les biens situés dans une coutume où cette loi n'était pas suivie, pourvu que la femme se fût mariée sous une coutume où elle était admise.

Or, la personnalité ou la réalité de l'un ou de l'autre de ces statuts était très-controversée.

Bon nombre de jurisconsultes considéraient le sénatus-consulte comme un statut réel, et de nombreux jurisconsultes aussi considéraient la loi Julia comme un statut personnel.

Ces deux opinions étaient également erronées.

Le sénatus-consulte formait un statut personnel; la loi Julia, un statut réel.

De là il résultait que la femme qui, par la coutume de son domicile, était soumise au sénatus-consulte velléien, ne pouvait pas engager pour autrui ses biens, fussent-ils situés dans la circonscription d'une coutume qui n'admettait pas ce sénatus-consulte; et qu'à l'inverse, une femme mariée sous une coutume qui permettait l'aliénation du fonds dotal, ne pouvait pas néanmoins l'aliéner s'il était dans la circonscription d'une coutume qui ne le permît pas.

Mais la dissidence que nous avons signalée ne pouvait surgir qu'alors qu'il y avait désaccord entre le statut personnel et réel.

Si les deux statuts permettaient ou défendaient la même chose, il n'y avait pas de conflit, et, par conséquent, il n'y avait pas de doute possible.

Si, par exemple, une femme soumise au sénatus-consulte velléien par la coutume de son domicile engageait pour autrui un immeuble dotal situé dans une province où la loi Julia était en vigueur, bien évidemment l'engagement était nul, et la dépossession de l'immeuble dont s'agit n'était pas possible, puisque, d'une part, le statut personnel défendait à la femme de s'obliger, et que, d'autre part, le statut réel ne lui permettait pas d'aliéner.

Cette espèce est absolument la nôtre. Ici comme là il s'agit de deux statuts qui interdisent la même chose en des termes et par des motifs différents.

Veut-on suivre dans notre espèce le statut personnel? C'est la loi domaniale de France qui ne permet pas d'acquérir par prescription des biens qui ne sont pas dans le commerce : *Inalienabile ergo imprœscriptibile.*

Veut-on suivre le statut réel? Ce sont les Chartes générales du Hainaut qui ne permettent de prescrire que contre personne capable d'aliéner.

Mais allons plus loin.

Supposons gratuitement que le droit de François 1er n'ait pas été sauvegardé par l'article 1 du chapitre cvii de ces Chartes ; supposons que la seigneurie du château de Condé ait été placée sous l'empire de coutumes qui, comme celles de Malines, d'Anvers, de Lierre, de Gheel, de Deurne et de Santhoven, n'établissaient, quant à la prescription, aucune différence entre les personnes capables d'aliéner et celles qui ne l'étaient pas ; eh bien! dans cette hypothèse même la seigneurie de Condé aurait été soustraite au statut local qui l'eût déclarée prescriptible.

Montesquieu l'a dit en effet avec raison : « Il ne faut point décider par les règles du droit civil quand il s'agit de décider par celles du droit politique. »

Or, en consultant celles-ci et non celles-là, dans l'espèce proposée, la seigneurie de Condé se trouvait protégée contre la prescription par mieux qu'une coutume ; elle se trouvait protégée par un traité.

Ce traité c'est le traité de Cambrai.

En se rappelant dans quelles circonstances il est intervenu, on se rend parfaitement compte de ses dispositions.

Les deux princes qui le signèrent n'étaient pas moins désireux l'un que l'autre de mettre un terme à leurs longues hostilités.

Mais pour faire la paix il fallait avant tout payer la rançon du vaincu de Pavie, et si l'on ne pouvait pas la payer, il fallait la garantir, puisque Charles-Quint ne se contentait pas de la parole de son rival.

L'empereur non-seulement voulait un gage, mais de plus il le voulait sous sa main. Il fallait donc avoir à lui donner en nantissement des terres situées dans son empire.

François 1er n'en possédait pas, mais plusieurs de ses sujets en avaient.

Pour les acquérir, dans la situation où se trouvaient les

finances du roi de France, une seule voie était ouverte, celle de l'échange.

Cette voie fut suivie.

Toutefois, pour qu'elle le fût sûrement, une précaution était indispensable et une récente expérience l'avait prouvé.

Il fallait que le traité ne portât pas atteinte à une loi que dans son arrêt du 15 mars 1837 la Cour de cassation déclarait rangée « dans la classe des lois fondamentales tenant à la constitution même du royaume. »

Il fallait, en d'autres termes, que l'inaliénabilité du domaine de la couronne fût respectée par le traité, et pour cela il fallait que les biens livrés à Charles-Quint ne le fussent que sous la condition de rachat perpétuel.

Ce qui devait se faire se fit ; la condition de rachat perpétuel fut insérée dans le traité.

Cette condition qui était obligatoire pour Charles-Quint comme portion intégrante d'un contrat qu'il signa et fit serment de maintenir, n'était pas moins obligatoire, comme loi, pour ses sujets.

C'est ce que disent et expliquent très-bien Vattel, Burlamaqui et Perreau, et, à défaut de ces publicistes, c'est ce que dirait le simple bon sens, car il est évident qu'il faut ou dénier aux nations et à ceux qui les représentent le pouvoir de se lier réciproquement par des traités, ou reconnaître que ces traités deviennent des lois internationales obligatoires pour tous les sujets des États qui y concourent.

Aussi la Cour suprême a-t-elle constamment décidé que les traités de paix et de guerre ne sont pas de simples actes administratifs ou d'exécution ; qu'au contraire, dès leur publication en France, ils deviennent des lois de l'État ; qu'à ce titre, leur violation donne ouverture à la cassation, cette violation n'eût-elle pas été préalablement invoquée ; qu'à ce titre encore ils doivent être appliqués et interprétés par les autorités chargées d'appliquer toutes les lois dans l'ordre de leurs attributions; qu'enfin leur interprétation doit se faire d'après les règles du droit sur l'interprétation des conventions, c'est-à-dire d'après l'ensemble des clauses, et en recherchant la commune intention des plénipotentiaires contractants.

Nous citerons spécialement comme ayant consacré ces principes les arrêts des 15 juillet 1811, 10 avril 1838, 24 juin 1839 et 11 août 1841.

Comme d'ailleurs ces principes dérivaient du droit des gens, ou, pour mieux dire, de la nature des choses, ils ont dû être considérés comme vrais dans tous les pays et dans tous les temps, et appliqués comme tels par les cours souveraines des Pays-Bas et par les parlements de France au XVIe siècle, comme par la Cour de cassation au XIXe.

Mais en considérant les traités comme des lois, est-ce à dire qu'ils pussent déroger aux coutumes? Est-ce à dire, par exemple, que le traité de Cambrai eût pu rendre imprescriptibles des biens qui auraient pu être prescrits, même contre des personnes incapables de les aliéner, sous les coutumes de Malines, d'Anvers, de Gheel, de Lierre, de Deurne et de Santhoven?

Examinons cette question successivement au point de vue français, et au point de vue de la législation des Pays-Bas et spécialement du Hainaut.

En France, on ne mettait pas en doute que les lois ou ordonnances faites par le roi ne l'emportassent en autorité sur les coutumes de chaque province, et que celles-ci ne dussent leur force qu'à la tolérance ou à la confirmation du prince, force qu'elles pouvaient perdre comme elles l'avaient acquise.

Mornac, Tiraqueau, Chopin et d'autres jurisconsultes, allaient plus loin encore, car ils mettaient le souverain au-dessus des lois civiles. Et si cette opinion n'était pas généralement admise au XVIII° siècle, au moins adoptait-on celle que les dispositions des coutumes n'obligeaient pas le roi. C'est ce que décida, sur les conclusions de l'avocat général Séguier, le parlement de Paris par son arrêt du 5 août 1762. Il s'agissait, dans l'espèce, d'un retrait lignager qu'on voulait exercer contre le roi sous l'empire de la coutume de Normandie; et tous les auteurs qui reproduisent cet arrêt l'approuvent.

En France, les États, lorsqu'ils étaient convoqués, votaient l'impôt, mais là finissait leur pouvoir, et quant à l'exercice de la puissance législative, ils n'y concouraient que très-indirectement par des remontrances que le prince écoutait parfois, mais qu'il était parfaitement libre aussi de considérer comme non avenues.

Enfin en France, par un pouvoir que les parlements avaient usurpé suivant les uns, qu'ils exerçaient légitimement au contraire suivant les autres, ces grands corps judiciaires parvinrent assez souvent à paralyser, temporairement du moins, l'action du pouvoir législatif en refusant de vérifier et d'enregistrer les édits, déclarations ou ordonnances qui leur paraissaient contraires à l'intérêt de l'État ou aux lois fondamentales du royaume.

Tout se passait dans les Pays-Bas absolument de la même manière qu'en France.

Chez nos voisins comme chez nous, le droit édictal l'emportait sur le droit coutumier, et celui-ci empruntait sa force à l'approbation expresse ou tacite du prince.

Dans l'un et l'autre pays, le droit des États se bornait à accorder ou à refuser des subsides, et dans l'exercice du pouvoir législatif la volonté du souverain ne trouvait d'autre contrôle que la résistance passive des cours de justice.

C'est ce que nous attestent les auteurs belges les plus

accrédités, et notamment de Neny, Zypœus, Sohet, de Ghewiet et M. Britz.

Mais en Hainaut n'y avait-il pas d'autres règles? le pouvoir du prince n'était-il pas plus circonscrit, l'autorité des états plus grande, leur intervention plus nécessaire dans cette province? C'est ce que semble reconnaître l'article 56 du chapitre I des Chartes générales de 1619 ainsi conçu :

« Toutes lesquelles choses ainsi par nous ordonnées touchant la réformation de nostredite cour, nous voulons *être inviolablement entretenues*, réservant toutefois à nous et à nos successeurs comtes et comtesses de Hainaut de *par l'advis et participation des trois états de ladite province*, y adjouter, changer et diminuer toutes fois et quantes pour le bien de la justice, utilité de nos sujets et de nostre service, le trouverons convenir. Permettant aussi auxdits états que si avec le temps, ils y retrouvent quelque chose à redresser pour le bien de la justice, ils nous puissent représenter tout ce qu'ils jugeront mériter redressement selon que de tout temps ils ont fait. »

Et s'il faut donner à ce texte le sens qu'il paraît présenter, s'il faut dire que dans le Hainaut, les coutumes ne pouvaient être modifiées ou abrogées sans le concours du prince et des états, ne faut-il pas dire aussi que ce concours est demeuré nécessaire après le traité de Nimègue, puisque par ce traité le roi d'Espagne n'a pu transmettre et n'a transmis au roi de France sur les provinces ou les villes qu'il lui abandonnait, que les droits qu'il avait lui-même antérieurement sur ces provinces et sur ces villes.

Mais d'abord il est à remarquer qu'à la différence du traité des Pyrénées (art. 5), celui de Nimègue ne disait mot des *coutumes* des pays réunis à la France, et que par son article 12 il voulait seulement indiquer que Charles II ne se réservait aucun droit sur ces pays qui « demeureraient à Sa

Majesté très-chrétienne et à ses hoirs, successeurs et ayants cause irrévocablement et à toujours, avec les mêmes droits de souveraineté, propriété, droits de régale, etc., qui avaient auparavant appartenu au roi catholique. »

De plus, lorsqu'il s'agit de déterminer par quelles lois seraient régis les pays nouvellement réunis, celles que Louis XIV indique d'abord, ce sont celles que lui ou ses prédécesseurs ont faites, et qui avaient pour objet de réglementer, d'une manière générale et uniforme, des matières que les coutumes réglementaient d'une manière spéciale et diverse. Dans son édit donné à Saint-Germain-en-Laye, au mois de mars 1679, édit qui règle la juridiction du conseil souverain de Tournai, à l'égard des villes de Valenciennes, Cambrai, etc., le roi déclare que les jugements rendus par ce conseil devront l'être *conformément* A NOS ORDONNANCES *et aux us et coutumes tant générales que particulières de tous et chacun desdits lieux.*

Puis, ces Chartes générales de 1619, qu'était-ce autre chose si ce n'est une ordonnance des archiducs?

Ils confirment ces Chartes de leur *certaine science et puissance plénière.*

Ils terminent cette confirmation par ces mots : *car ainsi nous plaît-il*, formule équivalente à celle qui termine l'édit de 1679 et les autres édits des rois de France : *car tel est notre plaisir.*

Ils ordonnent l'exécution des Chartes nouvelles, *sans préjudice des droits et authoritez, tant de leur souveraineté que de leurs domaines et autres auxquels ils n'entendent aucunement déroger par lesdits points et articles, ains, qu'iceux nonobstant, nous et nos successeurs, demeurerons entiers en tous nosdits droits et authoritez* COMME AUPARAVANT.

Ces diverses clauses suffisent pour caractériser la nature et la portée de l'acte que font ici les archiducs.

Aussi Dumées, Raparlier et Merlin ne le considèrent-ils que comme une *ordonnance*.

Mais si les Chartes n'étaient qu'une *ordonnance* du prince, il appartenait au prince, et au prince seul, de les modifier, de les abroger d'après la maxime *ejus est reformare legem cujus est condere*.

Il est à remarquer d'ailleurs que, dans le chapitre LX de ces Chartes, au nombre des attributions importantes données au grand bailli, *comme représentant le comte de Hainaut* (art. 1), se trouvait celle de connaître de tous placards, édits et mandements des archiducs, quand on se pourvoyait à lui par complainte (art. 37); ce qui n'était encore qu'une application de cette maxime : *ejus est legem interpretari cujus est condere*.

Après la conquête, le droit de révoquer en tout ou en partie cette *ordonnance* passa des anciens souverains du Hainaut au roi de France. En droit, cela ne peut faire l'objet d'un doute; en fait, les preuves abondent [1].

Mais le pouvoir qu'eurent les rois de France depuis 1659 ou 1678 et celui qu'avaient les souverains du Hainaut sous l'empire des Chartes de 1619, n'étaient-ils pas plus amples que celui de Charles-Quint?

Non. Charles-Quint parle et agit en législateur et en maître absolu, en 1534 et en 1540, lorsqu'il confirme ou qu'il révoque les Chartes générales du Hainaut et les coutumes de Mons et de Valenciennes.

En supposant d'ailleurs que sous Charles-Quint l'intervention des états du Hainaut eût été nécessaire pour modifier les coutumes qui existaient avant 1534, notre position ne serait pas plus difficile puisque, dans l'espèce, cette intervention eut lieu en exécution du traité de Cambrai.

---

[1] Voy. ci-dessus, p. 434 et suiv.

Il est remarquable, au reste, que dans l'acte qui la constate on voie les états du Hainaut agir et parler non en législateurs qui ordonnent, mais en sujets qui obéissent *au bon plaisir de l'empereur*.

En résumé, sous n'importe quel aspect on envisage le traité de Cambrai, on est obligé de le tenir pour une loi internationale.

Or, si cette loi internationale est telle que nous l'avons fait connaître, comment croire qu'elle ait pu être abrogée autrement que par un nouveau traité? Et si ce nouveau traité n'existe pas, comment se soustraire à l'application de celui de Cambrai? Et si cette application on l'accepte, comment la seigneurie du château y échapperait-elle? Et si elle n'y échappe pas, comment le roi de France aurait-il pu perdre la faculté de rachat stipulée de Charles-Quint en 1529? Et s'il ne l'a pas perdue, comment aurait-il cessé d'être seigneur, d'être *propriétaire de la justice* d'un domaine simplement engagé? Et s'il est resté seigneur, s'il est resté propriétaire, quel titre autre qu'un titre précaire M. de Croy aurait-il eu en 1749? Enfin, si tout cela est vrai, comment la cour de Douai a-t-elle pu dire que la possession de M. de Croy en 1749, faisait que de défenderesse au principal, la société de Thivencelles devenait demanderesse sur l'exception? D'exception, il n'y en a pas ombre ici; il y a, et pas autre chose, un titre à appliquer, titre qui détermine les droits respectifs des parties, la nature de la détention de l'une et de la possession de l'autre. Ce titre, qui est en même temps une loi, c'est le traité de Cambrai.

Nous terminerons, sur cette première partie du débat, par une remarque pour la preuve et les développements de laquelle nous prions, comme pour le reste, qu'on veuille bien recourir à la consultation qui précède.

Dans le système de la compagnie d'Anzin et dans celui de l'arrêt déféré à la censure de la Cour suprême, il faut, bon gré mal gré, ne tenir aucun compte de la plupart des documents du dossier et n'accepter les autres qu'en leur faisant subir de nombreuses mutilations qui les défigureraient au point de les rendre méconnaissables.

Dans le système des compagnies réunies, au contraire, tout se lie, tout s'enchaîne, tout se coordonne, tout s'explique.

Comme on l'a dit, l'un de ces systèmes est confus comme le mensonge, l'autre est simple comme la vérité.

Entre eux, nous en avons la conviction, la Cour de cassation n'aura pas de peine à opter.

BOIS DU ROI.

Si les principes de notre ancien droit public ont été méconnus dans la partie de l'arrêt de la cour de Douai qui concerne la seigneurie gagère, ils n'ont pas été plus respectés dans la partie de l'arrêt qui concerne cette portion du territoire de Condé connue sous le nom de *bois du roi*, formant le quart de la forêt de Condé. Le plan des lieux en indique la situation au nord-est de la seigneurie gagère, et sur la limite extrême du Hainaut français. C'est là que finit aussi aujourd'hui le département du Nord. Ce bois touche à la Belgique par la province du Hainaut.

Ce quart du bois de Condé devint, à ce qu'il paraît, en 1523 la propriété du roi d'Espagne par confiscation.

Suivant les défendeurs cette confiscation aurait été prononcée sur un particulier propriétaire de ce quart du bois de Condé, qui le possédait alors indivisément avec les auteurs du prince de Croy. Quel était ce particulier ? Il était seigneur, sans doute, et, probablement, avec droit de justice, car la foudre ne tombait que sur les têtes élevées. Quoi qu'il en soit nous n'avons jamais pu même savoir son nom, que la compagnie d'Anzin doit connaître, elle qui a porté si librement ses recherches dans les archives des maisons de Lalain et de Croy.

L'arrêt attaqué contient, au sujet de ce quart de forêt, cette déclaration de fait :

« Attendu que ce quart, qui provenait au roi d'Espagne de confiscation sur un particulier, était indivis avec le reste de la forêt et soumis au droit de haute justice de la maison de Croy, comme les trois autres quarts qui appartenaient à cette maison. »

Dès la mainmise des rois d'Espagne, la haute justice de

la maison de Croy, si elle s'étendait en effet sur ce quart, a cessé d'exister, cela est prouvé par un ancien document, à la date du 18 avril 1570, extrait des archives du royaume de Belgique, à Bruxelles, le 25 juin 1849, portant cet intitulé : « *Acte afin de tenir le baston à la vente des bois de Condé,* » et ainsi conçu : « Les chefs trésorier général et commis des domaines et finances du roy, nostre seigneur (le roi d'Espagne), estant advertis des difficultés meues par les officiers de la dame de Condé *sur le fait* DE LA JURIDICTION, ET PRÉÉMINENCE *ès marquaige et vente des bois dudit Condé, nonobstant les ordonnances sur ce dressées,* par ceux de la chambre des Comptes de Lille les dernier d'apvril et VIIIe de may xv^c soixante-deux, à sçavoir entr'autres que le receveur de Sa Majesté, en considération du droit de supériorité d'icelle, devra *tenir le baston,* au jour de la demourée desdits bois et autres marchandises, sans néanmoins pouvoir frapper et oultrer le marché, que par l'advis des officiers de ladite dame, et que, quant à recevoir les palmées, iceux receveurs et officiers, respectivement, pourront conjointement résoudre et arrêter les lieu et jour auxquels ils se voudroient trouver pour recevoir icelles palmées, ont en agréant et ratifiant lesdites ordonnances déclaré et déclarent par cestes, leur intention estre que les commis de ladite Chambre et receveur de Sa Majesté *ayent au pied de la lettre à se régler en suivant les ordonnances,* ordonnant partant à tous ceux qu'il appartiendra d'ainsi le souffrir, et en ce ne leur faire aucun empêchement comme qu'il soit. Fait à Bruxelles au bureau desdites finances le xviiie d'apvril xv^c soixante-dix après Pasques, soussignés *Berlaymont, Noircarmes, Dameaudère, Vanbo, F. Reingot.* »

Cet acte prouve jusqu'à l'évidence que pour la vente *des bois et aultres marchandises,* provenant de la forêt indivise, les conditions se réglaient en commun entre les officiers de la dame de Condé et les commis et receveur des domaines du roi, mais la juridiction du roi était tellement maintenue qu'à cause de la *prééminence*, son receveur tenait le *bâton*, c'est-à-dire déclarait l'adjudication, ce qui était accepté et reconnu par les officiers de la dame de Condé. C'était là l'exercice le plus patent, le plus incontestable du droit de juridiction.

Ce qui était vrai pendant la possession de la couronne d'Espagne, n'a pas cessé de l'être lorsqu'en vertu du traité de Nimègue, qui date de l'année 1678, le quart du bois de Condé a passé au roi de France, par droit de conquête, avec une partie des provinces de la Flandre et du Hainaut.

Les principes de notre ancien droit public, relativement à l'inaliénabilité des biens de la couronne, écrits dans un si grand nombre d'édits et d'ordonnances, ont reçu surtout leur application, en ce qui concernait la justice, cette première prérogative, ce premier bien des rois de France, de qui toute justice était censée émaner. De là cette règle générale que, dès qu'un héritage roturier ou noble devenait la propriété du roi, aussitôt il se trouvait affranchi de toute autre justice, quand même la propriété échue au roi eût été précédemment soumise à une juridiction seigneuriale quelconque. Henrion de Pansey résume en ces termes sur ce point les opinions des feudistes [1] :

« *Sans doute, il doit en être de la justice comme de la mouvance; et même il n'y a personne qui ne sente que c'est le cas de raisonner* A FORTIORI. *En effet, si la simple dépendance féodale est incompatible avec la prérogative royale, à combien plus forte raison la dignité du roi ne serait-elle pas blessée de posséder sous la haute justice de ses sujets, d'être leur justiciable !* C'est ce que Lefèvre de la Planche,

[1] *Dissertations féodales*, t. II, p. 583 et suiv.

dans son *Traité du domaine*[1], observe avec beaucoup de justesse.

« *La dignité du roi*, dit cet auteur, *serait offensée s'il était « obligé de demander justice à ses vassaux.* »

« *Les auteurs les plus anciens, comme les plus modernes, décident de la manière la plus affirmative que le roi ne peut posséder sous la justice de ses vassaux*, et que toutes les fois qu'il acquiert une propriété située dans la justice d'un seigneur, *à l'instant*[2] cet immeuble n'en connaît plus d'autre que celle du roi.

« L'auteur du grand coutumier qui vivait sous Charles VI, le dit expressément : « Le roi en aucun cas n'est « tenu plaider en la cour de son sujet, ni en tout, ni en « partie, *ut in materia feudali*[3]. »

« Boutillier, qui vivait à la même époque, s'exprime sur ce point d'une manière encore plus précise : « *Item*, a le « roi la connoissance de tous ses lieux et héritages; jaçoit « ce qu'ils touchent au jugement d'autre qui ait haute jus- « tice; car de son héritage ne connoist nul fors lui[4].

« Le roi, dit Chopin, en toutes sortes de causes et in- « stances, ne procède jamais pardevant autre juge que le « sien[5]. »

« Bacquet rend également hommage à ce principe de

---

[1] T. I, p. 147.

[2] La cour de Douai paraît croire que l'anéantissement de la justice était subordonné au payement de l'indemnité à laquelle il donnait ouverture. Rien n'est plus faux. L'indemnité ne produisait qu'une action personnelle prescriptible par trente années, mais *à l'instant* où le roi acquérait, la justice était éteinte, que l'indemnité fût ou non payée. C'est ce que dit M. Henrion de Pansey; c'est ce que disent tous les domanistes et tous les feudistes. Voy. entre autres le *Dictionnaire des domaines*, v⁰ *Domaine de la couronne*, § 1, n° 6; de Beloy, *Dissertation sur l'édit de 1607*, p. 19 et 20; etc.

[3] Liv. I, ch. III.

[4] *Somme rurale*, liv. II, tit. I.

[5] *Du Domaine*, liv. III, tit. XXIX, n° 9.

notre droit public[1]; mais c'est surtout l'auteur du *Traité des justices seigneuriales* qu'il faut interroger et sur son existence et sur les motifs qui l'ont fait établir; ce qu'il dit à cet égard est si satisfaisant, que nous croyons devoir transcrire le passage en entier.

« *Si dans le territoire d'un haut justicier*, dit Loyseau[2], « *il y a quelque terre qui soit du domaine de la couronne,* « *cette terre doit être exempte de sa justice, attendu que* « *les terres du roi ne peuvent reconnaître la seigneurie pu-* « *blique, c'est-à-dire la justice d'un autre seigneur, et que* « *jamais le roi ne demande justice à ses vassaux*. Partant « je tiens que dès lors que le roi vient à acquérir quelque « terre dans le territoire du haut justicier, cette terre de- « vient exempte *incontinent*[3] de la justice d'icelui, sans que « le roi soit tenu en vider ses mains à sa poursuite, comme « il serait pour l'intérêt du seigneur féodal ou censier, « par l'ordonnance de Philippe le Bel, à cause de la « différence qu'il y a entre la seigneurie privée dont les « particuliers sont vraiment capables, et la seigneurie pu- « blique dont ils ne sont capables qu'abusivement. Et sur « cette considération a été fondée la grande étendue des « quatre anciens bailliages de France, à savoir Sens, Ver- « mandois, Mâcon et Saint-Pierre-le-Moutier, dont a été « parlé ci-devant, d'autant que la justice des petites terres, « que le roi acquérait de temps en temps ès provinces voi- « sines, leur était attribuée. »

« On ne peut rien de plus précis; et l'on chercherait vainement des autorités plus respectables; en remontant d'âge en âge, on voit donc les jurisconsultes les plus graves établir et transmettre successivement, comme un prin-

---

[1] *Des Droits de justice*, ch. xxi, n° 5.
[2] *Des Seigneuries*, ch. xi, n° 21.
[3] Voy. la note 2 de la page précédente.

cipe incontestable, comme l'une des maximes les plus certaines de notre droit public, que le roi ne peut pas posséder sous la justice de l'un de ses sujets; et Loyseau nous atteste que cette règle est d'un usage aussi ancien que fréquent. »

A cette citation nous n'ajouterons que les deux extraits suivants de Lefebvre de la Planche et de Guyot, dont les ouvrages sur le droit domanial et sur les fiefs furent, comme les *Dissertations féodales*, publiés dans le xviii° siècle.

« Les temps de trouble et de confusion ayant cessé, ces différentes justices se sont conservées dans la personne des seigneurs de fiefs. Mais la majesté royale ayant repris son lustre, on a été forcé de convenir que toutes ces justices ne peuvent tirer leur origine que de la concession ou tolérance du souverain.

« De là cette règle certaine que cette justice qui, régulièrement, ne pourrait appartenir qu'au roi, ne peut être exercée sans son autorité.

« La justice qui a été communiquée aux seigneurs particuliers, comme on va le voir, ne peut jamais appartenir qu'au roi sur les héritages qui composent son domaine, qui, quoique situés dans la terre d'un haut justicier, ne peuvent être assujettis à la seigneurie publique d'un autre seigneur que le roi même, dont la majesté serait offensée s'il était obligé de demander justice à ses vassaux. » (*Traité du domaine*, t. 1, p. 146 et suiv.)

« Ce fut le roi François Ier, ajoute Guyot, qui abolit cet ancien usage (celui qu'un officier rendît hommage pour le roi, au seigneur dans la mouvance duquel il possédait quelque domaine).

« Galland, qui atteste n'avoir vu aucun exemple des foi et hommage rendus à des seigneurs laïques, nous dit que M. le chancelier Duprat étant sollicité par les seigneurs de remontrer au roi qu'il conservât aux seigneurs en son royaume les droits de fief qui leur appartenaient, et qu'à l'imitation de ses prédécesseurs rois, il lui plût ester au devoir, le roi répondit : *Saint Antoine !* c'était son serment, *chacun tient du roi, le roi ne tient de personne.*

« C'est de là que sont venues les indemnités que le roi donne aux seigneurs, dans la mouvance desquels il acquiert *quoquo modo*. Galland, à la fin de ce chapitre II, en rapporte arrêt de la chambre des Comptes du 9 août 1611.

« M. le premier président Lemaistre, en son petit *Traité des foi et hommage*, qui est à la fin de son *Traité des criées*, ch. I, rapporte un arrêt du 25 février 1558, qui déclare que si un fief tenu et mouvant d'un duc, comte, baron ou pair de France est adjugé au roi par confiscation, ou autrement lui retourne, le roi n'est tenu d'en faire hommage au duc, comte, baron ou pair de France, son vassal.

« Il semble que cet arrêt ne comprendrait pas les acquisitions à titre singulier que le roi pourrait faire; cependant il y faut tenir la même chose que le roi n'en doit aucun hommage, mais qu'il en accorde l'indemnité au seigneur dont le fief acquis est tenu. » (Guyot, *Tr. des fiefs*, t. IV, p. 213 et 214.)

Des règles de droit public si incontestables qui exercèrent la plus heureuse influence sur la bonne administration de la justice (car l'extension des domaines royaux fut longtemps l'une des causes qui firent prévaloir l'unité de la justice rendue au nom du roi sur la multiplicité des justices seigneuriales), ces règles, disons-nous, ne pouvaient être directement méconnues par l'arrêt de la cour de Douai.

Mais, pour prouver que lors de la concession de 1749, le quart du bois du roi restait soumis, par exception, au droit de la haute justice des seigneurs de Condé, cet arrêt invoque un édit du mois d'avril 1667, ainsi que divers anciens actes et deux arrêts du conseil des 16 septembre 1679 et 20 mai 1704.

L'édit d'avril 1667, sur lequel l'arrêt se fonde principalement, doit être transcrit en entier. Sa lecture suffit pour prouver qu'il en a été fait une fausse application.

« Louis... Les acquisitions que nous faisons tous les jours *pour l'agrandissement et décoration des maisons royales, même pour servir aux manufactures*, et les instances qui nous sont faites par les seigneurs dont les héritages par nous acquis sont mouvants en fief ou en censive, de leur payer le droit d'indemnité tel qu'il est réglé par quelques coutumes de notre royaume, nous ayant obligé de faire examiner en notre conseil les anciennes ordonnances faites par les rois nos prédécesseurs, et les arrêts de nos cours de parlement intervenus sur ce sujet; nous avons résolu de pourvoir, par un règlement, aux droits que les seigneurs pourraient prétendre pour raison *desdites acquisitions*.

« A ces causes, de l'avis de notre conseil et de notre certaine science, pleine puissance et autorité royale... déclarons, qu'encore que nous puissions prétendre ne devoir aucun droit d'indemnité pour tous ces héritages, et néanmoins désirant favorablement traiter les seigneurs, voulons qu'outre le droit de lods et ventes pour *les acquisitions qui seront par nous faites* en leur censive, il leur soit constitué une rente annuelle sur notre domaine, telle que les arrérages d'icelle puissent, en soixante années, égaler la somme à laquelle lesdits lods et ventes se trouveraient monter à raison du prix porté dans *les contrats d'acquisition*, en sorte que dans le cours des soixante années lesdits seigneurs censiers reçoivent le profit d'une mutation.

« Et à l'égard des héritages en fief sera ladite rente réglée à raison et sur le pied du cinquième denier de l'acquisition ou autre, tel qu'il est dû par la coutume *en cas de vente* :

moyennant lequel dédommagement demeureront lesdits héritages déchargés de tous droits et devoirs féodaux, de quelque nature et qualité qu'ils puissent être.

« Et à l'égard des maisons et héritages qui *seront par nous acquis* pour *être démolis et servir à quelqu'un de nos bâtiments*, attendu que les seigneurs dans la justice desquels ils se trouvent, seront privés tant de l'exercice de leur justice que de tous les droits qui en dépendent, voulons qu'audit cas, outre le dédommagement ci-dessus par nous accordé aux seigneurs féodaux ou censiers, il soit payé aux seigneurs hauts justiciers une rente annuelle sur notre domaine, qui sera réglée en sorte qu'en soixante années ils reçoivent le vingt-quatrième du prix sur le pied des *contrats qui ont été ou seront par nous faits*; et seront lesdites rentes payées sans aucunes diminutions, comme les fiefs et aumônes.

« Et si les héritages *par nous acquis*, étant en la mouvance ou censive d'aucuns seigneurs, étaient dans la justice de nos prévôtés ou bailliages, ou que les fiefs qui seront par nous acquis eussent droit de haute justice, ne sera donné aucun dédommagement pour raison de la justice, soit sous prétexte de ressort ou autrement. Et pour les héritages qui ne seront démolis ni enfermés dans l'enclos de quelques-unes de nos maisons, il ne sera payé aucun dédommagement pour raison de la haute justice; et pourront les seigneurs hauts justiciers jouir de leurs droits de justice, ainsi qu'ils auraient pu faire avant *les acquisitions* par nous faites. — Si donnons, etc. »

On le voit, cet édit, qui fut enregistré au parlement de Paris, en lit de justice en même temps que la grande ordonnance de 1667, et un autre édit sur l'inaliénabilité du domaine, n'a aucun rapport à la question actuelle.

Louis XIV se livrait, sous l'inspiration de Colbert, aux

actes d'administration intérieure qui ont le plus illustré son règne. Tout en satisfaisant son goût pour les grandes constructions où devait resplendir sa puissance, il élevait aussi des manufactures tout auprès des maisons royales; or, dans ces manufactures, formées pour donner l'essor à l'industrie française, il pouvait se trouver des enclaves dépendantes de quelque directe, mouvance ou justice; de là un double règlement à faire, celui d'une indemnité quant aux droits de lods ou de quint, et celui de l'exercice de la justice.

Pour les droits de lods ou de quint, il y était pourvu au moyen d'une rente à la charge du roi ; pour la justice, quant aux héritages non démolis, ni enfermés dans des enclos, les seigneurs continueraient d'en exercer les droits comme ils auraient pu le faire *avant lesdites acquisitions*.

Le sens restreint de cet édit se révèle donc sous deux rapports. Par la nature des acquisitions d'abord. Il s'agit de celles qui sont faites de gré à gré, par contrat, par titre de vente. Ce n'était qu'en cas d'aliénation de ce genre ou autre analogue, qu'il pouvait être dû des lods, relativement aux biens roturiers, ou des droits de quint, en ce qui concernait les biens nobles[1]. L'édit suppose qu'il y aurait lieu, à raison du même bien, à percevoir les *lods* ou le *quint*, et à exercer la *justice*.

Ce premier motif suffirait pour démontrer l'erreur de la cour de Douai. Le quart du bois de Condé n'était pas parvenu au roi par acquisition conventionnelle. La réunion de cette dépendance du domaine royal avait des causes tout autres : dans le principe, la confiscation, dans la suite, le droit de conquête; c'est-à-dire aux deux époques, l'exercice le plus élevé, le plus éminent de la puissance royale. On ne

---

[1] Voy. *Dict. des domaines*, v^{is} *Lods et Ventes*.

comprendrait pas qu'il n'en fût pas résulté l'extinction immédiate et de la mouvance, et surtout de la justice seigneuriale [1].

La seconde circonstance qui limite l'application de l'édit se trouve exprimée dès ses premières lignes : il s'agit des acquisitions réalisées pour l'agrandissement des *maisons royales et manufactures*. En pareil cas, Louis XIV, se livrant à un acte tout volontaire, inspiré souvent par l'intention de donner satisfaction à *ses plaisirs*, n'entendait pas morceler la justice du seigneur dans le fief duquel il achetait quelques arpents, afin de les ajouter à *Versailles*, *Marly*, *Sèvres* ou *les Gobelins*.

Il ne pouvait avoir ce ménagement envers le seigneur du fief lorsque l'accroissement du domaine royal était dû à des causes bien différentes, à celles qui ne supposaient aucune restriction par laquelle l'appropriation royale dût naturellement se trouver atténuée.

Ainsi nous n'avons pas besoin d'invoquer le témoignage implicite de Guyot et de Lefebvre de la Planche, qui établissent leur principe en présence de l'édit de 1667, qu'ils connaissaient parfaitement, et dont ils ne tiennent aucun compte, ni même l'opinion très-formelle de Henrion de Pansey, qui démontre que cet édit n'a pu recevoir et n'a pas reçu d'exécution, en ce qui concernait la réserve de la justice seigneuriale sur les *acquisitions* faites *pour agrandir les maisons royales et manufactures*.

---

[1] Bosquet, dans son *Dictionnaire des domaines*, v⁸ *Domaine de la couronne*, § 1, n° 5, s'exprime ainsi : « A l'égard des terres et seigneuries qui viennent au roi *par des conquêtes*, suivies de traités faits avec les puissances étrangères, l'on prétend qu'elles sont unies *de plein droit* au domaine de la couronne, *soit qu'elles en aient fait précédemment partie ou non*, soit que le traité en contienne une clause expresse, comme celui de Vienne, en 1738, au sujet de la Lorraine (et le traité de Nimègue, art. 12), ou qu'il n'en parle pas. » Et Bosquet cite l'opinion du procureur général La Guesle, disant que *la chose est sans difficulté*.

La déclaration du 22 décembre 1722, et l'arrêt du conseil du 9 décembre 1727, que cite l'arrêt attaqué, n'ont aucun trait à la question ; il s'y agit du règlement d'indemnités dues pour la mouvance, etc., à raison des droits de lods et autres dont les seigneurs étaient privés par suite d'acquisitions conventionnelles. Ces documents qui attestent la résistance opposée à l'édit, dans son ensemble, n'ont aucun rapport à la conservation de la justice par des seigneurs dans des domaines acquis par le roi. C'est sur ce point seulement que le savant feudiste atteste la désuétude de l'édit, comme étant en opposition à tout notre droit public.

D'ailleurs, la déclaration et l'arrêt du conseil cités prennent l'édit tel qu'il est ; ces actes l'auraient tout au plus confirmé et ne l'auraient pas étendu, contrairement à l'essence des titres simplement confirmatifs, des acquisitions par contrat, effectuées en vue d'*agrandir et décorer les maisons royales*, à tous les biens qui seraient échus, ou pourraient échoir au roi, en vertu de la plénitude de ses droits en cas de conquête et confiscation.

L'arrêt ne donne aucun appui utile à sa décision, quand il affirme « que le quart du bois du roi est resté soumis à la haute justice de la seigneurie de Condé, nonobstant le traité de Nimègue et le partage de 1704, qui en a fait cesser l'indivision jusqu'à ce que l'échange fait avec le roi, le 19 janvier 1758, en ait attribué la pleine propriété à Emmanuel de Croy. »

En cela, l'arrêt ne prétend pas se livrer à une appréciation de fait, seulement il énonce une proposition qu'il cherche à établir par la suite de son raisonnement[1]. Or, nous venons

---

[1] L'arrêt dit aussi que, « quant au droit de chasse, l'un des attributs de la haute justice, il appartenait également à ladite maison (de Croy), ainsi qu'il résulte de ladite déclaration (du Magistrat de Condé, à la date du 24 octobre 1702) et du mémoire précité (des prévôt du chapitre,

de prouver que tout ce raisonnement s'évanouit avec sa base principale, l'édit de 1667, évidemment inapplicable.

Quant aux actes particuliers qui sont invoqués, il est facile d'en avoir raison.

Nous rappelons, d'abord, le principe qui se lie à l'essence des pouvoirs de la Cour de cassation : elle révise les appréciations d'actes, *auxquels les cours d'appel se sont livrées toutes les fois que, sous prétexte d'interprétation ces cours portent atteinte à des droits que la loi proclame* (voy. Tarbé, p. 60).

Il en est ainsi, par exemple, quand il s'agit de savoir s'il y a aggravation ou diminution de servitude (arr. 15 janvier 1840, S., 251);

Si la connaissance d'une donation est une exécution dans le sens de l'article 1340 du Code civil (24 août 1830, S., 341);

Si un écrit a le caractère d'un commencement de preuve (30 novembre 1839, S., 40, 1, 141);

Si tel acte renferme ou non une substitution prohibée (20 janvier 1840, D., p. 54);

Si les conclusions des parties et les actes judiciaires ont été bien compris (arr. 24 mars 1840, D., 139).

Sans multiplier les citations sur ce point, et l'on n'aurait

---

mayeur de la ville, conseiller pensionnaire et receveur du gouverneur), du 8 mai 1763. »

Mais sur ce point, très-secondaire d'ailleurs, nous avons un témoignage plus décisif que celui des officiers ou des commensaux de M. de Croy ; c'est celui de M. de Croy lui-même.

Il dit, dans son *Histoire de l'Ermitage* (t. I, p. 45), qu'avant le partage les officiers de la maîtrise des eaux et forêts « prétendaient, leur quart étant indivis sur le tout, venir chasser sur ce tout *où ils venaient exprès quelquefois pour soutenir leurs droits.* »

Bien entendu qu'après le partage ils exercèrent encore ce droit de chasse, et c'est ce qu'atteste encore M. de Croy (*loc. cit.*, p. 46), en ces termes : « Après le partage MM. de la maîtrise avaient toujours la chasse dans leur quart. »

Cette double assertion se trouve reproduite en termes presque identiques dans l'*Histoire* manuscrite *de Condé*, par M. de Croy, p. 239 et 240.

que l'embarras du choix, il faut remarquer que plus la règle méconnue, sous prétexte d'interprétation, est essentielle, et se rattache à l'ordre public, plus le droit de révision par la Cour de cassation devient incontestable.

Or, en est-il de plus éminente dans ce genre que celle qui interdisait l'aliénation des biens de la couronne, et qui défendait, par voie de conséquence, que le roi fût principalement sous le rapport de la justice, vassal d'aucun de ses sujets?

D'après la cour de Douai, une première preuve que le quart du bois du roi restait soumis à la haute justice de Condé, résulterait d'un arrêt du conseil du 16 septembre 1679.

En le lisant en entier (voy. p. 58 des pièces justificatives pour la compagnie d'Anzin), on voit que cet arrêt fut rendu sur le rapport du commissaire réformateur des *eaux et forêts de France*, lequel avait fait sa visite en exécution de l'ordonnance de 1669, et qu'il statue uniquement en vue de *la garde et conservation des forêts royales situées en Flandre*, Tournai, Tournésis..., et *Valenciennes*.

La raison de proximité veut que pour certaines de ces forêts la justice soit rendue à *Valenciennes* ou à *Lille*. Quant à la forêt de Condé, qui appartient pour trois quarts au comte de *Solre*, et pour un quart au roi, il est dit que la juridiction *sera continuée au lieu de Condé par les officiers dudit lieu, aux gages du comte de Solre, à l'exception* DU SERGENT-GARDE, POUR LA PART DE SA MAJESTÉ, etc.

L'indivision, la part la plus forte qui appartenait aux seigneurs d'une partie de Condé, la proximité, ont été les seuls motifs déterminants de la juridiction assignée, par qui? par le roi, dans un intérêt de police, tant il est vrai qu'il n'abdiquait pas son droit de haute justice, car il le déléguait, au contraire, ainsi qu'il l'entendait, et il voulait que son sergent garde y prît part, moyennant un salaire fourni par lui.

Il n'y eut donc là, évidemment, qu'un de ces règlements tels qu'on était obligé d'en faire dans le cas où la justice était une propriété indivise. On ne peut y voir un aveu que la haute justice sur tout le bois de Condé n'appartînt qu'aux princes ou seigneurs de Croy-Solre.

Un autre motif semble d'abord plus décisif, parce qu'à l'aide d'une citation incomplète, l'arrêt du conseil du 20 mai 1704, offre un sens opposé à sa signification véritable.

Cet arrêt du conseil est celui qui ordonna le partage de la forêt de Condé, partage immédiatement exécuté.

Suivant la cour de Douai la preuve du droit de haute justice de la maison de Croy sur le quart du bois, résulte : « 2° de l'arrêt du conseil, du 20 mai 1704, qui a ordonné le partage de la forêt de Condé, à la suite d'une requête dans laquelle Emmanuel de Croy expose que : « Comme seigneur « de la terre de Condé il exerce seul, par ses officiers, ainsi « que ses ancêtres ont toujours fait sur la totalité des bois « qui en dépendent, encore qu'il en appartienne un quart par « indivis avec Sa Majesté,... » que loin de protester contre cette prétention et de réserver la justice sur le quart qui devait lui revenir, le roi a ordonné que les ventes et exploitations de bois seraient faites par les officiers du comte de Solre, ainsi et de la même manière qu'il se pratique pour les bois appartenant aux seigneurs hauts justiciers dans la province de Hainaut, sans que les officiers de Sa Majesté pussent à l'avenir s'immiscer et y faire aucunes ventes, martelages et exploitations, et ce, nonobstant l'ordonnance de 1669. »

Le sens évident de ce considérant, emprunté tout entier à l'arrêt du conseil, est donc que, dans sa requête, le comte de Solre ayant allégué avoir la haute justice sur toute la forêt, il a été fait droit à cette prétention. — Or, c'est le contraire qui est la vérité. Car l'énoncé de la prétention du comte de Solre se trouve suivi de ces mots, que la rédaction de l'arrêt attaqué a supprimés :

« Veu ladite requête et ouy le rapport, le roy a ordonné et ordonne que par le sieur de Bagnols, conseiller d'État et intendant de la justice, police et finances de Flandre, conjointement avec le grand maître des eaux et forêts de Hainaut, en présence du seigneur de Solre, il sera procédé *au partage des bois de la forest de Condé, auquel effet il en sera fait quatre lots les plus égaux que faire se pourra, l'un desquels sera tiré au sort et* APPARTIENDRA A SA MAJESTÉ EN TOUTE PROPRIÉTÉ, *et, à l'égard des trois autres quarts, ils demeureront* PAREILLEMENT *en toute propriété audit comte de Solre, pour, à l'avenir, les ventes et l'exploitation desdits bois être faites par ses officiers,* ainsi, etc... » Ici seulement la transcription redevient fidèle. Le retranchement du passage rétabli avait donc pour résultat d'étendre à toute la forêt de Condé, quant au droit des officiers du comte de Solre ce que l'arrêt du conseil dit, *limitativement,* des trois quarts lui appartenant.

En ce qui concerne l'autre quart il appartiendra *en toute propriété à Sa Majesté*. Puisque le comte de Solre n'aura les droits de justice que sur ses trois quarts ainsi que son droit d'exploitation, c'est qu'il ne pourra pas plus agir en justicier sur l'autre quart, qu'il ne pourrait y exploiter les bois. Quelquefois fautive, la règle *qui de uno dicit, de altero negat,* se trouve être ici d'une application irréfutable. Il suffirait que l'allégation du comte de Solre à toute la justice sur la forêt ne fût pas accueillie, de plus elle est condamnée, dès que le roi a TOUTE *la propriété* de son quart il a aussi sur ce quart droit de justice, sans cela sa propriété comme roi eût été notablement diminuée. Réserver la justice royale autrement que par l'expression de la pleine propriété royale, c'eût été, au nom du roi, paraître mettre en doute la première de ses prérogatives. Au roi la justice partout et spécialement sur ses domaines, voilà le droit commun de la France ; à certains seigneurs des juridictions d'exception. Limiter celle du comte de Solre ce fût protester de la seule manière convenable que, hors cette limitation, le roi seul était justicier. En se reportant par la pensée à l'année 1704, on demeurera convaincu que le conseil du roi Louis XIV ne pouvait admettre une autre rédaction.

Nous croyons inutile de répondre à l'induction tirée d'une prétendue déclaration du Magistrat de Condé, à laquelle l'arrêt donne la date du 4 octobre 1702. Dans les pièces imprimées au nom de la compagnie d'Anzin celle-ci est sans signature, à plus forte raison sans authenticité. L'arrêt déclare, en principe, dans sa première partie, que la haute justice seigneuriale, pouvait autrefois être prouvée, à défaut du titre primitif émané du souverain, par *des aveux, des rapports et des dénombrements*. Une note informe n'est dans aucune de ces classes. L'arrêt lui-même la déclare donc sans aucune valeur.

En résumé, c'est de l'exercice de la haute justice avec *droit*, propre et direct, par l'ancienne maison de Croy, sur la seigneurie gagère et le quart du bois du roi, que le décret du conseil d'État a fait dépendre la décision de la question d'interprétation renvoyée aux tribunaux. Or, la maison de Croy n'était qu'engagiste quant à la seigneurie gagère ; quant au bois du roi, la propriété royale s'est continuée jusqu'en 1758.

La concession de 1749 ne s'est donc étendue ni sur la seigneurie *gagère* ni sur le *bois du roi*. Ces deux qualifications, seigneurie *gagère*, *bois du roi*, portent en elles l'empreinte permanente de la justice royale, ou du moins de la justice exercée pour le roi en vertu de sa délégation.

L'arrêt attaqué a méconnu les principes sur l'inaliénabilité des biens de la couronne et le traité de Cambrai ; il a dénaturé le caractère des contrats d'échange et d'antichrèse ; il n'a pas tenu compte des conditions auxquelles l'ancien droit subordonnait la possibilité de prescrire ; il a fait enfin une fausse application de l'édit du mois d'avril 1667.

Les demandeurs persistent en conséquence dans les conclusions de leur requête sommaire, et ils ont pleine confiance qu'elles seront adoptées par la Cour suprême.

FIN.

TABLE DES MATIÈRES.

Arrêt de la cour de Douai du 16 juillet 1849................. 1

EXAMEN EN CE QUI CONCERNE LA SEIGNEURIE GAGÈRE OU DU CHATEAU DE CONDÉ, DE L'ARRÊT RENDU PAR LA COUR D'APPEL DE DOUAI, LE 16 JUILLET 1849....................... 33

§ Ier. Premier moyen de cassation. — Violation des lois anciennes sur l'inaliénabilité du domaine de la couronne................... 35

§ II. Deuxième, troisième et quatrième moyens de cassation. — Violation de la règle de droit ancien, qui ne permettait pas l'interversion du titre du possesseur précaire, à l'insu du propriétaire et sans contradiction du droit de celui-ci; règle confirmée par l'article 13 du chapitre VIII des Chartes générales du Hainaut. — Double violation de l'article 1 du chapitre CVII de ces mêmes Chartes qui ne permet de prescrire qu'au *possesseur de bonne foi* et qu'à l'encontre d'une *personne capable d'aliéner*........ 158

§ III. Cinquième moyen de cassation. — Violation des principes de l'ancien droit, qui interdisaient d'une manière absolue aux possesseurs à titre précaire, la faculté de prescrire par quelque laps de temps que ce fût, principes confirmés par le droit commun des Pays-Bas, et spécialement par les articles 9, 10, 12 et 20 du chapitre CVII des Chartes générales du Hainaut............ 203

§ IV. Sixième et septième moyens de cassation.—Violation du principe qu'on ne peut prescrire contre son titre; — Violation de la règle du droit coutumier de Hainaut, qui déclarait imprescriptible la faculté de rachat, conformément au principe posé dans l'article 16 du chapitre CXXII des Chartes générales de cette province.. 277

§ V. Huitième et neuvième moyens de cassation. — Violation du principe que le propriétaire possède par celui qui détient son bien

www.ingramcontent.com/pod-product-compliance
Lightning Source LLC
Chambersburg PA
CBHW071202230426
43668CB00009B/1052